제4판

인터랙션 디자인

INTERACTION DESIGN

Beyond Human-Computer Interaction

4th Edition

역자소개

박재현 인천대학교 산업경영공학과 부교수

POSTECH 산업경영공학과에서 학사, 박사학위를 받았으며, 베를린공과대학교 연구원 및 삼성전자 책임연구원을 지냈다. 현재 대한인간공학회 학술이사를 포함하여, 대한산업공학회, 한국HCI학회 회원, 그리고 서울경기질병판정위원회, ISO/IEC 의료기기 사용적합성, 자율주행차 인터페이스 분과 위원으로 활동하고 있다. 저서에는 'UX 평가 및 분석의 이해'가 있다. 현재는 로봇, VR/AR, 자동차에 적용되는 차세대 인터페이스 평가 연구를 수행하고 있다.

김성희 동의대학교 산업ICT기술공학과 조교수

이화여자대학교 컴퓨터공학과에서 학사 및 석사학위, 퍼듀대학교 산업공학과에서 박사학위를 취득하였으며 삼성전자 책임연구원을 지냈다. 동의대학교 빅데이터·인공지능 센터장, 대한인간공학회 국제협력이사를 포함하여 한국HCI학회, 한국정보통신학회 회원으로 활동하고 있다. 현재는 사용자 중심 데이터 시각화 분석 플랫폼, 인공지능 기술기반 서비스에서의 HCI 및 UX에 대한 연구를 수행하고 있다.

김현경 광운대학교 정보융합학부 조교수

POSTECH 산업경영공학과에서 학사, 박사학위를 취득하였고, 핀란드 오울루 대학 연구원 및 삼성전자 디자인경영센터 책임연구원으로 근무하였다. 현재는 대한인간공학회, 대한산업공학회 및 한국HCI학회 회원으로 활동하고 있고, 인공지능, VR/AR, 접근성 관련 UX 연구를 수행하고 있다. 글로벌 디자인 공모전 'iF 디자인 어워드'에서 2017년, 2018년 각각 VR 및 유니버셜 UX 컨셉으로 수상하였다.

정진영 삼성전자 무선사업부 UX디자이너

카이스트 산업디자인학과 학부 및 대학원 과정을 통하여 인간 - 컴퓨터 인터렉션 및 인간 - 로봇 인터렉션 디자인 산학 프로젝트를 다수 수행했다. 일본의 ATR - Intelligent Robotics and Communication Lab에 방문 연구원으로써 휴머노이드의 모션 디자인 관련 연구를 수행했으며, 정서적 제품 경험을 위한 인체 기반 움직임 디자인 연구로 박사 학위를 취득했다. 현재는 삼성전자 플래그십 스마트폰과 웨어러블을 위한 사용자 경험 및 서비스 디자인 실무 업무를 담당하고 있다.

제4판

인터랙션 디자인

Jennifer Preece · Helen Sharp · Yvonne Rogers 지음

박재현 · 김성희 · 김현경 · 정진영 공역

INTERACTION DESIGN

Beyond Human-Computer Interaction

4th Edition

도서출판 홍릉

INTERACTION DESIGN

beyond human-computer interaction 4th Edition

- BY Jennifer Preece, Helen Sharp, Yvonne Rogers -

인터랙션 디자인 4판

인 쇄 : 2019년 12월 1일 초판
발 행 : 2019년 12월 10일 초판

역자와의 협의하에 인지생략

저 자 : Preece · Sharp · Rogers
역 자 : 박재현 · 김성희 · 김현경 · 정진영
발행인 : 송 준
발행처 : 도서출판 홍릉
주 소 : 01093 서울시 강북구 인수봉로 50길 10
등 록 : 1976년 10월 21일 제5-66호

전 화 : 02-999-2274~5
팩 스 : 02-905-6729
e-mail : hongpub@hongpub.co.kr
http://www.hongpub.co.kr
ISBN : 979-11-5600-727-2(93000)

정 가 : 39,000원

역자서문

인터랙션과 인터페이스, 사용자 경험과 같은 용어들은 업계 및 학계에서 흔하게 쓰는 용어임에도 불구하고, 관점의 차이에 따라서 다르게 해석될 수 있다. 실제로 현업, 실무부터 시작해서 학문적이고 이론적인 부분까지 다양한 환경에서 적용된다. 그런가 하면 전문가로 여겨지는 사람들 또한 다양한 분야에 속해있는 경우가 많다. 인터랙션 디자인을 둘러싸고 있는 분야로 기술, 디자인, 인문 등을 광범위하게 꼽을 수 있다.

그렇다면 서로 다른 관점과 분야의 내용을 하나로 통합하는 것이 과연 가능할까? 그것이 온전하게 가능하지 않을지라도, '인터랙션 디자인'에서는 판을 거듭하고 내용을 보완하며 이를 달성하고자 노력해왔다. 그것이 지금까지 전세계적으로 꾸준히 인정받을 수 있는 이유 중에 하나임은 틀림없다. 만약 이 책이 혁신적, 기술적인 내용만 담고 있다거나, 디자인 프로세스의 원론적인 부분만 담고 있었다면, 또는 너무 학문과 이론에만 치우쳐 있었다면 다른 유사한 책들과 마찬가지고 잠시나마 유명세를 얻었다가 사장되었을 지도 모른다.

이와 같은 맥락에서, 본 역자진은 방대한 분량의 내용을 번역하며 많은 시간을 쏟았지만 그만큼 많이 얻어간다는 것을 서로 공감하였다. 각자의 위치에서 지금까지 미처 생각해보지 못했던 내용, 혹은 원래 알았지만 조금 다른 각도에서 볼 수 있었던 내용들 덕택에 각자가 더욱 풍부한 시각을 갖출 수 있게 된 것이다. 이 책을 보는 독자들도 비슷한 경험을 통해서 이론적인 부분 혹은 실무와 관련된 부분을 조금이라도 더 보강할 수 있게 된다면 번역한 이들에게 큰 보람이 될 것으로 생각한다.

이 책은 단순히 새로운 인터랙션, 인터페이스를 소개하고자 하는 것이 아니다. 그와 같은 지식은 인터넷을 통해 조금만 시간을 투자하더라도 찾을 수 있을 것이다. 대신, 이 책에서는 인터랙션 디자인이 새로운 기술과 만났을 때 어떤 방식으로 이루어질 수 있는지에 대한 원리와 틀을 제공한다. 그리고 이를 조직 내에서 개발 프로세스와 융합할 수 있는 실무적인 부분까지도 다루고 있다.

1장과 2장에서는 인터랙션 디자인 개념에 대해서 다룬다. 인터랙션 디자인, 사용자 경험, 개념적 모델, 인터랙션 유형 등에 대해 소개하는 부분이다. 3장부터 5장까지는 인지적 측면, 사회적 상호작용, 감성 인터랙션을 다룬다. 각 장은 개별적으로 별도의 분야를 형성할 정도로 연구와 개발이 많이 이루어진 바 있는데, 인터랙션 디자인과 관련하여 어떤 특징과 이론적 내용이 있는지 설명한다. 6장은 인터페이스에 대해서 상세하게 다룬다. 인터페이스는 기획 및 설계 시에 실질적으로 인터랙션을 구성하는 요소로서 중요하다고 할 수 있다. 7장과 8장에 대해서는 데이터에 대해서 다룬다. 디자인 기획 전에 정보를 수집하기 위해서, 또는 디자인을 산출 후에 반응을 확인하기 위해서 데이터를 어떻게 수집하고 분석, 시각화 할 수 있는지에 대해서 설명한다. 9장부터 12장까지는 인터랙션 디자인의 전체적인 프로세스, 실제로 진행 시 중요하게 다루어야 하는 세부 사안들, 현업에서 발생 가능한 문제점을 다루는 방법들에 대해서 다룬다. 13장부터 15장까지는 평가에 대해서 다룬다. 평가 또한 인터랙션 디자인의 커다란 분야 중 하나로서 기존에 많은 연구 및 개발이 있어왔다. 평가의 원리와 사용 가능한 방법들, 함의에 대해서 다룬다.

마지막으로 이 책이 독자들에게 다음과 같은 도움이 되었으면 한다. 첫째, 인터랙션 디자인에 대한 기본적인 지식을 습득하는 것이다. 둘째, 다양한 시각을 이해함으로써 협업이 필수적인 인터랙션 디자인 분야에 더 잘 이바지하는 것이다.

2019.10.26.

박재현 씀

차례

Chapter 01 인터랙션 디자인이란?

Chapter 02 인터랙션의 이해 및 개념화

Chapter 03 인지적 측면

Chapter 07 데이터 수집

Chapter 08 데이터 분석, 해석, 그리고 표현

Chapter 09 인터랙션 디자인 프로세스

Chapter 10 요구사항 정립

Chapter 11 디자인, 프로토타이핑, 그리고 제작

Chapter 12 실무에서의 인터랙션 디자인

Chapter 01

인터랙션 디자인이란?

목표

이 장의 주요 목표는 다음과 같다.

- 좋은 인터랙션 디자인과 나쁜 인터랙션 디자인의 차이점을 설명한다.
- 인터랙션 디자인이 무엇이며 HCI(Human–Computer Interaction) 및 기타 분야와 어떻게 관련되는지 설명한다.
- 사용자 경험과 사용성의 관계를 설명한다.
- 인터랙션 디자인 절차에 무엇이 포함되는지 설명한다.
- 인터랙션 디자인에 사용되는 다양한 형태의 지침을 요약한다.
- 인터랙션 디자인의 목적과 핵심 원칙 측면에서 인터랙티브 제품을 평가하고 무엇이 좋고 나쁜지 설명한다.

1.1 개요

우리 주변에 일상적으로 사용되는 인터랙티브 제품이 얼마나 있을까? 당신이 평소에 무엇을 사용하는지 잠시 생각해보라. 스마트폰, 태블릿, 컴퓨터, 리모컨, 커피 머신, ATM, 티켓 머신, 프린터, iPod, GPS, e-리더, TV, 전동칫솔, 라디오, 콘솔 게임 등 이 목록은 끝이 없다. 이제 이것들이 얼마나 편리한지 생각해보자. 이 중 몇 가지는 사용하기 쉽고 즐겁지만 그렇지 않은 것도 있다. 어떤 차이점이 있을까?

스마트폰, SNS 등과 같이 사용자와의 상호작용을 요구하는 제품, 서비스 등은 주로 사용자들을 고려하여 디자인되었다. 그래서 사용하기 쉽고 편리하다. 반면, 스마트 TV에서의 영화 감상, 스포츠채널 시청, 또는 디지털 시계에서 알람 설정 등은 꼭 사용자만을 고려하여 만들어지진 않았다. 그 것보다는 시스템이 각종 기능을 수행하는데 초점을 맞추어 설계되었다. 이들은 기능 수행에 있어서는 효과적일 수 있지만, 실제 사용자 측면에선 불편함을 야기할 수도 있다.

인터랙션 디자인의 주요 목표 중 하나는 긍정적인 면(즐거움, 참여)을 강화하고 부정적인 면(어려움, 성가심)을 줄여나가는 것이다. 기본적으로는 사용자 관점에서 쉽고, 즐겁고, 효과적인 제품을 개발하는 것이다. 이번 장은 먼저 인터랙션 디자인이 무엇인지 알아보는 것으로 시작한다. 좋고 나쁜 디자인의 차이점을 살펴보고, 어떻게 하면 제품의 사용성과 제품으로부터 얻는 즐거움의 정도를 크게 향상시킬 수 있는지 알아본다. 다음으로 무엇이 혹은 누가 인터랙션 디자인 절차에 관여하는지 확인하고, 인터랙션 디자인에서 가장 중요한 요소인 사용자 경험에 대해 소개할 것이다. 마지막으로 사용성 및 사용자 경험 목적, 디자인 원칙에 의거하여 어떻게 사용자 경험을 특성화하는지 알아보게 된다. 본 장의 끝 부분에는 예제를 두어, 여러분이 인터랙티브 제품을 직접 평가해보고 배운 내용을 실제로 적용할 수 있는 기회를 마련했다.

1.2 좋은 디자인과 나쁜 디자인

인터랙션 디자인의 핵심 목표는 사용하기 쉬운 제품을 개발하는 것이다. 사용성이 좋다는 것은 일반적으로 배우기 쉽고, 효과적으로 사용할 수 있고, 유쾌한 경험을 제공하는 것이다. 잘된 디자인과 그렇지 않은 것의 사례를 비교해보는 것이 좋은 시작점이다. 서로 다른 인터랙티브 제품 디자인의 강점과 약점을 찾아내어, 무엇이 사용하기에 좋고 나쁜지를 이해할 수 있다. 여기서 두 개의 안 좋은 예시로써 호텔 내 보이스메일 시스템과 유비쿼터스 리모컨을 살펴보고, 같은 기능을 하는 좋은 디자인의 예시도 함께 대조해보자.

(1) 보이스메일 시스템

다음 시나리오를 상상해보자. 당신은 출장 중으로 호텔에서 한 주간 머무르고 있다. 깜빡하고 휴대폰을 집에 놓고 와서 호텔의 시설을 이용해야만 하는 상황이다. 호텔 내 객실의 전화기에는 보이스메일 시스템이 갖춰져 있다. 남겨진 메시지가 있는지 확인하려면 수화기를 들어야 한다. '삐, 삐, 삐'라는 소리가 나면 메시지가 있다는 뜻이다. 메시지를 들으려면 전화기 옆에 있는 안내문을 읽어야 한다:

'1. 41번을 누르세요'
시스템이 응답하기를: '써니 호텔 보이스 메시지 센터입니다. 메시지를 남기고자 하는 방 번호를 눌러주세요'

당신은 어떻게 남겨진 메시지를 들을 수 있는지 듣기 위해 좀 더 기다린다. 그러나 더 이상의 안내가 들리지 않는다. 이제 아까 보았던 안내문을 다시 읽어본다.

'2. *을 누르고, 방번호에 이어서 #을 누르세요'
그대로 시행하니 시스템이 응답하기를: '106번방의 메일박스입니다. 메시지를 남기려면 암호를 누르세요'

당신은 방 번호를 일단 눌러본다. 그러자 시스템은 '방번호를 다시 누르고 암호를 이어서 눌러주세요'라고 한다.

당신은 암호를 알지 못한다. 방 번호가 곧 암호일 것이라 생각했지만 아니었다. 이제 포기하고 호텔 프런트에 도움을 청한다. 프런트 직원으로부터 올바른 절차를 안내 받고서야 비로소 남겨진 메시지를 들을 수 있게 된다. 알고 보니, 시스템에 접속, 방 번호 입력, 내선 번호(방 번호가 아닌 암호) 입력 등을 모두 포함하여, 메시지를 듣기까지 여섯 단계가 필요하고 메시지를 남길 때도 다섯 단계나 필요하다. 이럴 바에는 나가서 휴대폰을 새로 사는 것이 낫겠다.

이 보이스메일 시스템의 문제점은 무엇일까?

- 귀찮다.
- 혼란스럽다.
- 많은 과정을 거쳐야 하므로 비효율적이다.
- 사용이 어렵다.
- 메시지 수신 상황이 잘 파악되지 않고, 번거롭게 일련의 과정을 넘어야 확인이 된다.
- 설명이 한 곳에 있지 않고 듣는 내용과 읽는 내용이 나누어 있어서 무엇을 해야 할지 불명확하다.

이제 다음의 전화응답기를 보자. 그림 1.1에는 전화응답기를 표현하는 2가지 개념도가 있다. 수신 메시지는 구슬로 표현되어, 한 켠에 모여 있는 구슬의 개수가 남겨진 메시지의 수를 의미한다. 구슬을 들어 첫 번째 구멍에 넣으면 메시지가 재생되고, 다른 구멍에 넣으면 메시지를 보낸 사람에게 전화를 걸 수 있다.

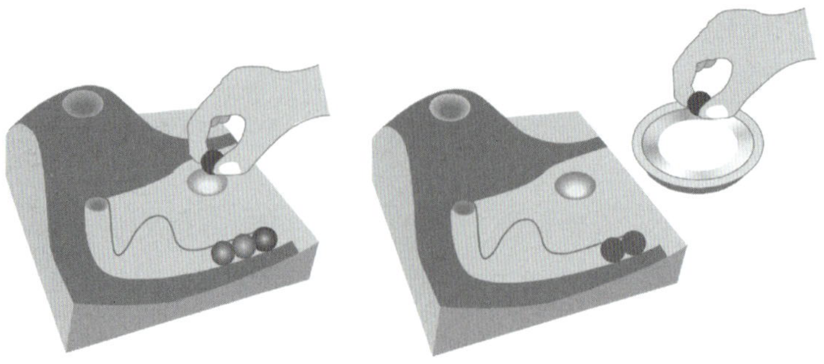

그림 1.1 구슬 응답기

출처: Gillian Crampton Smith의 "The Hand that Rocks the Cradle" *ID Magazine*, May/June 1995, pp. 60–65.

구슬 응답기는 호텔의 보이스 메일 시스템과 어떻게 다른가?

- 친숙한 물체를 사용해 남겨진 메시지의 개수를 한눈에 파악할 수 있다.
- 보기에 좋고 사용이 재미있다.
- 한번의 행위로 주요 작업들을 수행한다.
- 디자인이 단순하지만 품격 있다.
- 기능성은 낮지만 누구라도 쉽게 메시지를 들을 수 있다.

구슬 응답기는 Durrell Bishop이 런던의 영국왕립예술대학교에 재학 중일 때 디자인하였다 (Crampton Smith, 1995). 그의 목표 중 하나는 일상생활에서 쉽게 보는 물건의 행동에 기능성을 부여하는 것이었다. 그래서 그는 물리적인 세상이 작용하는 원리에 대한 사람들의 일상적 지식을 활용하였고, 특히 물건을 집고 다른 곳에 내려놓는 행위에 주목하였다. 이것이 사용자 중심적인 인터랙티브 제품의 한 가지 예시이다. 즐거운 경험을 제공하면서 동시에 작업을 효율적으로 할 수 있도록 초점이 맞추어져 있다. 물론 여기에도 단점이 있다. 호텔 내에서 사용하기에 적합하지 않을 수 있다. 공공장소에서 사용하기에는 튼튼하지 않고, 누군가가 기념품으로 챙겨가는 등 구슬이 분실될 가능성이 높다. 또한, 메시지를 듣기 전에 사용자의 신분 확인을 하지 않는 점도 문제이다. 인터랙티브 제품 개발 시에는 개발하고자 하는 제품이 어디에서 그리고 누구에 의해 사용되는지도 미리 고려해야 한다. 이 구슬 응답기는 집에서 사용하기에 더 적합할 것이다. 물론 구슬을 가지고 노는 아이들이 없다는 가정하에 말이다.

Video of Durrell Bishop's answering machine at http://vimeo.com/19930744

(2) 리모컨

TV, 세톱박스, 음향기기와 같은 모든 홈 엔터테인먼트 시스템에는 모두 고유의 리모컨이 있다. 각각은 모두 다른 모양과 기능을 가지고 있다. 많은 리모컨들이 작고 다양한 색을 가진 버튼 배열들로 복잡하게 구성되어 있다. 때로는 하나의 버튼에 두 개의 이름이 붙어있는 경우도 있다. 많은 사람들이 거실에 앉아 리모컨에서 일시정지나 주요 메뉴 등의 단순한 기능을 찾느라 고생한다. 돋보기 안경이 필요한 분들은 특히나 불편할 것이다. 리모컨은 모든 버튼을 적당히 버무려놓아 만들어진 것처럼 보인다.

반면, TiVo 리모컨에는 많은 노력과 고심이 반영되었다. 버튼들이 크고 레이블이 명확하며 논리적으로 배치되어 있어 찾기 쉽고 TV 화면 메뉴의 인터페이스와도 배열이 일치한다. 리모컨의 형태도 손으로 쥘 수 있게 땅콩 형태를 갖추었다. 뿐만 아니라 만화스러운 아이콘을 넣은 것도 재미있고 색이 있는 버튼을 사용하여 어두운 환경에서 돋보기 안경 없이도 식별이 용이하다.

다른 많은 기기들이 실패하는 와중에 어떻게 이렇게 사용성이 좋은 리모컨이 만들어질 수 있었을까? 답은 간단하다. TiVo는 사용자 중심적 디자인을 위한 시간과 노력을 투자했기 때문이다. 실제로, TiVo의 제품 디자인 책임자는 잠재 사용자들로부터 손 안에 들어오는 느낌에서부터 배터리의 위치까지 모든 부분에서 피드백을 받아 설계에 고려하였다. 또한, 버튼의 개수를 제한하였다. 수많은 타사 제품들이 ─ 토끼가 새끼를 낳듯이 ─ 각 기능마다 버튼을 하나씩 부여 받을 때, 이들은 필수적인 버튼 몇 개만을 넣었다. 그 외의 기능은 TV 화면의 메뉴로 선택할 수 있게 하였다. 그 결과 기분 좋게 사용할 수 있는 리모컨이 탄생했고 많은 찬사와 각종 디자인상을 휩쓸었다.

딜레마

스마트 TV와 인터랙션하는 가장 좋은 방법은 무엇일까?

오늘날 스마트 TV 개발자들이 당면한 큰 과제는 어떻게 하면 사용자가 하나의 리모컨으로 수많은 온라인 콘텐츠와 쉽고 재미있게 상호작용할 수 있을까이다. 사용자들은 넓은 TV 화면을 통해 다양한 콘텐츠를 선택할 수 있다. 하지만 암호와 검색어 입력, 메뉴 스크롤 등도 해야 한다. 이제 TV는 여러 면에서 좀 더 컴퓨터와 같아졌다. 이는 새로운 의문을 낳는다. 과연 소파에 앉아서 적당히 멀리 떨어진 TV를 리모컨으로 제어하는 것이 가장 좋은 방법인가 라는 것이다. 키보드와 터치패드로 구성된 리모컨을 만들어 텍스트 입력을 용이하게 할 수도 있을 것이다. 하지만 그러면 기기가 투박해질 것이고 특히 한 손 조작이 어렵게 된다.

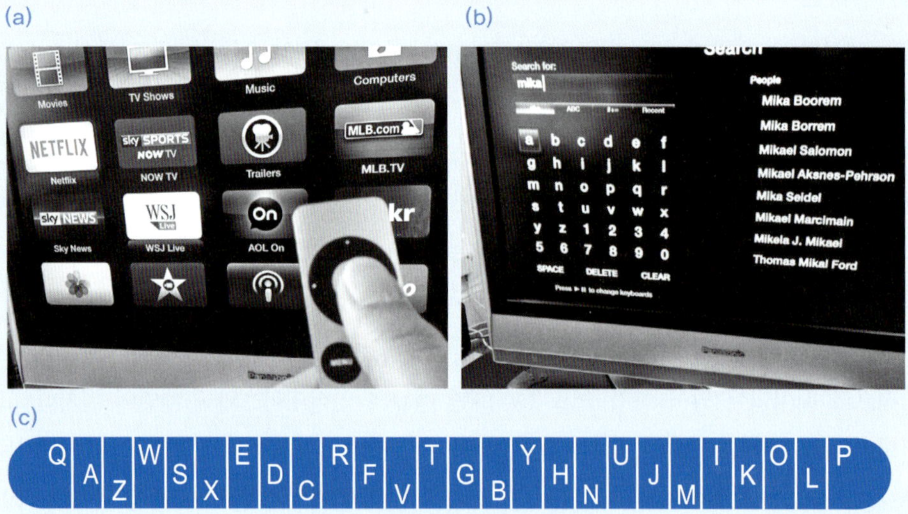

그림 1.2 (a) Apple TV 리모컨으로 화면의 디지털 콘텐츠 조작, (b) 리모컨으로 선택하도록 만들어진 키보드 배열, (c) Minuum의 작게 비틀어진 키보드

출처: Image (c) Courtesy of Whirlscape http://minuum.com/.

그런가 하면 Apple TV와 같이 화면상에 가상 키보드와 숫자패드를 제공하는 것이다(그림 1.2 참조). Apple은 이런 방식의 조작을 위한 슬림형 리모컨을 개발했다. 하지만 여기 적용된 가상 키보드의 배열은 우리에게 익숙한 일반 QWERTY 배열과 달랐다. 방향키 조작으로 문자를 맞춰나가는 건 너무나 지겹고 시간이 소모되는 일이었다. 그리고 한 버튼이 많이 눌리거나 다른 문자를 잘못 선택하는 경우도 있었다. 또 다른 대안은 TV 제어가 가능한 키패드 앱을 스마트폰으로 다운 받는 것이다. 하지만 리모컨을 쓸 때마다 앱을 열어야 한다는 점, 스마트폰 주인만 쓸 수 있다는 점에서 또 다른 문제가 있다.

소파에서 TV를 활용해 수천 개의 영화 중 보고 싶은 것을 선택하고 이메일도 보낼 수 있는 더 좋은 방법이 있을까?

한 가지 혁신적인 해결책은 Minuum의 새로운 스타일 키보드이다. Wii 리모컨과 비슷한 점도 있지만 세부 방식이 다르다. 이 레이아웃의 경우 매우 직관적이고 작은 장치에서, 특히 한 손으로 사용하기 편해 보인다.

> 여러 가지의 리모컨의 장단점에 대한 더 깊은 토의를 위해서는 아래 링크를 참조 바란다. http://minuum.com/who-forgot-the-smart-tv/

1.2.1 무엇을 디자인하는가

인터랙티브 제품 디자인을 할 때는 누가, 어떻게, 어디서 사용하는지에 대해 고려해야 한다. 또 다른 중요한 점은 제품과 상호작용할 때 사용자가 어떤 종류의 행동을 하는지 이해해야 한다는 것이다. 다양한 종류의 인터페이스 및 입출력 장치 배치에 대한 적합성은 어떤 종류의 행위를 위한 것이냐에 따라 달라지게 된다. 예를 들어 온라인 뱅킹의 경우에는 안전하고 신뢰성이 높으며, 탐색이 쉬운 인터페이스가 중요할 것이다. 또한 은행에서 새롭게 제공하는 서비스 및 정보를 간편하게 확인할 수 있는 인터페이스도 유용할 것이다.

세상은 다양한 종류의 행위를 뒷받침해주는 기술들로 채워지고 있다. 당신이 지금 컴퓨터 기반 시스템을 활용해 할 수 있는 일들을 잠시 생각해보라. 메시지 작성, 정보 검색, 글쓰기, 공장 관리, 프로그래밍, 작도, 계획 수립, 계산, 모니터링, 게임 등 여러 가지가 있을 것이다. 이번에는 주변에서 찾아볼 수 있는 인터페이스와 인터랙티브 장치에 대해 떠올려보자. 멀티터치스크린, 음성인식시스템, 각종 휴대용 장치들 등 다양하게 존재하고 있다. 사용자와 시스템간 상호작용을 하는 방식 또한 메뉴, 명령어 입력, 양식, 아이콘, 제스처를 활용하는 등 여러 가지가 있다. 요즘에는 더 나아가, 전자섬유, 웨어러블과 같이 특이하고 훨씬 혁신적인 제품들이 만들어지고 있다(그림 1.3 참조).

카메라, 전자레인지, 세탁기 등과 같은 일용품도 예전에는 기계 중심 디자인의 대명사였지만, 이제는 소비자 중심 인터랙션 디자인이 필요해졌다. 사람 사이의 소통도 이제는 인터페이스로만 해결하는 방식이 나오고 있다. 소비자들은 이제 식료품 가게, 공항, 도서관 등에서 셀

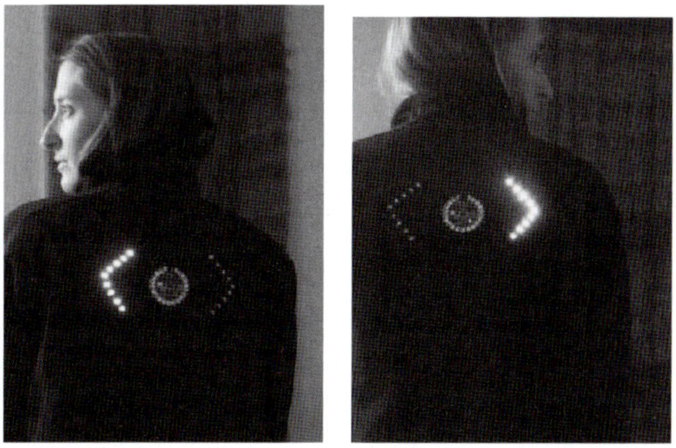

그림 1.3 방향 표현이 가능한 자전거용 자켓(Leah Beuchley가 전자섬유를 활용하여 디자인)
출처: Photos courtesy of Leah Buechley.

프 체크아웃을 통해 음식, 짐, 책 등을 스스로 챙긴다. 직원의 친절한 미소는 자동 시스템으로 대체되고 있다. 비용 절감에 효과적이지만, 시스템과 직접 상호작용하는 사용자들에게 책임이 전가될 수 있다. 버튼 하나 잘못 누르는 것이 좌절과 힘든 경험을 안겨줄 수도 있으며, 특히 최초 사용시에 더욱 그럴 수 있다.

인터랙션 디자이너는 늘어만 가는 제품 스펙트럼 속에서 수많은 선택과 결정을 해야 한다. 핵심 질문은 다음과 같다. 어떻게 하면 사용자와 시스템, 환경, 또는 제품 간 상호작용을 최적화할 것인가? 이 과정에서 어떻게 하면 사용자의 행동을 효율적이고 유용하며 쉬운 방법으로 도와줄 수 있을 것인가? 어떤 이는 직관에 의존하고 그저 잘 되길 바랄 것이다. 하지만 또 어떤 이는 사용자에 대한 이해를 바탕으로 의사결정 원칙을 만들어 갈 것이다. 그 과정은 다음과 같다.

- 사람들이 무엇을 잘하고 못하는지 파악하라.
- 사람들이 현재 쓰고 있는 익숙한 방식을 활용하라.
- 무엇이 양질의 사용자 경험을 선사해줄 지 생각하라.
- 사람들의 목소리에 귀 기울이고 그들을 디자인에 참여시켜라.
- 이미 시도되었거나 검증된 기법을 디자인 과정에 포함시켜라.

이 교재는 위의 내용들을 다루면서 어떻게 인터랙션 디자인을 하는지 보여주고자 한다. 특히, 사용자의 필요 및 그들의 행위가 이뤄지는 상황을 확인하고, 그것을 기반으로 사용하기 쉽고, 쓸모 있고, 즐거운 인터랙티브 제품을 디자인하는 방법을 다룰 것이다.

1.3 인터랙션 디자인이란 무엇인가?

인터랙션 디자인이란,

> **일상생활 또는 작업 환경 속에서 사람들이 소통하고 상호작용하는 방식을 지원해주는 인터랙티브 제품 디자인을 뜻한다.**

다르게 표현하면, 사람들이 일하고, 소통하고, 상호작용하는 방식을 향상시키고 보강해주는 사용자 경험 창조에 대한 것이라고도 할 수 있다. 일반적인 관점에서 보면, Winograd는 "인간 소통과 상호작용을 위한 공간 디자인"이라고 정의하였다(1997, p. 160). Thackara는 "컴퓨터를 활용한 일상 상호작용의 방식뿐만 아니라 이유"라고 보았고(2001, p. 50), Saffer는 "제품, 서비스를 통한 사람 간 상호작용 촉진 예술"이라며 예술적 측면을 강조하였다(2010, p. 4).

디자인의 여러 다른 측면을 부각시키기 위해 사용자 인터페이스 디자인, 소프트웨어 디자인, 사용자중심 디자인, 제품 디자인, 웹 디자인, 경험 디자인, 인터랙티브 시스템 디자인과 같은 많은 용어가 사용되어왔다. 이제 인터랙션 디자인은 위의 모든 부문을 포괄하는 용어로 자리매김하고 있다. 실제로 1990년대 개발자들이 인터페이스 디자인 또는 인터랙티브 시스템 디자인이라고 부르던 것들이 이제는 인터랙션 디자인으로 인지되고 있다.

인터랙션 디자인의 초점은 실용성에 맞추어져 있다. 즉, 사용자 경험을 어떻게 디자인할 것인가에 대해서다. 그것은 한 가지 특정 방법에 고착되지 않고, 좀 더 다방면에 걸친 방법, 기술 및 프레임워크를 활용한다. 어떤 디자인이 대세가 되거나 유행을 타게 되는가는 시대와 흐름과 맥락에 기반한다(Lowgren과 Stolterman, 2004; Saffer, 2010).

컴퓨터 기반 시스템 디자인을 함에 있어, 인터랙션 디자인은 다른 분야, 예를 들면 소프트웨어 엔지니어링과는 어떻게 다를까? 건물을 짓는 비유를 통해 쉽게 설명할 수 있다. Winograd(1997)는 건축가와 토목공학자가 어떻게 다른지 묻는다. 건축가는 사람들과 그들 간 또는 지어질 집과의 상호작용에 대해 고민한다. 예를 들면, 가족을 위한 공간과 사적인 공간이 적절히 섞여 있는지, 요리하는 곳과 먹는 곳이 가깝게 배치되어 있는지, 사람들이 공간을 디자인의 목적대로 사용하게 될 것인지 등에 대하여 고민한다. 하지만 토목공학자들은 프로젝트의 진행 및 성공에 더 관심이 있다. 비용, 내구성, 구조적 측면, 환경적 측면, 화재 방지 대책, 시공 방법과 같은 현실적인 문제를 다룬다. 인터랙티브 제품 디자인과 소프트웨어 공학의 차이도 마찬가지이다.

1.3.1 인터랙션 디자인의 구성

우리는 인터랙션 디자인이 사람을 위한 컴퓨터 기반 시스템 디자인 관련 모든 분야, 접근 방식의 근간이라고 본다(그림 1.4 참조). 왜 이렇게 종류가 다양하고 이 모든 것들은 무슨 일을 하는 것일까? 또한 이 많은 분야, 접근 방식들은 서로 어떻게 다를까?

우리는 앞서 인터랙션 디자인과 소프트웨어 공학과의 차이점을 살펴보았다. 인터랙션 디자인과 다른 분야와의 차이점은 거의 대부분 연구, 분석, 디자인을 위해 사용되는 방법론, 철학, 관점으로부터 찾을 수 있다. 이들을 나누는 다른 방법은 그들이 다루는 문제와 범위에서 찾을 수도 있다. 예를 들어, 정보시스템은 사업, 건강, 교육 등의 분야 속 컴퓨터 기술 접목에 대해 다루지만, CSCW(Computer-Supported Cooperative Work)의 경우는 컴퓨터 시스템을 사용하여 일하는 다수의 사람을 지원하는 부분을 주로 다룬다(Greif, 1988).

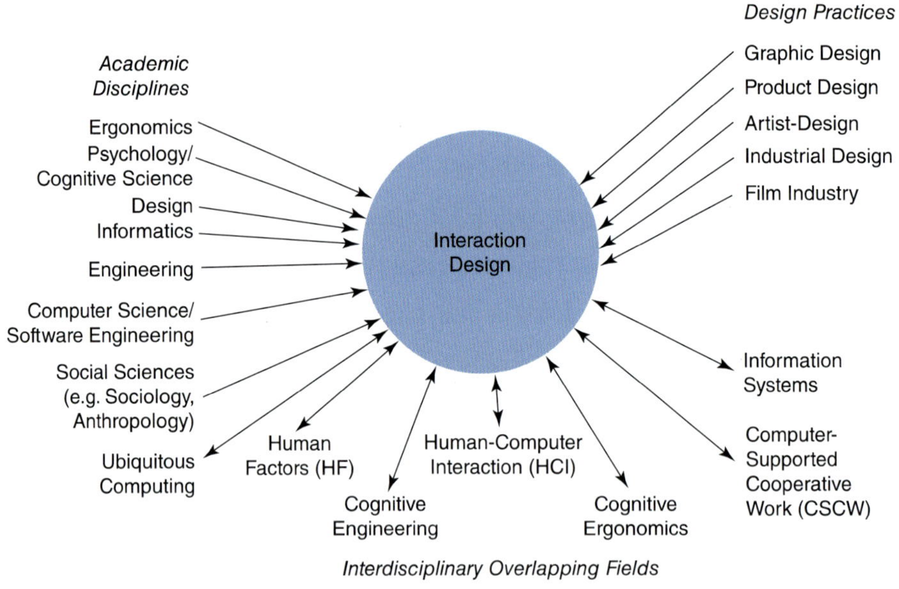

그림 1.4 인터랙션 디자인과 관련한 학문적 분야, 디자인 산업의 관계도(양방향 화살표는 겹치는 부분이 있음을 뜻한다)

생각해보기 1.1
인터랙션 디자인은 HCI를 넘어서는가?

인터랙션 디자인과 HCI 간의 큰 차이점은 그 범주에 있다. 인터랙션 디자인은 사용자 경험 설계 시 이론, 연구, 실습에 있어서 기술, 시스템, 제품과 관련된 매우 넓은 범위를 포함하고 있다. 반면 HCI는 전통적으로 인터랙티브 컴퓨팅 시스템의 디자인, 평가, 구현, 그리고 그에 관한 주요 현상을 다루어왔다(ACM SIGCHI, 1992, p. 6). 관련하여 그 의미를 부여하고자 이 책의 제목을 **인터랙션 디자인: HCI를 넘어서**라고 짓게 되었다.

인간공학은 어떠한가? HCI와 꽤나 겹치는 부분이 있다. 삶의 질 및 전체적인 시스템 성능의 최적화를 위해 사람들과 시스템 속에서의 상호작용에 대해 연구하기 때문이다. ■

1.3.2 누가 인터랙션 디자인에 관여하는가?

그림 1.4에서 보았듯이 사회과학자에서부터 영화제작자에 이르기까지 다양한 사람들이 관여하고 있다. 기술이 이제 우리 삶 속에 깊숙이 스며들어 있다는 점에서 이는 그리 놀라운 것은 아니다. 그러나 다소 당황스러운 부분은 있다. 어떻게 이 다양한 사람들이 어우러질 수

있을까?

디자이너는 효과적인 사용자 경험 창조를 위해 사람, 기술, 그들 간의 상호작용 등 많은 것을 이해해야 한다. 최소한, 사람들이 보통 어떤 사건에 어떻게 행동하고 반응하고, 어떻게 서로 소통하는지에 대해서는 알고 있어야 한다. 더 나은 사용자 경험을 일으키기 위해서는 감정이 어떻게 작동하고, 미적 관점, 바람직함, 인간 경험에서의 묘사의 역할이 무엇인지에 대한 이해가 있어야 한다. 개발자는 또한 착수한 개발의 사업성, 기술성, 제조성, 시장성에 대해서도 이해하여야 한다. 물론, 한 사람이 이 모든 부분에 대해서 이해하고 여러 가지 지식을 적재적소에 활용하는 것은 매우 어렵다. 그래서 인터랙션 디자인은 대부분 여러 분야의 전문가들로 구성된 팀에 의해 수행된다. 그 범위는 엔지니어, 디자이너, 프로그래머, 심리학자, 인류학자, 사회학자, 예술가, 장난감 개발자 등에까지 이른다. 그러나 실재로는 이 모든 분야의 전문가들을 한데 모으기가 어렵다. 팀 구성원 결정은 회사의 디자인 철학, 규모, 목적, 생산라인 등의 여러 요소의 영향을 받게 된다.

다양한 분야의 전문가들로 팀을 구성하는 것이 좋은 이유 중 하나는 많은 아이디어 창출, 새로운 방법 개발, 창조적 디자인 도출 등의 잠재성을 갖고 있다는 점이다. 단점은 비용이다. 더 많은 부문의 사람을 포함시킬수록 더 많은 시간과 노력이 요구된다. 업무 진전에 있어서 소통도 어려워진다. 왜일까? 전혀 다른 배경을 가진 사람들은 세상을 보는 관점과 방식이 서로 다르기 때문이다. 어떤 이가 중요하게 주목하는 부분을 다른 이는 전혀 눈길조차 주지 않을 수 있다(Kim, 1990). 한 예로, '표현'이라는 단어에 대해 컴퓨터공학자, 그래픽 디자이너, 심리학자들은 서로 다른 뜻으로 이해하곤 한다.

이는 곧 실제 팀원 간의 혼동, 오해, 소통 문제 등으로 이어진다. 디자인에 대한 설명 방식이 다르고, 같은 단어에 대해서도 서로 다른 의미로 받아들인다. 이전에 함께 일해본 적이 없는 경우 새로운 문제가 발생하기도 한다. 예를 들어 필립스는 여러 분야 전문가로 구성된 팀을 만들 경우 당장 누구에게 어떤 정보가 필요한지, 언제, 어떤 양식으로 필요한지도 파악이 힘든 경우가 많다는 사실을 발견했다(Lambourne *et al.*, 1997).

실습해보기 1.1

실제 디자인 팀 구성은 팀이 만들고자 하는 인터랙티브 제품이 무엇인가와 관련이 있다. 아래의 개발에는 누가 필요할까?

1. 한 과학 박물관에서 개최되는 전시회 관련 정보를 제공하는 공공 키오스크
2. TV 시리즈와 병행하는 교육용 인터랙티브 웹사이트

조언

이상적으로, 각 팀은 다양한 능력을 가진 다수의 사람들로 구성이 되는 것이 좋다. 예를 들어 첫 번째 문제 해결을 위한 팀에는 그래픽 및 인터랙션 디자이너, 박물관 큐레이터, 교육 전문가, 소프트웨어 엔지니어, 소프트웨어 디자이너, 인간공학자 등이 포함되는 것이 좋다.

두 번째 프로젝트 수행에는 TV 프로듀서, 그래픽 및 인터랙션 디자이너, 교사, 영상 전문가, 소프트웨어 엔지니어, 소프트웨어 디자이너 등이 함께 하는 것이 좋다. 더불어 양쪽 제품 모두에 잠재적인 사용자들, 예를 들어 학생들과 학부모 등이 참여하는 것이 바람직하다.

실무에서는 디자인 팀의 규모가 꽤 크다. 정해진 기일을 충족시켜야 하는 큰 프로젝트가 수반될 경우에는 대개 그러하다. 예를 들어 약 15명 이상으로 구성된 사람들이 6개월의 기간을 두고 웹사이트 프로젝트를 진행하는 식이다. 이는 사람 숫자만큼이나 다양한 분야의 전문성을 가진 많은 사람들이 하나의 프로젝트 팀원으로서 함께 일하게 된다는 것을 뜻하기도 한다. ■

1.3.3 인터랙션 디자인 컨설턴트

인터랙션 디자인은 이제 제품 개발과 관련하여 광범위하게 고려되고 있다. 특히, 웹사이트 컨설턴트, 글로벌 기업, 컴퓨터 산업계 모두 성공적 제품 개발에는 인터랙션 디자인의 역할이 중심적이라는 것을 깨닫고 있다. 인터랙션 디자인의 좋고 나쁨이 사업의 성패를 가늠할 수 있게 해준다. 웹 제품 관련 업계와 같이 경쟁이 치열한 분야에서 주목 받기 위해서는 일단 쉽게 눈에 띄어야 한다. 기본적으로 사용이 쉽고 효과적이며 관심을 끌어야 한다. 마케팅 부서 또한 브랜딩, 조회수, 소비자 재방문율, 소비자 만족도 등이 웹사이트의 사용성에 영향을 받는다는 것을 인지하기 시작했다.

요즘에는 많은 인터랙션 디자인 컨설턴트들이 있다. Cooper, NielsenNorman Group,

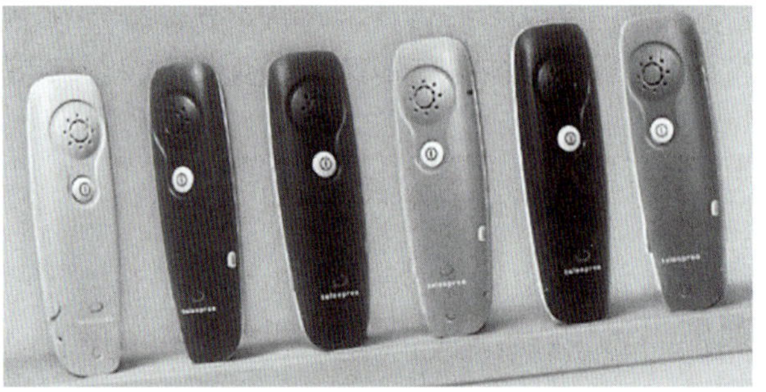

그림 1.5 IDEO에서 개발한 혁신제품: Telespree의 무선 휴대폰. 저렴하고 재미있고 단순하면서도, 음성인식을 도입하였고 전원 ON/OFF를 위한 한 개의 버튼만 두었다.

출처: IDEO, http://www.ideo.com/.

IDEO와 같은 기존의 업체들도 있고, 일자리 소프트웨어의 Madgex나 모바일 디자인의 CXpartners와 같이 특정 분야에서 두각을 보이는 업체들도 있다. IDEO는 전세계에 지사를 둔 30년 역사의 거대기업이다. 그들은 새로운 사용자 경험을 도출하며 제품, 서비스, 업무 환경 등을 디자인한다(Spreenberg *et al.*, 1995). 그 동안 수많은 의뢰인을 위해 수천 개의 제품을 개발했다. 매번 특정 브랜드의 인터랙션 디자인에 맞춰 갔다(**그림** 1.5 참조). 그들이 개발한 유명한 제품들 중에는 Apple의 첫 번째 마우스, Palm V와 mMode, AT&T 휴대폰의 통합 서비스 플랫폼 등이 있다. TiVo 시스템 디자인과도 관련되어 있다. 최근에는 기후 변화 관련 디자인 솔루션에 주목해왔다. 그들은 디자인 사고를 중시하고, 업계, 기술, 문화의 배경지식을 토대로 영감과 통찰의 교차점에서 접근한다.

1.4 사용자 경험

사용자 경험(UX, User Experience)은 인터랙션 디자인의 핵심이다. 실생활에서 제품이 어떻게 작동하고 어떻게 쓰이는지를 말한다. Nielson과 Norman(2014)은 "사용자와 기업 및 기업이 제공하는 제품과 서비스 간 상호작용의 모든 면"이라고 정의했다. 그리고 Garrett(2010)은 "누군가에 의해 사용되는 모든 제품은 사용자 경험을 갖고 있으며 신문, 케첩 용기, 팔걸이 의자, 스웨터가 그 예"라고 하였다. 더 구체적으로는 사용자가 제품에 대해 어떻게 느끼는가와 사용함 — 보고, 들고, 열고, 닫는 등 — 에 있어서 얻는 기쁨과 만족에 대한 것이다. 이는 사용하기가 얼마나 편리한지에서부터 버튼을 누를 때의 느낌, 버튼 눌리는 소리, 스위치 회전은 얼마나 부드러운가와 같은 감성적인 측면까지 모두 포함한다. 중요한 점은 경험의 질이다. 휴대폰을 만지고 장난감을 다루는 것처럼 작고 짧은 순간이나 박물관 방문 같은 포괄적인 것에 이르기까지 다양한 경험이 존재할 수 있다(Law *et al.*, 2009).

사용자 경험 자체를 디자인할 수는 없다. 단지 더 나은 사용자 경험을 일으키기 위한 디자인 요소를 만들 수 있다는 사실을 이해해야 한다. 예를 들면, 휴대폰 케이스를 비단결의 부드러운 느낌으로 한 손에 쏙 들어오게 만든다면, 사용자가 휴대하고 만지고 보고 상호작용하는 와중에 사용자를 만족시킬 수 있다. 반대로, 무겁고 감촉이 좋지 않다면 사용자도 불편함을 느끼게 된다.

디자이너들은 UX를 UXD라 일컫곤 한다. D를 붙이는 것은 디자인의 방법론보다는 사용자 경험의 질에 더 중점을 두기 위해서다(Allanwood와 Beare, 2014). Norman(2004)은 "이해하기 쉽고 사용성이 좋은 기능을 가진 제품을 개발하는 것으로는 충분하지 않고, 기쁨, 흥분, 재미와 아름다움까지 선사할 수 있어야 한다"라고 강조한 바 있다.

실습해보기 1.2

iPod 현상

Apple iPod의 후속 세대들(Touch, Nano, Shuffle)은 모두 거대한 성공을 거두었다. 어떻게 그럴 수 있었을까?

조언

Apple은 성공적 인터랙션 디자인이 양질의 사용자 경험으로부터 온다는 사실을 일찍이 인지했다. 매끄럽고 날렵한 iPod의 외형(**그림 1.6** 참조), 단순성, 스타일의 우아함, 무지개 빛의 다양한 색상, 인터랙션 스타일, 그리고 입에 붙은 이름(iTunes, iPod)까지 모든 부분이 사용의 기쁨, 즐거움을 가져다 주었다. 관련 업계에서 최고가 되었으며 학생, 10대 등 젊은 층의 꼭 가져야 할 아이템으로까지 등극하였다. 시장에는 다른 경쟁자들도 있었다. 몇몇은 기능성이 월등했고, 다른 제품들은 싸고 사용하기 쉬었거나 화면이 크고 메모리가 큰 장점들이 있었다. 그러나 사용자 경험에서만큼은 iPod의 비교대상이 되지 못하였다. ■

그림 1.6 iPod Nano Touch

출처: ©Press Association, reproduced with permission.

사용자 경험에는 많은 측면이 있고 디자인에 있어 고려해야 할 점도 많다. 그 중 중심이 되는 부분은 사용성, 기능성, 심미성, 콘텐츠, 외관과 감성적 느낌이다. 덧붙여, Carroll(2004)은 사용자 경험과 관련된 다양한 요소로 즐거움, 건강, 사회적 자산, 문화 정체성, 윤리성, 인구통계학적 정보, 인종, 장애, 가정환경, 직종, 교육 등이 있다고 하였다. McCarthy와 Wright(2004)는 사용자의 기대감과 기술을 이해하는 방식도 중요하다고 언급하였다.

인터랙션 디자이너가 이 모든 면을 통틀어 한 제품에 녹여내는 것이 현실적으로 가능한 것일까? 솔직히 말해서 어떤 마술적 공식은 준비되어 있지 않다. 아직까진 통합된 이론이나 논리 구조가 존재하지 않는 것도 사실이다. 그러나 수많은 개념적 논리구조, 경험적 방법론, 가이드라인, 연구결과들이 나와 있다. 이들은 이 교재에도 실려 있다. 이 교재에서 그 방법론을 다룰 것이다.

더 일반적인 해석으로, McCarthy와 Wright는 *Technology as Experience*에서 사용자 경험은 사용자의 느낌에 달렸다고 말하였다. 경험이란 것이 불투명하고 항상 존재하고 있기에 이를 정의하는 것 자체가 믿을 수 없을 만큼 어렵다는 사실을 깨달았다. 그럼에도 불구하고 이들은 전체론적, 은유적 용어를 동원해 인간 경험의 본질을 포착하고자 하였다. 감각, 지적인 것과 감성의 균형으로부터 찾았다. 그들의 논리구조는 Dewey의 실용주의에 관한 철학적 문헌으로부터 많은 것을 가져왔다. 인간 경험의 감각 생성 측면에 집중했던 Dewey(1934)는 "감성은 변성과 접착력이 있는 힘이다. 감성은 자신의 생각과 합치하는 것을 선택하고 자신의 색깔로 물들여, 외적으로 다르고 이질적인 것들을 질적으로 일체화한다. 그래서 경험의 다양한 부분을 관통하는 하나의 통합체로 만든다"라고 하였다.

McCarthy와 Wright는 우리의 감각, 감성, 구성, 시공간 등 전체적 경험의 4가지 요소들을 제안했다.

- **감각적 요소** 이것은 주어진 현상과의 감각적 얽힘에 대한 것이다. Norman 모델의 원초적 수준과 유사하다. 사람이 여러 기술 장비와 애플리케이션에 끌리는 수준으로 돌려 표현할 수 있다. 컴퓨터 게임, 스마트폰, 채팅방 등이 좋은 예시다. 여기에서 사람들은 감각의 수준까지 상호작용을 하며, 스릴, 두려움, 고통과 안락을 느끼게 된다.
- **감성적 요소** 흔한 예시로는 슬픔, 분노, 즐거움, 행복이 있다. 컴퓨터가 고장 나면 흔히 분노한다. 감성은 가치 판단에도 관여한다. 예를 들어 새 핸드폰 기기를 고를 때, 가장 멋진 외형을 찾으면서도 감성적 혼란에 빠진다. 그 기기가 가장 비싸기 때문이다. 비용을 감당하기 힘들지만 하나 꼭 갖고 싶어 한다.
- **구성적 요소** 이것은 경험의 묘사적 측면과 관련이 있다. 온라인 쇼핑을 할 때 사람들은 이것이 무엇인지, 얼만큼 진행된 것인지, 다음 과정은 무엇인지, 선택을 잘못하면 어떻게 되는지 등과 같은 의문을 갖게 된다. 구성적 단서란 우리가 경험을 하는 과정에서 머릿속에서 일어나는 생각에 관련한 것들이다.
- **시공간적 요소** 이것은 우리의 경험이 발생하는 시공간 그리고 그 시공간이 주는 영향에 관련한다. 시공간에 대해 여러 가지 방식으로 접근할 수 있다. 상대적 측면에서 시간이 빠르게 가기도 하고, 느리게 가기도 한다. 공공의 공간이 있기도 하며 사적인 공간도 있다.

이 요소들은 디자이너가 더 확실하고 구체적으로 기술과 경험 간 관계 정리를 할 수 있게 도와주는 아이디어가 된다. 서로 얽혀있는 모습들로부터 조각조각으로 나눠진 모습보다 기술의 전체 경험적인 측면을 볼 수 있게 도와준다. 즉, 사용성, 시장성, 편의성을 모두 함께 볼 수 있게 해준다. 예를 들면, 온라인으로 옷을 구매할 때 전체 경험을 한 번에 사로잡는 논리 구조를 이용할 수 있다. 여기에는 새로운 옷을 사는 공포와 기쁨, 어디서 언제 살지, 판매자와 어떻게 소통할지, 세일 가이드, 비용 대비 가치 판단, 자기에게 맞을지에 대한 고민, 어떤 사이즈로 살지, 다른 옷들과 잘 어울릴지, 세탁은 쉬운지, 어디서 한번 입어볼 순 없을지, 다림질은 자주 해줘야 하는지, 얼마나 자주 입을지 등 수많은 생각을 하게 된다. 이 모든 측면이 위의 4가지 요소로 정리될 수 있다. 새로운 차를 사는 경험과 에너지 절약 장비를 사는 경험을 가지고 이 요소들로 정리를 해보는 연습을 해본다면 그 결과가 어떻게 다른지 알 수 있을 것이다.

1.5 인터랙션 디자인 절차

인터랙션 디자인 절차는 아래의 4가지 기본적인 활동을 수반한다.

1. 요구사항 정립
2. 대안 설계
3. 시제품 제작
4. 평가

이 활동들은 서로 엮여있으며 반복된다. 예를 들면, 시제품의 사용성 평가는 디자인 변화를 줄 수도 있고 새로운 요구사항을 정립하게 할 수도 있다. 디자인된 제품에 대하여 예상되는 매력, 상호작용, 유용성 등 잠재 사용자의 생각과 느낌을 이끌어내어 제품이 만드는 사용자 경험의 본질에 대해 설명할 수 있게 된다.

시제품 평가는 인터랙션 디자인의 핵심적인 부분이다. 제품의 적합성을 판단하는 근거가 된다. 디자인 전 과정에 걸쳐 사용자를 관여시키는 사용자 중심 디자인을 통해 적합성을 갖게 된다. 이는 여러 다른 방법을 통해 이루어 질 수 있다. 예를 들면, 사용자를 관찰하고, 대화를 나눠보기도 하고, 인터뷰를 하거나, 그들의 작업 효율을 모델링하고, 설문조사를 하는 등의 방법을 쓰거나 심지어 디자인 과정에 포함시키기도 한다. 사용자로부터 이끌어낸 정보는 디자인 활동에 쓰이게 된다(13장에서 15장까지 평가적 측면에 대해 더 자세하게 다루도록 한다).

인터랙티브 제품을 평가할 때 사용자를 참여시키는 것과 마찬가지로 중요한 것은 사람들이 하는 일을 이해하는 것이다. 3~5장은 사람들의 능력, 감정, 욕구, 수요, 성가심, 좌절감, 성급함, 지겨움 등을 설명하면서 정보와 다양한 기술로 서로 행동하고 상호작용하는 방법을 자세하게 설명한다. 이러한 지식은 디자이너가 사용 가능한 많은 대안 중에서 어떤 솔루션을 결정해야 하는지에 대해 도움을 줄 수 있으며, 이를 개발하고 테스트하는 방법을 더욱 자세하게 설명할 수 있다. 10장에서는 사람들에 대한 이해와 그 행동이 어떻게 요구사항으로 정리되는지를 설명한다. 9장과 11장에서는 디자인 프로세스에서 사용자를 효과적으로 참여시키는 방법에 대해 설명한다.

사용자의 생활, 작업, 학습에 대한 이해가 필요한 이유는 인터랙티브 제품이 그들의 삶 속에 깊이 파고들 수 있어서이다. 원래는 세계 각지에서 일하는 과학자 팀이 사용할 목적으로 개발된 우주 임무 수행용 협업 기획 도구는 일반 소비자 및 판매자, 혹은 가구 상점에서 부엌 배치를 위해 사용할 때 전혀 다른 필요점이 있을 것이다. 이 차이점을 이해하면 하나의 규격이 모든 상황에 들어맞지 않는다는 것을 알 수 있다. 즉 한 사용자 그룹에서 작동하는 것이 다른 사용자 그룹에게는 전혀 부적절할 수 있다. 예컨대 어린이들은 어른들과 배우고 노는 방법에 대해 다른 기대치를 가지고 있다. 어린이들은 대화형 퀴즈와 만화 캐릭터를 통해 높은 동기부여를 갖는 반면, 어른들은 그저 성가시다고 생각한다. 반대로 어른들은 어떤 주제에 대한 토의를 하는 것을 좋아하지만 어린이들은 그것에 대해 지루하다고 느낀다. 옷, 음식, 게임 같은 일상적인 물건은 어린이, 청소년 및 성인을 위해 다르게 설계되므로 인터랙티브 제품은 여러 종류의 사용자를 위해 서로 다르게 설계되어야 마땅하다.

디자이너는 사람들에 대해 더 많이 알수록 특정 사용자 그룹과 그들이 필요로 하는 것들에 대한 잘못된 가정을 더 잘 찾아 낼 수 있다. 가령, 시력 및 손놀림이 약화된 노인들은 문자 또는 그래픽 요소가 화면에 크게 표시되거나, 장치를 제어할 때 사용되는 물리적 다이얼, 스위치가 있어야 한다고 생각한다. 일부 노인들은 실제로 어려움을 겪겠지만, 사실 70~80세의 많은 노인들이 표준 크기의 화면 요소 및 심지어 작은 인터페이스와도 완벽하게 상호작용할 수 있다는 연구 결과가 있다(Siek *et al.*, 2005). 비록 처음 보고 어렵겠다고 판단한 노인들조차도 익숙해질수록 10대, 20대만큼 잘 할 수 있었다. 사람들은 나이가 들었다고 해서 자신의 인지 및 신체 능력이 뒤떨어진다고 생각하고 싶어하지 않는다. 사람들의 민감성을 인식하는 것이 그들의 능력을 의식하는 디자인만큼 중요하다.

문화적 차이를 인식하는 것은 인터랙션 디자인, 특히 외국의 다양한 사용자 그룹을 대상으로 하는 제품 디자인 시 매우 중요하다. 대표적인 문화적 차이 예는 날짜와 시간 표시 방법이다. 예를 들어, 미국에서는 날짜가 월, 일, 년(예: 05/21/15)으로 쓰여지는 반면, 또 어떤 나라에서는 일, 월, 년(예: 21/05/15) 순으로 쓰여진다. 이로 인해 디자이너가 온라인 조사 양식을 결정할 때, 특히 전세계적으로 사용하려는 경우에 문제가 발생할 수 있다. 운영체제, 디지털 시계, 자동차 계기판 같이 시간을 표시해야 하는 제품에서도 동일한 문제가 있을 수 있다. 어떤 문화 그룹이 선호하는가? 사용자들에게 기본 설정을 어떻게 제공할 것인가? 이와 같은 물음은 한 사용자 그룹을 위해 고안된 인터페이스를 다른 사람이 얼마나 쉽게 사용하고 받아들일 수 있는지에 대해서 의문을 제기한다(Callahan, 2005). 홍보 웹사이트는 서로 다른 문화를 가진 사람들을 위해 다양한 버전으로 제공되지만, iPod과 같은 특정 제품은 어떻게 전 세계 모든 사람들에게 보편적으로 받아들여질까?

문화에 따라 의사소통하고 정보를 표현하는 방식의 표준에 차이가 있는 것처럼, 서로 다른 문화권의 디자이너들도 제품 및 기능을 설계할 때 다양한 양식 요소, 이미지 및 그래픽 요소를 사용한다. 서로 다른 색상, 이미지 유형 및 정보 구조로 만들어진 서로 다른 디자인 시안은 각기 다른 나라에 특화된다(그림 1.7 참조).

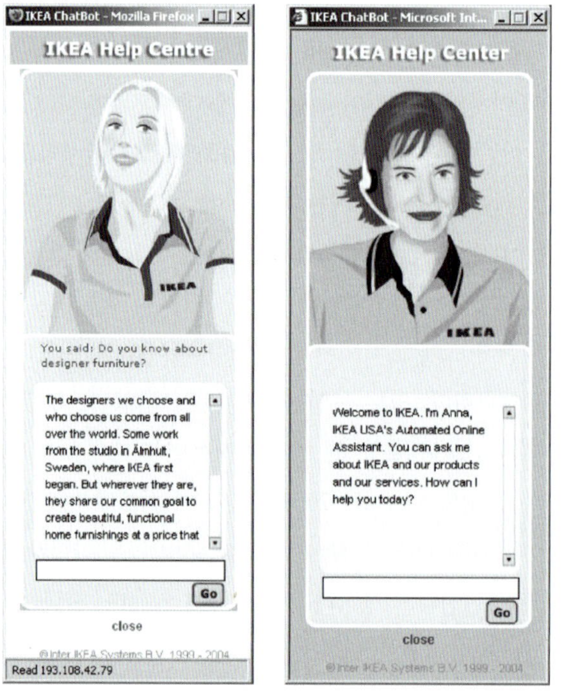

그림 1.7 영국과 미국의 고객을 위해 약간 다르게 그려진 온라인 세일즈 매니저 안나의 모습. 무엇이 다른 점이고 어느 쪽이 어느 나라를 위한 것일까? 인도, 남아프리카나 중국의 안나는 어떤 모습일까?
출처: Reproduced with permission from IKEA Ltd.

생각해보기 1.2
접근성

접근성이란 하나의 인터랙티브 제품에 얼마나 많은 사람들이 접근할 수 있는지에 대한 정도를 나타낸다. 초점은 장애가 있는 사람들에게 있다.

그러나 장애인이란 무엇을 의미하는가? 정의는 다양하지만 다음 내용이 주요 내용을 담고 있다.

- 정신적 또는 육체적 장애가 있다.
- 장애가 일상적인 활동을 수행하는데 어려움을 준다.
- 부작용이 상당하고 장기간 지속된다(12개월간 지속되었거나, 12개월 이상 또는 평생 지속될 가능성이 있음을 의미).

장애 여부 판단 기준은 시대에 따라 또는 회복 상황에 따라 달라진다. 덧붙여, 장애의 정도와 심각성은 일상생활 속에서 혹은 다른 환경조건 안에서 상황에 따라 달라질 수 있다.

사람들이 처음 접근성과 인터랙션 디자인에 관해 논할 때, 보통은 걸을 수 없거나 앞을 볼 수 없는 것과 같은 신체 장애를 떠올린다. 그러나 사용자가 한 가지 이상의 장애를 갖고 있을 수도 있다. 아래는 다양한 종류의 장애 일부를 보여준다.

- **색맹**: 남자 10명당 1명, 여자 200명당 1명꼴로 색맹을 가진 사람이 있다. 이들은 인터페이스 요소 간 색 구분이나 색으로 된 강조 표시를 보는데 어려움이 있을 수 있다.
- **난독증**: 보통은 읽기, 쓰기와 관련되지만, 난독증에는 다양한 종류가 있을 수 있다. 이 중 일부는 개념을 총괄적으로 이해하는 방식과 관련된다. 머릿글 또는 바닥글 배치와 같이 비교적 단순한 인터랙션 디자인에도 난독증이 있는 사람들은 서로 다르게 이해할 수 있다.
- **물리적 손상**: 이 범위는 작은 손 떨림을 가진 사람에서부터 허리를 펴기 어렵거나 팔다리가 없는 사람에 이르기까지 넓다.

Quesenbery(2009)는 대체로 우리가 사용성을 다룰 때 장애인을 고려하지 않은 채 제품이나 사이트 사용자를 겨냥하는 한편, 접근성을 다룰 때에 사용성과 관련 없이 보조, 편의 기술에 대한 접근 장벽을 없애는 데에만 신경을 쓰는 경향이 있음을 지적했다. 장애를 가진 사람을 위해서 접근성과 사용성이 모두 좋은 사용자 경험을 창조하는 것이 중요하다. ■

1.6 인터랙션 디자인과 사용자 경험

사용자를 이해해가는 과정에서 인터랙티브 제품 개발의 주요 목표를 확실히 하는 것이 중요하다. 업무에 효과적인 시스템 개발이 목표인지, 동기부여가 되는 학습도구 개발이 목표인지에 대해서 확실하게 짚어야 한다. 이를 위해, 사용성과 사용자 경험의 목표를 나누어 생각해보자. 그 동안 사용성 목표는 효율성과 같이 특정 사용성 기준을 만족하는지에 초점이 맞추어져 있었고, 사용자 경험 목표는 사용자 경험의 본질을 설명하는데 있었다. 그러나 이 두 가지 목표는 서로 크게 구별되지 않는다. 사용성은 결국 사용자 경험의 질을 높이는 근간이 되기 때문이다. 외형이 어떻고, 감성적 평가가 어떠한지도 사용성과 관련이 있다. 우리는 여기서 두 가지를 구별하지만, 사용자 경험 디자인에 있어서는 모두 동시에 고려해야 한다. 또한 HCI 분야에서는 이제까지 주로 사용성 측면을 고려해왔지만, 이제는 사용자 경험의 또 다른 측면에 관한 더 넓은 이해, 설계, 평가를 시도하고 있기도 하다.

1.6.1 사용성 목표

우리가 인터랙티브 제품의 사용성을 논할 때 사용자 관점에서 학습성, 효과성, 즐거움을 확인한다. 그리고 사용자가 직장, 학교, 일상생활에서 활동을 함에 있어 필요한 상호작용의 최적화 과정을 수반한다. 더 상세하게는 아래와 같은 목표로 나눠볼 수 있다.

- 효과성
- 효율성
- 안전성
- 유용성
- 학습성
- 기억용이성

사용성 목표는 보통 질문을 통해 다루어진다. 인터랙티브 제품과 사용자 경험의 여러 측면을 모두 파악하기 위해 디자이너에게 구체적인 수단과 방법을 제시하기 위함이다. 디자이너는 질문에 답을 하며 초기 단계에서부터 미리 잠재적 문제와 어려움을 알 수 있다. 그러나 '그 시스템이 학습하기 용이한가'와 같은 질문을 하는 것만으로는 부족하다. 사용자가 새로운 스마트 시계의 기본 기능을 파악하기까지 시간이 얼마나 걸릴 것인지, 기능에 대한 예측을 할 때 과거의 경험을 얼마나 참조할 수 있을 것인지, 모든 기능을 배우기까지 시간이 얼마나 걸릴 것인지 등과 같이 구체화 된 질문이 더 많은 정보를 이끌어낼 수 있을 것이다. 아래는 주어진 목표와 그에 관한 질문 내용들이다.

- 효과성은 일반적인 목표이며, 하고자 하는 일을 얼마나 잘할 수 있는가와 관련된다.

질문: 사람들이 이 제품을 사용하여 효과적으로 업무를 수행하고, 배우며, 필요한 정보를 얻고, 원하는 제품을 구입할 수 있는가?

- 효율성은 제품이 사용자의 업무 수행을 어떻게 지원하는가를 말한다. 이번 장의 초반에 보았던 구슬 응답기는 사용자가 메시지를 듣는 등의 기본 기능 수행에 있어서 — 최소한의 단계로 작업을 수행한다는 점에서 — 효율적이었다. 반면 보이스메일 시스템은 너무 많은 과정을 필요로 했기에 비효율적이었다. 사용자에게 있어 효율성은 하나의 버튼이나 핵심 버튼 몇 가지로 기능을 할 수 있는가의 문제가 될 수도 있다. 이러한 효율성 메커니즘이 잘 적용된 사례 중 하나가 온라인 쇼핑이다. 구매를 진행하기 전, 기본 개인정보 입력을 한다. 그 후, 다음 구매를 할 때마다 단순 클릭 한번으로 자신의 정보를 불러올 수 있다. 이 방법은 Amazon.com에서 개발하여 특허로 등록이 되어있다.

질문: 사용자가 인터랙티브 도구 및 제품의 사용법을 한번 터득하였다면, 계속해서 효율적으로 사용할 수 있을 것인가?

- 안전성은 위험한 상황과 원치 않은 상황으로부터 사용자를 보호하는 것을 말한다. 인간공학적 측면에서 볼 때, 안전이란 사람들이 일하는 외부 조건을 말한다. 예를 들어, X선 장비 또는 독성 화학 물질을 다루는 등의 위험한 환경에서 작업자는 컴퓨터 기반 시스템을 원격으로 제어할 수 있어야 한다. 안전의 또 다른 측면은 다양한 상황에서 사용자가 실수로 원하지 않는 행동을 취할 위험을 피할 수 있게 해주는 것을 말한다. 오류를 범할지 모른다는 불안감과 이것이 동작에 미치는 영향을 말한다. 따라서 더 안전한 인터랙티브 제품 제작을 위해서는 1) 오류를 저지를만한 상황을 만들지 말아야 하며(예: 잘못 눌렀을 때의 위험성이 큰 버튼을 서로 가까이 두지 않는다), 2) 에러가 발생했을 때 복구할 수 있는 수단을 마련해두어야 한다. 또한, 사용자가 그 장비의 여러 가지 기능을 안전하게 시도해 볼 수 있어야 한다(**그림 1.8(a)** 참조). 실행 취소 체계를 만들거나, 확정 버튼을 통해 사용자에게 다시 한번 의도를 확인 받는 절차를 추가할 수도 있다(**그림 1.8(b)** 참조).

질문: 제품 사용과 관련한 오류의 범위는 어떻게 되며, 어떤 방식으로 쉽게 복구할 수 있는가?

- 유용성은 사용자가 필요로 하고 원하는 기능을 올바르게 제공하는 정도와 관련이 있다.

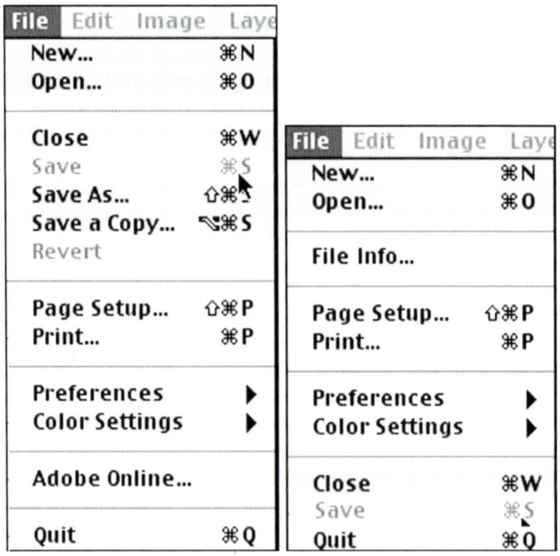

(a)

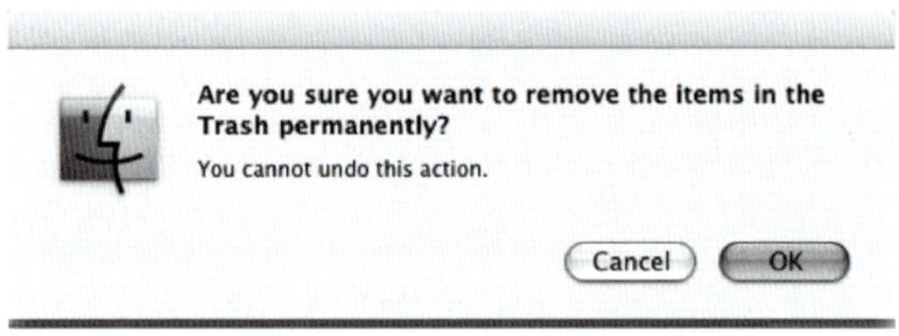

(b)

그림 1.8 (a) 안전한 메뉴와 그렇지 않은 메뉴. 어떤 것이 안전하고 왜 그런가? (b) Mac OS X의 경고 박스

높은 유용성을 가진 제품의 한 예는 회계사의 세금 계산, 장부 정리 등에 대한 강력한 계산 기능을 포함하는 회계관리 소프트웨어다. 유용성이 낮은 소프트웨어의 예로는 자유롭게 선을 그릴 수 있지만, 마우스를 활용해야 하며, 겨우 몇 가지 다각형만 제공되는 그림 그리기 소프트웨어를 들 수 있다.

질문: 제품이 사용자가 원하는 작업을 수행하는데 필요한 기능을 적절하게 제공하고 있는가?

- 학습성은 사용법 터득이 얼마나 용이한가를 뜻한다. 사용자들은 보통 시스템을 처음 보았을 때 사용법을 배우기 위해 많은 시간을 쏟고 싶어하지 않는다. 그들은 바로 시작해서 큰 노력 없이 어느 수준까지 올라가길 바란다. 특히 일상적으로 사용되는 이메일,

GPS 같은 인터랙티브 시스템에서는 더욱 그렇다. 하지만 웹 저작 도구와 같이 다양한 기능이 포함된 복잡한 시스템의 경우에는 오랜 시간 동안 배울 준비를 하기도 한다. 그런 경우에는 팝업 튜토리얼이나 과정별 매뉴얼과 실습 예제를 두는 방식으로 문제해결이 가능하다. 중요한 것은 사용자가 얼마나 많은 시간을 학습에 투자할 것인지를 정하는 일이다. 시스템을 다루기가 너무 어렵거나 사용자가 학습할 준비가 되어 있지 않다면 그것은 그저 낭비일 것이다.

질문: 인터페이스를 조작하고 몇 가지 작업을 해보면서 기능 터득이 가능한가? 이러한 방식으로 모든 기능을 터득하는 것이 얼마나 어려운가?

- 기억용이성은 한번 익히고 난 후 그 방법을 얼마나 쉽게 기억할 수 있는가와 관련이 있다. 해당 인터랙티브 제품이 그렇게 자주 사용되는 것이 아니라면 이 사안이 특히 중요해질 것이다. 몇 달 이상 사용하지 않은 제품을 다시 쓰려고 하면 기억이 나지 않는 경우가 종종 있다. 사용자가 매뉴얼을 꺼내서 매번 다시 읽어볼 수도 없는 노릇이다. 불행하게도 이와 같은 상황은 시스템이 잘못 설계된 상황에서도 종종 일어난다. 이 문제를 해결하기 위한 많은 방법들이 있다. 그 중 한 예는 의미 있는 아이콘, 명령어, 메뉴 옵션을 두어 기억을 돕는 것이다. 또한 옵션과 아이콘의 배치를 논리적으로 올바르게 하면 사용자가 기억하는데 큰 도움이 된다.

질문: 특히 자주 사용되지 않는 제품이나 작업과 관련하여, 어떠한 종류의 인터페이스가 기억에 더 도움이 되는가?

위에서 제시된 질문에 대한 답을 하며 사용성 목표를 아우를 수 있을 뿐만 아니라, 위 질문은 곧 사용성 평가의 기준이 된다. 작업 효율 측면에서의 사용성을 정량화할 수 있는 기준이자 구체적인 목표가 된다. 대표적인 사용성 평가 기준으로는 작업 수행 시간(효율성), 기능 학습에 필요한 시간(학습성), 재사용시 발생하는 에러의 수(기억용이성) 등이 있다. 이는 또한 작업의 생산성이 얼마나 증대되었는지, 학습성이 얼마나 높은가와 관련된 양적 기준을 제시해주기도 한다. 물론 사용자 경험의 전체적 수준을 대변하지는 못한다. 다음 장에서 사용자 경험 목표를 살펴보도록 하자.

1.6.2 사용자 경험 목표

인터랙션 디자인에서 필요한 여러 가지 사용자 경험 목표가 아래 **표 1.1**에 정리되었다. 감성과 느낌이 포함되었으며, 선호되는 것과 그렇지 않은 것으로 구분하였다.

표 1.1 사용자 경험의 선호 및 비선호 요소들

선호 요소들			
만족하는,	도움이 되는,	재미있는,	재미있는,
동기부여가 되는,	자극적인,	매력적인,	도전적인,
놀라운,	즐거운,	사교성을 증대시키는,	보람있는,
흥미진진한,	창의성을 자극하는,	감정적으로 충만한,	인지적 자극을 주는
비선호 요소들			
지루한,	불쾌한,	절망적인,	깔보는 듯한,
죄책감을 주는,	멍청해 보이는,	화나게 하는,	지나치게 깜찍한,
유아적인,	교묘한		

위의 많은 부분이 개개인이 시스템으로부터 느끼는 주관적인 생각이다. 이들은 사용자가 인터랙티브 제품과 상호작용하면서 얻는 비교적 객관적인 사용성 목표와는 다르다. 사용성 목표를 설명하는데 사용되는 용어들의 수가 한정된 반면, 사용자 경험은 그 다각적인 특성을 설명하기 위해 더 많은 용어가 사용한다. 그것들은 의미적으로 중복되기도 한다. 동일한 활동이지만 시간, 기술 및 장소에 따라 경험이 달라지는 것을 표현하기 위해 미묘하게 다양한 단어들이 사용된다. 예를 들어, 같은 음악을 들어도 샤워를 하며 들으면 즐겁고 차 안에서 들으면 신이 난다. 마찬가지로 강력한 음향 시스템은 감정적 흥분을 일으키지만 iPod Shuffle에서 음악을 듣는 것은 — 특히 다음 곡이 어떤 곡이 될지 모르는 상태에서 — 잔잔한 기쁨을 줄 수 있다. 주어진 시간과 장소에서 제품을 사용하는 사용자의 느낌, 상태, 감정, 감각 등을 가장 잘 전달하는 용어를 선택하는 과정을 통해, 디자이너는 다방면에 걸쳐 변화하는 사용자 경험을 이해할 수 있다.

실습해보기 1.3

표 1.1에는 사용자 경험의 긍정적인 요소가 부정적인 요소보다 많이 보여지고 있다. 왜 그렇다고 생각하는가?

조언

상기 목록에 보여진 것들이 사용자 경험에 대해 느낄 수 있는 모든 감정, 느낌 등을 나열한 것은 아니다. 좋은 측면이든 그렇지 않든 더 많은 느낌이 있을 수 있다. 긍정적인 측면에 대한 목록이 더 많은 것은 물론 긍정적인 경험을 더 많이 창출하기 위해서이다. 이를 이루기 위한 여러 가지 방법이 있다.

사용성 목표와 같이, 사용자 경험의 개념도 구체적 질문으로 다가올 때 더 쓸모가 있다. 예를 들어, 온라인 상점에서 가상의 판매원을 대하는 경험에 관하여 아래처럼 질문할 수 있다:

> 사용자는 가상 판매원과 어느 정도의 시간을 보내는가? 질문을 적을 때 가상의 판매원에 대한 의심을 멈추지 않는가?

그 효과에 대해 알아보기 위해 다음과 같이 물을 수 있다.

> 판매원의 인상에 대한 사용자의 첫 느낌은 무엇인가? 조롱, 당혹감, 반가움 중 하나인가? 미소 짓는가, 웃는가, 아니면 비웃는가?

즐거움, 재미, 흥분과 같은 사용자의 경험에 기여하는 요소를 통해 개념이 정의될 수 있다. 주의력, 페이스, 교감, 의식과 무의식적 제어, 묘사 방식, 흐름 등을 포함한다. 흐름이란 개념(Csikszentmihalyi, 1997)은 웹사이트, 비디오 게임 등의 인터랙티브 제품에 대한 사용자 경험 디자인에서 꽤나 잘 쓰인다. 그것은 음악을 들을 때와 같이 시간이 빠르게 흐를 때 발생하는 강한 감정적 개입을 말한다. 방문자들이 이미 예상할 만한 것들을 웹 인터페이스에 적용하지 않고, 의식의 흐름을 적절하게 유도하여 생각지 못한 곳들에 빠져들게 하는 것이다. 매거진 Wired와의 인터뷰에서 Csikszentmilhalyi(1996)는 "애피타이저로 시작하여, 샐러드와 주 요리를 거쳐 디저트까지 무의식적으로 자연스럽게 거쳐가는 것과 같다"라며 사용자 경험 디자인을 맛있게 잘 차려진 한 상의 식사에 비유했다.

컴퓨터 게임업계 종사자들은 즐거움과 사용성이 깊은 연관성이 있음을 오래 전부터 인지해 왔다. 반면 그것은 부작용을 일으키기도 한다. 많은 게이머들은 단순하지 않은 게임을 찾는다. 그것이 사용성을 저해하더라도 말이다(Frohlich와 Murphy, 1999). 스크린상에서 망치로 못을 박는 행위를 단순한 키보드 명령어로 수행하는 것이 더 좋은 사용성임에도 게이머들은 재미를 위해서 더 힘들고 실수가 많을 수 있는 플라스틱 망치를 휘두르고 싶어한다.

인터랙티브 제품 개발에 모든 사용자 및 사용자 경험 관련 목표가 적용되는 것은 아니다. 몇 가지 목표들은 서로 함께 적용되는 것이 어려울 수 있다. 가령, 조작 버튼 설계에 있어 안전과 재미가 함께 고려되기 어려운 것처럼 말이다. 사용성과 사용자 경험의 관계에 대한 본질적인 인식과 이해가 인터랙션 디자인에서는 매우 중요하다. 디자이너는 서로 다른 요소들의 조합에 대한 기회비용과 잠재적 충돌을 고민해야 한다. Carroll(2004)이 제안하듯이, 사용자 경험의 구성 요소를 명확히 하는 것이 각 요소에 대한 심도 있는 해석으로 이어진다. ■

생각해보기 1.3

사용성을 넘어: 설득력 있는 디자인

Schaffer(2009)는 사용성보다 사용자 경험에 더 치중하여야 한다고 주장했다. 그는 많은 웹사이트들이 사용자의 효율적 업무 수행보다 방문자 관심 끌기에 치중했다는 것을 지적한다. 예를 들어, 물건이나 서비스를 사고 파는 온라인 쇼핑몰의 중요 전략 중 하나는 방문자들이 이전에 생각지 못했던 물건을 찾아 구매하게 하는 것이다. 그래서 쇼핑을 단순하고 쉽게 하기 보다는 충동적 물건 구매를 부추기는 방식으로 디자인되고 있다. 이는 사용성과는 관련이 없고 설득, 감정, 신뢰와 관련된 디자인이다.

이 과정에서, 소비자가 물건을 구매하러 왔는지, 기부를 하러 왔는지, 멤버십을 갱신하기 위해 왔는지 등을 판단하고, 그들이 좋아할만한 혹은 필요할 만한 것들을 보여주고 제안해준다. 많은 항공권 예약 사이트들은 항공권뿐만 아니라 여러 부가 상품(예: 호텔, 여행자 보험, 렌트, 주차 등)으로 소비자들을 유혹한다. 그들이 구매한 항공권 옆에 현란한 이미지들을 함께 보여주면서 말이다. 소비자들은 이 유혹을 모두 거쳐야만 거래를 마칠 수 있다. 이러한 유혹은—식료품 상점에서 원하는 물건들을 찾으러 가기까지 다양한 상품들이 사기 좋게 진열되어 있는 것처럼—눈에 잘 띄고 즐거움을 주어야 한다. 몇몇 웹사이트는 너무 지나친 경우도 있다. 자동으로 보험, 특별 배송 같은 유료 상품이 장바구니에 담기고 소비자가 선택 해제를 해야 원하지 않는 품목이 제외된다. 이러한 경우는 부작용을 일으킨다. Harry Brignull은 이를 'dark patterns'라고 명명한다(http://darkpatterns.org 참조). 이와 같이 소비자들은 자기들이 인지하지도 못한 품목에 대해 비용이 매겨져 기분이 나빠지곤 한다(**그림 1.9** 참조). 해법은 소비자들이 신뢰와 편안함을 느끼는 방법으로 안내하는 것일 것이다. ■

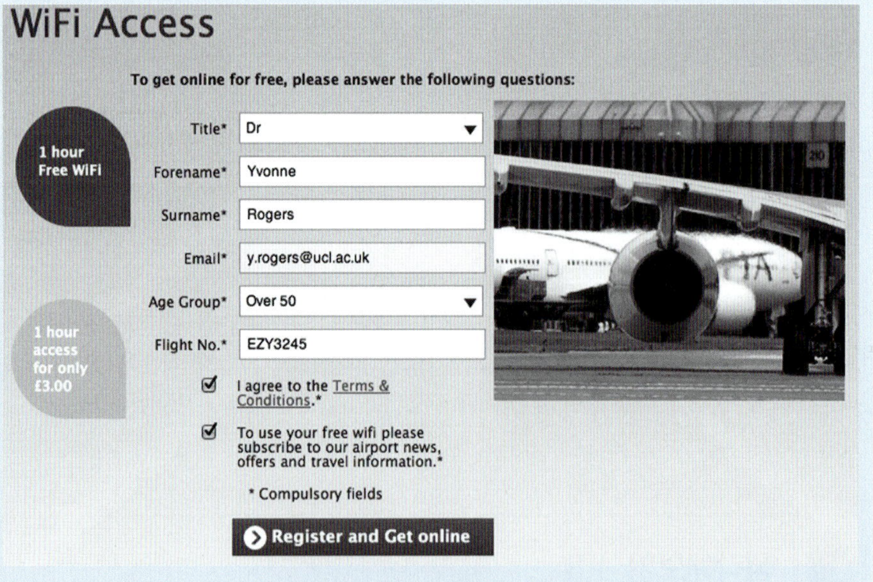

그림 1.9 Dark pattern. 이 공항에서 WiFi를 무료로 사용하기 위해서는, 뉴스, 제안 및 여행 정보에 대한 구독을 해야 한다. 위의 체크박스는 이미 눌려있고, 해제할 수 조차 없다.

1.6.3 디자인 원칙

디자인 원칙은 디자이너가 사용자 경험을 설계하는 과정을 도와준다. 디자이너가 디자인의 여러 방면을 모두 체크할 수 있게 해주는 일반화 가능한 추상적 개념들이다. 잘 알려진 예시 중 하나가 피드백이다. 제품은 사용자에게 적합한 피드백을 주어서 다음의 단계가 무엇인지 알 수 있게 해주어야 한다. 또 다른 예로는 점점 그 중요성이 부각되는 검색성이 있다(Morville, 2005). 이는 어떠한 기능을 얼마나 쉽게 발견하고 찾을 수 있느냐와 관련이 있다. 웹사이트에서 필요한 부분을 검색하고, 건물에서 출구를 찾고, 디지털 카메라에서 삭제 기능을 찾는 것 등이 있다.

디자인 원칙은 이론 기반의 지식, 경험, 상식의 혼합으로부터 도출된다. 이들은 보통 사전에 정리되어 디자이너가 무엇을 해야 하고, 무엇을 하지 않아야 하는지에 대한 가이드를 준다. 나아가 디자이너가 디자인에 대해 잘 설명하고 개선시킬 수 있게 해준다(Thimbleby, 1990). 하지만, 이 원칙들은 직접적으로 특정 아이콘을 그려주거나 웹사이트 구조를 만들어 주지 않는다. 디자이너가 스스로 할 수 있도록 도와주는 역할이다. 많은 디자인 원칙들이 이미 정리되어 있다. 잘 알려진 것들은 사용자가 무엇을 보아야 하고 무엇을 해야 하는지에 관한 것이다. 간략히 소개하자면 시인성, 피드백, 제약, 일관성, 그리고 유도성을 들 수 있다.

시인성(Visibility)

시각의 중요성은 본 장의 도입부에 나온 서로 대비되는 예시로부터 알 수 있다. 호텔의 보이스 메일 시스템에서는 대기 메시지가 존재하는지 혹은 몇 개 있는지 전혀 보이지 않았다. 반면 구슬 응답기는 단번에 확인 가능했다. 시각적으로 확인이 가능할수록 사용자는 이해하기가 쉽다. Norman(1988)은 자동차의 제어 장치를 예로 들었다. 각 제어 장치가 갖고 있는 기능은 확실히 눈에 보인다. 방향 지시등, 전조등, 경적, 비상등이 좋은 예시다. 기능의 역할도 그렇고 기능 제어를 위한 스위치의 위치도 손에 닿기 쉽고 직관적인 곳에 배치되어 있다.

반면에, 기능이 눈에 보이지 않으면 어떻게 사용하는지 알기 어려울 것이다. 예를 들어, 센서에 의존하는 자동화된 장치와 환경은 — 주로 위생과 에너지 절감의 이유와 결부되는 경우가 많은데 — 조작이 어렵고 켜고 끄는 것도 쉽지 않을 수 있다. 사용자는 이로 인해 좌절에 빠질 수도 있다(**그림 1.10** 참조). 손잡이, 버튼, 스위치와 같이 사용이 직관적인 장치를 보이지 않는 센서 등으로 교체하였을 때 사용자는 어떻게 작동시켜야 될지 몰라서 혼란을 겪게 된다.

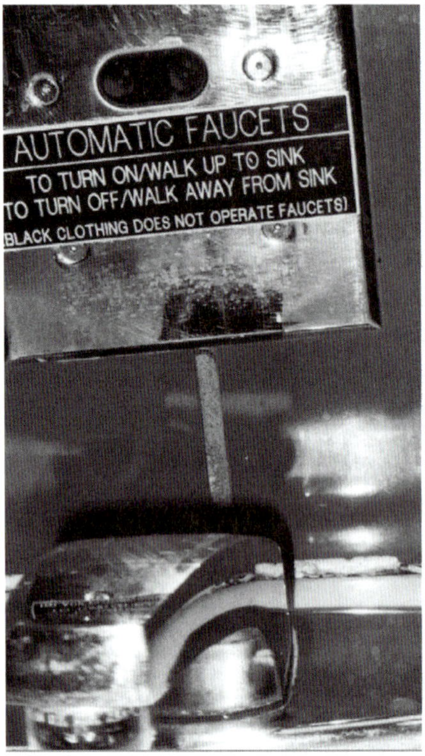

그림 1.10 신시내티 공항 내 화장실에 설치된 자동 센서이다. 어떻게 켜고 꺼야 하는지 알 수 없다.

피드백(Feedback)

시각과 관련된 다른 개념으로 피드백이 있다. 우리 일상에서 피드백이 없다면 삶이 어떠할지 상상해 보면 이해할 수 있다. 기타를 치고, 나이프로 빵을 자르고, 펜으로 글을 쓰지만 피드백이 몇 초간 나타나지 않는다고 상상해보자. 우리는 그 짧은 몇 초의 지연을 참을 수 없을 것이다. 나아가 다음 동작도 할 수 없게 된다.

피드백은 어떠한 행위가 이루어졌을 때, 무엇이 이루어졌는지에 대한 관련 정보를 제공해 주는 것이다. 이로써 사용자로 하여금 다음 단계를 진행할 수 있게 해준다. 인터랙션 디자인에는 많은 종류의 피드백이 있다. 음향, 촉감, 목소리, 시각 그리고 이들의 조합을 통해서 가능하다. 어떤 조합을 어디에 어떻게 사용할 것인지 결정하는 것이 중요하다. 올바른 피드백 사용은 사용자가 상호작용을 하는데 있어서 필요한 수준의 시인성을 확보하는데 도움을 주기도 한다.

제약(Constraints)

제약의 개념은 어떠한 순간이나 단계에서 발생할 수 있는 상호작용의 가짓수를 제한해 주

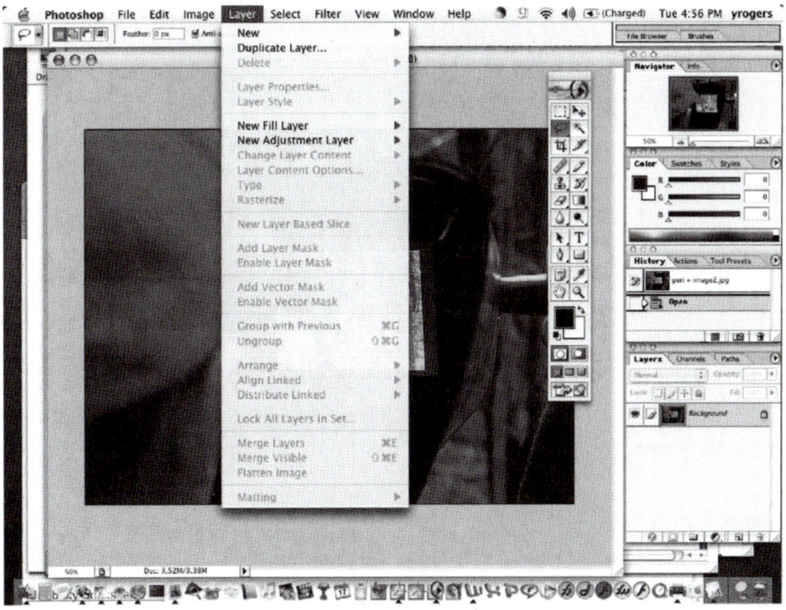

그림 1.11 논리적 제약의 예시. 회색으로 칠해진 부분이 메뉴에서 비활성화된 부분

출처: Adobe product box shot reprinted with permission from Adobe Systems Incorporated.

는 것이다. 여러 가지 방식으로 이를 가능하게 할 수 있다. 가령 그래픽 인터페이스 설계 시 클릭이 되지 않는 메뉴는 회색으로 표시함으로써 비활성화되었다는 것을 보여줄 수 있다(**그림 1.11** 참조). 이를 통해 사용자가 잘못된 옵션을 선택하지 못하게 할 수 있다. 여러 가지 표시 방법을 사용하여 사용자의 문제 해석을 도와주기도 한다. 화살표 등의 심볼은 개념들 간의 관계에 대해 이해할 수 있게 해주며, 컴퓨터 메인보드 슬롯과 같은 물리적인 커넥터 설계도 어떤 위치에 무엇을 꽂을 수 있는지 대해 직관적으로 알려준다. **그림 1.12**는 바람직하지 않은 예를 보여준다.

일관성(Consistency)

디자인에 적용되는 인터페이스나 요소들이 일정하게 유사한 기능을 수행하도록 하는 개념을 말한다. 일관된 인터페이스란 정해진 규칙을 따르도록 하는 것과 같다. 마우스 좌클릭을 통해 대상 선택을 하는 것이 좋은 예시이다. 반면 전반적인 예외를 허용하는 경우 일관성이 낮은 인터페이스가 탄생하게 된다. 특정 대상을 마우스 오른쪽 버튼으로만 선택할 수 있다면 사용자들은 혼란스러워질 것이다. 이런 경우 사용자가 기능을 기억하기 어려워지고 실수를 반복하게 될 것이다.

일관된 인터페이스의 장점 중 하나는 학습과 사용이 용이하다는 것이다. 하나의 버튼에 하

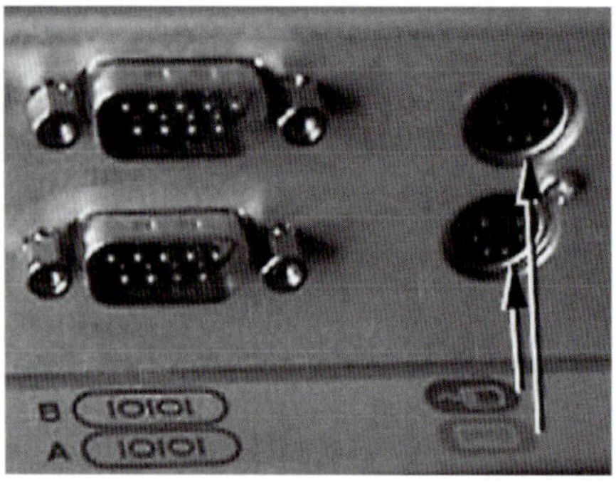

그림 1.12 마우스와 키보드의 플러그를 어디에 꼽을 것인가? 그림은 컴퓨터 뒷면의 일부를 보여주고 있다. 키보드와 마우스 슬롯이 똑같이 생겨서 어디에 무엇을 꼽아야 하는지 혼란스럽다. 이 상황에서 그림 표시가 도움이 되는가?

출처: Photograph courtesy of Baddesigns.com.

나의 기능을 넣는 간단한 원칙을 생각해 보자. 이러한 원칙은 기능이 많지 않은 단순한 인터페이스(예: 휴대용 라디오)에서 잘 통한다. 하지만 이것을 복잡한 장치(예: 워드 프로세싱 소프트웨어)에는 적용하기 어려울 수 있다. 수천 가지의 기능이 있다고 버튼을 수천 개 둘 수는 없다. 실제 버튼을 그렇게 만들었다고 할지라도 사용자가 각 버튼을 찾기는 매우 어려울 것이다. 더 효과적인 방법은 기능을 유형 별로 분류하고 그에 따라 버튼 혹은 명령어도 몇 개의 집합으로 나누어 배치하는 것이다.

유도성(Affordance)

유도성은 사용자가 사용 방법을 스스로 알 수 있도록 도와주는 특성을 말한다. 예를 들어 마우스 버튼은 처음 본 사용자에게 누를 수 있는 것처럼 보인다. 더 단순하게 표현하면, 실마리를 주는 것을 말한다(Norman, 1988). 어떠한 물체의 유도성이 명확하면, 상호작용하기가 매우 쉽다. 문의 손잡이는 당기기에 좋아 보이고, 컵의 손잡이는 손가락을 넣어 쥐면 좋을 것 같다. 그 동안 유도성이라는 용어가 인터랙션 디자인 분야에서 주목 받아왔으며, 인터페이스가 잘 만들어졌는지 여부를 판단하는 기준으로도 많이 사용되어왔다. 예를 들어 아이콘이 클릭할 수 있을 것 같아 보이는지, 스크롤바가 위아래로 움직일 수 있을 것 같아 보이는지, 버튼이 누를 수 있을 것 같아 보이는지를 기준으로 아이콘, 스크롤바, 버튼을 평가하고 묘사할 수 있게 된다.

Norman(1999)은 유도성에는 인지된 것과 실제로 그런 것의 두 가지 종류가 있다고 언급한다. 물리적 물체는 실제적 유도성을 갖고 있다. 손에 들어오는 손잡이 모양 등이 대표적 예시이며, 이런 것들은 학습이 필요 없다. 반면, 화면에서 나타나는 가상 옵션이나 인터페이스 등은 인지된 것들이다. 그는 이 두 가지 차이를 이해하여, 실제적 유도성을 갖는 장치를 가상 화면에 배치할 때 나타나는 오류를 피하는 것이 좋고, 인지적 유도성을 갖는 인터페이스 요소를 때에 따라 적극적으로 활용하는 것이 좋다고 역설한다.

우리가 여기서 다룬 디자인 원칙에 관한 대부분의 정보는 많은 웹사이트나 가이드북에서도 상세히 제공되고 있다. 웹디자인, GUI, 더 일반적으로는 인터랙션 디자인 관련 예시도 많다. 잘 알려진 가이드라인으로는 Tog의 First Principles of Interaction Design(asktog.com)이 있다.

디자인 원칙의 실제 적용

디자인 원칙을 적용할 때 발생하는 대표적인 문제 중 하나는 원칙들 간 상충관계이다. 예를 들어, 인터페이스에 제약을 너무 많이 가하면 시인성이 떨어진다. 또한 유도성에 신경을 너무 많이 쓰면 오히려 사용성이 나빠질 수 있다. 일관성의 경우에도 문제가 생길 수 있다. 한 부분에 일관성을 적용하면 다른 부분에서 일관성이 떨어질 수도 있다. 어떠한 경우에는 비일관적 인터페이스의 사용성이 더 좋을 수도 있다. Grudin(1989)은 집안에서 사용하는 칼을 예로 들어 이를 설명하고 있다. 집에는 여러 종류의 칼이 있을 수 있다. 버터를 바르는 용도, 스테이크 절단 용도, 횟감 정리 용도 등이 있다. 보관 및 사용을 위한 손쉬운 방법은 이 모든 것들을 한 곳에 두는 것이다. 하지만 칼마다 형태와 크기 및 용도가 다르다. 식탁에서 쓰는 칼은 싱크대나 부엌의 서랍에 넣어두면 모두가 쉽게 찾을 수 있다. 하지만 어떠한 칼은 너무 크거나 너무 날카로워 그곳에 두는 것이 위험할 수 있다. 페인트를 긁어내는 칼, 여행용 칼도 부엌에 두어야 할까? 특별 행사용 칼은 어떠한가? 일관성 법칙이 무너지고 있다는 것을 쉽게 깨달을 수 있다.

Grudin은 칼 보관에 필요한 장소의 숫자에 대해 설명하며, 비일관성에 대해 언급하였다. 이제 비일관성은 학습에 필요한 시간과 어려움으로 다가온다. 하지만, 적재적소에 칼을 배치한다면 때로는 찾기가 더 수월해진다. 부엌에서 쓰는 칼은 부엌에 보관하고 홈 프로젝트용 칼은 차고에 보관하는 것이 좋다. 이는 인터페이스 디자인에도 그대로 적용할 수 있다. 비일관성은 학습에 어려움은 있으나 궁극적으로는 사용성을 향상시킨다.

실습해보기 1.4

웹사이트 디자인의 주요 원칙 중 하나는 단순함이다. Nielsen은 디자이너들에게 먼저 필요한 요소를 나열하고 하나씩 지워나가게 한다. 대체될 수 있는 요소들은 삭제된다. 이렇게 하는 것이 좋은 방법이라고 생각되는가? 자신의 웹사이트 제작에 똑같이 적용해보고 어떻게 되는지 확인해보자. 어떤 부분에서 인터랙션에 문제가 생기는가?

조언

단순성은 확실히 중요한 디자인 원칙이다. 많은 디자이너들이 화면을 이것저것으로 채우려 한다. 이는 사용자가 원하는 것을 찾기 어렵게 만든다. 전체 기능의 훼손 없이 요소를 제거해 나가는 것은 많은 연습을 필요로 한다. 불필요한 아이콘, 버튼, 박스, 선, 그래픽, 그림자, 글 등이 지워지면 깨끗하고 탐색이 쉬운 웹사이트가 될 수 있다. 하지만 너무 많은 삭제는 시각적 아름다움과 재미를 제한할 수도 있다. 몇 가지 링크와 글 조각들은 방문자에게 썩 호감 가는 환경이 아닐 것이다. 좋은 인터랙션 디자인은 심미적 호소력과 최적화된 정보량의 균형을 유지하는 것이다. ■

과제

이 과제는 본 장에서 배운 내용을 실습해보기 위함이다. 구체적으로는, 사용성과 사용자 경험에 대해 정의하고 디자인 원칙을 질문으로 변환하여 인터랙티브 제품 평가에 적용해 보는 것이다.

리모콘, 디지털 카메라, 스마트폰 등 주변에서 쉽게 볼 수 있는 휴대용 기기를 찾아보자. 어떻게 디자인되었는지, 사용자가 어떻게 이 기기와 상호작용하는지 중점적으로 살펴보자.

a. 장치 작동방식 중 무엇이 좋고 나쁜지를 떠오르는 대로 나열하라.
b. 상호작용 과정에서 느껴지는 사용자 경험에 대해 묘사하라.
c. 이 장에서 배운 내용을 토대로, 장치 평가에 필요한 사용성과 사용자 경험 요소의 집합을 구성하라. 무엇이 가장 중요한 것이고, 왜 그러한가?
d. 사용성과 사용자 경험 요소의 집합을 2~3개의 질문으로 변환하라. 이들을 이용해 장치를 평가하라.
e. 이번에는 디자인 원칙을 적용하여 (c)와 (d)를 반복하라.
f. 마지막으로 (d)와 (e)의 답변으로부터 개선점에 대해 논의하라.

요약

이 장에서 우리는 인터랙션 디자인의 정의 및 앱, 제품, 서비스, 시스템 개발에서의 중요성을 설명하고 있다. 도입부에서는 좋은 디자인과 그렇지 않은 것을 인터랙션 디자인 관점에서 비교 설명하고 차이점을 보여주었다. 누가 그리고 무엇이 인터랙션 디자인에 관여하는지 짚어보았고 이어서 디자인 핵심 절차에 관한 내용을 다루었다. 사용성과 사용자 경험에 관해 상세히 살펴보았고, 어떻게 특성화되고 작동하는지 그리고 이는 어떻게 사용자 경험 향상에 기여하는지 알아보았다. 최근에는 사용성뿐만 아니라 사용자 경험에 대한 중요성이 증대되고 있다는 사실도 함께 보여주었다. 많은 핵심 디자인 원칙이 소개되어 디자인 절차에 대한 이해를 돕고자 하였다.

Key points

- 인터랙션 디자인은 사용자가 일상 및 업무 환경에서 더 나은 방식으로 소통하고 상호작용할 수 있게 도와주는 인터랙티브 디자인에 관련한 것이다.
- 인터랙션 디자인은 다양한 전공과 분야에 걸쳐진 많은 정보를 다룬다.
- 사용자 경험은 인터랙션 디자인의 핵심적 개념이다.
- 사용자와 인터랙티브 제품간 인터랙션 최적화는 사용성, 활용성, 접근성, 문화적 차이, 사용자 그룹 등의 많은 독립적 변수를 고려하여야 한다.
- 관련된 사용성과 사용자 경험 목표를 정의하고 상세화하는 것은 좋은 인터랙티브 제품 디자인으로 이어진다.
- 피드백과 단순성과 같은 디자인 원칙은 인터랙티브 제품의 분석과 평가에 있어 유용한 경험적 잣대가 된다.

Harry Brignull 인터뷰

Harry Brignull은 영국 Brighton에 위치한 사용자 경험 컨설턴트다. 인지과학 박사학위를 받았으며, 그의 논문은 사용자 연구와 인터랙션 디자인을 혼합하여 더 나은 경험을 만들어가는 것을 다루었다. Telegraph, Lloyds, British Airways, Vodafone 외 몇 개 기업체 컨설팅 경력이 있다. 여가 시간에는 인터랙션 디자인 관련 블로그 활동을 하며 많은 주목을 받고 있다. 90percentofeverything.com이 웹주소이며 꼭 둘러볼 만하다.

인터랙션 디자이너가 갖추어야 할 소양은 무엇인가?

훌륭한 인터랙션 디자이너는 유연한 능력을 가진다. 각 프로젝트는 마치 열쇠 없는 자물쇠와 같다. 당신은 다양한 전문성들을 갖고 있는 팀의 일원이고, 현재 진행하는 프로젝트는 어떠한 문제들을 갖고 있다. 처음에는 그 문제의 본질조차 파악이 되지 않는다. 인터랙션 디자이너로서 문제를 파악하고 팀원들의 능력을 이어줄 수 있어야 한다. 그러한 면에서 자신이 가지고 있는 기술을 다듬고 변형하여 현 문제에 적용 가능한 열쇠로 변환시킬 수 있어야 한다.

만약 개발자이면서 동시에 시각 디자이너인 뛰어난 능력을 가진 사람이 당신과 한 팀이 되었다면, 당신은 시제품을 스스로 제작할 필요가 없다. 당신이 잘할 수 있는 사용자 조사나 아이디어 기획에 더 신경을 써야 할 것이다. 또 다른 경우로, 디지털 제품 최적화와 같은 프로젝트를 맡았다면, 분석과 변환속도 최적화 등에 신경을 써야 할 것이다. 최근에 작업한 프로젝트에서는 간단한 소비자 관리 시스템 디자인을 맡았는데, 결국에는 사내 의사결정 방법의 분석과 변경에 많은 시간과 노력을 들이게 되었다. 이는 정확히 인터랙션 디자인은 아니었지만, 같은 문제 해결을 위한 또 다른 부분이었다. 인터랙션 디자인의 영역을 매우 좁게 봐서는 안 된다. 그것은 다양한 분야에 부드럽게 스며들게 있고, 디자이너는 이에 관한 거부감이 없어야 한다.

과거 몇 년간 인터랙션 디자인은 어떻게 바뀌어 왔는가?

확실히 말할 수 있는 건 터치 인터페이스와 애플리케이션 생태계이다. 스마트폰과 태블릿은 제품 전략에서 너무나 큰 부분이 되어 별도로 분류할 수 없다. 인터랙션 디자이너로서, 이 말은 iOS와 안드로이드를 모두 파악하고 있어야 한다는 뜻이다. 또한 변화가 빨라서 당장 오늘 할 일보다 미래를 내다보는 일에 집중해야 한다. 다음은 무엇이고, 어떠한 디자인 기회가 올 것인가? 다음과 같은 질문도 해야 한다. 제품이 태블릿, 손목시계, 콘솔게임 등과 같이 여러 인터페이스 상에서 함께 개발되어야 한다면 어떻게 하여야 하는가? 실내 위치인지 기술을 갖고 있다면 어떻게 적용할 것인가?

제스처 인터페이스 관련 시제품 개발은

포인트-클릭과 같은 웹 UI만큼 간단하진 않았다. 다양한 터치 동작과 세밀한 UI 에미네이션을 고려해야 한다. 이는 Axure와 Omnigraffle과 같은 UI 프로토타이핑 도구의 이용을 크게 제한했다.

현재 어떤 프로젝트를 진행 중인가?

영국 거대 보도기관 앱 개발에 참여하고 있다. 다양한 읽기 경험 관련 세부사항이 있다. 작은 디테일 하나하나를 설계하는 것이 재미있다. 제스처 인터페이스에서 매거진 스타일 읽기와 신문 스타일 읽기를 가르는 작은 차이에 집중하고 있다.

요즈음 인터랙션 디자인 분야에서 무엇이 당신과 가장 큰 어려움이라고 생각하는가?

인터랙션 디자인의 길은 끝없는 배움과 연습이다. 가장 큰 어려움은 이를 끊임없이 해내는 것이다. 당신이 분야 최고 능력자라고 느껴져도, 기술은 이 순간에도 계속 발전하고 있고, 다음을 계속 염두에 두어야 뒤처지지 않을 수 있다. 사실 인터랙션 디자인에서는 변화가 너무 빨라서 당신이 이 글을 읽고 있을 때면 이 글은 이미 낡은 것이 되어버렸을 것이다.

당신이 매일 하는 일 중에서 정말 편안함을 느낄 만큼 기계적이고 반복적인 일이 있다면, 이제 밖으로 나가서 때로는 못 해 본 것, 편안하지 않은 것에 도전해보라.

시제품 평가결과가 생각보다 좋지 않다면, 이를 어떻게 해결하는가?

목표가 무엇이냐에 달렸다. 그저 보고만 할 따름이라면, 그렇게 하고 떠나라. 그러나 고객과의 좋은 관계를 갖고 싶다면 개선점을 찾아라. 이는 단순한 디자인 결정에 관한 문제가 아니다. 왜 이렇게 좋지 못한 결과가 도출된 것인지를 조직의 관점에서 파악해야 한다. 디자인 과정에서 문제가 있었을 수도 있고, 팀의 구조나 능력의 문제였을 수도 있으며, 의사결정에서 문제가 있었을 수도 있다. 팀의 규모가 크다면 시일이 필요하다.

평가 결과가 좋지 않을 때는 기본적으로는 그들의 상황이 좋지 않고 그들에게 책임이 있음을 설명해야 한다. 그들 입장에서는 당황스럽고 우울할 것이다. 관점을 공유하고 앞으로 나아갈 수 있는 방향을 제시하며, 언제나 디자인의 문제점뿐만 아니라 개선점을 함께 제시해라.

Notes

1. 인터랙티브 제품이란 용어를 인터랙티브 시스템, 기술, 환경, 도구, 애플리케이션, 서비스, 장치 등의 모든 대상을 아우르기 위해 사용했다.
2. 장애인 관련 적합한 용어는 나라마다 다르다. 장애를 가진 사람(people with disabilities)이란 표현이 미국에서는 더 선호되지만, 영국에서는 장애자(disabled people)란 표현이 더 선호된다. 이 책에서는 미국에 기준을 두었다.

Chapter 02 인터랙션의 이해 및 개념화

목표

이 장의 주요 목표는 다음과 같다.

- 문제공간의 의미에 대해 설명한다.
- 인터랙션을 어떻게 개념화하는지 설명한다.
- 개념적 모델이 무엇이고 어떻게 표현하는지 표현한다.
- 개념적 모델의 일부분인 인터페이스 메타포 사용을 논의한다.
- 개념적 모델 개발과 관련된 핵심 인터랙션 유형의 초안을 만들 수 있다.
- 인터랙션 디자인의 패러다임, 비전, 이론, 모델과 프레임워크를 할 수 있다.

2.1 개요

당신에게 사람들이 사진, 영화, 음악, 채팅, 문서 등을 효율적이고, 안전하며 재미있는 방식으로 공유할 수 있는 애플리케이션 설계에 대한 제안이 들어왔다고 상상해보자. 무엇을 할 것인가? 어떻게 시작할 것인가? 인터페이스에 대한 스케치부터 시작할 것인가, 시스템 아키텍처의 구조에 대해 작업할 것인가, 프로그래밍부터 할 것인가? 아니면 사용자들의 파일 공유 경험에 대해 조사할 것인가? 혹은 Dropbox같은 기존 제품을 분석한 후, 이를 토대로 어플리케이션을 개발해야할 이유와 방법에 대해 생각해 볼 것인가?

이 모든 과정은 무엇을 설계하고 만드는지에 달려있다. 인터랙션 디자인은 관례적으로는 사용자들을 조사하고, 그들의 생각을 스케치하며 시작한다. 애자일UX(12장 참조)에서는 디자인 과정 초기에 아이디어를 코드 형태로 표현하는 것부터 시작한다. 디자인을 어떻게 할 것인지 그리고 왜 하는 것인지에 관한 초반의 이해가 이후에 많은 시간, 노력, 비용을 절감하게 해준다. 호환성이 없거나 사용성이 떨어지는 디자인들은 비교적 쉽게 만들어질 수는 있다. 하지만 그러한 원시적 디자인이 사용자 경험 차원에서 적절한 것인지 여부를 파악하는 능력은 배움과 연습을 통해 터득된다. 이는 체크리스트를 따라가며 하룻밤 사이에 해결할 수 있는 일이 아니며, 이슈 파악, 이해, 확인을 오랜 기간 반복하며 배워야 한다. 이번 장에서 우리는 관련된 절차들에 대해 알아보고자 한다. 특히, 우리는 인터랙션을 이해하고 개념화하는 방법에 초점을 맞추고자 한다.

2.2 문제공간에 대한 이해와 인터랙션 개념화

인터랙티브 제품 창조 과정은 너트, 볼트와 같은 기초 수준에서 시작하는 것이 좋다. 수많은 물리적 인터페이스, 기술, 인터랙션 스타일 중에서 어떤 것을 사용할 것인지, 예를 들어 멀티터치, 음성인식, 그래픽 사용자 인터페이스, 증강현실 중 무엇을 선택할 것인지 고민하는 단계부터 시작한다. 하지만, 이 단계에서 시작하게 되면 사용성과 사용자 경험(1장 참조)에 대해 경시할 수도 있다. 예를 들어, 자동차 내에 설치된 엔터테인먼트, 전화, 내비게이션 통합시스템(한국에선 이미 현실화되어 있다. **그림 2.1(a)** 참조)을 설계한다고 상상해보자. 그러한 장비는 어떤 이들에게는 매력적일 수 있다. 스포츠 게임을 감상하고, 집 주변 프랜차이즈 커피

(a) (b)

그림 2.1 (a) 한국에 출시된 GPS, TV 통합 시스템, (b) HP 미래형 소프트웨어 CoolTown 스크린샷. 차량의 상태와 운행 계획 관련 정보가 앞 유리에 표현된다. 음성 인식 인터페이스를 사용할 수 있다. 이렇게 하면 안전에는 문제가 없을까?

출처: (b) http://www.ibiblio.org/jlillie/cooltown/lillie.htm.

숍을 찾을 수도 있다. 하지만 또 다른 이들은 '운전 중에 얼마나 산만할까?'라고 벌써 걱정했을 수도 있다. 새로운 프로젝션 기술에 대해 생각해보자. 차량 내 거치된 디스플레이에 여러 가지 많은 정보를 모두 띄워두기보다 차량 곳곳(예: 대시보드, 백미러, 앞유리 등)에 화면을 투사하여 정보를 배치하는 것이다(**그림 2.1(b)** 참조). 이는 때때로 운전자를 더 큰 위험에 빠지게 할 수도 있다. 운전자의 주의를 전방이 아닌 다른 곳으로 돌리기 때문이다.

때에 따라서는 어떤 기술을 사용하는 것이 좋을지 사전에 선택할 필요가 있겠지만, 보통은 문제 공간을 정의하고 결정하는 것이 좋다. 즉, 현재 고려되는 사용자 경험과 제품이 무엇인지 그리고 어떻게 개선되고 변화되는지에 관한 이해와 개념화가 필요하다. 이는 디자인 팀의 아이디어가 일상생활 속 사람들의 소통 방식을 지원하고 향상시키는지 깊게 생각해 보아야 한다. 위의 사례에 대입해보면, 운전 시 발생 가능한 문제가 무엇인지 정의해야 한다. 화면을 통해 지도를 보는 상황에 안전 관점에서 문제는 없는 것인지 등에 대해서 말이다.

1장에서 강조한 바와 같이, 사용성과 사용자 경험 목표를 정의하는 과정은 문제공간을 이해하기 전에 선행되어야 한다. 바탕이 되는 확실한 가정과 주장을 만들어 두는 것도 중요하다. 가정이란 '운전자는 운전을 하면서 동시에 TV도 보고 싶어할 것이다'와 같이 확인이 필요한 전제를 말한다. 주장이란 '운전시 내비게이션 시스템 제어 방식에 음성인식 방식을 넣으면 안전 운전이 가능하다'와 같이—마찬가지로 확인이 필요할 수 있고—일단 맞는 것으로 선언하는 것이다. 가정과 주장을 적어보고 근거가 되는 내용을 추가해보자. 그렇게 하면 미진했던 생각들이 점차 형태를 갖추어 가게 될 것이다. 많은 현업 과제에서 문제가 될만한 인간의 활동을 정의하고 보완하기 위해 이러한 과정이 적용된다. 참고로 이 과정은 지금까지 존재하지 않았던 사용자 경험을 창조해야 하는 과제와는 맞지 않을 수도 있다.

문제공간을 구축해가는 과정은 일반적으로 팀 단위로 행해진다. 당연하겠지만 팀원들은 문제공간에 대해 서로 다른 관점을 갖고 있을 것이다. 예를 들어, 프로젝트 책임자는 예산, 납기, 인건비에 관련한 문제에 대해 고민할 것이고, 소프트웨어 엔지니어는 자신이 해야 할 일을 상세한 기술적 개념으로 나누고 싶어 할 것이다. 각 관점들을 통폐합하여 하나로 엮는 것이 중요하다. 비록 많은 시간이 소요되고 때로는 동의가 이루어지지 않을 수도 있더라도, 만약 합치된 결과가 나온다면 그것은 그간 소모된 비용을 상회하고도 남게 된다. 잘못되고 근거 없는 가정과 주장을 줄임으로써 나중에 선호되지 않고 사용성도 떨어지는 대안이 나올 가능성을 줄이는 것이다. 더 나아가 초기 과정에서 이렇게 시간을 쏟는 것은 더 많은 대안을 도출할 수 있게 해주기도 한다. 생각해보기 2.1은 가정과 주장에 관해 논의하는 한 팀에 대한 가상의 시나리오를 보여준다. 어떻게 문제가 확인되고, 팀에 의해 해결되어 가는지 확인해 보자.

생각해보기 2.1
디자인팀 구성원들이 제안한 가정과 주장을 강조하는 초기 단계의 가상 시나리오

한 대형 소프트웨어 회사는 스마트폰용 웹브라우저 관련 업그레이드가 필요하다고 결정했다. 마케팅팀에서 고객들이 다양한 브라우저를 사용한다는 사실을 알아냈기 때문이다. 마케팅팀은 그들의 브라우저가 뭔가 잘못되었고 경쟁사가 더 나은 브라우저를 갖고 있다고 **가정**했다. 그러나 자사 브라우저에서 무엇이 잘못되었는지는 모른다. 이 프로젝트를 맡은 디자인팀은 일단 사용성을 증진시켜야 한다고 **가정**했다. 그들은 인터페이스 기능을 더 단순화하고 매력적이고 유연하게 함으로써 고객들을 다시 돌릴 수 있으리라고 **주장**했다.

연구원들은 사람들이 스마트폰에서 브라우저를 어떻게 사용하는지에 관한 사용자 연구를 우선 수행했다. 그들은 시장에 출시되어 있는 다른 모바일 웹브라우저도 확인하였고, 기능성, 사용성 측면에서 비교해보았다. 연구원들은 또한 많은 사용자들을 관찰하고 그들과 소통하기도 하였다. 이 결과 여러 가지 사용성 관련 문제를 발견하였고, 그 중 몇 가지는 생각지도 못한 것이었다. 가령 사용자들은 북마크 기능을 사용하지 않았다. 관련해서 연구자들은 팀원들과 함께 회의를 하였다. 한 연구원이 웹브라우저의 북마크 기능은 에러를 내기 쉽다고 **주장**하였고, 이것이 브라우저를 사용하지 않는 이유일 것이라 **가정**했다. 또 다른 연구원이 이에 동의한다면서 북마크를 한 폴더에서 다른 폴더로 이동시키는 것이 쉽지 않다고 하였다. 또 다른 연구원도 이에 대해 동의하였다. 폴더 간 이동이 힘들고 원하지 않은 폴더로 이동되곤 한다는 것이다.

이윽고 한 연구원이 회의 내용을 토대로 북마크 기능은 더 이상 필요하지 않다고 **주장**하였다. 그는 대부분의 사람들이 북마크를 하지 않으며 과거의 히스토리를 검색해 원하는 사이트를 재탐색한다고 **가정**했다. 그러자 다른 연구원이 이에 이의를 제기했다. 그는 많은 사용자들이 사이트 방문 이력을 남기고 싶어하지 않기 때문이며 이런 사람들에게 북마크 기능이 꼭 필요하다고 **주장**하였다. 사람들은 썸네일이나 탭 등 여러 가지 해결책에 대해서 논의하기 시작하였는데, 북마크 기능을 없애자고 주장했던 연구원은 작은 화면 때문에 여러 기능을 담아내기 힘들다고 우려하였다.

북마크의 장단점과 관련하여 많은 토의를 거친 후에, 팀은 결국 기능 보완을 위한 추가 조사를 진행하기로 하였다. 현재 웹브라우저의 구조가 너무 답답하다는 사실과 이를 단순화시켜야 한다는 사실에는 모두들 동의하였다. ■

사람들의 갖고 있는 가정과 주장을 분류하고 나열하는 것은, 디자인팀이 전체적으로 문제 공간에 대해 가지고 있는 다양한 관점을 알 수 있게 해주고 충돌하는 부분을 드러나게 한다. 다음은 디자인팀 내 문제 해결을 위해 던질 수 있는 핵심 질문들이다:

- 기존 제품 및 사용자 경험에 관한 문제가 있는가? 그렇다면 그것은 무엇인가?
- 왜 문제인가?
- 당신의 제안이 어떻게 이 문제를 해결할 수 있는가?
- 만약 그 어떠한 문제도 없지만 새로운 사용자 경험을 창출하고자 한다면, 어떻게 접근할 것인가?

실습해보기 2.1

상기 질문 항목들을 이용하여 3D TV와 관련된 주요 가정과 주장을 설명하라. 그리고 곡면(커브드) TV에 대해서도 이 과정을 반복하라. 두 제품에 적용되는 가정들이 유사한가?

조언

3D TV는 2010년 경에 곡면 TV는 2014년 경에 출시되었다. 그들이 제공하는 사용자 경험에 대해 특히 영화 감상, 스포츠 이벤트, 드라마 관련 많은 과장이 있었다. 3D TV에 대한 **가정**은 사람들이 3D 감상을 위해 특수 안경 착용을 주저하지 않으리라는 것, 그리고 이를 위해 추가 비용을 기꺼이 내리라는 것 등이다. **주장**은 사람들이 3D로 제공되는 선명도 및 색상에 매료된다고 생각한 점이다. 이러한 점은 아바타와 같은 3D 기반 영화의 성공에 근거하였다. 곡면 TV에 대한 **가정**은 거실에서 볼 때 감상 시야각을 최적화할 수 있으리라는 것이었다. 하지만 두 TV 모두에 대해 다음과 같은 회의적인 시각이 있다. 과연 거실에서 사용하기에 적합한지 여부에 대한 것이다. 일단 일반적인 형태의 TV와 관련해서 드러나는 문제는 없었다. 두 제안은 모두 TV를 경험할 수 있게 해주는 새로운 방식이다. 이러한 부가 기능에 대해 소비자들이 기꺼이 많은 돈을 쓸 것인가? 많은 사람들이 이 제품들을 구매했다. 하지만 근본적 사용성 문제가 간과되었다. 그것은 바로 멀미였다. 더불어 안경이 소파 뒤로 넘어가는 등 쉽게 분실되는 것도 문제였

그림 2.2 3D TV를 감상하고 있는 가족

출처: Andrey Popov/Shutterstock.com.

다. TV를 보며, 다른 채널을 확인하거나, 문자를 보내거나 Twitter(많은 사람들이 TV를 보며 스마트폰, 태블릿 등의 기기를 동시에 활용한다)를 보는 등의 행위가 전에 비해 더 불편해졌다. 이러한 사용성 문제들 때문에 많은 사람들이 얼마 지나지 않아 3D TV 사용을 멈추었다. 곡면 TV는 특수 안경 착용을 강요하지 않았지만, 향상된 품질이 추가 비용을 낼 만큼의 가치가 있는지는 여전히 의문이었다. ■

문제 공간에 대한 확실한 이해는 디자인하는 대상을 개념화 할 수 있게 해준다. 이는 제안된 시스템과 사용자 경험에 대한 특성화로부터 시작된다. 초기 개념화가 가져오는 장점은 다음과 같다.

- **방향 설정**: 디자인팀으로 하여금 개념적 모델이 사용자에게 어떻게 이해되는지에 관해서 자세한 질문을 던질 수 있게 해준다.
- **열린 마음**: 사소한 문제에만 주의를 기울이지 않게 해준다.
- **상호 이해**: 디자인팀 내에서 모두가 이해하고 동의하는 용어들을 정의할 수 있게 해주고 오해와 혼돈을 미리 없애준다.

개념적 모델이 일단 만들어지고 나면 다음 단계에 어떻게 나아가야 하는지 청사진이 쉽게 그려진다. 청사진은 문서 또는 도식으로 표현될 수 있으며 디자인팀의 선호도에 따라 표현 방식이 정해진다. 개념적 모델은 더 상세한 설계 자료를 개발하기 위한 근간이 된다. 결국 개발 기간을 단축시켜주고, 사용자 작업의 효율성을 높여주며, 더 나은 소비자 평가로 이어진다(Johnson과 Henderson, 2012).

2.3 개념적 모델

어떻게 개념적 모델을 개발하고 어떻게 좋은 모델을 만들 수 있을까? Johnson과 Henderson(2002)의 개념적 모델로부터 시작해보자. 그들은 이를 '시스템이 어떻게 조직되고 운영되는지에 대한 고차원적 설명'이라고 표현하였다(Johnson과 Henderson, 2002, p. 26). 같은 맥락에서, 사람들이 제품을 가지고 무엇을 할 수 있는지, 사용하기 위해 무엇을 이해하여야 하는지에 관한 추상적인 설명이라고 볼 수 있다. 이 수준에서 디자인을 개념화하는 것의 주요 장점은 기계적으로 위젯을 배치하기 전에 일단 생각을 한 번 더 할 수 있게 해준다는 것이다(Johnson과 Henderson, 2002, p. 28).

요약하면 개념적 모델은 일반적 개념들과 그 상호 관계에 대한 전략을 제공해 준다. 핵심 구성 요소는 다음과 같다.

- 제품 사용처의 이해, 특정 작업(예: 탐색, 북마크) 실행을 도와주는 은유와 유추
- 사용자가 만들고 조작하는 등의 작업을 포함하여 제품 사용을 통해 노출되는 개념
- 이러한 개념들 간 관계(예: 개념들 간 포함 관계, 상대적 중요도)
- 만들어진 개념과 실제로 구현된 사용자 경험 간 관계

여러 종류의 은유, 개념, 그리고 그들 간 관계가 어떻게 잘 정리되었는지가 사용자 경험의 질을 결정한다. 이를 통해 디자인팀은 여러 대안에 대한 장단점을 논의할 수 있고, 나아가 개념을 어떻게 발전시키고 어떻게 사용자 작업으로 재탄생시킬 것인지 논의할 수 있다. 검색, 탐색, 재방문 등의 작업과 관련하여 어떠한 은유가 사용자들에게 더 선호될 것인지에 대해서도 논의할 수 있다. 예를 들어, 저장된 페이지를 나열하고 재방문하는 최선의 방법은 무엇일까? 얼마나 많은 화면 구성 요소들(예: 폴더, 바 등)이 사용되어야 할까? 한 번 적용된 은유나 개념이 또 다른 대상에 동일하게 적용될 수도 있다. 이렇게 함으로써 디자인팀은 인터넷 탐색에서 어떠한 방법이 가장 단순하고, 효과적이며, 기억에 남는 방법인지 체계적으로 찾아낼 수 있게 된다.

가장 좋은 개념적 모델은 가장 명백해 보이는 것이다. 직관적이어야 한다. 물론 때로는 복잡한 모델에 기반한 결과물이 도출되기도 한다. 특히, 수많은 업데이트 및 업그레이드가 이루어지고, 기존 모델에 많은 기능이 추가되었을 때 더 그렇다. 초창기에는 특정 기능 실행을 위한 한 가지 방법만 있었다고 해도, 나중에 여러 실행 방법이 추가되곤 한다. 예를 들어 윈도우 운영체제에서 파일을 삭제하는 방법을 들 수 있다. 'Ctrl+D'로 지우는 방법, 음성 인식으로 지우는 방법, 휴지통으로 드래그해서 지우는 방법 등이 있다. 사용자는 여러 가지 방법 중에 결국 자신이 선호하는 방법을 사용하게 된다. 그리고 당연하게도 자신이 오래도록 사용해 온 방식에 변화가 생기면 불편함을 느낀다. 이와 같은 상황에서는 특정 작업 수행 시 여러 가지 방법을 제시하는 것이 타당하다.

많은 인터페이스 애플리케이션은 실제로 잘 만들어진 개념적 모델을 기반으로 하고 있다. 예를 들어, 온라인 쇼핑몰의 개념적 모델은 실제 쇼핑몰에서 겪게 되는 사용자 경험을 토대로 만들어진다. 이 모델에는 사용자가 사고 싶은 물건을 카트에 담는 것부터 시작해서 계산대까지 가는 것까지 모든 과정이 포함된다. 물론 아직 출시되지 않은 제품을 구입하는 경우에는 온라인과 실제 사이에 약간의 차이가 날 수 있다. 어쨌든 이제는 온라인 쇼핑몰의 개념적 모델과 관련하여 많은 정형화된 양식들이 존재하기 때문에, 디자이너가 온라인 쇼핑몰 기획 시

생각해보기 2.2
디자인 컨셉

종종 사용되는 또 다른 용어로 디자인 컨셉이 있다. 이는 디자인을 위한 일련의 아이디어 묶음으로 생각할 수 있다. 보통 시나리오, 이미지, 무드보드, 문서 등으로 구성된다. 예를 들어, **그림 2.3**은 빌딩 내에서 바닥 조명으로 사람들의 행동을 변화시키기 위해 디자인 컨셉의 첫 장이다. 이 디자인 컨셉의 내용은 사람의 움직임에 따라서 밝혀지는 바닥 조명이다. 빌딩 입구의 깔린 카페트에 설치되어 내방객들을 계단으로 유도할 것이다(Hazlewood *et al.*, 2010). ■

그림 2.3 바닥 조명 디자인 컨셉 첫 장

백지에서 시작할 필요가 없다. 온라인 쇼핑몰뿐만 아니라 온라인 양식 작성, 모바일 탐색 등도 마찬가지지다(12장 참조).

완전히 새로운 개념적 모델이 우리의 일상생활 방식을 바꾸는 일은 드물다. 데스크탑(1970년대 후반 Xerox가 개발), 스프레드시트(1970년대 후반 Bricklin과 Frankston이 개발), 웹(1980년대 후반 Berners Lee가 개발)의 경우에는 개념적 모델이 한 번 정립된 이후 지금까지 계속 사용된다고 볼 수 있다. 이들은 모두 기존에 전문가용으로만 사용되던 것을 모든 사람들이 쓸 수 있도록 바뀐 것들이다. 각각 다음과 같은 특징을 들어볼 수 있다. 첫째, 사무실 업무를 극적으로 변화시켰다(작성, 편집, 인쇄를 모두 포함한다). 둘째, 회계 업무가 더 유연하고 쉽게 이루어질 수 있게 하였다. 특히 스프레드시트에서 단순 인터랙티브 박스를 채우는 것만으로도 새롭고 복잡한 계산 결과가 추가될 수 있었다. 셋째, 누구든지 정보를 원격으로 탐색할 수 있게 하였다. 최근에는 전자책과 태블릿 등이 소개되면서, 독서하기, 의견 달기, 하이라이팅, 복사하기 등과 같은 부가적 성격의 작업들이 가능해졌다. 더 중요한 것은 이 모든 개념적 모델들은 우리에게 친숙한 기존의 활동들을 참고했다는 것이다.

생각해보기 2.3

전통적인 개념적 모델: The Star

1981년 Xerox가 개발한 The Star Interface(그림 2.4 참조)는 개인용 컴퓨터 디자인에 일대 혁신을 일으켰다(Smith *et al.*, 1982; Miller와 Johnson, 1996). 오피스 시스템으로서, 컴퓨터와 친숙하지 않은 사용자들을 대상으로 하였으며, 개념적 모델은 오피스 환경을 참고하였다. 종이, 폴더, 캐비닛, 메일박스 등이 화면 상에 아이콘으로 나타났고, 그들의 실제 물리적 기능을 그대로 수행하게 하였다. 문서 아이콘을 드래그하는 것은 마치 실제 종이를 집는 것과 같은 상황을 연출했고 — 물론 실제 드래그 행위와 종이 집는 행위는 완전히 다르다 — 폴더에 넣는 것은 실제 사무실에서 폴더 정리를 하는 것과 유사하였다. 또한 실제와는 다르지만 예측 가능한 새로운 컨셉트도 추가되었다. 예를 들면, 데스크탑 프린터 아이콘에 문서를 드래그 하면 실제 인쇄가 되었다. ■

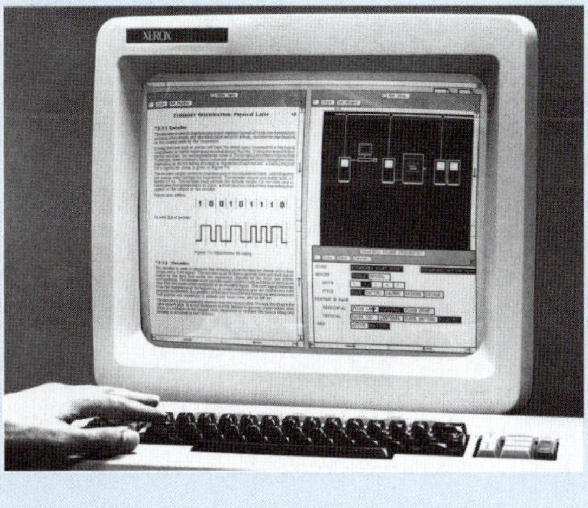

그림 2.4 The Xerox Star

출처: Courtesy of Xerox.

Video of the history of the Xerox Star at http://youtu.be/Cn4vC80Pv6Q

2.4 인터페이스 은유

앞서 말했듯이, 은유는 개념적 모델의 핵심 부분이다. 은유는 우리에게 친숙한 것에 빗대어 이해를 도와준다. 데스크탑은 인터페이스 은유의 좋은 예이다. 또 다른 좋은 예로는 검색 엔진이 있다. 이 용어는 사용자가 선택한 용어와 매칭되는 정보의 검색을 쉽게 해주는 소프트웨어 도구로서 1990년대 초반부터 언급되기 시작했다. 이 은유는 일상생활에서 무언가를 찾기 위해 여기저기를 둘러보는 검색과 기계적 엔진을 합성하여 만들어졌다. 검색 엔진의 기능은 검색 결과를 목록으로 정리하고 우선순위를 매기는 등의 — 기존 엔진과는 차별화된 — 다른 기능도 수행한다. 또한 실제로는 기계 엔진의 동작 방식과도 많이 다르고 사람이 도서관에서 책을 찾는 것과도 사뭇 다르다. 그래서 검색 엔진이란 용어는 일반적이고 추상적인 수준으로 이해해야 한다. 관련 정보를 탐색하는 과정의 본질을 생각해야 한다. 일상생활과는 덜 친숙한 것을 받아들이면서 말이다.

실습해보기 2.2

몇몇 온라인 상점으로 가서 물건 주문 및 지불 관련 인터페이스가 어떻게 구성되어있는지 알아보자. 얼마나 많은 온라인 상점이 장바구니 담기, 체크아웃 등의 은유를 사용하고 있는가? 이것은 과연 쉽고 직관적인가?

조언

온라인 구매를 하는 것에는 일정수준 위험이 따르고 사람들은 올바른 선택을 했다고 느끼고 싶어한다. 카트 모양의 아이콘을 활용하여 친숙한 은유를 적용하는 것이 사람들로 하여금 무엇을 하는지 이해하기 쉽게 해준다. 장바구니에 담는 것이 실제 구매와 지불을 의미하진 않는다는 것은 모두가 알고 있다. 또한 오프라인 상점에서와 같이 다른 상품들을 골라볼 여유를 준다. ■

인터페이스 은유는 친숙한 기능을 제공하는 방식으로 사람들로 하여금 개념적 모델을 쉽게 이해하고 무엇을 해야 할지 알게 해준다. 그러나 반대로 현실과 다른 부분에 대해 오해를 하게 만들 수도 있다. 일례로 사무실 환경에서 휴지통은 실제로 책상 밑에 있지만, 컴퓨터에서는 책상 위에 있다. 컴퓨터 인터페이스에서는 책상 위의 환경을 가정하고 있기 때문에 책상 밑의 휴지통을 구현하기가 불가능하고 이것은 사용자들도 주지하고 있다. 사용자들은 이상한 것을 눈치챌 수는 있지만 이 부분을 굳이 문제 삼진 않을 것이다. 그저 그렇게 이해하게 된다.

생각해보기 2.4
재료 은유

카드는 지난 수년 간 널리 사용된 은유의 재료이다. Facebook, Twitter, 핀터레스트 등과 같은 많은 소셜미디어 애플리케이션들은 주요 콘텐츠를 카드 형태의 인터페이스로 표현하기 시작했다. 카드는 매우 친숙한 형태 요소를 갖고 있다. 얼마나 많은 종류가 주변에 있는가? 신용카드, 면허증, 엽서, 레드카드 등 수도 없이 많다. 다양한 정보를 한정된 크기에 직관적으로 보여준다. 일단 만들어진 카드들은 쉽게 정리되고, 분류될 수 있다.

일단 만들어진 개념적 모델에는 재료의 특성이 꾸준히 추가되게 되어 있다. 이를 통해 실제 물건의 외형과 물리적 행동 양식이 주어지게 된다. 예를 들어 Google이 2014년 선보인 Material Design에서는 스마트워치, 폰, 태블릿을 대상으로 하는 새로운 사용자 인터페이스 프레임워크를 제시했다. 종이 카드 은유를 사용했는데, 예를 들어, Google의 Now Card는 사람들이 종이 카드에 대해 기대하는 특성들을 그대로 적용하여 사람들이 직관적으로 사용할 수 있게 해주었다. ■

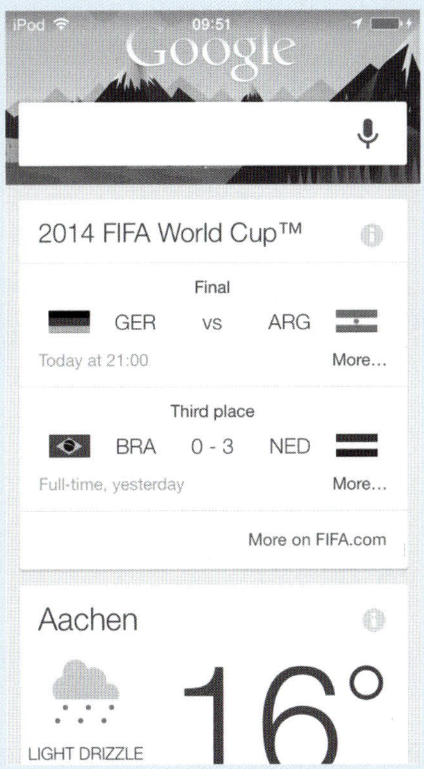

그림 2.5 Google의 Now Card

출처: Google and the Google logo are registered trademarks of Google Inc., used with permission. http://www.google.com/design/spec/material-design/introduction.html

새로운 인터페이스 은유는 매우 빠르게 일상에 접목되고 있다. 이제 인터페이스 은유는 어려운 컴퓨터 작업을 친숙하게 해주는 수준에서 벗어나 그 자체만으로도 의미가 있는 수준이 되었다. 게다가 기술에 대해서 설명하고자 할 때 은유라는 용어를 쓰지 않기도 어려워졌다. Twitter와 Facebook에 대해 설명해보자. 혹은 누군가에 설명해달라고 부탁해보자. 아마도 은유 개념을 사용하지 않고 설명하기는 어려울 것이다.

생각해보기 2.5
왜 은유는 그렇게 유행이 되었나?

사람들은 무언가를 이해하거나 설명하려 할 때 은유를 영감의 소재로 자주 사용한다. 은유는 인간 언어의 필수적인 부분이다(Lakeoff와 Johnson, 1980). 은유는 보통 친숙하지 않거나 어려운 개념을 친숙하고 이해가 쉬운 것에 빗대어 설명하기 위해 사용된다. 예를 들어, 교육에 있어서 선생님이 학생에게 새로운 것을 가르칠 때, 학생들이 이미 알고 있는 것을 들어 설명하곤 한다. 인간 사회를 게임에 빗대어 설명할 수도 있다. 게임에는 규칙이 있고 각 플레이어는 승리라는 목표가 있다. 다른 플레이어가 보지 않을 때 반칙을 하기도 한다. 인간 사회도 마찬가지이다. 게임을 통해 더 어려운 개념인 사회에 대해 이해하기 시작하는 것이다.

인터랙션 디자인에서 은유가 매우 폭넓게 사용된다는 사실은 그리 놀랄 일이 아니다. 추상적인 부분을 개념화하고, 상상하기 어려운 부분을 시각화하고, 어려운 컴퓨터 개념을 풀어서 알기 쉽게 이해시켜준다. 은유는 3가지 주요 방식을 통해 사용된다.

1. 사용자가 하는 일을 개념화하는 방식(예: 웹 서핑)
2. 인터페이스로부터 개념적 모델을 차용하는 방식(예: 카드 은유)
3. 작동법을 시각화하는 방식(예: 온라인 쇼핑몰의 카트 아이콘) ■

2.5 인터랙션 유형

디자인 스페이스를 개념화하는 또 다른 방식은 사용자 경험에 깃든 인터랙션 유형들을 활용하는 방법이다. 이것은 본질적으로 사람과 애플리케이션 또는 제품이 상호작용하는 방식이다. 네 가지의 주요 유형이 있다. 지시, 대화, 조작, 탐색이 바로 그것이다. 이중에 어떤 것을 사용하는지에 따라서 디자이너가 개념적 모델을 구현하는 방식(예: 스피치 기반, 제스처 기반, 터치 방식, 메뉴 방식 등)이 달라지게 된다. 참고로 이번 장에서 다루는 인터랙션 유형과 인터페이스 유형(6장 참고)은 다른 것이다. 보통 비용 및 제약 조건이 인터페이스 유형 결정에 큰 역할을 하며, 이 때 잠재적인 딜레마, 장단점 등을 고려했을 때 최선으로 나타나는 사용자 경험을 잘 구현해주는 인터랙션 유형을 선택해야 한다.

다음의 문제 상황을 살펴보자. 한 회사가 자폐아의 소통을 위한 시스템 개발을 의뢰 받았다. 어떤 유형의 인터랙션이 이 특수한 사용자 그룹에게 적합할까? 자폐아는 일반적으로 말로써 표현하는데 어려움이 있는 대신 몸과 관절을 이용하면 표현력이 증대되는 것으로 알려져 있다. 이로써 말하기를 통한 인터랙션 유형은 효과적이지 않다는 것이 자명하다. 아마도 실제 혹은 가상 공간에서의 움직임으로 상호작용하는 것이 좋은 시작점이 될 것이다.

아래는 인터랙션의 네 가지 유형에 대한 상세한 설명이다. 참고로 이들은 상호 독립적이지 않으며 완벽한 정의라고 보기는 어렵다.

1. **지시**: 사용자가 시스템에 지시를 내리는 방법이다. 명령어 직접 입력, 마우스 또는 터치를 이용한 메뉴 선택, 음성 인식, 제스처, 버튼 누르기 또는 기능키(Fn) 사용하기 등의 방법이 있다.
2. **대화**: 시스템과 대화를 하는 방법이다. 직접 타자를 쳐서 문자 대화를 할 수도 있고 음성 인식을 통해 할 수도 있으며 사용자가 타자를 치면 컴퓨터가 음성으로 대답하는 방법도 있다.
3. **조작**: 사용자가 실제 혹은 가상 공간에서 시스템과 상호작용하는 방법이다. 사용자는 열기, 들기, 닫기, 놓기 등의 작업을 일상적 지식으로도 조작할 수 있어야 한다.
4. **탐색**: 사용자가 실제 혹은 가상 공간에서 움직이는 방법이다. 실제 현실 공간뿐만 아니라 가상 현실, 증강 현실에서의 움직임도 가능하다. 마찬가지로 일상적 지식만으로도 탐색 가능해야 한다. 실제 현실 공간이라면 센서 기반의 기술을 통해 상호작용할 수 있다.

이들 주요 활동 외에도 학습, 작업, 사회화, 오락, 브라우징, 쓰기, 문제 해결, 의사 결정, 정보 검색 등 다양한 활동이 있을 수 있다. McCullough(2004)는 이것들을 상황 요소로 정의하며 작업 중, 휴식 중, 외부 활동 중, 이동 중 등의 대분류를 사용하여 설명하였다. 핵심은 어떤 장소에 있던지 간에 혹은 어떤 기술을 사용하던지 간에 더 체계적으로 사용성을 관리하자는 것이다. 그러면 네 가지 핵심 인터랙션 유형 및 적용 방법에 대해 알아보자.

2.5.1 지시

이 인터랙션 유형은 사용자가 어떻게 시스템에 명령을 내리고 업무를 수행하는가와 관련된다. 가령 현재 시간 확인, 인쇄, 약속 시간 확인 등이 있다. 가전제품, 컴퓨터 등의 다양한 제품이 이 모델을 기반으로 디자인되었다. 사용자가 지시를 내리는 방식은 버튼을 누르는 것에서부터 문자를 직접 입력하는 것까지 다양하게 있다. 많은 활동들이 지시를 통해 이루어진다.

윈도우 및 기타 GUI 시스템에서는 키보드, 마우스, 터치 패드 또는 터치스크린을 통해 지시가 이루어진다. 일반적으로 사용자가 무엇인가를 하고 싶은 시점에 편하게 지시를 내릴 수 있어야 한다. 예를 들어 워드 프로세서를 사용하여 문서를 작성하고 있는 사용자는 서식 바꾸기, 입력한 단어 수 확인, 철자 검사 등의 작업 지시를 적시에 쉽게 할 수 있어야 한다. 일반적으로 명령은 지시에 따라 순차적으로 수행된다.

지시하는 상황을 고려하여 설계할 때의 주요 이점은 상호작용이 빠르고 효율적으로 이루어지게 된다는 것이다. 이는 특히 작업(예: 저장, 삭제, 정리 등)을 자주 반복해야 하는 시스템에 적합하다.

실습해보기 2.3

세상에는 정말 다양한 종류의 자판기가 있다. 각각은 다양한 제품을 판매하고 있다. 그리고 사용자에게 대금 지불을 요구한다. **그림 2.6**은 2가지 다른 자판기를 보여준다. 하나는 음료를 다른 하나는 과자를 판매하고 있다. 둘 다 지시 인터랙션 유형을 사용한다. 그러나 이 둘은 사실 꽤 다르다.

첫 번째 자판기에서 탄산음료를 그리고 두 번째 자판기에서 에너지 바를 구입하기 위해서는 어떠한 지시가 내려져야 할까? 왜 두 번째 자판기는 지시방식이 조금 더 복잡할까? 두 번째 자판기 유형에서 어떤 문제가 발생할 수 있는가?

그림 2.6 두 가지의 서로 다른 유형의 자판기

조언

첫 번째 자판기는 간단한 지시를 매개로 설계되었다. 선택할 수 있는 음료수의 종류가 적다. 각 음료수 레이블은 선택할 수 있는 버튼 형태로 디자인되어 있다. 사용자가 한 버튼을 누르면 선택된 음료수가 떨어진다. 두 번째 기계는 좀 더 다양한 과자를 제공할 수 있다. 그러나 복잡한 방식으로 지시를 내려야 한다. 먼저 선택하고자 하는 제품의 코드(예: C12)를 읽고, 이 코드를 키패드로 입력해야 하며, 정확한 금액이 입력되었는지 확인해야 한다. 자판기 별로 상세 절차가 다를 수 있다. 이러한 유형의 상호작용에서 발생할 수 있는 문제는 고객이 코드를 잘못 읽거나 잘못 입력하는 경우이다.

복잡한 인터페이스를 설계하는데 있어서 가장 단순하고 좋은 방법은 첫 번째 자판기에서처럼 제품 하나당 버튼 한 개를 두는 것이다. 표시 공간이 부족하다면 실제 제품을 표시하는 대신 미니어처를 보여줄 수 있다. 이 경우 자판기 앞면 공간을 보다 경제적으로 사용할 수 있다. 고객은 올바른 금액을 넣을 수 있으며 제품이 잘못 나올 가능성도 적다. 물론 이 경우에도 단점이 있다. 만약 새로운 제품을 자판기에 넣고 싶은 경우 버튼이나 이미지를 교체해야 한다. 이는 비용으로 이어진다. ■

2.5.2 대화

이 유형의 상호작용은 시스템과 대화하는 사람의 아이디어에 따라 달라진다. 기본적으로 시스템은 실제 사람과 대화하는 것처럼 반응하도록 설계되었다. 명령에 복종하는 모습을 보이지 않고 대화 상대와 같게 여겨진다는 점에서, 즉 양방향 의사소통 체계를 가지고 있다는 점에서 지시 유형과 다르다. 대화 유형은 특정 정보를 찾거나 토론이 필요한 경우에 사용된다. 자문 시스템, 도움말, 검색 엔진 등이 대표적인 예이다.

현재 지원되는 대화의 종류는 간단한 음성 인식, 메뉴 선택에서부터 복잡한 자연어처리 기반 시스템까지 다양하다. 인터넷 뱅킹, 티켓 예약, 열차 시간 조회와 같이 단순한 인터페이스에서는 사용자가 예, 아니오나 숫자 등만 말해도 된다. 한편 좀 더 복잡한 시스템에서는 사용자가 '이 부분의 여백 너비를 어떻게 바꿀 수 있어?'와 같은 질문도 가능하다. 물론 시스템이 답변을 줄 수 있는 한도는 정해져 있다.

대화형 인터랙션 유형을 사용하는 개념적 모델의 주요 이점은 사람들에게 매우 익숙한 방식이라는 것이다. 예를 들어, 애플의 시리(Siri)에게는 다른 사람에게처럼 말할 수 있다. 전화 걸기, 회의 일정 잡기, 메시지 보내기 등의 작업을 수행하도록 요청해보자. 비교적 간접적인 질문을 할 수도 있다. '오늘 우산이 필요한가?'와 같이 물어본다면 당신이 있는 곳의 날씨를 보고 '저는 비가 올 것이라고 생각하지 않습니다'라고 대답할 것이다(**그림** 2.7 참조).

대화 기반의 인터랙션 유형을 사용할 때 발생 가능한 문제로는 특정 작업에서 성가시고 일

그림 2.7 '우산이 필요한가?'에 대한 시리의 응답

방적인 소통으로 변질된다는 점이다. 시각 정보를 보여주지 못하는 전화 기반 시스템에서 특히 그렇다. 사용자는 음성만으로 여러 옵션을 파악하고 선택한 다음 비슷한 작업을 반복해야 한다. 다음은 자동차 보험 가입을 원하는 사용자와 보험 회사의 자동화 시스템 사이의 대화 내용이다.

〈사용자가 보험 회사에 전화를 건다〉
'세인트 폴 보험 회사에 오신 것을 환영합니다. 새로운 고객인 경우 1번 버튼을, 기존 고객인 경우 2번 버튼을 누르십시오.'

〈사용자는 1번을 누른다〉
'세인트 폴 보험 회사에 전화해 주셔서 감사합니다. 주택 보험은 1번을, 자동차 보험은 2번을, 여행자 보험은 3번을, 건강 보험은 4번을, 그 밖의 경우엔 5번 버튼을 눌러주십시오.'

〈사용자는 2번을 누른다〉

'자동차 보험 부서입니다. 포괄적 보험정보를 원하실 경우 1번을, 제3자보험의 경우 2번을…'

"If you'd like to press 1, press 3.
If you'd like to press 3, press 8.
If you'd like to press 8, press 5..."

2.5.3 조작

이 유형의 인터랙션은 대상을 조작함에 있어서 사용자의 기존 지식을 활용한다. 예를 들어, 디지털 형태로 만들어진 물체를 이동시키고, 선택하고, 열거나 닫을 수 있다. 추가로 줌인, 줌아웃을 하거나 크기를 늘리고 줄이는 등의 조작을 할 수 있는데 이 중 일부는 실제 세상에서 불가능한 것들이다. 가상 공간에서의 아바타 움직임은 물리적 컨트롤러(예: Wii) 또는 제스처(예: Kinect)를 통해 조종될 수 있다. 물리적 장난감과 로봇들을 만지거나 누르거나 이동시킬 수 있는데 이때 미리 입력된 반응을 하게 된다. 비슷한 맥락에서 물체(예: 공, 벽돌 등)에 특정 조작을 가할 경우 소리를 내게 하거나 화면 내 애니메이션을 보여주는 등의 정해진 반응이 나타나게 된다.

직접 조작은 GUI 응용 프로그램 디자인 원칙에 커다란 영향을 주었다(Shneiderman, 1983). 기본적으로 사용자가 디지털 객체와 상호작용하는 가장 좋은 방법은 현실 세계에서 직접 조작하듯이 하는 것이다. 직접 조작을 통해 사용자는 디지털 객체를 직접 제어하고 있다고 느낄 수 있다. 관련하여 다음과 같은 세 가지 핵심 원칙을 유념할 필요가 있다.

1. 관심 있는 대상과 행동의 연속적인 표현
2. 관심 있는 대상 조작 시 나타나는 빠른 피드백
3. 복잡한 구문 입력 대신 버튼 누르기와 같은 간단한 방식으로 조작 가능

이 원칙에 따르면 화면 속 대상은 사용자가 물리적 조작을 하는 동안 계속 볼 수 있게 된다. 예를 들어, 사용자는 하나의 파일을 나타내는 아이콘을 드래그하여 이를 데스크탑 한 쪽

에서 다른 쪽으로 이동시킬 수 있다. 직접 조작의 장점은 다음과 같다.

- 초보자가 기본 기능을 빨리 배울 수 있게 도와준다.
- 숙련된 사용자가 작업을 빠르고 원활하게 할 수 있게 해준다.
- 자주 사용하지 않는 사용자가 조작 방법을 쉽게 기억할 수 있도록 해준다.
- 오류 메시지를 내보내지 않아도 무엇이 잘못되었는지 이해할 수 있게 해준다.
- 사용자가 일의 진행 상태를 직관적으로 확인할 수 있게 해준다.
- 사용자의 불안감을 줄여준다.
- 사용자가 자신감을 얻고 숙달된 느낌을 갖게 해준다.

워드 프로세서, 비디오 게임, 학습 도구, 이미지 편집기 등 많은 응용 프로그램이 직접 조작 방식을 기반으로 개발되었다. 직접 조작 인터페이스는 매우 다양한 방식의 상호작용을 제공하지만, 모든 작업에 적용되기는 어렵다. 일부는 명령어를 통해 더 잘 수행될 수 있다. 예를 들어, 워드 프로세서를 사용하여 문서를 작성하는 와중에 특정 단어의 철자가 잘못된 것을 인지하였다고 가정해보자. 직접 조작 하는 방법이 있는데 이는 매우 지루하고 일부를 놓치기도 쉽다. 반면 특정 단어의 철자를 바꾸는 기능을 사용하면 훨씬 쉽고 정확하게 고칠 수 있다. 이 경우 메뉴에서 직접 선택하거나 명령키 조합을 사용하여 팝업 대화 상자를 연 후 필요한 사항을 입력하면 된다.

2.5.4 탐색

이 유형은 사용자가 현실 또는 가상 환경 내에서 이동하는 것을 모두 포함한다. 예를 들어, 사용자는 가상 3D 환경(예: 건물 내부)을 탐색할 수 있다. 또한 사용자는 각종 센서가 여기저기 내장된 현실 공간을 탐색할 수도 있는데, 사용자의 움직임으로부터 다양한 기계적 반응을 이끌어내도록 미리 설계해놓을 수도 있다. 기본적인 아이디어는 사람들이 갖고 있는 지식을 토대로 하여 실제 또는 가상 환경을 탐구하고 상호작용할 수 있게 하는 것이다.

최근에는 다양한 3D 가상 환경이 구축되어 사람들이 다양한 공간을 체험해볼 수 있게 되었다. 예를 들어, 가상 대학에서 학습을 하고, 가상 파티에서 사회적 활동을 하고, 놀거나 게임(예: Minecraft)을 할 수 있다. 이러한 가상 환경 속에서는 도시, 공원, 건물, 방 등이 잘 묘사되어 있고, 사용자가 이 공간들 속으로 들어가거나 심지어 확대하거나 축소할 수도 있다. 일부 가상 환경에는 실제보다도 커다란 세계가 들어있고 사용자가 돌아다니며 경험할 수 있다. 불가능하거나 보이지 않는 것들을 만들어낼 수도 있고(**그림 2.8(a)** 참조), 아직 지어지지 않은 건물을 자세하게 표현함으로써 건물을 지으려고 하는 의뢰인과 소통할 수도 있으며, 과

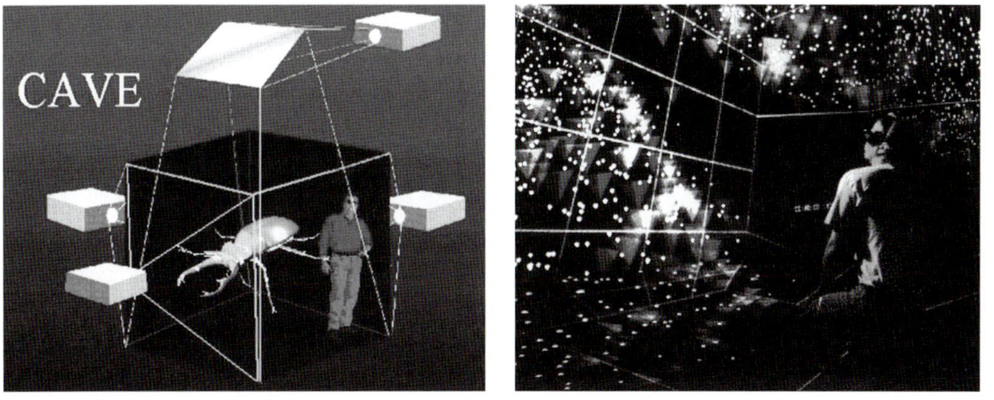

(a) (b)

그림 2.8 (a) 갑충과 같은 거대 곤충과 매우 가까이에 서있는 경험, 곤충에게 잡아 먹혀 뱃속에 갇히는 경험 등을 할 수 있는 CAVE, (b) NCSA에서 개발한 3D 데이터 시각화 도구 CAVE

출처: (a) Reproduced with permission. http://home.comcast.net/~sharov/3d/cave.html (b) Image courtesy of Kalev Leetaru, National Center for Supercomputing Applications, University of Illinois.

학자들이 연구의 결과물로 내놓은 복잡한 데이터를 창조적으로 시각화하여 볼 수도 있다(그림 2.8(b) 참조).

센서 내장 및 위치 감지 기술 덕분에 수많은 물리적 환경이 개발되었다. 사람의 존재와 위치가 감지되면 환경, 즉 시스템은 어떤 정보(예: 근처 커피숍 정보)를 제공하고 어떤 행동(예: 조명 밝기 변환)을 취할지 결정한다. 가급적 특정 시간과 장소에 맞는 방식으로 말이다.

2.6 패러다임, 비전, 이론, 모델과 프레임워크

디자인 시 정보를 제공하고 연구를 도와주는 체계로 패러다임, 비전, 이론, 모델과 프레임워크 등이 있다(Carroll, 2003). 이들은 문제 공간의 규모와 특성에 따라 달라진다. 패러다임이란 연구자와 설계자 집단이 각종 작업을 수행하기 위해 채택한 일반적인 접근 방식을 말한다. 가정, 개념, 가치를 공유하며 나타난다. 비전은 연구 개발을 촉진하는 미래 시나리오로서 영상 또는 이야기 형식으로 묘사되곤 한다. 이론은 어떤 현상의 한 측면을 구체적으로 설명해주는 틀이다. 예를 들어 정보 처리 이론에서는 마음의 작동 방식에 대해 설명한다. 모델은 인간과 컴퓨터 간 상호작용 중 일부를 단순화하여 디자이너가 대안을 쉽게 평가하고 예측할 수 있게 해준다. 프레임워크는 일련의 개념 묶음 또는 구체적인 질문 묶음으로서, 특정 도메인(예: 협업 학습), 온라인 커뮤니티 또는 분석 방법(예: 민속학 연구) 등과 관련된다.

2.6.1 패러다임

특정 패러다임을 따른다는 것은 한 집단이 유지하고 있는 관습을 적용하는 것과 같다. 다음 항목들을 유의할 필요가 있다(Kuhn, 1972).

- 짚어야 할 질문 목록
- 관측되는 현상
- 연구로부터 해석을 이끌어내는 방법

1980년대에 HCI 분야에서의 화두는 데스크탑 컴퓨터의 사용자 중심 애플리케이션 디자인 방법이었다. 무엇을 어떻게 디자인해야 하는지에 관한 질문은 한 사람이 화면이 있는 기기를 사용하는 상황을 고려하여 만들어졌다. 작업 분석 방법과 사용성 평가 방법이 개인의 인지적 능력에 기반하여 개발되었다. WIMP(W: 윈도우, I: 아이콘, M: 메뉴, P: 포인터)라는 용어가 사용자 인터페이스의 핵심 특징을 짚어내는 방법으로 사용되었다. 이후에 이들은 지금까지 사용되는 용어인 GUI(Graphical User Interface)로 통합된다.

인터랙션 디자인 분야에서 1990년대 후반 많은 변화가 일어났다. WIMP 인터페이스가 한계에 부딪힌 것이다(Jacob, 1996). 많은 사람들은 새롭게 나타날 패러다임이 더 유연한 방식의 인터랙션, 더 높은 수준의 상호작용성, 새로운 입출력 방식 등을 포함해야 한다고 생각했다. 기술적 진보와 함께 나타난 이러한 생각의 변화는 HCI 분야를 새롭게 달구었다. '데스크탑을 넘어'라는 문구가 시발점이 되어, 많은 도전, 질문, 현상들이 새로 고려되었다. 디자인, 모델링, 분석에 대한 새로운 방식이 도마에 올랐다. 동시에 새로운 이론, 개념, 아이디어가 나타났다. 사회적, 감성적, 환경적 변화가 거칠게 휘몰아쳐 기존의 개념을 대체하기 시작했다.

최근의 패러다임적 변화에 대해 큰 영향을 준 것은 Weiser(1991)의 유비쿼터스 기술이었다. 그는 컴퓨터가 환경의 일부가 되어야 하고 일상의 물건, 장치이자 디스플레이라고 하였다. 그는 평온, 안락, 인지의 세계를 꿈꾸었다. 이 세계에서 사람들은 끊임없이 주변의 변화에 대해 인지하고 무엇이 일어날지, 일어났는지를 경험한다. 유비쿼터스 컴퓨팅 장치가 인간의 의식 중심에 들어오기 시작하고, 또 그것은 사용하지 않을 때에는 의식에서 사라진다. 컴퓨터의 사용 방법에 대한 고민 없이 작업을 수행할 수 있다. 본질적으로 기술은 장벽이 없어지고 알아서 작동한다. 사람들은 결국 일상과 작업 환경 속에서 방해 없이 매우 쉽게 정보를 찾고 다른 이들과 교류하며 살아가게 된다.

1990년 후반 이래로 많은 연구자들이 언제 어디서나 정보 및 서비스 제공이 가능한 컴퓨터 장치를 만들고자 하였다. 다양한 센서 장비들이 집, 병원, 공공건물, 심지어 우리 몸 속에 심어졌고, 건강과 움직임 등에 대한 방대한 모니터링 정보를 제공하였다. 사람들을 위한 기능을 제어하기 위한 추론 알고리즘이 개발되었다. 덧붙여, 수집된 정보는 점차 자동화 작업에 사용되어, 버튼, 손잡이 등의 물리적 컨트롤을 대체하기 시작했다.

2.6.2 비전

미래에 대한 비전은 연구 개발을 이루기 위한 또 다른 촉매이다. 많은 기술 기업들이 미래 사회가 어떨 것인지에 관하여 10년, 15년, 또는 20년 앞을 예측하는 영상을 제작한 바 있다. 잘 알려진 것들 중 하나가 Apple의 1987 Knowledge Navigator이다. 이 영상에서는 한 교수가 음성인식이 가능한 터치스크린 태블릿을 사용하는 모습, 전화를 받으며 수업준비를 하는 모습 등이 그려졌다. 영상의 미래 연도는 약 25년 후인 2011년으로 설정되었다. 실제로 그 해가 도래하자 Apple은 음성 인식 모듈인 Siri를 출시하였다. 영상은 실제로 새로운 인터페이스 개발 및 연구에 대한 영감을 제공하였다.

현재 동력을 얻고 있는 비전은 단연 사물인터넷(IoT)이다. 이를 통해 사람, 사물, 동물이 모두 인터넷을 통해 연결되고 각각 고유의 식별자를 통해 구별된다. 예상되는 이점으로는 향상된 서비스, 정보 갱신, 에너지 절약 등이다. 대표적인 사례로 스마트 홈을 들 수 있다. 스마트 홈에서의 하루는 사용자를 위해 완벽하게 조절된 냉난방과 함께한다. 젠틀한 알람으로 잠에서 깨어 샤워실로 가면 이미 알맞은 온도로 준비되어 있다. 샤워를 하고 나오면 부드러운 커피가 준비되어 있다. 냉장고는 주인의 감정을 읽어 아침을 준비해주고, 화장실의 스마트 거울은 아이가 매일매일 양치를 하고 있는지 알려준다. 애완동물 전용 화면에서는 고양이가 밤새 어디에 있었는지도 알려준다.

이러한 미래 비전은 우리의 삶을 더 안전하고 평화롭고, 생산적으로 만들 수 있는 대안과 관련된 구체적인 시나리오를 제공한다. 물론 사생활 침해문제, 신뢰의 문제 등에 대한 많은 우려도 존재한다. 결국 미래 비전은 정책입안자, 연구자, 개발자들이 기술의 장단점에 대해 고민할 수 있는 재료를 던져주는 것이다.

비디오: Apple Knowledge Navigator at http://youtu.be/HGYFEI6uLy0

비디오: IBM's Internet of Things at http://youtu.be/sfEbMV295Kk

많은 새로운 도전, 테마, 질문이 이들 비전을 통해 나타났다(Rogers, 2006; Harper *et al*., 2008). 다음 사항들을 유의하자.

- 사람들이 일상 속에서 어떻게 정보에 접근하고 교류하게 할 것인가?
- 별도 조작 장치가 없는 상황에서 사용자 경험을 어떻게 설계할 것인가?
- 이동 중인 상황에서 어떻게 적절한 정보를 적시에 전달할 것인가?
- 서로 다른 기기, 장치, 화면 간에 정보를 어떻게 안전하고 신뢰할 수 있게 전달할 것인가?

2.6.3 이론

지난 30년 동안 수많은 이론이 HCI 분야에 유입되었다. 이 이론들은 인지적, 사회적, 조직적인 측면에서 컴퓨터 인터페이스 사용시 작업의 효율을 분석하는 틀을 제공해주었다(Rogers, 2012). 예를 들어, 인간의 기억 메커니즘과 관련된 인지 이론은 인간의 기억 용량 한계를 고려한 작업 설계가 가능하게 해주었다. 이러한 이론들을 인터랙션 디자인에 응용하게 되면 인지적, 사회적, 감성적 품질에 영향을 미치는 설계 요인들을 찾아내고, 이어서 제품을 정량적으로 평가할 수 있는 토대가 마련된다. 중요한 이론들의 경우에는 다음 장에서 설명될 예정이다.

2.6.4 모델

모델은 일반적으로 심리학 등 인터랙션 디자인 인접 학문 분야의 이론으로부터 파생된다. 예를 들어, Norman(1988)은 인지 이론에 기반한 사용자 인터페이스 관련 모델을 개발한 바 있다. 이 모델은 사용자가 인터랙티브 기술과 상호작용하는 방식을 잘 설명해주는 것으로, 사용자가 행동 계획을 세우고 실행하며 성취한 후 목표에 어긋나는지 스스로 평가하는 단계들이 포함되어 있다. 또 다른 사례로는 Mark, Moran, Newell의 키스트로크 모델이 있다. 디자이너 및 연구자들이 서로 다른 인터페이스의 사용성 성능을 비교할 때 쉽게 활용할 수 있도록 설계된 것이다. Norman(2005)의 감성 디자인 모델 같은 경우에는 사용자가 제품과 상호작용할 때 고려할 수 있는 사용자 경험의 핵심 요소들을 제안하고 있다(5장 참조).

2.6.5 프레임워크

프레임워크는 디자이너가 자신이 설계하는 제품의 특성에 맞게 사용자 경험의 범위를 조율할 수 있게 해준다. 프레임워크는 현상을 단순화하여 재해석하는 모델과는 달리, 디자이너가 제품 설계 시에 이것저것 아이디어를 얻을 수 있게 해주는 장점이 있다. 이것은 단계, 질문, 개념, 도전, 원칙, 전략, 치수 등 다양한 형태로 나타날 수 있다. 모델에서와 같이 프레임워크는 인간 행동 이론에 기반을 두고 있지만, 실제 디자인 과정이나 새로운 사용자 조사로부터도 만들어지고 있다.

많은 프레임워크가 HCI 관련 문헌에 게재되어, 사용자 경험과 실제 응용 분야의 다양성을 포괄하고 있다. 예를 들어, 디자이너가 학습, 업무, 사회화, 오락, 감정 등을 개념화하는 것을 도와주는 프레임워크들, 디자이너가 특정 설계를 원할 때 어떠한 요소 기술을 활용해야 하는지 도와주는 프레임워크들이 있다(5장 참조).

HCI 분야에서 영향력이 큰 프레임워크 중 하나는 Norman(1988)이 개념적 모델과 사용자 이해 간 관계를 해석해 놓은 것이다. 이 프레임워크는 디자이너, 사용자, 시스템 세 가지 구성요소를 포함하며 다음과 같이 설명할 수 있다.

- **디자이너의 모델**: 시스템의 작동 방법에 대해 디자이너가 해석하는 방식
- **시스템 이미지**: 인터페이스, 설명서 등을 통해 실제로 시스템이 작동하는 방식
- **사용자의 모델**: 시스템 작동을 일반적인 사용자가 이해하는 방식

상기 프레임워크는 시스템이 어떻게 작동해야 하는지, 실제로 어떻게 작동하는지, 사용자가 어떻게 이해하는지 사이의 관계를 명시적으로 나타낸다. 이상적인 관점에서 사용자는 애초에 디자이너가 의도한 방식으로 작업을 수행할 수 있어야 한다. 시스템 이미지가 디자이너의 의도대로 동작하지 않고, 이어서 사용자가 제대로 이해하지 못하게 되면, 사용자가 시스템을 제대로, 그리고 효율적으로 사용하기 어려워질 것이다. 이러한 일들은 현실 세계에서 종종 일어나곤 한다. 이 프레임워크를 통해서 디자이너는 자신의 의도와 사용자 이해 간 차이를 줄이는 것이 잠재적인 오류 최소화에 도움이 된다는 사실을 알 수 있다.

요약하건대 패러다임, 비전, 이론, 모델, 프레임워크는 상호배타적인 것이 아니라 문제 및 디자인 공간 설정에 도움을 주는 방법론들로서 목적에 따라 변형된 형태로 이용 가능하다. 패러다임은 관행, 핵심 질문, 관측된 현상을 포괄적으로 묶은 개념이다. 비전은 인터랙션 디자인의 연구 개발에 도움이 될만한 도전 과제로서 미래 사회의 시나리오이다. 이론은 인간과 컴퓨터 간 상호작용을 체계적으로 설명해주는 것이다. 모델은 시스템 평가와 설계에 도움을 줄 수 있는 인간 행위의 단순화된 설명이다. 프레임워크는 사용자 경험 설계 시 고려할 수 있는 핵심 개념, 질문, 원칙들의 묶음이다.

딜레마

누가 조종하는가?

인터랙션 디자인 시 반복되는 주제 중 하나는 인터페이스의 제어권 문제이다. 서로 다른 인터랙션 유형에 따라 제각기 사용자와 컴퓨터 간 제어권 비율이 다르다. 명령어 기반 인터페이스, 직접 입력 인터페이스에서는 사용자가 주도권을 쥐고 있으며, 스마트 홈에서와 같이 센서 및 상황 인지 기반으로 움직이는 시스템에서는 컴퓨터가 주도권을 쥐고 있다. 사용자가 통제하게끔 되어 있는 시스템은 사람들이 사용법을 숙달하고 통제할 수 있다는 전제에 근거한다. 또한 사람들이 무슨 일이 벌어지고 있는지 알고 싶어하고, 행동에 개입하고 싶어하며, 컴퓨터를 통제하고 있다는 느낌을 가지고 싶어한다는 전제에 근거한다.

이와는 대조적으로, 상황 인지 제어장치의 경우 컴퓨터가 여러 통제권을 가질 때 사람들에게 편익을 줄 수 있다고 가정한다. 이 경우 심지어 컴퓨터가 중요한 정보를 다루기도 한다(Abowd와 Mynatt, 2000). 예를 들어, 가정에서 고령자의 움직임을 감지하는 도중, 예기치 않은 일이 생기면 응급 구조대를 보낼 수 있다. 비슷한 맥락에서 낙상이 발생하여 핸드폰으로 전화를 걸 수 없는 경우가 있다. 마침 카펫에 낙상을 감지하는 센서가 심어져 있고 응급 구조대가 출동한다면 어떨까? 물론 고의로 알람을 울리는 문제, 사생활 침해 문제 등이 생길 수도 있다. 센서들이 우리의 모든 움직임을 감지한다고 하면 과연 기분이 어떨까?

또 다른 화두는 사용자와 시스템 간 제어권 전환에 대한 것이다. 자율주행 자동차를 예로 들 수 있다. 처음에는 운전자가 운전대를 통제하고 있다가, 목적지가 정해지고 도로 상황이 안정적으로 판단되면 자동차가 제어권을 이양 받을 수 있다. 어차피 운전자는 때로는 내비게이션이 뭔가 잘못되었다는 것을 알면서도 내비게이션을 따를 때가 있다. 자동차가 운전하게 놔두는 것도 때로는 좋은 방법이 될 수 있다.

일상생활과 직장생활에서 어느 정도까지 통제가 필요할까? 당신은 컴퓨터가 당신을 확인하고 결정하는 것을 선호하는가, 혹은 당신 스스로 하고 싶은 것을 할 수 있는 것을 선호하는가? 자율주행 자동차에 대해서 어떻게 생각하는가? 때로는 자율주행 자동차가 더 안전하고 연비에도 좋을 수 있겠지만, 운전하는 즐거움을 포기할 수 없다고 생각하는가? ▪

과제

이 과제의 목적은 물리적 제품 및 그것과 유사한 디지털 제품에 과연 비슷한 개념적 모델이 적용될 수 있는지 확인해보기 위한 것이다. 다음을 비교해보자.

- 종이로 만들어진 책과 e-book
- 종이 기반 지도와 스마트폰 지도

어떤 개념과 은유로 설명할 수 있는가? 그들은 서로 어떻게 다른가? 종이 기반 제품의 어떠한 면이 디지털 제품보다 우세한가? 무엇이 새로운 기능인가? 개념적 모델에서 혼동되는 부분이 있는가? 장단점은 무엇인가?

요약

이 장에서는 무엇을 만들기 전에 문제 및 디자인 공간을 이해하고 개념화하는 것이 중요하다고 설명했다. 디자인 의사결정을 하는 과정에서 주장과 가정을 정리해야 할 필요성을 강조하였다. 개념적 모델에 대한 접근법을 설명하고 인터페이스 은유 개념의 진화를 기술했다. 은유는 개념적 모델의 일부로 설계되었다. 마지막으로, 인터랙션 유형, 패러다임, 비전, 이론, 모델, 프레임워크 등 또 다른 개념화 방법을 소개하였다.

Key points

- 문제 공간에 대해 잘 이해하고, 무엇을 하고 있는지, 왜, 어떻게 할 것인지, 그리고 의도된 방식으로 사용자를 잘 지원하는지를 확인하는 것이 중요하다.
- 개념적 모델의 개발은 인터랙션 디자인의 기본이다.
- 개념적 모델은 제품을 고차원적으로 설명해주는 것이며, 사용자가 무엇을 할 수 있는지 사용하기 위해 어떤 이해가 필요한지 알 수 있게 해준다.

- 개념적 디자인과 관련된 의사결정은 물리적 디자인 전에 이루어져야 한다(예: 메뉴, 아이콘, 대화 상자 등의 선택).
- 인터페이스 은유는 개념적 모델의 일부로서 보편적으로 사용된다.
- 인터랙션 유형(예: 지시, 대화)은 사용자가 제품 또는 서비스를 사용할 때 사용자를 지원해주는 방법에 대한 것이다.
- 패러다임, 비전, 이론, 모델, 프레임워크는 연구개발을 다양한 방식으로 촉진한다.

Kees Dorst와의 인터뷰

Kees Dorst는 시드니 공과대학의 혁신디자인 학과의 교수이자, 아인트호벤 공과대학의 디자인 연구 교수이다. 그는 컨설턴트 및 강연자로서 전세계를 무대로 활동하고 있다. 5권의 저서를 포함하여 수많은 저술을 하였다. 가장 최근의 책은 *Understanding Design-175 reflections on being a designer*(2006)과 *Design Expertise*(2009)이다.

당신의 배경과 현재의 열정에 대해 말한다면?

나는 델프트 공과대학에서 산업 디자이너로 훈련 받았다. 본격적으로 디자인 분야로 들어서기 전에는 철학을 공부했다. 어느 순간 디자인에 대해서 너무 많이 생각하고 있다는 것을 깨닫고 분야를 바꾸었다. 처음에는 델프트 공과대학에서 연구원으로서 특정 프로젝트 내에서 디자이너들이 어떻게 결론에 이르는지를 조사했다. 그 프로젝트는 반향을 일으킨 끝에 이후 박사학위 주제로 바뀌었다. 내용은 두 가지 디자인 패러다임을 비교하는 것이었다. 하나는 문제 해결 중심의 패러다임, 다른 하나는 관찰, 학습, 재구성을 통한 반복 설계 패러다임이었다. 실증적인 자료들을 동원하여 내린 결론은 이 두 패러다임이 철학적인 뿌리부터 너무 다르기 때문에 비교할 수조차 없다는 것이었다. 이후 매체 기고를 포함하여 다양한 컨설팅 경험을 쌓고, 지금은 매우 넓은 글로벌 인적 네트워크와 함께 조직 안에서의 디자인 역할에 대한 연구와 컨설팅을 진행하고 있다.

디자인과 관련하여 눈길을 끄는 특별한 발견이나 인사이트가 있는가?

디자인 전문화에 대한 노력은 우리가 보통 편의상 디자인이라고 부르는 것에 대한 특별한 생각을 만들어냈다. 기본적으로 디자인 활동에는 많은 단계와 종류가 있다. 지금은 우리가 이들에 대해 더 깊은 이해를 하고 있어서 더욱 흥미롭다. 그 깊은 이해는 우리가 더 정교한 분석을 가능하게 해주고, 이제는 다양한 분야로 파급되고 있다. 창의적인 생각에 영향을 미치는 요소들을 다른 분야에서 활용하게 되면 다양한 문제 해결이 가능할 것으로 본다.

예를 들면 어떤 것이 있는가?

전통적인 문제해결의 방식은 보이지 않는 한계를 수면 위로 끌어올리는 방식이었다. 하지만 이제 우리는 복잡하고 다이내믹한 세상 속에 살고 있다. 최근의 기술적 진보의 결과 우리는 정말 많은 타인과 연결되게 되었다.

우리는 이제 이러한 네트워크 사회 속에서 더 복잡하고 얽혀진 문제를 마주하게 된다. 정부, 기관, 회사들은 모두 그들의 전통적인 문제 해결 방식을 재고하고 있다. 그들은 다양한 방식으로 문제를 해결하고자 노력하고 있으나, 문제는 이제 서로 관련이 깊어서 과거 방식으로는 도저히 문제 해결을 못하게 된다.

더 많은 사람들이 디자인 분야에 도움을 요청하고 있다. 디자이너들은 지난 수년에 걸쳐 다양한 주체들이 관련되어 복잡하게 얽혀있는 문제를 다루어 왔다. 일부 디자이너는 새로운 방식을 연구하였고 그들은 이제 창의적인 해결책을 들고 왔다. 프레임, 아이디어를 혁신화하고 실험을 통해 그들의 제안을 증명했다. 이들이 들고 온 것은 문제 중심의 접근방식이 아닌 해결 중심의 접근 방식이다.

최근에 다룬 것 중에 특별히 주지할만한 발견이 있는가?

조금 어려운 질문인데, 내가 최근 연구 과정에서 찾은 것은 경험 많은 디자이너들의 행태가 초심자와 다르다는 것이다. 제약조건이 까다로운 문제에 부딪혔을 때, 경험자들은 기존 규칙을 잘 지키지 않는 경향이 있다. 그들은 기존 도구와 기술이 때때로 그들의 자연스러운 디자인 프로세스를 방해한다고 생각한다. 이 점은 확실히 맞다. 규칙 기반의 기술은 교육을 받을 때, 디자인 경력이 초기 단계일 때에는 잘 들어 맞지만 이후에는 현실에 잘 맞지 않는 경우가 있다. 이 점이 디자인 활동에 있어서 어려운 부분일 수 있다. 이 상황에서는 숙련된 디자이너의 활동을 잘 지원할 수 있는 도구가 필요하다. 기본적으로 도구의 개발자가 도구의 특성, 적용 범위, 대상 사용자와 관련해서 그들이 지원해야 하는 프로세스에 대해 명확하게 알고 있어야 한다.

디자인에서 어려운 부분은 무엇인가?

어떠한 시점에서는 디자이너가 문제 중심 접근 방식과 해결 중심 접근 방식 중에 택일해야 하는 상황이 발생한다. 문제 중심 방식을 선택하게 되면 가능한 대안의 범위를 자신도 모르게 축소시켜버릴 수가 있다. 해결 중심 방식을 선택하게 되면 디자이너가 통제할 수 없는 상황이 될 수도 있다. 상황 별로 올바른 선택을 하는 지혜는 결국 많은 경험에서 온다.

지금까지 언급한 내용이 인터랙션 디자인과 어떠한 관련이 있는가?

인터랙션 디자이너는 위에서 말한 개발 과정에서 핵심적 역할을 한다. 모든 디자인 하위 분야에서도 그들은 아마도 가장 다이내믹하고 복잡한 문제를 다루지 않을까 싶다. 물리적인 디자인 결과물에 집중만 하면 되는 산업 디자이너와는 다르다. 새로운 프레임워크와 관계를 이해하고 묘사하며 만들어낼 수 있는 능력이 미래를 위한 디자인의 원동력이 될 것이다.

인터랙션 디자이너에게 가장 중요한 점은 현재의 경계를 벗어나 새로운 것을 추구하고 더 큰 도전을 하는 것이다. 몇몇 주요 기업들과 정부 기관들에서 이미 인터랙션 디자이너가 핵심적인 역할을 수행하고 있고, 그들의 능력과 지식을 실제 현실에서 마음껏 발휘하고 있다. ■

Chapter

03 인지적 측면

목표

이 장의 주요 목표는 다음과 같다.

- 인지가 무엇인지, 그리고 인터랙션 디자인에서 왜 중요한지 설명한다.
- 주의가 무엇인지, 그리고 우리의 멀티태스킹 능력에 어떤 영향을 미치는지 알아본다.
- 기술의 도움을 통해 암기력을 어떻게 향상시킬 수 있는지 설명한다.
- 멘탈 모델이 무엇인지 설명한다.
- 내적 인지 체계(예: 멘탈 모델)와 외적 인지 체계(예: 분산 인지)의 차이점을 설명한다.
- 멘탈 모델을 만든 후 어떤 의미를 가지고 있는지 설명한다.

3.1 개요

밤늦게 컴퓨터 앞에 앉아 있다고 상상해보자. 당신은 내추럴 사용자 인터페이스가 얼마나 자연스러운지에 관해서 3000 단어 분량의 에세이를 내일 아침까지 완료해야 한다. 그다지 익숙한 주제가 아니다. 당신은 당황하기 시작하고 손톱을 물기 시작한다. 이때 스마트폰에서 두 개의 문자 메시지가 깜빡인다. 즉시 에세이를 포기하고 스마트폰을 들어 읽는다. 하나는 어머니의 것이고 다른 하나는 친구가 파티에 같이 가지 않겠냐고 묻는 것이다. 당신은 이들에게 곧바로 회신한다. 그리고 바로 SNS를 통해 당신의 친구들이 그 파티에 관해 남긴 것이 없는지 확인을 해본다. 잠시 후 아버지로부터 영상통화가 와서 축구 경기를 보고 있는지 당신에게 묻는다. 당신은 너무 바빠서 볼 시간이 없다고 하자, 아버지는 당신이 좋아하는 팀이 득점을 했다고 일러준다. 일단 해야 할 일이 많다고 하며 전화를 끊는다. 어영부영 30분이 지난 것을 확인하고 다시 에세이에 집중하기 시작한다. Google 학술 검색에 내추럴 사용자 인터페이스 라고 검색을 한 후 상단에 검색된 문서를 클릭한다. 해당 문서와 관련하여 구독 권한이 없다는 출판사의 표시와 함께 로그인하라는 창이 뜬다. 하는 수없이 다시 Google 학술 검색으로 돌아와서 다른 문서를 클릭해 본다. 이번에는 당신의 대학교가 구독권한을 가지고 있는 ACM 디지털 라이브러리의 문서라서 다행히도 읽을 수 있다. 문서를 읽기 직전에 당신은 스포츠 경기 관련된 기사를 찾아 당신의 팀이 이기고 있는 것을 한 번 더 확인한다. 갑자기 스마트폰이 울린다. 아버지와 여자친구에게 각각 메시지가 왔는데 몇 초 만에 바로 답장을 보내준다. 다시 에세이에 집중을 해 본다. 컴퓨터 시간을 보니 새벽 3시다. 너무 늦은 시간이라 놀랐다. 당신은 이제서야 워드 프로세서를 제외한 모든 창을 닫는다.

지난 10~15년 동안 사람들은 여러 가지 작업을 동시에 하는 것이 일상이 되어 왔다. 이러한 행동, 즉 멀티태스킹은 꽤나 중독성이 있는 것으로 알려져 있다. 우리는 해야 할 일에 주의를 기울이는 대신 새로운 이메일, 문자, SNS, 뉴스, Twitter 등에도 촉각을 곤두세우고 있다. 멀티태스킹을 일상적으로 잘 수행하는 사람들도 있지만 어떤 사람들은 한 가지 작업에 집중하는데 어려움을 호소하기도 한다.

인간의 인지 능력에 대한 연구는 우리가 기술과 상호작용할 때 인간의 능력과 한계를 확인함으로써 새로운 행태를 파악하는데 도움을 준다. 이 장에서는 인터랙션 디자인의 인지적 측면을 살펴보기로 한다. 특히 우리는 인간이 무엇을 잘하고 잘 못하는지, 그리고 이러한 인간에 대한 이해를 바탕으로 인간의 약점을 보완해주는 디자인을 어떻게 하면 잘 할 수 있을 것인지를 살펴볼 것이다. 또한 인간이 기술과 상호작용하는 방식을 설명해주는 인지 기반의 프레임워크를 소개하고자 한다(상호작용의 사회적 및 정서적 측면에 초점을 둔 방법론은 다음 두 장에서 설명할 예정이다).

3.2 인지란 무엇인가?

생각하기, 기억하기, 학습하기, 상상하기, 의사결정내리기, 보기, 읽기, 쓰기, 이야기하기 등 일상 속의 많은 작업에 인지가 수반된다. Norman(1993)은 인지를 체험적 인지와 반응적 인지 두 가지로 구분하였다. 그런가 하면 Kahneman(2011)은 빠른 사고와 느린 사고로 구분하였다. 전자는 우리 주변의 사건을 직관적으로 그리고 재빠르게 감지하고 행동하고 반응하는 정신 상태에 해당한다. 여기에는 일정 수준 이상의 전문성 혹은 몰입이 필요하다. 예를 들어 자동차 운전, 독서, 대화, 게임하기 등이 이에 해당한다. 반면 후자, 즉 느린 사고의 경우에는 정신적인 노력, 관심, 판단 및 의사결정이 수반된다. 이 유형의 인지는 새로운 아이디어를 도출해낼 수 있게 해준다. 디자인, 학습, 저술 등이 이에 해당한다. 두 가지 인지 모두 일상생활을 영위하는데 꼭 필요한 것들이다. 이와 같이 우리의 마음이나 생각이 어떻게 작동하는지에 대한 틀을 만들어보는 것은 매우 중요하다. 무엇인가를 디자인할 때 인간 행동에 도움이 될만한 것들을 만들 수 있게 해주기 때문이다.

인지에 관해 해석하는 또 다른 방식으로는 맥락, 도구, 인공물, 인터페이스, 관련 사람들을 엮어서 설명하는 것이다. 언제, 어디에서, 어떻게 일이 일어났는지, 동시에 여러 대상에 분산인지 현상이 일어났는지, 어떠한 상황 속에서 일어났고, 일이 어떻게 커지고 구체화 되었는지에 대해 분석해볼 수 있다. 또한 일이 일어나는 과정으로 설명할 수도 있다. 다음의 항목들을 살펴보자.

- 주의
- 지각
- 기억
- 학습
- 읽기, 말하기, 듣기
- 문제해결, 기획, 추론, 의사결정

인지 과정의 많은 부분은 상호의존적이라는 사실을 주지하자. 여러 활동이 서로 관련되어 있을 수 있다. 하나가 고립되어 발생하는 경우는 거의 없다고 보아도 무방하다. 예를 들어, 시험 공부를 할 때, 자료를 보고 지각하고, 읽고, 기억하고, 외우는 등의 활동이 동반된다. 다음 장에서 우리는 다양한 종류의 인지 과정에 대해 상세히 배워 보기로 한다. 특히 주의와 기억이 가장 중요하다고 볼 수 있다.

3.2.1 주의

주의(Attention)는 가능한 범위 안에서 특정한 시점에 집중할 일을 선택하는 과정으로 풀이된다. 주의는 시각 및 청각 모두를 포함한다. 병원 진료실 앞에서 본인의 이름이 불리기를 기다리는 상태가 청각적 주의라면, 온라인에서 본인이 응원하는 팀이 이기고 있는지를 실시간으로 보고 확인하는 상태가 시각적 주의이다. 주의는 우리가 하는 일과 관련된 정보에 집중할 수 있게 해주는 것이다. 이 과정이 얼마나 잘 이루어지는 지는 1) 명확한 목표가 있는지 여부, 2) 우리가 필요로 하는 정보가 특정 환경에서 얼마나 두드러져 나타나는지 여부 등에 달려있다.

(1) 목표

우리가 알아야 할 것이 명확하다면, 우리는 이것을 주어진 정보와 일치시키기 위해 노력한다. 예를 들어 장거리 비행 후 공항에 방금 도착하여 월드컵 우승팀을 알고 싶은 경우 신문가판대나 스마트폰에서 찾으려고 할 수도 있고 친구에게 전화할 수도 있다. 한편, 우리가 무엇을 찾고 있는지 정확하게 알지 못할 때에는, 우리의 흥미로워 보이거나 두드러져 보이는 정보를 위주로 탐색하게 된다. 예를 들어 식당에 가서—물론 밥을 먹어야겠다는 일반적인 목표는 있을 수 있지만—먹고 싶은 것이 무엇인지 확실하지 않을 때가 있다. 이때에는 우리의 식욕을 자극하는 이미지, 설명문 등에 주의를 기울이게 된다. 이런 식으로 가능한 대안을 머리 속에 구성해 놓고, 같이 있는 사람, 특별 메뉴, 비용, 점원의 추천, 식사 소요 시간 등을 함께 고려하여 결정을 내리곤 한다.

(2) 정보 표현 방법

정보가 표현되는 방법이 특정 정보에 얼마나 주의를 기울이게 될 것인지에 영향을 미칠 수 있다. **그림 3.1**을 참고하자. 정보의 배치가 주의에 상당한 영향을 미친다.

실습해보기 3.1

그림 3.1에서 정보를 탐색해보자. 가령 상단에서는 Columbia Quality Inn의 객실 가격을 찾아보고, 하단에서는 Bedford Quality Inn의 전화번호를 찾아보자. 관련된 연구에서 실제로 두 구조 내에서 특정 정보를 찾을 때 걸리는 시간에 현저한 차이가 난다는 것을 밝힌 바 있다. 유사한 정보를 찾아내는데 상단에서는 3.2초, 하단에서는 5.5초가 걸렸다. 정보 밀도(약 30%)는 유사한데 왜 이러한 차이가 나타날까?

조언

그 이유는 문자들의 그루핑 방식에 있다. 상단에서는 숙박 시설의 위치, 종류, 전화번호, 가격 정보가 매트릭스 형태로 정렬되어 있고 행 간에 간격이 충분하다. 반면 하단에서는 정보들이 한데 묶여있어 검색하기가 불편하다. ▪

멀티태스킹과 주의

많은 사람들이 스마트폰, 노트북, TV, 태블릿 등의 전자기기 화면을 바라보면서 많은 시간을 보낸다. 앞에서 언급한 바와 같이 우리는 특정 화면을 통해 한 가지 작업을 하면서도 동시에 여러 가지 일들을 하곤 한다. 예를 들어 필자도 이 장을 쓰는 동안 매 5분 또는 10분마다 메일과 문자를 확인하거나 뉴스를 보는 등 다양한 일을 하고 있다는 사실을 자각해본다. 필자 또한 다른 많은 사람들처럼 멀티태스킹에 중독되어 있다. 멈추기가 힘들다.

그런데 단 한 명이라도 시간적인 손해를 입지 않고 완벽하게 멀티태스킹을 할 수 있는 사람이 있을까? 다음 예를 살펴보자. 어느 컨퍼런스에서 필자는 앞자리에 앉은 한 학생 자원봉

South Carolina

City	Motel/Hotel	Area code	Phone	Rates Single	Rates Double
Charleston	Best Western	803	747-0961	$126	$130
Charleston	Days Inn	803	881-1000	$118	$124
Charleston	Holiday Inn N	803	744-1621	$136	$146
Charleston	Holiday Inn SW	803	556-7100	$133	$147
Charleston	Howard Johnsons	803	524-4148	$131	$136
Charleston	Ramada Inn	803	774-8281	$133	$140
Charleston	Sheraton Inn	803	744-2401	$134	$142
Columbia	Best Western	803	796-9400	$129	$134
Columbia	Carolina Inn	803	799-8200	$142	$148
Columbia	Days Inn	803	736-0000	$123	$127
Columbia	Holiday Inn NW	803	794-9440	$132	$139
Columbia	Howard Johnsons	803	772-7200	$125	$127
Columbia	Quality Inn	803	772-0270	$134	$141
Columbia	Ramada Inn	803	796-2700	$136	$144
Columbia	Vagabond Inn	803	796-6240	$127	$130

(a)

Pennsylvania
Bedford Motel/Hotel: Crinaline Courts
(814) 623-9511 S: $118 D: $120
Bedford Motel/Hotel: Holiday Inn
(814) 623-9006 S: $129 D: $136
Bedford Motel/Hotel: Midway
(814) 623-8107 S: $121 D: $126
Bedford Motel/Hotel: Penn Manor
(814) 623-8177 S: $119 D: $125
Bedford Motel/Hotel: Quality Inn
(814) 623-5189 S: $123 D: $128
Bedford Motel/Hotel: Terrace
(814) 623-5111 S: $122 D: $124
Bradley Motel/Hotel: De Soto
(814) 362-3567 S: $120 D: $124
Bradley Motel/Hotel: Holiday House
(814) 362-4511 S: $122 D: $125
Bradley Motel/Hotel: Holiday Inn
(814) 362-4501 S: $132 D: $140
Breezewood Motel/Hotel: Best Western Plaza
(814) 735-4352 S: $120 D: $127
Breezewood Motel/Hotel: Motel 70
(814) 735-4385 S: $116 D: $118

(b)

그림 3.1 정보 구조화의 두 가지 방법

출처: Reproduced by permission of Dr. Tom Tullis.

사자가 네 개의 채팅창을 열어놓고 동시에 대화를 진행하는 것을 본적이 있다. 그것뿐만이 아니라 새로 온 메일, SNS 메시지, 피드를 확인하면서도, 기본적으로 연사의 발표를 듣고 노트 필기하고 연사의 논문을 띄워 놓았다. 그녀는 때때로 게임을 하기도 했다. 그녀는 여러 세계에서 동시에 살 수 있는 것처럼 보였다. 시간을 잠시라도 낭비하지 않는 것이었다. 그런데 과연 그녀는 발표자의 강연 내용을 얼마나 완벽하게 이해했을까?

멀티태스킹이 기억과 주의에 미치는 영향에 대해서는 그동안 많은 연구가 있어왔다. 주요 발견은 작업의 본질과 이 작업이 요하는 주의 수준이 중요하다는 것이다. 예를 들어, 일하는 동안 부드러운 음악을 듣는 것은 주변 소음이나 다른 이들의 대화를 적당히 상쇄시켜줄 수 있다. 하지만 그 음악이 일정 수준 이상 시끄럽다면 이야기가 달라질 수 있다. 개인 차이도 존재한다. 예를 들어 멀티태스킹을 자주 하는 사람은 자신이 관심을 가지고 있는 미디어의 정보 노출에 더 쉽게 산만해지는 것으로 나타났다. 멀티태스킹을 자주 하지 않는 사람은 자신의 주의력을 적시에 특정 목표를 향해 할당하는 능력이 뛰어났다(Ophir *et al.*, 2009). 이는, 멀티태스킹을 얼마나 자주하는지 여부가 주 작업과 관련되지 않은 사소한 정보를 걸러내는 능력에 영향을 미친다는 것을 보여준다.

"This project calls for real concentration. Are you still able to monotask?"

디자인 힌트

주의

- 주어진 작업에 주의를 기울이도록 하려면 정보를 두드러지게 만든다.
- 애니메이션, 색상, 밑줄, 순서, 배치 등을 적극적으로 활용한다.
- 정보를 두드러지게 하려는 노력이 과하면 인터페이스 전체가 산만해진다.
- 때로는 단순한 인터페이스가 사용하기 더 좋을 수 있다.

3.2.2 지각

지각(Perception)은 서로 다른 감각 기관(예: 눈, 귀, 손가락)을 통해 주변 환경으로부터 정보를 획득하고 대상, 사건 소리, 맛 등의 경험으로 전이시키는 과정을 나타낸다(Roth, 1986). 기억, 주의, 언어와 같은 다른 인지적 과정과 복합적으로 얽히게 된다. 보통 시각이 가장 지배적인 감각이며 청각과 촉각이 뒤를 잇는다. 인터렉션 디자인과 관련하여, 디자이너가 의도한 방법으로 쉽게 지각될 수 있도록 정보를 제시하는 것이 중요하다.

실습해보기 3.1에서 설명한 바와 같이, 항목을 잘 그루핑하고 항목 간 공백을 두면 주의를 기울이기가 쉬워진다. 많은 웹 디자이너가 화면에 그루핑된 대상을 표현할 때 공백을 두는 것을 추천하고 이는 실제로 사용자가 항목을 빠르고 쉽게 찾는 것을 도와준다. 물론 공백도 과하면 정보 검색에 해가 되기도 한다(Spool *et al.*, 1997). 또한 같은 양의 정보를 표시하는 상황에서는 색 대비 보다는 명시적으로 위치를 갈라주는 선 또는 경계(예: 표의 테두리)를 사용하는 것이 정보 탐색에 유용한 것으로 나타났다(Weller, 2004; **그림** 3.2 참조). 색 대비는 생각보다 좋은 방법이 아니다(Galitz, 1997).

디자인 힌트

지각

정보의 표현은 서로 다른 매체를 통해 지각될 수 있도록 디자인되어야 한다.

- 아이콘 및 기타 시각적인 요소를 통해 의미 구분이 가능하여야 한다.
- 테두리와 공백 및 간격은 정보를 그룹핑하여 효율적으로 인지할 수 있도록 도와준다.
- 소리는 충분히 잘 들리고 잘 구별될 수 있도록 해야 한다.
- 음성 출력은 그 뜻을 이해할 수 있을 정도로 명확하게 전달될 수 있어야 한다.
- 글자와 문단은 시인성과 가독성이 높아야 한다(예: 검정 또는 파란 배경에 노란 글자를 쓰는 것은 가능하지만 흰색 또는 녹색 배경에 노란 글자를 쓰는 것은 좋지 않다)
- 가상 환경에서 여러 종류의 촉각 피드백 사용시 각기 구별될 수 있어야 한다.

3.2.3 기억

기억(Memory)은 우리가 적절하게 행동할 수 있게 하는 다양한 종류의 지식을 회상하는 것을 포함한다. 매우 다양한 상황에서 다양한 일을 할 수 있게 해주는 것이 바로 기억이다. 예를 들어, 누군가의 얼굴을 알아보고, 이름을 기억하고, 마지막으로 만났을 때를 기억하고, 우

Black Hills Forest Cheyenne River Social Science South San Jose Badlands Park Juvenile Justice	Peters Landing Public Health San Bernardino Moreno Valley Altamonte Springs Peach Tree City	Jefferson Farms Psychophysics Political Science Game Schedule South Addision Cherry Hills Village	Devlin Hall Positions Hubard Hall Fernadino Beach Council Bluffs Classical Lit
Results and Stats Thousand Oaks Promotions North Palermo Credit Union Wilner Hall	Highland Park Machesney Park Vallecito Mts. Rock Falls Freeport Slaughter Beach	Creative Writing Lake Havasu City Engineering Bldg Sports Studies Lakewood Village Rock Island	Sociology Greek Wallace Hall Concert Tickets Public Radio FM Children's Museum
Performing Arts Italian Coaches Mckees Rocks Glenwood Springs Urban Affairs	Rocky Mountains Latin Pleasant Hills Observatory Public Affairs Heskett Center	Deerfield Beach Arlington Hill Preview Game Richland Hills Experts Guids Neff Hall	Writing Center Theater Auditions Delaware City Scholarships Hendricksville Knights Landing
McLeansboro Experimental Links Graduation Emory Lindquist Clinton Hall San Luis Obispo	Brunswick East Millinocket Women's Studies Vacant News Theatre Candlewood Isle	Grand Wash Cliffs Indian Well Valley Online Courses Lindquist Hall Fisk Hall Los Padres Forest	Modern Literature Studio Arts Hugher Complex Cumberland Flats Central Village Hoffman Estates

Webmaster Russian Athletics Go Shockers Degree Options Newsletter	Curriculum Emergency (EMS) Statistics Award Documents Language Center Future Shockers	Student Life Accountancy Mc Knight Center Council of Women Commute Small Business	Dance Gerontloge Marketing College Bylaws Why Wichita? Tickets
Gelogy Manufacturing Management UCATS Alumni News Saso	Intercollegiate Bowling Wichita Gateway Transfer Day Job Openings Live Radio	Thinker & Movers Alumni Foundations Corbin Center Jardine Hall Hugo Wall School	Career Services Doers & Shockers Core Values Grace Wilkie Hall Strategic Plan Medical Tech
Educational Map Physical Plant Graphic Design Non Credit Class Media Relations Advertising	Beta Alpha Psi Liberal Arts Counseling Biological Science Duerksen Fine Art EMT Program	Staff Aerospace Choral Dept. Alberg Hall French Spanish	Softball, Men's McKinley Hall Email Dental Hygiene Tenure Personnel Policies
English Graduate Complex Music Education Advising Center Medical School Levitt Arena	Religion Art Composition Physics Entrepreneurship Koch Arena Roster	Parents Wrestling Philosopy Wichita Lyceum Fairmount Center Women's Museum	Instrmental Nrsing Opera Sports History Athletic Dept. Health Plan

그림 3.2 웹페이지 정보를 구조화하는 두 가지 방법

출처: Reproduced with permission from D. Weller: "The Effects of Contrast and Density on Visual Web Search" from *Usability News* 6.2, 2004.

리가 마지막으로 했던 말 등을 기억할 수 있다.

우리가 보고, 듣고, 맛보고, 냄새 맡거나 만지는 모든 것을 기억하는 것은 불가능하다. 모든 것을 기억해내기 위해 우리 뇌가 과부하에 걸리는 것을 우리도 원치 않는다. 필터링 과정은

어떤 정보가 기억 될만한 것인지 확인하는 과정이며 이것도 종종 문제를 일으킨다. 기억해야 하는 것이 기억나지 않고, 잊고 싶은 것이 구태여 기억나는 경험은 누구에게나 있다. 가령 사람들의 이름이나 전화번호, 수학 공식 등은 기억하기 어려운 반면, 끊임없이 흘러가는 노래는 자연스럽게 기억할 수 있다.

이 필터링 과정은 어떻게 작동할까? 먼저 특정 상황에서 어떤 정보가 사용되고 해석되는지 규칙이 설정된다. 그것이 이루어지는 범위는 우리의 기억 용량 또는 능력에 영향을 미치게 된다. 더 많은 주의가 기울여지고 많은 생각이 동반될수록 나중에 기억하기가 쉽다. 예를 들어, 특정 주제를 공부할 때 수동적으로 책을 읽거나 영상을 보는 것보다는, 그것에 대해 숙고하고 연습하고 다른 이들과 토론하고 메모를 하는 것이 훨씬 낫다. 요컨대 특정 사안에 대한 해석을 어떻게 하느냐가 기억 및 회상 가능성에 영향을 미친다.

정보 기억에 영향을 미치는 또다른 요소로는 상황 맥락이 있다. 특정 상황에서 잘 기억되던 일들도 또 다른 상황에서 벌어지면 기억이 잘 되지 않을 수 있다. 다음 시나리오를 보자.

> 당신은 기차에 타고 있으며 누군가가 당신에게 다가와서 인사를 건넨다. 당신은 잠시 동안 그가 누구인지 인지해내지 못하다가 마침내 이웃사람임을 깨닫는다. 그 사람을 항상 복도에서만 보다가 복도가 아닌 다른 장소에서 만나니 처음에는 알아보는데 애를 먹었던 것이다.

사물보다 사람을 기억하는 것이 훨씬 편하다는 것도 알려져 있다. 특정 유형의 정보는 다른 정보보다 쉽게 인식할 수 있다는 것이다. 사람들은 아주 간단히 보고 지나간 수천여 장의 사진을 비교적 잘 기억하는 반면, 이전에 방문했던 박물관에서 사진을 찍었는지 여부는 잘 기억하지 못한다. 오히려 특정 장소에서 사진을 찍을 경우 대상에 대해 덜 기억하는 경향이 있다(Henkel, 2014). 사진을 찍는 상황에서는 — 사진 찍지 않는 상황과 비교하여 — 사진 매체 속에 정보가 남는 것을 알기 때문에 그만큼 생각을 덜하는 경향이 있기 때문이다.

실습해보기 3.2

가족과 친한 친구의 생일을 기억해보라. 얼마나 많은 사람들을 기억할 수 있는가? 그리고 최근에 다운로드한 스마트폰 애플리케이션을 묘사해 보라.

조언

다운로드한 애플리케이션의 이름, 내용, 이미지를 가족 및 친구의 생일보다 훨씬 잘 기억하고 있을 것이다. 사람들은 물건에 대한 시각적 단서, 즉 색상, 위치(예: 상단 선반에 있는 책), 표면(예: 시계의 긁힘) 등에 대한 내용을 더 잘 기억한다. 반면 생일이나 전화번호와 같은 종류의 임의 정보는 잘 기억하지 못하는 경향이 있다. ■

기억과 탐색

개인 기기 내에서 문서, 이미지, 음원, 영상, 이메일, URL 즐겨찾기 등의 콘텐츠는 매일 쌓이고 증가한다. 점점 더 많은 사람들이 이러한 디지털 콘텐츠를 클라우드에 저장해 놓는 경우가 증가하고 있는데, 어떻게 구조화하고 어떻게 검색할 것인가의 문제는 여전히 존재한다. 예를 들어 별도의 폴더, 앨범, 목록들을 만들어 관리를 하는 사람들도 있고 그렇지 않은 사람들도 있다. 최근에는 iCloud, Vimeo, Pinterest, Flickr 등의 콘텐츠 관리용 플랫폼을 사용하는 경우가 많은데, 이 기업들의 고민은 어떤 인터페이스를 만들어야 사람들이 콘텐츠에 쉽게 저장하고 접근할 수 있냐는 것이다. 파일이 수천 개 이상이 되면 사용자가 관리하는데 문제가 발생할 수 있다. 만약 당신이 2~3년 전에 촬영한 사진 중에, 갈매기를 쫓아 바다로 뛰어드는 당신의 개 사진을 정확하고 빠르게 찾아낼 수 있는가? 아마도 날짜, 이름, 또는 태그 별로 정리된 수백 개의 폴더를 열었다 닫았다 하며 여러 번의 시행착오를 거쳐야 할 것이다. 찾기 기능을 사용한다면 과연 어떤 키워드를 입력할 것인가?

이름을 지정해 놓는 것은 정보를 분류하고 정리하는데 사용되는 가장 일반적인 방법이지만 기억하기가 쉽지 않다는 단점이 있다. 특히 수만 개의 디지털 파일들이 있는 경우에는 더욱 그렇다. 사람들의 기억 능력을 어떤 식으로 고려해야 할까? Lansdale과 Edmonds(1992)는 사용자가 특정 콘텐츠를 검색하는 작업에 있어서 회상 능력과 콘텐츠 인지 능력을 모두 활용하는 방법을 제안한 바 있다. 첫 번째 능력을 활용하여 찾고자 하는 콘텐츠와 관련된 기억을 더듬어 가능한 가깝게 접근한다. 그런 다음 두 번째 능력을 활용하여 상세 목록 및 내용을 확인하고 정확한 콘텐츠를 찾아내는 것이다. 때로는 첫 번째 방식을 실패한 이후 두 번째 방식으로 재도전해볼 수도 있다. 예를 들어 어떤 사용자가 특정 홈페이지에 접근하는 상황을 상정해보자. 첫 번째 방식과 관련해서는, 사용자가 자신이 접근하려고 하는 자동차 가격 비교 사이트의 주소를 정확하게 기억함으로써 웹 브라우저에서 바로 접속하는 예시를 들어볼 수 있다. 기억의 방식만으로도 바로 콘텐츠를 찾은 것이다. 또 다른 예로 같은 사이트에 접속해야 하는데 주소가 생각이 나지 않는 경우가 있다. 마침 사용자는 일주일 전에 접속했다는 것을 기억해낸 후, 브라우저 접속 히스토리 목록을 열어 해당 기간에 접속했던 주소 중에서 골라서 겨우 접속했다고 해보자. 시간은 오래 걸리지만 어쨌든 접속하는데 성공하였다. 이 상황은 첫 번째 시도에서 성공하지 못하고 두 번째 전략을 통해 성공한 것으로 해석할 수 있다.

디지털 콘텐츠 시스템은 상기에서 언급한 두 가지 기억 프로세스를 모두 고려하는 것이 좋다. 즉, 사용자들이 검색의 영역을 확정, 제한하는 과정과 그 이후 검색하고자 하는 대상의 대안을 표시하고 고를 수 있게 해주는 과정 모두를 지원해주어야 한다. 더불어 시스템은 시간, 카테고리, 태그와 각종 속성(예: 색상, 폰트, 아이콘, 사운드, 또는 이미지)을 특정 콘텐츠

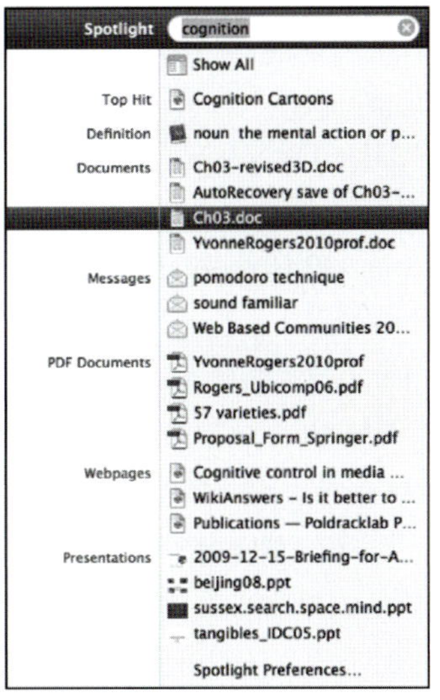

그림 3.3 Apple's Spotlight 검색 도구

파일에 부여하는 여러 가지 방법을 제공해주어야 한다. 좋은 검색 엔진은 사용자들이 원하는 콘텐츠를 찾는데 많은 도움이 된다. Google이나 Apple과 같은 기업에서 다양한 엔진을 제공하고 있다. 파일의 일부분이나 파일 이름 중 일부만 가지고도 앱, 게임, 이메일, 주소록, 이미지, 캘린더, 각종 응용 프로그램 전체로부터 찾아낼 수 있게 해준다. **그림 3.3**은 그 사례를 보여준다.

생각해보기 3.1

매직 넘버 7의 법칙

아마도 심리학에서 가장 잘 알려진 이론—거의 모든 학생들이 학위 과정 후에도 수 년 동안 기억한다—은 Miller(1956)의 매직 넘버 7±2일 것이다. 이 이론의 핵심 내용은 단기간에 기억할 수 있는 정보 덩어리 개수가 7±2라는 것이다. 여기서 단기 기억이라는 개념이 등장하는데 정보를 처음 인식하고 바로 처리되는 와중에 저장되는 기억 공간을 의미한다. 정보 덩어리는 글자와 같이 기억을 위한 가장 작은 단위를 의미하는데 문자, 숫자뿐만 아니라 단어도 포함된다. 이 이론에 따르면 기본적으로 사람의 기억 능력은 매우 제한적이고, 순간적으로 말 몇 마디, 숫자 몇 개 정도만 기억할 수 있다는 것이다. 다음 연습 문제를 시도해 보자. 아래 첫 번째 숫자 집합을 재빨리 읽고—혹은 다른 사람이 불러주게 할 수도 있다—눈을 감거나 보지 않는 상태에서 기억해보라. 그 아래 집합에 대해서도 똑같이 반복해보자.

- 3, 12, 6, 20, 9, 4, 0, 1, 19, 8, 97, 13, 84

- 고양이, 집, 종이, 웃음, 사람들, 빨강, 예, 숫자, 그림자, 신부, 비, 식물, 전구, 초콜릿, 라디오, 하나, 동전, 제트기
- t, k, s, y, r, q, x, p, a, z, l, b, m, e

얼마나 많은 양의 정보를 기억해낼 수 있는가? 평균적으로 5~9개 정도를 기억하지 않았는가?

정보 덩어리 — 청크(Chunk)라고 부를 수도 있다 — 는 의미 있는 항목이 결합되어 나타날 수도 있다. 예를 들어 핫초코, 록 음악, 체다 치즈, 가죽 벨트, 레이저 프린터, 차가운 비와 같이 실제로는 두 단어로 이루어져 있지만 비슷하게 7세트 내외를 기억할 수 있다. 만약 가죽 프린터, 록 치즈, 체다 비와 같이 무작위로 단어를 섞을 경우에는 기억이 어려워진다. 앞서 나타난 사례들의 경우에는 우리가 그 동안 익히 들어왔고 그만큼 기억 공간에서 처리하는데 더 적은 시간이 든다. 뒤의 사례들은 실제 세계에 존재하지 않는 새로운 어구이기 때문에 머리 속에서 새롭게 결합하고 암기하는데 시간이 오래 걸리게 된다. 예행 연습을 할 시간이 있다면 달라질 수 있지만, 연습없이 바로 듣거나 보는 경우에는 7세트까지는 기억하지 못할 가능성이 많다.

물론 이 이론이 흥미롭기는 하지만 인터랙션 디자인과 어떤 상관이 있는지 궁금해할 수 있다. 이 고전적인 이론은 심리학에서 특별한 위치를 가질 뿐만 아니라 HCI 분야에도 큰 인상을 주었다. 실제로 많은 디자이너들이 이에 대해서 들어보거나 읽어본 적이 있고 인터페이스 디자인에 유용하게 적용할 수 있다고 생각한다. 그렇다면 과연 어떤 방식으로 인터랙션 디자인에 적용할 수 있을까? Bailey(2000)는 현업에서 실제로 적용되고 있는 인터페이스 가이드라인을 다음과 같이 조사한 바 있다.

- 메뉴 항목을 7개 이내로 설계
- 메뉴 바에 아이콘을 7개 이내로 포함
- 개조식으로 목록 표현시 7개 이내로 제한
- 웹페이지 상단에 탭 구현 시 7개 이내로 제한
- 풀다운 메뉴 구현 시 항목 수를 7개 이내로 설계

과감하게 나가자면 사실 이 모든 것들은 잘못된 측면이 있다. 왜일까? 상기 사례들은 필요하면 눈으로 다시 볼 수 있기 때문에 외워서 단기 기억 공간에 넣을 필요가 없기 때문이다. 이것들은 깜빡 거리거나 사라지지 않으며, 해당 인터페이스가 사용자에게 이것들을 암기하도록 강요하지도 않는다. 또한 7개 이상의 음식 목록이 있다고 하더라도 사람들은 자신이 선호하는 음식을 찾는데 불편함을 느끼지 않는다. 사람들의 머리 속에서 이루어지는 작업은 항목 인식 후 자신이 원하는 것인지 아닌지 여부를 확인하는 것으로 정보를 외우는 것과는 상이한 것이다. 사실 인터랙션 디자인에 유익하게 적용할 수 있는 더 좋은 이론들이 많다. ▪

인지 부하와 암호

스마트폰 뱅킹 또는 ― 직접 전화를 걸어 수행하는 ― 폰 뱅킹은 지난 몇 년 동안 점차적으로 보편화되고 있다. 은행 고객은 청구서 지불, 계좌 잔액 확인과 같은 금융 거래를 손쉽게 수행할 수 있다. 그런데 은행 입장에서는 직면한 문제가 있다. 바로 보안 문제이다. 누구든지 다른 사람인 척할 수 있는 상황에서 은행은 어떻게 사기 거래를 방지할 수 있을까?

한 가지 대안은 고객이 로그인하거나 고객의 신원을 확인하는 과정에서 다양한 정보를 엄격하게 입력하거나 불러주도록 하는 것이다. 일반적으로 다음과 같은 정보를 다룰 수 있다.

- 5~10개의 글자로 이루어진 비밀번호
- 직장 주소 또는 우편번호
- 가족들의 이름
- 생년월일
- 초중고등학교 이름

이 중 많은 부분이 기억하기 쉽고 익숙한 것들이다. 그러나 이 중 몇 가지는 그렇지 않을 수 있다. 가령 암호는 어떻게 해야 하는가? 고객이 '인터랙션'이라는 단어를 암호로 정했다고 가정해보자. 기억하기가 쉽지만 유출의 가능성이 매우 높다. 최근에는 암호 유출 방지를 위해서 '암호의 5번째 글자를 입력하시오'와 같은 신원 확인 방법들이 있다. 이 경우에는 어떻게 외우거나 확인을 할 수가 있을까? 보안을 더 철저히 하기 위해서 은행은 정보를 요구하는 질문의 순서를 무작위로 섞기도 한다. 혹시라도 중간에서 정보를 획득하는 사람이 있더라도 나중에 똑같이 사용할 수 없도록 막기 위한 것이다. 날로 복잡해지는 보안 확인 방식에 어떻게 대처해야 할까?

복잡한 방법들은 결국 고객에게 인지적인 부담을 안겨준다. 인지적인 부담을 최소화하기 위해서 사람들은 각종 플랫폼과 관련된 암호나 중요 사항들을 종이나 문서화하여 만들어 두기도 한다. 이러한 방식을 사용하면 외워야 하는 부담이 적기 때문에 로그인 과정을 간편하게 만들어 주기는 한다. 하지만 다른 사람들이 이 종이나 문서를 손에 놓으면 그 후의 일은 그 누구도 책임질 수 없게 된다.

실습해보기 3.3

은행이 보안 문제를 해결하면서 동시에 고객들의 인지 부하를 최소화해줄 수 있는 방법은 무엇일까? 다양한 인터넷 뱅킹 방식들의 차이점은 무엇일까?

조언

또 다른 접근법으로는 고객에게 미리 암호나 PIN 등을 제공하고 필요시 이를 입력하도록 요청하고, 이어서 우편번호라든지 중요 정보를 하나 더 물어보는 2단계 방식을 쓰는 것이 있다. 인터넷 기반 뱅킹에는 항상 보안 위험이 도사리고 있기 때문에 여러 조치가 필요하다. 일반적인 아이디, 암호 입력 방식도 위험할 수 있다.

암호에 문자나 숫자 대신 이미지를 사용하는 방법도 연구되어 왔다. 가령 이미지 집합 중에서 미리 암호로 약속된 이미지들을 선택하는 방법이 있다. 이 방식은 특정 대상을 인지하는 것이 정보를 기억해내는 것보다 쉽다는 원리에 기반한다. 즉, 사용자가 문자나 숫자로 된 암호를 기억하는 작업보다 이미지를 실시간으로 인지, 확인하고 암호로서 설정된 것을 선택하는 작업이 쉬운 경우 이 방법이 통할 수 있을 것이다. 이 방식 상에서 이미지는 얼굴, 만화 장면, 사진 또는 대상(예: 노을, 개) 등을 모두 포함한다. 최소한의 보안 유지가 가능하려면 사용자가 4~8개의 이미지를 선택하고 그 이미지들 간의 우선순위 설정까지 해야 하는데, 실제 연구에 따르면 이것이 충분히 가능하다는 것이 입증되었다. 물론 일반 암호 입력 방식보다 훨씬 오래 걸리는 것으로 나타났다(De Angeli *et al.*, 2005). ■

생각해보기 3.2

디지털 망각

기억과 인터랙션 디자인을 연계하는 연구 개발 중 상당 수는 사용자의 기억을 도와주는 장치를 개발하는 것이다. 예를 들어, 할 일 목록, 알림 등이 있다. 그런데 한편 우리는 기억을 잊고 싶을 때도 있다. 애인과 헤어진 후 그 사람을 생각나게 만드는 각종 디지털 콘텐츠가 없었으면 할 때가 있다. 이러한 경우에 사람들의 망각을 도와주는 인터페이스를 어떻게 만들 수 있을까? SNS는 실제로 이러한 것들을 어떻게 구현하고 있을까?

Sas와 Whittaker(2013)는 이러한 상황에서 사용자가 고통스러운 기억을 떠올리며 손수 콘텐츠를 삭제하지 않아도 되는 방법을 제안했다. 얼굴 인식과 같은 방법을 사용하는 것이다. 자동으로 특정인과 연계된 콘텐츠를 수집하고, 필요 시에 통째로 삭제하는 등의 수단을 제공해주는 것이다. ■

기억 손상에 대한 보조 도구

기억 장애를 앓고 있는 사람은 요리나 설거지 등과 같은 일상적인 가사 작업이 어려울 수 있다. 특히 전화벨이 울리는 등의 이유로 작업이 한번 중단되는 경우는 문제가 더 악화되곤 한다. 특정 요리 재료를 첨가하지 않거나 설거지를 두 번 하는 등의 참사가 발생한다. Cook's Collage라는 시제품은 일상 요리 작업을 위한 보조 기억 장치로 개발되었다. 요리 작업 촬영

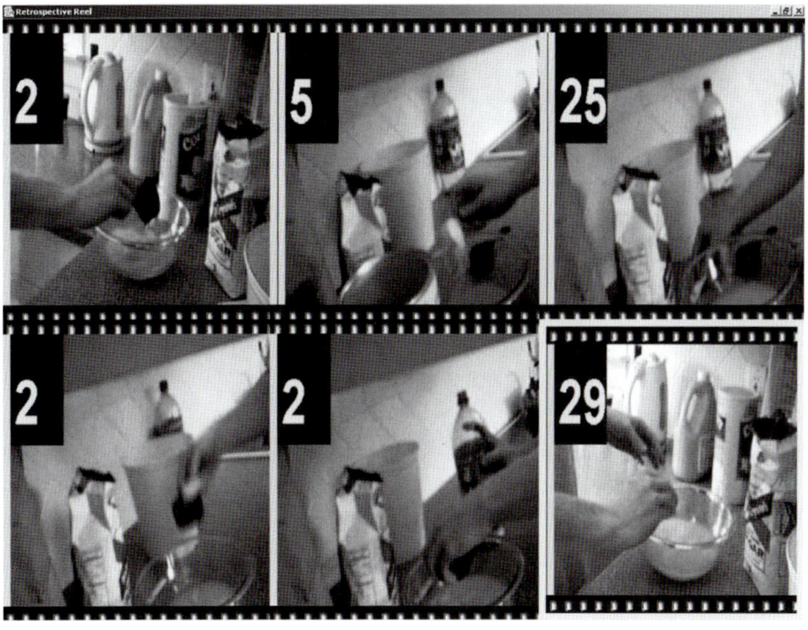

그림 3.4 최근 요리 작업 스틸컷을 보여주는 Cook's Collage

출처: Reproduced with permission from Elizabeth Mynatt, Everyday Computing Lab, Georgia Institute of Technology.

을 위한 카메라가 탑재되어 있고, 눈높이에 평면 디스플레이가 있어서, 촬영된 영상의 중요 스틸컷을 표시해준다(그림 3.4 참조). 이 시제품을 평가하는 기준은 사용자가 요리할 때 특정 재료를 까먹지 않고 제대로 넣었는지 여부이다.

기억 상실로 고통받는 사람들(예: 알츠하이머병 환자)을 돕는데 사용되는 또 다른 보조 도구로는 Cambridge Microsoft Research Labs에서 개발한 SenseCam을 들 수 있다. 이 제품은 착용된 상태에서 간헐적으로 사진을 촬영하여 사람들이 일상 사건을 기억하는 것을 도와준다(그림 3.5 참조). 특정 시간 간격으로 찍게 할 수도 있고 혹은 특정 이벤트(예: 가속도 센서로 일정 수준 이상의 가속 움직임을 감지)가 발생하면 찍게 할 수도 있다. 어안 렌즈가 탑재되어 사물이 왜곡될 수 있지만 사용자 눈 앞의 거의 모든 것들을 찍을 수 있다. 하루 내내 촬영되기 때문에 착용한 사람이 경험하는 모든 것을 기록하는 셈이다. 이 장치를 사용하여 다양한 형태의 기억 장애 환자에 대한 연구가 진행되었다. 예를 들어 Hodges와 그의 동료들은 기억 상실증을 앓고 있는 환자 B가 SenseCam으로부터 얻은 효과를 다음과 같이 설명한다. 환자 B는 매일 자신의 일상을 촬영하였고 촬영된 영상을 남편과 함께 돌려보면서 이야기를 나누었다. 이 기간 동안 환자 B의 회상 능력이 이전 대비 3배가 되었고 그녀는 거의 모든 것을 기억해낼 수가 있었다. 그녀는 실험이 끝난 후에도 이 장치를 반환하고 싶어하지 않았다.

그림 3.5 SenseCam으로 촬영한 디지털 이미지
출처: ©Microsoft Research Cambridge.

디자인 힌트

기억

- 복잡한 절차는 사용자의 인지적인 부담을 가중시킨다.
- 메뉴, 아이콘과 같은 요소를 적절히 활용하여 사용자가 기억에만 의존하지 않을 수 있게끔 디자인하는 것이 좋다.
- 카테고리, 색, 태그, 시간, 아이콘 등의 정보를 사용하여 디지털 콘텐츠(예: 파일, 이메일, 이미지)를 정리, 분류할 수 있도록 한다.

3.2.4 학습

사람들은 딱딱한 매뉴얼에 나온 지침만으로 제품의 사용법을 익히기 어렵다는 것을 경험적으로 잘 알고 있다. 많은 사람들이 실제 시행착오를 통해서 학습하는 것을 좋아한다. 좋은 인터페이스는 탐색적인 상호작용을 지원하며, 만약 사용자가 잘못된 옵션을 선택하는 실수를 저지르더라도 이전 상태로 되돌릴 수 있는 취소 기능을 제공한다.

사람들이 특정 주제에 대해 더 효율적으로 배울 수 있도록 다양한 기술 지원을 제공하는 시도는 많이 있어왔다. 웹기반 학습, 이러닝, 가상현실 등의 인터랙티브 기술을 적용함으로써 기존 도구(예: 종이 책)로 불가능했던 다양한 것들을 이룰 수 있다. 정보의 표현 방식, 인터랙션 방식 등에서 혁신적인 시도가 가능하다. 이렇게 함으로써 학습자가 좀 더 다양한 방식으로 아이디어 및 개념에 접근하고, 나아가 직접 만들어볼 수 있게 해준다. 가령 수학 공식, 표기법, 물리 법칙 등과 같이 이해하기 어렵고 다소 추상적인 개념을 익히는 데에는 인터랙티브 표현 방식이 안성맞춤이다. 그래프, 수식, 사운드, 시뮬레이션 등의 다양한 표현 방식을 통해 개념의 핵심적인 내용들과 중요 개념 간 관계 등의 것들을 직관적으로 익힐 수 있다.

이와 관련하여 Dynalinking이라는 효과적인 방식이 있다(Rogers와 Scaife, 1998). 다이어그램과 같은 추상적인 표현이 시뮬레이션 결과와 같은 구체적인 표현과 함께 표시된다. 한 군데에서 내용이 변경되면 여러 군데에서 실시간으로 연동되어 표시되므로 추상적인 의미에 대해 더욱 잘 이해할 수 있도록 도와준다. 초기 사용 사례는 Aconcrete(Rogers et al., 2003)이다. 이 소프트웨어는 다양한 생물체들이 유영하는 것을 비추다가, 때때로 한 생물이 다른 생물을 잡아먹는 것을 보여주기도 한다. 특정 개체를 클릭하면 그것이 무엇이고 무엇을 잡아먹었는지 알려준다(예: '나는 잡초이고 나는 음식을 만드는데 사용됩니다'). 구체적인 내용과 추상적인 내용이 적절히 융합되어 학습자들이 재미있고 제대로 배울 수 있도록 하였다(그림 3.6 참조).

Dynalinking은 내용이 복잡하고 여러 차원으로 얽혀있는 대상들 간 관계를 명시적으로 나타내주는 장점이 있어 여러 분야에 파급되어 사용되었다(Sutcliffe, 2002). 예를 들어 경제 예측, 분자 모델링, 통계 분석과 같은 영역에 유용하다.

점점 더 많은 사람들이 인터넷과 스마트폰에 의존하며 살아간다. 마치 시각 장애인에게 흰 지팡이가 삶의 일부가 되듯이 말이다. 이 기기들은 일상생활에서 우리의 인지적인 능력이 증대될 수 있도록 도와준다. Sparrow와 그의 동료들은 인터넷 환경이 우리가 정보를 기억해야 할 필요성 자체를 줄이는 동시에 필요한 정보를 어디에서 찾아야 하는지에 대한 기억 능력을 확장시켰다는 것을 확인하였다. 우리 중에 많은 사람들이 영화 속 배우 이름, 책 이름, 다른

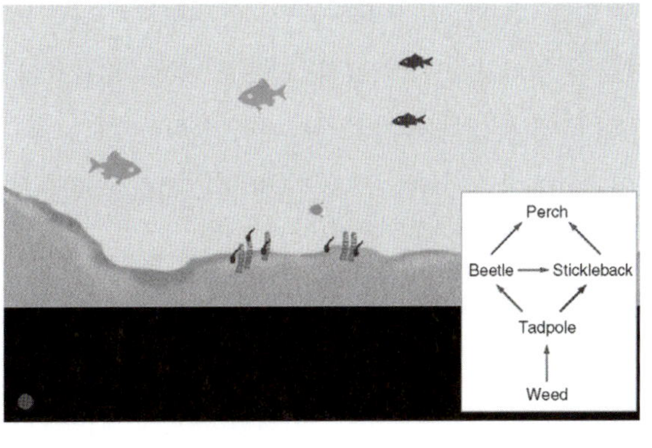

그림 3.6 Pondworld에 사용된 Dynalinking

언어의 단어 등을 알아내기 위해 스마트폰을 꺼내본 경험이 있다. 단순 정보 검색 엔진 이외에 음악을 인식하여 찾아주는 검색 엔진을 탑재한 Shazam을 보자. 미래 세대가 배우는 방법과 그들의 배워나가는 대상은 아마도 우리와 다를 것이고 이를 제품 설계에 어떻게 활용할지는 생각해볼 일이다.

디자인 힌트

학습

- 탐색을 장려하는 디자인 인터페이스
- 처음 학습을 시작할 때 적절한 행동을 할 수 있도록 유도하는 디자인 인터페이스
- 추상적인 개념과 구체적인 자료를 연동하여 학습을 도와주는 인터페이스

3.2.5 읽기, 말하기, 듣기

읽기, 말하기, 듣기는 유사하면서도 서로 다른 특징을 가지는 언어 처리의 세 유형이다. 유사한 점 중 하나는 그것이 전달되는 방식에 관계없이 문장이나 어구의 의미가 동일하다는 것이다. 예를 들어, '컴퓨터는 훌륭한 발명품입니다'라는 문장은 본질적으로 읽거나 말하거나 들을 때 모두 동일한 의미를 가진다. 그러나 수행하고 있는 작업이나 상황에 따라서 언제는 읽는 것이 편하고, 언제는 듣는 것, 말하는 것이 편할 수 있다. 예를 들어, 많은 사람들이 대량의 정보를 확인할 때에는 듣는 것보다 읽는 것이 쉽다고 생각한다. 세 유형의 구체적인 차이는 다음과 같다.

- 듣는 것은 일시적인 반면 쓰여진 언어는 반영구적이다. 이해가 가지 않는 경우 서면으로 쓰여진 것은 다시 읽을 수 있으나 방송 중인 상태에서는 다시 듣는 것이 불가능하다.
- 말하기와 듣기 보다는 읽기가 가장 빠르다. 읽을 때에는 쓰여진 어구와 문장들을 동시에 볼 수 있지만 들을 때에는 앞에서부터 순서대로 들어야 하기 때문이다.
- 듣기는 말하기, 읽기보다 인지 부담이 적은 편이다. 특히 어린이들은 직접 읽는 거보다 듣는 것을 선호한다.
- 쓰여진 문장은 문법적으로 완결해야 하지만 구어는 종종 그렇지 않다. 예를 들어 사람들은 다른 사람이 말하는 중간에 끼어들거나 자신이 말하는 도중에 멈추기도 한다.
- 난독증 환자는 문어를 이해하고 인식하기 어려워하며, 쓸 때에도 문법에 맞게 정확하게 쓰는 것을 어려워한다.

사람들의 읽기, 쓰기 및 듣기 기술을 십분 활용하거나 또는 사람들이 더 잘 읽고, 쓰고, 들을 수 있도록 도와주는 많은 도구들이 있다. 다음 목록을 살펴보자.

- 외국어를 읽고 배우는 것을 도와주는 인터랙티브 서적 및 웹 기반 자료
- 음성 명령을 인식하여 상호작용할 수 있게 해주는 음성 인식 시스템(예: Google 음성 검색, 음성 인식으로 동작하는 가전제품 제어 장치)
- 음성 합성을 통해 문장, 문서를 읽어주는 시스템(예: 시각 장애인용 TTS 프로그램)
- 사용자가 자유롭게 질문을 입력하면 그에 맞는 응답을 주는 자연 언어 처리 시스템(예: Ask 검색 엔진)
- 읽기, 쓰기, 말하기가 어려운 사람들을 도와주는 보조 장치
- 다양한 장애가 있는 사람들이 문서 제작 등의 작업을 할 수 있도록 도와주는 특수 입출력 장치
- 시각 장애인이 청각 및 촉각 보조 장치를 사용하여 그래프를 비롯한 시각화 자료를 확인할 수 있도록 해주는 인터랙션 기술

디자인 힌트

읽기, 말하기, 듣기

- 음성 기반 메뉴와 지침의 경우 가능한 짧게 만드는 것이 좋다. 연구에 따르면 음성 기반 메뉴의 경우 3~4개 이상의 옵션이 있으면 사용자들이 어려워한다. 메뉴 이외의 경우에도 항목 수를 크게 늘리지 않는 것이 좋다.
- 음성을 합성하여 출력하는 경우에는 억양이 자연스럽도록 해야 이해하기 쉽다.
- 작은 글자를 읽기 어려운 사람들을 위해 서식에 영향을 주지 않으면서 글자를 확대해 볼 수 있는 기능을 제공한다.

3.2.6 문제해결, 계획, 추론 및 의사결정

문제해결, 계획, 추론 및 의사결정은 대상에 대해 반응하는 인지 과정을 포함한다. 주로 무엇을 해야 하는 것인지, 대안은 무엇이 있는지, 어떠한 결과가 발생할 것인지에 대한 생각을 포함한다. 이 과정에서 생각하고 있는 것을 의식하기도 하고, 다른 사람들과 토론하기도 하며, 다양한 종류의 물건(예: 지도, 책, 펜, 종이)을 사용하기도 한다. 가령 해외 여행을 계획할 때 다른 사람들에게 물어보거나 지도를 확인하고 웹 상에서 길 찾기를 해보거나 할 수 있다.

추론은 여러 가지 시나리오를 세워 두고 주어진 문제와 관련하여 가장 좋은 대안을 결정하는 것과 관련된다. 여행 경로를 계획하는 과정에서 최상의 경로를 결정하기 전에 각 경로의 장단점을 놓고 비교 분석할 수 있다. 이 과정에서 논쟁이 발생하곤 하는데 그 이유는 모두가 자신이 남들보다 잘 알고 있다고 단정하는 데에서 오는 것이다. 요즈음은 GPS 기반의 내비게이션 시스템이 잘 되어 있어 사람들이 논쟁할 것도 없이 기술에 의존하도록 만든다. 영국에서 YouGov가 조사한 바에 따르면 내비게이션 시스템 TomTom은 총 1300만 커플이 길 때문에 싸우는 것을 막아주었다고 한다.

웹이나 쇼핑몰에서 쇼핑을 할 때와 같이 정보 과부하에 직면했을 때 사람들이 어떻게 의사결정을 내리는지에 관한 연구가 많이 이루어진 바 있다. 합리적 선택 이론에 의하면 선택을 하는 것은 여러 가지 행동 과정에 수반되는 비용과 편익에 대한 평가를 포함한다고 가정한다. 이는 여러 대안들에 대한 기회비용을 고려하여 냉정하게 평가하는 것을 전제로 한다. 이러한 전략은 최상의 선택을 위해서 대안을 비교하는 데에 노력이 많이 들어간다는 단점이 있다. 반면 인지심리학 분야에서는 사람들이 의사결정을 할 때 단순한 경험적 방법을 사용하는 경향이 있음을 보여준다(Gigerenzer *et al*., 1999). 적은 노력이 필요한 경험적 잣대 덕분에 충분히 괜찮은 의사결정을 비교적 빠르게 내릴 수 있다는 것이다. 이 이론에 의하면 우리는 일반적으로 사용 가능한 정보의 대부분을 무시하고 몇 가지 중요한 단서에 의존한다. 예를 들어, 슈퍼마켓에서는 구매자가 브랜드 인지도가 있거나, 가격이 저렴하거나, 매력적인 포장을 사용하는 제품을 고르곤 한다. 제품 패키지에 작은 글씨로 적힌 정보를 보는 경우는 거의 없다. 이는 간단하게 만드는 것이 최고의 디자인 전략일 수 있다는 사실을 대변해준다.

사람들이 선택을 해야 할 때 제품을 잘 비교할 수 있도록 더 많은 정보를 제공하는 것보다는 올바른 정보를 제공하고 올바른 선택을 하도록 유도하는 것이 좋다. 기술을 적용시킬 때에도 이를 고려하는 것이 좋다. 예를 들어, 증강현실이나 웨어러블 기술을 통해서 제품 선택에 핵심이 되는 중요 정보만 간단히 표시하거나 사용자에게 알려주는 방법이 있을 수 있다(Rogers, Payne와 Todd, 2010).

딜레마

당신은 애플리케이션 없이 결정할 수 있는가?

Howard Gardner와 Katie Davis(2013)는 이들의 저서 'The App Generation'에서 젊은 세대가 스스로를 위한 의사결정을 제대로 내리지 못하는 것에 주목했다. 점점 더 많은 수의 젊은 사람들이 있을지 모르는 위험을 회피하고자 모바일 애플리케이션에 의존하고 있다는 것이다. 무엇을 먹고, 어디에서 무엇을 할 것인지 결정하기 전에 다른 사람들이 SNS에 올린 콘텐츠를 찾아본다. 스스로 그러한 결정을 내리는 것이 불안하기 때문이다. 일례로 많은 이들에게 첫 번째로 큰 결정은 어느 대학교에 갈 것인가이다. 아마도 부모와 인터넷 모두 그들을 여러 방면에서 도왔을 것이며 본인도 장기간 고뇌했을 것이다. 수많은 글을 읽고, 부모님과 함께 실제 대학에 방문해보기도 해본다. 그러나 결국에는 이런 모든 것들이 실제로 영향을 미쳤을까? 아마도 가장 중요한 요소는 다른 친구들이 간 곳 또는 다른 사람들이 좋아하는 곳이었을 것이다. 많은 사람들이 몇 시간, 몇 주, 심지어는 몇 달 동안 그것에 대해 이야기하고, 읽고, 조언을 듣는다. 그런데 이전 세대와 비교했을 때 아마도 그들은 스스로 결정을 내리지 않았을 것이다. ■

디자인 힌트

문제해결, 계획, 추론 및 의사결정

- 작업과 활동을 보다 효과적으로 수행하기 위해 사용자에게 필요한 정보를 제공한다.
- 신속한 의사결정과 계획을 지원하기 위한 보조 도구는 간단하고 기억하기 쉬운 기능을 가지고 있어야 한다.

3.3 인지 프레임워크

인지 이론에 기반하여 사용자의 행동을 설명하고 예측하기 위한 많은 프레임워크 개념들이 만들어져 왔다. 이 장에서는 사용자의 정신적인 활동과 관련된 세 가지 내적 프레임워크와 실제 기술과 상호작용 하는 것과 관련된 세 가지 외적 프레임워크를 소개하고자 한다.

내적 체계

1. 멘탈 모델
2. 실행과 평가에 내재된 격차
3. 정보 처리

외적 체계

1. 분산 인지
2. 외적 인지

3. 체화된 인터랙션

3.3.1 멘탈 모델

앞선 장에서 우리는 성공적인 시스템이 개념적 모델에 기반하고 있으며 이 개념적 모델이 잘 구성되는 경우 사용자가 시스템을 효과적으로 익힐 수 있다는 것을 배웠다. 사용자들은 사용 과정에서 시스템을 다루는 법에 대해서 알게 되고, 나아가 시스템의 작동 원리에 대해서도 깨우치게 된다. 20세기 후반에 멘탈 모델이라고 부르는 이와 같은 이론이 만들어졌다.

멘탈 모델은 사람들이 시스템에 대해 추론하는 데에 사용되며, 특히 시스템에 예기치 않은 일이 발생하거나 익숙하지 않은 시스템을 사용하는 상황에서 유용하게 사용될 수 있다. 누군가가 시스템에 대해 더 많이 배우고 그것이 어떻게 작동하는지를 알게 되면, 그들의 멘탈 모델이 더욱 성숙한다고 할 수 있다. 예를 들어, TV 엔지니어는 TV 작동 방식에 대한 구체적인 멘탈 모델을 가지고 어떻게 설정하고 고칠 것인지 알 수 있다. 하지만 일반 사용자는—물론 TV를 작동시키는 방법에 대해서 합리적으로 좋은 멘탈 모델을 가질 수도 있지만—피상적인 멘탈 모델을 가지고 있을 가능성이 많다.

인지심리학 분야 안에서 멘탈 모델은 사용자가 조작할 수 있는 외부 세계의 일부 측면을 내적으로 구조화하여 어느 정도 행동과 생각을 예측케 한다는 것이 알려져 왔다(Craik, 1943). 멘탈 모델은 이미지와 유추가 활성화되는 무의식적, 의식적 정신 과정을 모두 포함한다.

실습해보기 3.4

일상적으로 일어나는 추론 과정에서 멘탈 모델이 적용되는 사례를 다음과 같이 상상해 보자.

1. 당신은 추운 겨울 밤의 휴일에 차갑게 식어 있는 집에 도착하였다. 당신에게는 작은 아이가 있어 가능한 빨리 집을 따뜻하게 하고 싶다. 당신의 집은 중앙난방으로 작동한다. 이 상황에서 당신은 온도를 가능한 높게 설정할 것인가, 혹은 원하는 온도(예: 24도)로 설정할 것인가?
2. 당신은 야밤에 집에 도착하였고 몹시 배가 고픈 상태이다. 냉동실을 확인해 보니 피자가 남아있다. 포장지에는 오븐을 190도로 올려서 피자를 20분 동안 넣으라고 써 있다. 오븐은 전기식이다. 당신은 어떻게 할 것인가? 혹시 적혀있는 온도 이상으로 오븐을 가열할 것인가?

조언

많은 사람들이 첫 번째 상황에서 전자의 행동, 즉 가능한 온도를 높이는 방향으로 행동하곤 한다. 온도를 매우 높게 설정할 경우 실내 공간이 따뜻해지는 속도가 증가할 것이라고 생각할 수 있는데 실상은 그렇지 않다. 일반적으로 온도 조절기는 원하는 설정 온도에 도달할 때까지 일정한 속도로 열을 가하며 작동한다. 난방 시스템에서 열을 방출하는 속도를 제어하기 어렵기 때문이다.

두 번째 상황에서 많은 사람들은 지시 사항을 잘 준수하여 특정 온도가 되면 피자를 넣을 것이다. 일부는 오븐을 더 빨리 따뜻하게 만들려고 오븐을 더 높은 온도로 설정할 수도 있다. 전기 오븐은 상기에서 언급된 난방과 동일한 원리로 작동하므로 온도를 더 높이 올린다고 더 빨리 가열되지 않는다. 오븐이 너무 뜨겁다면 피자가 타는 문제가 발생할 수도 있다! ▪

사람들은 왜 잘못된 멘탈 모델을 가지게 될까? 위의 시나리오에서, 잘못된 대답을 한 사람들은 일반적인 밸브를 떠올리며 잘못된 멘탈 모델을 형성하게 된 것으로 보인다(Kempton, 1986). 즉, 더 많이 돌리거나 밀수록, 원하는 효과가 더 많이 발생하는 밸브의 원리가 해당 대상에도 동일하게 적용될 것으로 생각한 것이다. 이와 같은 원리는 수도꼭지나 라디오 볼륨 컨트롤과 같은 다양한 물리적 장치에 적용되며, 더 많이 돌리면 더 많은 물 또는 더 높은 음량이 나온다. 그러나 온도 조절기는 실제로 스위치 원리 — 양을 조절할 수 없다 — 에 기초하여 작동한다. 일상생활에서 사람들은 사물이 어떻게 작동하는지에 대한 추상적인 개념을 차곡차곡 쌓은 후 적절한지 여부에 관계없이 다른 장치에 적용한다.

잘못된 멘탈 모델이 실제로 적용되고 행동으로 표출되는 것은 생각보다도 일반적으로 나타나는 현상이다. 엘리베이터 앞에서 기다리는 사람들을 보자. 버튼을 몇 번이나 누를까? 생각보다 많은 사람들이 그것을 적어도 두 번 이상 누른다. 이유를 물으면, '엘리베이터가 빨리 도착할 것 같아서'라고 이야기를 한다. 이것은 위에서 언급한 밸브 이론에 부합하는 또 다른 행동으로 보인다. 버튼을 더 많이 누르면 원하는 효과가 더 커질 가능성이 높다고 믿는 것이다.

기술 또는 서비스(예: 인터넷, 무선인터넷, 검색 엔진, 컴퓨터 바이러스)의 작동 방식에 대해 의외로 많은 사람들이 올바르지 않은 멘탈 모델을 가지고 있다. 많은 이들의 멘탈 모델은 종종 불완전하고 쉽게 혼동되며 부적절한 유추와 때로는 심지어 미신에 기반을 둔다(Norman, 1983). 결과적으로 일반적인 사용자들은 문제를 식별하거나 해결하는 것을 어려워할 때가 많고, 어떤 일이 일어나고 있는지 정확하게 설명할 수 없는 경우가 많다.

인터랙티브 시스템에 대한 더 나은 멘탈 모델 개발이 가능하다면, 해당 시스템을 활용한 작업을 효율적으로 하게끔 할 수 있고, 오작동이 되더라도 쉽게 대처하게끔 할 수 있다. 이상적으로는 개념적 모델과 일치하는 멘탈 모델을 개발할 수 있어야 한다. 그러나 대부분의 사람들이 상호작용 방법이나 기계의 작동 원리를 배우는 데에 시간을 쓰고 싶어하지 않는 점을 고려하면 현실적으로 어려울 때가 많다. 이런 경우에는 인터랙티브 기술이 가능한 투명하게

—작동 원리에 대해서 알아채기 쉽다는 의미로—설계될 필요가 있다. 다음을 확인해 보자.

- 사용자 입력에 대해 유용한 피드백 제공
- 이해하기 쉽고 직관적인 방식으로 구동되는 인터랙션 방식

또한 다음과 같은 형태로 올바른 유형과 수준의 정보를 제공해야 한다.

- 명확하고 이해하기 쉬운 지침
- 적절한 도움말 또는 튜토리얼
- 경험 수준, 상황에 따라 맞는 설명 및 지침을 제공

딜레마

얼마나 투명한가?

디자이너가 인터랙티브 제품을 통해 제공해야 하는 투명성의 유형과 수준은 무엇인가? 추상적인 질문인 만큼 대답하기 쉽지 않다. 대체로 대상 사용자 집단의 요구사항에 많이 의존한다고 볼 수 있다. 일부 사용자는 일단 작업을 바로 시작하기를 원하고 제품의 작동 원리에 대해 알고 싶어하지도 않는다. 이러한 상황들을 고려하여 인터페이스는 무엇을 어떻게 해야 하는지 쉽고 명확하게 알 수 있도록 설계되어야 한다. 너무 어려운 기능은 불쾌감을 줄 수 있다. 때로 사용자는 학습의 의지가 없어서 제공되는 많은 기능들이 사장된다. 그런가 하면 어떤 사용자들은 자신의 작업을 수행하는 방법과 작동 원리를 구체적으로 이해하고 싶어한다. 특히 무엇인가를 수행하는 방법이 다양할 경우 이러한 사용자가 많아질 가능성이 높다. 일부 검색 엔진은 이를 염두에 두고 설계되었다. 즉, 작동 방법에 대한 상세 정보 또는 검색 성능을 향상시키기 위한 방법을 알려준다. ■

3.3.2 실행과 평가에 내재된 격차

실행하는 행위와 평가하는 행위에는 각각 근본적으로 설계자가 의도한 것과 실제 사용자가 느끼는 것 사이의 격차가 내재되어 있다(Norman, 1986; Hutchins *et al.*, 1986). 사용자가 제품을 제대로 다룰 수 있도록 잘 의도하여 설계하는 것은 쉽지 않은 일이다. 특히, 실행에서의 격차는 시스템이 얼마나 의도적으로 잘 설계되었는지, 그리고 평가에서의 격차는 사용자가 의도된 대로 얼마나 잘 받아들이는지와 관련되어 있다(**그림** 3.7 참조). Norman과 그의 동료들은 사용자가 작업을 수행할 때 들어가는 인지적인 부담을 줄여주도록, 이 격차를 어떻게

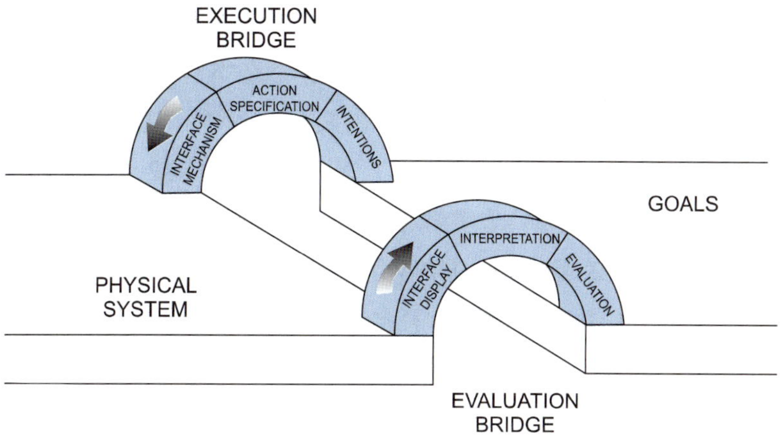

그림 3.7 실행과 평가의 격차 줄이기

출처: User centered system design: new perspectives on human–computer interaction by D Norman. Copyright 1986 by Taylor & Francis Group LLC – Books. Reproduced with permission of Taylor & Francis Group LLC.

하면 줄일 수 있는지를 논한 바 있다. 가장 첫 번째 단계는 디자이너가 이를 의식하고 신경 쓰는 것이다. 한편으로는 사용자의 인지적인 특성(예: 기억 용량의 제약)을 고려하여 인터페이스를 설계하고, 다른 한편으로는 사용자가 제품의 작동 원리를 포함하여 제품을 이용하는 방법을 잘 학습할 수 있도록 유도해야 한다.

3.3.3 정보 처리

우리의 마음이 어떻게 작동하는가를 개념화하는 또다른 고전적인 접근법은 은유와 유추를 적극적으로 사용하는 것이다. 마음을 저수지, 네트워크, 또는 개인용 컴퓨터에 비유하는 것을 포함하여 수많은 시도가 이루어졌다. 인지심리학에서 영향력이 있는 은유 중 하나는 우리의 마음과 생각이 정보 처리 기계라는 것이다. 정보는 일련의 순서를 거쳐 머리 속에 들어왔다가 나가는 것으로 표현할 수 있다(**그림 3.8** 참조). 여기에서는 다양한 과정이 머리 속에서 일어

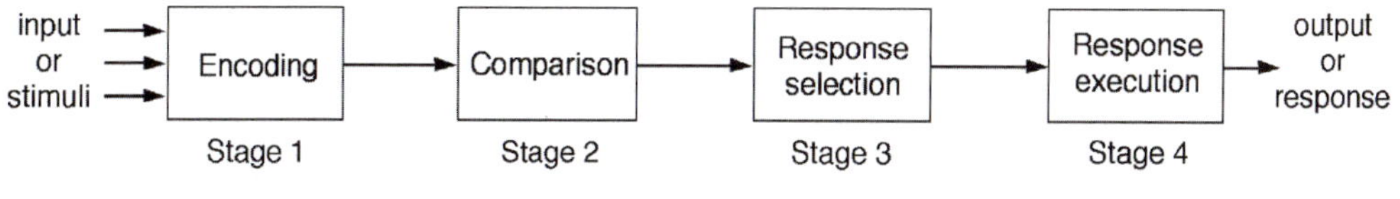

그림 3.8 인간의 정보 처리 방식

출처: Reproduced with permission from P. Barber: *Applied Cognitive Psychology* 1998 Methuen, London.

난다고 가정한다. 비교, 확인 등을 포함하여 이미지, 멘탈 모델, 규칙, 기타 지식 형태들이 이 설명에 동원된다.

정보 처리 모델은 인간의 작업 수행도를 예측할 수 있는 기반을 제공한다. 이를 통해 누군가가 자극을 인지하고 반응하는데 걸리는 시간, 너무 많은 정보를 받아들일 때 발생하는 인지적 병목 현상과 관련하여 가설을 세울 수 있다. 정보 처리 이론에서 파생된 첫 번째 HCI 모델 중 하나는 컴퓨터와 상호작용하는 사용자의 인지 과정을 정보 처리 장치로 비유한 인간 정보 처리 모델이다(Card *et al*., 1983). 인식은 일련의 처리 단계로 비유되었으며, 지각, 인지 및 행동 과정을 서로 관련된 것으로 설명할 수 있다(**그림** 3.9 참조). 이 모델을 사용하면 사용자의 어떠한 인지 과정이 관련되어 있는지 고려하여 사용자가 작업을 수행하는데 걸리는 시간 등을 예측할 수 있다. 또한 가령 여러 가지 워드프로세서 프로그램의 효용을 비교 분석할 수 있게 해주기도 한다.

정보 처리 접근방식은 머리 속에서 일어나는 활동들에 국한되었다는 특징이 있다. 많은 사람들이 사용자가 컴퓨터나 다른 여러 장치와 상호작용하는 것을 적절하게 대변하지 못할 때가 있다는 것을 지적한다. 예를 들어 다음과 같다.

> 인지 연구에 대한 전통적인 접근법은 분산 인지가 일어난 상황 또는 보조 도구를 사용하는 상황을 제외하고 순수한 인지 측면만 바라보는 것이다. 실험은 주로 폐쇄되어 격리된 방에서 이루어지며 산만한 빛이나 소리, 다른 사람들이나 보조 도구의 도움이 없는 상태에서 이루어진다. 수행 작업은 주로 연구자가 만들어낸 임의의 것들이다. 모델을 개발하는 연구자들은 이렇게 고립된 상황에 대한 시뮬레이션을 수행하고 설명을 덧붙인다. 이론적인 분석은 세상에서 고립되어 있으며 다른 사람의 지식이나 능력이 배제된 상태로 만들어진다(Norman, 1990).

최근에는 보다 다양한 상황에서 인지 활동이 어떻게 이루어지는지 연구하고 분석하는 추세가 있다. 핵심적인 목표는 일상 환경 속에서 다양한 요소들이 인간의 인지 능력을 향상시키거나 부하를 감소시킬 수 있는지 관찰하는 것이다.

3.3.4 분산 인지

대부분의 인지 활동은 책, 문서, 컴퓨터 등 외적인 대상과 상호작용하는 과정을 포함하여 설명할 수 있다. 예를 들어, 우리가 집으로 가는 길을 기억할 때에는 도드라진 외부 단서에 의존(예: 빨간 집에서 좌회전한다)하기 때문에 길을 매우 상세한 수준으로까지 알 필요가 없다. 마찬가지로 집에 있을 때에도 모든 정보가 사물에 표출되어 있기 때문에 모든 것을 기억

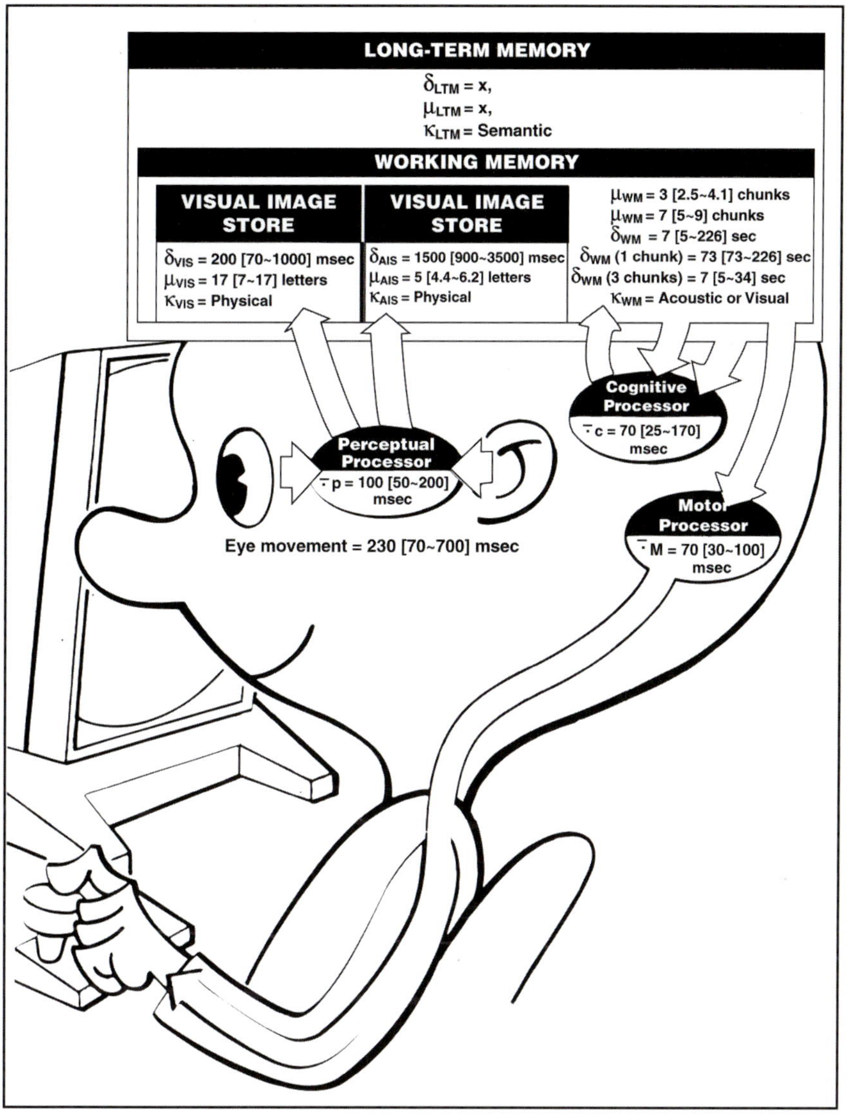

그림 3.9 인간 정보 처리 모델

출처: The psychology of human–computer interaction by S. Card, T. Moran and A. Newell. Copyright 1983 by Taylor & Francis Group LLC – Books. Reproduced with permission of Taylor & Francis Group LLC.

할 필요가 없다. 냉장고 상황을 알고 싶으면 열어 보면 되고, 메시지가 있는지 확인하고 싶으면 자동응답기를 돌려본다. 혹은 전화기 표면의 LED를 통해 메시지가 와 있는지 아닌지 알 수 있다. 우리는 사물의 외적인 표현을 통해 우리의 인지 부하를 감소시킬 뿐만 아니라 우리의 능력을 확장할 수도 있다(Kirsh, 2010).

우리는 분산 인지 개념을 통해 사람들, 인공물, 각종 내적, 외적인 표현으로부터 비롯되는

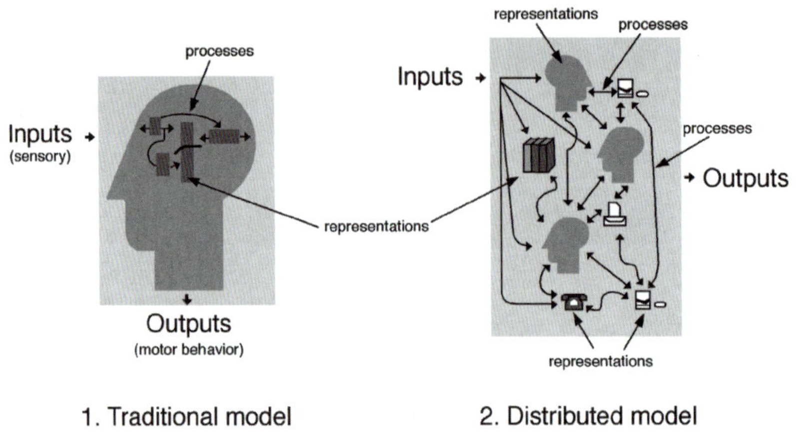

그림 3.10 전통적 인지와 분산 인지 개념의 비교

인지 현상의 본질을 알 수 있다(Hutchins, 1995). 일반적으로 인지 시스템을 이야기할 때 사람들 간 상호작용, 사람들이 사용하는 물건들, 그리고 주변을 둘러싸고 있는 환경을 포함한다(그림 3.10 참조). 인지 시스템의 예로 항공기 조종석을 들어볼 수 있다.

- 서로 상호작용하는 조종사와 관제사
- 조종실의 기계장치와 상호작용하는 조종사
- 비행 환경과 상호작용하는 조종사

분산 인지 접근법의 주된 목적은 정보가 다른 매체를 통해 어떻게 전달되는지 관점에서 상호작용을 설명하는 것이다. 이것은 어떤 대상이 사용되는 상황(예: 지도 확인, 지침서 읽기, 다른 사람과 대화)을 체계적으로 정리하는 방식으로 정보가 재구성되는 것을 의미한다. 이러한 정보의 변환은 표현 상태의 변환으로 볼 수 있다.

인지 활동을 기술하고 분석하는 이 방법은 정보 처리 모델과 같은 다른 접근법과는 대비되는 측면이 있다. 머리 속에서 일어나는 일에 초점을 맞추는 것이 아니라 개인과 상호작용 대상을 포함한 시스템 전반에서 일어나는 일에 초점을 맞춘 것이기 때문이다. 예를 들어 조종실의 인지 시스템에서는 높은 고도로 비행하는 활동에 많은 사람들과 물적 대상이 관련된다. 먼저 항공 관제사는 조종사에게 높은 고도로 비행하는 것이 안전하다는 것을 알려준다. 그러면 실제로 손잡이를 움직여 날아가도 되는 것에 대해 조종사들 간에 간단한 대화를 하고 실행에 옮긴다(그림 3.11 참조). 즉, 비행 활동에 관한 정보는 다양한 매체를 통해 변형되고 있는 것이다.

분산 인지 분석 시 일반적으로 다음을 고려한다.

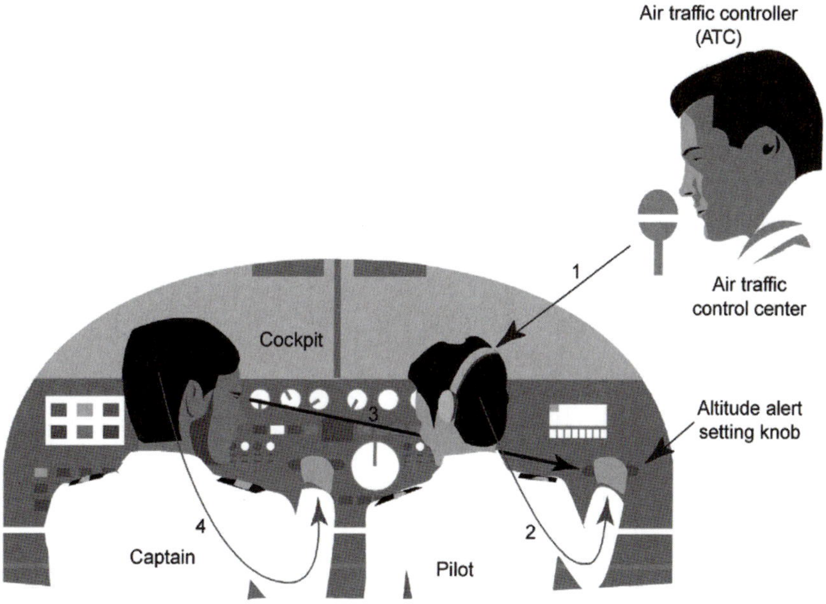

Propagation of representational states:
1 ATC gives clearance to pilot to fly to higher altitude (verbal)
2 Pilot changes altitude meter (mental and physical)
3 Captain observes pilot (visual)
4 Captain flies to higher altitude (mental and physical)

그림 3.11 여러 매체를 통해 정보가 전달되는 것을 표현하는 인지 시스템

출처: Preece, J. and Keller, L. (1994) *Human–Computer Interaction*, Figure 3.5 (p. 70) Addison Wesley, 1994.

- 분산되어 있는 문제의 해결(문제 해결을 위한 협력 방식 포함)
- 명시적 표현 또는 비언어적 표현 방식의 역할(예: 윙크)
- 다양한 조정 메커니즘(예: 규칙, 절차)
- 다양한 종류의 협업 또는 의사소통 방식
- 정보 및 지식을 공유하는 방법

3.3.5 외적 인지

사람들은 책, 멀티미디어, 신문, 웹페이지, 지도, 다이어그램, 메모, 그림 등 다양한 외적인 표현을 사용하여 정보와 상호작용하거나 새로 생성한다. 뿐만 아니라 펜, 계산기, 각종 자동화 도구를 비롯해서 인지 활동을 돕는 도구들은 그동안 지속적으로 발전해왔고 앞으로도 그럴 것이다. 외적인 표현과 물리 도구의 결합은 인간의 인지 활동 능력을 크게 확장시키고 지원해왔다(Norman, 2013). 사실, 그것들이 없는 일상생활은 상상하기 힘들다.

외적 인지는 우리가 외적인 표현과 상호작용할 때 나타나는 인지 활동을 설명하기 위한 것이다(Scaife와 Rogers, 1996). 주된 목표는 서로 다른 표현 방식으로부터 비롯된 인지적인 이점을 설명하는 것이다. 주요 내용은 다음과 같다.

1. 인지 부담을 줄여주는 외부 요소 활용
2. 계산 분담 도구 활용
3. 주석 달기 또는 재구조화

(1) 인지 부담을 줄여주는 외부 요소 활용

인지 부담을 줄여주기 위해 지식을 외적인 표현으로 전환시키는 전략들이 많이 존재한다. 일례로 생일, 약속, 주소와 같이 기억하기 어려운 정보를 외부화하는 것이다. 일기, 알림, 캘린더 등은 이와 같은 목적 달성을 위해 인공적으로 만들어진 것들이다. 친척의 생일에 전달할 카드를 사는 행동과 같이 특정 시점에 해야 할 일을 외부에서 알려주는 역할을 한다.

사람들이 자주 사용하는 외적인 표현은 쇼핑 목록, 할 일 목록과 같은 메모이다. 이들이 어떤 환경에 배치되는가도 중요한 요소가 될 수 있다. 예를 들어 사람들은 벽, 컴퓨터 모니터 옆, 현관 옆, 때로는 손 등과 같은 눈에 잘 띄는 위치에 배치한다. 의도적으로 무엇이 필요한지 상기시키기 위한 시도라고 볼 수 있다. 또는 정말 급한 경우에 사무실이나 현관문 앞에 물건들을 놓아서 급하다는 것을 언제라도 상기할 수 있도록 한다.

외부화, 즉 외부 요소의 활용은 다음과 같은 방법으로 사람들의 기억 부담을 경감시켜준다.

- 뭔가 해야 한다는 것을 상기시켜준다(예: 어머니의 생신 알림).
- 할 일을 상기시켜준다(예: 생일 카드 구입).
- 언제 해야 하는지 상기시켜준다(예: 언제까지 카드를 보내야 하는지 알림).

할 일 목록, 일정 등 사람들이 기억해야 하는 부담을 줄이기 위해 많은 스마트폰 애플리케이션이 개발되었다. MemoryAid가 그 예이다(**그림 3.12** 참조).

(2) 계산 분담 도구 활용

외부적 표현 외에 특정 도구나 장치를 사용해서 우리는 계산(예: 곱하기, 나누기)을 편리하게 할 수 있다. 가령 펜과 종이는 수학 문제 푸는 것을 도와준다.

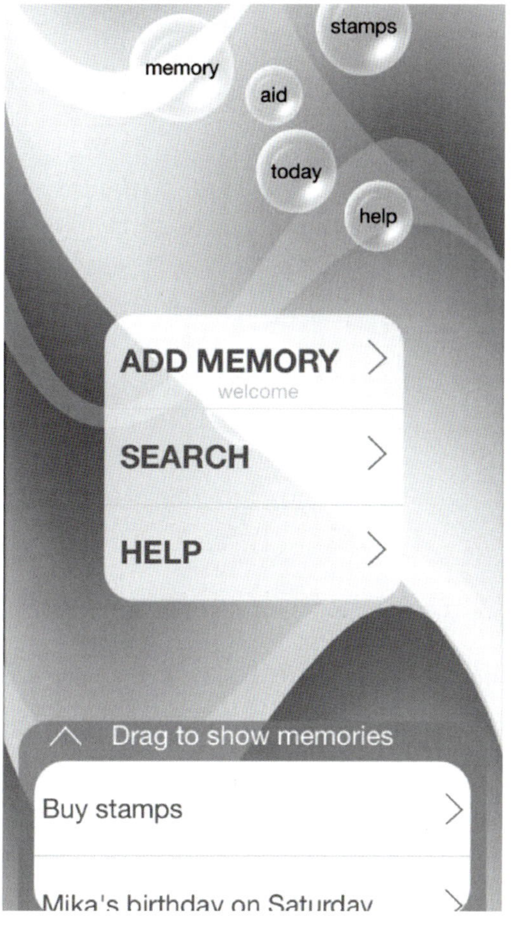

그림 3.12 무엇을 해야 하는지 알려주는 애플리케이션 예

출처: Memory Aid developed by Jason Blackwood.

실습해보기 3.5

1. 머리 속에서 2와 3을 곱해보자. 쉽다. 이번에는 234와 456을 곱해보자. 어렵다. 펜과 종이를 사용해서 해보자. 그런 다음 계산기로 다시 시도해보자. 계산기 또는 펜과 종이를 사용했을 때 계산 작업이 쉬운 이유는 무엇일까?
2. 아라비아 숫자 대신 로마 숫자를 사용하여 같은 작업을 해보자.

조언

1. 펜과 종이를 사용하여 계산하게 되면 계산 과정을 머리 속에서 처리할 필요가 없기 때문에 암산하는 것보다 쉽다. 즉, 펜과 종이는 계산에 들어가는 노력 일부를 분담해준다. 계산기를 사용하면 몇 번의 키 입력만으로도 답이 나오기 때문에 더 쉽다. 이 경우에는 더 많은 노력

이 계산기에 의해 분담되었다. 첫 번째 숫자를 입력하고 곱하기 버튼을 누르고 두 번째 숫자를 입력한 후 등호를 입력하였을 뿐이다. 그 다음에는 화면에 표시된 숫자를 읽기만 하면 된다.

2. 로마 숫자를 사용하면 아라비아 숫자를 사용하는 것보다 훨씬 어렵다. 2×3은 Ⅱ×Ⅲ이 되고, 234×456은 CCXXXIV×CDLVI이 된다. 앞의 계산은 암산으로 할 수 있지만, 뒤의 계산은 펜과 종이를 사용하더라도 시도하기가 매우 어렵다. 아마도 로마 숫자에 매우 익숙한 전문가이거나 중간에 아라비아 숫자로 변환하지 않는 한 어려울 것이다. 또한 대부분의 계산기는 아라비아 숫자로만 표시되므로 계산기 사용도 불가능하다.

따라서 동일한 문제라고 하더라도 로마 숫자를 사용하여 계산을 하는 것이 훨씬 어렵다. 숫자 또한 외부적 표현인데, 아라비아 숫자는 계산 작업을 수월하게 해주는 반면 로마 숫자는 그렇지 않은 것이다. 사용된 도구의 종류가 작업의 특성을 어느 정도 다르게 만들 수 있음을 보여준다. ■

(3) 주석 달기 또는 재구조화

우리가 인지를 외부화하는 또다른 방법은 표현 방법을 수정하여 변화가 있음을 나타내는 것이다. 예를 들어 사람들은 할 일 목록에서 일을 끝낸 후 완료되었음을 표시한다. 뿐만 아니라 작업의 특성에 맞게 내용물을 구조적으로 변경할 수 있다. 이러한 두 종류의 방법을 주석 달기 및 재구조화라고 한다.

- 주석 달기에는 취소선 또는 밑줄 등의 표현을 포함한다.
- 재구조화는 항목의 순서나 구조를 다시 바꾸는 것을 포함한다.

주석 달기는 사람들이 쇼핑을 할 때에도 사용된다. 사람들은 대개 그들이 구매할 물건을 미리 계획을 하고 시작한다. 이를 위해 찬장과 냉장고 내부를 살펴보고 무엇이 필요한지 확인하기도 한다. 많은 사람들이 필요한 목록을 머리 속에만 넣어 놓지 않고 종이와 같은 곳에 적어 놓는다. 이것은 외부화의 일종이다. 적으면서 찬장이나 냉장고를 봤을 때 미처 생각하지 못한 목록까지 생각나기도 한다. 한편 실제 쇼핑을 하는 와중에는 쇼핑 목록 내의 항목을 미처 챙기지 못하는 경우가 있다. 하지만 종이에 적힌 목록이 있다면 아직 구입하지 못한 항목이 무엇인가 한 눈에 알아볼 수 있을 것이다. 이때 디지털 장치(예: 태블릿)를 사용하면 사용자가 스타일러스 펜이나 손 끝을 사용하여 작성된 문서에 쉽고 편하게 주석을 달 수 있다(6장 참조). 이렇게 덧붙어진 주석은 문서화 함께 저장되어 나중에 다시 확인해볼 수도 있다. 좋은 외부화 방식인 셈이다.

재구조화는 게임을 할 때에도 유용하게 적용될 수 있다. 게임 속에서의 현재 상태를 제대로 확인하고 앞으로의 전략을 짤 때 최적일 수 있다.

- 카드 게임을 할 때 가지고 있는 카드를 사용자 나름의 방식으로 배열하면 게임 전략을 바꾸거나 중요한 의사결정을 할 때 도움이 된다.
- 스크래블(철자가 적힌 카드로 단어를 완성하는 보드 게임의 일종)을 할 때에도 정렬 방식이 게임의 승패를 가를 수 있다.

재구조화는 인터랙티브 기능으로 구현될 수도 있다. 예를 들어 학생들이 온라인 강의 시스템으로 학습하는 상황을 가정해보자. 인터랙티브 다이어그램을 실시간으로 업데이트하면 현재까지 수강한 내용, 앞으로 수강해야 할 내용들을 직관적으로 알 수 있다.

인터랙션 디자인 시 외부적 표현을 적절히 사용하면 인지 부담과 계산에 들어가는 비용을 줄일 수 있다. 특정 분야(예: 재무 예측, 프로그래밍 시 버그 식별)에서 다양한 시각화 방법으로 작업의 효율을 높여 줄 수 있다. 이것은 기본적으로 사람들의 인지 능력을 확장 또는 증폭시켜주는 것으로 이해할 수 있으며 때로는 이전에 할 수 없었던 일들을 가능하게 해주기도 한다. 가령, 정보의 시각화(6장 참조) 접근법을 통해 대량의 데이터를 효율적인 방식으로 표현하고 비교 분석할 수 있게 해 준다. GUI 또한 외부적인 표현으로 인지 부담을 줄여주는 좋은 예이다. 이러한 인터페이스에서는 다양한 상호작용을 통해 적시에 필요한 도움말을 주거나 정보를 줄 수 있다.

3.3.6 체화된 인터랙션

Dourish(2001)가 체화된 인터랙션 개념을 소개한 이후 이 개념이 HCI 분야에서 널리 사용되어 왔다. 이것은 사회적, 물리적 환경과의 실질적인 관계 측면에서 상호작용을 이해하는 것이다. 컴퓨터공학과 심리학 등 여러 가지 학문이 융합되어 태동한 HCI 분야에서 처음에는 정보 처리 이론이 대세를 이루었다. 이후 여러 연구자, 실무자들이 이 이론이 실제 상황을 적절하게 반영하지 못하는 경우가 있다는 것을 비판한 바 있는데, 체화된 인터랙션 개념도 그 대안의 하나로 해석할 수 있다. 이 이론은 연구자가 기존 기술을 개선하거나 새로운 기술을 만들 때 발생하는 문제를 발견하는데 도움이 된다.

이후에 HCI 분야에서 폭넓게 받아들여진 바 있다. 예컨대 기술과의 상호작용 속에서 감성 품질 확인(Höök, 2008), 여러 사람들이 함께 공유하는 공간에서 할 수 있는 행동 분석(Robertson, 1997), 신체 움직임을 이용한 상호작용 분석(Klemmer *et al.*, 2006) 등에 적용되었다. 그밖에 새로운 세대가 대상과 상호작용하는 방법을 분석하는 연구(Antle *et al.*, 2009; Hurtienne, 2009)에도 응용되었다. 체화된 인터랙션, 체화된 인지 등과 관련된 이론은 사람들이 신체를 이용하여 상호작용을 하고 경험을 쌓는 방식을 잘 설명해주며, 특정 상황에서는 추상적인 가치를 설명해주는 데에도 동원될 수 있다.

과제

본 과제의 목적은 다른 사람들이 가지고 있는 멘탈 모델을 정리해보는 것이다. 특히 인터랙티브 제품의 경우, 사람들이 이 제품에 대해 어떠한 멘탈 모델을 가지고 있는지 확인하는 것이 중요하다.

a. 먼저 당신이 가지고 있는 멘탈 모델을 정리해보자. 비접촉식 카드(**그림** 3.13 참조)가 작동하는 방식에 대해 기술해보라. 이 과정에서 사람들이 판독기에 대고 카드를 흔드는 방식을 생각해보자.

- 카드를 흔드는 경우 카드와 카드 판독기 사이에는 어떤 정보가 오갈까?
- 비접촉식 카드를 사용할 때 지불할 수 있는 최대 금액은 어느 정도 될까?
- 하루 동안 비접촉식 카드를 몇 번이나 사용할 수 있을까?
- 스마트폰으로도 이러한 결제가 가능할까? 가능하다면 그 이유는 무엇일까?
- 한 지갑 안에 비접촉식 카드가 2개 이상이 있는 경우 어떤 일이 벌어질까?
- 비접촉식 카드를 잃어버렸을 때 은행에 신고하면 어떻게 될까? 은행에서는 무엇을 할까?

그림 3.13 특정 기호가 표시되어 있는 비접촉식 카드 예

다음으로 다른 사람들에게 같은 질문을 해보자.

b. 대답을 분석해보자. 사람들은 동일하게 설명하고 있는가? 의미 있는 결과가 있는가? 비접촉식 카드가 작동하는 방식과 관련하여 사람들이 가지고 있는 멘탈 모델이 정확한가?
c. 또 다른 결제 방식에는 어떤 것들이 있는가?
d. 비접촉식 카드 사용 방법에 대해서 설명할 수 있는 가장 바람직한 멘탈 모델을 정리해보자.

요약

이 장에서는 사용자, 특히 이들의 인지적 측면을 이해하는 것이 중요하다고 설명하였다. 또한 인터랙티브 제품을 디자인할 때 사람들이 제품을 잘 사용하는 방법, 잘 배우는 방법과 관련한 각종 이론들을 다루었다. 우리는 사용자를 고려하여 시스템을 설계할 때 어떤 결과가 나타나고, 사용자를 고려하지 않으면 어떤 결과가 초래되는지 알 수 있었다. 덧붙여 인지에 관한 개념을 여러 가지 상황에 걸쳐 일반화할 수 있는 개념적 프레임워크들을 배웠다.

Key points

- 인지는 생각, 주의, 학습, 기억, 지각, 의사결정, 계획, 읽기, 말하기, 듣기 등 많은 과정을 포괄한다.
- 인터페이스가 설계된 방식은 사용자들이 그것을 사용하며 행하는 지각, 주의, 학습, 기억 등에 큰 영향을 미친다.
- 개념적인 프레임워크와 이론의 주요 이점은 사용자의 상호작용, 정보의 흐름 등을 적절하게 예측할 수 있게 해준다는 것이다.

Chapter 04

사회적 상호작용

목표

이 장의 주요 목표는 다음과 같다.

- 사회적 상호작용이 의미하는 바를 설명한다.
- 의사소통하고 협력할 때 일어나는 사회적인 현상을 설명한다.
- 소셜미디어가 우리가 사회적으로 살아가는 방식(예: 연락하기, 일하기)에 어떠한 영향을 미치는지 토의해본다.
- 텔레프레즌스의 의미를 설명한다.
- 공유 가능한 기술을 발굴하고 그러한 기술이 협업을 어떻게 촉진할 수 있는지 알아본다.

4.1 개요

1주일 동안 스마트폰을 사용하지 못하거나 인터넷에 접속하지 못한다고 상상해보자. 어떻게 대처할 것인가? 지루해 하거나 몸을 비비 꼬거나 혹은 미친 듯이 움직이는 사람들이 있을 것이고, 그 와중에 온라인에서 무슨 일이 일어나고 있는지 끊임없이 궁금해 하기도 할 것이다. 상당수의 사람들이 메시지, Twitter, Facebook, 이메일 등을 확인하지 않고는 못 버틸 것이다. 휴가 중에도 이 접속을 끊기가 힘들다. 실제로 많은 사람들이 아침에 일어나면 가장 먼저 전화를 확인한다. 이것은 일상생활, 사회생활의 필수적인 부분이 된지 오래되었다. 인간이 본질적으로 사회적이라는 사실을 고려할 때 이는 놀라운 일이 아니다. 우리는 함께 살고 함께 일하고 함께 배우고 함께 놀며 서로 대화하고 사교적으로 행동한다.

사회성은 여러 가지 측면에서 연구되어 오고 있다. 이 장에서 우리는 사람들이 사회적, 직업적으로, 또는 일상생활 속에서 어떻게 소통하고 협력하는지 알아보고자 한다. 우리는 다양한 의사소통 기술의 출현이 사람들의 행동 양식(예: 연락하기, 친구 만들기, 직장에서 일을 하는 방식 등)에 어떤 영향을 미쳤는지 알아보고자 한다. 이를 위해서 면대면 상호작용의 주요 방법인 대화 메커니즘을 살펴보고, 이후에 원격으로 이루어지는 다양한 종류의 컴퓨터 기반 의사소통 방법을 분석해본다. 이어서 사용자가 다른 위치에 있는 것처럼 느낄 수 있게 해주거나, 혹은 다른 사람들도 그렇게 인식할 수 있게 해주는 텔레프레즌스 기술 개념을 설명한다. 마지막으로 공유 가능한 기술이 협업을 용이하게 하고 지원해주는 방법과 기술 일부를 설명하고자 한다.

4.2 인간의 사회성

일상생활에서 무엇인가를 근본적으로 파고들어가다 보면 서로 상호작용하는 사회적인 관계가 나온다. 우리는 주어진 과제, 활동, 타인, 사건 등과 관련하여 새로운 소식이 있는지, 변화가 있는지 여부를 끊임없이 알고 싶어 한다. 예를 들어, 친구, 가족들과는 직장, 학교, 클럽, 이웃, 드라마 및 뉴스 속 일들에 대한 정보를 교환한다. 마찬가지로 함께 일하는 동료들 간에 사회생활, 나아가 일상생활에 대한 정보를 서로 주고 받는다. 회사 내에서 어떤 일들이 벌어지고 있는지, 새로운 프로젝트의 시작과 기존 프로젝트의 종료, 해야 하는 작업의 마감일 등을 포함하여 말이다.

직접 대면하여 이루어지는 대화는 여전히 우리의 사회적 상호작용의 근간을 이루고 있지만, 소셜 미디어 또한 소통의 창구로 점점 더 중요한 역할을 하고 있다. 많은 이들이 문자, 이메일, Twitter, Facebook, 인스타그램 등을 하며 일상적으로 시간을 보낸다. 소셜 미디어가 보편화됨에 따라 이전에는 상상할 수 없었던 방식으로 많은 사람들이 여러 가지 방식으로 연결되었다. 예를 들어, 2014년 조사에 따르면 Facebook 내 친구들의 평균 숫자는 338명이었고, 링크드인에서는 평균 숫자는 아니지만 꽤 높은 비율의 사람들이 500명 이상의 인맥을 보유하고 있었다. 친구나 인맥 중 상당수는 직접 본적도 없는 사람들인 경우가 많다. 뿐만 아니라 우리가 연락하는 방식, 연결되는 대상, 집단이나 가족을 유지하는 방식 등 수 많은 것들이 변화해왔다.

여기서 핵심 질문은 과연 일상생활 속에서 늘어나는 인적 네트워크를 어떻게 관리해야 하느냐이다. 연계해서 다음과 같은 질문들을 던져볼 수 있다. 사람들과 소통하는 방식이 바뀌었는가? 기존에 대면 관계 유지를 위해 정립된 각종 사회적인 규범, 질서, 규칙 같은 것들이 새로운 소셜 미디어 속 관계에 동일하게 적용될 수 있는가? 그렇지 않다면 새로운 규범이 만들어졌는가? 특히 같은 집단에 소속되어 있다는 동질감을 유지해주는 에티켓이 소셜 미디어 속에서도 그대로 적용되는가? 이와 관련해서도 새롭게 만들어진 규범이 있는가? 스카이프나 이와 유사한 플랫폼에서 사람들은 현실 속에서와 비슷한 인사를 나누는가? 온라인 채팅을 할 때에도 실제 면대면 대화 때와 같이 적당히 번갈아 가며 이야기를 하는가? 사람들은 그들이 어떤 애플리케이션이나 프로그램(예: 스냅챗, 왓츠앱, 스카이프, 문자, 전화 등)을 쓸 지 어떤 방식으로 결정하는가? 이러한 질문에 대답하기 위해서는 먼저 실제 대화가 어떠한 메커니즘을 거쳐 이루어지는지 확인해볼 필요가 있다. 그리고 나서 실제 대화의 요소가 어떻게 변화되고 대체 되었는지를 살펴보자.

4.3 대면 대화

말하기는 대부분의 사람들에게 있어 자연스럽게 주어지는 것이라고 할 수 있다. 그럼에도 불구하고 대화라는 것은 고도로 숙련된 협업이며 음악으로 치면 앙상블이다. 아래 예시를 통해 대화를 구성하고 있는 것인지 무엇인지 살펴보자. 아는 사람들을 오랜만에 만난 상황이다.

A: 안녕.
B: 안녕!
C: 안녕.
A: 별 일 없지?
C: 어, 너희는 어때?
A: 좋아, 잘 지내지?
C: 어 잘 지내.
B: 나도 잘 지내. 요즘 어때?

이런 형태의 상호 인사는 전형적이다. 보통 대화에 참여하는 사람들이 차례로 질문을 하고 답을 하는 대화가 이어지고, 그 이후에 대화에 참여한 사람 중 한 명이라도 대화를 끝내고 싶은 경우 명시적 또는 묵시적인 신호를 통해 대화를 마무리하게 된다. 묵시적 신호의 예로는 시계를 쳐다보는 행동을 들 수 있다. 이는 대화를 끝내고 싶다는 간접적인 표현이다. 이 신호를 받은 사람은 단서를 인정하여 대화를 마무리하거나 혹은 무시할 수도 있다. 한편 '아 시간 좀 봐, 나 이제 가야할 것 같아.'라든지 '나는 지금 일하러 가봐야 해.'와 같이 명시적인 표현을 직접적으로 사용할 수도 있다. 묵시적 혹은 명시적인 신호를 통해 다른 사람들에게 대화

종료에 대한 동의를 구한 후 작별 인사를 통해 대화를 마무리한다. 차례로 '안녕', '나중에 봐'와 같은 말을 하며 헤어지게 된다.

실습해보기 4.1

당신은 1) 전화를 할 때, 2) 온라인 채팅을 할 때, 대화의 시작과 끝맺음을 어떻게 하는가?

조언

전화를 받을 때 보통 '여보세요'라고 하거나 혹은 회사나 부서 이름을 이야기한다. 요즈음은 대부분의 전화기, 휴대폰에 발신번호가 보여지기 때문에 받는 순간 대응하기가 편리하다. 예컨대 발신자의 이름을 불러주면서 응답할 수도 있다. 전화로 대화할 때는 상호 안부 인사로 시작해서 상호 작별 인사로 끝난다. 한편 온라인 채팅의 경우에는 새로운 규칙이 나타났다. 특정한 채팅방에 들어오고 나갈 때 인사말을 쓰는 경우가 드물어지고 있다. 대신 자신이 원하는 말을 직접적으로 쓰고 답을 얻은 후 대화가 바로 종료되곤 한다. ■

다양한 플랫폼 상에서 대화의 규칙에 일단 익숙해지고 나면 사람들은 쉽게 대화를 시작하고 끝맺을 수 있다. 대화 규칙에 따라서 언제는 경청해야 하고 언제는 말을 할 수 있는지, 다른 사람들이 말을 하도록 본인의 말을 언제 멈추어야 하는지 등을 알 수 있다. Sacks와 그의 동료들이 대화 자체에 대해 수행한 연구에 따르면, 다음과 같이 세 가지 규칙이 존재한다.

- 규칙1: 발화자는 질문을 하거나 의견을 구하거나 요청하는 방식으로 다음 발화자를 선택한다.
- 규칙2: 다른 사람은 말을 시작할지 안할지 결정한다.
- 규칙3: 이전 발화자가 계속해서 이야기한다.

위의 규칙은 순서대로 적용되는 것을 가정한 것이다. 화자의 변경이 있을 때마다 규칙1이 적용된다. 그리고 규칙2에 따라서 질문 또는 요청을 받은 청자가 말을 하지 않기로 결정하더라도 또 다른 사람이 말을 시작할 수 있다. 아무도 말을 하지 않는 경우 규칙3이 발현되어 원래 말을 하던 사람이 계속 이야기할 수 있다. 이들 규칙은 누군가가 말을 시작할 때까지 계속해서 반복된다.

대화의 규칙은 다한 형태와 방법으로 지켜진다. 예를 들어 화자는 다음과 같은 방법을 사용할 수 있다. 먼저, '그 주제에 대해서 내가 하고 싶은 이야기는 끝이야. 어떻게 생각해?'라고 말함으로써 명시적으로 화자의 변경을 요청할 수 있다. 또는 '무슨 말인지 알지?'와 같은 표현, 특정인 응시, 특정인에게 다가가기, 팔짱 끼기와 같은 제스처 등의 조합을 사용하여 다른 사람이 말을 하도록 유도할 수 있다.

대화가 잘 이루어지도록 유도할 수 있는 또 다른 방식으로는 확인을 위해 질문을 하는 것이다. 질문을 할 때부터 응답이 있을 것을 예상하고 응답을 통해 내용을 확인한다. 예를 들어 A와 B가 다음과 같이 대화할 수 있다.

A: 그럼 8시에 볼까?

B: 음, 좀 더 있다가, 8시 30분에 볼 수 있을까?

때로는 질문과 응답 사이에 다른 화제가 끼어들 수도 있다. 이런 경우에는 응답을 확인하는데 약간의 시간이 더 걸릴 수 있다.

A: 그럼 8시에 볼까?

B: 와, 저 사람 좀 봐.

A: 그러게, 헤어스타일 특이하네.

B: 음, 좀 더 있다가, 8시 30분에 볼 수 있을까?

대부분의 사람들은 대화에 규칙이 있다는 것을 인식하지 못하는 경우가 많고, 대화의 방법에 대해 막상 설명해보라고 하면 어려움을 느끼는 경우가 많다. 게다가, 사람들이 항상 규칙을 지키는 것도 아니다. 현재의 화자가 자신이 2분 정도 말을 더 하고 싶다는 의지를 분명히 내비치더라도 언제든지 끼어들 수도 있으며 듣는 사람들끼리 수근 댈 수도 있다. 그런가 하면 화자가 여러 가지 단서를 통해 다른 사람에게 말을 하도록 요청한 상태에서 그 사람이 아무 말도 하지 않는 경우도 있다. 특히 학교에서 교사가 학생들을 응시하고, 특정 질문을 하더라도 학생들은 무응답으로 일관하는 경우가 있다.

누군가가 모호한 것을 말하고 듣는 사람이 이것을 잘못 알아들었을 때에는 오해가 발생하기도 한다. 이러한 상황에서 대화 참가자들은 자발적인 조율을 통해 오해를 없애고자 협력한다. 다음 대화를 살펴보자.

A: 영화관은 어느 쪽으로 가야 나오나요?

B: 예, 여기서 두 블록 내려가면, 오른쪽으로 가다 보면 왼쪽에 있습니다.

A: 아, 이쪽으로 두 블록 내려갔다가 오른쪽으로 틀어서 가면 된다는 말씀이시지요?

B: (과장된 몸짓으로 오른쪽 방향을 가리키며) 아뇨, 이쪽으로 조금 내려가시면 됩니다.

A: (B가 가리킨 방향을 가리키며) 아, 이 방향 말씀이시군요.

B: 네 맞아요.

대화 중 발생하는 오해를 감지하기 위해서는 일단 다른 이의 말에 귀를 기울여야 한다. 일단 어떤 부분에서 오해가 있었는지 확인이 되면 문제를 쉽게 해결할 수 있다. 위의 예에서 보듯이, 청자가 잘못 이해한 것이 확인되면 화자는 음성을 키우거나 과장된 제스처를 통해 이전에 말했던 것을 반복한다. 이를 통해 화자는 오해를 바로잡고 청자에게 정확한 내용을 명확하게 전달할 수 있다. 청자는 무엇인가를 잘 이해하지 못하면 '뭐라고?'와 같은 어구나 혼란스러운 표정 — 보통은 찡그린다 — 을 통해서 명확한 설명을 원한다는 신호를 전달할 수 있다. 특히 화자가 모호하게 이야기한 경우에 이렇게 행동한다. 예를 들어 화자가 목적어를 확실하게 이야기하지 않고 '나는 그걸 원해'라고 이야기한 경우, '무슨 뜻이야?'라고 명시적으로 되물을 수 있다. 표정이나 추임새, 억양, 제스처 등을 통해서 비언어적으로 되물을 수도 있다.

교대로 이야기를 하게 되어있는 일반적인 대화법은 오해를 없애거나 줄일 수 있는 기회를 내재한다. 화자가 일단 모호한 것을 이야기하면 그가 좀 더 구체적인 설명을 해주는지 경청을 충분히 한 후에 물어보는 것이 기본적인 에티켓이다(Suchman, 1987).

실습해보기 4.2

전화나 이메일을 통해 소통할 때에는 대화에서 발생하는 오해를 어떻게 풀 수 있는가?

조언

이 상황에서는 사람들이 대개 대면하지 않으므로 오해를 풀기 위해서는 별도의 수단에 의존해야 한다. 오해가 발생하기는 쉽고 풀기는 어려운 편이다. 먼저 전화의 경우에는 오해가 발생하면 사람들은 큰 소리를 내고 강한 억양을 사용한다. 이메일에서 오해가 생기면 사람들은 후속 메일에서 명시적인 표현을 쓰고 대문자, 이모티콘, 굵은 글씨체, 느낌표, 각종 강조 표시 등을 사용한다. 메시지로 풀기 어렵다고 판단되면 상대방에게 전화를 걸거나 직접 만나서 유연하게 대처하는 방법이 있다. ■

생각해보기 4.1
스냅챗(SnapChat) – 일시적 메시지

포브스에 따르면 2014년에 전세계적으로 5천만 명이 넘는 사람들이 스냅챗을 사용했으며 그 중 대부분이 십대였다. 스냅챗이 폭발적으로 인기를 높일 수 있었던 이유는 빠르고 재미있고 사용하기 쉽다는 것이다. 또 다른 중요 특징으로 메시지가 일시 동안만 보여지고 사라진다는 것이 있다. 십대들은 추적되지 않고 비밀스럽게 애플리케이션을 쓰는 것을 좋아한다. 부모님이나 미래의 상사들에게 메시지가 노출될 두려움 없이 개인적인 방법으로 자신을 표현할 수 있기 때문이다. 사용자는 사진이나 동영상을 찍고 주석을 단 후 상대방에게 보낼 수 있는데, 이때 상대방이 메시지를 열었을 때 볼 수 있는 시간을 수 초 동안으로 한정할 수 있다. 보는 사람 입장에서는 사진이나 동영상을 2~3초만 볼 수 있는지 8~9초 동안 볼 수 있는지 확인하고 왜 그 정도의 시간을 할당했는지 상상의 나래를 펼칠 수밖에 없다. ■

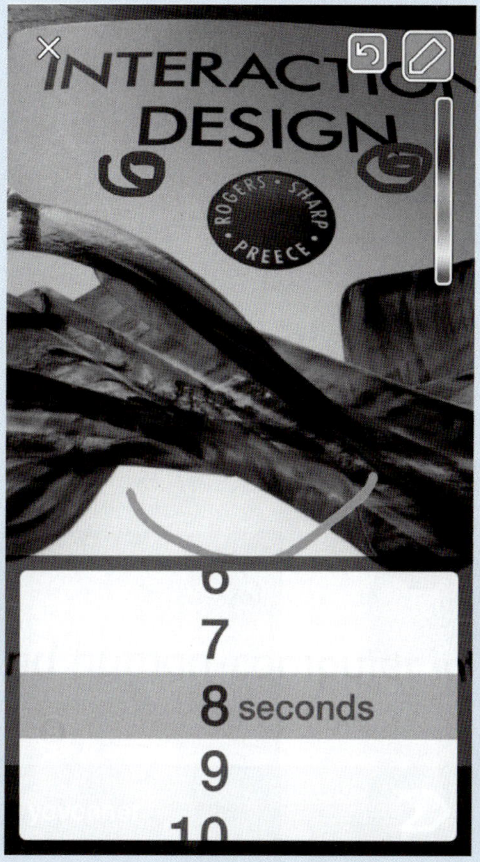

그림 4.1 스냅챗 스크린 샷 예(수신자가 확인 후 8초 후 삭제)

4.4 원거리 대화

19세기 알렉산더 그레이엄 벨에 의해 발명된 전화 덕분에 우리는 두 사람이 멀리 떨어진 상태에서 대화를 나눌 수 있게 되었다. 이후 영상 통화(그림 4.2 참조), 영상 채팅, 인터넷 전화(VoIP, Voice over Internet Protocol) 등을 포함한 다양한 원거리 대화 기술이 개발되어 왔다. 20세기 후반에는 서로 다른 위치에 있는 사람들이 바로 옆에 존재하는 것처럼 느낄 수 있게 해주는 기술도 개발되기 시작했다. 오디오, 비디오를 포함한 각종 시스템 구현을 통해 책상, 의자, 벽, 심지어 천장도 소통의 장으로 만들어지게 되었다.

오래된 사례 중 하나는 제록스에서 설계한 Media Space이다. 보통 회사 내 복도와 정수기 근처에서 비공식적이지만 중요한 대화가 오가는 것을 고려하여, 책상에서도 이러한 유형의 대화가 가능하도록 해주는 일종의 메신저였다(Mackay, 1999). 비슷한 또 다른 사례로는 Cruiser, Hydra(그림 4.3 참조), VideoWindow(그림 4.4 참조) 등을 들 수 있다. Cruiser는 책상에 앉아있지만 잡담을 하거나 커피를 마시고 싶은 경우 대화 대상을 찾아서 같이 대화할 수 있도록 영상 통화 장비를 연계해주는 것이다(Fish, 1989). 이 아이디어는 마치 복도를 어

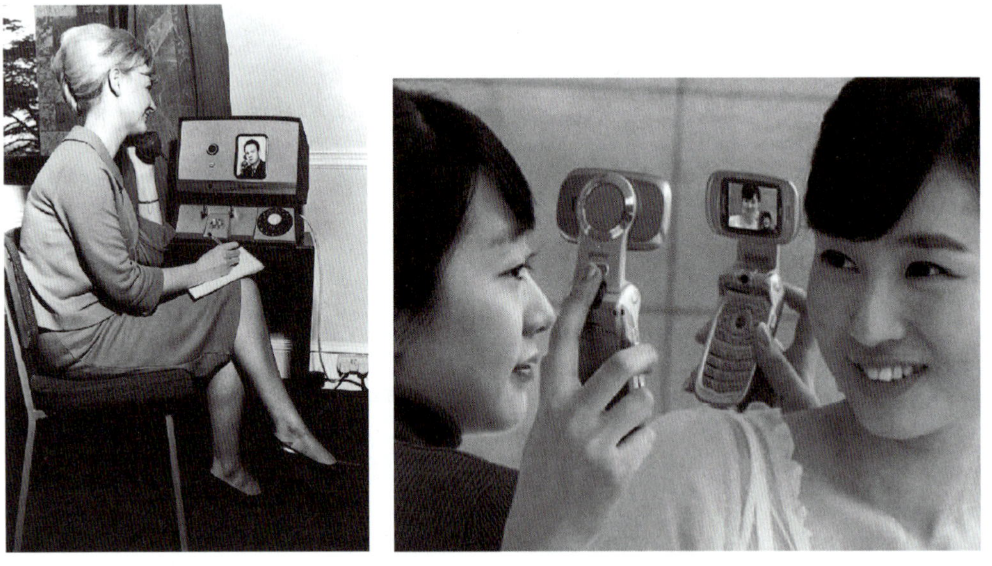

(a) (b)

그림 4.2 (a) British Telecom의 초창기 영상 통화 기기, (b) 일본에서 개발된 초창기 영상 통화 휴대폰

출처: (a) ©British Telecommunications Plc. Reproduced with permission (b) Reproduced by permission of Kyocera Corporation.

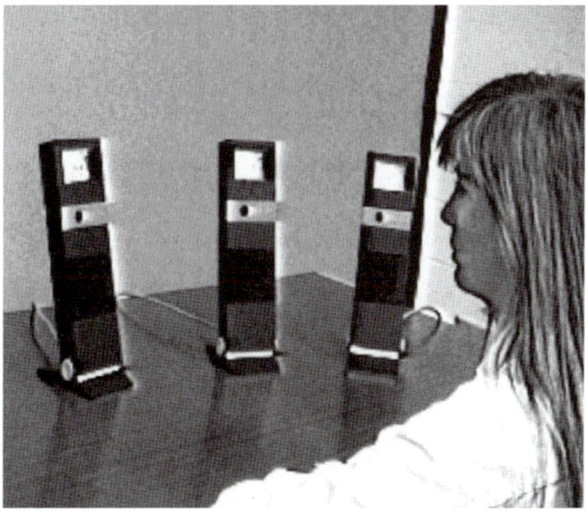

그림 4.3 Hydra 시스템: 각 단말기에 카메라, 화면, 스피커가 내장되어 영상 통화가 가능하다.
출처: A. Sellen, W. Buxton and J. Arnott: Using Spayial Cues to Improve Videoconferencing. ©1992 Association for Computing Machinery, Inc. Reprinted by permission.

슬렁거리고 있는 것과 같은 경험을 제공해주는 것이었다. Hydra는 여러 명의 동료 그룹과 의사소통을 할 수 있도록 영상 통화 단말기를 여러 대 설치해놓은 것이다. 단말기 별로 할당된 사람이 있어서 특정 단말기에서는 특정인의 모습이 화상으로 표시된다(Sellen *et al.*, 1992). VideoWindow는 서로 다른 위치에 있는 사람들이 마치 같은 공간에서 커피를 같이 마시고 있는 것처럼 느껴지게 만들어주는 개념을 구현한 것이다. 이를테면 70 km 이상 떨어져 있는 두 개의 라운지 공간이 대형 모니터를 통해 연결되어 서로 상대방 공간 상황을 파악하고 대

그림 4.4 VideoWindow 시스템 활용 개념도
출처: Kraut et al. (1990) Informal communications in organizations: Form, function and technology. In S. Oskamp and S. Krug (eds) *Don' t Make Me Think*. New Riders/Peachpit.

화도 나눌 수 있게 하였다. 이 공간과 관련된 연구를 통해 사람들이 멀리 떨어져 있지만 목소리를 약간 더 크게 하는 것을 빼고 실제 대면 대화와 차이가 없다는 것이 밝혀졌다(Kraut *et al*., 1990).

위 사례에서 나타난 초기 연구들 이래로, 화상 회의, 문자 메시지, 그룹 채팅을 포함하여 전세계적으로 많은 기술과 응용 프로그램들이 만들어졌다. 온라인 대화의 대중성이 날로 높아지고 있음에도 불구하고, 해당 기술들이 아직도 실제 대면 대화와 동일한 수준의 경험을 제공하지는 못하고 있다. 이와 같은 이유로 사람들이 원격으로 대화할 때 하는 행태들이 실제 대면 대화와 다른 양상으로 나타나게 된다. 일례로 전화상에서 대화 간에 오해가 생기면 큰 소리를 지르는 것을 쉽게 볼 수 있다. 상대방이 소리를 얼마나 잘 들을 수 있는지 확인할 길이 없기 때문에 목소리가 높아지는 경향도 있다. 영상 회의 시에는 참가자 중에 하나로서 투영된 자신의 모습에 의식적으로 신경을 쓰는가 하면, 실제 오프라인 회의 때보다 인사를 확실하게 하기도 하고, 상대방의 말을 끊지 않기 위해 노력하곤 한다(O'Connaill 외, 1993).

Twitter, 왓츠앱, Facebook 등의 SNS 애플리케이션을 통한 대화에서도 독특한 스타일의 대화 유형들이 나타나기 시작했다. 상태 업데이트, 글 게시는 새로운 대화들을 만들어내는 경향이 있고, 이것과 관련해서 기본적으로 온라인 친구나 팔로워를 늘리기 위해 노력한다. 그런가 하면 어떤 사람들은 자신에 대한 글이나 정보를 거의 올리지 않으면서 동시에 다른 친구들이나 사람들의 최근 행방, 활동, 사진 등을 열심히 찾아보기도 한다. 또한 온라인에서의 대화는 각종 약어, 특수기호를 동반한 표현, 이모티콘 등의 새로운 종류의 표현 방식을 발전시켜왔다.

의사소통의 다양한 방법을 고려했을 때, 사람들이 다양한 방법 중에서 어떤 방법을 언제 어떻게 쓸 것인지 의사결정하는 방법은 짚고 넘어갈 만한 문제이다. 일반적으로 짧은 내용을 전달하고 싶은 경우에는 문자 메시지를 쓰고, 긴 내용을 전달하고자 하면 이메일을 쓰며, 여러 사람과 동시에 대화하고자 할 때에는 채팅 애플리케이션을 사용하곤 한다. 그런데 애플리케이션의 종류가 너무 많다는 것도 문제이다. 사람들이 보통 여러 종류의 애플리케이션을 사용하는 경우가 많은데, 대화하고 싶은 특정인이 어떤 애플리케이션을 사용하는지 기억나지 않는 경우가 있다. 그리고 메시지를 보내거나 사진을 전송할 때 다른 사람에게 잘못 보낼 수도 있다.

사회생활을 하다 보면 대화가 이루어지는 채널이 전환되는 경우가 있다. 가령 많은 사람들이 직접 전화하는 것보다 문자 보내는 것을 선호하는데, 일의 진척도나 상황에 따라서 전화를 하거나 그룹 채팅을 해야 하는 경우가 생긴다(Schuler *et al*., 2014). 또한 무엇을 해야 할지, 어디에서 만날지, 누가 해야 할지 등의 사안에 대한 대화과정에서 비용이 발생하기도 한다.

어떤 사람은 대화방을 나가기도 하고, 어떤 사람은 응답하지 않거나 너무 느리게 응답을 할 수도 있다. 대화 과정에서 낭비되는 시간은 모두 비용이 되어 돌아온다. 사람들은 종종 마지막 순간까지 의사결정하는 것을 미루어두기도 하고 자신의 의견을 통보하는 것을 미루기도 한다. 혹시라도 그 사이에 자신에게 유리한 상황이 전개될 수도 있고 흥미로운 제안이 들어올 수도 있기 때문이다. 이러한 경향은 청소년들에게서 더 심하게 나타난다. 그들은 일이 일어나기 일주일 전에 결정을 내리는 것보다 마지막 순간까지 결정을 미루곤 한다. 이러한 성향들이 전체적으로 일을 계획하고 관리하는 사람들에게 실망을 안겨다주기도 한다.

예기치 못한 사건이나 재해가 발생했을 때 온라인 환경이 정보의 전달에 중요한 영향을 미칠 수 있다. 예를 들어 조금 전 이 장을 쓰는 동안 엄청난 천둥번개가 치고 있었다. 놀란 필자는 필자가 사는 도시를 Twitter 해시 태그로 하여 검색을 해보았는데 마침 수백 명의 사람들이 우박 사진을 업로드하고 있는 것을 발견했다. 참고로 현재는 한여름이다. 정보 검색을 통

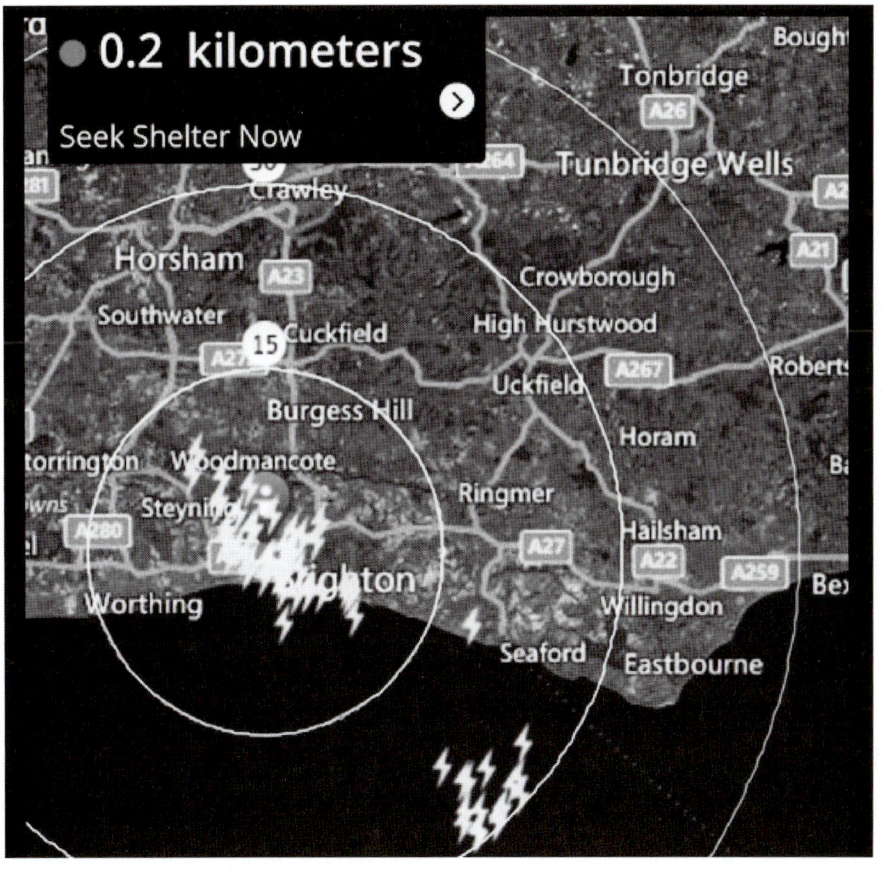

그림 4.5 영국 호브 지역의 국지적 폭풍 알림 화면

해 대중교통 상황도 대략적으로 판단할 수 있었다. 아니나 다를까 잠시 후에 공중파 뉴스에서 일부 Twitter 사진을 인용하여 급변하고 있는 날씨를 보도하였다(**그림 4.5** 참조). 마찬가지로 2010년 캘리포니아주 산브루노에서는 엄청난 폭발이 있었는데 미 연방 비상관리국의 국장이 Twitter에 로그인하여 '폭발'이라는 단어로 검색부터 했다고 한다. 그 지역의 트윗 내용들을 기반으로 그는 가스 폭발이 있었고, 다행히도 불이 주변에 번지지 않은 상황임을 파악할 수 있었다고 한다. 그는 공식 상황을 보고 받는 것보다도 Twitter를 통해 더 빠른 상황 파악이 가능했다고 언급했다.

이와 같이 Twitter는 정보의 즉각적인 전달과 판단이 용이하게 만들어 준다. 해당 트윗을 보는 사람들, 해당 지역 사회의 사람들에게 산불, 폭풍, 가스 유출 등의 재난을 빠르게 알려줄 수 있다. 물론 정보의 신뢰성이 문제가 될 수 있다. 예를 들어 일부 사람들은 신뢰할 만한 것인지 확인하는데 너무 오랜 시간을 보내기도 하고, 일부 사람들은 근거 없는 소문이나 루머에 휘둘리기도 한다. 홍수가 났을 때 새로운 트윗이 너무나도 많이 올라와서 많은 사람들이 피해 상황을 과대평가하고 광란에 빠지는 경우도 있다(Starbird *et al.*, 2010). 불특정 다수로부터 발생한 트윗을 리트윗하는 것은 좋은 의도로 시작할 수 있지만 정보를 과도하게 범람하도록 만들어서 오래된 정보, 실제 정보, 소문 내용을 알기 어렵게 만들 수도 있다.

실습해보기 4.3

온라인 상에서 자신을 어떻게 표현하는가? 어떠한 이미지, 닉네임을 사용하는가?

조언

많은 사람들이 스카이프, Facebook 또는 기타 SNS에 자신의 성격을 잘 반영한다고 생각하는 자세의 사진을 프로필로 업로드한다. 그런가 하면 어떤 이들은 자신의 애완 동물이나 자식, 좋아하는 만화 캐릭터의 사진을 업로드한다. 수수께끼 같은 모습, 익명임을 나타내는 일러스트, 그림자, 얼굴의 극히 일부만 드러내는 사람들도 있다. 마찬가지로 사람들이 자신의 온라인 프로필에 드러내는 이름은 실명일 수도 있고, 회사 이름, 닉네임, 좋아하는 캐릭터 이름일 수도 있다. 실제와 다른 가명을 쓰기도 한다. ▪

실습해보기 4.4

사람들이 가장 관심을 보인 셀카 사진의 특징은 무엇일까? 우리는 왜 그렇게 많은 셀카를 찍을까?

조언
2014년에 가장 리트윗이 많이 된 셀카 사진은 배우 엘런 드제너러스가 아카데미 시상식에서 찍은 것이다. 약 2백만 번 이상 리트윗 되었으며, 넬슨 만델라의 장례식에서 버락 오바마가 찍은 사진을 훨씬 능가한다. 이 셀카가 포착한 순간을 직접 확인해 보면 정말 뭉클한 무엇인가가 있다. 셀카가 그렇게도 인기있는 주된 이유는 이것이 다른 사람들과 소통하는 빠르고 재미있는 방법이기 때문이다. 우리가 어디에서 무엇을 하건 간에 카메라가 우리를 가리키도록 함으로써 다른 사람들에게 우리의 참된 모습을 확인할 수 있게 해준다. 어떤 측면에서는 헛된 것처럼 보일 수도 있지만 잘 찍은 한 장의 사진은 천 마디를 대신할 수도 있다. ■

소셜 미디어는 의사소통, 특히 원거리 대화의 새로운 지평을 열었다. 회의 또는 사교 모임 중에 물리적으로 참석하기 어려운 사람들을 보조해주는 또 다른 연구 분야로 텔레프레즌스가 있다.

4.5 텔레프레즌스

가족 행사, 업무 회의 등과 관련해서 가족들, 친구들, 직장 동료들과 직접 대면해서 소통하는 것이 가장 좋다는 것에는 의심의 여지가 없다. 그러나 때로는 모임에 참석하지 못하는 경우가 꼭 있다. 이럴 때 보조해주는 기술이 바로 텔레프레즌스이다. 물리적으로 부재중이지만 원격으로 접속해서 바로 옆에 존재하는 것처럼 느끼게 해주는 기술, 이것이 바로 텔레프레즌스이다. 신체의 움직임, 행동, 음성 및 표정도 실시간으로 반영하도록 하는 것이 텔레프레즌스의 원 개념이다.

관련된 연구 주제 중 하나가 다른 사람의 이미지를 작업 공간에 겹쳐서 투사하는 것이다. 예를 들어 ClearBoard는 투명 보드를 통해 원격으로 접속한 사람의 얼굴 표정을 표현하도록 하였다(Ishii *et al*., 1993). 한편 원격으로 동작을 보여주는 기술도 연구되고 있다. 예를 들어 시스템 조작 방법을 강사가 학생들에게 원격으로 알려주는 경우, 강사의 손을 증강현실 방법으로 표현해주면 교육 효과가 증가한다는 사실이 알려졌다(Kirk *et al*., 2007). 또 다른 시제품으로 HyperMirror는 서로 다른 장소의 사람들을 하나의 스크린에 합성하고 투영하여 같은 가상 공간에 있는 것처럼 표현했다(Morikawa와 Maesako, 1998). 관찰 결과 사람들은 이런 종류의 인터랙션에 빨리 적응했다. 예를 들어 참가자들이 가상 공간에 익숙해지고 나서 자신과 다른 사람이 겹치는 것을 확인하면 방해가 되지 않게 피하곤 했다(그림 4.6 참조).

꽤 혁신적인 개념을 구현한 BiReality(그림 4.7 참조)는 특정 장소를 방문하며 돌아다닐 수 있는 이동식 로봇 형태인데 주인을 대신하여 여행하는 개념이다(Jouppi *et al*., 2004). 이 로봇을 디자인하기 위해 여러 가지 사항들이 고려되었는데, 근본적인 원칙은 로봇의 주인이 마치 그 장소에 있는 것처럼 느껴지게 하자는 것이다. 로봇은 육면체 모양의 머리를 가지고 있다. 각 면에는 디스플레이가 있어서 서로 다른 각도에서 주인의 얼굴을 보여준다. 본체는 파란색으로 채색된 몸통 형태로 설계되었다. 주인의 음성은 다채널 스피커를 통해 출력될 수 있다. 주인은 원격 컨트롤러를 사용하여 로봇을 원하는 방향으로 이동시킬 수 있다. 회의를 하게 된다면 실제로 주인이 앉을 자리에 로봇이 위치하여 참석할 수 있다.

과연 이런 종류의 텔레프레즌스가 사람 간 의사소통을 얼마나 잘 도와줄 수 있을까? 텔레프레즌스룸은 이미 다양한 형태로 상용화 수준에 다다랐고 각종 화상 회의에 사용되고 있다

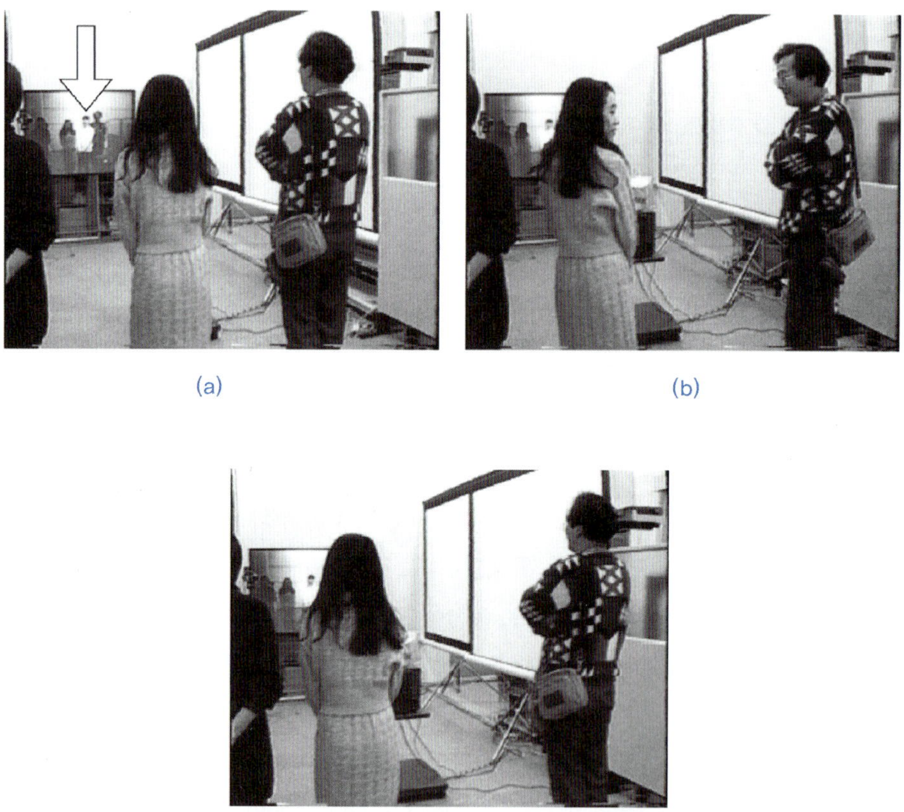

(a) (b) (c)

그림 4.6 가상 개인 공간에 대한 인식을 보여주는 HyperMirror(증강현실로 표현된 남자와 겹쳐 서 있는 것을 발견하자 옆으로 조금 떨어져 서는 모습)

출처: Reproduced with permission http://staff.aist.go.jp/morikawa.osamu/soft/int01.htm.

(그림 4.8 참조). 시스템은 아이트래커를 통한 시선 추적 기능, 지향성 마이크를 이용한 촬영 각도 변경 기능 등을 포함한다. 아직은 이러한 유형의 공간과 장비가 의사소통을 얼마나 잘 보조해주는지에 대한 연구가 많지 않아서 확언하기 어렵지만 앞으로도 계속해서 발전할 것으로 기대된다.

(a) (b)

(c) (d)

그림 4.7 BiReality: (a) 두 사람 사이에 앉아 있는 로봇, (b) 원격으로 의사소통 중인 로봇의 주인, (c) 로봇의 초기 버전, (d) 이동 로봇의 후속 버전

출처: N. P. Jouppie (2002) "First steps towards mutually-immersive mobile telepresence". In: *Proceedings of the 2002 ACM Conference on Computer Supported Cooperative Work, CSCW '02*. pp. 354-63 ©2002 Association for Computing Machinery, Inc. Reprinted by permission.

그림 4.8 텔레프레즌스룸

출처: Cisco Systems, Inc with permission.

Video of BiReality at
http://www.hpl.hp.com/research/mmsl/demonstrations/etravel.html

그림 4.9 CHI 2014에 참석한 People's Bot

비교적 최근 ACM CHI 2014 컨퍼런스에 한 등록자가 유사한 장치를 통해 참석한 바 있다 (그림 4.9 참조). People's Bot으로 불리는 이 장치는 사람 키 정도의 막대기 끝에 달려있는 태블릿으로 대리인의 얼굴을 보여주고 또 목소리를 전달할 수 있다. Chelsea Barabas와 Nathan Mathias가 공동 개발했다. 움직일 수 있기 때문에 정지된 것보다 훨씬 더 큰 존재감을 과시했다. 그런데 아쉽게도 사람들이 커피 브레이크를 위해 떠나가는 시점에 기술적인 문제가 생겨 텅 빈 공간에 덩그러니 남겨지고 말았다.

Audio about the People's Bot at http://youtu.be/Lwr-81whEvk

생각해보기 4.2

Facebook을 넘어: 최고의 사회적 경험이란?

Facebook, 스냅챗, Twitter 등은 2D 기반의 페이지로 이루어져 있는데 어쩌면 3D가 SNS의 미래가 될지도 모른다. 이를 테면 3D 고글을 착용한 친구들과 상호작용을 하게 될 수도 있다. 문단과 그림으로 이루어진 페이지를 손으로 스와이핑하는 대신 가상 또는 증강 현실을 통해서 자연스러운 사람들 또는 아바타들의 형상을 보게 될 수도 있다 (그림 4.10 참조). 의심을 거두면 무엇이 디지털인지 무엇이 진짜인지 알기 어려울 것이다.

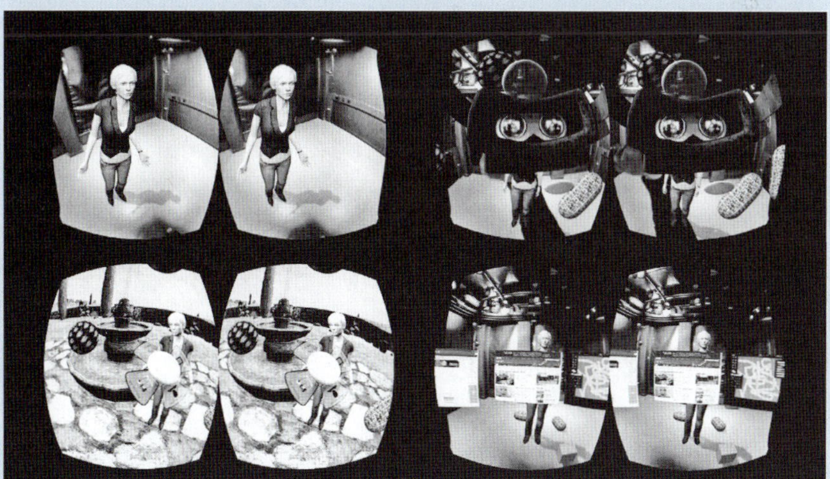

그림 4.10 Oculus Rift: 가상 및 실제 객체를 동시에 매끄럽게 잘 표현함
출처: Courtesy of Will Steptoe.

진정한 몰입형 텔레프레즌스 경험을 제공하기 위해 Oculus Rift과 웹캠을 사용하여 실제 공간에 가상의 객체를 증강 현실로 표현하는 연구가 있다(Steptoe *et al.*, 2014). 가능한 실제와 가상 사이의 장벽을 허물고자 하는 것이 목적이다. 만약 몰입형 Facebook이 나타나서 우리가 다른 사람들과 원거리에서 의사소통 하는 방법이 나타나게 되면 우리의 경험을 진정으로 향상시킬 수 있을까? 고글이 필요하다고 한다면 얼마나 많은 사람들이 하루에 10회 이상 착용 및 사용하게 될까? 참고로, 일반 사용자들이 Facebook을 확인하는 평균 횟수가 약 14회로 알려져 있다. 거실을 떠나지 않고 친구들의 파티에 참석하거나 공원에서 산책할 수 있다는 장점은 확실히 있을 것이다. 지난 수십 년 간 가상의 사회 공간을 만들고자 하는 수많은 시도가 있어왔는데 — 특히 Second Life가 유명하다 — 멀미와 일부 통신 지연 문제만 극복할 수 있다면 Oculus Rift가 그러한 일을 가능하게 할 수도 있을 것이다. ■

몰입형 비디오와 증강 현실이 Oculus Rift를 통해 만났을 때
http://willsteptoe.com/post/66968953089/ar-rift-part-1

생각해보기 4.3
가상 허그를 통한 커뮤니케이션

멀리 떨어져 있는 사람들 간에 함께 있다는 느낌을 살리기 위한 또 다른 접근 방법은 서로 접촉했다는 것을 느낄 수 있게 해주는 웨어러블 장비를 사용하는 것이다. 그림 4.11은 CuteCircuit에서 개발한 허그 셔츠이다. 이 셔츠에는 착용자의 피부 온도와 심박수를 감지할 수 있는 센서와 신체 여러 부분에 자극을 줄 수 있는 엑추에이터들이 부

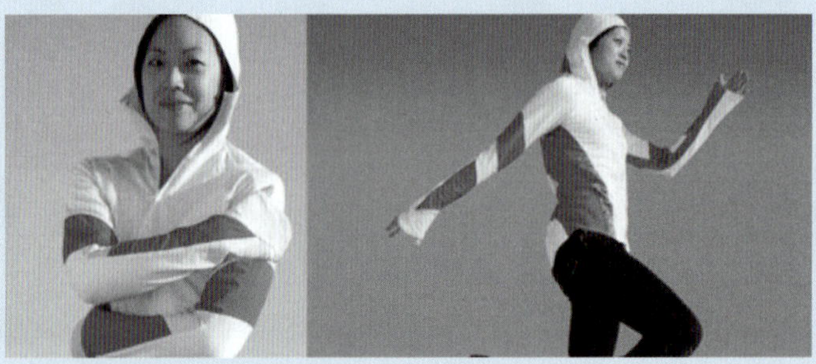

그림 4.11 CuteCircuit의 허그 셔츠

출처: ©2010 CuteCircuit. Reproduced with permission.

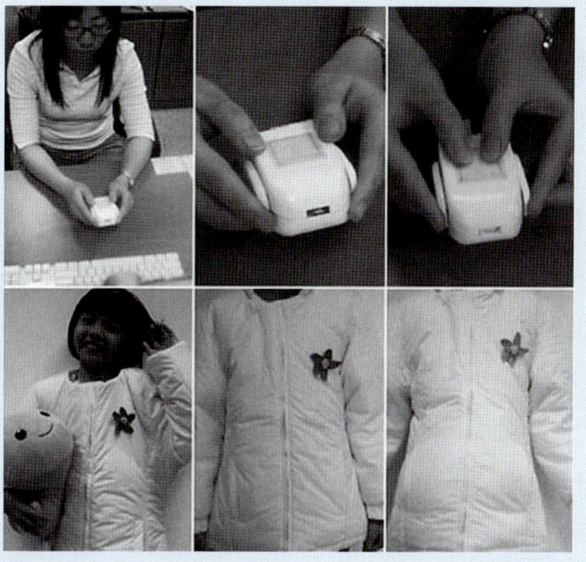

그림 4.12 원격 장치를 통해 포옹할 수 있게 해주는 Huggy Pyjama
출처: Huggy Pajama reproduced from http://youtu.be/hQ6usrx-GPM.

착되어 있다. 비슷한 장치로 Huggy Pajama(2009)는 떨어져 있는 가족 간에 신체적 상호작용을 증진시키는 것이다(**그림 4.12** 참조). 부모가 아이를 안으려고 시도하면, 어린 아이는 공기 압력을 통해 포옹의 기분을 느낄 수 있다. 이때 부모는 원격으로 떨어진 아이의 신체 부위를 골라서 자극시킬 수 있다.

이런 유형의 착용형 장치가 실제 포옹과 얼마나 유사하다고 생각하는가? 사람들은 이러한 장치 대신 차라리 '안아주고 싶다'라는 문자를 보내거나 받기를 원할까? ▪

Video of Huggy Pajama at http://youtu.be/hQ6usrx-GPM

4.6 공존감

텔레프레즌스와 함께 공존감(co-presence)에 대한 많은 관심이 있어왔다. 두 명 이상의 사용자가 동시에 사용할 수 있도록 설계된 공유 가능 인터페이스도 지속적으로 개발되어 왔다. 기본적으로 같은 공간에서 일을 하는 사람들이 협업을 보다 쉽고 효율적으로 할 수 있게끔 하자는 것이다. 상용 제품 사례로는 멀티 터치를 지원하는 보드 형태의 디스플레이, 제스처와 객체 인식이 가능한 Wii 또는 Kinect 등이 있다. 이러한 장치들이 어떠한 방식으로 협업 또는 게임 경험을 도와주는지 이해하기 위해서는, 대면 소통 메커니즘이 어떻게 변형되거나 대체 되었는지를 살펴보는 것이 좋은 출발점이 될 것이다.

4.6.1 물리적 조율

사람들이 긴밀하게 협업할 때에 그들은 서로 이야기를 하기도 하고, 명령을 내리거나, 현재 상황을 보고, 공유하곤 한다. 예를 들어 두 명 이상의 사람들이 피아노를 들어서 이동시킬 때 '약간 아래로, 조금 앞으로, 저 방향으로' 등의 대화를 통해 공동 작업을 조율한다. 끄덕임, 흔들림, 윙크, 손짓 등 비언어적인 표현이 동반되기도 한다.

시간 제약이 있는 일상적인 협업 활동에서, 특히 다른 사람의 말이 잘 안 들리는 상황에서는 많은 사람들이 자주 제스처를 사용한다. 물론 무전기와 같은 무선 통신 장비가 있다면 그것을 사용할 수도 있을 것이다. 어쨌든 수신호와 관련해서 여러 체계가 정립되어 왔다. 예를 들어 지휘자 손의 움직임은 여러 연주자를 동시에 통제하고, 활주로 위 지상 요원의 팔 움직임은 연계된 비행기의 조종사에게 정보를 전달한다. 손짓하기, 흔들기 등과 같은 동작은 일상적인 환경에서 대중적으로 사용된다.

막대기, 봉과 같은 물체를 사용하면 좀 더 용이하게 수신호를 전달할 수 있다. 간단한 소품을 발표에 활용하면 원칙, 아이디어, 계획 같은 것을 전달할 때에도 효율성을 높일 수 있다(Brereton과 McGarry, 2000). 이러한 소품을 물결 모양, 동그라미 모양 등으로 휘둘러서 사람들의 주의를 끌 수 있다. 때로는 사람들이 더 많은 생각을 하도록 자극하여 창의성을 발휘하는데 도움을 주기도 한다(Fernaeus와 Tholander, 2006). 요약하면 소품을 활용한 수신호는 협업이나 그룹 활동 시에 상호간 이해의 폭을 넓히고 정보를 전달하는 데에도 효율적이다.

4.6.2 의식

의식(awareness)은 누가 있는지, 무슨 일이 일어나고 있는지, 누가 누구에게 이야기하고 있는지 등에 대해 알아차리는 것을 뜻한다(Dourish와 Bly, 1992). 예를 들어, 우리가 파티에 있을 때 우리는 현실 공간을 돌아다니며 일어나고 있는 일과 말하는 사람들을 보게 된다. 이 과정에서 다른 사람의 대화를 엿들을 수도 있고 가십을 다른 사람들에게 전달하기도 한다. 여기에서 우선 의식의 한 종류로 주변 인식(peripheral awareness)을 이야기할 수 있다. 주변 인식이란 주변에서 일어나고 있는 일을 직접 봄으로써 신체적, 또는 사회적 맥락에서 진행되고 있는 사안을 실시간으로 확인하는 능력을 뜻한다. 가령 주변의 사람들 기분이 좋은지 나쁜지, 음료 또는 음식이 얼마나 빨리 없어지고 있는지, 누가 들어오고 나갔는지, 누가 얼마 동안이나 자리를 비웠는지, 모퉁이에서 외로워하던 사람이 마침내 누군가와 대화를 시작했는지 등을 파악할 수 있다. 그것도 다른 누군가와 이야기하면서 말이다. 직접 바라보기도 하고 간접적으로 느끼기도 하면서 주변 세계에서 일어나고 있는 일들을 재빨리 파악한다.

의식의 또 다른 유형은 상황 인식(situational awareness)이다. 이것은 정보, 사건, 자신의 행동 등이 진행 중이거나 앞으로 일어날 일에 어떠한 영향을 미쳤는지 알아차리는 것을 뜻한다. 복잡한 상황 정보를 지속적으로 관리해야 하는 항공기 관제소나 영화관 관리실 같은 곳에서는 실시간으로 상황을 인식하는 것이 매우 중요하다. 이와 같은 맥락에서 "공유 공간에서 다른 사람의 상호작용을 재빨리 알아차리는 것"을 의식으로 정의하기도 한다(Gutwin과 Greenberg, 2002). 이는 같은 공간 안에 있는 작업자들이 협업을 통해 프로그래밍이나 프로젝트를 효율적으로 마무리하는 것을 위해 만들어진 개념이기도 하다.

긴밀히 협력하는 사람들은 다른 이들의 진행 상태를 빠르게 아는 것이 중요하다. 이를 통해 자신의 작업을 조정해야 하기 때문이다. 특히 상호 의존적인 작업에서 한 사람이 일을 마무리 해야 다른 사람이 일을 시작할 수 있다면 상태 파악이 더욱 중요하다고 할 수 있다. 예를 들어 공연 현장에서 공연자들은 상호 간의 작업을 효율적으로 조정해야 하고 이를 위해 서로가 서로를 지속적으로 관찰한다. 호흡이 척척 맞는 팀은 서로의 상황을 단번에 파악하는 데에 숙련되어 있다. 런던의 지하철 통제실에서 함께 일하는 두 명의 직원에 대한 연구 결과가 있는데(Heath와 Luff, 1992) 팀워크가 잘 맞는 것을 관찰한 내용이다. 한 명은 열차의 움직임을 관리하는 업무, 다른 한 명은 중요 정보를 승객에게 전달하는 업무를 담당하고 있었다. 연구진 관찰에 의하면 열차 움직임을 관리하는 직원이 행하고 있는 일을 보고, 다른 하나의 직원이 알아서 정보를 승객에게 전달하는 경우가 많았다. 심지어 열차 관리자가 열차의 운전자와 전화하는 내용을 듣고 열차 운행 중단을 예상하여 그 전화가 끝나기도 전에 미리 방송하는 경우도 있었다. 이는 서로의 상황 파악이 긴밀하게 잘 이루어지기 때문에 일어날 수 있는 일이었다.

실습해보기 4.5

팀워크가 잘 맞는 팀 내에서 특정인이 무엇인가를 제대로 이해했다고 나머지 팀원들이 지레짐작하게 되면 어떤 일이 일어나는가?

조언

이러한 상황에서 그 특정인은 일단 평상시와 같이 행동을 하다가 이따금 부적절한 행동을 하게 될 수 있다. 이때 집단 내에서 조율이 필요하다. 팀 내에서 경험이 많은 사람은 이 특정인이 예상대로 행동하지 않았다는 것을 곧잘 파악할 수 있고 미묘하게 신호를 전달할 수 있다. 예를 들어 기침을 하거나 흘끗 보며 말을 할 수 있다. 그래도 해당 특정인이 상황 파악을 하지 못하는 것으로 판단되면 직접적으로 이야기하는 방법이 있다. 한편 특정인의 입장에서는 왜 상황이 자신이 생각한 것과 다르게 흘러가고 있는지를 궁금해 할 수 있다. 이 사람도 기침을 하거나 주의를 끌기 위해 다른 사람을 들여다 보는 등의 행동을 할 수 있다. 이 상황에서 사람들이 사용하는 '미묘한 조율 방법'은 그때그때 다르다. 어떤 사람이 다른 사람보다 선배인지 여부, 그 사람이 해당 질문을 해도 무리가 되지 않는가 여부, 무엇이 잘못되었을 때 누가 책임을 져야 하는가에 대한 문제, 결과의 심각도 등이 모두 고려되어야 한다. ▪

4.6.3 공유 인터페이스

공유 가능한 기술이나 인터페이스를 설계할 때에는 정보의 변경 내역과 현재의 상황을 쉽게 알 수 있도록 해야 한다. 기술을 적재적소에 활용하여 같은 장소에서 협업하는 사람들을 도와주는 방법에 대한 연구는 활발하게 이루어져왔다(예: Müller-Tomfelde, 2010). 데이터 공유가 가능한 인터페이스의 경우 단일한 사용자를 위한 일반적인 플랫폼에 비해서 더 많은 종류의 협업을 성공적으로 진행시킬 수 있다고 가정해보자. 손끝 동작은 매우 가시적이어서 다른 사람들이 쉽게 관찰할 수 있고 상황 인식의 가능성을 높여줄 수 있다. 보드 형태의 대화면은 다른 기술보다 자연스러운 것으로 여겨지고 있으며 사용자가 자신의 행동 후 나타나는 결과에 당황하지도 않는다. 예를 들어 소규모 그룹의 경우에는 PC 앞에 앉거나 수직면에 설치된 화면 앞에 있는 대신 대화면이 표면에 장착된 탁상형 기기에서 더 편안하게 작업할 수 있다(Rogers와 Lindley, 2004).

생각해보기 4.4

반응형 경험을 통해 다같이 표현하기

Reactable Experience는 어린이, 가족 또는 성인 그룹이 박물관, 과학센터 등의 공공장소 또는 기관에서 함께 음악을 만들 수 있게 설계되었다. 이전 버전의 Reactable 장치에서 업그레이드 되었으며, 다양한 형태의 소품을 탁자 위에서 사용함으로써 음을 생성할 수 있다. 소품들은 개별적인 상호작용에 대해서 즉각적으로 소리를 생성하고 디지털 주석도 표시된다. 주요 아이디어는 즉석에서 음악을 만들 수 있게 하는 것이다. 이를 위해 모든 사람들이 실시간으로 탁상 표면을 확인하면서 다른 사람의 상호작용을 고려하여 본인의 개별 음을 더해주도록 하는 것이다(**그림 4.13** 참조). ■

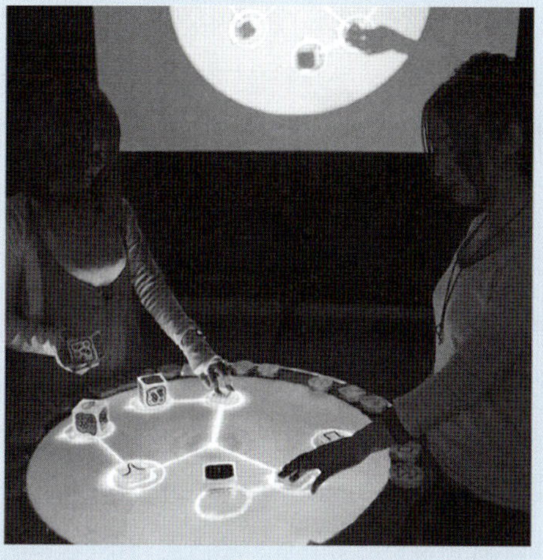

그림 4.13 Reactable Experience의 사용 사례

출처: Courtesy of Yamaguchi Center for Arts and Media [YCAM]. Photo by Ryuichi Maruo [YCAM].

Video of Reactable Experience at http://youtu.be/lA29AE6O69k
Website at
http://reactable.com/products/experience/experience-for-museums/

그룹 내에서의 협업이 탁상 표면 주위에서 공평한 상호작용을 일으킬 수 있는지에 관한 연구가 있었다. 그룹 구성원이 수행해야 하는 작업의 명료성, 그리고 작업을 하는 순서 등이 영향을 미치는 것으로 나타났다. 가장 중요한 것은 인터페이스에서 디지털 콘텐츠를 추가하고 삭제하는 권한이었다. Rogers 및 그 동료들에 따르면 메뉴와 아이콘으로 디지털 콘텐츠를 추가하는 것보다 RFID와 연동된 물리적인 소품을 사용하여 추가하는 것이 더 공평한 상호작용으로 여겨졌다. 그룹 내에서 비교적 수줍어하는 사람이 얼마나 쉽게 작업을 진행할 수 있는지가 영향을 미쳤다는 의미이다. 더불어 말수가 적었던 사람들이 옵션 선택, 추가, 이동, 제거하는 작업을 가장 많이 한 것으로 나타났다. 상호작용 방식이 작업의 내용과 결과에 영향을 미치는 셈인데, 어떤 측면에서 보면 과묵한 참여자가 더 많은 것을 말해야 하는 압박감을 줄여

줌으로써 작업의 효율을 높인 것이다.

유사한 연구 중에 협업에 소극적이었던 참여자가 시각화 도구를 제공할 때에도 자신의 기여도를 높이지 않는 경향이 있음을 발견했다(Norton *et al*., 2004). 이 연구에서는 우선 게이지형 인터페이스를 통해 그룹 구성원들의 성취도를 표시하도록 하였다. 이 게이지는 벽면에 있을 수도 있고 탁상 표면에 있을 수도 있으며 혹은 개인용 단말기에 표시될 수도 있다. 이런 형태의 피드백은 협업에 참여하는 구성원을 통제함으로써 모두가 공평하게 협업에 기여할 수 있다는 것이 이 실험의 가설이다. 그리고 Reflect Table이라는 시제품을 만들어 각 사람 앞에 개인용 마이크가 그 사람의 발화량을 분석하고 이를 LED 형태의 게이지로 표현하도록 하였다(**그림 4.14** 참조). 이를 이용하면 그룹 회의 시 발화량 표시 게이지가 그룹 구성원의 발화량에 영향을 미쳤는지 여부를 알 수 있다. 가령 그림에서 왼쪽 하단의 남자가 과연 말수를 늘릴 것인지, 오른쪽 하단의 여자가 과연 말수를 줄일 것인지를 확인해볼 수 있다. 연구 결과는 단순하지 않았다. 일부 참가자는 다른 사람의 수준에 맞추기 위해 발화량을 줄였지만 또 다른 참가자는 발화량 게이지를 무시해버렸다. 좀 더 구체적으로는, 가장 많이 말한 사람은 말수를 줄였다. 그리고 대화에 동등하게 참여하는 것이 유리하다고 판단한 사람들은 게이지에 신경을 많이 써서 발화량을 적절히 유지하였다. 예를 들어 어떤 참가자는 "다른 사람들보다 게이지가 너무 늘어나는 것을 피하기 위해 말을 삼간다"고 직접적으로 이야기했다. 한편 이 게이지가 중요하지 않다고 생각한 참가자는 애써 무시하였다. 당신이라면 과연 어떻게 행동할 것인가?

지금까지 언급한 협업 인터페이스 연구 내용은 다양한 사용자가 협업을 위해 인터페이스를 같이 사용할 때 공평한 참여를 유도하는 것이 생각보다 쉽지 않다는 것을 의미한다. 그룹 내의 발화량 피드백을 통해 실시간으로 누가 많이 말하는지 알려주는 것은, 너무 많이 말하는

그림 4.14 Reflect Table 사용 화면

출처: Reproduced with permission from Pierre Dillenbourg.

사람을 제재하는 데에는 유용하지만 말수가 적은 사람에게는 협박처럼 느껴질 수도 있다. 한편 공유할 수 있는 화면에 다양한 형식의 상호작용을 가미하여 콘텐츠를 추가, 삭제, 조정하도록 하는 방법은 말수가 적은 사람들—자폐가 있는 사람, 말을 더듬는 사람, 수줍어하는 사람, 모국어가 아닌 사람 등—이 더 많은 참여를 하는 데에 효과적일 수 있다.

누가 열심히 참여하고 있는지에 대해서 온라인 SNS 활동을 표현하는 다양한 방법들이 연구되어 왔다(Erickson과 Kellogg, 2000). 참여자와 이들의 활동을 시각화해주는 의사소통 도구 중에 IBM의 David Smith에 의해 개발된 Babble이라는 것이 있다(Erickson *et al.*, 1999). 커다란 원과 구슬을 이용하여 대화방에서 얼마나 적극적인지를 표시하는 인터페이스이다. 현재 대화방 내에서 이루어지고 있는 대화에 적극적으로 참여하는 사람의 구슬이 대화방을 나타내는 원의 중심부쪽으로 이동한다. 반대로 대화에 적극적이지 않은 경우에는 원의 주변부로 서서히 밀려난다.

사회적 상호작용을 표현하는 방법들은 이후에도 여러 가지로 개발되어왔다. 사람들이 무엇을 하고 있는지, 어디에 있는지, 그들이 새로운 작업을 시작할 수 있는 상태인지 등과 관련되어 상황을 정확하게 파악하는데 도움을 주는 많은 가상 도구들이 개발되어왔다. 원격으로 일을 하면서 동료와 직접 대면하지 않는 경우가 있다. 그런가 하면 훌륭한 일이 이루어지거나

그림 4.15 가상 사무실 Sococo의 평면도(https://www.sococo.com/)

출처: Courtesy of Leeann Brumby.

시작되곤 하는 다과 시간을 놓치는 경우가 있다. 이런 경우들을 고려하여 가능하면 사람들이 서로 연결되어 있다는 감정을 느낄 수 있도록 해주는 서비스가 있다. 가상 사무실 시스템인 Sococo는 사무실 평면 메타포를 활용하여 사람들이 어디에 있는지, 누가 회의에 참여하고, 누가 누구와 대화하고 있는지를 보여준다(**그림 4.15** 참조). 연결된 사람들은 다른 사람들이 실시간으로 어디에 위치해 있는지 볼 수 있다. 사무실 직원이 같은 건물 또는 같은 회의실에 있을 때와 같은 방법으로 누군가에게 인사를 하고 대화할 수 있다. 방을 클릭하면 문을 두드리는 소리가 나면서 내부에 있는 사람과 대화를 나눌 수 있다. 공간을 좀 더 조용히 만들고 싶거나 방해를 원치 않을 때에는 문을 닫을 수도 있다. 회의가 언제부터 시작되고 있는지도 쉽게 확인할 수 있으며, 정수기나 로비 구역에서는 지나가는 사람과 자연스럽게 이야기를 나눌 수도 있다.

소셜 미디어와 연계하여 방대한 네트워크를 시각화하는 소프트웨어 도구를 사용할 수도 있다. 예를 들어 NodeXL은 관심있는 사람이나 주제와 연계된 네트워크를 시각적으로 표시해준다(Hansen *et al.*, 2011). 일반적인 의미에서 소셜 네트워크 분석 방법은 사회적 측면에서의 빅데이터를 분석하는데 사용된다. 특정 네트워크 속에서 사람들 간에 어떠한 영향을 주고 받는지 시각적으로 알 수 있다. 대화 내용을 기반으로 분석해볼 수도 있다.

생각해보기 4.5

사람들이 긴장을 풀고 자연스럽게 친해지는 것을 도와주는 기술에는 어떤 것이 있을까?

누구나 결혼식, 컨퍼런스 또는 기타 사교 모임에서 무슨 말을 해야 할지 몰라서 어색하게 있는 자신을 발견해본 적이 있을 것이다. 이런 순간에는 모두가 당황하기 마련이다. 이런 당황감은 특히 신입생, 신입사원일 때, 학회에 처음 참석할 때 더 크게 느껴진다. 모르는 사람들 사이에서 대화의 시작을 보다 쉽게 하고 덜 어색하게 만드는 방법이 있을까? 혹은 이를 도와주는 도구가 있을까?

각종 행사에서는 경험 많은 사람들에게 멘토 역할을 요청하거나 다양한 종류의 이벤트 등을 통해서 체계적으로 접근성을 높이고자 한다. 배지나 이름표를 착용하게 한다든지, 음식과 술을 준비 한다든지, 서로 소개할 수 있는 시간을 마련하는 것도 같은 맥락의 이벤트라고 볼 수 있다. 이 중에 많은 부분이 도움이 되겠지만, 아이스브레이킹이라고 명명된 활동의 면면을 들여다 보면 일상적이지 않은 방식으로 행동해야 하거나 의외로 불편할 때도 많다. 간단한 동작이나 역할놀이를 동반한 게임을 하게 될 수도 있는데, 하고 싶지 않은 사람 입장에서는 당혹스러울 수 있다. 일단 하기로 동의하면 중간에 빠져나가기도 어렵다. 이런 저런 난감한 경험들 때문에 아이스브레이킹 활동에 대해 점점 더 소극적이 될 수도 있다.

덜 자극적인 방법에는 어떤 것이 있을까? 특정인의 배경과 선호 사항 등을 미리 입력 받아서 대화하기 좋은 상대를 인공지능으로 추천해주는 연구도 있다. 비슷한 생각, 견해를 가진 사람들이 가까이에 있을 때 이를 표시해주는 일종의 애플리케이션이다. 이 자체를 재미있는 놀이의 일종으로 생각하는 사람이 있을 수도 있겠지만 또 어떤 사람들은 여전히 부자연스럽다고 생각할 수도 있다.

또 다른 접근법으로 사람들이 낯선 사람과 편안하게 대화를 할 수 있는 — 필요시 언제든지 입장 또는 퇴장할 수 있는 — 물리적인 공간을 설계하는 것이다. Opinionizer 시스템은 비공식적인 모임에서 사람들이 익명으로 자신의 의견을 개진할 수 있도록 설계되었다(Brignull과 Rogers, 2003). 공공 디스플레이를 통해서 의견을 집단적으로 수렴할 수 있다. 여러 사용자가 의견을 제출했고 필요하면 색이나 아바타, 각종 이모티콘 등을 사용할 수 있다. 화면에는 4개로 분할된 영역이 존재하는데 각 영역은 교사, 학생 등의 직업군들을 대변한다(**그림 4.16** 참조).

Opinionizer 시스템이 다양한 모임에 배치되었을 때 흥미로운 일들이 벌어졌다. 기본적으로 주변에 있는 사람들의 수가 늘어가면 윙윙거리는 효과음을 내도록 설계되었는데, 이를 통해 사람들의 이목을 더 많이 끌었다. 어떤 사람들은 일부러 화면에 다가가서 글을 읽기도 하고, 어떤 사람들은 근처에서 토론을 하기도 하며, 또 어떤 사람들은 새로운 사람들과 대화하고 싶어하는 티를 역력히 냈다. ■

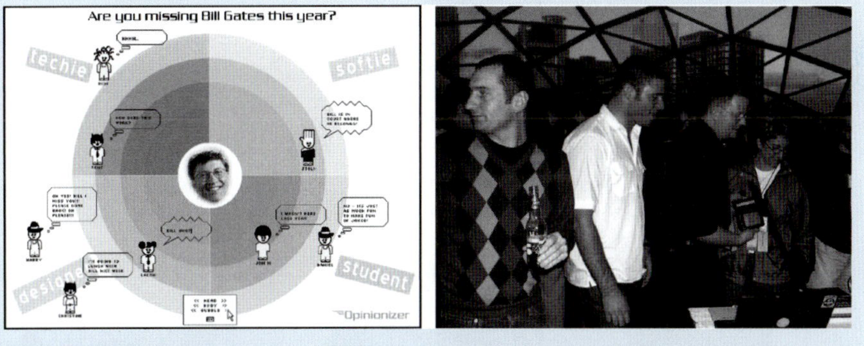

그림 4.16 한 출판 기념회에서 사용된 Opinionizer 인터페이스 예

인터랙티브한 공유 디스플레이는 복도, 리셉션, 쇼핑몰 내 등 여러 공공장소에 배치될 수 있으며 사람들이 서로 소통하고 교류할 수 있도록 보조해준다. 초창기에는 간단한 뉴스, 각종 정리 자료 등을 사무실 PC에서 만들고 화면만 공유 디스플레이를 활용하는 정도의 수준이었다. Notification Collage 시스템(Greenberg와 Rounding, 2001) 및 Plasma Posters(Churchill *et al*., 2003)가 대표적인 사례라고 할 수 있다. 여기에서 한걸음 더 나아간 Dynamo 시스템의 경우에는 USB, 노트북 뿐만 아니라 카메라 등의 기타 장치를 연결함으로써 다양한 정보를 손쉽게 공유할 수 있도록 하였다(Izadi *et al*., 2003). 영국의 한 연구에서는 학생들이 의사소통할 때 이 Dynamo 시스템을 적극적으로 활용한다는 사실을 보여주었다(그림 4.17 참조). 해당 연구에서는 앉아 있던 생면부지의 사람들이 즉흥적으로 대화를 하기도 한다(Brignull *et al*., 2004).

사람들을 유혹하는 광고를 제공하는 것 이외에도 인터랙티브 공유 디스플레이는 도시 공간에서 보편적으로 사용되고 있다. 다양한 형태로 여러 사람의 참여를 유도한다. 예를 들어 BBC는 BSPSB(Big Screens Public Space Broadcasting) 프로젝트를 통해 야외에 가로 세로 각각 5 m 크기의 대형 스크린을 설치했다. 여기에 응용 프로그램인 Red Nose Game을 설치하였다. 게임은 화면에 여기 저기 산만하게 흩어져 있는 빨간색 얼룩을 보여주면서 시작된다. 통행인은 얼룩을 밀어낼 수 있는데 카메라가 통행인의 동작을 분석하여 이 인터랙션을 지원한다. 즉, 밀어내는 동작을 하면 화면 안의 얼룩이 밀어내는 방향으로 움직인다. 이러한 방식으로 흩어져 있는 얼룩들을 하나로 모으면 게임이 종료된다. O'Hara와 그 동료들이 수행한 연구에 따르면 사람들은 인터랙션 중에 자신의 행동이 바보 같아 보이는 것을 꺼리는 경향이 있다. 진행자가 있어서 사람들이 행동하도록 유도하는 것이 필요한 경우가 많았다. 그런데 일

그림 4.17 영국의 한 대학에서 학생들이 Dynamo 시스템으로 정보를 공유 중

출처: H. Brignull, S. Izadi, G. Fitzpatrick, Y. Rogers and T. Rodden: The introduction of a shared interface surface into a communal space. In: *Proceedings of the Conference on Computer Supported Cooperative Work, CSCW '04*, ACM Press, New York, pp. 49-8 ©2004 Association for Computing Machinery, Inc. Reprinted with permission.

단 게임을 시작하고 참여하게 되면 사람들은 긴밀히 협력하고 효과적인 전략을 개발하여 게임을 끝마치곤 했다.

사람들이 서로 사교적으로 이야기하는 것을 도와주는 다양한 기술이 개발된 바 있다. 예를 들어, 휴식 시간 알리미는 여러 사람들이 편하게 휴식을 취할 수 있도록 고안되었다(Kirkham *et al.*, 2013). 램프 형태의 이 장치는 현재 공용 공간에 있는 사람들의 숫자를 보여준다. 만약 사람이 많은 경우에는 사람들과 편하게 잡담 하면서 시간을 보낼 수 있는 좋은 기회임을 알려주는 것이다. 이 장치는 또 다른 효과를 유발할 수도 있는데, 동료 직원들과 같이 시간을 보내는데 스트레스를 받는 사람들에게는 공용 공간에 사람이 적은 것을 보여주어서 지금이 바로 쉴 수 있는 적기임을 알려주는 것이다.

딜레마

생각을 덜하게 또는 더하게 만들어주는 인터랙션이란?

우리는 디지털 거품 속에서 살고 있다. 가족 및 지인들과 편하게 시간을 보낼 때조차 시간과 장소를 가리지 않고 휴대폰이나 태블릿, 노트북을 보곤 한다. 십대들은 더 한 경향이 있고, 그 보다 더 어린 아이들에게는 — 어른들이 신경을 덜 쓸 수 있도록 — 아예 휴대폰을 보는 시간이 정해져 있다. 우리는 그것이 무례하게 보일 수 있다는 것을 알면서도 시도 때도 없이 휴대폰을 꺼내 최신 트렌드, 뉴스, 각종 커뮤니티를 확인한다. 사용자의 건강이나 신체 상태까지 체크하는 모바일 기기 덕분에 이러한 경향이 더욱 커지고 있는지도 모르겠다. 우리가 게으르다는 것을 알려주는 스마트 신발, 먹고 싶은 것을 못 먹게 해주는 스마트 안경이 과연 필요할까? 이것이 과연 우리가 기술로부터 원하는 것일까? 기기가 모든 것을 알려줌으로써 우리가 아무것도 신경을 쓰지 않아도 되는 그런 상태 말이다. 신경 쓰지 않아도 되는 상태란 우리 주변에 일어나는 일에 무관심하고, 더 이상 깨닫지 못하고, 눈이 멀게 되는 상태를 뜻한다. 이제는 새로운 디지털 기술을 통해 새롭게 의식화할 때가 되었다. 우리가 살아있다는 느낌, 그리고 사람이나 물건을 의식하고 있다는 느낌이 중요하지 않을까? 우리가 조금이나마 더 사려 깊어질 수 있도록 기술이 우리를 도와준다면 좋은 일일 것이고, 우리는 그러한 기술과 기기를 만들어나갈 필요가 있다. ■

우리를 생각 없게 만들어주는 스마트폰에 관한 비디오
http://youtu.be/OINa46HeWg8

그림 4.18 디지털 거품 속 가족

과제

본 과제의 목적은 대규모 멀티플레이어 온라인 게임(MMOG)에서 협업, 조정이 어떻게 이루어지고 있는지 분석하는 것이다.

MMOG(월드오브워크래프트 등)를 경험해보고 다음 질문에 답하시오.

a. 일반적 이슈

- MMOG의 목적은 무엇인가?
- 어떤 종류의 대화가 지원되나?
- 플레이어들은 게임 상황 파악을 어떤 방식으로 하고 있는가?
- 어떤 종류의 규칙이 적용되고 있는가?
- 어떤 유형의 정보가 제공되고 있는가?
- 대화나 상호작용 방식이 자연스러운가?
- 플레이어는 게임 속 자신의 행동을 어떻게 조정하는가?

b. 상호작용 이슈

- 어떤 형태의 의사소통 방식(예: 문자, 오디오, 비디오)이 지원되는가?
- 어떠한 시각화 방법이 사용되고 있는가? 전달되는 정보는 무엇인가?
- 상호작용 모드(예: 채팅)를 어떻게 변경시킬 수 있는가? 그 방법은 자연스러운가?
- 게임 속의 사회적 현상이 현실에서도 동일하게 나타나는가?

c. 디자인 이슈

- 협업, 조정 방식의 개선을 위해 인터페이스 차원에서 어떤 기능을 추가할 수 있을까?

요약

인간은 본질적으로 사회적이다. 사람들은 언제나 서로 협업하고 조정하고 의사소통하며 지내며, 현재까지 출시된 다양한 응용 프로그램, 서비스, 기술들이 다양한 방법으로 이를 보조해주고 있다. 이 장에서 우리는 사회성, 즉 의사소통과 협업의 몇 가지 핵심적인 측면을 들여다보았다. 사람들이 서로 대면한 상태에서, 또는 원거리에서 상호작용할 때 어떠한 사회적 메커니즘이 적용되는지 확인해 보았다. 이러한 메커니즘들을 확장해주고 보조해주는 다양한 협업, 텔레프레즌스 기술에 대해서도 살펴 보았다.

Key points

- 사회적 상호작용은 우리 일상생활에서 핵심적이다.
- 대화, 상황인식 등을 도와주는 메커니즘은 대면 상황, 원거리 상황에서 각각 진화해왔다.
- 대화를 잘 하는 것은 사회적 상호작용이 일어나는데 필수적이다.
- 사람들이 물리적으로 떨어져 있을 때 의사소통할 수 있는 다양한 컴퓨터 기반 방식이 개발되어 왔다.
- 다른 사람들이 무엇을 하는지 아는 것, 그리고 내가 하는 일을 알려 주는 것은 사회 활동의 중요한 측면이다.
- 소셜 미디어는 사람들이 사회 생활하는 방식에 많은 영향을 끼쳤다.

Chapter 05

감성 인터랙션

목표

이 장의 주요 목표는 다음과 같다.

- 우리의 감정이 행동이나 사용자 경험과 어떻게 연관되는지 설명한다.
- 즐거우면서도 사용하기 쉬운 인터페이스의 사례를 제시한다.
- 표현형 인터페이스, 불쾌한 인터페이스의 특징과 효과를 설명한다.
- 감정 인식 자동화 관련 기술 분야를 소개한다.
- 사람들의 태도와 행동을 변화시키는 기술과 그 디자인 방법에 대해 설명한다.
- 의인화 방식을 인터랙션 디자인에 어떻게 녹여낼 수 있는지 설명한다.
- 온라인 상담원이 고객에게 미치는 영향에 대해 이해한다.

5.1 개요

인터랙션 디자인의 가장 중요한 목표는 사용자에게 긍정적인 반응을 얻을 수 있는 제품을 설계하는 것이다. 세탁기, 비행기 갑판 등 그 어떤 제품이든 간에 사용자가 편안함을 느끼고 즐거운 경험을 할 수 있어야 한다. 또한 디자이너는 학습, 놀이, 창의적 또는 사회적 활동을 하고 싶은 욕구가 자연스럽게 생기고, 이를테면 정서적인 반응을 이끌어낼 수 있는 인터랙티브 제품을 만들 수 있어야 한다. 덧붙여 사용자들이 그들의 개인정보를 마음 놓고 제시할 수 있을 정도로 신뢰할 수 있는 웹사이트나 애플리케이션을 만들 수 있어야 한다.

위에서 언급한 내용을 아우르는 분야로 감성 인터랙션을 들 수 있다. 이 장에서는 인터랙티브 제품 디자인이 사람들에게 정서적인 반응을 일으키는 과정과 그 이유를 살펴보고자 한다. 먼저 감정이 무엇인지, 이것이 우리의 일상적인 경험에서 어떠한 역할을 하는지 설명한다. 그리고 인터페이스의 특성이 어떠한 역할을 하는지, 사용성 및 사용자 경험에 어떠한 영향을 미치는지 살펴본다. 이 과정에서 표현형 인터페이스의 사례를 확인해본다. 제품은 즐거움과 같은 긍정적인 감정뿐만 아니라 좌절과 같은 부정적인 감정을 이끌어낼 수도 있다. 관련하여 사용자들의 감정을 적절하게 감지하고 이를 이용하는 감성 기술 설계 방법을 소개한다. 사용자들이 자신의 행동과 태도를 적절하게 바꾸도록 유도하는 기술 설계 방식도 다룬다. 특히, 건강, 웰빙, 자원 절약을 위해 적용된 유비쿼터스 기술 사례를 살펴본다. 끝으로 의인화 기법이 인터랙션 디자인에 적용될 경우 사람과 유사한 특성을 어떻게 다루어야 하는지 검토해본다. 이를 위해 가상 캐릭터와 반려 로봇이 사람들에게 어떤 영향을 미치는지 확인한다.

5.2 감정과 사용자 경험

감성 인터랙션은 우리가 기술과 상호작용하는 상황에서 느끼고 반응하는 방식과 연관되어 있다. 새로운 제품을 처음 접했을 때부터 폐기하게 되기까지 전 주기에 걸친 다양한 경험을 다룬다. 사람들이 반려 로봇과 같은 제품에 감정적으로 애착을 갖기 시작하고, 이들 로봇이 어떻게 사람들의 외로움을 달래 주며, 어떻게 사람들의 행동을 변화시키는지에 대해 살펴보도록 하자.

새 스마트폰, 세탁기 구입, 휴가 준비 등으로 온라인 쇼핑몰에 접속했을 때 느낄 수 있는 감정을 생각해보자. 아마도, 그것들이 필요하다는 생각, 혹은 그것들을 갖고 싶다는 생각을 먼저 하고 나서 구매 욕구와 기대가 생길 것이다. 그러고 나서 비교, 리뷰, 추천, 사용과 관련된 수많은 웹사이트를 방문하여, 어떤 제품을 사용할 수 있는지, 구입할 수 있는지 여부를 따져볼 것이다. 이 과정에서 기쁨이나 좌절감이 느껴질 수 있을 것이다. 과연 한정된 예산 내에서 살 수 있는지, 구입하고 난다면 기존에 가지고 있는 것들과 어울리는지 등 생각해야할 것이 많다. 너무 비싸서 놀라거나 실망할 수도 있는데 그렇기 때문에 구매를 결정하고 나면 스릴감이 들기도 한다. 첫 번째 대안을 포기하고 보다 싼 것 중에서 그나마 괜찮은 것을 고를 때에는 어느 정도 성가신 감정이 들 수도 있다. 때로는 쇼핑 전문가의 조언을 구할 수 있는데 그들이 진심으로 구매자를 생각한다기 보다는 돈을 벌 목적으로 이런 저런 제품을 제안할 수 있다는 사실 자체 때문에, 그들의 의견을 전적으로 신뢰하기도 어렵고 혐오감이 들기도 한다. 계속해서 물건을 고르다가 어느 순간이 지나면 피로감이 몰려오고 좌절감이 든다. 최종적으로 결정을 내리게 되면 그것 자체로 안도감을 느낀다. 색상, 크기, 보증 및 보험 등과 관련된 사항을 입력하는 복잡한 과정을 거치고 나서, 이윽고 최종 지불을 확인하는 버튼을 누른다. 이 지점에서 어떨 때는 신용카드 정보가 잘못되었다는 팝업 창이 나타날 수도 있다. 그러면 입력했던 정보를 다시 한 번 천천히 입력한다. 신용카드 보안 코드 입력이 안 된 것을 확인하고 참을성 있게 입력한다. 마침내 모든 일이 끝나고 나면 일단 큰 한 숨을 몰아쉰다. 컴퓨터를 끄고 나면 과연 잘 산 것인지에 대해서 한번 의심을 해보기도 한다. 다른 것을 사야했던 것은 아닌지…

온라인 쇼핑을 할 때면 위에서 언급한 과정의 전부는 아니더라도 그 중 일부를 경험하게 되어 있다. 말 그대로 만감이 교차한다. 특히 고가의 제품을 구매할 때에는 무수히 많은 옵션들이 있기 때문에 단계 별로 제대로 한 것이 맞는지 확인할 필요가 있다.

실습해보기 5.1

Wufoo는 일상적으로 지루한 작업을 재미있는 활동으로 바꾸자는 의도로 설립된 온라인 양식 전문 기업이다. 다음 그림에 나타난 인터페이스가 다른 양식과 비교하면 어떤가?

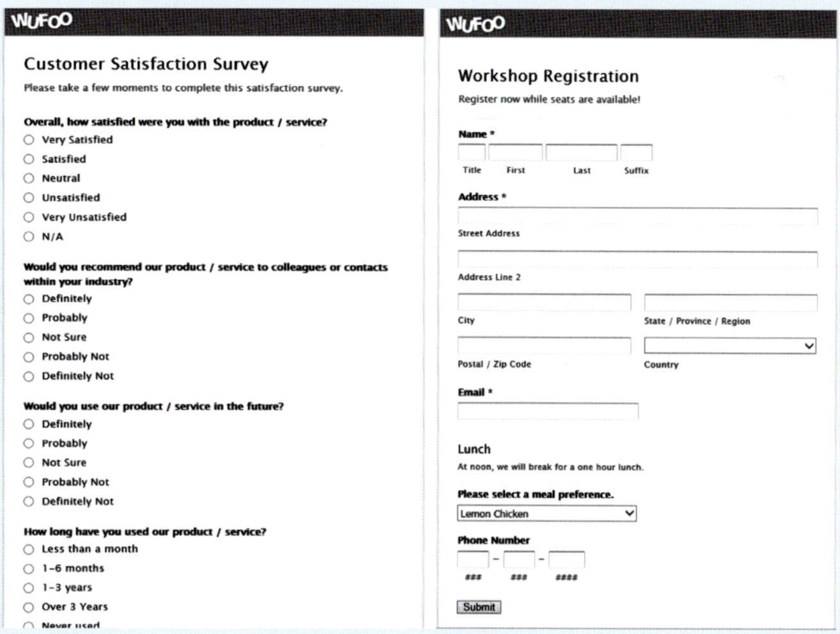

그림 5.1 Wufoo의 온라인 양식 사례

출처: Reproduced with permission from Wufoo.com. http://wufoo.com/examples/#survey.

조언

전통적인 방식 — 디자인이 가미되지 않은 옛날 온라인 양식을 떠올려 보자 — 과의 차이점으로는 미니멀리즘, 균형, 심미적 특징을 들 수 있다. Wufoo를 만든 Kevin Hale은 "우리 플랫폼을 만들게 된 계기는 바로 경쟁사의 것들이었다. 창문 없는 공장과 같은 사무실에서 개발에만 전념한 사람들이 만들었던 플랫폼은 그야말로 우리를 우울하게 만들었다. 그들의 것과 반대로 가겠다는 생각이 곧 들었다. 내 목표는 Wufoo가 마치 장난감과 같은 느낌을 주고 재미를 안겨주는 제품이 되는 것이었다." ■

감성 인터랙션을 설계하는 것은 우리를 행복하게, 슬프게, 짜증나게, 불안하게 하거나, 좌절시키고, 동기를 부여하고, 정신착란을 일으키게 하는 수많은 요소들을 고려하는 것이다. 이 과정에서 가능한 많은 지식을 사용하여 제품 사용 전 주기에 걸친 사용자 경험을 만들어 나간다. 그러나 사람들의 기분과 감정은 끊임없이 변화하는 것이기 때문에 어려운 점도 많다. 태양이 비치고 있다든지, 다른 사람이 게임에서 이긴다든지 누군가를 행복하게 하거나 슬프게 하는 요인은 수도 없이 많다.

감정이 행동에 미치는 영향, 행동이 감정에 미치는 영향을 파악하기 위한 좋은 방법으로 사람들의 표현을 분석하는 것이 있다. 사람들이 얼굴 표정, 몸짓, 목소리 등으로 자신의 감정을 표현하는 방법과 다른 이들의 표현을 파악하는 방법을 모두 확인해볼 필요가 있다. 예를 들어, 사람들은 행복한 순간에는 일반적으로 웃음을 보이는 경향이 있다. 반대로 화가 났을 때에는 목소리가 커지고 얼굴을 찌푸린다. 한 사람의 표현은 다른 사람에게 연쇄적인 감정 반응을 일으킬 수 있다. 누군가가 미소를 지으면 다른 사람들도 덩달아 기분이 좋아지고 미소를 짓게 된다. 정서적 기술, 특히 감정을 표현하고 받아들이는 능력은 사람들 간 의사소통의 핵심이다. 대부분의 사람들은 얼굴 표정과 목소리, 몸짓 등의 신호를 통해 다른 사람의 감정 상태, 화가 났는지 행복한지, 슬프거나 지루한지 등을 재빨리 알 수 있다. 그리고 주어진 상황에서 어떻게 감정을 표현하는지에 대해서도 대부분의 사람들이 잘 알고 있다. 누군가가 시험에 낙방했다고 하면 적어도 얼굴에서 웃음기를 없애야 한다는 사실을 알고 있다. 이런 상황에서는 아마도 공감한다는 표정을 지을 것이다.

만약 당신이라면 기분이 좋지 않을 때, 갑자기 무서워질 때에 어떤 행동을 취하는가? 감정이 행동을 유발하는지 여부, 혹은 어떠한 행동을 어떻게 유발하는지에 대해서는 학계에서도 의견이 분분한 편이다. 화를 내면 집중력이 향상될까? 행복한 상태라면 돈을 거리낌 없이 사용하게 될까? 반대 상황이라면 반대의 행동을 하게 될까? 우리는 언제라도 행복해하거나, 슬퍼하거나, 분노할 수 있으며 이것이 우리 행동에 전혀 영향을 미치지 않을 수 있다. 적지 않은 학자들이 감정은 행동을 유발한다고 주장하긴 한다. 가령 두려움과 분노가 각각 탈출(flight)과 투쟁(fight)을 불러온다는 이론은 유명하다. 우리가 두려워하거나 화가 났을 때 감정적인 반응은 당면 문제와 위험을 극복하거나 해결하려고 노력하는 것이다. 우리 몸도 덩달아 근육을 수축시키고 땀을 흘린다. 반면 우리가 응원하는 스포츠 팀이 이겼을 때처럼 행복감을 느끼는 상황에서는 웃고, 환호하게 된다. 이때 우리 몸은 전체적으로 이완된다.

Baumeister *et al.*(2007)은 감정의 역할을 단순한 인과 관계 모델로 설명하기 어렵다고 주장한다. 감정은 단순하고 금방 잊혀질 수도 있고, 복잡하거나 오래갈 수도 있다. 예를 들어 예기치 않은 시끄러운 소리가 나면 순간적으로 깜짝 놀라기는 하지만 금세 잊는 반면 에어컨에서 시끄러운 소리가 나는 호텔 객실에 머무를 때에는 몇 시간 내내 짜증이 나기도 한다. 이 두 가지 유형을 구분하여 전자의 부분, 금세 잊혀질 만한 짧은 감정 반응을 감성(affect)이라고 부를 수 있다. 감성은 자극을 받아들이고 나서 신속하게 — 일반적으로는 1초 이내에 — 발생할 수 있고 그와 비슷한 속도로 소멸되는 경향이 있다. 반대로 의식적인 감정은 천천히 생겼다가 천천히 사라진다. 이러한 의식적인 감정은 종종 심사숙고를 통해서 발현되기도 한다. 이후에 어떠한 행동을 해야 하는지 각별한 주의와 학습이 필요하기도 하다. 가령 두 친구가 술을 너무 많이 마신 후 다음날 일정에 영향을 미쳐 후회하는 상황을 생각해보자. 이 친구들은 일단 부적절했던 행동을 반성하고 다음에는 술을 적게 마시거나 알코올이 포함되지 않은 음료수만 마시게 될 수도 있다.

감정의 원리를 이해하면 사용자에게 감성적 영향을 미칠 수 있는 인터페이스 및 애플리케이션을 설계할 때 참고할 수 있다. 예를 들어, Norman(2005)은 긍정적인 마음 상태에서는 — 어딘가에 집중을 덜 하기 때문에 — 인간의 창의성이 높아진다고 역설했다. 그렇다면 디자이너는 사용자들을 행복하게 만들 수 있는 제품을 만들어야 한다는 것이다. 뿐만 아니라 사람들이 행복할 때에는 특정 장치 또는 인터페이스가 만든 사소한 불편 사항들을 문제 삼지 않는 경향이 있다는 점을 지적했다. 이와는 대조적으로 누군가가 불안하거나 분노하고 있는 상태에서는 관대한 마음이 줄어들 수 있다. 이를 디자인에 적용하면 다음과 같다. 여가 시간에 활용하는 제품을 설계할 때에는 사용자들을 가능한 즐겁게 만들려고 의도하는 것이 중요하다. 디자이너는 정보의 표현 방식에 대해서 심각하게 따질 필요가 없다. 반면 공정 제어를 위한 모니터링 작업, 자동차 운전 등을 지원하기 위한 제품을 개발할 때에는 특별히 주의를 기울일 필요가 있다. 인터페이스는 가시성이 있어야 하고 정보와 피드백은 명확해야 한다. 스트레스가 많은 상황에서도 충분히 잘 사용할 수 있도록 고안하기 위해서는 세심한 주의가 필요하다.

실습해보기 5.2

당신은 행복할 때 더 창의성이 높아진다고 생각하는가? 스트레스를 받을 때에는 작업 생산성이 줄어든다고 생각하는가?

조언

많은 사람들이 실제로 행복할 때 새 아이디어에 개방적인 마음가짐을 갖게 된다. 그리고 사용자가 화나거나 스트레스를 받는 상황 하에서는 머릿속이 복잡해져 작업의 효율이 떨어질 수 있다. ■

Video of Kia Hook talking about affective interaction in a series of videos that consider emotion in terms of how it is constructed in interaction with technology and people is available at www.interaction-design.org/encyclopedia/affective_computing.html

생각해보기 5.1

감성 디자인 모델

Ortony *et al.*(2005)에 따르면 감정과 행동 모델은 그것을 관장하는 뇌의 영역에 따라 달라질 수 있다. 물리적 외부 세계에서 일어나는 일에 대해 반사적으로 반응하도록 설정된 부분이 있다. 이 부분은 원초적 수준(visceral level) 영역이다. 다음으로 우리의 일상 행동을 제어하는 영역이 있다. 이 부분은 행동 수준(behavioral level) 영역이다. 우리가 생각을 할 수 있게 해주는 가장 고차원적인 부분은 사색 수준(reflective level) 영역이다(**그림** 5.2 참조). 원초적 수준에서는 신속하게 반응하여 좋은지 나쁜지, 위험한지 안전한지, 즐거운지 불쾌한지에 대해 판단할 수 있게 해준다. 이 수준 영역에서는 자극에 대한 생리적, 행동적 반응을 유도한다. 예를 들어 욕실 바닥을 가로 질러가는 큰 거미를 보게 되면 사람들은 일단 두려움을 느끼고 비명을 지르며 도망가게 된다. 행동 수준 영역에서는 대부분의 인간 활동을 관장한다. 예를 들어 말하기, 타이핑, 운전 등과 같이 반복적이고 일상적인 작업이 포함된다. 사색 수준은 사람들이 사건 이후에 이를 일반화하거나, 일상적인 행동에서 벗어나서 의식적으로 무엇인가를 생각하는 것을 포함한다. 여러 영역을 넘나들 수도 있는데 예컨대 해리포터 영화에서 무서운 장면을 보다가 동시에 전에 이야기 구조에 대해 생각하게 될 수도 있다. ■

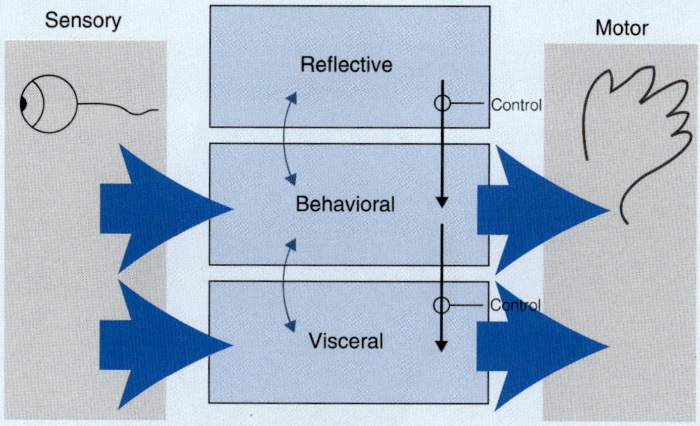

그림 5.2 세 가지 영역을 고려한 디자인 프레임워크

출처: The illustration and text are from Figure 1.1 of Norman, D. A. (2004). *Emotional Design: We love (or hate) everyday things*. New York: Basic Books. Reprinted with permission of the author.

이 모델을 적용하는 한 가지 방법으로 제품을 각 수준에 연계하여 미리 설계해 볼 수 있다. 원초적 디자인은 제품의 모양, 느낌을 비롯하여 제품에서 나오는 소리를 가능한 좋게 만드는 것이다. 행동적 디자인은 제품의 사용성을 고려하여 사용하기 좋게 만드는 것이다. 마지막으로 사색적 디자인은 문화적 차이를 고려하여 제품의 의미와 가치를 만들어나가는 것이다. 예를 들어 Swatch 시계의 디자인은 문화적인 요소를 고려한 심미성에 초점을 맞춘 것이다. 이것은 사색의 영역에 부합한다. 화려한 색상, 와일드한 디자인은 Swatch 브랜드의 특징이기도 하며 수많은 사용자들을 사로잡아 왔다.

"it's a very user-friendly model."

그림 5.3 Swatch의 Dip in Color 모델

출처: With permission from The Swatch Group (UK) Limited. http://store.swatch.com/suop103-dip-in-color.html

5.3 표현형 인터페이스

이모티콘, 효과음, 배경음, 아이콘, 가상 에이전트 등 표현에 사용되는 양식들은 인터페이스 상에서 1) 감정 상태를 전달하고, 2) 사용자에게 편안함, 행복 등과 같은 특정 감정 반응을 유도하기 위해 사용되어 왔다. 아이콘과 애니메이션은—가령 부팅이나 재부팅 시—컴퓨터나 모바일 단말기 등의 현재 상태를 표시하는데 사용되어왔다. 매킨토시 부팅 시에 나타나는 아이콘은 고전적인 사례라고 할 수 있다(**그림 5.4** 참조). 웃고 있는 아이콘은 사용자가 편안함을 느끼고 같이 웃을 수 있도록 해준다. 또한 컴퓨터가 제대로 작동하고 있다는 것을 사용

그림 5.4 매킨토시에 사용된 웃는 아이콘과 슬퍼하는 아이콘

자가 알고 안심할 수 있게 해준다. 이것은 사실이라고 말할 수 있는 것이, 당시 매킨토시에서 부팅 시도가 실패한 경우에는 슬퍼하는 표정의 아이콘이 표시되었기 때문이다. 이 행복한 표정의 아이콘은 처음 등장하고 난 이후 약 20년 동안 매킨토시의 부팅 화면을 책임졌다. 슬픈 표정의 아이콘은 좀 더 오래가서 심지어 iPod에도 적용되었다. Apple은 시스템이 작동하고 있다는 사실을 보여주기 위해 움직이는 시계나 조그만 공과 같이 추상적인 아이콘도 사용해 왔다. 한편 Android는 시스템 작동과 관련해서 어느 정도 기계 같기도 하고 사람 같기도 한 로봇 아이콘을 가지고 있다.

시스템 상태를 전달하는 또 다른 방법으로는 다음과 같은 것들이 있다.

- 동적 아이콘(예: 파일이 차 있다는 것을 표시해주는 휴지통 아이콘)
- 애니메이션(예: 컴퓨터가 작업 처리 중이라는 것을 보여주는 움직이는 커서 아이콘)
- 다양한 목소리로 사용자에게 할 일을 알려주는 음성 메시지(예: 자동차 내비게이션)
- 다양한 이벤트를 알려주는 효과음(예: 메일이나 문자 도착)
- 특별한 상황에서 다르게 진동하여 알려주는 진동 피드백(예: 특정 지인으로부터 연락이 올 때 진동 패턴을 다르게 설정)

모양, 폰트, 색, 레이아웃, 공백, 각종 그래픽 요소들로 이루어진 인터페이스의 스타일은 사용자에게 감정적인 영향을 미칠 수 있다. 특히 이미지가 활용된 인터페이스의 경우에 사용자가 더 큰 즐거운 경험을 얻을 수 있다(Mullet과 Sano, 1995). 디자이너는 선, 레이아웃, 질감 등을 적절히 활용하여 심미적인 특성을 강화할 수 있다. iPod은 이런 측면에서 잘 만들어진 사례라고 할 수 있다.

심미적으로 만족스러운 인터페이스의 디자인은 인터랙션 설계 시 중요한 관심사 가운데 하나라고 할 수 있다. 실증적인 연구에 따르면 심미성은 시스템 유용성에 대한 인식에도 영향을 미치는 것으로 나타난 바 있다(Tractinsky, 1997). 미적인 그래픽 요소, 전체적인 조화로움, 멋진 폰트, 고급스러운 이미지와 색상 등을 활용하여 사용자에게 심미적인 즐거움을 안겨주는 인터페이스에 대해서 사용자가 더 관대하다는 것이다. 이를테면 이 경우 사용자는 웹사이트 다운로드에 몇 초의 시간이 더 걸리더라도 기꺼이 용인한다. 물론 사용하기에도 더 만족스럽고 즐겁다. 결론적으로 심미적 디자인과 높은 사용성이 확보된 디자인 사이의 균형(Tractinsky *et al*., 2000), 즐거운 디자인과 유용한 디자인 사이의 균형(Jordan, 2000)이 중요하다고 할 수 있다.

생각해보기 5.2
집 안에 들어온 새로운 기술: Nest와 Sproutling

첫솔을 통한 가족 구성원의 구강 관리부터 시작해서 아기가 깨어있는지 여부와 어떤 상태인지 확인하는 모니터링 시스템에 이르기까지 수많은 기술들이 우리 주변에 상용화되어 있다. 그 중에서도 돋보이는 Nest와 Sproutling 두 가지를 살펴보자. Nest 온도조절기의 디자인은 심플하고 둥글고 밝은 색상을 썼으며 이로 인해 귀엽고 심미적으로도 괜찮아 보인다. 이 장치는 집 안의 냉난방을 지능적으로 제어할 수 있게 해준다. Sproutling은 심박수, 체온, 움직임 및 위치를 감지할 수 있게 해주는 아기용 발목 밴드이다. 아기의 부모는 연동된 스마트폰 애플리케이션 내 귀여운 이모티콘을 통해 아기 상태를 한 눈에 알 수 있다. 제대로 잠이 들어 있는지, 뭔가 잘못되었는지 알려준다. 이것들은 실내용으로 잘 설계된 제품 사례라고 할 수 있다. 두 가지 서비스 모두 전직 Apple 직원에 의해 디자인되었다. 당신은 이 두 가지 제품의 심미적인 측면이 사용자 경험과 사용성을 강화했다고 생각하는가? ■

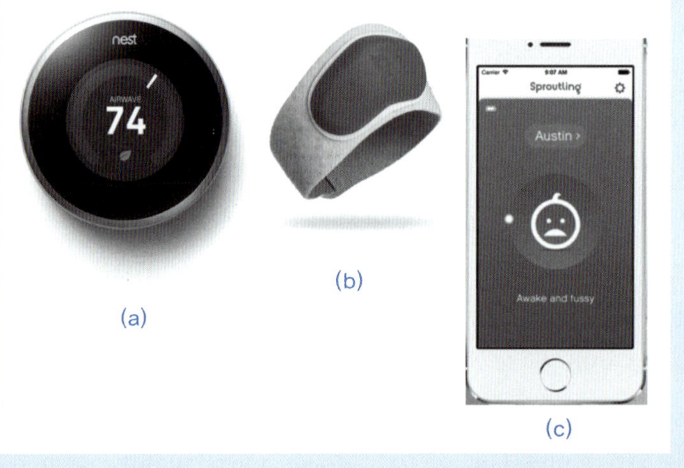

그림 5.5 (a) Nest, (b) Sproutling 발목 밴드, (c) Sproutling 스마트폰 애플리케이션
출처: With permission from NestLabs.com and sproutling.com.

5.4 불쾌한 인터페이스

여러 상황에서 인터페이스가 분노와 혐오 등의 부정적인 감정을 의도치 않게 유발할 수 있다. 이것은 일반적으로 사용하거나 설정해야 할 대상이 의외로 복잡한 경우에 발생한다. 대표적으로 리모컨, 프린터, 디지털 알람 시계, 스마트 TV 등을 예로 들 수 있다. 새 디지털 카메라와 프린터를 연결하거나, DVD 시청 모드를 TV 시청 모드로 변경하거나, 호텔에 비치된 시계의 알람 시간을 변경하는 것 등이 힘들 수 있다. 스마트폰, 노트북, 각종 스마트 기기에 케이블을 연결하는 것도 — 특히 케이블 단자의 방향 찾기가 어려우면 더욱 — 힘들다.

그렇다고 해서 개발자들이 이러한 사용성 문제를 인지하지 못했다는 것은 아니다. 초보자가 장치를 쉽게 설정하고 쉽게 학습할 수 있게 해주는 여러 방법이 고안되어왔다. 다만, 해법 자체가 역설적으로 좌절의 원천이 되는 경우가 있을 뿐이다. 예를 들어 1990년대에 대중적으로 사용되던 방법 중 하나가 사용자 친화적인 에이전트를 활용하는 것이었다. 초보자가 잘 모르는 상황에서 에이전트의 도움이 있으면 좀 더 편안하게 느끼고, 듣고, 보고, 쉽게 따라 할 것이라는 가정이 전제된 것이다. Microsoft는 컴퓨터에 익숙하지 않은 사용자를 위해서 'Bob'이라고 하는 에이전트 기반 소프트웨어를 선 보인 바 있다. 애완용 강아지나 귀여운 토끼 캐릭터를 사용하여 사용자에게 친근하게 다가가고자 하였다. 이런 종류의 에이전트는 사용자가 소프트웨어를 익숙하게 사용하는데 도움이 될 것이라고 가정한 것이다. 따스한 분위기의 거실 메타포는 편안한 느낌을 전달하기 위한 것이다(그림 5.6 참조). 결과적으로 'Bob'은 출시되지도 못했다. 왜 그런 결과가 나타났을까?

디자이너의 기대와는 달리 많은 사람들이 'Bob' 아이디어를 전혀 좋아하지 않았고 오히려 유치한 것으로 치부하고 말았다. 이후 Microsoft는 윈도우 98 운영체제를 친숙하게 만드는

그림 5.6 윈도우 95용으로 개발되었던 'Bob' 플랫폼

출처: Microsoft product screenshot reproduced with permission from Microsoft Corporation.

그림 5.7 Microsoft의 에이전트 Clippy
출처: Microsoft product screenshot reproduced with permission from Microsoft Corporation.

유사한 아이디어를 밀어붙였는데 그 결과 악명 높은 Clippy — 의인화된 클립 형태의 캐릭터 — 를 비롯한 몇 종류의 에이전트가 탄생했다. Clippy는 사용자가 특정 작업을 수행하는 데 있어 도움이 필요하다고 판단되면 어김없이 나타난다(**그림** 5.7 참조). 역시나 따뜻한 성격을 가진 만화 캐릭터로 묘사되었다. 이전 'Bob'과는 달리 상용 제품으로 출시되었지만 성공하지 못했다. 대부분의 사용자는 이 에이전트 캐릭터들이 작업에 오히려 방해가 된다고 생각했다. 이러한 캐릭터들이 마침내 공식적으로 없어졌을 때 많은 웹사이트에서 축하 메시지를 올린 것은 우연이 아니다.

인터페이스가 잘못 설계되면 이를 사용하는 사용자까지 어리석어 보이거나 모욕감을 느끼게 될 수 있다. 당연하게도 더 이상 참을 수 없을 지경이 되면 짜증을 유발하게 된다. 이러한 감정적인 반응은 심심치 않게 나타난다. 다음과 같은 상황을 살펴보자.

- 응용 프로그램이 제대로 작동하지 않거나 충돌이 발생할 때
- 시스템이 사용자가 원하는 것을 하지 않을 때
- 사용자의 기대가 충족되지 않을 때
- 사용자가 무엇을 해야 하는지에 관해 시스템이 충분한 정보를 주지 않을 때
- 에러 메시지가 명료하지 않을 때
- 인터페이스 외관이 너무 산만하거나, 화려하거나, 눈속임을 하려고 할 때
- 작업 수행 시 단계가 너무 많고, 잘못될 경우 처음부터 다시 해야 될 때

- 과도한 그래픽 인터페이스로 인해 웹사이트 로딩이 느릴 때
- 깜빡이는 애니메이션 및 배너 광고, 특히 현재 보고 있는 부분을 가리는 팝업 창이 있고 이를 닫으려면 작은 버튼 또는 아이콘을 클릭해야 할 때
- 특정 작업을 수행하는데 과도한 효과음이 발생할 때
- 쓸모 없는 기능이 너무 많을 때
- 키보드, 키패드, 컨트롤 패널, 기타 입력 장치 레이아웃이 잘못되어 종종 잘못된 키를 누르게 될 때

실습해보기 5.3

대다수의 사람들은 웹페이지가 로딩되지 않을 때 나타나는 '404 오류'라는 메시지를 본 경험이 많을 것이다. 그런데 이는 정확히 무엇을 의미하고 404라는 숫자가 왜 필요한 것일까? 당신은 그것을 볼 때 어떤 기분을 느끼는가? 일단 이 페이지를 보고 나면 그 다음에 어떤 행동을 하는가? 유사한 오류가 발생했을 때 더 좋은 메시지로 알려줄 수 있지 않을까?

조언

이 오류 메시지가 나타나는 주된 이유는 다음과 같다. 1) URL을 잘못 입력했거나, 2) 현재는 끊어진 링크를 따라 갔거나, 3) 서비스 제공자에 의해 차단된 페이지에 접속하려고 한 것이다. 404라는 숫자는 HTML 언어에서 유래된 것이다. 첫 숫자 4는 클라이언트, 즉 사용자 단에서 오류가 발생했다는 것을 나타낸다. 서버 입장에서는 URL을 잘못 입력했거나 더 이상 존재하지 않는 페이지를 요청했다는 사실을 사용자에게 알려주는 것이다. 가운데 숫자 0은 맞춤법 오류와 같은 일반적인 구문 오류를 나타낸다. 마지막 숫자 4는 오류의 특정한 속성을 나타낸다. 그런데 사용자 입장에서는 404라는 숫자가 곧잘 이해될 수 없는 것이다. 완전히 임의의 숫자처럼 느껴질 뿐이고, 또한 400여 가지의 오류 중에 하나인 것처럼 느껴질 뿐이다. ■

일부 시스템 중에는 지나치게 감정적인 방식으로 오류가 있다는 것을 알려주는 것도 있다. **그림 5.8**의 경우를 살펴보자. 오류의 심각성을 경고하기 위해 굵은 글씨로 표시했고 느낌표도 사용했다. 이 결과 사용자는 매우 불안해질 수 있고 특히 암호를 수정할 수 있는 기회가 한정된 경우에는 공황 상태까지 올 수도 있다. 이렇게까지 강조하는 것이 필요할까? 정중하게 한 번 더 입력해보라는 문구를 통해 오류를 전달하면 더욱 좋지 않을까? 물론 일부 기업들은 보다 정중하고 유용한 오류 메시지를 사용한다. 가령 "안녕하세요, 문제를 발견했습니다. 당신이 입력한 내용 중 잘못된 것이 있어서 요청한 정보를 표시하기 어렵습니다. 죄송합니다. 다시 한 번 입력해 주시기 바랍니다."와 같은 메시지 말이다.

그림 5.8 정보를 잘못 입력하는 경우 나타나는 잘못된 오류 메시지 예

딜레마

컴퓨터가 미안하다고 말해야 할까?

컴퓨터가 실수한 이후 사과해야 한다는 주장에는 논란의 여지가 있다. 예를 들어, Reeves와 Nass(1996)는 기계도 사람들이 서로에게 하는 것과 같은 방식으로 예의를 지켜야 한다고 주장했다. 사과하는 것은 인간 행동에 있어서 실수를 저지른 후 정상적으로 나타나는 예의 가운데 하나이다. 과연 컴퓨터도 이와 같은 방식으로 행동해야 할까? 만약 컴퓨터가 사과한다면 우리는 컴퓨터를 용서할 수 있을까? 예를 들어 컴퓨터가 다운되고 나서 사용자에게 "다운되어서 정말 유감입니다. 다시는 다운되지 않도록 노력하겠습니다."라고 메시지를 전달한다면 해당 사용자는 이 사과에 진정성이 있다고 생각할까? 과연 이 사과를 확인하고 용서할 수 있을까? 혹은 공허한 진술로 인식하여 컴퓨터가 자신을 놀린다고 생각하지는 않을까? 컴퓨터가 사과한 경우와 비교하여 사과하지 않은 경우에 사용자의 기분이 덜 나빠졌다는 연구 결과도 있다(Park *et al.*, 2012). ■

5.5 감정 인식 기술

감성 컴퓨팅이라고 하는 접근법은 — 사람들의 고유 특징으로 여겨졌던 — 감정을 인식하고 표현하는 것을 수리적인 방법으로 시도하는 것이었다(Picard, 1998). 이를테면 인공지능과 로봇 기술을 융합하여 사람과 유사한 지능형 로봇을 만드는 것이다. 이는 지난 수십 년 간 시도되어 왔다. COG라고 하는 초창기 시제품에 이어 그 다음 세대 격인 Kismet까지 오래되고 유명한 사례들이 많다(Breazeal, 1999). 모두 사람과 같이 사회적인 상호작용이 가능하도록 설계되었다.

보다 최근에 인터랙션 디자인 분야에서 활발하게 연구가 이루어지고 있는 영역은 바로 감정을 자동으로 분석하는 것이다. 대개 사용자의 감정을 자동으로 측정하고 분석한 후 사용자의 이후 행동을 예측하는 유형들이다. 예를 들어 사용자가 슬픈 상태, 지루한 상태, 행복한 상태에서 각각 구매 가능성이 높은 품목을 알 수 있다면 특정 상태에서 해당 품목을 비중 있게 보여줄 수도 있다. 여기에 동원되는 주요 장비로는 표정 인식을 위한 카메라, 땀 측정—피부전기반사 센서로 불리는 땀 측정 센서를 이용하면 사용자의 스트레스 수준을 알 수 있다—을 위한 손가락, 손바닥 부착 센서, 신체의 움직임이나 제스처 확인을 위한 움직임 감지 카메라와 가속도계 등이 있다. 얼굴 및 표정 인식을 자동으로 해주는 모듈은 어느 정도 상용화되어 있어 마케팅과 전자상거래 부문에서 인기를 얻고 있다. 예를 들어 Affectiva®에서 개발한 소프트웨어 Affdex®는 컴퓨터 비전과 기계학습 알고리즘을 사용하여 사용자의 감정 상태를 분류한다. 이 소프트웨어는 웹캠으로부터 얻어진 영상에 기반하여 사용자가 영화, 온라인 쇼핑, 광고 등에 얼마나 몰입하고 있는지도 알 수 있다(**그림 5.9** 참조). 분류 가능한 감정은 슬픔, 행복, 혐오, 공포, 놀라움, 분노 등 기본적인 6가지의 감정이다. 팝업 광고가 나오면 혐오감을 느낀다든지 하는 것들을 분석할 수 있기 때문에, 이를 활용하는 입장에서 광고, 영화 스토리 등을 적절하게 조절하여 궁극적으로 사람들의 긍정적인 감정 상태를 유도할 수 있다.

그림 5.9 Affdex 소프트웨어 사용 화면 예

출처: Courtesy of Affectiva, Inc.

감정 상태를 간접적으로 확인하는 또 다른 방법으로는 시선, 심박, 말소리, 사용 어구, 문장 등을 분석하는 방법이 있다(van den Broek, 2013). 특정 사용자의 감성 몰입 수준, 사용 언어, 표현 빈도 등은 그 사용자의 성향, 성격, 상황을 파악하는데 도움이 된다. 가령 그 사람이 외향적인지 내향적인지, 신경질적인지 침착한지 등을 알 수 있다. 여러 가지 지표를 동시에 분석하면 분석 성능을 더 높일 수 있다. 특정인이 온라인 서핑을 할 때 얼굴 표정과 목소리를 함께 분석한다면, 목소리만 수집하는 것과 대비하여 감정을 판단하는 데에 효율적일 것이다. 이러한 유형의 간접적 감정 분석은 누군가의 행동을 추측하거나 예측하는데 도움이 된다. 채용 적합성을 판단한다든지 투표 성향을 예측하는 등 말이다.

딜레마

기계가 당신의 감정 상태를 알아도 괜찮은가?

당신의 얼굴 표정, Twitter나 SNS 게시한 글 내용 등으로부터 당신의 감정이 분석되어 어딘가에서 사용되는 것을 용인할 수 있는가? 만약 당신의 감정 상태에 맞는 광고, 뉴스, 콘텐츠가 맞춤형으로 제공된다면 당신은 이를 어떻게 바라볼 것인가?

사람과 사람 사이에서는 종종 상대방의 기분을 파악한 후 그에 맞는 행동을 할 때가 있다. 예를 들어 기분을 북돋아 주기 위해 같이 공원을 산책하는 것을 제안할 수도 있고, 읽을 거리 볼 거리 등을 추천할 수도 있다. 하지만 기술이 사람 대신 다른 이의 감정 상태를 파악하고 무엇인가를 제안하는 것에 대해서는 많은 사람들이 좋지 않게 생각한다. 기술은 자신이 분석한 내용에 따라 먹을 것, 볼 것, 살만한 것을 제시할 뿐이다. 그 뿐이다. ■

보다 친절한 감성 기술 사례로 사람들의 정서적 안정을 유도해주는 애플리케이션인 Moon Phrases가 있다(de Choudhury *et al.*, 2013). 이 애플리케이션은 사용자 본인이 SNS에 게시한 글에서 어떠한 감정이 묻어나는지 알려준다. 목표는 스트레스와 불안을 줄일 수 있게 도와주자는 것이다. 사용자가 사용한 단어, 해시태그, 이모티콘, 표현된 어구의 빈도 등을 조합하여 사용자의 감정 상태를 유추하고, 그 상태가 긍정적인지 부정적인지 여부를 달 모양의 아이콘으로 시각화해준다. 하나의 달은 그 날 상태를 의미하며, 보름달은 매우 긍정적, 반달과 초승달은 부정적인 상태를 나타낸다. 지난 몇 일 동안의 달 모양을 확인하며 사용자는 자신의 상태에 대해 더 잘 이해할 수 있고 기분과 감정을 긍정적으로 변화하는 단초를 스스로 마련할 수도 있을 것이다.

생각해보기 5.3
당신은 얼마나 많이 접촉하는가?

우리는 얼굴 표정, 목소리, 제스처, 신체 움직임뿐만 아니라 다른 사람과의 신체 접촉을 통해서도 감정을 표현할 수 있다. 예를 들어, 누군가가 우리 어깨를 두드리거나 팔을 살짝 쳤을 때 여기에 애정이 담겨있다는 것을 바로 알 수 있다. 한편 상대방이 우리의 어깨나 팔을 흔들거나 쥐어짜는 행동을 하면 얼마나 화가 났는지도 알 수 있다. 접촉의 유형과 가해진 압력, 그리고 어느 부위에서 접촉이 이루어졌는지 등은 모두 상대방의 감정을 파악하는 단서로 활용될 수 있다. 일부 HCI 연구자들은 사용자가 비디오 게임을 할 때 컨트롤러를 터치하는 방식, 즉 '터치 프로파일'로부터 사용자의 상태를 파악하는 것에 대해 연구하기도 했다(Gao *et al.*, 2012). 이것은 그다지 성공적이지 않았는데 그 이유는 터치 방식과 감정이 일대일로 매칭되지 않았기 때문이다. 최근에는 이러한 단점을 보완하여, 일정 시간이 흐른 뒤 해당 사용자의 감정 상태 범위를 추정하는 방식이 시도되고 있다. 이 정도의 자료만으로도 게임을 개발하는 디자이너들에게는 귀중한 피드백이 될 수 있다. ■

5.6 설득적 기술과 행동 변화

사람들의 행동과 생각을 변화시키는 의도로 만들어진 여러 기술이 사람들의 관심을 받고 있다. 팝업 광고, 경고 메시지, 알림, 프롬프트, 개인화된 메시지, 추천 등은 컴퓨터 화면에서 볼 수 있는 몇몇 방법들이다. Fogg(2003)는 이런 유형의 기술을 설득적 기술(persuasive technology)라고 명명하였다. 특히 인터랙티브 시스템 중에는 사람들의 행동과 태도를 바꾸기 위해 의도적으로 설계된 것이 많다. 전통적으로 잡지, 신문, 팜플렛, 라디오, TV 같은 미디어는 사람들이 좋은 목적에 동참하거나 나쁜 습관을 버리거나 돈을 기부하거나 제품을 구매하도록 설득하는데 사용되어왔다. 예를 들어 신문 지면 중 많은 부분을 할애하여 독자를 응시하는 굶주린 아이의 사진이 인쇄된 경우가 많은데 자선 단체에서 주로 사용하는 방법이다. 독자의 마음을 끌고 조금이나마 죄의식을 느끼게끔 하여 돈을 기부하도록 유도하는 것이다.

최근에는 인터랙티브 기술을 사용하여 이전에는 없었던 방식으로 사람들이 어떤 일을 하도록 유도하고 설득하는 경우가 있다. 성공적인 사례로 Amazon의 원클릭을 들 수 있다. 사람들이 온라인에서 물건을 구입할 때 시스템이 해당인의 구매 패턴을 분석한 후 책, 호텔, 레스토랑 등을 추천해주는 것이다. 이때 등장하는 화려한 해변과 푸른 산의 사진—보통 여행 상품과 관련이 있다—은 사람들에게 충동 구매를 유도한다.

인터랙티브 기술은 개인화된 형태의 맞춤형 광고에 사용될 수도 있지만 이것 외에 안전, 건강습관, 인간관계, 에너지 절약, 학습 등 비상업적인 영역에서 사람들의 행동을 바꾸는 데 사용될 수도 있다. 여기에서 사람들의 행동에 변화를 유도한다는 점이 중요하다. 고전적인 사례로 Nintendo의 Pokémon Pikachu를 들 수 있다. 만보계가 탑재되어 있고 이를 게임과 연동하여 어린이들이 지속적으로 움직이도록 유도한다. 이 장치 안에 표현된 애완동물은 소유자가 계속해서 걷고, 뛰고, 움직여야 생존할 수 있다. 소유자는 단계별로 인센티브를 받는데 — 20걸음을 걸으면 게임 통화로 1와트의 보상이 주어진다 — 이를 사용해서 애완동물 용품을 구입할 수 있다. 주인이 일주일 동안 운동을 하지 않으면 가상 애완동물은 화가 나서 이 게임을 거부한다. 보상과 벌의 적절한 사용을 통해 아이들이 가상 애완동물에 애착을 가질 수 있게 해준다.

비슷한 사례로 WaterBot 시스템을 들 수 있다. 어른들이 가정 내에서 물을 아낄 수 있도록 적절한 모니터링 및 피드백 장치를 고안한 것이다(Arroyo *et al.*, 2005). 사람들은 이를 닦거나 세수, 설거지 등을 할 때 장시간 동안 수돗물을 잠그지 않곤 한다. 이 시스템을 개발한 연구팀은 모니터링 기술의 적절한 활용이 사람들이 물을 절약하는 습관을 가지는 데에 도움을 줄 것으로 생각했다. 이를 위해 사용자에게 일종의 보상을 주면 — 매번 보상을 줄 수도 있고 슬롯머신에서처럼 가끔씩만 보상을 줄 수도 있다 — 사용자들의 행동이 바뀔 것으로 보았다. 그리고 센서 기반의 시스템을 수도꼭지에 탑재하여 수도꼭지에서 물이 나오다가 잠겼을 때 기분 좋은 효과음과 음성 메시지가 나오도록 설계하였다. 이와 더불어 임의의 색 조명도 깜빡 거리게 하였다. 또한 수도꼭지 옆에는 막대그래프 형태의 별도 조명을 두어 물이 얼마나 절약되고 있는지 실시간으로 시각화 해주었다. 이 아이디어는 사람들 간에 서로의 물 절약 양을 보고 이야기할 수 있도록 유도하자는 것이다. 시제품을 가지고 파일럿 실험을 해본 결과 가장 효과적인 방법이 바로 실시간 막대그래프였다. 이 그래프는 사람들의 관심을 끈다. 사람들은 자신과 다른 사람들의 물 사용량에 대해서 직관적으로 이해하고 곧잘 토론하게 된다. 한편 효과음, 색 조명 등은 시간이 갈수록 참신한 정도가 줄어들어 사람들의 관심을 덜 끌게 되는 것으로 나타났다.

실습해보기 5.4

Watch the two videos:

i. The Piano Staircase http://youtu.be/2lXh2n0aPyw
ii. The Outdoor Bin http://youtu.be/cbEKAwCoCKw

당신은 이런 장난기 있는 방법이 사람들의 행동 변화에 효과적이라고 생각하는가?

조언

폭스바겐은 평범한 물건들에 변화를 가하여 즐거운 경험을 만들어 내는 것과 관련하여 아이디어 공모전을 열었다(www.thefuntheory.com). 특히 사람들의 행동 변화를 긍정적으로 이끌어내는 아이디어를 모아보고자 했다. 사람들이 계단을 오르거나 내릴 때마다 ─ 특정 건반이 눌러지는 것처럼 작동하여 ─ 그 건반에 해당하는 음이 스피커를 통해 나오는 계단, 그리고 쓰레기통에 쓰레기를 버릴 때마다 특수하고 재미있는 효과음이 나오도록 설계된 쓰레기통은 잘 알려진 사례다. ■

HAPIfork는 사람들의 식습관을 모니터링하고 개선시켜주는 장치다(그림 5.10 참조). 음식을 너무 빨리 먹는다고 여겨지면 ─ 스마트폰에서와 같은 방식으로 ─ 진동하고, 포크 끝에 조명이 달려 있어 먹는 사람이 느린 속도로 잘 먹고 있는지 여부를 실시간으로 알려 준다. 너무 빠르게 음식을 먹을 경우 소화 불량에 걸릴 가능성이 높고 체중 조절도 어렵다는 것을 전제로 한 것이다. 이에 사람들이 의식적으로 천천히 먹을 수 있도록 도와주자는 것이다. 실시간 피드백과 별도로 사람들이 식사를 마치는 데에 걸린 시간, 분당 포크 사용 횟수, 포크로 음식을 입에 넣은 후 씹는데 사용한 평균 시간 등을 수집한다. 이 지표들을 그래프가 포함된 대시보드로 표현하여 사용자의 식습관을 시각화 하고 점진적으로 개선할 수 있도록 도와주는 것이다.

그림 5.10 HAPIfork의 사용 사례

실습해보기 5.5

식당에서 이런 종류의 다이어트 장비를 사용할 때 어떠한 문제가 발생할 수 있을까?

조언

위 사진은 한 사용자가 앞서 언급한 기기를 사용하여 식당에서 디저트를 먹는 것을 보여준다. 그는 처음에는 사용하기가 어색하다고 언급했다. 그리고 그는 이 포크가 다른 사람들이 사용하는 포크와 다르게 생겼으며, 어느 정도 주목받을 수 있다는 것을 의식하게 된다고 이야기 했다. 그도 그럴 것이 식당 내 웨이터가 신기하다는 듯이 쳐다보았다. 그는 한 번쯤은 사용해보는 것이 좋을지 몰라도 매 끼니 때마다 사용하기는 어려울 것 같다고 이야기 했다. 그리고 이런 것을 사용하는 사람을 본적이 한 번도 없다는 것을 덧붙였다. ■

최근에는 사람들의 행동을 모니터링하고 수집된 데이터를 바탕으로 행동 변경을 유도하는 개인화된 모바일 애플리케이션 및 기기들이 상용화되어 있다. FitBit, Jawbone Up 등과 같은 피트니스 트래커, 수면용 밴드, 스마트 체중계가 그 예이다. HAPIfork와 같이 운동, 수면, 음식 등과 관련된 자료들이 잘 정리되어 그래프와 통계 등으로 포장된 후 대시 보드에 나타난다. 사용자는 자신의 기록을 확인하고 습관이나 행동을 서서히 변화시켜 나갈 수 있다. 전 일, 전 주, 전 월 단위로 시각화된 자료를 가지고 친구들과 비교할 수도 있고 경쟁할 수도 있다. 이러한 제품들은 의도와는 달리 사람들의 행동을 많이 변화시키지 못하는 것으로 나타나기도 한다(Rooksby *et al.*, 2014). 사람들은 이 제품들을 구입해서 적당히 사용해 보고 끝내는 경우가 많다. 물론 각자의 방식으로 진지하게 활용하는 경우도 많다. 사람들이 이러한 기기를 어떻게 사용해보았는지 추적해보면, 마라톤이나 자전거 사이클에서 얼마나 빨리 달릴 수 있는지 확인하는 용도, 자신의 생활 방식을 바꿔서 더 잘 먹고 더 잘 잘 수 있게끔 만드는 용도 등으로 사용하는 것을 알 수 있다.

Video of BBC News item showing smart scales being demonstrated at http://www.bbc.co.uk/news/technology-24184634

행동에 대한 정량적인 데이터를 수집하는 또 다른 방법으로는 사람들에게 그들의 기분과 느낌에 대해 직접 평가하게 하는 것이 있다. 예를 들어 Echo라는 모바일 애플리케이션은 사람들에게 특정 이벤트의 제목을 쓰고 그 순간 느껴진 행복 점수를 적도록 한다(Isaacs *et al.*, 2013). 원한다면 설명, 사진, 동영상 등을 첨부할 수도 있다. 이 애플리케이션은 하루 중 임의의 시간에 사람들에게 기록을 요청한다. 이런 유형의 기술은 사용자가 자신의 삶을 짧게 되돌아보는 시간을 가짐으로써 행복을 증대시킬 수 있다고 전제하고 있다. 사용자가 한 번 입력을 끝낸 이벤트는 카드 형태의 레이아웃에 행복 등급과 함께 직관적으로 표시된다. Echo를 사용하는 사람들은 긍정적인 경험을 되찾고 부정적인 경험을 극복하는 데에 상당한 도움이 된다고 이야기 한다. 회상하고 기록하는 행위 자체는 부정적인 경험으로부터 긍정적 교훈을 이끌어내는 데에도 도움이 될 수 있다.

실습해보기 5.6

그림 5.11의 첫 사진은 엘리베이터 대신 계단을 권장하기 위해 LA 시내에서 사용된 공익 광고이다. 다음 두 장의 사진은 같은 행동을 하더라도 감성적으로 느껴질 수 있도록 해주는 바닥 조명(2장 참조)과 움직이는 구름이다. 바닥 조명은 사람들이 올 때마다 반짝이는 빛을 이용하여 계단 쪽으로 유인해주는 것이고, 움직이는 구름은 얼마나 많은 사람들이 엘리베이터를 사용했는지 시각화 해주는 것이다. 계단을 이용한 사람이 많으면 주황색 구름이, 엘리베이터를 이용한 사람이 많으면 회색 구름이 다른 것들에 비해 높은 쪽으로 이동한다(Rogers, Hazlewood, Marshall *et al.*, 2010). 어느 표현이 더 효과적으로 보이는가?

조언

첫 번째 광고는 당신을 직접적으로 가리켜 행동을 변화시키도록 유도하는 것이다. 어떤 이들은 여기에서 재미와 도전을 찾을 수 있다. 하지만 다른 이들은 불쾌하고 모욕적이라고 느낄 수도 있다. 행동을 바꾸는 정도에 대해서는 논란이 있을 수 있다. 이와는 대조적으로 다른 사진에서 나타난 디자인들은 조금 더 미묘하고 섬세하게 사람들을 설득한다. 사람들이 일반적으로 간과하는 행동에 대해서 한번쯤 더 생각을 해보게 한다. 그것도 의사결정을 해야 하는 중요한 시점에 적절하게 다가온다(Thaler과 Sunstein, 2008). 실제로 빌딩에 적용된 이후에 계단을 사용하는 사람들이 늘어났다고 한다. 흥미로운 점은 많은 사람들이 특별히 이 디자인들을 의식하지 않고 계단으로 향했다는 것이다. 이는 주변 조명이 무의식적인 수준에서 의미 있는 영향을 미칠 수 있음을 보여준다. 유사한 디자인이 사람들의 손을 씻게 하고, 건강에 좋은 음식을 먹게 하며, 떠날 때 조명을 끄고 가게 하는 데에 적용될 수 있다. ▪

그림 5.11 계단 사용을 권장하기 위한 각종 디자인

기후 변화에 대한 우려를 불식시키기 위해, 지속 가능한 HCI 기술에 대해 관심이 있는 연구자들이 에너지 저감 장치에 실시간 피드백 개념을 도입하고 있다(Mankoff *et al.*, 2008; DiSalvo *et al.*, 2010; Hazas *et al.*, 2012). 사람들이 일상생활에서 에너지 소비를 줄일 수 있게 해주는 방도를 찾자는 것이다. 이를테면 지역 사회의 작은 조직(예: 학교, 직장)에서부터 큰 단체나 조직(예: 거리, 마을, 국가)에서 사람들의 일상생활 습관을 바꾸어 탄소 배출량을 관리하는 방법이 있을 수 있다. 고전적인 사례로 Power Aware Cord와 Waatson이 있다(그림 5.12 참조).

한 체계적인 연구 결과에 따르면 가계 소비에 대한 피드백이 국내 에너지 사용량 절감에 영향을 미친다고 한다(Froehlich *et al.*, 2010). 그렇다면 과연 실시간 피드백은 어떨까? 과연 실시간 피드백을 효율적으로 만드는 요소는 무엇일까? 가장 먼저 생각해 볼 수 있는 요소는 바로 피드백의 빈도이다. 에너지 소비를 완전히 실시간으로 혹은 하루 단위로 피드백 해주는 것이 월별로 피드백 해주는 것보다 효과가 있음이 밝혀진 바 있다. 표현 방법도 중요한 요소가 될 수 있다. 너무 명료하거나 사생활을 침해하는 것은 역효과가 날 수 있다. 대신 익명이지만 간단하고 눈에 띄며 사람들의 관심을 끄는 표현은 효과적이다. 사람들로 하여금 에너지 사용에 대해 한 번 더 생각해보게 하고, 사람들이 어떤 행동을 어떻게 해야 하는지에 관해서 토론하도록 유도할 수도 있다. 그러나 표현이 너무 추상적이고 암묵적이라면 단순한 예술 작

(a)

(b)

그림 5.12 (a) Power Aware Cord는 에너지의 사용에 따라 전기 코드에서 빛이 발산된다. (b) Waatson은 에너지 사용량이 숫자 단위로 LED에 표시된다. 아래쪽에도 조명이 있는데 파란색 조명은 에너지가 효율적으로 절감되고 있는 것을 보여주고, 자주색은 평균적으로 사용되고 있음을 보여주며, 빨간색은 많이 사용되고 있는 것을 보여준다.

출처: (a) Photo taken from the Interactive Institute's research program "Static!" and reproduced with permission. (b) Reproduced with permission from DIY Kyoto Ltd. www.diykyoto.com.

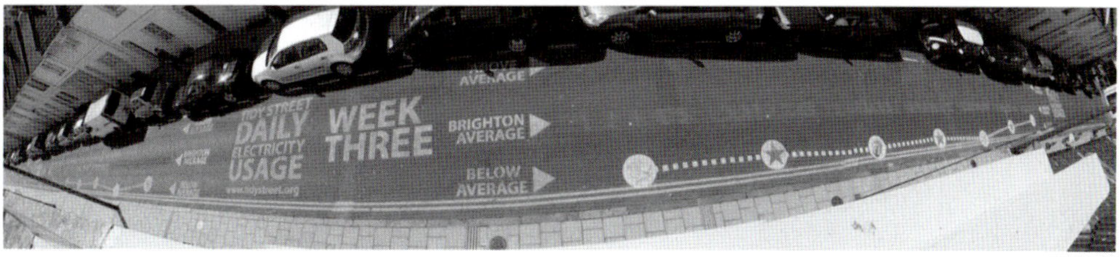

그림 5.13 거리에 직접 쓰여진 전력 사용량

품 정도로 간주되어 사람들이 그 내용을 무시하게 될 수도 있다. 적절하게 표현하는 것이 중요하다. 주변 지인이나 가족들이 간단하게 압력을 가할 수 있게 해주는 — 앞 선 수도꼭지의 사례에서처럼 — 방식도 효과적일 수 있다.

또 다른 중요 요인은 사회적 규범이다. 한 연구에서 분석한 바(Schultz *et al.*, 2007), 가구당 에너지 사용량을 그 지역 평균 사용량과 비교하여 보여주게 되면, 평균 이상으로 나타난 가구가 에너지 소비를 줄이는 경향이 발생했다. 반대로 평균 이하로 나타난 가구는 소비를 증대시키는 경향도 있었다. 있는 그대로의 사실을 전달해 주면 이와 같이 소위 부메랑 효과가 발생하게 된다. 이후 연구진은 에너지를 평균 이상 사용하는 가정에는 슬픈 표정의 이모티콘을, 평균 이하를 쓰는 가정에는 웃는 표정의 이모티콘을 피드백과 함께 보여주었다. 그 결과 부메랑 효과가 어느 정도 상쇄되어 평균 이하를 쓰는 가정이 지속적으로 적은 에너지를 사용하는 것으로 나타났다.

영국 Brighton에서 운영된 Tidy Street 프로젝트는 — 위 사례에서와 같이 — 각 가정의 에너지 소비량을 비공개 피드백으로 제공해 주지 않고, 그림 5.13에서와 같이 분필을 사용하여 공개적으로 제공해 보았다(Bird와 Rogers, 2010). 거리 단위의 평균 전력 사용량을 Brighton 시 전체와 비교하여 3주 동안 매일 업데이트하였다. 이 거리에 살고 있는 사람이면 그 사용량을 누구나 볼 수 있다. 그 결과 사람들은 거리에서 만날 때마다 종종 전력 소비와 습관에 대해 이야기할 수밖에 없었고 습관적으로 전력 사용량을 줄여 나갔다. 결론적으로 매우 효과적이었다는 것이다. 실제로 전력 소비량이 약 15% 정도 줄어들었고 다른 그 어떤 프로젝트보다도 절감한 양이 많았다.

생각해보기 5.4

부작용으로 나타난 기만적 기술

인터넷에서는 다른 사람들의 개인 정보를 부당한 방법으로 얻어내고 이를 이용하여 인터넷 뱅킹으로부터 돈을 인출하는 사례까지 발생하곤 한다. 예를 들면 각종 쇼핑몰이나

> 공공기관, 대기업, 은행 등에서 발송된 것처럼 보이는 스팸 메일이 있다. 이런 류의 메일에서는 정기 점검을 위해서 계정 정보를 입력해보라는 페이지로 링크가 되어 있고, 이때 함부로 아이디와 암호를 입력하면 소중한 정보가 바로 유출될 수 있다. 많은 사람들이 유력한 은행 중 적어도 한 곳에 계좌를 가지고 있다는 것을 고려할 때, 이런 메일로 인해 무의식적으로 당할 수 있다. 결국 몇 일 후에 발견하더라도 이미 때가 늦다. 계좌 정보를 알려주면 먼 나라에 살고 있는 부자가 자신의 돈을 기부하겠다는 허무맹랑한 메일들도 끊임없이 쏟아진다. 피싱—사용자의 금융 및 계정 정보를 정교한 방법으로 '낚는다'라는 의미에서 만들어진 용어이다—으로 알려진 이러한 행태가 점점 더 주목을 받고 있지만 아직도 이런 유형의 사기에 취약한 사람들이 많다. 사기 전략은 시간이 갈수록 정교해지고 다양한 방법으로 이루어진다. 아무리 '사기' 행위가 수백 년 전부터 존재해왔더라도, 오늘날 인터넷이 점차 보편화됨에 따라 피싱의 결과가 대재앙을 일으킬 수 있을 것이다. ▪

5.7 의인화와 동물화

의인화는 동물이나 사물에 인간의 속성을 부여하는 것을 말하며, 동물화는 동물 형태로 사물이나 디자인을 구성하는 것을 말한다. 예를 들어 사람은 컴퓨터와 대화할 때 컴퓨터가 사람인 것처럼 여길 때가 있고, 로봇 청소기와 같은 제품을 반려동물인 것처럼 취급할 때가 있다. 모바일 장치, 라우터와 같은 제품들에 종종 이름을 붙여주기도 한다. 광고주는 이러한 현상들을 잘 알고 있으며 제품 홍보 시에 필요하면 무생물인 것들을 인간화 또는 동물화하여 설명한다. 예를 들어 아침에 먹는 시리얼, 버터, 과일 음료가 광고 속에서—움직이고, 말하고, 개성을 가지고, 감정을 표현하는—사람의 속성을 가진 캐릭터로 재탄생하기도 한다. 이는 당연하게도 소비자가 이를 구매하도록 유도하기 위한 것이다. 특히 아이들의 경우에는 사람의 속성이 부여된 캐릭터에 곧잘 애착을 가지고 이끌린다고 할 수 있다.

사람들, 특히 어린이들이 인간과 비슷한 특성을 가진 물건을 잘 받아들이고 즐기는 경향이 있다는 사실은 많은 디자이너들에게 중요한 사실이다. 이에 따라 인간이 소통하는 방식을 모델로 한 인간-컴퓨터 간 상호작용이 많아졌다고 할 수 있다. 컴퓨터 화면을 보면 인간이나 동물의 형상을 한 에이전트, 선생님, 반려동물들이 상당히 많고 또 이들과—일상생활에서 사람들에게 하듯이—소통하고 상호작용할 수 있다.

의인화 기법은 다양한 센서가 내장된 컴퓨터 장치 기반의 장난감 개발에도 애용되고 있다. 초창기 학습용 장난감의 예로 ActiMates TM를 들 수 있다. 간단한 음성 인터랙션 기능이 탑재되고 움직일 수 있는 장난감 곰 Barney도 또 다른 사례이다(Strommen, 1998). 이 곰은 함께 TV를 보거나 함께 무엇인가를 같이할 수 있고 아이들의 말소리에 반응하도록 설계되었다. 특히 아이들이 올바른 대답을 하게 되면 축하를 해주거나, 좋은 소식에는 기쁨을, 나쁜 소식에는 슬픔을 표현해주는 감성 인터랙션 기능도 내장되어 있다. 이러한 감성 장난감들은 음성 인식, 각종 센서나 기계 장치를 탑재하여 외부 세계에서 일어나는 일들을 수집하고 분석한 후 반응할 수 있다. Amazing Amanda는 자신의 감정을 전달하기 위해 다양한 표정을 지을 수 있다. 이 장난감에는 목 부분에 RFID 리더기가 숨겨져 있고, 장난감 구입시 RFID 태그가 부착된 부속 물품들이 제공된다. 예를 들어 RFID 태그가 장착된 피자 조각을 이 장난감에 들이밀었을 때 — 이 장난감은 자신의 현재 상태를 고려하여 — 얼굴을 뒤틀며 싫다고 말할 수 있다.

Video of Amazing Amanda in Action at http://youtu.be/1gJA3NkmlUY

고유의 성격을 갖추고 있고 그 외에도 사람의 속성을 얼마간 가지고 있는 가구 기술도 재미있고 즐거운 인터랙션을 낳을 수 있다. 이러한 기술을 통해 학습과 같은 다양한 활동에 대한 동기부여도 가능하다. 마치 실제로 대화하는 것(예: "안녕하세요, 영수씨. 또 만나서 반갑습니다. 우리가 지난 번에 어디까지 했죠? 아, 챕터 5장부터 다시 하도록 하겠습니다.")과 같은 대접을 받는 다면 제3자를 다루듯이 하는 것(예: "사용자 24번님, 제 5장 시작합니다.")보다 훨씬 어필하기가 쉬울 것이다. 특히 어린이들에게는 더 하다. 사람들이 더 편안함을 느낄 수 있게 해주고 불안감을 덜어 주기 때문이다. 마찬가지로 선생님이나 마법사 캐릭터가 등장하는 것이 빈 화면에서 단순히 커서가 깜빡이는 것보다는 즐거울 것이다.

물론 가상 에이전트, 로봇, 장난감 등은 특정 상황에서만 애용되고 또 다른 상황에서는 귀찮게 느껴질 수 있다. 그리고 이것들은 인간이 서로에게 할 수 있는 미묘하고 섬세한 대응 능력이 없다. 그럼에도 불구하고 인간과 비슷하게 움직이고 — 걷거나 뛰는 등 — 인간과 같이 개성을 가지고 있는 인터페이스 에이전트를 만들기 위한 노력은 지속되어 왔다. 가상 캐릭터의 외모, 표정, 말할 때 입이 움직이는 모양 등은 모두 중요하게 다루어진다. 대화의 메커니즘도 물론 중요하게 고려된다. 다음 원칙들을 살펴보자.

- 언어적, 비언어적인 표현을 모두 인식하고 이에 응답한다.
- 언어적, 비언어적인 표현을 모두 사용한다.
- 대화의 결렬, 대화 주고받기, 그 외 대화 기술들을 다룰 수 있다.
- 대화 상황에 대한 모니터링이 가능하고 새로운 제안도 할 수 있다.

실습해보기 5.7

로봇인가 귀여운 반려 동물인가?

Sony의 AIBO와 QRIO 등 초창기 반려 로봇은 금속 재질로 만들어져 있고 로봇처럼 생겼다. 이와는 대조적으로 최근에는 반려 로봇의 겉을 동물의 모피(예: 다람쥐, 고양이, 토끼 등)로 감싸며, 귀여운 형상으로 설계하고, 실제 행동도 애완 동물처럼 하도록 만들어졌다. 문자 그대로 애완 동물처럼 보이게 하는 것이다. **그림 5.14**의 대조적인 사례를 보고 당신은 무엇을 더 선호하는지 짚어보자.

조언

애완 동물 만지는 것을 좋아하는 대부분의 사람들은 장난감 반려 로봇을 만지는 것도 좋아할 것이다. 때로는 진짜처럼 보이고 느껴지는 것 때문에 오싹해 보일 수도 있다. 껴안고 싶은 로봇을 만드는 목적은 사람들이 껴안거나 만지는 행위를 통해 감성적인 경험을 할 수 있도록 안배하는 것이다. 예를 들어 **그림 5.14**에서 두 번째 로봇은 고양이나 토끼와 같이 무릎에 앉힐 수 있는 애완 동물을 모방한 것이다(Yohanan과 MacLean, 2008). 두 귀와 머리, 몸의 동물적인 형상과 함께 호흡, 부르르 떨리는 털, 살아있는 생물의 온기가 적용되었다. 이 로봇의 몸 전체에 배치된 약 60개의 터치 센서와 가속도계는 터치 방식을 감지한다. 예를 들어 사람이 이 로봇을 쓰다듬는 행동을 하면 귀를 살짝 움직여 호흡하는 모습을 보여주는 식으로 감정을 전달한다. 한편 로봇에 탑재된 센서는 사람의 감정을 인식하는 데에도 사용된다. 사진 속에서 로봇에 눈, 코, 입이 없다는 점을 상기해보자. 표정은 인간이 인간에게 감정 상태를 전달하는 가장 일반적인 방법인데, 이 로봇은 이러한 방법을 배제함으로써 터치만으로 감정을 주고받을 수 있도록 설계된 것이다. 사람들이 감정을 '읽는 것'을 방지하기 위한 의도적인 설계이다. ■

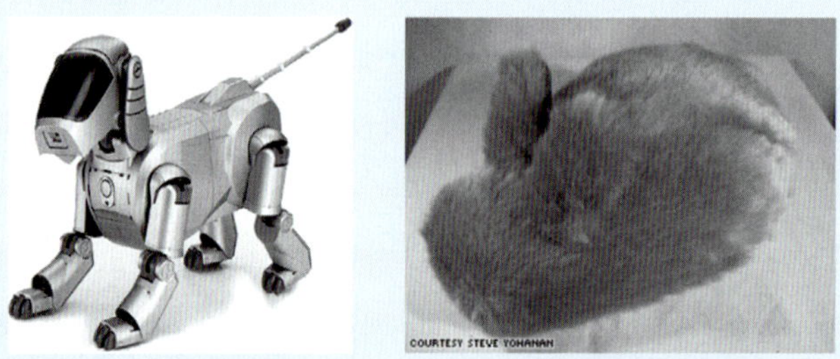

(a) (b)

그림 5.14 두 종류의 로봇

출처: (a) Courtesy of Sony Corporation, (b) Reproduced with permission of Steve Yohanan. Photo: Martin Dee.

Audio of a radio show recorded in 2014 about emotions and emotional technology with interaction designers Jennifer Dunnam, Don Norman, and Elizabeth Churchill at http://www.cbc.ca/spark/blog/2014/06/08/emotional-tech/

과제

사용자가 신뢰할 수 있고 행동을 변화하게끔 만들어진 가상 에이전트의 실효성을 확인해 보자.

a. 가상 비서, 조수가 존재하는 웹사이트를 찾아보자.
- 가상 에이전트의 역할은 무엇인가?
- 어떠한 유형의 에이전트인가?
- 그 캐릭터가 당신에게 감정적인 반응을 이끌어내는가? 그렇다면 그 반응은 무엇인가?
- 어떠한 성격을 가졌는가?
- 정보를 표현하는 방식은 무엇인가?
- 어떠한 유형의 행동을 하는가?
- 얼굴 표정은 어떻게 바뀌는가?
- 외관 모습은 현실적인가, 혹은 만화 캐릭터에 가까운가?
- 화면 어디에 배치되어 있는가?
- 사용자와 어떤 방식(예: 문자, 음성)으로 의사소통하는가?
- 거들먹거리지는 않은가? 적당한 수준에서 대화를 잘 맞추어 주는가?
- 물건을 구매하거나 정보를 찾는 데에 도움이 되는가?
- 지나치게 강요하지는 않는가?
- 성별은 무엇인가? 남자 또는 여자로 만든 것이 효과가 있다고 생각하는가?
- 당신이 기꺼이 따를 수 있을 정도로 신뢰가 가는가? 그렇지 않다면 무엇 때문인가?
- 에이전트를 좀 더 설득력 있게 만들기 위해서는 무엇이 필요할까?

b. 다음으로, 에이전트를 활용하고 있지는 않지만 브라우징 작업을 위한 개념적 모델이 잘 적용된 사이트(예: Amazon.com)를 찾아보자. 바로 전 사이트와 비교한다면 어떠한가?
- 정보를 쉽게 찾을 수 있는가?
- 상품을 추천하고, 구매와 정보 검색을 지원하는 방법에는 어떤 것들이 있는가?
- 사용자가 편안함, 특별한 느낌을 가질 수 있게 해주는 개인화 방식이 사용되는가?
- 에이전트가 있다면 사이트가 개선될 수 있는가? 왜 그렇게 생각하는가?

c. 마지막으로, 가장 신뢰할 수 있는 사이트의 특징을 나열해보자. 그리고 이유를 설명해보자.

요약

이 장에서는—의도적으로 혹은 의도하지 않은 방식으로—사람들이 특정 방식으로 응답하도록 제품을 설계하는 방법에 대해 설명하였다. 제품이 설득력 있게 디자인되었는지 여부, 편하거나 신뢰할 수 있게 디자인되었는지 여부가 실제 사용 행태에 영향을 미친다. 경우에 따라 사용자들의 학습, 좋은 습관 길들이기, 제품 구입 의향, 타인에게 추천하기에 서로 다른 영향을 미칠 것이다. 인터랙티브 제품이 사용하기 어렵거나 짜증과 화를 유발하는 경우에는 심하면 사용자들이 제품의 사용을 중단할 수도 있다. 반대로 제품이 즐겁고 사용하기 편하며 편안한 감정을 준다면, 사용자들은 계속해서 제품을 사용하고, 재구매할 것이다. 이 장에서는 사용자의 긍정적인 감정 반응을 유도하고 부정적인 감정 반응을 최소화하는 데 적용될 수 있는 다양한 상호작용 메커니즘에 대해 설명하였다.

Key points

- 인터랙션 디자인에서 감성적인 측면을 고려할 때에는 긍정적인 상태(예: 즐거움)를 유도하고 부정적인 상태(예: 좌절)를 피하는 것이 중요하다.
- 일반적으로 잘 설계된 인터페이스는 사람들에게 좋은 느낌을 이끌어낸다.
- 심미적으로 괜찮은 인터페이스가 사용하기에도 즐거울 수 있다.
- 표현형 인터페이스는 재미와 정보뿐만 아니라 걱정을 줄여주는 피드백도 제공한다.
- 잘못 설계된 인터페이스는 사람들에게 좌절, 화, 짜증을 유발한다.
- 감성 기술은 사람들로 하여금 그들의 행동이나 태도를 바꾸는데 일조할 수 있다.
- 제품 개발에서의 의인화란 대상에 사람의 속성을 부여하는 것을 의미한다.
- 가상 에이전트, 반려 로봇은 사람들에게 동기부여, 안락감, 좋은 감정 상태를 갖게 한다.

Chapter 06 인터페이스

목표

이 장의 주요 목표는 다음과 같다.

- 다양한 유형별 인터페이스의 개요를 제공한다.
- 각 인터페이스에 관한 주요 디자인 및 연구 이슈를 조명한다.
- 그래픽 사용자 인터페이스 및 내추럴 사용자 인터페이스의 차이점에 대해 토론한다.
- 주어진 애플리케이션 및 활동에 가장 적합한 인터페이스를 고려한다.

6.1 개요

1990년대 중반까지, 인터랙션 디자이너는 한 명의 사용자를 대상으로 한 데스크톱 컴퓨터의 효율적이고 효과적인 인터페이스를 개발하는 것에 주력했다. 이는 화면에 정보를 표시하는 최선의 방법을 결정하여 사용자가 작업을 수행할 수 있게 하기 위함으로, 옵션을 쉽게 탐색할 수 있도록 메뉴를 구조화하는 방법, 아이콘과 그래픽 요소들이 잘 인식되고 서로 간에 구별되도록 디자인하는 방법 및 쉽게 채워 넣을 수 있는 논리적인 대화 상자 등을 개발하는 방법을 포함한다. 인터넷의 등장과 더불어 그래픽 인터페이스, 음성 인식, 제스처 및 필기 인식이 함께 발전하면서 스마트폰, 무선 네트워크, 센서 및 크고 작은 디스플레이들을 가능하게 한 신기술들은 인간 컴퓨터 상호작용의 양상을 바꿨다. 지난 10년 동안 디자이너들에게는 사용자 경험을 설계할 수 있는 더 많은 기회가 주어졌다. 기술의 폭 넓은 발전은 인터랙션 디자인에 대한 다양한 사고방식과 연구 분야의 확장을 촉진했다. 예를 들어 제스처 기반, 터치 기반, 심지어는 두뇌와 컴퓨터 간의 인터랙션 등, 디지털 정보를 다루는 혁신적인 방법들이 개발되었다. 연구자와 개발자들은 물리성과 디지털을 새로운 방식으로 결합했고, 혼합 현실, 증강 현실, 탠저블 인터페이스 및 웨어러블 컴퓨팅의 개념을 만들어냈다. 가장 핵심적인 취지는 개인 사용자의 영역을 넘어서는 새로운 인터페이스, 즉 사람들이 이동 중에, 집에서, 그리고 직장에 있을 때 크고 작은 규모로 일어나는 사회적 상호작용을 돕기 위한 것이다.

이제는 다채로운 인터페이스가 있다. 본 장의 목적은 다른 환경, 사람, 장소 및 활동을 위해 어떻게 인터페이스를 디자인해야 하는지를 생각해보는 것이다. 우리는 명령어 기반 인터페이스에서 시작하여 두뇌-컴퓨터 인터페이스로 끝나는 20가지 인터페이스 목록 및 각 유형별 개요를 제시하고 핵심 연구 및 디자인 고려사항에 대해 설명할 것이다. 일부는 간단히 다루고 인터랙션 디자인 분야에서 좀 더 확립된 주제에 대해서는 더 깊이 있게 다룰 것이다. 본 장을 처음부터 끝까지 정독하기 보다는 원하는 특정 유형의 인터페이스를 찾기 위해 빠르게 둘러보는 것이 목적임을 언급하고 싶다.

6.2 인터페이스 유형

그래픽, 명령어 기반, 음성, 멀티모달, 인비저블, 앰비언트, 감성, 모바일, 인텔리전트, 어댑티브, 스마트, 탠저블, 터치리스 및 내추럴 인터페이스 등, 개발된 다양한 종류의 인터페이스를 묘사하기 위해 수많은 형용사들이 사용되어 왔다. 어떤 인터페이스들은 기능의 관점에서 고안되고(예: 인텔리전트, 어댑티브, 앰비언트, 스마트), 어떤 인터페이스들은 상호작용 스타일에(예: 명령어 기반, 그래픽, 멀티미디어), 입력과 출력 기기에(예: 펜 기반, 음성 기반, 제스처 기반), 플랫폼에(예: 태블릿, 모바일폰, PC, 웨어러블) 집중하여 설계된다. 가능한 모든 종류의 인터페이스를 망라하기보다는 최근 40년 동안 등장한 주요 유형들을 선택했고, 엄밀한 개발 순서를 맞추어 정렬하진 않았지만, 특정 유형을 쉽게 찾을 수 있도록 다음과 같이 번호를 매겨 두었다(표 6.1 참조). 다만 이 분류는 편의를 위한 것이다. 어떤 제품의 경우는 두 개의 유형을 가질 수 있기 때문에, 각각의 인터페이스 항목들은 상호 배타적이지 않을 수 있다. 예를 들어, 스마트폰은 모바일이기도 하고 터치 인터페이스이기도 하다. 표 6.1은 서로 관계되었거나 공통적인 디자인 이슈를 가진 인터페이스 유형들을 제시한다.

6.2.1 명령어 기반 인터페이스

초기 인터페이스는 사용자가 명령어를 입력해주길 요구했고, 이는 주로 컴퓨터 화면에 보이는 프롬프트 위치에 약어(예: ls)를 입력하는 방식이었다. 명령어를 입력하는 또 다른 방법으로는 특정 키들을 조합하여 누르는 방식이다(예: Shift+Alt+Ctrl). 삭제, 엔터 및 실행 취소

표 6.1 본 장에서 다루는 인터페이스 유형

인터페이스 유형	함께 살펴볼 유형
1. 명령어 기반	
2. WIMP 및 GUI	
3. 멀티미디어	WIMP 및 웹
4. 가상현실	증강 및 혼합 현실
5. 정보 시각화 및 대시 보드	멀티미디어
6. 웹	모바일 및 멀티미디어
7. 가전제품	모바일
8. 모바일	증강 및 혼합 현실
9. 음성	
10. 펜	공유, 터치
11. 터치	공유, 제스처
12. 제스처	탠저블
13. 햅틱	멀티모달
14. 멀티모달	음성, 펜, 터치, 제스처 및 햅틱
15. 공유	터치
16. 탠저블	
17. 증강 및 혼합 현실	가상 현실
18. 웨어러블	
19. 로봇과 드론	
20. 두뇌 - 컴퓨터 상호작용(BCI)	

표 6.2 선구적 인터페이스 사례들을 보여주는 고전적인 HCI 영상 링크 모음

1. Sketchpad – Ivan Sutherland (1963) 최초의 대화형 그래픽 인터페이스
   (https://www.youtube.com/watch?v=WqR0fpVWfFw)
2. The Mother of All Demos – Douglas Engelbart (1968) 최초의 WIMP 사례
   http://youtu.be/yJDv-zdhzMY
3. Put that there (1979) – MIT에서 제시한 최초의 음성 및 제스처 인터페이스
   http://youtu.be/RyBEUyEtxQo
4. Unveiling the genius of multi-touch interface design – Jeff Han의 TED 토크 (2007)
   http://youtu.be/ac0E6deG4AU
5. Intel's Future Technology Vision(2012)
   http://youtu.be/g_cauM3kccI

등의 명령은 키보드 상의 특정 부분에 고정되기도 하며, 기능키는 사용자가 특정 기능(예: F11 키를 인쇄 버튼으로 사용)으로 프로그래밍할 수 있다.

명령어 라인 인터페이스는 메뉴, 아이콘, 키보드 숏컷 등의 명령과 애플리케이션의 일부인

팝업 및 예측 가능한 텍스트 명령어 등을 통합하는 그래픽 인터페이스로 대체되어왔다. 다만 경우에 따라 메뉴 기반 시스템 보다 쉽고 빠르게 사용 가능한 곳에서는 명령어 라인 인터페이스가 계속 유지되기도 하는데(Raskin, 2000), CAD와 같이 복잡한 소프트웨어 패키지의 일부로 특정 작업을 수행하는 경우(예: Rhino3D 및 AutoCAD) 및 전문적인 디자이너가 소프트웨어를 통해 신속 정확하게 작업을 수행해야 하는 경우가 해당된다. 명령어 기반 인터페이스는 반복적인 작업을 위한 기능도 제공하며, 검색창이 범용의 명령어 라인의 기능을 수행하는 웹사이트에 점점 더 많이 사용되고 있다(예: www.yubnub.org). 또한 시각 장애인들이 가상 세계와 상호 소통할 수 있게 해주는 세컨드라이프(Second life)와 같은 애플리케이션도 개발되었다(생각해보기 6.1 참조).

생각해보기 6.1

가상 세계를 위한 명령어 기반 인터페이스

세컨드 라이프와 같은 가상 세계는 학습 및 사교를 위한 장소로 유명해졌는데, 불행히도 시각 장애인은 참여할 수 없었다. 그들의 참여를 돕기 위해 화면을 읽어주는 기능을 활용한 TextS이라는 명령어 기반 인터페이스가 개발되었다(Folmer *et al.*, 2009). 사용자는 그들의 아바타를 움직이거나 다른 아바타들과 상호작용하거나 그들이 속한 환경을 탐색할 수 있도록 명령을 내릴 수 있다. **그림 6.1**은 사용자가 자신의 아바타가 웃으면서 다른 아바타에게 인사할 것을 명령하는 장면이다. ■

TextSL 시연 영상 링크: http://youtu.be/0Ba_w7u44MM

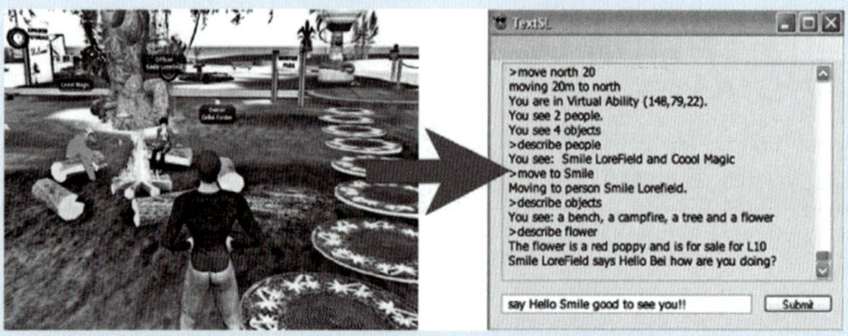

그림 6.1 시각 장애인 사용자를 위한 세컨드 라이프의 명령어 기반 인터페이스

출처: Reproduced with permission from http://www.eelke.com/images/textsl.jpg.

연구 및 디자인 이슈

1980년대에 명령어 기반 인터페이스의 최적화 방법을 모색하기 위한 많은 연구들이 있었다. 명령의 형식(예: 약어, 원어, 익숙한 명칭), 문법(예: 서로 다른 명령을 결합하는 최선의 방법) 및 조직화(예: 옵션의 구조화 방법)는 주요 연구 영역의 몇 가지 예시이다(Shneiderman, 1998).

다음으로 가장 기억하기 쉬운 명령어는 어떤 것인가에 대한 고민이 이어졌고, 갖가지 명령어들이 과연 사용자에게 얼마나 익숙한지 시험하였다. 그러나 그 많은 연구들은 한 가지 결론으로 귀결되지 않았다. 어떤 연구는 구체적인 명령어가 일반적인 것보다 더 잘 기억된다는 것을 증명했으며(Barnard *et al.*, 1982), 다른 연구에서는 사용자가 직접 선택한 명령어를 더 선호하는 것으로 나타났고(Ledgard *et al.*, 1981, Scapin, 1981), 또 다른 연구는 자주 사용되는 단어가 그렇지 않은 단어보다 더 잘 기억된다고 밝혔다(Gunther *et al.*, 1986).

본 이슈와 가장 관련 있는 디자인 원칙은 일관성이다(1장 참조). 명령어를 정하는 방법은 최대한 일관적으로 선택되어야 한다(예: 약어를 사용할 때는 항상 첫 번째 문자를 사용해야 함). ■

6.2.2 WIMP 및 GUI

XeroxStar의 인터페이스(2장 참조)는 WIMP에 이어 GUI의 탄생을 견인했고, 사용자가 시스템과 상호작용할 수 있으며, 정보를 인터페이스 상에 표현할 수 있는 새로운 가능성을 열었다. 특히 색상, 타이포그래피 및 이미지를 사용하는 새로운 인터페이스를 시각적으로 디자인할 수 있게 되었다(Mullet과 Sano, 1995). 최초의 WIMP는 아래 요소들로 구성된다.

- 창(Windows): 마우스를 사용하여 화면의 창들을 스크롤하거나, 늘리거나, 겹쳐 놓거나, 닫거나, 이동시킴
- 아이콘(Icons): 클릭했을 때 열리거나 활성화 되는 애플리케이션, 개체, 명령 및 도구를 표현하는 아이콘
- 메뉴(Menu): 식당의 메뉴를 보고 고르는 방식처럼, 스크롤하여 선택할 수 있는 옵션 목록 제공
- 포인팅 장치(Pointing device): 화면상의 커서를 움직여서 창, 메뉴 및 아이콘에 대한 입력 지점을 제어하는 마우스

1세대 WIMP 인터페이스는 기본적으로 박스형이었다. 사용자 인터랙션은 창, 스크롤 바,

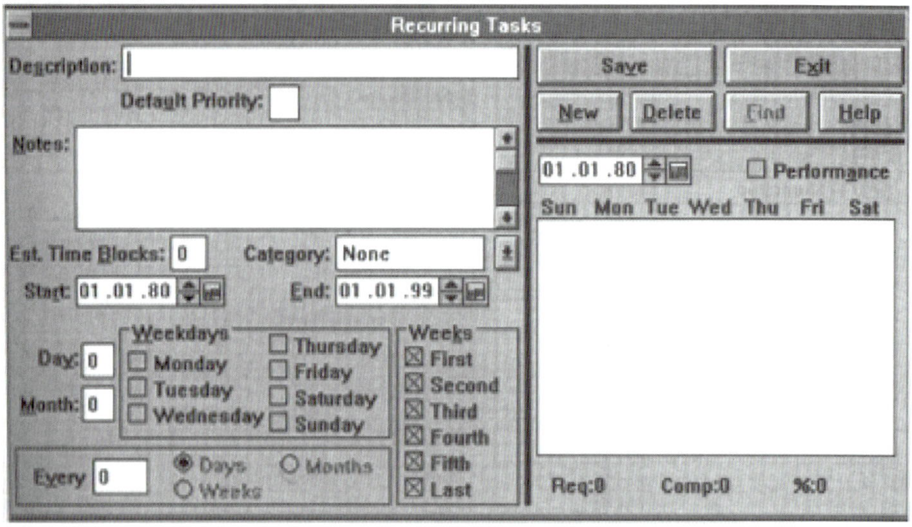

그림 6.2 박스형 1세대 GUI의 모습. 창에는 여러 개의 체크 박스, 메모 상자 및 사각 버튼 형태의 옵션이 표시됨.

출처: Mullet, Kevin; Sano, Darrell, *Designing Visual Interfaces: Communication Oriented Techniques*, 1st, © 1995. Reproduced by permission of Pearson Education, Inc., Upper Saddle River, New Jersey.

체크 박스, 패널, 팔레트 및 대화 상자 등을 조합하는 다양한 형태로 화면에 나타난다(**그림 6.2** 참조). 애플리케이션 프로그래머들이 사용할 수 있는 몇 안 되는 위젯들이 있는데, 그 중 대화 상자의 형태가 가장 많이 사용되었다(위젯은 버튼이나 스크롤 바 등 조작을 암시하는 표준화된 시각표현으로써 사용자에 의해 조작될 수 있다). 오늘날 소프트웨어 개발자들에게 주어진 도전은 태블릿, 스마트폰 및 스마트워치 인터페이스에 가장 적합한 GUI를 디자인하는 것이다. 대부분의 사용자는 입력장치로 마우스나 키보드를 사용하는 대신, 한 손가락으로 디지털 콘텐츠를 스와이프하고 터치하여 탐색하는 것을 기본으로 한다(상세 내용은 터치 및 모바일 인터페이스 섹션 참조).

WIMP의 기본 구성 요소들은 컴퓨터 화면 안에서 여전히 사용되는 현대적 GUI의 일부이지만, 수많은 형태와 유형으로 진화했다. 예를 들어 오디오 아이콘과 오디오 메뉴 혹은 3D 및 2D 기반으로 움직이는 아이콘 메뉴 등 많은 종류의 아이콘과 메뉴의 형태가 있다. 창들 역시 사용 방법과 목적의 관점에서 그 다양성이 확대되었다. 예를 들어 다양한 종류의 대화 상자, 인터랙티브 양식, 피드백/오류 메시지 상자들은 더욱 보편적으로 사용되고 있다. 이에 더하여 WIMP 인터페이스의 일부가 아닌 다양한 그래픽 요소들이 GUI에 통합되고 있다. 여기에는 도구 모음 및 독스(사용할 수 있는 애플리케이션의 나열 혹은 열린 파일과 같은 개체 아이콘) 및 롤오버(화면상의 아이콘이나 특정 부분에 마우스 커서를 올리면 그 옆으로 텍스트 레이블을 보여주는 기능)가 있다. 여기까지가 WIMP와 GUI의 기본적 구성 요소에 대한 디자인 이슈들에 대한 소개이다.

창 디자인

창들은 컴퓨터 디스플레이의 물리적 제약을 극복하기 위해 개발된 것으로, 같은 사이즈의 화면에서 더 많은 정보를 보여주거나 많은 작업을 가능하게 했다. 웹페이지 및 워드 프로세서 등의 여러 창을 동시에 열 수 있고, 사용자가 원하는 시점에 다른 문서, 파일, 애플리케이션으로 전환할 수 있다. 창 내부의 스크롤바를 사용하면 한 화면의 분량보다 더 많은 정보를 볼 수 있으며, 수직과 수평 방향으로 배치되어 문서 내의 영역을 상하 혹은 좌우로 이동할 수 있게 해준다.

여러 개의 창을 열어 사용할 때의 불편한 점 중 하나는 특정 창을 찾기 어려울 수 있다는 것이다. 사용자가 특정 창을 찾을 수 있도록 돕기 위해 개발된 다양한 테크닉들 중에 가장 일반적인 방법은 응용 프로그램 메뉴의 일부로 창들의 목록을 제공하는 것이다. Mac OS도 열려 있는 모든 창을 축소하여 한 화면에 나란히 보여주는 기능을 제공하며, 사용자는 한 개의 기능키를 누르고 커서를 이동하여 본인이 열어둔 각각의 내용을 확인할 수 있다. 이 기능을 통해 사용자는 자신의 작업 공간에 어떤 것들이 있는지 한눈에 볼 수 있으며 또 쉽게 선택하여 화면의 최상단으로 올릴 수 있다. 또 다른 방법은 특정 애플리케이션을 위해 열려있는 모든 창을 표시하는 것이다(예: 워드 프로세서). 웹브라우저인 사파리(Safari)는 당신이 최근 방문한 12개의 웹페이지와 가장 많이 방문한 페이지들의 축소된 버전을 한 화면에 보여주어

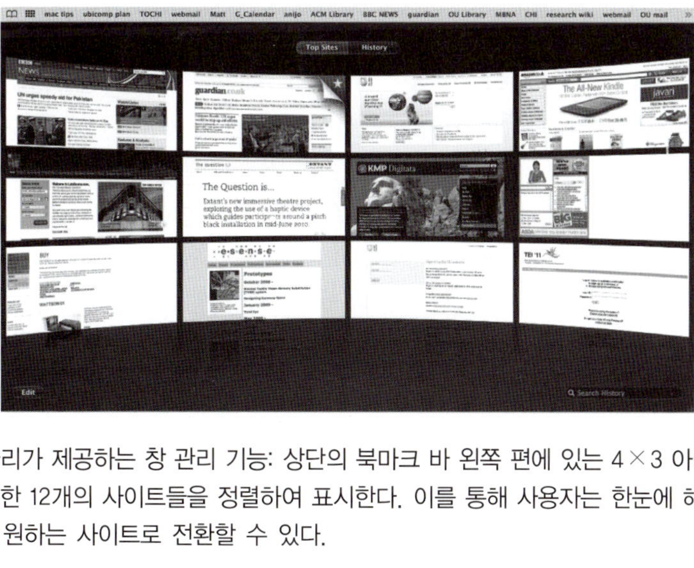

그림 6.3 사파리가 제공하는 창 관리 기능: 상단의 북마크 바 왼쪽 편에 있는 4×3 아이콘을 누르면 가장 많이 방문한 12개의 사이트들을 정렬하여 표시한다. 이를 통해 사용자는 한눈에 해당 정보를 확인하고 빠르게 원하는 사이트로 전환할 수 있다.

빠른 탐색을 가능케 한다(그림 6.3 참조).

GUI에서 일반적으로 사용되는 특정 유형의 창은 대화 상자이다. 확인, 오류 메시지, 체크 리스트 및 양식들이 대화 상자를 통해 표시된다. 대화 상자가 담고 있는 정보는 주로 사용자 인터랙션을 유도하기 위해 설계되고, 사용자는 제공된 일련의 옵션들을 따르게 된다. 파워포인트나 Excel 스프레드시트를 선택할 때 필수적 혹은 선택적으로 채워 넣어야 하는 일련의 양식들이 그 예시이다. 이런 방식의 인터랙션이 가진 단점은 한 개의 상자에 너무 많은 정보 및 데이터 입력 필드를 밀어 넣을 경우, 헷갈리고 혼잡하며 읽기 어려울 수 있다는 점이다 (Mullet과 Sano, 1995).

생각해보기 6.2
웹에서 양식을 채우는 기쁨

우리는 대부분 인터넷 쇼핑을 즐거워한다. 예를 들어 아마존에서 책을 고르거나 인터플로라(Interflora)에서 꽃을 고르는 행위는 우리의 여가시간에 편리하게 이뤄진다. 그러나 우리가 즐기지 못하는 부분은 원하는 물품 판매처에 값을 지불하기 위해 필수적으로 채워야 하는 상세한 온라인 양식이다. 이 때문에 우리는 자주 좌절하고 많은 시간을 소모하게 된다. 우선 시작하려면 새 계정과 비밀번호를 만들어야 한다. 일단 이 문턱을 지나고 나면 새로운 인터랙티브 양식이 나타나서 배송 주소 및 신용 카드 세부 정보를 요청한다. 보통 표준 온라인 양식은 고정된 형식을 가지는데, 이를 채우는 과정은 번거롭고 짜증나는 경험이며, 특히 주소 입력 형식이 맞지 않을 경우 더 그렇다. 대개 박스가 제공되며, 필수 입력 항목에는 *표시가 있다: 주소 라인 1, 주소 라인 2 가 제공되는데 주소가 긴 사람을 위한 추가 라인은 없다. 라인 1에는 도시 혹은 마을을, 라인 2에는 우편번호에 해당하는 정보 등을 입력한다. 코드의 형식이 다르므로 다른 국가 사이트의 양식을 채울 때에는 난처한 상황이 생긴다. 그 다음 상자에서는 집, 직장, 휴대전화 번호 및 이메일 주소－정말 이 모든 정보가 필요하긴 한 것인지 알 수 없다－그리고 신용 카드 종류, 소유자 이름, 신용 카드 번호 등을 제공해야 한다.

온라인 등록 양식에 대한 가장 큰 불만 중 하나는 끝없는 길이로 열리는 국가명 상자로, 전세계의 모든 국가명이 알파벳 순으로 나열되어 있다. 사용자는 본인의 거주 국가명을 타이핑하는 대신 기나긴 리스트의 항목 중에 선택하기를 강요받는데, 보통 알파벳 순으로 정렬되기 때문에 오스트레일리아나 오스트리아에 사는 사람들에겐 괜찮겠지만 베네수엘라나 잠비아에 사는 사람들에겐 그렇지 않다. 어떤 경우에는 해당 사이트가 위치한 국가를 상단에 배치하는데, 이런 경우 알파벳 순서로 국가명을 찾는데 익숙해진 사용자는 쉽게 지나쳐 버릴 수 있다(그림 6.4 참조).

이것은 인지와 기억의 디자인 원칙(3장 참조)이 적용되지 않는 사례이다. 더 나은 인

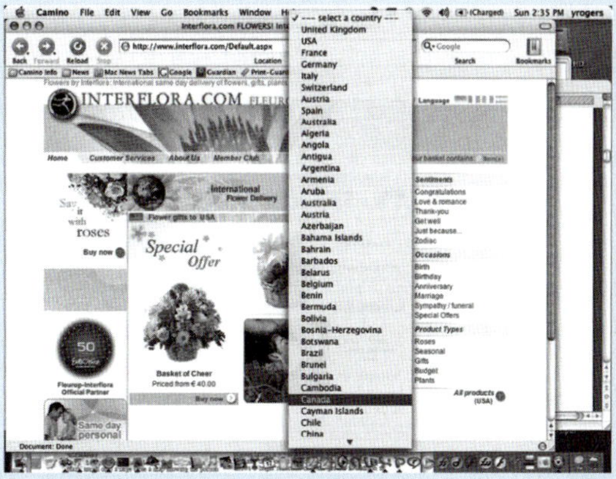

그림 6.4 스크롤 가능한 메뉴

출처: Screenshot of Camino browser, ©The Camino Project.

터페이스 디자인이라면 텍스트 예측 기능을 제공한다. 국가명의 첫 한 두 글자만 입력해도 해당 글자로 시작하는 국가명들로 리스트가 확 좁혀져서 사용자가 쉽게 선택할 수 있을 것이다. ■

실습해보기 6.1

Interflora 사이트(FTD로도 알려짐)로 이동하여 국제 배송 옵션을 눌러보자. 어떻게 주문하도록 되어 있는가?

조언

interflora.co.uk의 이전 버전(**그림 6.4** 참조)은 국가 선택 옵션에서 영국, 미국, 프랑스, 독일, 이탈리아, 스위스, 오스트리아 및 스페인을 비롯한 8개국을 먼저 나열했다. 그 다음 나머지 국가들이 알파벳 순으로 나열되어 있다. 이 특별한 순서의 이유는 상기 나열된 국가에서 서비스를

F	G	H	I	J
Fiji	Gabon	Haiti	Iceland	Jamaica
Finland	Germany	Holland	India	Japan
France	Gibraltar	Honduras	Indonesia	Jordan
French Guyana	Greece	Hong Kong	Iran	
French Polynesia	Greenland	Hungary	Ireland	
	Guadeloupe		Israel	
	Guam		Italy	
	Guatemala		Ivory Coast	

그림 6.5 알파벳 순으로 나열된 국가 목록 예

출처: www.interflora.co.uk. Reproduced with permission.

가장 많이 이용해왔기 때문이다. 그 이후 웹사이트는 이 순서를 개편하였는데, 표 형식을 사용하여 모든 국가를 알파벳순으로 보여주었다(**그림 6.5** 참조). 이것이 개선이라고 생각하는가? 필자는 아일랜드를 선택하는 데 약 8초가 걸렸다. 처음에는 스크롤을 너무 많이 해서 지나쳐버렸다가 다시 정밀하게 찾아보느라고 많은 시간이 걸렸다. 문자에 적절한 하이라이트가 되어 있으면 더 빨리 검색할 수 있다. 참고로 미국 버전에서는 알파벳순으로 나열되지만 폰트가 작아서 찾기가 어렵다. ■

연구 및 디자인 이슈

핵심적 연구 문제는 혼란스럽지 않은 창 관리 방법을 찾는 것으로, 사용자가 서로 다른 창들(혹은 화면들) 사이를 유연하게 이동하고, 원하는 정보 및 작업 중인 문서를 잘 찾을 수 있도록 사용자의 시선을 신속하게 바꿔줄 수 있어야 한다. 사람들이 여러 개의 창들과 모니터를 사용하는 행태에 관한 연구를 보면, 한 화면에 머무는 시간(즉, 창이 열리고 인터랙션하는 시간)은 평균 20초로 비교적 짧았는데, 이는 그들이 서로 다른 문서와 애플리케이션 간에 자주 전환함을 암시한다(Hutchings *et al*., 2004). 윈도우 운영 체제의 작업표시줄과 점프 목록(**그림 6.8** 참조)과 같은 위젯들이 창 전환을 위한 주요 방법으로 사용된다.

창이 제공하는 정보의 가독성과 사용성을 높이기 위해 여백, 그루핑 및 단순성의 디자인 원칙이 사용되어야 한다(3장에서 논의 됨). 오늘날에도 여전히 사용되고 있는 창 인터페이스 초기의 개요는 마이어스의 창 관리자 인터페이스 분류를 참고하라(Myers, 1988). ■

메뉴 디자인

마치 레스토랑의 메뉴처럼, 인터페이스 메뉴는 사용자들이 사용 가능한 옵션들을 구조화된 방식으로 제공한다. 대범주명은 메뉴의 일부로서 사용자가 쉽게 훑어보고 원하는 항목을 찾을 수 있게 한다. **그림 6.6**은 서로 다른 문화권을 위해 각기 디자인된 레스토랑 메뉴의 두 가지 스타일이다. 이탈리안 식당의 메뉴는 파스타, 간식, 디저트 등 음식의 종류별로 구성되어 있고, 그 다음 일식 식당의 메뉴는 순차적인 코스별 구성으로 되어 있다. 스시와 사시미, 스시 앙트레, 일식 앙트레 플라타, 셰프 특선 아시아 퓨전 요리와 같은 식으로 표기되어 있다. 이탈리안 메뉴는 음식의 종류에 따라 매혹적인 이미지로 묘사되어 있는 반면, 일식 메뉴는 각 코스에 대한 문자적인 설명과 함께 코스별 대표 요리의 이미지를 제공한다. 제이미의 이탈리안 메뉴는 요리의 대범주를 먼저 선택한 후 상세한 요리를 선택하는 방식이고, 일식 메뉴는 주문할 때 알아야 할 모든 정보를 한 번에 제공한다.

(a)

(b)

그림 6.6 두 가지 메뉴의 구성 방식

출처: (a) http://www.jamieoliver.com/italian/menu

(b) http://www.tonysasianfusion.com/japanesemenu.html.

인터페이스 메뉴 디자인도 위와 비슷한 방법으로 범주를 구분하며 사용할 수 있는 옵션들을 GUI 상에 표시해준다. 인터페이스 메뉴의 다른 점이라면, 대범주를 품은 메뉴 바가 주로 화면의 상단이나 측면 하단을 가로질러 배치된다는 점이다. 메뉴의 내용은 평소에는 보이지 않다가 대범주가 선택되거나 마우스 커서가 그 위에 올려지면 드롭다운 리스트의 형태로 펼쳐진다. 각 메뉴 별로 펼쳐진 다양한 옵션들은 사용 빈도에 따라 상하 방향으로 정렬되며 및 유사성에 따라 그룹핑 된다(예: 서식과 관련된 모든 메뉴는 한 곳에 모여 있다).

메뉴 인터페이스에는 플랫, 드롭다운, 팝업, 컨텍스트, 스크롤, 계단식 확장 등과 같은 다양한 스타일이 있다. 플랫 메뉴는 휴대폰, 카메라, MP3 플레이어, 스마트 시계와 같이 크기가 작은 디스플레이에서 적은 수의 옵션을 동시에 제공할 때 좋다. 하지만 많은 경우에 각 항목별로 옵션 리스트를 무리해서 끼워 넣어야 하기에 사용자가 원하는 항목에 도달하기 위해 많은 단계를 거쳐야 하고, 도달한 메뉴로부터 빠져나가기 위해서도 동일한 단계를 거쳐야 하는 과정이 지루할 수 있다.

확장 메뉴를 사용하면 같은 화면에서 얕은 메뉴가 할 수 있는 것보다 더 많은 수의 옵션들을 제공할 수 있으므로, 한 개의 창에서 옵션 선택이 가능하여 유연한 탐색 경험을 제공한다. 하지만 **그림 6.4**에서 지적했듯이 수십 혹은 수백 가지 옵션들을 스크롤하는 과정은 불만족스러울 수 있다. 스크롤 메뉴를 통한 탐색을 향상시키기 위해 새로운 조작 방식들이 많이 고안되었다. 예를 들어, 최초의 iPod는 시계 방향과 반 시계 방향의 조작을 위한 물리적 스크롤 패드를 제공했고, 이는 긴 목록의 음악과 가수명을 빠르게 스크롤할 수 있게 해주었다.

PC 인터페이스의 일부로 사용되는 가장 일반적인 확장 메뉴는 계단식 메뉴인데(**그림 6.7** 참조), 먼저 활성화된 드롭다운 메뉴와 나란히 표시되어 보조적이고 3차적인 옵션을 추가로

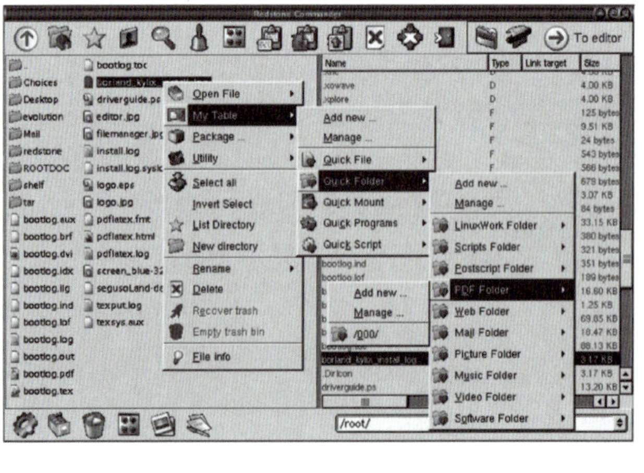

그림 6.7 계단식 메뉴

설정할 수 있게 해준다(예: 워드 프로세서의 도구 메뉴에서 추적 변경을 선택하면 관련된 세 가지 추가 옵션이 나타난다). 그러나 확장 메뉴의 단점은 정확한 마우스 제어가 필요하다는 것이다. 사용자는 원하는 항목을 지나치거나 다른 항목을 선택하는 등의 실수를 자주 할 수 있다. 특별히 계단식 메뉴는 사용자가 선택한 항목 위에서 마우스 패드나 버튼을 잘 누른 상태로 커서를 이동하여 다음 계단의 옵션 중에 원하는 것을 선택해야 한다. 우리들 대부분은 계단식 메뉴를 탐색하는 중 의도한 항목에서 커서가 벗어나거나 못 미치는 상황을 만나게 되고, 마우스를 정교하게 조작하려고 시도할수록 원하는 메뉴에서 멀어지는 절망을 경험해왔다. 운동신경이 나빠서 마우스 조작을 어려워하는 사람이라면 더욱 심할 것이다. 스마트 TV와 인터랙션하기 위한 메뉴도 탐색이 어려운데, 이는 화면으로부터 몇 미터쯤 떨어진 곳에 앉아 있는 사용자가 리모컨 버튼만을 사용해야 하기 때문이다. 예를 들면, 검색창에 영화 제목을 입력할 때 잘못된 문자를 입력하기 쉽다. 맥락적 메뉴는 특정 항목과 관련하여 자주 사용되는 명령에 대한 접근 경로를 제공한다. 현재 진행 중인 작업의 맥락에서 이해가 가능한 연관 명령어를 제시하며, 이는 사용자가 컨트롤 키를 누른 채로 특정 인터페이스의 일부를 클릭하면 나타난다. 예를 들어 컨트롤 키를 누른 상태에서 웹사이트 상의 이미지를 클릭하면 관련된 작은 메뉴 리스트가 떠서 새 창에서 열기, 저장하기, 복사하기 등의 메뉴를 제공한다. 맥락적 메뉴의 장점은 선택된 항목과 관계 있는 제한된 수의 옵션만을 제공하기 때문에 사용자가 계단식 메뉴 혹은 확장 메뉴를 탐색할 때 겪는 문제를 극복할 수 있다는 것이다. 그림 6.8은 목록으로 제공되는 또 다른 형태의 맥락적 창을 보여준다.

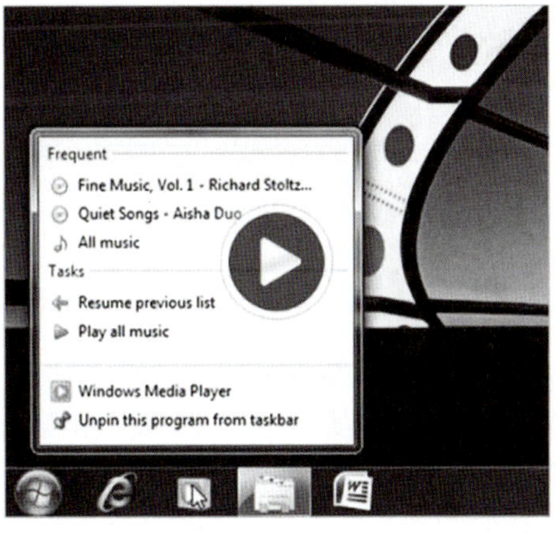

그림 6.8 윈도우 점프 목록

출처: http://windows.microsoft.com/en-US/windows7/products/features/jump-lists.

실습해보기 6.2

PC, 노트북 혹은 태블릿에서 자주 사용하는 애플리케이션(예: 워드 프로세서, 이메일, 웹 브라우저) 을 열고 메뉴의 대범주명을 확인해보자(단, 아직은 열지 말라). 각 범주명(예: 파일, 수정, 도구)의 하위에서 제공될 것으로 생각하는 옵션 목록을 적어 본 후에 실제 내용이 어떤지 확인해보자. 몇 가지를 제대로 기억했고, 몇 가지를 잘못 알고 있었는가? 이번에는 다음의 옵션들이 애플리케이션에 제공된다고 가정하고 이것들의 상위 대범주명을 선택해보자. 바꾸기, 저장, 맞춤법 및 정렬 등. 각 애플리케이션마다 올바른 대범주를 선택했는가? 아니면 많은 대범주들을 모두 열어봐야 했는가?

조언

워드 프로세서와 같은 보편적인 애플리케이션들은 제공할 수 있는 기능의 관점에서 엄청나게 덩치가 커졌다. 예를 들어 현재 버전의 마이크로소프트 워드(Microsoft Word)에는 12개의 대범주 메뉴와 18개의 도구 모음이 있다. 각 대범주 아래에 평균 15개의 옵션이 있으며, 그 중에 일부는 부제목 아래에 숨겨져 있어서 마우스 커서를 올려야 보인다. 마찬가지로 각 도구 모음에는 그림, 서식, 웹, 표 또는 테두리 설정을 위한 도구 모음이 있다. 맞춤법, 바꾸기와 같이 자주 사용되는 명령의 위치를 기억하는 일은 종종 해당 메뉴의 공간적인 위치를 기억하는 방식으로 이뤄진다. 반면 알파벳 순으로 정렬하기와 같이 자주 사용하지 않는 메뉴를 찾을 때에는 메뉴들 전체를 훑어 보는데 시간이 소요된다. '정렬'이라는 명령이 '표'의 대범주 아래에 있어야 한다는 것을 기억하기는 어려운데, 이는 사용자가 원하는 기능이 표에 관한 것이라기 보다는 문서의 일부를 정리하기 위한 도구이기 때문이다. 만약 '정렬'이 '도구' 대범주 하위의 맞춤법 메뉴와 나란히 있었다면 더 직관적이었을 것이다. 본 예제는 예측이 쉬운 대범주명으로 메뉴 옵션들을 명확하게 묶어주는 것이 얼마나 어려운지를 잘 말해준다. 어떤 메뉴는 몇 개의 대범주에 잘 맞을 수도 있고 어떤 메뉴들은 다른 메뉴들과 묶기가 어려울 수 있다. 애플리케이션의 기능이 계속 추가됨에 따라 버전 별로 메뉴의 옵션 배치가 바뀔 수도 있다. ■

연구 및 디자인 이슈

명령어와 비슷하게, 가장 적합한 메뉴의 명칭을 결정하는 것은 중요하다. '모든 개체를 맨 앞으로 가져오기' 와 같은 짧은 문구가 '맨 앞'이라는 한 단어보다는 많은 정보를 내포한다. 그러나 많은 경우 메뉴 항목들을 나열하기 위한 공간이 한정적이기 때문에 메뉴명을 짧게 할 필요가 있다. 또한 그것들은 서로 구별 될 수 있어야 하는데, 사용자가 실수로 잘못된 선택을 하지 않도록 다른 메뉴와 혼동되지 않아야 한다. 더불어 실수로 작업 내용을 잃지 않게 하려면, 종료와 저장 같은 작업들은 분명하게 나뉘어 있어야 한다.

어떤 메뉴 타입을 사용할지는 애플리케이션과 시스템 유형에 따라 결정된다. 적합한 메뉴의 종류는 제공될 옵션의 개수와 화면의 크기에 따라서 달라질 수 있다. 얕은 메뉴는 한 번에 작은 수의 옵션들을 표시하기에 적합하고, 확장 메뉴는 파일이나 문서를 제작 및 편집하는 애플리케이션과 같이 많은 수의 옵션을 표시할 때 유용하다. ■

아이콘 디자인

제록스타(XeroxStar) 프로젝트에서 도출된 아이콘 모양을 살펴보자. 아이콘들은 말 그대로 폴더, 문서, 휴지통 및 받은 편지함, 보낸 편지함 등, 책상 위의 사물들을 은유적으로 표현한다. 문자 대신 아이콘을 사용하는 것의 기본 가정은 사용자가 배우고 기억하기 쉽다는 점이고, 특히 컴퓨터 비전문가들에게 그렇다. 아이콘들은 컴팩트하게 디자인 될 수 있고 화면 내부의 다양한 위치에 놓일 수 있다.

아이콘은 인터페이스의 보편적 기능이 되었다. 이제는 모든 애플리케이션과 운영 체제에 사용되며 바탕화면 상의 객체들 외에도 온갖 종류의 기능들을 표현하는데 사용된다. 여기에는 도구(예: 페인트 브러시), 애플리케이션(예: 웹 브라우저) 및 추상적인 작업들(예: 잘라내기, 붙여넣기, 다음, 수락, 변경)에 대한 묘사가 있다. 그들은 또한 색상, 그림자, 실사 이미지, 3D 렌더링 및 애니메이션의 방법을 사용하는 등 외형적으로 많은 변화를 거쳐 왔다.

1980년대 후반부터 1990년대 초반까지만 해도 인터페이스 상에서 조잡하게 디자인된 아이콘들을 찾기가 쉬웠는데(그림 6.9 참조), 이제는 바야흐로 아이콘의 시대가 되었다. 인터페이스 아이콘들은 매우 달라 보인다. 많은 사람들이 매우 디테일하고, 애니메이션이 있는 아이콘을 디자인하여 시각적으로 매력적이면서도 정보를 잘 암시하도록 만들었다. 그 결과 매우 흡입력 있고 감성적으로 호소력 있으며 생동감 있는 GUI가 등장했다. 예를 들어, 그림 6.10은 1990년대 초반 Mac에 사용된 아이콘과 최신 Mac OS X의 아쿠아 스타일이 적용된 아이콘을 대조해 보여준다. 초기 아이콘 디자이너들은 그래픽 기술력의 제약을 받았지만, 최근에

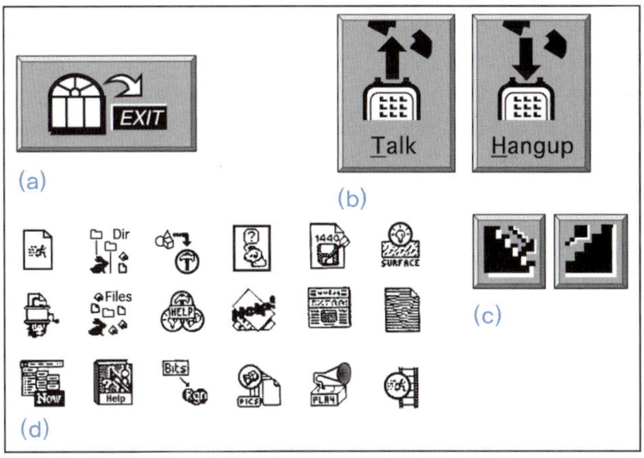

그림 6.9 1990년대 초반의 조잡한 아이콘 디자인 예시. 어떤 의미를 가진 아이콘인가? 왜 좋아 보이지 않는가?

출처: K. Mullet and D. Sano: "Designing Visual Interfaces" Pearson 1995, reproduced with permission of Pearson Education.

그림 6.10 Mac용 TextEdit 애플리케이션의 초기 및 최신 아이콘 디자인

는 자유도가 높아졌다. 예를 들어 안티앨리어싱(anti-aliasing) 기술을 사용하면 곡선을 그릴 수 있기 때문에 실사 같은 스타일의 표현이 가능하다(안티앨리어싱이란 객체의 각진 경계선 주변에 픽셀을 추가하여 시각적으로 부드럽게 해주는 기술이다).

아이콘은 구체적 사물 혹은 추상 개념의 상징을 사용하여 인터페이스 상의 객체 및 작업을 표현하도록 디자인될 수 있다. 표현된 이미지와 표현의 대상을 대응시키는 기준은 서로 비슷하거나(예: 실물 파일의 이미지로 파일 객체를 표현), 비유적이거나(예: 가위 이미지로 잘라내기를 표현) 임의적일 수 있다(예: X는 삭제를 상징). 가장 효과적인 아이콘 디자인은 일반적으로 대상 사물과 동일한 구조를 가지는데, 이것은 그 표현 방식과 대상을 직접 대응시키기 때문이다. 그러나 인터페이스 상에서 수행되는 많은 행동들의 경우에는 그렇게 직접적으로 대응시키기가 더욱 어렵다. 대신 은유, 연계, 관습을 통하여 그 행동의 핵심적 특징을 잘 나타내는 사물이나 상징을 사용하는 것이 효과적인 방법이다(Rogers, 1989). 예를 들어, 워드 프로세서에서 잘라내기 기능을 나타내기 위해 가위 이미지를 사용한다면, 사용자가 글자를 오려내는 관습을 이해하는 한 충분한 단서를 제공한다.

GUI 인터페이스가 제공하는 유연성이 뛰어나므로 개발자는 구별되고 알아보기 쉽고 기억될 수 있는 아이콘의 모음을 만들 수 있다. 예를 들어 서로 다른 아이콘의 부류들을 구분 및

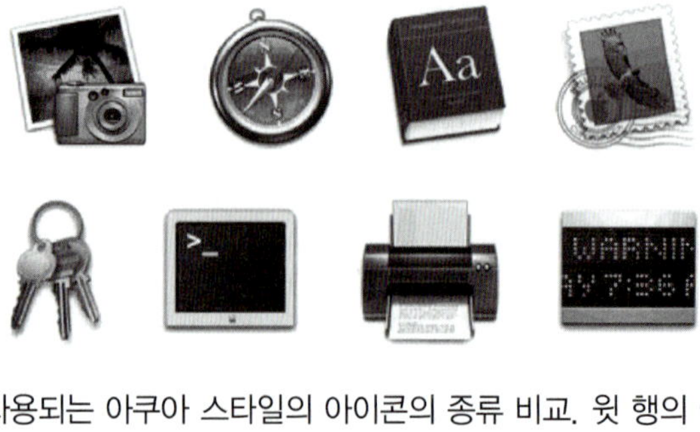

그림 6.11 Mac에서 사용되는 아쿠아 스타일의 아이콘의 종류 비교. 윗 행의 아이콘들은 개인용 애플리케이션을 위해, 아래 행은 유틸리티 애플리케이션을 위해 디자인 됨.

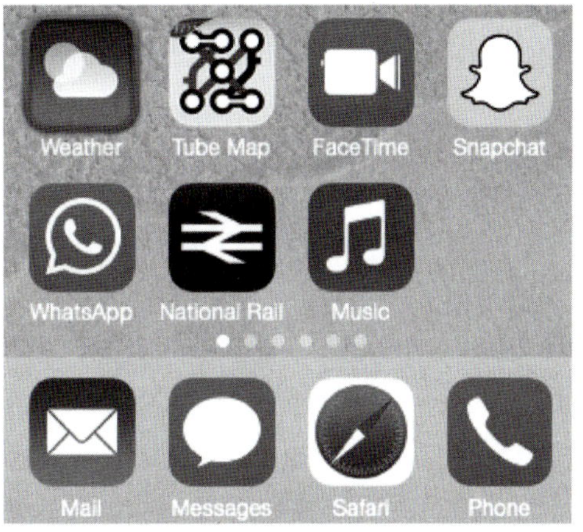

그림 6.12 스마트폰을 위해 디자인된 평면적 2D 아이콘

식별하도록 하기 위해 구별된 그래픽 양식이 사용되어 왔다. 그림 6.11은 컬러 실사 이미지가 어떻게 사용되었는지 보여준다. 윗 행의 각 아이콘들은 개인용 애플리케이션 부류임을 보여주기 위해 왼쪽으로 살짝 기울어진 모습(예: 이메일)을 하고 있는 반면, 아래 행의 아이콘들은 유틸리티 애플리케이션 부류(예: 프린터 설정)로서 반듯하고 단순한 흑백의 이미지로 표현된다. 전자는 재미있는 느낌이고, 후자는 보다 진지한 느낌이다.

많은 스마트폰 디자이너가 사용하는 또 다른 접근 방식은 평면적인 2D 아이콘으로, 매우 단순하며 강한 색과 픽토그램 혹은 상징을 사용하는데, 그 목적은 쉽게 식별되고 구분되기 위한 것이다. 그림 6.12에 나타낸 예시들은 노란색 배경 속의 유령(Snapchat), 연두색 배경 속 흰색 방울 외곽선 안에 있는 전화기(WhatsApp), 그리고 구름 옆의 태양(날씨앱)이다.

애플리케이션의 일부 혹은 작은 기기(예: 디지털 카메라, 스마트 시계)의 화면에 표시해야 하는 도구 모음 또는 팔레트를 위해 허용된 공간은 넓지 않다. 그래서 그것들은 단순하게 디자인되었고, 사물 및 상징의 외곽선을 강조하거나 흑백 혹은 한두 가지 색상만 사용하여 표현되며, 구체적인 사물과 추상적 기호의 조합을 통해 도구 및 작업 수행의 의미를 전하려는 경향이 생긴다. 예를 들어 백지 안의 플러스 (+) 기호는 새 문서 열기를 의미하며, 열린 봉투에서 외부로 향하는 화살표는 답장을 보낸 메일을 나타낸다.

실습해보기 6.3

디지털 카메라 화면에서 다음 작업들을 표시하기 위한 간단한 아이콘을 스케치 해보자.

- 이미지 90도 회전

- 이미지 자동 보정
- 적목 현상 제거
- 이미지 잘라내기

다른 사람들에게 그 아이콘들을 보여주면서, 새로운 디지털 카메라의 쉬운 사용을 위해 만들어졌다는 것을 말해주고, 그것들이 각각 의미하는 바를 잘 이해하는지 확인해본다.

조언

그림 6.13은 아이폰 사용자가 편집 기능을 선택할 때 화면 하단에 나타나는 기본적인 사진 편집 아이콘들이다. 상자와 화살표는 '이미지 90도 회전'을 나타내며 지팡이는 '자동 보정'을 나타내며, 3개로 겹쳐진 반투명 원은 사용할 수 있는 '다른 렌즈들'을, 눈동자 및 이를 가로지르는 선은 '적목 현상 제거'를, 연장된 선을 달고 있는 사각형은 '이미지 잘라내기' 기능을 위한 아이콘이다. 여기서 중요한 디자인 이슈는 아이콘들이 서로 간에 구별되고 알아보기 쉽도록 만드는 것이다. ■

그림 6.13 아이폰에서 제공하는 기본적인 사진 편집 아이콘들

연구 및 디자인 이슈

개발자가 무료로 다운로드할 수 있는 많은 아이콘 라이브러리 및 어떻게 아이콘을 디자인해야 하는지에 대한 독보적인 가이드라인 및 스타일 지침들을 포함한 다양한 온라인 자습서 및 서적들(Hicks, 2012)이 있다. 예를 들어 Apple은 개발자들에게 스타일 지침서를 제공하여 특정 디자인이 다른 디자인보다 더 선호되는 이유와 아이콘 세트를 디자인하는 방법을 설명한다. Apple의 개발자 웹사이트(developer.apple.com)를 보면, 다른 유형의 아이콘을 개발할 때 어떤 그래픽 요소가 어떻게 그리고 왜 사용되어야 하는지에 대한 조언이 있다. 여러 지침들 중에서도 서로 다른 부류의 애플리케이션들(예: 개인용 앱, 유틸리티 앱)은 구분된 장르로 표현할 것을 제안하며, 작업의 본질을 암시하는 도구(예: 검색 기능은 돋보기로, 사진 편집 기능은 카메라로)로 표현하길 추천한다. Microsoft 또한 웹사이트의 애플리케이션용 아이콘을 디자인하는 방법에 대한 광범위한 지침과 단계별 절차를 제공한다.

아이콘의 의미가 모호하지 않도록 하기 위해 아이콘 아래, 위 또는 옆에 텍스트 레이블을 사용할 수 있는데, 이 방법은 웹 브라우저의 일부로 표시되는 도구 모음 등의 작은 아이콘들에 적합하다. 반면 사진 편집이나 워드프로세서와 같이 큰 아이콘을 제공하는 애플리케이션에는 적합하지 않은데 이는 화면이 혼잡하고 정신 없어져서 때로는 원하는 아이콘을 찾기가 더 힘들 수 있기 때문이다. 인터페이스에서 텍스트와 아이콘이 뒤엉키는 혼잡함을 방지하기 위해 롤오버 기능을 사용할 수 있다. 사용자가 아이콘 위에 커서를 가져가면 바로 옆이나 위에 텍스트 레이블을 1초간 보여주거나, 그 상태를 유지하는 한 계속 볼 수 있도록 해준다. 이 방법은 필요할 때만 일시적으로 식별 정보를 표시할 수 있다. ■

6.2.3 멀티미디어

멀티미디어는 그 명칭에서 알 수 있듯이 그래픽, 텍스트, 비디오, 사운드 애니메이션 등의 다양한 미디어를 하나의 인터페이스 안에 결합하며 다양한 상호작용의 형태로 연결한다. 다른 미디어들 사이에 인터랙션이 있다는 점에서 TV와 같은 기존 미디어의 조합 형태와는 다르다(Chapman과 Chapman, 2004). 사용자가 화면의 이미지나 텍스트의 핫스팟이나 링크를 클릭하면 프로그램의 다른 부분이 열려서 애니메이션이나 비디오 클립 등이 재생 되며 다시 이전화면으로 돌아와 또 다른 링크로 이동할 수 있다.

많은 멀티미디어 스토리와 게임이 개발되어 사용자가 화면의 여러 부분들을 클릭하고 다른 영역들을 탐색해보도록 유도한다. 이런 방식은 미디어와 인터랙션의 결합이 개별적 미디어가 따로 존재할 때 보다 더 나은 방법으로 정보를 제공함을 가정한다. 단순한 양적 증가와 비교할 때 유기적으로 연결된 전체가 부분의 합보다 더 크다는 일반적인 믿음이 있다

(Lopuck, 1996). 나아가 단일 매체(예: 서적, 오디오, 비디오)로써는 불가능했던 인터랙션 가능성이 제공할 수 있는 부가적인 가치는 보다 배우기 쉽고, 이해하기 쉽고, 몰입되고, 즐거운 경험이다(Scaife와 Rogers, 1996).

멀티미디어의 구별된 특징 중 하나는 여러 정보에 빠르게 접근 시켜줄 수 있는 능력이다. 이런 다중성 원리에 기반하여 많은 멀티미디어 백과사전과 디지털 도서관이 디자인되어 특정 주제에 관한 오디오 및 시각 자료 모음을 제공한다. 예를 들어 당신이 심장에 대해 알고 싶다면, 전형적 멀티미디어 기반 백과사전은 다음 내용들을 보여줄 것이다.

- 뛰고 있는 실제 심장 혹은 심장 이식 수술의 비디오 클립 한두 개
- 심장 박동 소리 및 혹 심장병의 원인에 대해 말하는 저명한 의사
- 순환 시스템의 다이어그램과 애니메이션, 음성 설명이 있을 수 있음
- 심장의 구조와 기능을 설명하는 몇 가지 링크 모음

실습형 인터랙션 시뮬레이션도 멀티미디어 학습 환경의 일부로 통합되었다. 초기 사례로 심폐 소생 방법을 가르치기 위해 개발된 Cardiac Tutor는 학생들이 컴퓨터 화면에 표시된 다양한 옵션 중 올바른 절차를 선택하고 정확한 순서로 수행할 것을 요구한다(Eliot와 Woolf, 1994). 이제 몇몇 교육 웹사이트는 멀티미디어 교육 콘텐츠를 제공한다. 예를 들어 NASA가 보유한 멀티미디어 섹션은 연구 기반 시뮬레이션 모델을 제공하여, 달에서 사용할 생명 지원

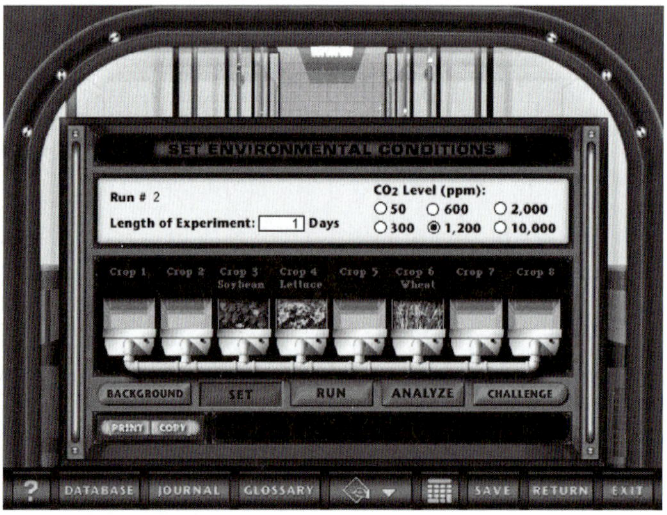

그림 6.14 멀티미디어 환경에서의 화면 이미지: BioBLAST

출처: Screenshot from BioBlast, ©Wheeling Jesuit University.

시스템을 개발 및 테스트를 학생 스스로 해볼 수 있으며(**그림 6.14** 참조), 온라인 자료와 결합된 다양한 종류의 시뮬레이터를 제공하는 학습 환경이다.

멀티미디어는 주로 훈련, 교육 및 엔터테인먼트 목적으로 개발되어왔다. 일반적으로 학습(예: 독서 및 과학 탐구 기술) 및 놀이의 경험은 몰입감 있는 멀티미디어 인터페이스와 상호작용을 통해 향상될 수 있다. 그러나 사용자들이 아무런 제약 없이 많은 미디어와 시뮬레이션에 쉽게 액세스할 수 있게 된다면 실제로 어떨까? 그들이 다양한 매체들 사이를 체계적으로 전환하며 특정 주제에 대한 수많은 표현들을 읽게 될까? 아니면 그저 그들이 보고 듣는 것들 안에서만 선택하게 될 것인가?

실습해보기 6.4

도널드 노먼(Don Norman)이 그의 첫 멀티미디어 CD-ROM 북(1994)에 출연한 영상을 보면, 그가 박스 안에서 혹은 페이지의 측면에서 수시로 튀어나와 논점에 대해 설명한다(http://vimeo.com/18687931).

현 시대의 인터랙티브 전자 교과서에는 무엇이 포함되어야 한다고 생각하는가? 전자 교과서가 종이책을 대체함에 따라서 학생들이 상호작용 속으로 뛰어들어 비디오를 보고 소리를 듣고 퀴즈를 풀고 애니메이션을 재생하고 싶어질 것이라 생각하는가? 어쩌면 그들이 아예 글을 읽지 않게 되리라고 생각하는가?

조언

교육용 멀티미디어와 인터랙션 해본 사람이라면 비디오 클립과 애니메이션을 재생하는 것이 얼마나 솔깃한 경험인지, 그 와중에 텍스트나 정적인 다이어그램들을 얼만큼 간과하게 되는지 잘 안다. 전자는 역동적이고 쉽고 즐거운데 반해, 후자는 정적이고 지루하며 화면에서 읽기 어렵다고 느껴진다. 예를 들어 Voyager가 상기의 영상에 대해 평가한 내용을 보면, 학생들은 노먼이 디자인 관점에 대해 설명하는 동영상을 보기 위해 인터페이스 상에서 클릭 가능한 아이콘을 찾는데만 집중하여 텍스트를 무시했음을 일관되게 인정했다(Rogers와 Aldrich, 1996). 다양한 방법으로 멀티미디어 자료를 탐색할 수 있는 선택권이 주어지면, 얄궂게도 사용자들은 실제로 관심가는 것에 대해서만 고도로 집착하는 경향이 있고, TV 채널을 변덕스레 돌리는 듯한 인터랙션 모드에 순응하게 된다. 멀티미디어 환경은 사용자가 보기 원하는 정보나 탐색하고자 하는 기능을 스스로 선택할 수 있도록 하지만, 사실은 그 과정에서 미디어의 일부만 보게 되는 파편화된 인터랙션을 유도할지 모른다. 이것은 브라우징과 같은 몇몇 활동에 대해서는 허용될만 하겠지만 특정 주제에 대한 학습 등의 활동에는 최적의 방법이 아니다. 더 체계적이고 광범위한 인터랙션(현재 진행 중인 활동을 위해 중요하다고 생각되는 경우)을 장려기 위한 한 가지 방법은, 사용자가 관련 텍스트를 읽는 등의 특정 활동을 완료해야만 다음 단계나 작업으로 넘어갈 수 있도록 허용하는 것이다. ■

생각해보기 6.3

모두를 위한 인터랙티브 TV 서비스

오늘날의 TV는 많은 채널을 제공하는데 그 중에 스포츠, 뉴스, 영화 채널이 매우 인기 있다. 나아가 인터랙티브 TV 서비스는 사용자가 웹을 탐색하고 그들만의 채널을 정의하며 인터랙티브 게임을 즐기거나 은행 업무 및 쇼핑도 하고, 여러 가지 쇼 프로그램에서 투표 등의 방식으로 적극 참여할 수 있는 폭넓은 경험을 제공한다. 이것은 일반인들에게 선택의 다양성을 제공함은 물론이거니와, 휠체어에 앉아 있는 장애인이나 노약자들도 수월하게 서비스에 접근케 함으로써 그들의 능력을 향상 시켜주는 가능성이 있다. 이를 위한 인터랙션 디자인에는 세심함이 필요한데, 근육 제어 장애, 시력 장애, 청력 장애가 있는 사람들을 위한 구체적인 사용성 이슈들을 고려해야 한다(Newell, 2003). 예를 들어 손재주가 좋지 못한 사람도 원격 제어 장치를 조작할 수 있어야 하고, 시력이 좋지 못한 사람도 텍스트와 아이콘을 읽을 수 있어야 하며, 멀티미디어 기반의 인터페이스 경험이 없는 사람에게도 직관적인 탐색 방식을 제공해야 한다. ■

연구 및 디자인 이슈

디지털 도서관이든 게임이든 학습 자료든, 가장 핵심이 되는 연구 문제는 어떻게 멀티미디어를 디자인해야 사용자가 잘 탐색하고, 길을 잃지 않고, 여러 가지 정보의 표현을 통합적으로 이해하도록 도울 수 있는가 하는 것이다. 이전에 언급했던 한 가지 방법은 인터페이스상의 실습 활동 및 시뮬레이션을 제공하여 사용자들에게 특정 작업을 완료하기, 문제 풀기 혹은 주제의 다른 면을 탐색 해보기 등을 요구하는 것이다. 몇몇 예시들은 다음과 같다. 사용자가 자신만의 자료를 복사, 다운로드 및 입력할 수 있는 전자 노트 인터페이스, 사용자의 이해도를 확인하기 위한 다중 선택 퀴즈, 바른 조합으로 퍼즐 조각들을 선택하고 배치해야 하는 인터랙티브 퍼즐, 주어진 시나리오에 대한 목표를 달성하기 위해 일련의 절차를 따라야 하는 시뮬레이션 유형의 게임 등이다. 또 다른 접근법은 역동적인 연계로, 한 개의 창에 표시된 정보를 다른 창에서의 활동과 명시적으로 연계하여 변화시켜 주는 것이다. 이것은 사용자가 여러 가지 정보들과 그것들 사이의 관계를 지속적으로 이해할 수 있게 해준다(Scaife와 Rogers, 1996).

다양한 작업을 위해 여러 미디어를 결합하는 최선의 방법(예: 오디오와 그래픽을 혹은 소리와 애니메이션을 조합하는 등 학습 활동을 위한 미디어 조합 방법)을 추천하는 지침들이 있다. Alty(1991)의 제안에 따르면, 오디오 정보는 상상력을 자극하고, 동영상은 행동 정보를, 텍스트는 상세한 내용을 전달하며, 다이어그램은 아이디어 전달에 적합하다. 그런 일반화로부터 학습에 대한 표현 전략을 고려하는 것이 가능하며, 다음의 순서로 수행된다. 첫째로 오디오 클립을 재생하여 상상력을 자극하라. 이어서 다이어그램의 형태로 아이디어를 제시하라. 그 다음에 하이퍼 텍스트를 통해 추가적인 상세 내용을 표시하라. ▪

6.2.4 가상 현실

가상 현실(VR, Virtual Reality)은 컴퓨터가 생성한 그래픽 시뮬레이션을 사용하여 "합성된 외적 환경을 관찰하게 하기 보다는 그 환경에 직접 참여하는 듯한 착시"를 창출한다(Gigante, 1993, p. 3). VR은 인공적인 환경과 실제로 인터랙션하는 느낌을 주는 경험을 의미한다. 가상 환경(VE, Virtual Environment)이라는 용어는 컴퓨터 기술을 적용했다는 측면을 설명하기 위해 사용된다(사실은 두 용어가 혼용됨). 사용자는 보통 셔터 글래스(가상 현실을 구현하기 위한 착용형 광학 장치)를 통해 입체적인 이미지를 볼 수 있으며 조이스틱과 같은 입력 기기를 통해 시야 내의 물체들과 상호작용할 수 있다. 3D 그래픽은 CAVE('Cave Automatic Virtual Environment'의 약자로 가상 경험을 위해 공간을 조성하는 프로젝트명)의 바닥 및 벽면, 책상 위, 3D TV 혹은 또는 IMAX 화면과 같은 대형 공유 디스플레이에 투영될 수 있다. 초기 VR 사례는 가상 동물원 프로젝트였다. Allison(1997)은 사람들이 고릴라 역할을 맡아 가상 환경 안을 이동하며 다른 고릴라들이 자신의 존재와 행동에 대해 반응하는 것을 바라보는 등의 경험에 완전히 몰입하여 즐겼음을 확인했다.

가상 현실의 가장 큰 매력 중 하나는 물리적 환경이나 이차원적 그래픽 인터페이스 상에서는 불가능한 방식으로 3D 공간의 사물들과 상호작용하고 탐색할 수 있는 몰입감 있는 경험의 새로운 기회를 제공한다는 점이다. 귀결되는 사용자 경험은 매우 매력적이다. 마치 가상 세계를 실제로 날아다니는 것처럼 느낄 수 있으며 사람들은 그 경험에 완전히 흡수될 수 있다(Kalawsky, 1993). 존재함에 대한 지각은 가상적인 설정들이 설득력 있어 보이도록 한다. 존재감이란 가상 환경에 내가 존재한다는 의식 상태 및 심리적 감각을 의미하며 사용자는 실제로 어떤 일들이 일어난 것처럼 행동하게 된다(Slater와 Wilbur, 1997, p. 605).

멀티미디어와 같은 그래픽 인터페이스와 비교되는 가상 현실의 장점 중 하나는, 더 높은 수준의 현실성을 가진 사물들을 표현할 수 있는 세상의 시뮬레이션을 구축할 수 있다는 점이다. 그 기술력이 주는 환상 속에서 가상의 물체들은 매우 생동감 있어 보이고 물리 법칙에 따라 행동하는 듯 보인다. 예를 들어 비행 시뮬레이션을 위해 개발된 착륙 및 이륙 지형은 매우 현실적으로 보일 수 있다. 나아가 가상 세계의 현실성을 높여감에 따라 학습 및 훈련 애플리케이션도 더욱 발전될 수 있을 것이다.

가상 현실의 또 다른 특징은 그것이 제공할 수 있는 다양한 관점이다. 참여자는 1인칭 시점에서 자신의 눈을 통해 직접 게임이나 환경을 바라볼 수도 있고, 3인칭 시점에서 화면상의 아바타를 통해 세계를 볼 수도 있다. 1인칭 시점의 사례로 DOOM과 같은 1인칭 슈팅 게임에서 플레이어는 자신의 모습을 보지는 못한 채로 가상 환경 속을 돌아다닌다. 이는 사용자 자신이 어떤 모습일지 상상하고 잘 돌아다닐 수 있는 방법을 판단할 것을 요구한다. 3인칭 시점의 사례는 툼레이더에서 경험할 수 있는데, 플레이어는 라라크로프트라는 아바타의 뒷편 위에서 가상 세상을 바라보게 된다. 사용자는 점프, 달리기, 또는 웅크리기 등 그녀의 움직임을 제어함으로써 가상 환경과 인터랙션한다. 아바타는 사용자가 동작을 제어하는 방법에 따라 뒤에서 또는 앞에서 바라볼 수 있다. 1인칭 시점은 일반적으로 비행/주행 시뮬레이션 및 자동차 레이싱 게임에 사용되는데, 여기서는 직접적이고 즉각적으로 가상의 조종기를 제어하는 것이 중요하다. 3인칭 시점은 게임, 학습 환경 및 시뮬레이션에서 보다 보편적으로 사용되며, 환경 및 다른 사물들과 연관하여 자신의 모습을 보는 것이 중요하다. 일부 가상 환경에서는 두 가지 시점 사이를 전환할 수 있도록 하여 사용자가 동일한 게임이나 교육 환경에서 다른 관점을 경험할 수 있다.

초기 VR은 머리 착용형 디스플레이를 사용하여 개발되었다. 그러나, 그것은 착용이 불편하고 때로는 멀미 및 방향 감각의 상실을 유발하는 것으로 밝혀졌으며 가격이 비싸고 관리 및 프로그램 하기가 어려웠다. 1990년대 이후로 저렴하고 착용이 편하며 정확한 머리 추적 기술을 탑재한 VR 헤드셋(예: Oculus Rift)의 등장으로 인해 VR 기술이 현저히 발전했고, 개발자들은 더 매력적인 게임, 영화 및 가상 환경을 만들 수 있게 되었다(**그림 4.10** 참조).

Alice(www.alice.org)와 같은 3D 소프트웨어 도구를 사용하면 가상 환경을 프로그래밍하는 것이 훨씬 쉬워진다. 사용자는 실제 공간을 이동하는 대신 머리 착용형 디스플레이를 쓰고 마우스, 키보드, 조이스틱을 입력 장치로 사용하여 기존 데스크톱 애플리케이션을 사용하듯이 인터랙션 한다. 데스크탑 가상 환경은 보다 사실적인 3D 효과(3D IMAX 영화관과 유사한 경험)를 제공하도록 프로그래밍 될 수 있는데, 이를 위해 사용자가 셔터 글래스을 착용해야 한다.

연구 및 디자인 이슈

가상 현실은 다양한 기술의 학습이나 훈련을 지원하기 위해 개발되었다. 연구자들은 실물에 기반한 훈련, 즉 학습 비용이 높거나 위험할 가능성이 있는 차량 운전, 비행기 조종, 섬세한 외과 수술 등의 훈련을 돕기 위한 애플리케이션을 디자인 했다. 다른 연구자들은 실제 건물,

장소 주변을 실제로 방문하기 전에 미리 그 주변을 둘러볼 수 있는 가상의 환경을 개발하고자 했다(Gabrielli *et al.*, 2000). 또한 가상 환경은 사람들이 사회성 및 말하기 기술을 연습하여 대인기피증을 극복할 수 있기 위한 목적으로 디자인 되었다(Cobb *et al.*, 2002, Slater *et al.*, 1999). 근본적인 가정은 가상의 환경을 통해 사람들이 다양한 수준의 거리감 혹은 불쾌감(예: 작은 거미가 멀리 가는 것을 보고, 중간 크기의 거미가 가까이 있는 것을 보고, 최종적으로 큰 거미를 만지는 것)을 마주하게 함으로써, 그들이 가진 두려움(예: 거미, 공개적으로 말하기)을 자연스럽게 극복하도록 도와주는 안전한 장소로 디자인 될 수 있다는 것이다. 연구에 따르면 사람들은 가상의 거미를 실제의 것으로 상상하고, 가상의 청중을 실제 청중으로 상상하는 즉시, 가상현실에 대한 의심을 거두어 들였다. 예를 들어 Slater(1999)의 연구에 따르면, 사람들이 부정적인 반응을 보이도록 프로그램된 가상의 청중에게 말했을 때 보다 긍정적으로 반응하도록 프로그램된 가상의 청중에게 말했을 때 덜 불안했다고 한다.

가상 환경을 개발할 때 고려해야 할 핵심적 디자인 이슈는 다음과 같다. 어떻게 하면 사용자가 매스꺼움을 느끼지 않게 할 것인가? 사용자가 가상 환경을 탐색할 수 있는 가장 효과적인 방법은 무엇인가(예: 3인칭 혹은 1인칭)? 어떻게 인터랙션하고 동작을 제어할 것인가(예: 머리와 몸의 움직임)? 가상 환경 속 정보와 인터랙션하는 최선의 방법은 무엇인가(예: 키패드, 포인팅, 조이스틱 버튼)? 어떻게 다른 사람들과 협업하고 소통할 것인가? 핵심 고려사항은 가상 환경이 지향하는 현실성의 수준이다. 풍부한 그래픽을 사용하여 현실감 있는 거주 환경과 아바타를 디자인할 필요가 있는가? 아니면 더 간단하고 추상적인 형태를 사용하더라도 동일한 존재감을 느끼게 할 수 있을까? 본 주제에 대한 자세한 내용은 하기 딜레마 박스를 참조하라. ■

딜레마

사실성 vs 추상성?

인터랙션 디자이너가 직면한 과제 중 하나는 인터페이스를 디자인할 때 사실성 또는 추상성 중 어떤 방식을 채택하느냐의 문제이다. 다시 말해 가상의 사물을 표현할 때 1) 현실 속의 사물들과 동일한 외형과 행동을 가진 듯한 환상을 주거나, 2) 사물을 추상화하여 표현하거나 등을 의미한다. 이런 고민은 특히 현실 세계의 일부에 대한 비유를 의도적으로 근거한 개념 모델을 구현할 때 중요하다. 예를 들어, 가상의 데스크톱을 진짜 책상처럼 보이게 하거나, 가상의 집을 실제처럼 보이게 하거나 가상의 지형을 실제처럼 보여주는 것이 나은가? 아니면 대안으로 사물의 몇몇 중요한 특징들만 묘사하여 단순하고 추상적인 표현으로 디자인하는 것이 더 효과적인가?

인터페이스에서 사실성을 추구하는 것의 주요 장점 중 하나는 사람들이 그 애플리케이션에 처음 적응할 때 편한 느낌을 준다는 점이다. 그런 사실적 표현이 즉각적으로 사람들이 물리적 세계를 이해하는 방식을 유도한다는 이치이다. 따라서 사실적인 인터페이스는 사용자가 처음으로 인터페이스의 기본적 개념 구조를 이해하는 데 도움이 된다. 이와는 반대로, 너무 도식적이거나 추상적인 표현은 가상 현실에 막 입문한 사람들을 당혹하게 할 수 있다. 그럼에도 추상적 인터페이스의 장점은 사용하기 효율적이라는 것이다. 나아가 사용자가 숙련될수록 마음에 드는 인터페이스를 찾기가 점점 어려워진다. 따라서 디자이너는 초보 사용자가 편안함을 느낄 수 있는 인터페이스를 디자인할지(숙련된 사용자는 덜 편안함) 숙련된 사용자에게 효과적인 인터페이스를 디자인할지(초보자에게는 어려울 수 있음)에 대한 결정의 딜레마를 직면하고 있다.

Mullet과 Sano(1995)는 가상 데스크톱과 같은 초기 3D 그래픽 표현이 부자연스러운 관점과 어색한 렌더링 스타일로 인해 얼마나 어려웠는지 지적했다. 그 이유 중 하나는 이런 식의 3D 표현이 화면 공간의 효과적 사용과 상충된다는 점이며, 특히 2D 편집 작업을 수행해야 하는 경우에 더욱 그랬다. **그림** 6.15에서 볼 수 있듯이, 그런 종류의 작업들(예: 메일, 프로그램 관리자, 작업 관리자)은 책상 앞쪽에 떠 있는 것처럼 보이는 평면 버튼으로 표현되었다.

특정 종류의 애플리케이션에 현실주의를 사용하는 것은 초보자와 숙련자 모두에게 매우 효과적일 수 있다. 컴퓨터 기반 게임이 이 범주에 속하며, 특히 비행기를 조종하거나 축구 경기를 하는 등 가상 세계에서 실시간으로 일어나는 역동적인 변화들에 사용자가 신속하게 대처해야 하는 게임들이 그렇다. 게임 속 캐릭터의 외모와, 움직임, 패션, 행동의 측면에서 인간을 닮도록 만드는 것은 그 캐릭터가 더욱 진짜 같고 살아 있는 듯한 느낌을 주어 즐거움과 재미를 배가시킨다. ■

그림 6.15 Magic Cap의 3D 데스크탑 인터페이스

출처: Reprinted by permission of General Magic Inc.

실습해보기 6.5

많은 게임들이 PC로부터 휴대폰과 스마트폰으로 옮겨왔지만 화면의 작은 크기 때문에 더 단순하거나 때로는 추상적인 게임이 되는 경향이 있다. 이런 인터페이스의 변화는 동일한 게임을 경험하는데 있어 어떤 영향을 주는가?

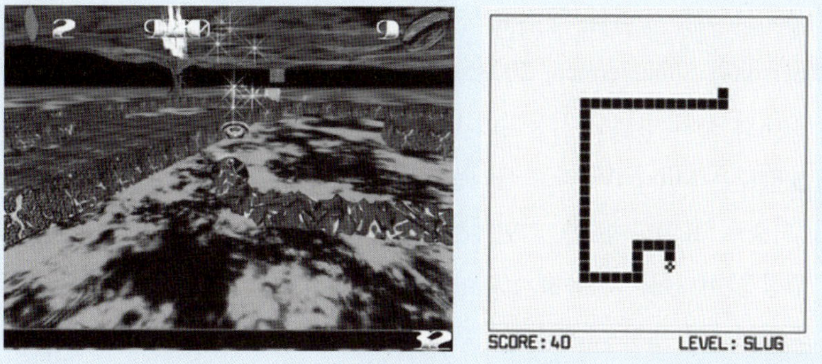

그림 6.16 Snake 게임의 두 가지 화면–왼쪽은 PC에서, 오른쪽은 휴대폰에서의 플레이 장면이다. 두 게임의 룰은 뱀(각기 파란선, 검은 사각형)을 이동시켜 화면에 갑자기 등장하는 목표지점으로 가게 하되 장애물(예: 꽃, 뱀의 꼬리 끝)을 피하는 것이다. 플레이어가 뱀의 머리로 목표지점을 지나게 되면 뱀의 길이가 한 칸 늘어난다. 뱀이 길어질수록 장애물을 피하는 것이 더 힘들어지며, 뱀이 장애물에 부딪히면 게임이 끝난다. PC버전에서는 더 많은 장애물과 이동방법을 포함하여 게임을 더욱 복잡하게 만드는 추가 기능이 많았다. 휴대폰 버전에서는 단순히 평면적인 이차원적 시점이지만, PC버전에서는 삼차원적인 3인칭 아바타 시점이 사용된다.

조언

휴대폰과 스마트폰으로 옮겨온 게임들 중에 가장 효과적인 것들은 높은 중독성을 가진 게임들로, 단순한 그래픽을 사용하고 사용자가 다른 창들 사이를 이동하지 않아도 된다. 그 예시는 Snake(**그림 6.16** 참조), Tetris 및 Snood 등이며, 그 게임들의 목적은 한 물체(예: 뱀, 추상 형태, 범인)를 짧은 구간으로 이동하면서 음식을 먹거나, 컨테이너를 채우거나, 모양을 삭제하는 것이다. PC에서 인기가 높은 월드 오브 워크래프트(World of Warcraft)와 같은 복잡한 게임은 잘 옮겨오지 않는다. 이는 PC에서 게임을 할 때 느끼는 즐거움과 중독성을 만들어 낼 수 있는 동일 수준의 조작 방식이나 몰입감을 주는 것이 작은 화면에서는 어렵기 때문이다. ■

6.2.5 정보 시각화 및 대시 보드

정보 시각화(infoviz)는 복잡한 데이터를 기반으로 컴퓨터가 생성한 그래픽으로서 일반적으로 상호작용 가능하고 동적이다. 정보 시각화는 사용자의 인식 능력을 증폭시켜 패턴, 추세 및 이례적인 부분을 볼 수 있게 하고 이로부터 통찰력을 제공하는 것을 목적으로 한다(Card *et al*., 1999). 구체적인 목표는 현상을 발견하고 의사를 결정하며 해석할 수 있는 능력을 향상시키는 것이다. 가장 인터랙티브한 시각화 방법은 데이터 전문가들을 위해 개발되었다. 방대한 양의 동적 데이터 및 정보, 예를 들어 위성 이미지나 연구 결과물들을 텍스트 기반 정보만으로 정리하기는 무척 어려운데, 이 부분을 이해하고 설명할 수 있도록 도와준다.

정보와 데이터를 묘사하기 위해 사용되는 일반적인 방법은 확대, 축소가 가능한 3D 인터랙티브 맵으로 그물형, 트리형, 군집형, 산점도 혹은 연결된 노드의 다이어그램으로 표현될 수 있다(Bederson과 Shneiderman, 2003; Chen, 2004). 계층적이고 연결된 구조, 색상, 주석, 타일링 및 스태킹 등의 방법도 사용되어 다양한 기능들 및 그것들 사이의 공간적 관계를 설명한다. 그림 6.17은 MillionVis라고 불리는 전형적인 트리맵으로 2D 스태킹, 타일링 및 색상을 그래픽 기술로 표현하여 한 화면에서 백만 가지 항목을 보여준다(Fekete과 Plaisant, 2002). 그 핵심 아이디어는 사용자가 데이터 세트의 전체 구조를 볼 수 있는 동시에 이미지의 일부분을 확대하여 특정 데이터 포인트를 자세히 살펴볼 수 있다는 것이다. Shneiderman (1992)에 의하면 트리맵은 파일 시스템을 시각화하는 데 사용되어 왜 디스크 용량이 부족한

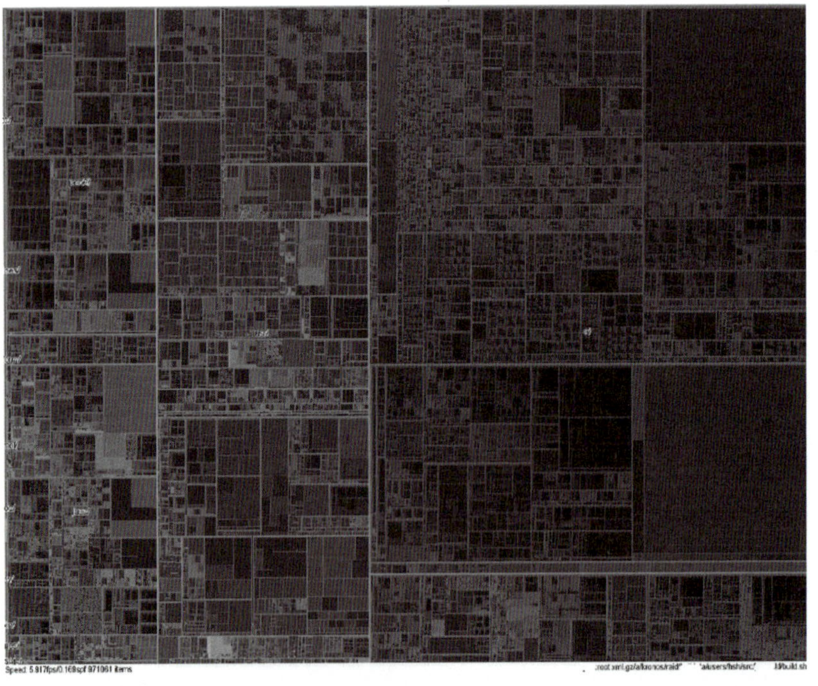

그림 6.17 평면 컬러 블럭을 이용한 정보 시각화

출처: Reproduced with permission from Fekete, J.D., Plaisant, C., Interactive Information Visualization of a Million Items, Proc. IEEE Symposium on Information Visualization (2002), 117–24. www.cs.umd.edu/hcil/millionvis.

지, 애플리케이션 별로 차지한 용량이 어떻게 다른지 사용자가 이해할 수 있게 해주며, 테라바이트 수준의 위성 이미지 저장소를 보는 데에도 사용되어 왔다. 비슷한 시각화 방법은 주식 정보에도 적용되어, 시간의 흐름에 따른 주식의 변화 및 지분과 관련된 정보를 보여주며, 특정 부분에 커서를 가져가면 추가 정보를 보여준다(예: SmartMoney.com의 Marketmap).

대시보드는 더욱 널리 사용되는 정보 시각화의 형태가 되었다. 그것은 시간에 따라 업데이트된 데이터의 스크린샷을 한눈에 보여주도록 구성되어 있는데, 다른 종류의 정보 시각화와 달리 인터랙티브하지 않은 경향이 있으며, 그 데이터의 단편은 시스템 또는 프로세스의 현재 상태를 나타내기 위한 것이다. 그러나 명확한 정보 전달을 방해하는 화려함을 마케팅의 미덕으로 생각하는 소프트웨어 판매자들이 많은 상용 대시보드의 시각 디자인을 나쁘게 만들었다(Few, 2013, p. 2). 그 결과물은 다이얼, 게이지 및 그래프가 뒤범벅되어 있어 어디에서 어떤 정보를 찾을 수 있는지, 시간 혹은 차원 별로 데이터를 비교하는 방법을 알기 어렵게 되어 있다. 대시 보드는 이해하기 쉽고 읽기 쉬운 정보의 형태로 디자인되어서 사용자가 자신에게 중요한 정보를 편히 제공 받도록 해야 한다. 이를 위해 공간 레이아웃을 디자인하는 최선의 방법을 고려하여 처음 봐도 직관적으로 읽을 수 있어야 하며, 서로 다른 요소들을 결합하고 구분할 수 있는 최선의 방법 또한 강구해야 한다.

실습해보기 6.6

(a)

그림 6.18 두 가지 대시 보드의 스크린샷: (a) 영국 항공의 이용 빈도가 높은 클럽의 고객들이 가입 이래로 총 얼만큼의 비행을 했는지에 대한 정보, (b) 런던시가 제공하는 다양한 정보 피드. 어느 것이 더 읽기 쉽고 정보를 잘 제공하는가?

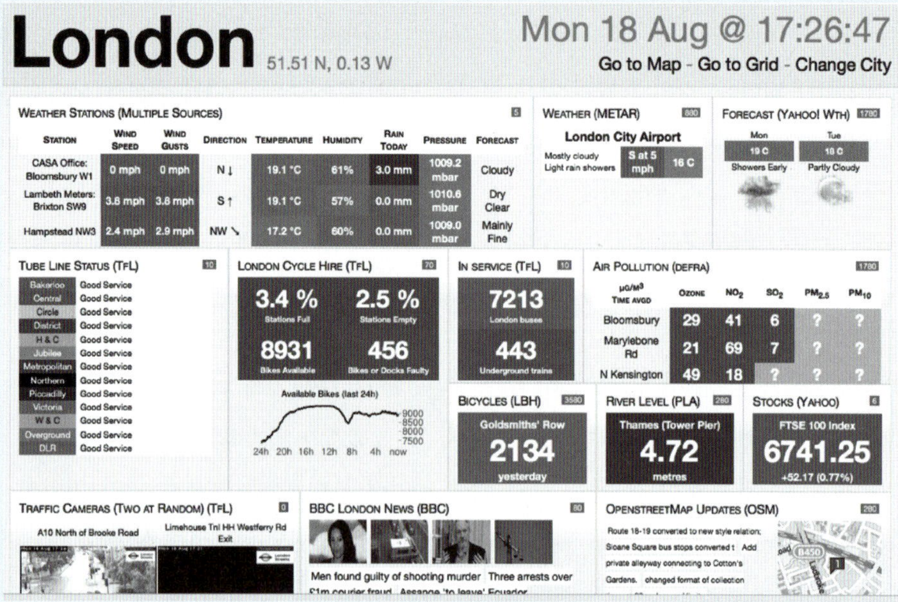

(b)

조언

영국 항공의 대시보드의 시각 디자인에는 많은 생각이 반영되어있다. 픽토그램이 단순하고 컬러풀해서 보는 이들의 시선을 집중시킨다. 첫째로 시선이 집중되는 부분은 고객들이 3주 동안 엄청난 거리를 비행했다는 정보다! 이 흥미로운 정보는 매우 놀랍고 눈에 잘 띈다. 우측 하단 구석의 작은 정보는 약간의 유머를 더해준다. 반면 런던시의 대시보드는 시각적으로 매우 정신없고, 보는 사람이 원하는 정보를 찾기 위해 이리저리 둘러보는데 시간을 허비하게 된다. 개별적으로 적용된 그래픽과 텍스트는 비교적 간단하고 이해하기 쉬우며, 영국 항공의 대시보드 보다 훨씬 많은 교통 관련 정보들, 런던 지하철 서비스 수준, 날씨, 주요 뉴스, 대여 가능한 자전거 수, 기상 예보 및 대기 오염 지수 등을 제공한다. 사용자는 몇 번 정도 훑어 본 후에 교통 정체 상황이나 블룸버리(Bloomsbury)의 대기 오염 여부 등 관심 가는 내용을 볼 수 있는 위치를 기억할 수 있다. ■

연구 및 디자인 이슈

주요 디자인 이슈는 다음과 같다. 애니메이션이나 인터랙션 기능을 사용할지, 어떤 코딩 유형을 사용할지(예: 색상 또는 텍스트 주석), 2D 나 3D 중 어떤 표현을 사용할지, 어떤 탐색 방식을 사용할지(예: 확대 또는 패닝), 어떤 종류로 얼마나 많은 추가 정보를 제공할지(예: 롤오버 또는 표). 사용할 메타포의 유형도 중요하다(예: 비행하는 항공기의 모습을 보여주거나 혹은 도시 환경 정보를 문서의 형태로 보여주거나). 가장 우선되는 원칙은 이해하기 쉽고 추론하기 쉬운 시각화를 디자인하는 것이다. 하나의 시각화 정보에 보이는 변수가 너무 많으면 사용자가 표현된 정보를 읽고 이해하는 것이 훨씬 더 어려워진다. ■

6.2.6 웹

초기의 웹사이트는 주로 텍스트 기반이었으며 텍스트에 하이퍼링크를 걸어 다른 사이트나 페이지로 이동할 수 있는 경로를 제공했다. 디자인에서 가장 중점적으로 고려해야 할 사항은 어떻게 하면 인터페이스를 최적의 구조로 설계하여 사용자가 쉽고 빠르게 탐색하고 액세스할 수 있도록 하는가였다. 예를 들어 Nielsen(2000)은 자신과 Mohlich가 제시한 사용성 가이드라인(Nielsen과 Mohlich, 1990)을 웹사이트 디자인에 적용시켰고, 단순성, 피드백, 속도, 가독성 및 사용 편의성에 초점을 맞추었다. 또한 그는 웹사이트의 성공 여부에 있어 다운로드 시간이 얼마나 중요한지를 강조했다. 간단히 말해 웹페이지가 나타나기 까지 너무 오래 기다려야 하는 사용자는 다른 페이지로 이동할 가능성이 크다.

1990년대 이후로 많은 웹 디자이너들은 미적으로 즐겁고, 사용 가능하며, 관리가 쉬운 웹사이트를 개발하려고 노력해 왔고, 그래픽 디자인이 최우선 순위로 여겨졌다. 목적은 사용자가 처음 봤을 때 독특하고, 인상적이며, 즐거우며 다시 방문했을 때 즉각 알아볼 수 있는 사이트를 만드는 것이다. 세 가지 기준을 모두 충족하는 웹사이트들도 있는가하면 어떤 경우는 시각적으로는 좋아 보이나 탐색하기는 끔찍하고 콘텐츠 업데이트는 더 심각했다. 반면 사이트는 쉽게 탐색하도록 설계했지만 시각적으로는 매우 안 좋은 경우도 있다. Krug(2014)은 디자이너가 웹사이트를 만드는 방식과 사용자가 실제로 웹사이트를 보는 방식이 다르다는 관점에서 '사용하기 좋은 것 vs. 보기 좋은 것'의 논쟁점들을 정리했다. 그는 웹 디자이너들이 사이트를 만들 때 착각하는 점, 즉 사용자가 모든 페이지들을 둘러보고, 세밀히 짜여있는 단어들을 읽고, 이미지, 색상, 아이콘 등을 살펴보고 얼마나 다양한 항목들이 어떻게 사이트 내에 구성되었는지 검토하며 심사숙고 끝에 링크를 선택한다고 생각한다는 것을 지적한다. 그러나 종종 사용자는 매우 다르게 행동하는데, 새로운 페이지를 힐끗 보고, 그 일부를 훑어보고, 관심을 끌거나 자신이 원하는 내용을 보여줄 것 같은 첫 번째 링크를 클릭하며, 웹페이지에 있는 대부분의 콘텐츠는 읽지 않는다. 그는 웹 디자이너가 위대한 문학(아니면 적어도 제품 브로셔)이라고 생각하는 그것이 정작 사용자에게는 시속 60마일로 스쳐가는 광고판과 같다 말한다(Krug, 2014, p. 21). 그의 묘사는 웹 디자이너와 사용자를 다룬 풍자 만화 같지만, 디자이너가 웹사이트를 만드는 자신만의 세심한 방식에 비해 사용자는 빠르고 덜 체계적인 접근 방식으로 그것들을 본다는 사실을 조명한다.

2000년대 초반, 웹사이트 디자인은 크게 도약했는데 이는 사용자 중심적인 편집 도구(예: Dreamweaver) 및 프로그래밍 언어(예: php, 플래시 및 XML)가 등장함에 따라 디자이너와 일반인 모두가 좀 더 멀티미디어 환경처럼 보이고 행동하는 웹사이트를 만들 수 있는 기회가 되었기 때문이다. HTML5 및 Ajax와 같은 웹 개발 기술들을 사용하면 개인용 컴퓨터에서도 애플리케이션 개발 및 실행이 가능하여, 데스크톱 애플리케이션을 본 딴 웹 애플리케이션을 개발할 수 있게 되었다. 위키(Wikis)와 블로그 또한 매우 보편화되어서, 수많은 링크가 연결된 웹페이지들을 쉽게 만들고 편집할 수 있게 되었다. 그 다음으로 사용이 쉬운 인터페이스를 가진 WordPress가 보편화 되어, 사용자는 200개가 넘는 무료 템플릿을 이용하여 쉽게 자신의 블로그나 웹사이트를 제작할 수 있게 되었다. 개인화된 웹페이지들이 스마트폰 브라우저용으로 개발되기 시작했고, 하이퍼링크로 연결된 개별적 페이지 구조 보다는 연결된 목록으로 기사, 게임, 음악 등을 스크롤하며 클릭할 수 있는 형태였다.

스와이프는 아주 어린 아이들이 버튼을 누르거나 다이얼을 돌리는 것과 같이 자연스럽게 습득할 수 있는 새로운 형태의 인터랙션이 되었다. 그런 측면에서 우리는 스와이프가 현실 세계와도 상호작용하는 방법이라고 생각하는 경우가 종종 있다는 것을 아래 비디오가 보여준다.

'잡지는 고장난 iPad'라는 비디오 링크
http://youtu.be/aXV-yaFmQNk

2000년대 후반, 태블릿 컴퓨터가 널리 보급됨에 따라 웹 트래픽이 급격히 증가했고 스마트폰의 트래픽을 넘어서기 시작했다. 웹 디자이너들은 PC, 노트북 및 소형 디스플레이뿐만 아니라 태블릿의 터치스크린을 위한 웹브라우저 및 웹사이트를 디자인하는 방법을 재고하기 시작했다. 많은 사람들이 온라인 콘텐츠를 볼 때 마우스를 사용하는 것 보다 손가락으로 스크롤하고 스와이프하는 방식을 더 많이 사용했다. 표준적인 데스크톱 인터페이스가 태블릿에서는 적절하지 않은 듯 보였다. 특히 사용되는 주요 글꼴, 단추 및 메뉴 탭이 너무 작아서 손가락으로 선택하기가 어려웠다. 사용자가 마우스나 트랙패드를 사용하여 인터페이스의 항목을 더블 클릭하는 대신, 태블릿 화면은 손가락의 탭으로 입력이 가능해야 한다. 주요 탐색 방법은 스와이프 및 핀치이다. 이런 인터랙션 방식이 잘 적용될 수 있는 새로운 스타일의 웹사이트들이 등장했는데, 이는 마우스나 트랙패드를 사용할 때도 마찬가지로 쉬운 사용성을 제공했다.

화면의 사이즈(스마트폰, 태블릿, PC)에 따라서 레이아웃, 그래픽 디자인, 글꼴 및 모양을 맞추어 변경하는 웹사이트도 개발되었다.

많은 웹사이트들의 디자인을 살펴보면 첫 페이지의 상단에 배너가 표시되고, 회사, 제품, 서비스를 홍보하는 짧은 비디오가 있으며, 좌우 화살표를 클릭하여 페이지를 넘길 수 있고, 그 아래로는 사용자가 스크롤할 수 있는 상세 내용이 있다. 탐색 방향은 대개 좌우 방향으로 페이지를 스와이프하여 이동하거나 위아래를 스크롤하는 방식으로 이루어진다.

태블릿을 위한 웹사이트 디자인 팁을 제공하는 링크
http://css-tricks.com/a-couple-of-best-practices-for-tablet-friendly-design/
http://webdesign.tutsplus.com/articles/how-the-ipad-and-tablets-aredriving-new-web-design-trends--webdesign-2428

생각해보기 6.4

노골적인 웹 광고

웹 광고가 넘쳐나다 못해 침투하고 있다. 런던의 피카딜리 서커스(Piccadilly Circus)와 같은 중심 시가지의 움직이는 네온사인을 보고 영감을 받은 광고주들은 번쩍거리며 움직이는 광고가 그들의 상품을 홍보하는데 얼마나 효과적인지를 깨달았다. 그러나 1990년대 배너 광고가 등장한 이래로 그것들은 더 교활하고 공격적인 전술을 펼치게 되었다. 더욱 현란한 배너 광고 디자인과 더불어 더 심한 방해성 웹 광고가 화면상에 많이 등장하기 시작했다. 이제는 온라인 신문이나 잡지의 뉴스 영상의 최상단에 짧은 영상 및 화려한 만화 애니메이션—종종 사운드를 병행—이 전면 배치되어 플로팅 창으로 확대 재생된다. 게다가 사용자는 종종 이런 노골적인 웹 광고의 재생이 끝날 때까지 기다리거나 창을 닫기 위한 체크 박스를 찾아야 한다. 특히 여러 개의 광고 창이 열릴 때는 정말 귀찮을 수 있다. Facebook, YouTube, Gmail처럼 무료 서비스를 제공하는 사이트 또한 웹 광고로 채워진다. 많은 사람들은 그것들을 애써 무시하거나 그저 항복할 수밖에 없지만, 광고주가 더 공격적인 전술을 택할수록 그러기 조차 힘들어 질 것이다. 문제는 광고주가 웹사이트에 광고를 넣기 위해 온라인 업체에 막대한 광고비를 쏟아 붓는다는 것이며, 이로 인해 광고 위치, 내용, 방법에 대한 결정권을 가진다는 점이다. ■

연구 및 디자인 이슈

웹 디자인 및 사용성을 다루는 많은 고전 문헌들이 새 버전으로 업데이트되었다(Krug, 2014; Cooper *et al.*, 2014). 또한 지침들과 팁, 잘못된 웹사이트 디자인 사례들을 함께 제공하는 온라인 사이트들도 많다. 웹사이트의 주된 디자인 문제는 Keith Instone이 제안한 세 가지 질문으로 잘 정리된다(Veen, 2001년 인용). 나는 어디에 있는가? 이것은 무엇인가? 어디로 갈 수 있는가?

이 세 가지 기본 질문은 오늘날의 웹사이트에도 여전히 유효하다. 웹 콘텐츠 접근성 지침(WCAG, Web Contents Accessibility Guidelines)은 모두를 위한 웹사이트 디자인 방법에 대해 개발자들이 알 수 있게 해준다. 최신 버전인 WCAG 2.0은 다음 링크에서 확인 가능하다. http://www.w3.org/WAI/intro/wcag. 그 지침들은 아래와 같은 사용자들을 위한 웹사이트 디자인 방법을 포함한다.

- 보거나 듣지 못하며, 이동할 수 없고, 일부 유형의 정보를 쉽게 (혹은 전혀) 처리하지 못하는 사용자
- 텍스트를 읽거나 이해하는 데 어려움이 있는 사용자
- 키보드나 마우스가 없거나 사용할 수 없는 사용자
- 텍스트만 가능한 화면, 작은 화면을 보거나 인터넷 연결 속도가 느린 사용자

웹사이트 콘텐츠 역시 다음 사용자들을 고려해야 한다.

- 문서 상에 작성된 언어를 유창하게 말하거나 이해하지 못하는 사용자
- 눈, 귀 또는 손이 바쁘거나 이를 간섭하는 환경에 있는 사용자(예: 운전자)
- 초기 버전의 브라우저, 완전히 다른 브라우저, 음성 브라우저 또는 다른 종류의 OS를 다루는 사용자 ■

실습해보기 6.7

Nike 혹은 Levi's 같은 패션 브랜드의 웹사이트를 살펴보고 거기에 사용된 인터페이스의 유형을 설명해보자. 그것들은 Veen이 제시한 지침들을 어떻게 위반하고 있는가? 그것이 중요한가? 어떤 종류의 사용자 경험을 제공하는가? 그것을 사용했던 당신의 경험은 어떤가?

조언

Nike 혹은 Levi's 같은 패션 업체의 사이트는 차라리 영화관의 경험에 가까우며, 비디오, 사운드, 음악, 애니메이션 및 인터랙티비티 등의 풍부한 멀티미디어 요소들을 제공한다. 이런 경험

의 핵심은 브랜딩이며 이는 전통적인 웹사이트와는 거리가 멀고 사용성 지침들을 많이 위배한다. 특히 이런 사이트들은 방문자들이 가상의 상점에 들어와서 그 제품을 착용한 멋쟁이들이 등장하는 혁신적인 영상을 보도록 유인하기 위해 디자인 되었다. 여기에 멀티미디어 인터랙션이 종종 삽입되어 사용자는 사이트의 다른 부분으로 이동할 수 있다(예: 이미지 또는 애니메이션의 일부를 클릭). 메뉴, 건너 뛰기, 다음 버튼 등을 포함한 위젯들도 제공된다. 그런 경험에 몰두하다 보면 그 사이트가 온라인 상점임을 잊고 길을 잃거나, 내가 어디 있는지, 여기는 무엇을 하는 곳인지, 어디로 갈지를 망각하기가 쉽다. 그러나 이것은 정확하게 Nike 및 Levi's 같은 회사가 바라는 바이며, 방문객들은 경험 자체를 즐기게 된다. ▪

6.2.7 가전제품

가전제품은 집, 공공 장소 및 자동차에서 매일 사용하는 기기들(예: 세탁기, DVD 플레이어, 자동 판매기, 리모컨, 복사기, 프린터 및 내비게이션 시스템) 및 개인용 기기들(예: MP3 플레이어, 디지털 시계 및 디지털 카메라)을 포함한다. 그것들이 가진 공통점은 대부분의 사람들이 그 기기들을 이용하여 짧은 시간 내에 특정한 일(예: 세탁, 프로그램 시청, 티켓 구입, 시간 변경, 이미지 캡쳐)을 완료하고자 한다는 것이다. 사람들은 그런 기기들의 인터페이스를 탐색하거나 작동 방법 확인을 위한 메뉴얼을 정독하는 데에는 시간을 쓰고 싶어 하지 않는다.

연구 및 디자인 이슈

Cooper(2014)는 가전제품과의 인터랙션이 짧기 때문에 그 인터페이스를 순간적인 관점에서 보라는 제안을 디자이너들에게 했다. 그러나 디자이너들은 너무 빈번하게 풀스크린 컨트롤 패널을 제공하거나, 몇 개의 버튼만 잘 배치해도 될 곳에 불필요하게 모든 버튼을 제공하여 사용자들을 좌절시키고 혼란에 빠뜨린다. 여기서 두 가지, 즉 단순성과 가시성의 기본적 디자인 원칙이 무엇보다 중요하다. 사진 복사기가 어떤 작업 중인지, 티켓팅 기계가 무엇을 하고 있는지, 세탁이 얼마나 오래 걸릴지 등의 상태 관련 정보들이 아주 단순한 형태로 눈에 잘 띄는 곳에 제공되어야 한다. 핵심적인 디자인 문제는 다음과 같다. LCD 및 터치스크린 같은 소프트 디스플레이가 많은 가전제품 인터페이스의 일부가 되면서, 다이얼, 버튼, 손잡이와 같은 기존의 물리적 컨트롤을 대체하였을 경우 잃게 되는 것들은 무엇인가? ▪

실습해보기 6.8

당신이 가진 토스터의 조작부위(혹시 없다면 **그림 6.19** 참조)를 보고 각각의 기능을 설명해보자. 그 기능들을 LCD 화면으로 대체할 수 있는 방법을 고려해보자. 그런 인터페이스의 변경으로 얻는 것과 잃는 것은 무엇일까?

조언

일반적인 토스터에는 두 가지 주요 조작 형태, 즉 굽기를 시작하기 위해 내릴 수 있는 레버와 타이머 설정용 손잡이가 있다. 최근에는 토스트가 타기 시작할 때 바로 눌러 꺼낼 수 있는 작은 버튼이 달려있는 모델이 많고, **그림 6.19**에서는 타이머 손잡이 왼쪽에 있다. 어떤 모델은 굽는 유형(예: 한쪽면만 굽기 혹은 해동용)에 따라 다이얼 혹은 버튼을 누르는 방식으로 다양한 설정이 가능하다.

LCD 화면을 기반한 조작부를 디자인하면 더 많은 정보와 옵션을 제공할 수 있다(예: 토스트 한 장만 굽기, 따뜻하게 유지하기, 토스트가 타면 자동으로 튀어나오게 하기). 또한 분, 초 단위까지 정확한 타이머 설정도 가능하다. 그러나 전자레인지의 디자인 진화 과정에서 나타난 것과 비슷한 단점은 논리적이고 매우 간단한 이전의 행동 — 오븐에 음식을 넣고 가열 — 보다 복잡성을 가중시켜서 사용이 더 어려워진다는 점이다. ■

그림 6.19 기본적인 물리 조작부를 가진 일반적인 토스터

6.2.8 모바일

모바일 기기는 사람들의 모든 일상 및 직장 생활 속에 널리 사용되면서 보편화 되었다. 그것들은 중요한 거래 성사를 위한 비즈니스 도구, 현실 세계를 원격 제어하는 수단, 지연된 여행 일정으로 인한 좌절에 대응하도록 돕는 기기, 집을 떠나 있을 때 사랑하는 이에게 잘자라는 인사를 건넬 수 있는 관계 지향적 기기가 되었다(Jones과 Marsden, 2006). Android 앱인 Locket은 2015년도에 15만명의 사용자를 대상으로 휴대전화 확인 횟수를 조사했는데, 평균

적인 사람이 일당 110번 스마트폰을 확인했다고 한다. 확인 빈도는 하루 중에도 많이 다를 수 있지만, 저녁 시간대의 확인 횟수가 상당히 증가하는 것으로 나타났다. 당신은 어떤 패턴으로 사용하는가?

스마트폰이나 아이팟(iPod)과 같이 손에 쥐고 사용하는 장치들은 크기, 이동성 및 인터랙션 방식의 측면에서 PC나 노트북과는 다르며 주머니나 지갑 속에도 휴대가 가능하다. 초기 휴대폰은 문자가 새겨진 작은 고정형 물리 키보드를 제공했다. 이제 대부분의 스마트폰들은 터치 기반이며, 필요시 가상 키보드가 나타나고, 손가락 및 엄지 탭으로 인터랙션 한다. 그것들은 이동 중에도 실시간 데이터 및 정보에 접근할 수 있는 모바일 환경 속의 사람들에게 점점 더 많이 사용되고 있다. 예를 들어 이제는 식당에서 주문을 받고, 렌트카 반납 여부를 확인하며, 슈퍼마켓의 재고를 확인하고, 거리에서 참여형 게임을 즐기기 위해 일상적으로 사용된다. 태블릿도 업무 환경에서 사용된다. 예를 들어, 많은 항공사들이 탑승객들에게 태블릿을 제공하여 맞춤형 비행 애플리케이션들을 사용할 수 있도록 하며, 영업 및 마케팅 담당자는 제품을 설명하고 대중의 의견을 수집하기 위해 태블릿을 사용한다. 태블릿과 스마트폰은 교실에서도 더 많이 사용되고 있다.

2008년 Apple의 아이폰(iPhone)이 출시됨으로써 즐기기 위해 고안된 새로운 사용자 경험인 앱(app)이 세상에 처음 소개되었다. 게임, 엔터테인먼트, 소셜 네트워킹, 음악, 생산성, 라이프 스타일, 여행 및 내비게이션을 비롯하여 수많은 카테고리별 신규 앱이 매일 추가되고 있으며 현재까지 100만개 이상에 달한다. 손목 밴드 또는 헤드 밴드와 같은 웨어러블 기기와 연결된 건강한 라이프 스타일 및 웰빙 앱(예: FitBit, Jawbone Up)도 인기를 얻고 있다. 이런 앱들은 이동 중이나 수면 중에도 사용자의 행동과 신체 기능을 모니터하고 측정할 수 있으며, 웨어러블에 내장된 센서들 즉, 움직임을 감지하는 가속도계, 온도를 측정하는 체온계, 피부의 땀분비량 변화를 측정하는 센서(GSR, Galvanic Skin Response) 등을 사용한다. 그밖의 앱들은 어떤 필요성 또는 사용을 위한다기 보다 단순히 남는 시간을 재미있게 보내기 위해 만들어졌다. 초반에 매우 성공한 재미용 앱의 예로 마술사인 스티브 쉐라톤(Steve Sheraton)이 개발한 iBeer(**그림 6.20** 참조)가 있다. 선보인지 몇 달 만에 수십만명이 앱을 다운로드 했고 친구들에게 보여주자 그들도 다운로드 및 또 다른 친구들에게 소개했다. 그 앱은 곧바로 히트작이 되었고 파티의 필수 아이템이 되었으며 다른 소프트웨어의 부류와는 완전히 달랐다. 게다가, 사람들을 사로 잡는 것이 무엇인지 진정으로 이해하는 인터랙션 디자이너가 아닌 마술사가 그것을 만들었다. 그 성공은 스마트폰에 내장된 가속도계의 독창적인 사용에 일부 기인하는데, 아이폰의 기울기 정보를 사용하여 맥주잔을 기울여 마시는 듯한 흉내를 낼 수 있다. 그래픽과 사운드도 매우 흥미롭다. 거품이 떠있는 맥주의 색상과 어우러진 음향 효과는 가상의

hottrixdownload.com

그림 6.20 iBeer 스마트폰 앱

출처: iBeer™ Photo ©2010 HOTTRIX® Reproduced with permission.

맥주가 가상의 잔 안에서 찰랑거리는 듯한 환상을 제공한다. 폰을 완전히 기울여 맥주를 다 마시면 트림 소리가 따라온다.

스마트폰은 물리적인 세상에 있는 바코드를 스캔하여 정황에 맞는 정보를 다운로드 하는 데도 사용될 수 있다. 아이폰의 바코드 스캔 기능을 사용하면, 소비자들은 슈퍼마켓을 돌아다니며 견과류, 글루텐 및 유제품의 알러지 여부 등의 제품 정보를 즉시로 확인할 수 있다. 예를 들어, 굿가이드(GoodGuide) 앱을 사용하면 구매자는 가게에서 제품의 바코드 사진을 찍어 건강이나 환경에 미치는 영향에 대한 사람들의 평가를 확인할 수 있다. 관련 정보에 빠르게 접근할 수 있는 또 다른 방법은 QR 코드를 사용하는 것이다. QR 코드는 URL 정보를 담고 있고, 흑백 체크 무늬 사각형처럼 생겼으며, 잡지(**그림 6.21** 참조), 간판, 명함, 의류, 음식과 음료 포장, 기차 등에 보여질 수 있다. 사람들이 폰의 카메라로 QR 코드의 사진을 찍으면 즉시 특정 웹사이트를 띄워준다. 하지만 이렇게 QR 코드가 추가 정보나 특별한 제안을

그림 6.21 잡지 페이지에 삽입된 QR 코드

제공할 수 있는 보편적인 방법이라고 업체들에게 호소하고 있음에도 실제로 많은 사람들이 사용하지는 않는다. 그 이유 중 하나는 그것이 느리고, 까다롭고, 현장에서 사용하기가 번거롭다는 점이다. 사람들은 먼저 QR 인식을 위한 앱을 다운로드해서, 실행하고, QR 코드 위에서 폰을 들고 사진을 찍어야 하며, Wifi 수신 상태에 따라서 웹페이지를 여는 데 시간이 걸릴 수도 있다.

연구 및 디자인 이슈

모바일 인터페이스는 일반적으로 작은 화면과 한정된 제어 공간을 가진다. 디자이너는 어떤 유형의 하드웨어 조작부를 어디에 배치하고 또 어떻게 소프트웨어와 연결시킬지를 신중히 생각해야 한다. 모바일 인터페이스를 위해 디자인된 애플리케이션은 탐색이 제한적이고 텍스트 입력이 느리다는 점과 터치, 펜 혹은 키패드 입력 중 어떤 것을 사용할지 등을 고려해야 한다. 수직 및 수평 방향의 스크롤을 사용하면 이미지, 메뉴 및 목록을 빠르게 탐색할 수 있다. 이미 수많은 모바일 브라우저들이 개발되어 사용자들은 보다 효과적인 방법으로 인터넷, 잡지, 기타 미디어들을 보고 탐색할 수 있다. 예를 들어 Edge Browser는 주소창과 내비게이션 버튼이 없는 최초의 브라우저 앱 중 하나였다. 그러다보니 화면 상에 나타나지 않은 기능을 어떻게 수행할 지가 불명확했다. 주요 고려 사항은 키, 아이콘, 버튼 또는 앱과 같이 사용자가 터치하면 어떤 일이 일어나게 하는 히트 영역이다. 그 영역은 두꺼운 손가락도 정확하게 누를 수 있을 만큼 커야 한다. 영역이 너무 작으면 사용자가 실수로 잘못된 키를 누르게 되어 매우 짜증날 수 있다. 평균적인 손가락 끝의 폭은 1~2 cm 사이이다. Apple, Nokia 및 Microsoft는 터치스크린 본질을 고려하여 히트 영역을 수용하기 위해 약간 다른 크기를 권장한다(버튼 및 터치 영역의 최적의 크기와 위치를 결정하는 방법에 대한 자세한 내용은 15장 참조).

모바일 기기용 인터페이스 디자인 방법에 대한 조언을 제공하는 많은 지침들이 있다(Weiss, 2002). Android, Windows Phone 및 Apple은 스마트폰 인터페이스 및 애플리케이션 개발을 위한 광범위한 지침을 제공한다. Case Study 11.1은 모바일 인터페이스 개발을 위해 프로토타이핑을 활용하는 방법을 설명하고, Case Study 11.2는 다양한 폼팩터의 영향을 탐구한다. ■

모바일 인터랙션 디자인을 위한 UX Booth에서는 Elaine McVicar가 수많은 온라인 튜토리얼들을 제공하는데 그것들을 읽기 쉽고 깔끔한 일러스트로 구성되어 있으며 다음 내용을 포함한다. 1) 정보 아키텍처 2) 인터랙션 기술(예: 로그온, 페이지 뒤집기, 스와이프, 핀치, 형태 디자인 등)

1. http://tinyurl.com/cmw54vj
2. http://tinyurl.com/c32ns6d

6.2.9 음성

음성 기반 사용자 인터페이스는 기차 시간 방송, 여행 플래너 또는 전화 서비스와 같은 음성 언어 애플리케이션이 있는 시스템과 대화가 이뤄지는 곳이다. 특정 정보(예: 비행 시간)를 조회하거나 거래(예: 항공권 구매 또는 스마트폰 계정 한도 높이기)를 수행하는 데 주로 많이 사용된다. 이는 사용자가 인터페이스와 말하고 듣는 대화 형식(2장 참조)을 기반한 자연어 인터랙션의 특정 형태이다. 현재 기업들은 음성 기반 애플리케이션들을 상업적인 용도로 많이 활용하고 있으며, 특히 전화 서비스를 제공하는 경우가 많다. Dragon Dictate와 같이 음성을 텍스트로 변환(STT, Speech-to text)해주는 시스템도 함께 대중화되었다. 또한 음성 기술은 장애를 가진 사람들에게도 사용될 수 있는 음성 인식 워드 프로세서, 스캐너, 웹 리더, 가전제품 및 시스템 제어(예: 조명, TV, 스테레오 및 기타 가전제품) 등의 진보된 애플리케이션의 형태도 있다.

기술적 측면에서 현재의 음성 인터페이스는 1990년대 초에 사람의 말을 너무 자주 못 알아 듣는다는 평판을 받았던 1세대 음성 시스템(만화 참조) 보다 훨씬 정교하고 정확할 정도로 성숙기에 접어 들었다. 초기 시스템에서 일반적으로 사용된 인공 합성 음성보다 훨씬 친숙하고, 더 진짜 같으며 기분 좋은 메시지와 응답을 녹음하기 위해 배우들이 많이 동원되었다.

통화 라우팅은 기업에서 자동화 음성 시스템을 적용한 가장 보편적인 사례 중 하나로, 사용자가 그 기업의 특정 서비스에 접근할 수 있도록 돕는다. 많은 기업들이 자신의 서비스 탐색을 용이케 하기 위해 기존의 실망스럽고 거추장스러운 터치톤 방식(10자리 숫자와 # 및 * 기호로 제한된)을 사용자 음성이 주도하는 기술로 교체하고 있다. 발신자는 이제 임의 숫자들을 연달아 누르기보다는 자신의 언어로 필요한 내용을 말할 수 있다. 예를 들어 '내 보이스 메일에 문제가 있어요.'라고 말하면 자동으로 적절한 서비스가 연계된다(Cohen *et al.*, 2004).

인간 사이의 대화에서 상대방이 일련의 옵션들을 모두 말하기를 기다리기 보다는 종종 말을 끊게 되는데, 특히 자신이 원하는 것을 알고 있다면 더욱 그렇다. 예를 들어, 레스토랑에서 내가 원하는 메뉴가 무엇인지 알고 있다면, 종업원이 특제 요리를 설명할 즈음에 멈추게 해서 그녀가 메뉴 전체를 다 말하지 않게 할 수 있다. 마찬가지로 음성 기술은 바지(barge: 끼어들기)라는 기능으로 디자인되어 수신자가 시스템의 메시지 재생이 끝나기 전에 메시지를 끊고 바로 원하는 요청 및 응답이 가능하다. 이는 시스템에 선택 가능한 옵션이 많고 선택자가 원하는 것을 이미 알고 있는 경우에 매우 유용할 수 있다.

대화를 구성할 수 있는 몇 가지 방법이 있다. 가장 일반적인 것은 시스템이 대화를 제어하는 대화 유도 방식으로, 양식 작성하기와 비슷하게 특정 질문으로 특정 응답을 요구한다(Cohen *et al*., 2004).

시스템: 어떤 도시로 비행하시겠습니까?
발신자: London이요
시스템: 어떤 공항으로 가십니까? - Gatwick, Heathrow, Luton, Stansted 또는 도시명?
발신자: Gatwick이요
시스템: 어느 날 출발 하시겠습니까?
발신자: 월요일이요
시스템: 5월 5일 월요일입니까?
발신자: 예

다른 시스템은 더 유연해서 사용자가 더 많은 주도권을 가지고 많은 정보들을 단일 문장으로 말 할 수 있다(예: '다음주 월요일에 2주간 파리에 가고 싶어요'). 이 방법의 문제점은 오류 가능성이 더 높다는 것인데, 이는 시스템이 실제 여행사 직원 수준으로 발신자의 모든 요구를 한 번에 이해할 수 있다고 발신자가 생각할 지도 모르기 때문이다(예: '나는 다음 주 월요일 2주간 파리에 가고 싶은데요, 가능한 가장 저렴한 비행편이면 좋겠고, Stansted 공항에서 출발하되 직항으로...'). 요구사항이 너무 길어서 시스템의 이해력을 압도할 것이다. 세심하게 유도하는 안내를 사용하면 발신자가 본 궤도로 돌아가 적절히 말하게 할 수 있다(예: '죄송하지만 전부를 이해하지는 못했습니다. 다음 주 월요일에 비행하고 싶으신가요?').

사람들이 이동 중에 텍스트 입력보다 편리하게 사용할 수 있는 음성 기반 폰 애플리케이션들이 많이 있다. 예를 들어 스마트폰의 Google voice 또는 Apple Siri를 사용하면 직접적인 텍스트 입력 없이도 질문을 말할 수 있다. 모바일 번역기(예: Google 번역기)도 등장하여 사용자는 다른 언어를 사용하는 상대방과 실시간으로 소통할 수 있다. 사람들이 스마트폰에 자신의 언어로 말하면, 소프트웨어가 그것을 다른 언어로 번역하는 방식이다. 이것은 아마도

6000개 이상의 언어를 가진 전세계 사람들이 다른 언어를 전혀 배우지 않고도 서로 이야기할 수 있다는 것을 의미한다.

연구 및 디자인 이슈

주요 연구 문제는 음성을 잘 인식하고 대화를 지속할 수 있는 시스템을 설계하는 방법과 관련이 있다. 어떤 연구자들은 음성 인터페이스를 보다 더 자연스럽게 만드는 것에 집중한다. 반면 다른 연구자들은 사람들이 메뉴 시스템을 통해 효율적으로 탐색하는 방법, 자신 또는 시스템의 오류에서 쉽게 빠져 나와 메인 메뉴(GUI 실행 취소 버튼과 같이)로 돌아가는 방법, 모호하고 애매한 정보로 서비스를 요청하는 사람들을 안내할 수 있는 응답 방법에 집중한다. 성우의 유형, 즉 남성, 여성, 중립 또는 방언과 발음의 형식 또한 연구 주제가 된다. 사람들이 여성 혹은 남성의 음성 중 어느 쪽을 듣기를 선호하며 더 참을성을 보이는가? 유쾌한 유형이나 진지한 유형은 어떤가?

Cohen(2004)은 대화의 구조화, 음성 기반 인터랙션의 흐름 관리, 오류를 표현하고 대화 에티켓을 적용하기 위한 다양한 방법을 사용하는 것의 장단점에 대해 논의한다. 음성 인터페이스 및 시각 장애인을 고려하기 위한 다양한 상용화 지침을 참고할 수 있다. ■

6.2.10 펜

펜 기반 기기는 어린 시절부터 잘 훈련된 그리기 및 글쓰기 능력을 활용하는 방법으로 광학식 펜이나 스타일러스를 사용하여 인터페이스 상에 글쓰기, 그리기, 선택하기 및 객체 이동시키기를 가능케 해준다. 그것들은 마우스, 키보드 입력을 대신하여 객체 선택과 자유로운 스케칭을 지원하는 방법으로 태블릿 또는 큰 화면과 인터랙션하기 위해 사용되어 왔다. Anoto와 같은 디지털 잉크는 일반적인 잉크 펜과 디지털 카메라의 조합을 통해 특수 용지에 쓰여진 모든 것을 디지털 방식으로 기록할 수 있다. 이는 용지에 인쇄된 불규칙 도트 패턴을 인식하는 원리로 작동하여 어떤 페이지의 어디에 펜이 있는지를 추적할 수 있다. 디지털 펜으로 디지털 종이에 필기를 할 때, 펜에서 나오는 적외선이 특정 도트 패턴을 비추면 작은 센서가 이를 감지한다. 펜이 종이를 가로질러 이동할 때 일시적으로 데이터를 저장하여 형성된 도트 패턴을 해석한다. 디지털 펜에 저장된 데이터는 블루투스 또는 USB 포트를 통해 PC로 전송될 수 있으며 손글씨 노트를 표준 서체의 문자로 변환하여 저장할 수도 있다.

디지털 펜의 또 다른 장점은 사용자가 마치 종이에 필기하듯이 스프레드 시트, 프레젠테이션, 다이어그램과 같은 기존 문서 위에 빠르고 쉽게 주석을 달 수 있다는 점이다(**그림** 6.22

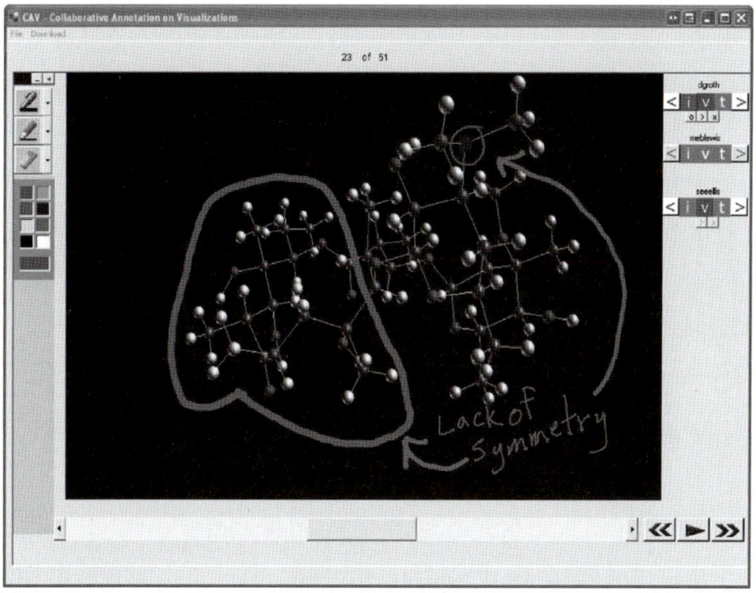

그림 6.22 Microsoft의 디지털 잉크로 과학 관련 도식에 주석을 달 수 있다.
출처: Reproduced by permission of Dennis Groth.

참조). 수많은 아동과 성인을 대상으로 펜 입력을 사용하여 텍스트를 입력하는 다양한 방법을 비교하는 사용성 연구가 수행되었다. 예를 들어 Read(2005)의 연구에서는 디지털 잉크 기술을 사용하여 텍스트 입력하기 위한 세 가지 방법 즉, 태블릿 PC에 스타일러스로 필기하기, 표준 PC에 그래픽 작업용 태블릿과 펜으로 필기하기, 디지털 종이에 디지털 펜으로 필기하기를 비교했다. 사용자 그룹은 7~8세 및 12~13세의 아이들로 구성되었다. 조사 결과, 나이가 좀 더 많은 아이들이 디지털 펜을 더 잘 사용했고, 모든 아이들이 큰 실수 없이 태블릿 PC와 스타일러스를 사용할 수 있었다.

PDA와 같은 작은 화면에서 펜 기반 상호작용 시의 문제점은 사용자가 필기 중에 종종 손으로 화면의 일부 및 사용 가능한 옵션들을 가릴 수 있다는 것이다.

생각해보기 6.5
전자 잉크

디지털 잉크를 전자 잉크라는 용어와 혼동하면 안 된다. 전자 잉크는 일반적인 잉크가 종이 위에 쓰여지는 방식을 전자책에 모방한 디스플레이 기술이다. 전자책에 사용된 화면은 마치 일반 종이처럼 빛을 반사한다. ■

6.2.11 터치

무인 키오스크(예: 매표 기계, 박물관 가이드), ATM 및 식당의 계산대 등에 적용된 터치 스크린들은 주변에서 쉽게 볼 수 있다. 그것들은 사용자가 화면을 터치하는 여부 및 위치를 감지하여 작동하며, 사용자는 옵션을 탭하여 선택할 수 있다. 좀 더 최근에는 테이블탑이나 스마트폰을 위한 인터페이스에 멀티터치기술이 적용되어 스와이프, 플릭, 핀치, 밀기 및 탭하기와 같은 역동적인 손가락 입력 방식을 지원한다. 이런 입력 방식은 지도의 확대 축소, 사진 이동, 필기시 가상 키보드에서 문자 선택, 목록 스크롤과 같은 특정 종류의 작업과 매핑되어 왔다. 테이블탑 표면에서 객체를 확대하거나 이동시킬 때에는 두 손을 함께 사용할 수 있는데, 이는 마치 두 손으로 고무밴드를 잡아 늘리거나 여러 개의 물건을 긁어모으는 행동과 비슷하다.

손가락 제스처를 사용하는 유연한 인터랙션으로 인해 디지털 콘텐츠를 경험하는 새로운 방식들이 탄생했다. 특히 태블릿에서 인터랙티브 잡지나 책을 읽고, 스캔하고, 탐색하는 방법들이 가장 주목할만하다. 예를 들어 Wired 잡지는 최초로 온라인 잡지 경험을 병행하여 제공함으로써 독서의 경험을 향상시켰다. 멀티미디어 이면에 내포된 아이디어와 비슷하게 독자들이 즉시로 특정 콘텐츠(예: 화성 착륙의 역사)로 전환하고 경험할 수 있게 해주되, 마우스로 하이퍼링크를 클릭하는 방식 대신 능숙한 손가락의 움직임으로 할 수 있다는 것이 핵심이다. 새로운 개념 모델도 사용되었다. 콘텐츠는 카드, 회전식 슬라이드의 형태로 구성되어 쌓이고, 신속하게 손가락을 휙휙 넘기는 듯한 탐색 기능을 지원하여 독자가 공간감을 유지하면서 바로 다른 이야기로 이동할 수 있다.

연구 및 디자인 이슈

한 가지 연구 질문은 마우스로 포인트, 드래그, 클릭하는 것 대신에 화면을 손가락으로 flicking, swiping, 문지르기, 터치하는 것이 디지털 콘텐츠를 소비하고 읽고 생성하고 탐색하는 새로운 방법을 만드는가이다. 한편으로는 손가락 플릭으로 스크롤하는 것이 훨씬 빠를 수 있다. 반면 물리적인 키보드를 사용하는 것에 비해 터치 화면의 가상 키보드로 타이핑하는 것이 더 힘들고, 오류를 유발하며, 느릴 수 있다. 터치 화면을 위해서 Swype와 같은 새로운 타이핑 방법이 개발되어 사용자는 가상 키보드를 탭하기 보다는 그것을 가로질러 손가락을 스와이프할 수 있다(예: 그림 6.23 및 비디오 참조). Swype는 사용자가 각 철자들을 입력하기 위해 손가락을 들어 올릴 필요 없이, 가상 키보드 위에서 손가락을 이동하며 입력할 수 있게 한다. 소프트웨어가 사용자의 손가락이 멈추고 방향을 바꾼 곳이 어디인지를 파악하여 의도된 문자를 알

그림 6.23 모바일 터치 화면을 위해 개발된 Swype 인터페이스

출처: Reproduced from http://www.geek.com/articles/mobile/nuances-t9-trace-virtual-keyboardallows-you-to-swipe-rather-than-type-20100323/technology/.

수 있는 것이다. 키를 누르는 것에 비해 손가락으로 화면을 가로질러 슬라이딩하며 입력하는 것의 장점은 오류를 줄이는 동시에 입력을 빠르게 할 수 있다는 점이다. 1장에서 언급된 다른 접근 방식으로, 문자 선택을 위해 비틀린 선형 키보드를 제공하는 Minuum 키보드가 있다. 이런 배치 방식은 영문과 숫자들을 펼쳐 보여주면서 히트 영역을 확대시켜 준다. 이는 스마트와치와 같은 소형 기기에 효과적일 수 있다. ■

Swype 데모 비디오 링크: http://youtu.be/2xA64e3Txe8

6.2.12 제스처

카메라 캡처, 센서 및 컴퓨터 비전 기술의 발전으로 방안에 있는 사람의 몸, 팔, 손의 움직임을 꽤 정확하게 인식할 수 있게 되었다. 제스처 기반 인터랙션을 사용했던 초기의 상용 애플리케이션은 Sony의 EyeToy로, TV 화면 상단에 움직임을 인식을 위한 카메라를 설치하고 그 뒤에 PlayStation을 연결하여 다양한 비디오 게임을 할 수 있다. 카메라가 TV 앞에 서 있는 플레이어를 촬영하고 그 이미지를 화면에 투사하여 비디오 게임의 중심 캐릭터로 표현한다. 그 게임은 연령이나 컴퓨터 경험에 관계 없이 다리, 팔, 머리 및 몸의 부위를 움직이는 방식으로 누구든지 즐길 수 있었다.

그 다음으로 Sony는 PlayStation Eye 카메라의 광센싱 기술을 사용하여 플레이어의 움직임을 추적할 수 있는 모션 감지 지팡이인 Move를 선보였다. Nintendo의 Wii 게임 콘솔 역시 제스처 인식을 위해 가속도 센서를 사용하는 새로운 입력 장치인 Wii Remote(Wiimote) 컨트롤러를 소개했다. 센서의 도움으로 플레이어는 TV 같은 화면의 앞에서 컨트롤러를 휘젓는 방식으로 직접적인 입력을 할 수 있다. 인식된 움직임들은 흔들기, 볼링하기, 맞히기, 펀치하기 등 게임 안에서 다양한 움직임으로 변환된다. 플레이어는 화면 안의 아바타로 표현되어 공을 차거나, 테니스 코트 뒤편을 향해 라켓을 휘두르거나, 볼링을 치거나, 복싱을 한다. Sony의 EyeToy와 마찬가지로 이 제품은 어린이들부터 노인들, 또 프로게이머부터 기술에 무지한 사람들까지 모든 사람들이 거실에서 테니스, 골프 같은 게임을 즐길 수 있도록 디자인되었다. 또한 Wiimote는 사운드 및 포스 피드백을 제공하여 플레이어의 게임 경험을 풍부하게 해주는 사운드 효과를 경험케 해준다. Wiimote와 더불어 추가적인 조작을 입력할 수 있는

그림 6.24 Microsoft의 Xbox Kinect는 얼굴 인식 및 비디오 캡처를 위한 RGB 카메라, 움직임 감지를 위한 깊이 센서(적외선 프로젝터와 단색 카메라의 조합), 음성 인식을 위한 하향 마이크들로 구성된다.
출처: ©PA Images.

Nunchuk 컨트롤러도 함께 사용 가능한데, 이 아날로그 스틱을 한 손에 들고 화면상의 아바타 또는 캐릭터를 움직이면서 다른 한 손에는 Wiimote를 들고 미식 축구에서 패스를 하는 등의 특정 동작을 수행할 수 있다.

2010년말, Microsoft는 Xbox와 연동이 가능한 Kinect(그림 6.24 참조)라는 또 하나의 제스처 기반 입력 시스템을 소개했다. 그것은 제스처 인식을 위해 센서 컨트롤러를 사용하지 않는다는 점에서 Wii보다는 EyeToy와 유사하지만, 깊이를 인식하는 센서와 다중 배열 마이크(음성 명령 지원용)를 카메라와 함께 사용한다. TV에 올려진 RGB 카메라가 사용자의 몸을 찾으면, 몸의 주요 관절들의 위치를 3차원으로 측정한다. 다양한 제스처에 반응하여 TV화면에 제공되는 피드백은 놀라울 만큼 효과적이었고 많은 사람들이 즉시로 자신을 아바타에 투영하여 좀 더 물리적인 방식으로 게임하는 법을 배울 수 있다. 그러나 때로는 플레이어의 제스처를 오인식하는 경우가 있어서 공이나 라켓이 잘못된 방향으로 움직이기도 한다. 이는 특히 프로게이머에게는 당황스러울 수 있다.

많은 제스처 시스템들은 가전제품을 제어할 목적으로도 개발되었다. 초기의 시스템은 손의 위치나 팔의 움직임 등 특정 제스처 유형을 인식하여 시스템 명령으로 변환하기 위해 컴퓨터

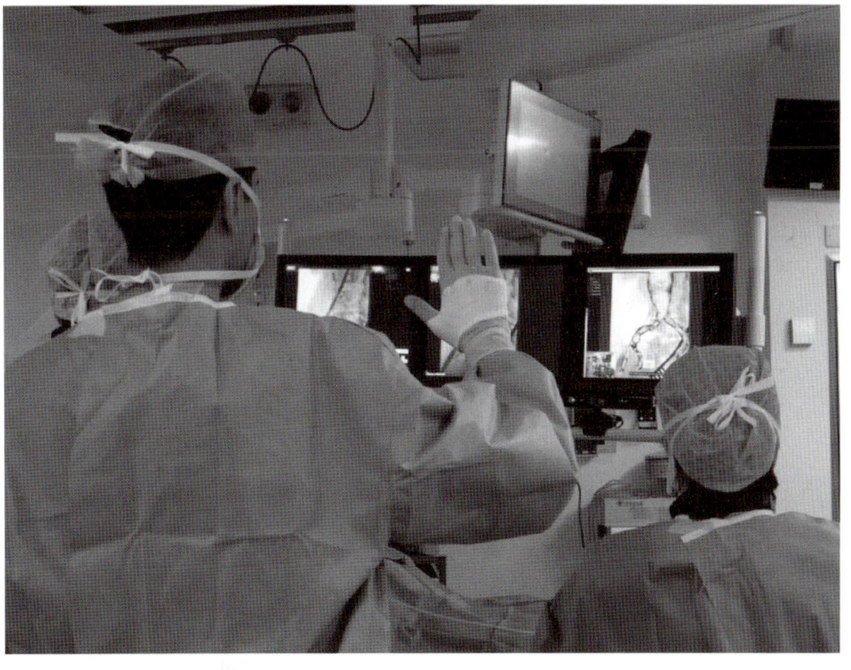

그림 6.25 수술실에서 무접촉 제스처의 사용 예

출처: Courtesy of Kenton O'Hara, Microsoft.

영상 처리 기술을 사용했다. 이후로 다른 시스템들은 터치, 구부림, 손과 팔이 움직이는 속도 등을 인식하기 위한 센서 기술을 사용하기 시작했다. Ubi-Finger는 사용자가 검지 손가락을 사용하여 실제 스위치와 같은 사물을 가리킨 후에 스위치를 내리듯 아래로 움직이는 등의 적절한 제스처를 통해 그것을 실제로 조작할 수 있도록 개발되었다(Tsukada와 Yasumura, 2002). 수화 애플리케이션도 개발되어 청각 장애인들이 수화 통역사 없이 다른 사람들과 의사소통할 수 있다(Sagawa *et al.*, 1997).

최근에는 수술실에도 제스처 인터랙션이 적용되었다. 외과의사는 수술 중에 손의 청결을 유지하면서 엑스레이 및 검사결과도 볼 수 있어야 한다. 그러나 손을 깨끗이 씻고 장갑을 낀 후에는 키보드, 전화기 등 살균처리가 되지 않은 표면을 만지면 안 된다. 수술 가운의 소매를 내려서 손을 가린 채로 마우스를 조작하는 방법은 이상적인 해결책과는 거리가 멀다. 그 대안으로 O'Hara(2013)는 Microsoft의 Kinect 기술을 사용하는 무접촉식 제스처 기반 시스템을 개발하였다. 그 시스템은 한 손 제스처로 이미지를 넘기거나 두 손으로 확대 및 회전을 하는 등, MRI나 CT 이미지를 조작하기 위해 외과의가 사용할 수 있는 폭넓은 종류의 제스처들을 인식할 수 있다.

연구 및 디자인 이슈

제스처 입력의 사용에 있어 중요한 문제는 컴퓨터 시스템이 사용자의 제스처를 인식하고 해석할 수 있는 방법을 찾는 것이다. 구체적으로 손이나 팔 동작의 시작과 끝점을 어떻게 결정하며, 의도를 가진 행동(예: 의도적인 포인팅 동작)과 말하는 내용을 강조하기 위해 무의식적으로 손을 흔드는 것의 차이를 어떻게 구분할 수 있는가? 또 다른 중요한 디자인 문제는 맨손 제스처 보다 제어장치를 손에 쥐고 사용하는 것이 게임이나 다른 활동을 하는데 있어 더욱 직관적인가이다. 예를 들어 라켓으로 공을 치는 동작을 하는 경우처럼 때로는 뭔가를 들고 있는 것이 분명 더 나을 것이다. 반면 춤을 추거나 에어로빅을 할 때는 맨손이 더 나을 수 있다. ■

6.2.13 햅틱

햅틱 인터페이스는 사용자의 의복이나 스마트폰, 스마트워치와 같이 소지할 수 있는 기기에 내장된 모터가 발생시키는 진동과 힘을 통해 촉각적인 피드백을 제공한다. 우리는 앞서 Wiimote가 어떻게 햅틱 피드백의 유형으로 진동을 제공하는지 언급했다. 다른 게임 콘솔도 풍부한 경험을 위해 진동을 사용한다. 예를 들어 운전 시뮬레이터에 사용되는 자동차 운전대는 도로의 느낌을 전달하기 위해 여러 가지 방법으로 진동할 수 있다. 운전자가 방향을 틀 때 운전대가 실제 상황과 같이 저항감을 제공하도록 프로그래밍할 수 있다.

서로 소통하고 싶지만 멀리 떨어진 사람들을 위해 진동 햅틱 피드백을 사용하여 촉각을 느끼도록 시뮬레이션할 수도 있다. 의류에 장착된 모터들이 각 부위별로 진동을 제공하여 포옹이나 쓰다듬는 등의 감각을 재현하도록 설계할 수 있다(4장의 Huggy Pajama 참조). 햅틱은 사람들이 바이올린이나 드럼과 같은 악기를 배울 때 도움이 되는 피드백을 제공하기 위해서도 사용된다. 예를 들어 Music Jacket(van der Linden *et al.*, 2011)은 초보 연주자가 바이올린을 정확히 어떻게 잡아야 하며, 또 잘 켜는 방법을 연습하는데 도움을 주도록 개발되었다. 학생이 바이올린을 잘못 잡고 있거나 켜는 동작이 정상 궤도에서 벗어날 때 재킷의 팔과 몸통의 주요 부위에 진동 촉각 피드백을 제공하여 알려준다(**그림 6.26** 참조). 초보 연주자를 대상으로 수행한 연구에 따르면 그들이 진동 촉각 피드백에 반응하여 연주 동작과 자세를 조정할 수 있는 것으로 나타났다.

그림 6.26 연주자에게 햅틱 피드백을 주는 MusicJacket 프로토 타입

연구 및 디자인 이슈

이제 햅틱은 경험의 향상 측면에서 게임 콘솔과 컨트롤러에 일반적으로 사용된다. 또한 촉각 피드백은 터치하거나, 쓰다듬거나, 찌르거나, 부르르 떠는 효과를 전달하기 위해 의류나 기타 웨어러블 안에 들어가도록 개발되었다. 유망한 적용 분야는 스포츠 훈련이나 악기를 연주 학습에 사용되는 감각-운동 기술이다. 예를 들면 스노우보더가 보드를 탈 때 어떤 움직임을 취해야 하는지를 알려주기 위해 몸의 곳곳에 진동 패턴을 배치할 수 있고 이런 방식이 구두로 알려주는 것보다 더 빠른 반응 속도를 보인다는 사실이 연구에 의해 밝혀졌다(Spelmezan *et al.*, 2009). 핵심적인 디자인 문제는 햅틱 피드백을 받는 확실한 느낌을 주기 위해 몸의 어느 부위에 모터를 위치시키는 것이 가장 좋은지, 하나의 접촉 또는 일련의 접촉을 사용할지, 언제 활성화 할 것인지, 어떤 강도와 빈도로 제공할지 등이다(Jones과 Sarter, 2008). 연속적인 햅틱 피드백을 제공하는 것은 그저 너무 성가실 수 있으며, 사람들은 피드백에 대해 너무 빨리 무감각해질 것이다. 사용자가 무엇인가를 처리해야 하지만 무엇을 하라고 말해줄 필요는 없는 그런 특정 경우에는 간헐적인 진동이 더 효과적 일 수 있다. 예를 들어 자세를 교정하기 위해 상용화된 햅틱 장치는 사용자가 구부정한 자세를 취할 때마다 진동을 제공한다. Johnson (2010)의 연구에 의하면 그 기기의 진동이 자세를 어떻게 고쳐야 하는지 말해주지는 않았지만 사람들이 실제로 신체를 인식하는 정도가 향상되었음을 밝혔다. 다양한 종류의 진동들은 다른 촉각 경험을 제공하기 위해 사용될 수도 있다. 예를 들어 스마트폰은 물이 흐르는 듯한 느낌의 느린 진동을 주어 비가 곧 내릴 것을 암시할 수 있고, 무거운 진동으로는 폭풍이 다가오는 느낌을 전달할 수 있다. ▪

6.2.14 멀티모달

멀티모달 인터페이스는 촉각, 시각, 청각, 음성 등과 같은 다양한 모달(modal: 방법, 양식 혹은 형태)을 사용하여 정보를 경험하고 다루는 방식을 배가시킴으로써 다채롭고 복합적인 사용자 경험을 제공하고자 한다(Bouchet과 Nigay, 2004). 그런 목적을 위해 인터페이스 기술들은 음성과 제스처 인식, 시선과 제스처 인식, 펜 입력과 음성 인식 등으로 결합되어 왔다(Dumas *et al.*, 2009). 멀티모달 인터페이스는 보다 유연하고 효율적이며 표현력 있는 HCI의 수단으로서 인간이 물리적인 세계에서 복합적으로 겪는 실제 경험에 더 가깝다(Oviatt, 2002). 다른 입력 및 출력 방식이 동시에 사용될 수 있는데, 예를 들어 음성 명령과 제스처를 동시에 사용하여 가상 환경 안을 이동하거나 혹은 순차적으로 제스처 이후에 음성 명령을 사용할 수 있다. 멀티모달 인터페이스의 가장 일반적인 조합은 Microsoft의 Kinect 처럼 음성과 영상 처리 기술을 조합하는 것이다(Deng과 Huang, 2004).

사람들이 말하기와 터치의 조합을 통해 정보와 인터랙션할 수 있게 해주는 음성 기반 모바일 기기들이 등장하기 시작했다. 예를 들어 Ford의 컨셉 SUV 자동차를 위해 개발된 SpeechWork의 멀티모달 인터페이스는 탑승자들이 엔터테인먼트, 내비게이션, 휴대폰, 실내 온도 조절 등의 주행용 시스템들을 음성으로 작동시킬 수 있다.

연구 및 디자인 이슈

멀티모달 시스템은 필기, 말하기, 제스처, 시선의 이동 혹은 다른 신체 움직임과 같은 사용자 행동에 대한 인식에 의존한다. 한 가지 사용자 행동만 인식할 수 있는 한 개의 모달을 가진 시스템과 비교할 때, 멀티모달 시스템을 완성하고 보정하는 것이 여러 측면에서 훨씬 더 어렵다. 가장 많이 연구된 인터랙션 방식은 음성, 제스처 그리고 시선 추적이다. 핵심 연구 질문은 이종의 입출력 방식을 결합해서 실제로 얻은 수 있는 것이 무엇인지 및 인간과 상호작용하는 방식으로 말하고 행동하는 것이 컴퓨터와 소통하는 데도 자연스러운 방식인지 하는 것이다(4장 참조). 멀티모달 디자인에 대한 지침은 Reeves의 문헌(Reeves *et al.*, 2004)에서 찾아 볼 수 있다. ■

6.2.15 공유

공유 가능한 인터페이스는 여러 사람들이 사용할 수 있도록 디자인 된다. 개인용 기기인 PC, 노트북 및 모바일 기기와는 달리 그룹 단위가 복수의 입력을 할 수 있거나, 동시 작업이 가능하다. 여기에는 사람들이 자신의 펜이나 몸짓을 사용하는 스마트 보드(**그림** 6.27(a) 참조)와 같은 대형 벽면 디스플레이 및 소규모 그룹이 손가락 터치를 통해 정보와 상호작용할 수 있는 인터랙티브 테이블탑 등이 포함된다. 인터랙티브 테이블탑의 예로는 Microsoft의 Surface, Smart의 Smart Table 및 Circle Twelve의 Diamond Touch가 있다(Dietz와 Leigh, 2001, **그림** 6.27(b)). Diamond Touch 테이블탑의 표면은 여러 사용자들이 동시에 터치 하더라도 이를 구별할 수 있다는 점에서 독특하다. 터치 표면에 안테나 배열이 깔려 있어 각각이 고유 신호를 전송하며, 각 사용자가 서 있는 매트 및 앉아 있는 의자 마다 수신기가 내장되어 있다. 사용자가 테이블탑을 터치할 때 사용자의 몸에 접촉된 곳에 내장된 수신기로 작은 신호가 전달되어 어떤 위치의 안테나가 터치되었는지 컴퓨터에 알려준다. 그러므로 여러 사용자가 동시에 화면을 터치할 수 있다.

(a)

(b)

그림 6.27 (a) 회의에 사용 중인 SmartBoard 및 (b) 함께 있는 사용자들이 동시에 손끝으로 디지털 콘텐츠와 상호작용할 수 있는 Mitsubishi의 인터랙티브 테이블탑 인터페이스

출처: (a) ©2006 SMART Technologies Inc. Used with permission. (b) Image courtesy of Mitsubishi Electric Research Labs.

'Circle Twelve'의 Diamond Touch 테이블탑 데모 비디오 링크:
http://youtu.be/S9QRdXlTndU

공유 가능한 인터페이스의 장점은 유연한 그룹 협업을 지원할 수 있는 넓은 인터랙션 공간을 제공하여 구성원들이 동시에 콘텐츠를 생성할 수 있다는 점이다. 같은 공간에서 한 대의 PC 혹은 노트북으로 협업하고자 하는 그룹은 보통 한 사람이 기기를 조작하기 때문에 다른 사람이 협력하기가 어려운 반면, 여러 사람들에게 동시에 사용될 수 있는 넓은 화면을 활용한다면 구성원들이 동시에 정보들을 가리키고 터치하면서 다른 이들의 인터랙션을 보거나 참조 정보를 공유할 수 있다(Rogers *et al.*, 2009).

Roomware사는 인터랙티브 벽면, 테이블 및 의자 등 네트워크로 연결되고 함께 배치될 수 있는 여러 가지 가구를 디자인하여 이미 존재하는 협업 방식들을 향상 및 보완할 수 있도록 했다(그림 6.28 참조). 이는 테이블 주변 혹은 벽 옆에 옹기종기 모여서 이야기하는 방식이 사람들이 함께 일하는 자연스러운 형태라는 점을 근본적인 전제로 삼는다. Roomware 가구는 이렇게 형식이 자유로운 협업 활동을 강화시키고 사람들이 다양한 가구에 광범위하게 적용된 디지털 콘텐츠를 다룰 수 있도록 한다.

그림 6.28 Roomware 가구
출처: By permission of AMBIENTE.

연구 및 디자인 이슈

공유 가능한 인터페이스에 대한 초기 연구는 디지털 필기 및 그리기 활동을 어떻게 지원할 수 있을지, 화면 내의 객체를 어떻게 선택하고 옮길 수 있을지 등의 인터랙션 문제에 주안점을 두었다(Elrod *et al.*, 1992). PARCTAB 시스템(Schilit *et al.*, 1993)은 손바닥 크기, A4 크기 및 화이트 보드 크기의 화면들 사이에 Tivoli와 같은 공유 소프트웨어 도구를 사용하여 정보를 소통할 수 있는 방법을 연구했다(Rønby-Pedersen *et al.*, 1993). 또 다른 관심사는 유연하고 직접적인 스타일로 대형 스크린과 인터랙션하는 방법을 개발하는 것으로, 벽면과 테이블탑, 맨손과 펜 기반 제스쳐 등의 방식을 고려했다(Shen *et al.*, 2003). 그리고 테이블탑이나 벽면의 화면과 같은 여러 기기들 사이에 콘텐츠를 공유하고 생성할 수 있도록 하는 기기간 생태계도 함께 발전되어 왔다.

핵심 연구 이슈는 공유 가능한 표면을 이용한 협업이 노트북 및 PC와 같은 개인용 기기를 사용하는 협업에 비해 더 새롭고 진보적인 협력 인터랙션을 촉진할 수 있는가이다(4장 참조). 한 가지 이점은 공유가 쉽고 공평한 참여가 가능하다는 점이다. 예를 들어 테이블탑은 의사결정이나 디자인 활동 중에 이미지들을 더 효과적으로 함께 브라우징하고 공유하며 조작하는 것을 돕기 위해 설계되었다(Shen *el al.*, 2002; Rogers, 2012). 주요 디자인 문제는 화면의 크기, 방향 및 모양이 협업에 영향을 미치는지의 여부이다. 사용자 연구에 따르면 수직 표면에 비해 수평 표면에서 작업을 번갈아 하거나 협업하기가 더 용이했으며(Rogers와 Lindley, 2004), 더 넓은 테이블탑이 반드시 그룹 협업을 향상시키지는 못하지만 노동을 분담하는데는 도움이 되었다(Ryall *et al.*, 2004). 개인 공간과 공유 공간의 필요성에 대해서 사용자가 개인적으로 일하다가 그룹으로 일하다가를 병행할 수 있는 최상의 방법이 연구되었다. 몇몇 연구자들은 iPod, 디지털 펜, 기타 벽면 디스플레이와 같은 보조 장치들을 공유형 테이블탑과 함께 사용할 수 있도록 제공할 경우, 그 장단점들이 무엇인지 조사하기 시작했다. 블록, 퍽(pucks) 및 종이 모델과 같은 탠저블 기기들(6.2.16절 참조)이 테이블탑과 함께 사용되도록 디자인 되었다. 이런 혼합형 인터페이스의 사례로 컴퓨터 음악 연주자를 위한 인터랙티브 도구인 Reactable(4장 참조)이 있다. 테이블탑과 멀티 터치에 대한 경험적 연구결과 및 디자인 지침은 Scott *et al.*(2003), O'Hara *et al.*(2003), Muller-Tomfelde(2010)에서 찾아 볼 수 있다. ▪

6.2.16 탠저블

탠저블 즉 만질 수 있는 인터페이스는 블록, 공, 큐브 등 물리적 사물이 있는 곳에서 센서 기반 인터랙션을 사용하여 디지털 표현을 결합시킨다(Ishii과 Ullmer, 1997). 사람이 물리적 사물을 조작하면 컴퓨터 시스템이 그 사물에 내장된 센싱 메커니즘을 통해 감지하고 사운드, 애니메이션, 진동과 같은 디지털 효과를 발생시킨다(Fishkin, 2004). 디지털 효과는 여러 미디어 및 장소에서 발생하거나 물리적 사물 자체에 적용될 수 있다. 예를 들어 Zuckerman과 Resnick(2005)의 Flow Blocks는 블록들이 어떻게 연결되는지에 따라서 블록에 적용된 숫자와 빛의 표현을 변화시킨다. Flow Blocks는 현실 속 동적 행동을 시뮬레이션하고 특정 순서에 따라 배열되는 경우에 반응하도록 디자인되었다.

탠저블 인터페이스의 또 다른 유형은 퍽, 점토 덩어리 같은 물리적 모형들이 디지털 데스크톱 위에 올려지는 형태이다. 테이블탑에 놓인 모형 중 하나를 움직이면 디지털 이벤트가 발생한다. 예를 들어 Urp이라고 하는 가장 초기의 탠저블 인터페이스는 도시 계획을 위해 만들어졌는데, 테이블탑 위에서 미니어처 건물의 모형을 움직일 수 있고, 바람 및 그림자를 만들어내는 도구를 사용하여 시간에 따른 디지털 그림자 변화 및 기류의 시각화를 나타낼 수 있다.

탠저블 인터랙션을 만드는데 사용된 기술에는 RFID 태그, 물리적 사물에 내장된 센서 및 그 사물의 움직임을 센싱하여 대응된 시각적 표현을 제공하는 테이블탑 등이 포함된다. 많은 탠저블 시스템들은 학습, 디자인 활동, 그리고 재미와 협동을 북돋기 위해 만들어졌다. 조경 및 도시를 계획하기 위한 도구들(Hornecker, 2005 Underkoffler과 Ishii, 1998)이 여기에 해당된다. 다른 예는 만질 수 있는 종이 선반 모형을 이용하여 물류 창고의 관리 문제를 탐구하고 해결하는 것을 목적으로 하는 Tinkersheets(Zufferey *et al*., 2009)가 있다. 학생들은 작은 자석을 표의 특정 위치에 배치하는 방법으로 변수 바꿔가며 물류 관리를 시뮬레이션 해볼 수 있다.

탠저블 컴퓨팅(Dourish, 2001)은 조작이나 인터랙션이 한 곳에서만 이뤄지지는 않는다고 설명해왔다. 마우스와 같은 단 하나의 입력 대신 서로 다른 장치들과 사물들이 조직적으로 인터랙션한다. 어떤 강압적인 시행 순서나 모달 인터랙션도 없다. 게다가 인터페이스 객체의 디자인은 사용자가 그것들과 어떻게 인터랙션해야 하는지 유도할 수 있는 특징이 있다. 표현 방식의 관점에서 탠저블 인터페이스는 다른 접근법과 다르게 사용자가 직접 붙잡고, 들어올리거나, 재배열하고, 정렬하며, 조작할 수 있는 물리적 인공물로서의 권리를 가진다.

GUI, 제스처 또는 펜 기반과 같은 인터페이스와 비교하여 탠저블 인터페이스를 사용하는 것에 어떤 이점이 있을까? 한 가지 장점은 물리적 객체와 디지털 표현을 창의적으로 배치, 결합 및 탐색하는 것이 가능하여 동적인 정보를 구별된 방식으로 보여줄 수 있다는 점이다. 물리적 객체는 양손으로 잡고 결합하거나 조작할 수 있는데, 이는 다른 인터페이스에서는 불가능한 방식이다. 이로 인해 두 명 이상의 사용자가 함께 인터페이스를 탐색하고 객체를 찾아 쌓거나 나란히 배치하거나 안에 넣거나 할 수 있으며, 다양한 방식의 구성으로 다양한 문제 영역을 탐구하는 것을 도와준다. 그렇게 함으로써 사람들은 특정 상황을 다른 관점에서도 이해할 수 있게 되고, 다른 방식의 인터랙션을 사용하는 것보다 더 나은 통찰력, 학습 및 문제 해결로 귀결될 수 있다(Marshall *et al*., 2003).

생각해보기 6.6
VoxBox – 탠저블 설문 기계

설문과 같이 대중의 의견을 수집하기 위한 전통적인 방법은 인위적으로 사람들에게 접근하는 것을 포함하는데 이는 긍정적인 경험이 아닐 수 있다. VoxBox는 현장에서 광범위한 주제에 대한 의견을 수집하기 위해 디자인된 탠저블 시스템으로 장난스럽고 흥미로운 인터랙션을 통한 이벤트를 제공한다(Golsteijn *et al*., 2015). 그것은 비슷한 문항을 그룹화하고, 완성을 유도하며, 열린 질문과 닫힌 질문에 대한 답을 모으고, 응답과 결과를 연결하는 방법으로 더 많은 참여를 유도한다. VoxBox는 커다란 물리적 시스템으로 디자인되어 다양한 탠저블 입력 메커니즘을 통해 사람들의 의견을 수집하는데, 이는 텍스트 메시지 또는 소셜미디어 입력 등과 같은 시스템 사용의 개념이 아니다. 다양한 입력 메커니즘에는 모든 사람들에게 익숙한 슬라이더, 버튼, 손잡이 및 회전 장치 등이 포함된다.

또한 시스템의 측면에는 투명한 튜브가 있어 한 개의 질문을 완료할 때마다 공을 떨어뜨리는데 이는 완료에 대한 보상이자 진행률을 보여주는 척도로 작용한다. 선택 결과들이 집계되어 기기의 반대편에 간단한 시각적 디지털 정보(예: 95%는 흥미를 보임, 5%는 지루해 함)로 표현된다. VoxBox는 수많은 이벤트에 활용되어 많은 사람들이 탠저블한 경험에 완전히 몰입되어 질문에 응답하도록 만들었다. ■

그림 6.29 VoxBox – 탠저블 설문 기계의 앞면과 뒷면

출처: Golsteijn, C., Gallacher, S., Koeman, L., Wall, L., Andberg, S., Rogers, Y. and Capra, L. (2015) VoxBox: a Tangible Machine that Gathers Opinions from the Public at Events. In *Proc. of TEI' 2015*. ACM.

연구 및 디자인 이슈

탠저블 인터페이스는 GUI와는 매우 다르기 때문에, 연구자들은 탠저블 인터페이스의 새롭고 구체적인 특징들을 명시하는 개념 체계를 개발해 왔다(Fishkin 2004; Ullmar *et al.*, 2005). 중심적인 디자인 이슈는 물리적 행동과 그것이 주는 효과를 어떤 방식으로 연결할 지에 관한 것으로, 물리적인 인공물이 조작되는 것과 관련하여 어디에 디지털 피드백을 제공할지, 물체의 위에 나타나야 하는지, 옆일지 아니면 다른 곳일지 등에 대한 결정을 포함한다. 디지털 미디어의 종류와 배치는 탠저블 인터페이스를 사용하는 목적에 따라서 크게 달라진다. 학습 지원을 위한 인터페이스라면 행동과 효과 사이를 명확하게 연결하는 것이 중요하며, 반대로 음악 연주나 스토리텔링 같은 엔터테인먼트 목적이라면 좀 더 암시적이고 예측이 잘 안되게 디자인하는 것이 나을 것이다. 또 다른 핵심적 디자인 문제는 어떤 종류의 물리적 인공물을 사용하여 사용자의 자연스러운 활동을 지원할 것인가이다. 블록, 큐브 및 그 밖의 구성 세트들이 주로 많이 사용되는 이유는, 사람들이 양손으로 붙잡아 새로운 구조를 쉽게 추가하거나 변경하여 새로운 구조를 만들 수 있는 유연성과 단순성 때문이다. 스티커 메모와 카드보드 토큰 역시 인터페이스 위에 배치시킬 수 있는 재료로 활용되어 디지털 콘텐츠 상의 변수를 제공할 수 있다(Klemmer *et al.*, 2001; Rogers *et al.*, 2006). 탠저블 사용자 인터페이스의 주요 연구 디자인 문제들에 관한 폭넓은 소개는 Shaer와 Hornecker의 문헌(2010)에서 확인 가능하다. ▪

6.2.17 증강 현실과 혼합 현실

물리적 세계와 디지털 세계를 연결하는 또 다른 방법으로 가상의 표현이 물리적 기기나 사물 위에 겹쳐 보이는 증강 현실과, 현실 세계의 시각이 가상 환경과 결합되어 보여지는 혼합 현실이 있다(Drascic과 Milgram, 1996). 이 분야의 선구적인 사례로 Digital Desk(Wellner, 1993)는 프로젝터와 비디오 카메라들을 사용하여 책, 문서, 종이와 같은 실제 사무용 도구들을 가상으로 표현하고, 실제 환경 속에 녹여낸다.

우선, 증강 현실은 주로 의료 분야에서 실험되었는데, 엑스레이와 스캔 결과와 같은 가상의 정보들을 환자의 몸에 겹쳐 보이게 하여 외과의들이 진행하는 검사나 수술에 대한 이해를 돕기 위해 주로 사용되었다. 이후로는 빠른 의사 결정을 해야 하는 관리자나 운영자를 돕기 위해 사용되었다. 일례로 항공 교통 관제실이 있는데, 관제사가 자신에게 할당된 구역의 실제 비행기가 이착륙 및 지상 주행을 하고 있는 장면을 담은 화면 위에 그와 관련된 동적 정보들을 제공 받는다. 관제사는 이런 추가 정보를 통해 문제가 있는 비행기를 쉽게 식별할 수 있으며, 이는 특히 기상 조건이 열악할 때에 유용하다. 마찬가지로 헤드업 디스플레이(HUD)는 군

혹은 민간 항공기의 조종사가 악천후 중에 착륙할 수 있도록 도와준다. HUD는 조종사의 시야에 직접적으로 배치된 접이식 디스플레이 위에 전자적인 방향 표식을 제공한다. 복사기 및 자동차 엔진과 같은 복잡한 장비를 제작하거나 수리하기 위한 안내용 증강 현실도 개발되어 실제 기계 위에 이미지를 보여주면서 정비사가 어느 부분에 무엇을 해야 하는지 알려주는 방식으로 기존 종이에 인쇄된 매뉴얼을 대체하고 있다.

지도 같은 일상적인 그래픽 표현들은 관련된 동적 정보와 함께 겹쳐 보일 수 있다. 그런 증강은 인쇄된 정보의 특성을 보완하여 사용자가 관련 정보와 새로운 방법으로 인터랙션할 수 있도록 한다. 초기 적용 사례는 사진과 비디오 자료가 증강된 종이 기반의 지도로, 비상 근무자들이 홍수나 교통 상황을 파악할 수 있게 해준다(Reitmayr *et al*., 2005). 지도 위에 설치된 카메라가 지도의 위치를 파악하면 프로젝터가 그 지도 위에 추가 정보를 증강한다. **그림 6.30**은 영국의 캠브리지 지역의 지도 위에 홍수 지역을 겹쳐서 보여주고 있고, 카메라에 찍힌 시청의 이미지도 함께 보여준다.

교육에서부터 자동차 내비게이션에 이르기까지 디지털 콘텐츠를 지리적인 위치 혹은 사물에 포개어 보여줄 필요가 있는 다양한 컨텍스트에 사용 가능한 증강 현실 앱들이 많이 있다. 디지털 정보를 공개하기 위해 사용자가 스마트폰 또는 태블릿에서 AR 앱을 열면 화면을 통해 가상의 정보들이 현실에 겹쳐서 나타난다. 예를 들면 탑기어(Top Gear: 자동차 관련 TV 프로그램)의 진행자 James May는 런던 과학 박물관의 개인용 가이드 역할을 하는 3D 캐릭터(**그림 6.31** 참조)로 등장한다. 다른 AR 애플리케이션들도 사람들이 도시와 마을을 돌아다니는 것을 돕기 위해 만들어졌다. 이동 중인 사용자의 폰에 나타난 거리의 이미지 위에 손가

그림 6.30 침수 지역을 종이 지도 위에 겹쳐서 보여주는 증강 지도. 휴대 장치는 지도에 참조된 정보와 상호작용하는데 사용됨.

출처: Reproduced with permission.

그림 6.31 3D 증강 현실에 등장한 제임스 메이

출처: http://www.wired.com/2012/04/top-gear-host-narrates-museum-exhibits-as-augmented-reality-avatar/. Roberto Baldwin/Wired/©Conde Nast

락 또는 화살표 모양의 방향 지시 정보 및 가장 가까운 맥도날드 등의 지역 정보들이 겹쳐 보이게 된다. 부동산 앱들도 개발되어 주거 장소의 이미지와 함께 평당 가격을 보여준다. 방향 안내 및 관련 정보들은 사용자가 도보나 자동차로 거리를 이동함에 따라 변한다.

Link to app of James May, appearing as a 3D character to act as personal tour guide at the Science Museum in London, can be seen at http://www.sciencemuseum.org.uk/visitmuseum_old/jamesmay.aspx

연구 및 디자인 이슈

혼합 현실 환경과 증강 현실을 디자인할 때의 핵심 연구 문제는 어떤 형태의 디지털 증강을 언제 어떻게 물리적 환경과 결합하여 보여줘야 하는가이다(Rogers *et al.*, 2005). 정보는 눈에 잘 띄어야 하지만 실제 세상에서 이뤄지고 있는 일들을 방해하면 안된다. 예를 들어 일상적으로 발생하는 소리와 구별될 수 있는 앰비언트 사운드를 디자인해야 사용자의 이목을 끌되, 방해하지 않으며, 원래 하던 일로 돌아가게 할 수 있다. 도로 위의 자동차나 비행기의 비디오 자료 화면 같은 증강 디지털 정보들은 단순해야 하고 실제 물체들과 쉽게 배열이 가능하도록 디자인되어야 한다.

재미있는 학습 경험을 위한 디자인이 군대 또는 의료 목적의 애플리케이션 디자인과 판이하게 다름을 이해하는 것은 중요하다. 모호함과 불확실성은 혼합 현실 기반 게임에서는 긍정적인 효과를 위해 사용될 수 있지만 후자의 경우에서는 재앙이 될 수 있다. 사용되는 기술의 종류 또한 관련된 지침을 결정한다. 셔터글래스나 HMD와 같은 광학 투과 디스플레이의 사용 지침은 비디오를 통한 증강 현실 디자인에는 맞지 않을지 모른다. 마찬가지로 모바일 증강 현실 솔루션에 대한 지침은 고정된 화면을 위한 애플리케이션과 관계가 없을 수 있다. 발표된 관련 디자인 지침은 Cawood와 Fiala(2008)와 Wetzel(2008)의 문헌을 포함한다. ■

6.2.18 웨어러블

파티에 참석해서 어떤 사람을 만나 이야기 한 후에 그에 대해 더 알아보기 위해 그의 Facebook을 바로 확인할 수 있다고 상상해보자. 현재 진행 중인 활동과 관련된 정보를 즉각적으로 — 예를 들어 스마트폰을 직접 꺼내지 않고 — 자신의 눈 앞에서 슬쩍 확인할 수 있다는 가능성은 매우 매력적이다. Steve Mann(1997)이 머리와 눈에 카메라를 착용하여 이동 중에 디지털 정보에 접근하고 그가 보는 것들을 기록할 수 있었던 초기 웨어러블 컴퓨팅의 실험 단계에서부터, 최근의 Google Glass를 비롯한 많은 혁신과 발명품들이 있어 왔다.

딜레마

Google Glass: 너무 많은 것들이 보이는가?

Google Glass는 2014년에 다양한 패션 스타일로 출시된 웨어러블 제품이다(**그림 6.32** 참조). 그것은 마치 안경과 비슷해 보이지만 한쪽 편에는 카메라가 내장된 인터랙티브 디스플레이를 가지고 있어서 음성으로 제어할 수 있다. 사용자는 이동 중에 사진과 비디오를 촬영하거나, 이메일, 텍스트 및 지도 같은 디지털 콘텐츠를 볼 수 있다. 또한 사용자가 음성 명령을 사용하여 웹을 검색하면 화면에 그 결과가 나타난다. 일상생활에서 활용될 수 있는 수많은 애플리케이션들이 개발되어 왔다. 예를 들어 Watch Me Talk는 청각장애가 있는 사람들이 일상적으로 대화할 수 있도록 실시간 자막을 제공하며, Preview for Glass라는 앱은 영화 포스터를 보는 순간 그 영화의 예고편을 볼 수 있게 해준다.

'Google Glass로 런던 살펴보기'의 비디오 링크:
http://youtu.be/Z3AIdnzZUsE

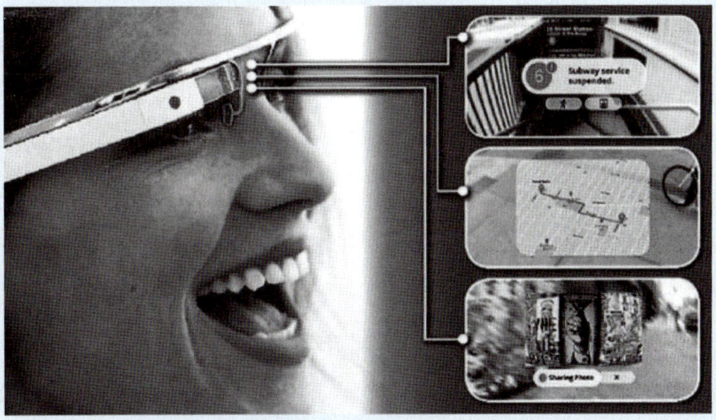

그림 6.32 Google Glass

출처: https://www.google.co.uk/intl/en/glass/start/.

그러나 회사에서 Google Glass를 착용한 사람이 당신을 향하고는 있으나 당신이 아닌 안경의 화면을 보고 있다면 약간 신경 쓰일 수 있으며, 호기심으로 확대된 그들의 동공 대신에 흰자 부분을 더 많이 보게 될지도 모른다. 이것이 우리가 알고 있는 아이컨택의 종말이 아닐까? 초기 Google Glass 사용자들의 주요 비난 거리 중 하나는 그들이 먼 곳을 응시하는 것처럼 보인다는 것이다.

또 다른 이들은 Google Glass를 착용한 사람들이 그들 앞에서 일어나는 모든 일들을 다 기록하고 있다는 점을 우려한다. 이에 대한 대응책으로 샌프란시스코 및 다른 도시들의 많은 주점 및 레스토랑에서는 '안경 금지' 정책을 시행하여 다른 고객들을 촬영하는 것을 방지하고자 했다. 최근 언론에서는 얼굴 인식 기술의 발전에 대한 많은 논란도 있었다. Google Glass용으로 개발된 앱들은 대화 중인 상대방의 사진을 찍어 그들의 Facebook이나 기타 소셜 미디어 앱에서 추출한 온라인 개인 정보들을 제공할 수 있다. 따라서 당신은 어떤 사람과 이야기 하는 와중에 그 사람이 좋아하는 음악, 최근에 본 영화, 최근 휴가를 보낸 곳 등의 내용들을 찾아볼 수 있으며, 이런 짤막한 정보들이 사진의 후광에 둘러싸여 있을 것이다. 혹자는 이런 식의 만남이 실제로 보편화 된다면 사람들이 더이상 서로 대화할 필요가 없는 상황이 될지도 모른다. 많은 사람들이 전화 대신 텍스트 메시지를 보내게 되었듯, 사람들이 파티나 회의, 기차 등에서 대면하던 방식도 클라우드 상의 대화로 대체될 수 있다. 우리는 서로를 향해 고개를 끄덕이거나 미소를 지을지언정 어디서 왔는지 무슨 일을 하고 있는지 등의 어색한 대화를 할 필요는 영영 없을 것이다. 이것이 부끄러움에 대한 만병통치약인가? 반면에 상대방이 무엇을 보고 있는지 어떻게 알겠는가? 당신은 아마도 내가 당신 바로 앞에서 당신의 블로그나 트윗을 읽고 있다고 생각할 수 있지만, 사실 나는 최근 축구 경기 결과를 보면서 당신을 만나고 있는 척을 하고 있을지도 모른다. ■

새로운 플렉서블 디스플레이, 전자 촉감 및 물리적 컴퓨팅(예: Arduino)과 같은 기술들은 사람들이 매일 착용하는 의복에 적용될 수 있다. 사람들이 이동 중에 디지털 정보와 인터랙션할 수 있는 수단으로 장신구, 모자, 신발 그리고 자켓 등이 실험되었다. 초기의 목표는 사람들이 손으로 기기를 꺼내 조작하지 않고도 음악을 선택하는 등의 작업을 수행할 수 있게 하는 것이었다. 예를 들어 MP3가 내장된 스키복을 착용한 사람은 팔 부위에 있는 버튼을 장갑으로 터치하여 음악을 선곡할 수 있으며, 자동 다이어리 기능은 사용자의 하루 중에 무슨 일이 있었고, 또 필요한 작업이 무엇인지 등의 최신 정보를 지속적으로 알려준다. 보다 최근의 사례들을 보면 새로운 형태의 소통을 촉진하고 미학과 재미를 추구하기 위해 다양한 촉각, 시각적인 기술들을 적용하는데 집중하고 있다. 예를 들어 CuteCircuit사의 Kinetic Dress와 같은 패션 의류는 착용자의 신체 움직임을 포착하여 다른 사람들과 소통하기 위한 센서를 내장하고 있으며 스커트 외부에 발광하는 자수형태의 디스플레이가 있다. 착용자가 움직이는 크기 및 그 속도가 변하는 패턴에 따라서 착용자의 감정을 대상들에게 전하며 주변에 마술 같은 후광을 만들어 낸다. CuteCircuit사는 Hug Shirt도 개발했다(4장 참조).

'Talking Shoe'의 컨셉 비디오 링크: http://youtu.be/VcaSwxbRkcE

연구 및 디자인 이슈

웨어러블 인터페이스에서 특별히 염두해야 할 핵심적 디자인 고려사항은 편안함이다. 기술이 접목된 옷을 사용자가 입을 때 편안해야 한다. 그것은 가볍고, 작고, 걸리적거리지 않고, 패셔너블해야 하며, 가급적 옷 안에 숨겨져 있어야 한다(디스플레이는 제외). 또 다른 관련 이슈는 위생이다. 입었던 옷을 세탁하거나 깨끗이 할 수 있는가? 전자 부위를 얼마나 쉽게 제거 및 교체할 수 있는가? 배터리는 어디 위치하며 얼마나 오래 지속될 수 있는가? 주된 사용성 고려사항은 사용자가 옷안에 내장된 기기들을 어떤 방식으로 컨트롤하게 할 것인가? 터치나 음성이 좋을까? 아니면 보다 전통적인 버튼이나 다이얼이 나을 것인가?

실습해보기 6.9

Android, Apple, Pebble 및 삼성에서 만든 스마트와치들은 인기 있는 웨어러블 기기로써 피트니스 측정 및 메시지 전송, Facebook 업데이트 및 최신 트윗 기능을 포함한 다양한 기능을 제공한다. 지문 스캐너까지 있어서 터치하는 것만으로 결재가 가능한 컨셉도 있다. 또한 스마트와치는 상황과 장소 인식이 가능하다. 사용자의 존재를 감지하면 근처의 상점들이 그 사용자에게 광고를 제공하고 구매를 유도할 수 있다. 이런 상황에 대해 어떤 느낌이 드는가?

조언

스마트와치는 스마트폰과 비슷하게 인근 레스토랑이나 상점의 광고를 전달 받는다. 그러나 주된 차이점은 손목에 착용된 스마트와치는 항상 보인다는 점이다. 사용자는 새로운 알림을 확인하기 위해 힐끗 내려다보기만 하면 된다. 반면에 스마트폰은 주머니나 핸드백에서 꺼내야만 내용을 확인할 수 있다(어떤 사람들은 항시 스마트폰을 손에 쥐고 있긴 하다). 이런 광고들은 항상 보이게 되어 소비를 부추길 가능성이 높다. 어떤 이들은 디지털 바우처를 받은 카페로 들어가 10% 할인을 받고 싶어 할지 모르지만, 또 다른 이들은 계속 퍼붓는 이런 광고에 짜증이 날지도 모른다. 더 심한 경우 그것은 스마트와치를 착용한 아이들이나 연약한 사람들이 사지 말아야할 물건에 돈을 쓰게 하거나 부모 및 양육자에게 사달라고 조르게 만들도록 유혹할 수도 있다. ■

6.2.19 로봇과 드론

로봇은 주로 공상 과학 영화의 캐릭터로써 우리와 함께 해왔지만, 실제 생산 제조 라인의 일부로서, 원자력 발전소나 폭탄 처리 같은 위험 지역의 원격 조사자로서, 화재 재해 현장 혹은 화성과 같은 머나먼 곳에서 탐색 및 구조의 조력자로서도 중요한 역할을 수행하고 있다. 콘솔 인터페이스는 카메라와 센서를 기반한 인터랙션과 함께 조이스틱과 키보드의 조합을 사용하여 사람이 원격 지형에서 로봇을 제어하고 탐색시킬 수 있도록 개발되었다(Baker *et al*., 2004). 인터페이스 디자인의 초점은 사용자가 실시간 영상과 동적인 지도의 도움을 받아 로봇을 효과적으로 원격조종하여 움직이게 하는 것이다.

청소 및 원예를 도와주는 가정용 로봇이 널리 보급되고 있으며, 노인 혹은 특정 활동에 장애가 있는 사람들을 돕기 위해 물건을 들거나 요리를 해주는 로봇도 개발되고 있다. 인간의 동반자를 가장한 애완 로봇 또한 상업화되고 있다. 사회적인 로봇이 인간과 협력하고 사귈 수 있어야 한다는 주장은 다소 논란의 여지가 있다(Breazeal, 2005).

어떤 연구팀들은 로봇을 디자인할 때 '귀엽고 사랑스러운' 접근을 통해 인간 보다는 애완 동물 같은 로봇으로 비추어지기를 의도했다. 예를 들어 Mitsubishi사는 이벤트를 주최하는 역할을 하는 Mel the penguin(Sidner와 Lee, 2005)을, 2004년 일본의 발명가 시바타 타카노리는 동반자의 역할을 수행하는 아기 물개 Paro를 개발했는데 귀여운 털복숭이 만화 캐릭터 같은 느낌이었다(그림 6.33 참조). 애완 동물 로봇 안에는 센서가 내장되어 있어 인간의 특정 행동을 감지하고 적절히 반응할 수 있다. 예를 들어 그것들은 눈을 깜박이거나 움직일 수 있으며, 킥킥 웃거나, 물갈퀴를 들어 올릴 수 있다. 그 로봇들을 마치 애완 동물들처럼 껴안아주거나 말을 붙일 수 있다. 애완 동물 로봇의 가치는 고령자나 노약자들이 느끼는 스트레스와

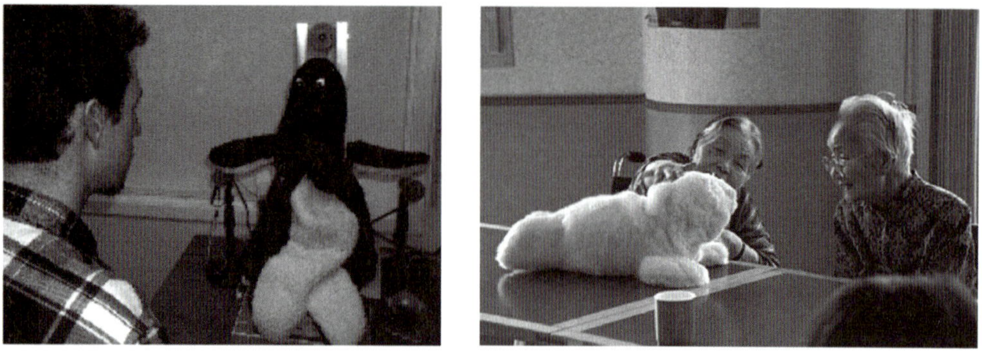

그림 6.33 왼쪽: 활동을 주도하기 위해 디자인된 펭귄 로봇 Mel, 오른쪽: 주로 노약자와 아픈 어린이를 위한 동반자 컨셉의 인터랙티브 물개 Paro

출처: (left) Image courtesy of Mitsubishi Electric Research Labs. (right) Courtesy of Parorobots.com.

외로움을 줄일 수 있다는 치료의 속성에 일부 기인한다(제5장에서 사랑스러운 애완 동물 로봇 참조). Paro는 영국에서 치매 환자가 안심과 편안함을 느끼도록 도와주는데 사용되었으며(Griffiths, 2014), 특히 종종 그것을 의인화하는 환자들 사이에서 사회적 행동을 장려하는 데 사용되었다. 그 사용자들은 농담으로 “그것이 나에게 방귀 꼈어요!”라고 말하면서 그들 자신 및 주변사람들을 웃게 만들고, 더 많은 웃음과 농담이 이어진다. 이렇게 사회적인 인터랙션을 북돋아 주는 경험은 치료의 효과가 있다고 한다.

'로봇 애완 동물의 미래' 동영상 링크: http://youtu.be/wBFws1lhuv0

드론은 원격으로 제어되는 무인 항공기의 한 형태로 처음엔 애호가들의 취미 활동으로, 그 이후에는 군용 목적으로 사용되었다. 드론의 가격이 낮아지고, 구하기 쉬워지며, 날리기도 쉬워짐에 따라서 다양한 맥락에 활용되기 시작했다. 여기에는 축제와 파티에서 사람들에게 음료와 음식을 운반하는 것과 같은 오락용 목적 및 농부들에게 유용한 데이터를 수집하기 위해 포도원이나 농지 위를 비행하는 농업용 목적, 그리고 아프리카의 야생 공원에서 밀렵꾼을 추적하는데 도움을 주는 목적 등이 포함된다. 다른 종류의 데이터 수집 방법과 비교할 때, 드론은 낮게 비행하며 촬영한 사진들을 지상 수신소로 실시간 전송할 수 있고, 그 이미지들은 지도안에 서로 연결되어 농작물의 상태 진단 및 작물 수확 적기 등을 결정하는데 사용될 수 있다.

축제 참석자에게 맥주를 날라주는 무인 항공기 OppiKoppi의 비디오 링크: http://youtu.be/janur7RJwm0

그림 6.34 포도원의 상태 조사를 위해 사용되는 드론

출처: Courtesy of Discover Sonoma County Wine
http://www.latimes.com/business/la-fi-drones-agriculture-20140913-story.html#page=1.

연구 및 디자인 이슈

사람들이 인간 또는 동물로 간주될 만한 행동을 보이는 로봇을 받아들일 수 있는지에 대한 윤리적 고민이 있다. 이러한 형태는 PC 기반 에이전트 인터페이스(2장 참조)에도 등장했지만, 로봇처럼 물리적인 몸체를 가진 경우에 실제 애완 동물 혹은 인간처럼 보일 수 있기에 사람들이 덜 의심하게 된다. 이런 의인화가 장려되는 것이 맞는지에 대한 도덕적인 이슈들이 제기된다. 로봇들이 되도록이면 인간처럼 디자인되어야 하는가? 인간과 비슷한 모습으로 눈과 입을 가지고 우리처럼 행동하고 대화하며 감정에 반응해야 하는가? 아니면 청소 로봇과 같이 명확히 정해진 목적을 위한 로봇처럼 보이고 행동하도록 디자인되어야 하는가? 마찬가지로, 인간이 로봇과 소통할 때 마치 다른 인간을 대하듯 말하고, 몸짓 하고, 그 손을 잡고, 웃어줄 수 있게 해주는 로봇의 인터랙션을 디자인해야 하는가? 아니면 인간-컴퓨터 상호작용과 같이 버튼과 손잡이, 다이얼을 눌러 명령을 수행케 하는 인터렉션으로 디자인되어야 하는가?

귀여운 애완 동물과 같은 로봇 인터페이스 접근 방식은 완전히 인간 같은 로봇의 디자인을 목표로 하는 많은 사람들에게 선호된다. 인간은 애완 동물과 공존하는 위치를 알고 있고 불편함을 거의 느끼지 않으며, 아이러니하게도 그것들이 제공하는 친밀함 속에서 의심을 유보하게 될 것이다.

또 다른 윤리적 이슈는 사람들의 허용 없이 혹은 무슨 일이 일어나는지도 모르는 사이에 드론을 사용하여 밭이나 마을 혹은 개인 소유의 사진이나 비디오를 촬영해도 괜찮은 지에 대한 문제이다. ■

"Frankly, I'm not sure this whole idea-sharing thing is working."

6.2.20 두뇌-컴퓨터 인터페이스

두뇌-컴퓨터 인터페이스(BCI, Brain-Computer Interface)는 화면 속의 커서 혹은 공기를 통해 이동하는 탠저블 퍽과 같은 외부 장치와 인간의 뇌파 사이의 통신 경로를 제공한다. 그 사용자는 커서나 퍽을 움직이는 작업에 집중하도록 훈련 받는다. 몇몇 연구 프로젝트들은 이 기술이 어떻게 인간의 인지 및 감각 운동 기능을 보조하고 증강시키기 위해 사용될 수 있는지를 조사했다. BCI는 뇌 속 신경 기능의 변화를 감지하는 방식으로 작동한다. 우리의 뇌는 수상돌기와 축삭돌기에 의해 서로 연결된 신경세포들이 구성하고 있는 뉴런으로 가득 차 있다. 우리가 생각하거나, 움직이거나, 느끼거나, 무언가를 기억할 때마다, 이 뉴런들이 활성화된다. 작은 전기 신호는 뉴런에서 뉴런으로 빠르게 이동하여 인간의 두피에 위치한 전극에게 감지되기에 이른다. 전극들은 특별한 헤드셋 혹은 머리에 쓰는 그물, 모자 등에 장착되어 있다(그림 6.35 참조). Tan Le는 그녀의 2010 TED talk에서 Emotiv Systems 헤드셋을 착용한

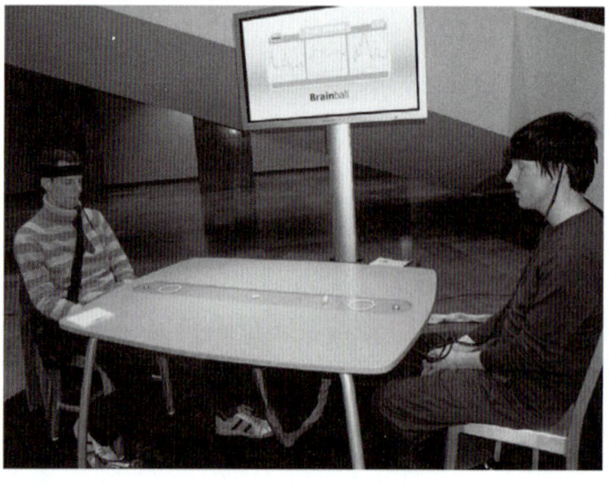

그림 6.35 두뇌-컴퓨터 인터페이스를 이용한 Brainball 게임
출처: "Brainball" from The Interactive Institute. Reproduced with permission.

참가자가 화면 속의 큐브와 같은 가상의 물체를 이동시킬 수 있음을 설명했다.

두뇌 - 컴퓨터 인터렉션을 설명하는 비디오 링크:
www.ted.com/talks/tan_le_a_headset_that_reads_your_brainwaves.html

두뇌-컴퓨터 인터페이스는 다양한 게임을 제어하기 위한 목적으로도 개발되었다. 예를 들어 Brainball은 플레이어의 뇌파로 조작하는 게임인데 긴장하지 않고 더 잘 집중한 플레이어가 테이블 위의 공을 움직이는 방식으로 경쟁한다.

한편 상상만으로 로봇을 제어하거나 가상의 비행기를 띄우는 것도 가능하다.

브라운 대학의 BrainGate 연구 단체는 두뇌-컴퓨터 인터페이스를 이용하여 신체가 마비된 환자들이 로봇을 조작할 수 있게 하는 선구적인 의학 연구를 시작했는데, 마비 환자가 BCI로 연결된 로봇팔을 조종하여 식사를 할 수 있었다(비디오 참조).

신체가 마비된 여성이 생각으로 로봇팔을 움직이는 영상 링크:
http://youtu.be/ogBX18maUiM

6.3 내추럴 사용자 인터페이스(NUI), 그리고 그 너머

지금까지 살펴보았듯이, 사용자 경험을 위해 디자인할 수 있는 수많은 형태의 인터페이스들이 있다. 오랜 시간 동안 GUI가 주된 형태로 사용되어 메일 보내기에서부터 발전소를 제어하는 관리 과정에 이르기까지 의심할 여지 없이 모든 종류의 컴퓨터 기반 활동을 지원하는 데 있어서 매우 다재다능한 모습을 보여줬다. 하지만 이제 GUI의 시대는 끝났는가? 내추럴 사용자 인터페이스, 즉 NUI가 그것들을 능가하기 시작했는가?

NUI는 정확히 무엇을 말하는가? NUI는 사람들이 음성과 손과 몸을 사용하여 물리적인 세상과 인터랙션 하던 것과 동일한 방법으로 컴퓨터와 인터랙션하는 것을 가능케 한다. GUI의 경우처럼 키보드나 마우스를 사용하는 것 대신, NUI는 사용자가 기계에게 말하고, 표면을 쓰다듬고, 허공에 몸짓을 하고, 발의 움직임을 감지하는 매트에서 춤을 추고 웃음으로 반응하는 등의 인터랙션을 가능케 한다. 자연스러움이란 말하기, 쓰기, 몸짓하기, 걷기, 물건 잡기와 같이 우리가 일상적으로 익혀온 기술들을 이용하는 방식을 의미한다. 이론적으로 GUI를 사용하는 방법을 배우는 것과 비교했을 때, NUI가 더 배우기 쉬워야 하며 사람들이 세상과 인터렉션하는 방식과 더 즉각적으로 상응하여야 한다. 예를 들어 전직 Microsoft CEO인 Steve Ballmer는 NUI라는 아이디어가 처음 소개되었을 때 다음과 같이 언급했다:

> 나는 우리가 마우스와 키보드의 영역을 넘어 터치, 음성, 제스처, 필기, 비전 인식과 같이 더욱 자연스러운 형태의 인터랙션을 결합하기 시작한 2010년을 뒤돌아 볼 것으로 믿는다. 컴퓨터 과학자들은 이를 NUI 또는 내추럴 사용자 인터페이스라고 부른다 (Ballmer, 2010).

NUI는 어떤 기능키를 눌러서 문서를 여는 것인지 기억하는 것 대신에 사용자가 단지 팔을 들어올리고 "열어줘"라고 말하는 방식을 의미한다. 하지만 이런 NUI가 얼마나 자연스러운가? 문을 열고 싶을 때, 열어달라는 말을 하는 것보다 스위치를 올리는 것이 더 자연스러운가? TV 채널을 바꾸기 위해 두 팔을 들어 올리는 것이 리모컨에서 버튼을 누르는 것 보다 자연스러운가? NUI가 GUI보다 더 자연스러운지 여부는 얼마나 많은 학습을 요구하는가, 애플리케이션이나 기기 인터페이스가 얼마나 복잡한가, 정확성과 속도 중 무엇이 더 필요한가 등의 많은 요인에 달려있다(Norman, 2010). 때로는 한 가지의 몸짓이 천 마디 말보다 더 값지며, 반대로 한마디 말이 천 가지 몸짓보다 나을 때도 있다. 그것은 시스템 얼마나 많은 기능을 지원하는지에 따라 다르다.

1장에서 설명되었던 센서 기반 수도꼭지를 생각해보자. 수도꼭지 하단에서 손을 흔들어 물 틀기와 손을 치워서 물 끄기, 이렇게 2개의 기능밖에 없기 때문에 — 감지가 불가능한 검은 옷을 입은 사람을 제외하고는 — 제스처 기반 인터페이스가 대부분 잘 작동한다. 자 이제 물의 온도나 수압 조절 같은 다른 기능들을 생각해보자. 물의 온도 및 수압을 바꾸는데 가장 적절한 제스처들은 어떤 것일까? 어떤 사람은 먼저 왼손을 들어올려서 온도를 조절한 뒤에 오른손을 올려서 수압을 조절할까? 적정 온도를 맞추기 위해 손을 그만 올려야 하는 때를 어떻게 알 수 있는가? 손을 수도꼭지 아래로 가져가서 물의 온도를 확인해야 할까? 만약 우리의 오른 속을 아래로 내린다면 수압이 약해질지 모른다. 원하는 물의 온도와 수압에 도달했다는 것을 시스템이 언제 알 수 있는가? 두 팔을 적당히 들어 올리고 몇 초간 유지해서 시스템이 알아들을 수 있도록 할 필요가 있을까? 우리 모두는 물의 전도체가 되어야 할 것이다. 그런 시스템은 말이 안 되기 때문에 당연히 존재하지도 않는다. 따라서 공중 화장실에 있는 센서 기반 수도꼭지들은 모두 그 온도 및 수압이 기본 값으로 설정되어 있다.

이렇듯 시스템에 정확히 인식되며 일반 대중들이 바로 학습하고 기억할 수 있는 몇 안되는 제스처라고 할지라도 적절한 기능을 대응시켜 디자인하는 것이 얼마나 어려운지를 잘 알 수 있다. 또한 이런 풍자는 제스처나 음성 혹은 다른 종류의 NUI가 GUI를 완전히 대체하는 인터렉션 디자인의 새 얼굴은 될 수 없음을 의미한다. 그렇다고 NUI가 쓸모 없다는 뜻은 아니며 수많은 작업 및 활동에서 디지털 콘텐츠를 제어할 때 효과적이고 즐거운 사용성을 제공한다는 점이 입증되고 있다. 예를 들면, Wii나 Kinect를 위해 개발된 여러 컴퓨터 게임 혹은 물리적인 운동을 위한 입력의 형태로써 제스처와 전신의 움직임을 사용할 때 매우 즐거운 것으로 밝혀졌다. 나아가 새로운 종류의 제스처, 음성 및 터치 인터페이스들은 시각 장애인이나 GUI 인터렉션을 위해 특화된 도구를 사용하던 사람들에게 매우 큰 도움이 되고 있다. 예를 들어 아이폰의 VoiceOver 기능은 시각장애인들이 비싼 특수 폰이나 판독기를 구매하지 않아도 이메일을 전송하거나 웹을 사용하며 음악을 재생하는 등의 활동을 가능하게 한다. 이들이 일반적인 전화를 구입할 수 있다는 것은 특별한 부류로 소외되지 않음을 의미하기도 한다. 일반인들이 몇 가지 제스처들을 배우고 사용하는 것은 다소 성가실 수 있지만, 적어도 맹인 또는 시각 장애인에게는 그렇지 않다. 손가락 터치가 화면을 조작하는 자연스러운 방법이 되었듯이, 화면에서 터치된 부분(예: '메시지', '달력', '5개의 새로운 메일')을 읽어주는 VoiceOver는 애플리케이션을 탐색하는 새로운 가능성을 보여준다.

인간-컴퓨터 인터페이스에 새롭게 떠오르는 부류는 사용자로부터 암묵적으로 수집한 정보에 의해 미묘하고 점진적이며 계속적으로 변화하는 인터페이스이다. 그것들은 가볍고 주변적이며 문맥을 인지하고 정서적인 증강 인지 인터페이스와 연결되어 있으며, 특히 게임과 같은 고성능 작업에서 많이 찾아 볼 수 있다(Solovey *et al.*, 2014). 뇌파, 신체, 행동 및 환경 센서를 활용하면 실시간으로 사람들의 인지 및 감정 상태의 미묘한 변화를 포착할 수 있으며, 이는 인간-컴퓨터 상호작용의 새로운 장을 연다. 특히 그것은 연속적 또는 분절된 입력으로써 정보를 모두 사용할 수 있어서 사람들이 무엇을 원할 것 같은지에 따라 수시로 대응하고 변화할 수 있는 잠재력이 있다. 하지만 두뇌, 신체 및 기타 센서 데이터들은 GUI와 다르다. 미래의 연구는 새로운 인터페이스를 완성하기 위해 이렇게 미묘한 수준의 입력을 최적으로 활용할 수 있는 방법에 대해 고민할 필요가 있다.

6.4 어떤 인터페이스?

본 장에서 우리는 현재 사용 가능하거나 연구 중인 다양한 인터페이스에 대한 개요를 알아보았다. 1980년대 최초로 개발된 명령어 기반 인터페이스와는 차원이 다른 사용자 경험을 디자인할 수 있는 기회가 많아졌다. 제기할 수 있는 명백한 질문은 어떤 인터페이스를 어떻게 디자인할 것인가이다. 사용자 경험의 요구사항들은 디자인 과정 중에 많은 맥락에서 파악이 되어야만 어떤 종류의 인터페이스가 적절할지, 어떤 기능들을 포함할지 등을 결정할 수 있다. 예를 들어 환자들의 식이 정보 관리를 돕기 위한 건강 애플리케이션과 모바일 기기(데이터베이스와 비교할 수 있는 음식 사진 혹은 바코드 스캔을 지원하는)를 개발한다고 하면, 그것은 보기 좋고, 휴대가 간편하며, 사물 인식을 잘 하고, 사용성이 좋아야 할 것이다. 만약 업무 환경에서 같은 장소에 모인 그룹의 의사 결정을 지원하기 위한 디자인이라면, 공유 기술 및 개인용 기기를 결합하여 사람들이 유동적으로 이동할 수 있도록 해주는 것이 좋은 선택일 것이다.

하지만 특정 작업 또는 활동에 어떤 인터페이스가 더 선호되는지 어떻게 결정할 수 있을까? 예를 들어 학습을 위해서 탠저블 인터페이스가 멀티미디어보다 나은지, 음성 인식이 명령어 기반 인터페이스만큼 효과적인지, 멀티모달 인터페이스가 단일 미디어 인터페이스보다 더 효과적인지, 해외에서 정보를 찾는 사람을 돕기 위해서는 모바일보다 웨어러블 인터페이스가 더 나은지, 게임을 즐기기 위해서는 가상의 인터페이스가 궁극의 해결책인지 아니면 혼합 현실이나 물리적인 환경이 보다 흥미진진하고 매혹적일지, 인터랙티브 가구와 같이 공유 가능한 인터페이스가 네트워크가 연결된 데스크톱 기술에 비해 소통과 협업을 더 잘 지원하는지 등의 질문들이 가능하며 현재 연구되고 있는 중이다. 실무에서 어떤 인터페이스가 가장 적합하고 유용하고 효율적이며 매력적이며 도움이 되는지 여부는 신뢰도와 사회적 수용도, 프라이버시, 윤리 기준, 지역색 등 많은 요인에 의해 좌우될 것이다.

과제

실습해보기 6.4에서 우리는 Snake 게임의 PC 버전과 스마트폰 버전의 플레이 경험을 비교해보았다. 본 과제에서는 서로 다른 인터페이스를 사용하여 동일한 게임을 플레이하는 것에 대한 장단점을 고려해보고자 한다. GUI와 모바일 인터페이스를 제외한 세 가지 인터페이스(예: 탠저블, 웨어러블, 공유형)를 선택하고 목표 사용자 그룹을 고려하여 각각의 인터페이스를 어떻게 다시 디자인할 수 있을지를 설명해보자. 예를 들어 탠저블한 게임은 어린 아이들을 위해서 디자인될 수 있으며, 웨어러블은 젊은 성인들, 그리고 공유형 인터페이스는 노인들을 위해 디자인될 수 있을 것이다.

a. 각 인터페이스에 대한 연구 및 디자인 이슈를 숙지하여 게임 설정과 관련이 있는지, 어떤 이슈들이 제기되는지를 고려하라. 웨어러블 인터페이스의 경우 게임 디자인에 있어 편안함과 위생 및 편안한 착용감과 관련된 문제가 중요하다.

b. 세 가지 인터페이스 각각에 대해 게임이 어떻게 진행되는지에 대한 가설적인 시나리오를 설명해보자.

c. 해결해야 할 구체적인 디자인 이슈들을 고려하라. 공유형 서피스의 경우 테이블탑이나 벽면에 설치된 화면을 가지고 있는 것이 가장 좋은가? 사용자들이 펜이나 손가락 터치 혹은 다른 입력 기기를 사용하는 각기 다른 인터페이스에서 어떻게 뱀과 상호작용할 수 있을까? 각 플레이어들의 뱀을 달리 표현하는 것이 좋을까 아니면 순서를 번갈아 가면서 하는게 좋을까? 혹 여러 개의 뱀을 사용한다면, 어떤 사람이 다른 이의 뱀을 움직이려 할 때 어떤 일이 일어날까? 이런 경우를 위한 새로운 규칙을 추가할 것인가?

d. 세 가지 인터페이스를 사용하여 Snake 게임을 디자인할 때의 장단점을 폰이나 PC 버전의 경우와 비교해보자.

요약

본 장에서는 사용자 경험을 위해 디자인할 수 있는 다양한 인터페이스들에 대한 개괄적인 내용을 소개했으며, 핵심 디자인 이슈와 풀어야 할 연구 문제들을 파악하였다. 혁신적인 인터페이스를 실험 및 개발하고자 하는 디자이너와 연구자들 앞에 놓여있는 기회와 도전이 강조되었다. 또한 여러 유형의 인터페이스가 가진 장점들 이면에 있는 가정들을 확인하여 일부 입증된 유형들과 아직 입증되지 않은 유형들에 대해 설명하였다. 특정 인터페이스 유형에 적합한(또는 부적합한) 수많은 인터랙션 기술들도 제시되었다. 그리고 디자이너들이 특정 인터페이스 유형을 사용하려 할 때 마주하게 되는 딜레마(예: 추상화 vs 현실주의, 메뉴 선택 vs 자유로운 텍스트 입력, 인간스러운 vs 인간스럽지 않은)에 대해서도 논의했다. 마지막으로 특정 디자인 지침 및 해당 인터페이스를 이용하여 디자인된 대표적인 시스템에 대해 조언하였다.

Key points

- WIMP/GUI 시대 이후로 웨어러블, 모바일, 탠저블, 두뇌-컴퓨터, 로봇과 드론과 같은 여러 가지 인터페이스가 등장했다.
- 어떤 인터페이스를 사용할지 및 어떤 기능을 포함할지를 결정하기 위해서는 디자인 및 연구 문제들을 폭넓게 고려해야 한다.
- 내추럴 사용자 인터페이스라고 해도 GUI만큼 자연스럽지 않을 수 있고, 작업의 종류 사용자 및 맥락에 따라 다를 수 있다.
- 모든 유형의 인터페이스 디자인의 기초가 되는 주요 고려사항은 어떤 방식으로 사용자에게 정보를 표현할 것인가이며(음성, 멀티미디어, 가상 현실, 증강 현실) 어떻게 사용자가 수행중인 활동과 관련하여 이해할 수 있도록 하는가이다(예: 게임, 온라인 쇼핑, 애완 동

물 로봇과의 인터랙션).

- 맥락을 인식하거나 사람들을 관찰하는 새로운 인터페이스들은 어떤 데이터를 수집하고 어떤 목적으로 사용하는지에 따라서 점점 더 많은 윤리 문제를 일으키고 있다.

Leah Beuchley와의 인터뷰

Leah Beuchley는 독립된 디자이너 및 엔지니어이자 교육자이다. 그녀는 컴퓨터 과학 및 물리학 박사 학위를 받았으며, 무용 전공을 시작했고, 수년 동안 연극, 예술 및 디자인에도 깊이 관여 해왔다. 그녀는 2009년부터 2014년까지 MIT 미디어랩의 하이-로우 테크(high-low tech) 그룹의 창립자 겸 디렉터였다. 그녀는 교육 활동과 직업을 통해 언제나 과학과 예술을 융합해 왔으며, 이는 컴퓨터 과학과 산업 디자인, 인터랙션 디자인, 예술 및 전자 공학이 어우러진 그녀의 업적을 통해서 확인할 수 있다.

MIT 미디어랩의 연구 그룹을 하이-로우 테크라고 부른 이유는 무엇입니까?

기술은 제한된 물리적 재료의 팔레트로부터 만들어지며, 몇몇 사람들에 의해 설계되고, 매우 제한된 방식으로 인터랙션됩니다. 하이-로우 테크는 각기 다른 사람들이 자신의 개인적 필요를 충족시키기 위해 직접 만들어 가는 대안적인 기술의 비전을 의미하는 이름입니다. 더 구체적으로 저는 더 넓은 재료의 팔레트(섬유, 세라믹, 종이 및 목재 등과 같은)와, 더 다양한 디자이너 및 엔지니어들, 그리고 인터페이스 개념의 확장을 포괄하여 기술의 영역을 확장하는데 관심이 있었습니다.

디지털 재료와 물리적 재료를 어떻게 융합했는지 사례를 좀 알 수 있을까요?

저는 거의 10년 동안 LilyPad Arduino(또는 LilyPad)라는 프로젝트에 참여해왔어요. LilyPad는 사람들이 컴퓨터 및 전자 부품을 옷에 장착할 수 있게 해주는 키트로, 봉제가 가능한 전자 부품들(마이크로 컨트롤러, 센서 및 LED)로 구성되고 전기가 통하는 실로 꿰맬 수 있습니다. 사람들은 키트를 사용하여 노래하는 베개, 어두운 핸드백 안의 밝은 빛, 인터랙티브 공으로 구성된 외투를 만들 수 있죠. 최근 이전에 가르치던 학생이었던 Kanjun Qiu와 함께 Sew Electric이라는 책을 썼는데 LilyPad를 이용한 전자 공학과 프로그램에 대해 소개하는 내용이에요.

또 다른 예로 이전의 학생들과 제가 함께 수행했던 종이 기반 컴퓨팅에 대한 작업이 있습니다. Jie Qi는 인터랙티브 종이를 기반으로 한 프로젝트를 구축할 수 있는 '회로 스티커'라는 키트를 개발했어요. 그녀는 하이-로우 테크에서 수년간의 연구 끝에, 유연하게 떼고 붙일 수 있는 전자 스티커 세트를 만들 수 있었습니다. 초박형 LED, 마이크로 컨트롤러, 센서, 전도성 잉크, 테이프, 실을 서로 연결하여 아름다운 전자 스케치를 빠르게 만들어 낼 수 있습니다.

사람들이 왜 컴퓨터를 그들의 옷에 넣어 입고 싶어할까요?

컴퓨터는 디자이너에게 새로운 창조의 가능성을 열어줍니다. 디자이너의 도구로써 컴퓨터는 단순히 새로운 것 이상으로 아주 강력한 도구입니다. 의류 디자이너는 컴퓨터를 사용하여 역동적이고 인터랙티브한 옷을 만들 수가 있어요. 예를 들어, 오염 수준에 따라 색상을 바꾸고, 소중한 사람의 전화가 올 때 반짝반짝 빛나게 하거나, 혈압이 올라갈 때 알려주는 옷을 만들 수 있습니다.

어떻게 사람들을 연구에 참여시킬 수 있나요?

저는 사람들에게 몇 가지 다른 방식으로 접근해요. 첫째, 사람들이 새롭고 다른 유형의 기술을 만들 수 있도록 도와주는 하드웨어 및 소프트웨어 도구를 디자인합니다. LilyPad가 좋은 예시지요. 저는 다양한 그룹의 사람들을 가르치는 워크샵을 통해 도구들을 연마했고, 도구가 안정화가 되면 세상의 사용자들에게 그 도구를 보급하기 위해 열심히 노력합니다. LilyPad는 2007년 이후로 상용화되었고 실무 디자이너 그룹(주로 여성들)이 이를 사용하여 스마트 스포츠 의류, 아주 편안한 비디오 게임 컨트롤러, 부드러운 로봇 및 인터랙티브한 자수를 만드는 과정들을 보는 것은 매우 흥미로웠어요.

저는 또한 제 디자인과 공학적인 탐구 활동에 있어 가능한 개방적이기 위해 노력해요. 제가 사용하는 많은 자료와 도구와 프로세스에 대한 정보들을 최대한 문서화시키고 공개합니다. 제가 만든 소프트웨어뿐만 아니라 하드웨어에 그리고 제가 할 수 있는 한 모든 창의적인 프로세스에 대해서도 오픈 소스 접근법을 적용하여 튜토리얼, 교실, 워크샵 교육 과정, 참고 자료, 그리고 공학적인 기술들을 개발하고 공유합니다.

당신을 가장 흥분시키는 일은 무엇입니까?

저는 재료에 미쳐 있어요. 두꺼운 종이 한 장, 양털 펠트 한 장, 거친 나무 한 토막, 오래된 모터 상자들 보다 더 영감을 주는 것은 없습니다. 디자인과 기술에 대한 제 생각은 대부분 재료들을 탐구하는 것과 그것들의 속성에 의해 주도 돼요. 그래서 재료는 항상 즐겁습니다. 그렇지만 제가 디자인한 도구가 현실 속에서 쓰여지는 것과 그것이 제시하는 기술 문화의 변화 가능성이야말로 가장 흥분되는 부분이라고 할 수 있어요. 가장 귀중한 목표는 기술 문화를 확장하고 다각화하는 것이며 저의 활동이 그 목표를 이루기 위한 시작점이 된다는 증거들을 보는 것은 엄청난 보상이 됩니다. ■

Chapter 07

데이터 수집

목표

이 장의 주요 목표는 다음과 같다.

- 데이터 수집 프로그램을 성공적으로 계획하고 실행하기 위한 논의를 한다.
- 인터뷰를 계획하고 실행한다.
- 간단한 설문 조사를 설계한다.
- 관찰 기법을 계획하고 수행한다.

7.1 개요

본 장에서는 인터랙티브 디자인 활동에서 일반적으로 사용되는 데이터 수집 기법들을 소개하고자 한다. 데이터 수집은 특히 요구사항을 확인하고 평가하는 데 있어서 핵심적인 역할을 한다. 요구사항 확인 단계에서의 데이터 수집 목적은 요구사항 목록을 만들기 위해, 충분하고, 정확하며, 관련성 있는 데이터를 모으는 것이다. 평가 내에서의 데이터 수집은 시스템 또는 프로토타입에 대한 사용자들의 반응과 행동을 파악하기 위해 필요하다.

해당 장에서는 데이터 수집을 위한 세 가지 주요 기법인 인터뷰, 설문 조사 및 관찰 기법에 대해 소개하며, 수집된 데이터를 분석하고 해석하는 방법에 대해 논의한다. 인터뷰란 한 명 이상의 인터뷰 대상자에게 매우 구조화된 혹은 비구조화된 일련의 질문을 하는 인터뷰 진행자를 포함한다. 인터뷰는 주로 직접 만나서 진행되지만, 이것이 필요조건은 아니다. 설문 조사는 다수의 설문 문항으로 구성되며, 진행자 대신 종이나 온라인으로 진행된다. 관찰 기법은 직접적이거나 혹은 간접적일 수 있다. 직접 관찰 기법은 사용자의 활동이 일어나는 순간을 직접 관찰한다. 간접 관찰 기법은 사용자의 활동을 나중에 검토하기 위해 사용자의 활동을 기록하는 것을 의미한다. 이 세 가지 주요 기법은 정성적 혹은 정량적인 데이터를 수집하기 위해 사용된다.

세 가지 기법은 기본적인 기법들 중 일부이지만, 다양한 방법으로 통합되거나 확장될 수 있다. 편향된 데이터 수집을 피하기 위해서, 하나의 데이터 수집 기법에 초점을 맞추는 것보다, 유연하게 조합하여 사용하는 것이 중요하다. 각 기법은 현재 진행되고 있는 인터랙션 디자인 활동에 따라 다양하게 사용될 수 있다. 기법들을 사용하는 방법에 대한 더욱 자세한 설명과 제품 수명 주기의 특정 활동과 관련된 추가적인 기법은 다음 장에서 제공된다(10장: 요구사항, 13-15장: 평가).

7.2 다섯 가지 주요 이슈

데이터 수집 세션은 신중히 계획되고 수행되어야 한다. 먼저 데이터 수집 세션을 성공적으로 수행하는 데 필요한 다섯 가지 주요 이슈는 목표 설정, 참가자 확인, 데이터 수집자와 제공자 간의 관계, 삼각 측량, 파일럿 연구 등이다.

7.2.1 목표 설정

데이터 수집의 주요 목적은 어떤 것에 대한 정보를 수집하는 것이다. 예를 들어 기술이 일반 가정생활에 어떻게 적용되는지 알고 싶을 때, 혹은 '메시지 전송'을 나타내는 두 개의 아이콘 중 어느 것이 더 사용하기 쉬운지 확인하고 싶을 때, 혹은 현재 계획하고 있는 휴대용 미터 판독기의 디자인 수정이 올바른 방향인지를 확인하고 싶을 때 등 데이터를 수집하는 다양한 이유가 존재한다. 데이터 수집을 시작하기 앞서 구체적인 목표를 파악하는 것이 중요하다. 설정된 목표는 데이터 수집 단계의 특징, 사용할 데이터 수집 기법 및 분석 방법에 영향을 미친다. 일단 목표가 정해지면, 어떤 데이터를 찾아야 할지, 그리고 수집한 데이터를 어떻게 처리해야 하는지에 초점을 맞춰야 한다.

목표는 다소 형식적으로 표현될 수 있다. 예를 들어 구조화된 또는 수학적인 형식일 수 있고, 이전 단락의 예시처럼 간단한 설명일 수도 있다. 그러나 어떤 형식을 띄건 간에, 목표는 분명하고 간결해야 한다. 일반적으로 인터랙션 디자인에서는 비공식적으로 데이터 수집 목표에 대해 표현한다.

7.2.2 참가자 확인

데이터 수집 세션을 위해 설정한 목표는 어떤 사람들로부터 데이터를 수집할 것인지를 알려준다. 이 프로파일에 적합한 사람들을 모집단이라고 부른다. 소수의 사용자 그룹이 있고, 각 사용자에게 접근하기 쉬운 경우에는 데이터를 수집할 사람들을 명확하게 확인할 수 있다. 그러나 보통은 데이터 수집에 참여 시킬 참가자를 선택해야 하고, 이를 샘플링이라고 부른다. 대상 인구의 모든 구성원들에게 접근할 수 있는 상황은 포화 샘플링이라고 하는데, 이러한 경우는 극히 드물다. 데이터 수집에 인구의 일부를 참여시키려는 경우는 확률 샘플링 혹은 비확률 샘플링의 두 가지 옵션이 있다. 전자의 경우에 가장 일반적으로 사용되는 방법으로 단순 무작위 표본 추출 혹은 층화 표본 추출이 있다. 후자의 경우의 가장 보편적인 방법은 편의 표본 추출 또는 자원자 패널이다.

무작위 표본 추출은 난수 발생 프로그램을 사용하거나 혹은 리스트에 있는 n번째 사람을 선택하여 수행한다. 층화 표본 추출은 인구를 집단(예: 중학교의 학급)으로 나눈 후, 무작위 표본 추출을 적용한다. 편의 표본 추출 및 자원자 패널은 연구자가 참여자를 선택하기 보다는 참여할 준비가 되어 있는 참가자에 의존하게 된다. 편의 표본 추출이라는 용어는 구체적으로 선택된 사람들이 아닌, 참여 가능한 사람들이 있는 상황을 설명하는데 사용된다.

확률 샘플링과 비확률 샘플링의 주요한 차이점은 전자에서 통계 분석을 실행하여 전체 인구를 대상으로 일반화할 수 있지만, 후자에서는 그러한 일반화의 정확성이 떨어진다. 통계를 사용하는 것은 충분한 숫자의 참가자들을 요구한다. '충분하다'가 정확하게 뜻하는 것은 수집되는 데이터의 종류와 적용할 통계 분석 방법에 따라 달라진다. 이것은 매우 복잡한 문제이기 때문에, 통계에 대한 확신이 없는 경우, 전문가에게 상의하는 것이 바람직하다. 샘플링에 대한 자세한 방법은 Sue와 Ritter(2012)를 참조할 수 있다.

7.2.3 참가자와의 관계

데이터 수집의 한 가지 중요한 측면은 데이터를 수집하는 사람과 데이터를 제공하는 사람 간의 관계이다. 연구의 성격을 명확하게 하기 위해 이 관계를 분명하고 전문적으로 만들어야 한다. 한 가지 방법은 참가자에게 피험자 동의서에 서명하도록 요청하는 것이다. 양식의 세부사항은 다를 수 있지만, 일반적으로 참가자들에게 데이터 수집 목적과 데이터 사용 방법을 설명함으로써, 참가자들이 거리낌없이 참여하도록 한다. 또한 참가자들이 언제든지 실험을 그만둘 수 있고, 데이터는 연구 이외의 목적을 위해 사용되지 않는다는 조항을 포함해야 한다.

많은 국가에서 평가 세션을 진행할 때 피험자 동의서를 사용하는 것이 일반적으로, 특히 참가자가 일반인이거나 연구 프로젝트에 자발적으로 참여하는 경우에 사용한다. 피험자 동의서는 데이터 수집자와 데이터 제공자 모두의 이익을 보호하기 위해 사용된다(13장 참조). 데이터 수집자는 자신이 수집한 데이터를 분석하고, 이를 이해 관계자에게 제공하고, 보고서에

시민 과학 단체를 위한 크라우드 소싱 디자인

메릴랜드 대학의 참가자를 위한 동의서 요약 버전 – 18세 이상

귀하는 페이지 하단에 적혀있는 연구자들이 수행하는 연구 프로젝트에 참여하게 됩니다. 귀하가 제공하는 데이터를 사용하기 위해서, 우리는 귀하의 동의를 얻어야 합니다. 간단히 말하자면, 우리는 귀하가 메릴랜드 대학에서 휴대폰, 키오스크, 그리고 프로젝트 웹사이트를 다음의 작업을 위해 사용하기를 원합니다.

- 사진 찍기
- 캠퍼스에서 볼 수 있는 광경에 대한 의견 공유
- 전화 또는 키오스크 애플리케이션 또는 웹사이트의 디자인을 개선하기 위한 아이디어 공유
- 다른 사람들의 사진, 관찰 내용 및 디자인 아이디어에 대한 의견

CampusNet을 사용하는 연구원 및 다른 사람들은 키오스크 혹은 웹사이트에서 귀하의 의견과 사진을 볼 수 있으며, 귀하에게 설문지로, 전화를 통해, 혹은 직접 만나 몇 가지 추가 질문을 할 수도 있습니다. 귀하는 언제든지 참여를 그만둘 수 있습니다.

검토와 서명을 위한 이 동의서의 긴 버전이 별도로 있습니다. 혹은 현재의 짧은 버전 동의서에서 아래 체크박스에 표시 후, 서명하고, 날짜를 작성하는 것 또한 가능합니다.

____CampusNet 애플리케이션을 사용하여 찍은 사진은 메릴랜드 대학의 키오스크 및 현재 개발 중인 웹사이트에 업로드될 수 있다는 것에 동의합니다.
____온라인 신청서를 통해 다른 사람들과 공유하기로 선택한 의견, 관찰 사항 및 프로필 정보는 동시에 혹은 이후에 신청서를 사용하는 다른 사람들에게 보이도록 허용합니다.
____연구에 참여하는 동안 비디오 녹화/음성 녹음에 동의합니다.
____연구 참여 중 또는 참여 후에 간단한 설문지 작성에 동의합니다.

이름	
서명	
날짜	

[프로젝트 담당 선임 연구원의 연락처]

그림 7.1 동의서 양식의 예시

적합하게 사용할 수 있기를 원한다. 데이터 제공자는 자신이 제공한 정보가 다른 목적이나 해를 끼칠 수 있는 상황에서 사용되지 않을 것이라는 확신을 원한다. 예를 들어 개인 연락처 정보 및 기타 개인 정보를 공개하지 않기를 원한다. 이는 장애를 가진 사용자 혹은 어린이가 인터뷰하는 경우에 특히 중요하다. 어린이의 경우, 피험자 동의서를 통해 부모는 자녀가 위협적이거나, 부적절하거나, 곤란한 질문, 혹은 충격적이거나 폭력적인 이미지를 보지 않도록 요청할 수 있다. 이러한 경우에 부모 또한 동의서에 서명하게 된다. 그림 7.1은 동의서 양식의 전형적인 예를 보여준다.

그러나 데이터 수집자와 제공자 사이에 데이터 수집에 대한 특정 계약이 있는 경우, 피험자 동의서는 필요하지 않다. 예를 들어 어떤 컨설턴트가 작업 현황의 입력을 지원하는 새로운 반응형 시스템에 대한 요구사항을 얻기 위해 회사로부터 고용된 상황을 생각해 보자. 이 회사의 직원은 시스템의 사용자가 되기 때문에, 컨설턴트는 작업 현황 입력에 대한 데이터를 직원들로부터 얻어야 하고, 회사 측은 직원들이 이러한 활동에 협조해 달라고 요청한다. 이러한 경우에는 회사와 직원 사이의 데이터 수집에 대한 계약이 이미 있으므로, 새로운 피험자 동의서가 꼭 필요하지는 않는다. 대부분의 윤리적 문제와 마찬가지로, 각 상황을 신중하게 고려하고 구체적인 상황에 따라 판단하여 피험자 동의서를 사용하는 것이 중요하다. 사람들로부터 데이터를 수집하는 프로젝트에서의 피험자의 개인 정보는 더욱 중요하게 판단되고 있다.

가끔은 설문 응답자에게 분명하고 직접적인 이점이 없기 때문에 설문을 끝내기 위한 인센티브가 필요할 때도 있지만, 또 어떤 경우에는 설문 응답자들이 설문을 끝내는 것을 하나의 과제처럼 임할 때가 있다. 예를 들어, 판매원을 지원하는 새로운 모바일 영업 애플리케이션을 위한 설문 조사가 있고, 새로운 애플리케이션이 일상생활에 영향을 준다고 말한다면, 판매원들은 설문조사를 과제처럼 인식하고 응답할 것이다. 이러한 경우, 정보를 제공하려는 동기는 매우 명확하다. 그러나 학생들에게 새로운 반응형 웹사이트가 얼마나 매력적인지를 확인하기 위한 설문의 경우, 설문조사를 위한 동기가 명확하지 않기 때문에 위와는 다른 인센티브가 필요하다.

7.2.4 삼각 측량

삼각 측량은 적어도 두 가지, 혹은 그 이상의 관점에서 현상을 조사하는 것을 의미한다 (Denzin, 2006; Jupp, 2006). 삼각 측량에는 네 가지 유형이 있다(Jupp, 2006).

1. 데이터의 삼각 측량은 데이터가 다른 시간, 다른 장소에서, 다른 사람들 — 아마도 다른 샘플링 기술을 사용하여 — 로부터, 다른 출처로부터 도출된다는 것을 의미한다.

2. 조사자 삼각 측량은 다른 연구자(예: 관찰자, 인터뷰 진행자 등)가 데이터를 수집하고 해석했음을 의미한다.
3. 이론의 삼각 측량은 데이터 혹은 결과를 바라보는 다양한 이론적 프레임워크를 사용함을 의미한다.
4. 방법론적 삼각 측량은 다른 데이터 수집 기술을 사용하는 것을 의미한다.

위의 네 가지 중 마지막 방법이 삼각 측량에서 일반적이다. 삼각 측량의 가장 일반적인 적용 사례는 다른 관점으로부터 산출된 비슷한 결과를 시사함으로써, 일부 조사 결과를 검증하는 것이다. 하지만 삼각 측량을 통해 검증하는 것은 어려운 일이다. 서로 다른 데이터 수집 방법으로부터 호환되거나 호환되지 않는 서로 다른 데이터가 만들어지기 때문이다. 다른 이론적 체계를 사용하는 것은 보완적이거나, 보완적이지 않는 결과를 가져올 수 있지만, 이론적 삼각 측량을 달성하려면 비슷한 철학적 토대를 가진 이론들이 필요하다. 하나 이상의 데이터 수집 기법과, 데이터 분석 방법을 사용하는 것은 좋은 사례이지만, 제대로 삼각 측량을 진행하는 경우는 드물다.

7.2.5 파일럿 연구

파일럿 연구는 실제 연구를 진행하기 전 모의로 진행하는 소규모 연구이다. 주 목표는 실제 연구에 착수하기 전에 제안된 방법의 실행 가능 여부를 확인하는 것이다. 데이터 수집 세션을 계획하기 위해 많은 시간과 노력을 사용한 경우라 할지라도, 데이터 수집 참가자는 대게 예측하기 어렵다. 실제 연구에 착수하기 전에, 파일럿 연구를 통해 계획을 테스트해야 한다. 예를 들어, 사용할 장비 및 지침을 점검하고, 인터뷰 질문이나 설문지가 명확하게 작성되었는지 확인하며, 실험 절차의 실행 가능 여부를 확인할 수 있다. 이를 통해 잠재적 문제들을 사전에 식별하여 수정할 수 있다. 500개의 설문 문항을 배포한 후, 두 개의 설문 문항이 혼란스럽다고 답변을 받는다면, 이것은 시간을 낭비하고, 참가자들을 귀찮게 하고, 그리고 파일럿 연구를 통해 피할 수 있었던 오류이다.

참여자들을 찾거나 접촉하기 어려운 경우 동료에게 의견을 구할 수 있다. 동료들과 의견을 교환하는 것은 빠르고 비용이 적게 들며 파일럿 연구를 대체할 수 있다. 또한 파일럿 연구에 참여한 사람은 본 연구에 참여할 수 없다는 점에 유의해야 한다. 왜냐하면 연구에 대해 더 많이 알게 되고 이에 따라 결과가 왜곡 될 수 있기 때문이다.

생각해보기 7.1
데이터, 정보, 그리고 결론

기초 데이터, 정보 및 결론 사이에는 중요한 차이가 있다. 데이터는 수집된 것으로, 분석되고 해석된 후 결론이 도출된다. 정보는 데이터를 분석하고 해석함으로써 얻어지고, 결론은 정보를 기반으로 도출된다. 예를 들어, 특정 화면 레이아웃이 사용자의 애플리케이션에 대한 이해에 도움이 되는지 여부를 알고 싶다고 가정하자. 이 경우, 수집된 기초 데이터에는 사용자가 특정 작업을 수행하는데 걸린 시간, 애플리케이션 사용에 대한 사용자의 의견, 애플리케이션 사용하는 동안 사용자의 심박수 등의 생체 신호가 포함될 수 있다. 이 단계에서는 데이터는 가공되지 않는다. 정보란 이러한 기초 데이터를 분석하고 결과를 해석함으로써 얻게 된다. 예를 들어, 기초 데이터 분석을 통해 5년 이상의 경험을 가진 사용자들이 새로운 디자인에 실망하고 목표를 달성하는데 오래 걸린 반면, 2년 미만의 경험을 가진 사용자들은 디자인이 유용하고 적은 작업 수행 시간이 걸렸다는 정보를 찾았다고 가정하자. 이는 새로운 레이아웃이 초보자의 이해를 향상시킨 반면, 숙련된 사용자들에게는 불편할 수 있다고 해석되고, 이에 레이아웃이 다시 디자인되어야 한다고 결론 내릴 수 있다. ■

7.3 데이터 기록

데이터 수집 세션의 결과 분석을 위해 데이터를 기록하는 것은 필수적이다. 설문지, 일기, 상호작용 로그 및 기타 흔적 수집 등의 일부 데이터 수집 형식은 문서화가 되기 때문에 추가적인 기록이 필요하지 않지만, 다른 형식의 경우 기록 방식을 선택할 수 있다. 가장 널리 사용되는 방식은, 메모, 오디오 녹음, 사진 촬영과 비디오 녹화이다. 이러한 방식은 개별적으로 사용되거나, 조합되어 사용될 수 있다. 예를 들어, 인터뷰 진행의 추가 분석을 위해, 음성 녹음 후 인터뷰 대상자의 사진을 함께 촬영할 수 있다.

사용되는 데이터 기록 방법은 상황, 시간, 활용 가능한 자원, 그리고 상황의 민감성에 따라 변화된다. 데이터 기록 방법의 선택은 수집할 정보의 세부 수준과 사생활을 침해하는 정도에 영향을 준다. 대부분의 상황에서, 음성 녹음, 촬영, 그리고 메모로 충분하다. 어떤 상황에서는, 비디오 데이터를 수집하여 활동과 상황의 복잡성을 자세하게 기록하는 것이 필요하다. 세 가지 일반적인 데이터 기록 방법은 다음과 같다.

7.3.1 메모와 사진촬영

메모—손으로 직접 혹은 타이핑하여—를 작성하는 것은 데이터를 기록하는 가장 고전적이고 유연한 방법이다. 필기를 통해 전체 또는 일부를 기록할 수 있다. 일반적으로 분석을 위한 첫 번째 단계로, 이 활동을 통해 분석가는 수집된 데이터의 특징과 내용에 대해 파악하기 용이하다. 물론, 데이터 수집과 분석을 지원하는 도구도 있지만, 손으로 작성된 메모의 경우 펜과 종이를 사용하기 때문에 키보드보다 방해가 적고 매우 유연하다. 메모의 단점은 받아쓰기(혹은 타이핑)와 듣기 혹은 관찰을 동시에 수행하기 어렵고, 집중력을 잃어 버리기 쉽고, 편견이 반영되기 쉽고, 필체를 판독하기 어렵고, 받아쓰기(혹은 타이핑)의 속도가 제한적이라는 점이다. 그러나 다른 사람과 협력한다면 일부 문제가 해결될 수 있고, 또 다른 관점이 제공될 수 있다.

허가된 경우 가능하다면, 메모와 손으로 그린 스케치를 보완하기 위해 스마트폰 혹은 다른 휴대용 장치를 통해 인공물, 이벤트, 환경을 촬영한 사진 및 짧은 영상이 사용될 수 있다.

7.3.2 음성 녹음과 사진촬영

음성 녹음은 메모 작성의 유용한 대안으로, 녹화보다 방해가 적다. 관찰 시에는, 관찰자는 모든 단어를 기록하지 않고 현재의 활동에 더욱 집중할 수 있다. 인터뷰에서는 인터뷰 진행자가 들으면서 메모를 작성할 때보다 인터뷰 대상자에게 더 많은 관심을 기울일 수 있다. 음성 데이터를 글로 옮기는 것은 시간이 많이 들지만, 항상 모든 데이터를 기록할 필요는 없다. 데이터 수집 목적에 따라 특정 섹션만 필요한 경우가 많다. 많은 연구에서 녹음의 세부적인 내용을 사용하기 보다는 추후 데이터 확인을 위한 장치, 그리고 보고서의 개인적 진술의 자료로써 활용된다. 음성 녹음을 들음으로써 데이터를 수집했을 때의 사람 혹은 장소에 기억을 잘 떠올릴 수 있다. 만약 음성 녹음이 주요, 혹은 단일의 데이터 수집 기법으로 활용된다면, 음성의 품질이 매우 중요하기 때문에 데이터 수집 전에 이를 확인해보는 것이 바람직하다.

위에서도 언급하였듯이, 오디오 녹음은 사진 촬영으로 보완될 수 있다.

7.3.3 비디오

비디오는 영상과 음성 데이터를 모두 기록할 수 있다는 장점이 있지만, 계획 시 고려해 보아야 할 몇 가지 이슈가 있고, 계획을 잘 세우더라도 방해가 될 수 있는 점이 있다(Denzin과 Lincoln, 2011). Heath *et al.*(2010)은 다음과 같은 문제를 지적한다.

- 카메라 위치를 고정할 것인지 또는 이동식 카메라를 사용할 것인지 결정해야 한다. 이러한 결정은 기록될 작업과 비디오 데이터가 사용될 목적에 따라 결정된다. 예를 들어 설명을 위한 목적 혹은 자세한 데이터 분석 등의 목적이 있을 수 있다. 혼재 게임(일상생활과 게임을 융합한 형태)과 같은 경우에는 이동식 카메라가 유일한 방법으로 사용된다.
- 필요한 것을 기록하기 위해 카메라가 가리키는 위치를 결정해야 한다. Heath와 그의 동료들은 녹화 시작 전 환경에 익숙해지고 적절한 녹화 위치를 확인하기 위해 짧은 시간 동안 필드 연구를 수행하기를 제안한다. 무엇을 어디에 기록할 지 결정할 때 참가자를 참여시키는 것 또한 관련된 작업을 기록하는 데 도움이 된다.
- 녹음 내용이 참가자에게 주는 영향을 이해해야 한다. 때때로 비디오 기록은 참가자와 그들의 행동에 영향을 주게 된다. Heath *et al.*(2010)는 질문을 통해 경험적 접근법을 취하고, 카메라로 의식하는 행동의 증거가 있는지 데이터를 확인해 보는 것을 제안한다.

실습해보기 7.1

당신이 아마추어와 정원 전문 디자이너들이 사용하는 조경 설계 전산 도구를 새롭게 개발하기 위해 고용된 컨설턴트라고 상상해보자. 당신의 목적은 조경 디자이너가 디자인 아이디어를 스케치하고, 메모를 작성하고, 고객이 좋아하는 것과 고객 가족이 정원을 사용하는 방법을 물어볼 때 어떻게 초기 프로토타입을 사용하는지 확인해 보는 것이다. 이러한 상황에서 위에서 언급된 데이터 기록의 세 가지 방식의 장점과 단점은 무엇인가?

조언

필기 노트는 전문 장비가 필요하지 않다. 이는 작업에 방해되지 않고 매우 유연하지만, 정원을 걷는 동안 수행하기는 어렵다. 만약 비가 내린다면, 비에 젖을 장비는 없지만, 노트가 물어 젖어 읽고 쓰기가 어려울 수 있다. 비디오 촬영은 더 많은 정보—예를 들어 디자이너가 관찰하고, 스케치하고, 설명을 하는 장소—를 기록할 수 있지만, 작업에 방해될 수 있고, 카메라를 들고 있어야 한다는 단점이 있다. 비디오 또한 비가 오기 시작하면 기록하기 어려울 수 있다. 스마트폰을 통해 짧은 비디오를 연속적으로 촬영하는 것은 기록하기 쉽고 덜 방해될 수 있다. 음성 녹음 또한 좋은 절충안이지만, 스케치 및 기타 자료들을 추후 통합할 때 더 어려울 수 있다.

조경 설계는 매우 시각적이고, 심미적인 활동이므로, 메모 기록과 함께 디지털 카메라 혹은 스마트폰을 사용하여 사진 촬영과 오디오 녹음을 추가적으로 진행하는 것이 중요하다. ■

7.4 인터뷰

인터뷰는 목적을 가진 대화로 비유될 수 있다(Kahn과 Cannell, 1957). 인터뷰가 일상적인 대화와 얼마나 유사하게 진행되는지 여부는 사용되는 인터뷰 방법에 달려 있다. 개방형 혹은 비구조화된, 구조화된, 반구조화된, 그룹 인터뷰 등 네 가지 종류의 인터뷰 종류가 있다(Fortana와 Frey, 2005). 처음 세 가지 유형은 면접관이 미리 정의된 질문들에 대해 대화를 얼마나 통제하느냐에 따라 결정된다. 마지막 네 번째는 진행자가 안내하는 소그룹이 포함된다.

인터뷰에 적합한 기법은 인터뷰 목적, 해결해야 할 문제, 라이프사이클 안의 단계에 따라 달라진다. 예를 들어, 인터뷰 목적이 새로운 디자인 아이디어에 대한 첫인상을 파악하는 것이라고 해보자. 이때는 비공식, 개방형 인터뷰가 가장 좋은 방법이다. 만약 인터뷰 목적이 새로운 웹 브라우저 레이아웃 등의 특정 디자인 기능에 대한 피드백을 수집하는 것이라면, 구조화 인터뷰 혹은 설문 조사가 더 좋을 수 있다. 이는 목적과 질문이 후자의 경우 더 구체적일 수 있기 때문이다.

7.4.1 비구조화된 인터뷰

개방형 혹은 비구조화된 인터뷰는 진행자가 가지는 통제 권한 스펙트럼의 끝단에 위치한다. 이는 종종 상당한 깊이를 가지고 진행되기 때문에, 탐구적이고, 특정 주제에 대한 대화와 유사하다. 인터뷰 진행자가 제기한 질문들은 형식이 없기 때문에, 답변 또한 예상되는 형식 혹은 내용이 없다. 예를 들어, 모든 참가자에게 묻는 첫 번째 질문을 '터치 스크린 사용의 장점은 무엇입니까?'라고 하자. 여기서 인터뷰 대상자는 자세하게 혹은 간단하게 대답할 수 있고, 인터뷰 대상자와 진행자는 인터뷰 방향을 함께 정해갈 수 있다. 예를 들어 인터뷰 진행자는 종종 '조금 더 자세히 말해 주실 수 있을까요?'라고 추가 질문을 할 수 있다.

체계가 없는 구조화되지 않은 방법임에, 인터뷰 진행자들은 항상 중요한 주제에 대해 계획적으로, 또한 관심 있는 모든 주제들이 포함되도록 진행해야 한다. 의제 없이 인터뷰를 진행하는 것을 새로운 아이디어를 듣는 것과 혼동해서는 안 된다(7.4.5절의 인터뷰 계획 참조). 비구조적 인터뷰 진행에 필요한 능력 중 하나는, 예상하지 못한 질문에 대답하면서도 관련된 질문에 대한 모든 답변을 수집해야 하는 것이다.

비구조화된 인터뷰의 장점은 관련성이 높고 복잡한 데이터인, 즉 주제에 대한 깊은 이해를 제공하는 데이터를 생성한다는 것이다. 더불어 인터뷰 대상자들은 진행자들이 고려하지 못한 문제에 대해 언급할 수 있다. 구조화되지 않은 많은 데이터가 생성되고, 참가자들 간 각자의 형식을 통해 일관적이지 않은 인터뷰가 진행된다. 따라서 구조화되지 않은 인터뷰는 8장에서 논의되는 근거 이론 혹은 다른 방법들을 사용하더라도 분석에 많은 시간이 소요된다. 이러한 특징은 인터뷰 유형을 결정할 때 고려될 필요가 있다.

7.4.2 구조화된 인터뷰

구조화된 인터뷰에서 인터뷰 진행자는 설문지(7.5절 참조)에 미리 정의된 질문들에 대하여 질문하고, 각 인터뷰 대상자에게 같은 질문을 사용한다. 이 질문들은 짧고 명확해야 하고, 미리 정의된 대안 중 선택하는 전형적인 폐쇄형 질문을 사용한다. 이때 '기타' 옵션이 포함될 수 있지만, 자주 선택되지는 않는다. 폐쇄형 질문은 가능한 답변의 범위가 알려져 있고, 참가자가 바쁜 경우에 선호된다. 구조화된 인터뷰는 목표가 명확하게 정해지고, 구체적인 질문이 가능한 경우에만 유용하다. 구조화된 인터뷰의 질문 예시는 다음과 같다.

- 다음 중 가장 자주 방문하는 웹사이트는 무엇입니까? (amazon.com, google.com)
- 얼마나 자주 해당 웹사이트를 방문하십니까? (매일, 매주 한번, 한 달에 한번, 한 달에 한번 미만)
- 온라인으로 물품을 구입하십니까? (예, 아니오), 답변이 '예'인 경우, 온라인으로 물건을 구매하는 빈도를 선택하세요. (매일, 매주 한번, 한 달에 한번, 한 달에 한번 미만)

구조화된 인터뷰의 질문은 각 참가자 마다 동일하게 제공되어야 하고, 같은 순서로 질문되어야 한다.

7.4.3 반구조화된 인터뷰

반구조화된 인터뷰는 구조화된 인터뷰와 구조화되지 않은 인터뷰를 결합한 것으로, 폐쇄형과 개방형 질문 모두 사용한다. 인터뷰 진행자는 기본적인 지침을 가지고, 동일한 주제를 각 인터뷰 대상자에게 질문한다. 인터뷰 진행자는 계획된 질문으로 시작하여, 관련 정보가 새롭게 추가되지 않을 때까지 조사를 진행한다. 예를 들어 다음과 같다.

- 가장 자주 방문하는 음악 웹사이트는 무엇입니까?
  <답변: 여러 가지 언급이 있었으나, 특히나 hottestmusic.com을 선호>
- 그 이유는 무엇입니까? <답변: 사이트 레이아웃이 마음에 들어서>
- 사이트 레이아웃에 대하여 자세히 알려주십시오. <침묵, 사이트 레이아웃에 대한 대답>
- 사이트에 대해 다른 선호되는 점이 있습니까? <답변: 애니메이션에 대한 설명>
- 감사합니다. 언급되지 않은 해당 사이트를 방문하는 이유가 있습니까?

특정 대답을 제안하는 질문을 하여, 대답을 먼저 해 버리지 않는 것이 중요하다. 예를 들어, 진행자가 '당신은 이 색의 사용을 좋아하는 것 같다'라고 말한다면, 인터뷰 대상자가 진행자의 기분을 상하지 않게 하기 위해 해당 가정이 사실이라고 대답하도록 부추기는 것이다. 아이들은 특히 이러한 경향이 두드러진다(어린이로부터의 데이터 수집에 대한 자세한 내용은 생각해보기 7.2 참조). 인터뷰 진행자의 신체 언어(예: 미소를 띄거나, 주저하거나, 못마땅해하는 등)는 인터뷰 대상자가 문제에 대해 의견을 내는데 많은 영향을 끼친다. 인터뷰 대상자는 충분히 대답할 시간을 가져야 하고, 너무 빠르게 다음 질문으로 넘어가서는 안 된다.

추가 질문은 더 많은 정보, 특히 '나에게 다른 것을 알려주시겠습니까?'와 같이 중립적인 정보를 얻는 데에 매우 유용하게 사용된다. 또한 인터뷰 대상자가 특정 용어나 이름을 잊어버린 경우 이를 상기시켜 준다. 반구조화된 인터뷰는 광범위하게 복제 가능하기 때문에, 추가 질문이나 프롬프트는 편견 없이 인터뷰가 진행되는 것을 목표로 해야 한다.

생각해보기 7.2

아이들과 함께 인터뷰 진행하기

아이들은 성인과 다르게 상황을 생각하고 반응한다. 그러므로 아이들이 데이터 수집 세션에 참여한다면, 아이들이 편안하게 의사소통을 할 수 있도록 친화적인 방법이 필요하다. 예를 들어, 아직 독서하기 전의 아주 어린 아이들의 경우, 데이터 수집 세션은 글로 작성된 설명, 질문들 보다는 그림이나 채팅을 사용해야 한다. 아이들과 함께 일하는 많은 연구자들은 **그림 7.2**와 같이 스마일 세트를 개발하여, 아이들이 그들의 감정 중 가장 유사한 것을 선택하도록 한다(Read *et al.*, 2002).

아이를 대상으로 한 몇몇 데이터 수집 기술들이 개발되었다. 예를 들어 KidReporter (Bekker *et al.*, 2003)에 따르면, 아이들은 조사하고 있는 주제에 대해 신문 기사를 제작하도록 요구 받았다. '화성 임무'로 명명된 작업(Dindler *et al.*, 2005)에서 아이들은 화성인인 척 연기하는 연구원에게 음성 연결을 통해 일상적 경험을 설명한다.

그림 7.2 초기 독자들을 위한 스마일 게이지

출처: Figure 2, Janet Read, Stuart MacFarlane and Chris Casey "Endurability, Engagement and Expectations: Measuring Children's Fun" Department of Computing, University of Central Lancashire. Reproduced with permission.

Druin(2002)은 기술 설계 분야(특히 학습 분야)에서 아이들을 위한 네 가지 역할(사용자, 검사자, 정보 제공자 및 설계 파트너)을 명명하였다. 사용자 역할을 하는 아이는 해당 기술을 사용하고, 검사자 아이들은 기술의 프로토타입을 테스트한다. 정보 제공자 아이들은 다양한 단계의 설계 프로세스에 참여하고, 설계 파트너 아이들은 전반적인 설계 단계에서 이해 관계자들과 동등한 역할을 수행한다.

Guha *et al*.(2013)은 기술 설계 파트너로서 아이들과 협력한다. 그들은 어른과 아이들이 함께 일하는 세대 간 팀으로 작업을 할 때 예기치 못한 혁신들이 나올 수 있다는 것을 확인하였다. 그들이 사용한 방법은 협력적 탐구(Druin, 2002; Guha *et al*., 2013)라고 불린다. 이 방법은 스칸디나비아 협력 설계 관례, 참여적 설계, 그리고 문맥 조사에 기반을 둔다. 협력적 탐구에는 많은 기법(예: 아이디어 스케치, 브레인스토밍, 관찰 연구 등)이 활용될 수 있다.

연구자들은 또한 디자인 기반 연구에서 다양한 참여적 설계 방법들을 사용한다. 이는 아동을 위한 학습 과학과 인터랙션 디자인 분야에서 공통적인 방법론이다. 디자인 기반 연구에서는 연구자들은 이론 중심의 학습 환경을 설계하고, 이러한 설계를 실제 교육 환경에서 테스트를 한 후, 디자인과 테스트의 반복적인 주기를 알려주기 위해, 연구 결과를 사용한다. Yip *et al*.(2013)은 이러한 방법론들을 교육 환경과 아동 과학 학습을 위한 기술들을 설계할 때 사용한다. 그들은 아이들이 이전 지식에 따라 매우 다른 디자인 역할을 수행한다는 것을 발견했다. 학습 환경에서의 경험을 가진 아이들은 종종 학습 환경을 위해 고안된 기술의 현실적, 실용적인 측면을 개선할 수 있었다. 반면, 충분한 디자인 경험을 가진 아이들은 기술과 관련된 미적인 부분, 기능 및 새로운 아이디어에 대해 개방적이고 자유로운 아이디어들을 더 많이 만들었다.

Ahn *et al*.(2014)과 Clegg *et al*.(2014)은 디자인 기반 연구 방법을 사용하여 ScienceKit이라는 소셜 미디어 애플리케이션을 만들었다(그림 7.3 참조). 해당 애플리케이션에서 아이들은 Instagram과 같은 인기 있는 애플리케이션과 유사한 작동방식을 통해 일상생활의 측면을 공유하고, 일상생활에서 과학적 탐구에 참여하는 과정을 경험할 수 있다. 해당 아이들과 함께하는 디자인 활동과 기술 사용에 초점을 둔 연구들을 조합하는 것은 연구자들이 다음 방법들을 이해하는 데 많은 도움이 된다. 1) 아이들이 소셜 미디어를 통해 학습하는 방법(아이들의 디자인 아이디어와 기술 사용은 직접적으로 새로운 도구에서 어떠한 학습 활동이 가능한지 알려준다), 2) 설계된 기술을 아이들과 반복하여 실행함으로써 추가적인 설계 과정에 도움이 되는 통찰력을 얻는 방법, 3) 유용하고 매력적이며 긍정적으로 아이들에게 인지적, 사회적으로 도움이 된다고 알려져 있는 기술 등이 그것이다. 참여형 디자인과 학습 및 실행 연구를 반복함으로써, 아동-컴퓨터 인터랙션과 아이들의 사회적, 인지적 발달 문제에 대한 심층적인 통찰력을 얻을 수 있다.

Duveskog *et al*.(2009)는 탄자니아 남부에서 어린이들에게 HIV와 에이즈에 대해 교육시키기 위해 스토리 기반 인터랙티브 디지털 플랫폼을 설계했다. 그들은 중등 학교

그림 7.3 디자인 기반 연구 프로젝트의 일부로 개발된 ScienceKit 앱을 사용하는 어린이

출처: Ahn *et al*. Seeing the Unseen Learner: Designing and Using Social Media to Recognize Children's Science Dispositions in Action. 2014. Reproduced with permission of Taylor and Francis Group LLC.

학생, 대학 상담 학생, HIV 상담 전문가 및 팀의 ICT 전문가를 포함했고, 각 그룹은 서로 다른 디자인 프로세스에 참여했다. 예를 들어, 실행 전에 중등 학교 학생들과의 면담을 통해 HIV 및 에이즈 경험에 대한 이야기를 이끌어 냈다. 다른 학생들은 그들의 이야기를 설명하기 위해 그림을 제작했다. 개발 후, 드라마 그룹 학생들은 이야기의 등장인물에 대한 목소리를 녹음을 하였고, 상담 학생들은 플랫폼을 테스트했다. 이러한 서로 다른 의사소통 방식은 학생들이 자신의 아이디어와 느낌을 생각하고 전달하는 데 도움이 되었다. ■

생각해보기 7.2의 사례는 기술 개발자가 자신이 함께 일하는 참여자, 해당 경우에는 아이에게 적용할 수 있도록 데이터 수집 기술을 수정할 필요가 있다는 것을 보여준다. 마찬가지로 다른 문화권의 사용자와 작업하는 경우, 다른 접근 방식이 필요하다. Winschiers-Theophilus *et al.* (2012)은 "참여 그리고 사용자 중심 디자인 방법론을 특정 지역에 적용시키기 위해, 사용성 측정 기준을 현지화하거나, 대인관계 상호작용의 문화적 모델과 의사소통 습관을 분석 도구에 포함시키려는 많은 시도를 해보았다. 그러나 사용자 중심 방법론, 평가, 혹은 벤치마크 기법을 개발도상국에 적용하려다 실패했고, 보편적으로 타당한 기존 측정 방법을 사용하여 문화를 비교하는 시도가 실패한 바 있었다. 이러한 실패는 문화적 맥락과 디자인의 사이의 관계 재구성을 요구한다." 나미비아의 지역 공동체와의 협력에서, 아이디어를 소통하고 지역 문화에 내제된 집단적 이해와 감정을 포착할 수 있도록 현지 참가자를 참여시키는 방법을 찾아야 했다(Winschiers-Theophilus와 Bidwell(2013)과 Case Study 11.3. 참조).

7.4.4 포커스 그룹

인터뷰는 종종 한 명의 인터뷰 담당자와 한 명의 인터뷰 대상자가 수행하지만, 그룹의 사람들과 인터뷰하는 것도 일반적이다. 마케팅, 정치 캠페인 및 사회 과학 연구에서 자주 사용되는 그룹 인터뷰 중 하나는 포커스 그룹이다. 일반적으로 3명에서 10명이 참여하며, 토론은 훈련된 진행자가 진행한다. 참가자는 대상 인구를 대표하는 샘플로 선택된다. 예를 들어, 대학 웹사이트를 평가할 때 관리자, 교수 및 학생 그룹의 세 가지 구별되는 포커스 그룹을 구성할 수 있고, 이는 서로 다른 목적으로 웹을 사용하기 때문이다. 요구사항 활동에서는 단일 부서, 조직 내 다양한 그룹으로부터 상이한 용어 또는 기대 사항을 발견하기 위해 포커스 그룹을 사용한다.

포커스 그룹의 장점은 놓칠 수 있는 다양하고 민감한 문제 제기가 허용된다는 것이다. 이 방법은 개인이 다른 사람들과 이야기함으로써 사회적 맥락에서 의견을 제시한다고 가정하는데, 즉 이 접근법은 개인적인 경험보다는 지역 사회 문제를 조사하는 데 더 적합하다. 포커스 그룹은 사람들이 지원적인 환경에서 자신의 의견을 제시할 수 있는 것을 목표로 한다.

토론을 이끌기 위해 안건을 미리 정했지만, 진행자는 예상치 못한 문제가 제기되었을 때 유연하게 안건을 변경시킬 수 있다. 진행자는 토론을 유도하고 안내하며, 조용한 사람들이 참여할 수 있도록 장려하고, 말이 많은 사람들이 토론을 장악하지 못하도록 한다. 토론은 대개 추후 분석을 위해 기록되며, 참가자는 추후 더 자세한 의견을 이야기하도록 초대받을 수 있다.

The focus group hated it. So he showed it to an out-of-focus group.

7.4.5 인터뷰 계획 및 수행

인터뷰를 계획하는 것은, 일련의 질문 또는 주제를 개발하고, 인터뷰 대상자에게 제공할 문서 (동의서 혹은 프로젝트 설명서)를 수집, 분석하고, 기록 장비를 사전에 작동시키면서 사용 방법을 확인하고, 인터뷰 구조를 구성하고, 그리고 적절한 시간과 장소를 준비하는 것을 포함한다.

인터뷰 문항 개발

인터뷰를 위한 문항은 개방형 혹은 폐쇄형일 수 있다. 개방형 문항은 세션의 목표가 탐색적인 경우 가장 적합하고, 폐쇄형 문항은 가능한 답변들을 미리 알고 있는 경우에만 사용할 수 있다. 비구조화된 인터뷰는 일반적으로 개방형 문항들로 구성되고, 구조화된 인터뷰는 주로 폐쇄형 문항들로 구성된다. 반 구조화된 인터뷰는 두 가지 유형의 조합을 사용할 수 있다.

딜레마

그들이 말하는 것과 그들이 하는 일

사용자가 말하는 것과 그들이 실제로 수행하는 일은 항상 같지는 않다. 질문을 할 때, 사람들은 때때로 그들이 생각했을 때 가장 좋은 측면을 대답하거나, 혹은 그들에게 일어났던 일들을 잊어버리기도 하고, 혹은 인터뷰 진행자가 만족할 만한 대답을 하여 기분을 맞춰 주기도 한다. 예를 들어, 통신 소프트웨어 유지 관리에 대한 연구에서, 개발자는 대부분의 업무에서 문서를 읽는 것이 포함된다고 대답했지만, 실제 관찰을 해보았을 때, 소스 코드를 검색하고 보는 것이 문서를 보는 것보다 더 일반적이라는 것을 발견했다(Singer *et al.*, 1997).

따라서 인터뷰 진행자들은 그들이 얻은 모든 응답을 신뢰할 수 있을까? 응답자들은 진실을 말하고 있는가? 혹은 단순히 인터뷰 진행자들이 듣고 싶다고 생각하는 답변을 말하는 것일까?

해당 사실을 인지하여 질문을 신중하게 선택하거나, 많은 수의 참가자를 확보하거나, 혹은 데이터 수집 기술을 조합하여 이러한 편향된 의견을 줄이는 것이 중요하다. ■

Robson(2011)은 인터뷰 항목을 개발하기 위한 다음의 가이드라인을 개발했다:

- 문장이 복합적이고 길면 혼란스러우므로, 여러 개의 개별 질문으로 나누어라. 예를 들어, '이 스마트폰 앱은 당신이 소유한 이전 앱과 비교해 볼 때 어떻습니까?'의 질문을, '이 스마트폰은 어떻습니까?', '당신은 다른 스마트폰 앱을 소유한 적이 있습니까?', '그렇다

면 '소유했던 스마트폰 앱들은 어땠습니까?'라고 분류할 수 있다. 이 경우 인터뷰 대상자는 대답하기 쉽고, 인터뷰 진행자는 쉽게 기록할 수 있다.

- 인터뷰 대상자는 전문 용어나 복잡한 언어는 이해하지 못할 수 있으며, 그것을 인정하기에 당황스러울 수도 있으니, 일반적인 용어로 설명하여라.
- 중립적인 질문을 하여라. 예를 들어, '왜 당신은 이러한 인터랙션 스타일을 좋아하나요?'라고 물었을 때, 이 질문은 상대편이 그것을 좋아한다고 가정하기에, 일부 인터뷰 대상자들이 실제 감정을 대답하는 것을 막게 된다.

실습해보기 7.2

책을 읽고, 영화를 보고, 사진을 검색하기 위한 다양한 전자책 단말기가 시장에서 판매되고 있다(**그림 7.4** 참조). 이 장치는 얇고 가벼우며, 책, 신문 및 잡지에 적합하게 디자인되어 있다. 제조사와 모델에 따라 디자인은 다르지만, 종이 책을 읽는 것만큼 편안한 독서를 지원한다.

(a) (b)

(c)

그림 7.4 (a) Sony's e-reader, (b) Amazon's Kindle 및 (c) Apple's iPad

출처: (a) Courtesy of Sony Europe Limited, (b) and (c) ©PA Images.

새로운 전자책 단말기 개발자들은 18세 이하의 청소년들에게 제품이 얼마나 매력적인지 알고 싶어한다. 이를 위해, 개발자들은 당신에게 인터뷰를 진행하도록 요청했다.

1. 데이터 수집 세션의 목표는 무엇인가?
2. 인터뷰 데이터를 기록하는 방법을 제안하시오.
3. 전자책 단말기에 대해 18세 이하 청소년들이 느끼는 매력적인 부분을 알기 위해, 구조화되지 않은 인터뷰를 진행할 때 적합한 일련의 질문을 제안하시오.
4. 구조화되지 않은 인터뷰의 결과를 토대로, 새로운 전자책 단말기 개발자들은 두 개의 중요한 수용 요인을 발견했다. 그것은 기기가 쉽게 다루어질 수 있는지, 그리고 서체와 모양이 변경될 수 있는 지 여부이다. 이 두 가지 측면을 평가하기 위한 반구조화된 인터뷰 질문을 작성하시오. 만약 전자책 단말기가 있는 경우, 당신의 동료 두 명에게 보여주고, 당신의 질문에 대한 의견을 수집하시오.

조언

1. 연구 목표는 전자책 단말기가 18세 미만의 청소년들에게 매력적인 기기인지 확인하는 것이다.
2. 메모를 하는 것은 피곤하고 인터뷰 대상자에게 혼란을 줄 수 있으며, 중요한 사항을 놓치기 쉽다. 또 다른 방법은 세션을 오디오 녹음하는 것이다. 비디오 녹화는 인터뷰 대상자를 볼 필요가 없으므로 필요하지 않다. 그러나 인터뷰 대상자가 언급한 기기의 모든 측면을 사진 찍기 위해 카메라 사용은 유용한 방법이다.
3. 가능한 질문은 다음과 같다. '전자책 단말기에서 책을 읽는 것이 편안합니까?', '전자책 페이지를 넘기는 방법을 알고 있습니까?', '전자책 단말기는 어떤 방식으로 독서에 집중할 수 있도록 영향을 줍니까?' 등이다.
4. 반구조화된 인터뷰 질문이 개방형이거나 폐쇄형일 수 있다. 폐쇄형 질문은 다음과 같다.

   - 전자책 단말기를 사용한 적이 있습니까?
   - 전자책 단말기를 사용하여 책을 읽는 것을 좋아합니까?
   - 전자책 단말기가 사용하기 쉽다고 생각하십니까?

   추가 조사를 위한 개방형 질문은 다음과 같다:

   - 전자책 단말기에서 가장 좋아하는 부분은 무엇이고 왜 그렇습니까?
   - 전자책 단말기에서 가장 덜 좋아하는 부분은 무엇이고 왜 그렇습니까?
   - 전자책 단말기가 불편하거나 사용하기 어려운 예시를 알려주십시오. ■

응답을 수집할 때, 가능한 답변들을 바로 체크할 수 있도록 네모난 상자와 함께 나열해 주는 것이 좋다. 다음은 실습해보기 7.2로부터 변형시킨 질문들이다.

1. 전자책 단말기를 사용한 적이 있습니까? (이전 지식 확인)

☐ 네 ☐ 아니오 ☐ 기억나거나 알지 못한다

2. 전자책 단말기를 사용하여 책을 읽는 것을 좋아합니까? (초기 반응 확인 후 응답을 조사)

□ 네 □ 아니오 □ 잘 모르겠다

3. 왜 그런가요?

만약 '네' 혹은 '아니오'라고 대답한 경우, 다음의 진술 중 당신의 감정을 제일 잘 표현하는 것은 어느 것인지 체크하여 주십시오.

'예'의 경우,

□ 나는 무거운 책을 들고 다니는 것을 좋아하지 않는다.
□ 이것은 재미있다/멋지다.
□ 친구가 멋지다고 말했다.
□ 미래의 방식이다.
□ 다른 이유 (인터뷰 진행자가 이유를 기입한다)

'아니오'의 경우,

□ 나는 굳이 도구를 사용하는 것을 좋아하지 않는다.
□ 나는 화면을 정확하게 읽을 수가 없다.
□ 나는 종이의 느낌을 선호한다.
□ 다른 이유 (인터뷰 진행자가 이유를 기입한다)

4. 전자책 단말기가 사용하기 쉽다고 생각하십니까?

□ 사용하기 쉽다.
□ 사용하기 어렵다.
□ 둘 다 아니다.

인터뷰 진행하기

시작하기 전에, 인터뷰 목표가 인터뷰 대상자에게 잘 전달되고 이해되었는지, 그리고 인터뷰 대상자가 편안함을 느끼는지 확인하시오. 인터뷰 시작 전 인터뷰 대상자들에게 익숙한 방식으로 옷을 입고, 행동하고, 말하는 것은 그들을 이해하는데 도움이 된다. 이것은 특히 어린이, 노인, 다른 민족 및 문화권의 사람, 장애를 가진 사람, 그리고 중증 환자와 일하는 경우 특히 중요하다.

인터뷰 동안은, 말하는 것보다 듣는 것이, 편견없이 공감하며 대응하는 것이, 그리고 인터뷰를 즐기는 것처럼 보이는 것이 좋다(Robson, 2011). Robson은 인터뷰를 진행하기 위해 다음의 단계를 제안했다:

1. 서론 단계로 인터뷰 진행자에 대한 소개, 인터뷰를 하는 이유에 대한 설명, 윤리적 문제에 대해 인터뷰 대상자를 안심시키기, 녹음에 대한 허락이 포함된다. 이는 모든 인터뷰마다 동일해야 한다.
2. 쉬운 질문이 포함된 워밍업 단계로, 이 단계에서는 인구통계학적 정보에 대한 질문이 포함된다. 예를 들어 '해당 국가의 어느 지역에 거주하십니까?' 등이 있다.
3. 논리적 순서로 제시된 질문이 포함된 메인 단계로, 뒤에서 더 많은 질문이 나온다. 반구조화된 인터뷰에서는 대화 과정, 상세 조사의 정도, 자연스러운 정도에 따라 질문의 순서는 변경될 수 있다.
4. 혹시 모를 긴장 상태를 풀기 위해서, 몇 가지 쉬운 질문으로 구성된 단계이다.
5. 인터뷰 진행자가 인터뷰 대상자에게 감사함을 표하고, 녹음기를 끄거나 노트북을 치워 인터뷰가 종료됨을 알려주는 마지막 단계이다.

7.4.6 인터뷰의 다른 형식

대면 인터뷰와 포커스 인터뷰를 수행하는 것은 때때로 실용적이지 않고, 특히 참가자들이 서로 다른 지역에 살고 있는 경우 더욱 그렇다. 따라서 Skype, 이메일, 화면 공유 소프트웨어가 있는 전화 기반 방법들이 인기를 얻고 있다. 이 방법들은 대면 세션과 유사하게 진행되지만, Skype 연결 끊김이나 안정적인 비디오 송출을 위한 인터넷 대역폭의 부족은 진행에 있어 어려움을 야기한다. 그러나 원격 포커스 그룹 및 인터뷰는 음성만을 사용하는 경우 장점이 있다. 예를 들어, 참가자는 그들의 환경에 있어 더욱 편안함을 느낀다. 또한 참가자는 그들이 무엇을 입었는지, 다른 사람들은 누구인지에 대해 걱정할 필요가 없고, 혹은 낯선 사람들에게 둘러싼 부자연스러운 환경에서 상호작용할 필요가 없다. 민감한 문제와 관련된 인터뷰의 경우, 면접자는 익명을 선호한다. 또한 참가자는 그들이 원할 때 전화기를 내려놓고 언제든지 대화에서 나갈 수 있으므로, 안정감을 느낀다. 직접 대면을 통해 수집된 데이터와 원격으로 수집된 데이터를 직접적으로 비교할 수 있는 지 여부는 아직 확인된 바 없지만, 적어도 일상 상황에서 원격 전화 기반 그룹 또는 개별 인터뷰가 선호되는 것으로 보인다.

회고적 인터뷰, 즉 과거에 일어난 활동 혹은 최근 데이터 수집 세션을 반영한 인터뷰는 인터뷰 진행자가 발생한 일에 대해 정확하게 이해했는지 확인하기 위해 참가자들과 함께 진행될 수 있다.

그림 7.5 프로토타입을 통한 포커스 그룹 결과의 가치 높이기. 모든 참가자가 볼 수 있도록 스토리보드가 벽에 보여진다.

Link to more information on telephone focus groups, at
http://mnav.com/shocking-truth/
and for some interesting thoughts on remote usability testing, see
http://www.uxbooth.com/articles/hidden-benefi ts-remote-research/

7.4.7 인터뷰 경험의 가치 높이기

대면 인터뷰는 주로 인터뷰 대상자의 직장이나 집에서 떨어진 회의실과 같은 중립적인 공간에서 진행된다. 이러한 인터뷰 장소는 인터뷰 대상자의 일반적인 업무와는 다른 인위적인 상황을 제공하기에, 인터뷰 대상자로부터 질문에 대한 완전한 대답을 얻는 것은 어려울 수 있다. 이 문제를 해결하기 위해 프로토타입, 인터뷰 대상자나 진행자가 가져온 물건, 일반적인 작업에 대한 설명 등과 같은 장치를 사용할 수 있다. 이러한 장치의 예시는 시나리오나 프로토타입이 있고, 이는 10장과 11장에서 다룬다. 이러한 장치를 사용하면 인터뷰 대상자에게 맥락을 제공하여 실제 환경과 유사한 데이터를 얻는 데 도움이 된다. 그림 7.5는 포커스 그룹 진행에서 프로토타입을 사용하는 예시이다.

예를 들어 Jones *et al.*(2004)은 일기를 인터뷰의 기초로 사용했다. 특정 활동 및 필요한 정보와 관련이 있는 특정 장소를 찾기 위한 연구를 진행했다. 각 참가자들은 30분 간격으로 그들이 어디에 있었는지, 무엇을 하고 있었는지에 대한 정보를 입력하는 일기를 작성하도록 요청 받았다. 인터뷰 질문은 일기 항목을 기반으로 구성되었다.

7.5 설문조사

설문조사는 인구 통계학적 데이터와 사용자의 의견을 수집하기 위해 잘 정립된 기술이다. 그들은 개방형 혹은 폐쇄형 질문을 가진 점에서 인터뷰와 유사하지만, 더 많은 수의 참가자에게 배포할 수 있어 인터뷰 보다 더 많은 데이터를 수집할 수 있다. 또한 멀리 있거나 특정 시간에 인터뷰에 참여할 수 없는 사람들을 포함시키기에 훨씬 편리하다. 잠재적 참가자에게 종종 온라인 설문지를 보내는 경우도 있다.

질문이 명확하게 작성되고 수집된 데이터를 효율적으로 분석하기 위한 노력과 기술이 필요하다. 잘 설계된 설문지는 많은 사람들로부터 특정 질문에 대해 답변을 얻는 데 유리하다. 설문지는 독자적으로 혹은 다른 방법과 함께 사용할 수 있다. 예를 들어 소수의 인터뷰 대상자와 인터뷰를 통해 얻은 정보는 결론을 내기 위해 더 많은 사용자에게 설문지를 보냄으로써 확증할 수 있다.

설문지 질문과 구조화된 인터뷰 질문은 유사하고, 질문에 따른 응답 동기에 따라 선택될 수 있다. 응답 동기가 설문지를 완료하는 것으로 충분하다면, 설문지가 적합하다. 반면 응답자가 질문에 대답하기 위해 설득이 필요하다면, 인터뷰 형식이 더 적합하고, 구조화된 인터뷰를 통한 대면 질문을 하는 것이 좋다. 예를 들어 기차역이나 다음 회의를 위해 걸어가는 상황에서는 사람들은 설문지를 기입하기 위해 멈추지 않기 때문에 구조화된 인터뷰가 더 쉽고 빠르다.

구조화된 인터뷰 질문보다 설문조사 질문을 개발하는 것이 더 어려울 수 있다. 이는 인터뷰 진행자가 설명하거나 모호한 점을 명확하게 대답해 줄 수 없기 때문이다. 이 때문에 질문은 구체적이어야 한다. 가능한 경우 폐쇄형 질문을 하고, '의견 없음' 혹은 '해당 사항 없음' 등의 옵션을 포함한 다양한 답변을 제공해야 한다. 마지막으로 부정적인 질문은 혼동을 줄 수 있고, 응답자에게 잘못된 정보를 제공할 수 있다. 일부 설문 조사 디자이너들은 사용자의 의도를 정확하게 확인하기 위해 의도적으로 부정적인 질문과 긍정적인 질문을 혼합하여 사용하기도 한다.

7.5.1 설문지 구조

대부분의 설문 조사는 기본적인 인구 통계 정보(성별, 연령, 출생지)와 관련 경험의 세부사항 (컴퓨터를 사용한 연도, 혹은 연구 중인 분야의 전문성 정도)을 물어보는 것으로 시작한다. 이러한 배경 정보는 맥락에 따라 설문 응답을 분석하는 데 유용하다. 예를 들어 두 개의 응답이 상충되는 경우, 서로 다른 견해가 경험의 차이에 따라 일어날 수 있다. 소셜 네트워킹 사이트를 처음 사용하는 그룹은 5년을 사용한 그룹과는 다른 견해를 가진다. 그러나 연구 목표와 관련된 문맥 정보만 수집해야 한다. 위의 예시에서 신발 크기에 대한 응답은 아무런 정보를 제공하지 않는다.

데이터 수집 목표에 적합한 세부적 질문은 보통 일반적인 질문들이다. 설문 문항이 너무 길면, 질문을 관련 주제로 세분화하여 더 쉽고 논리적으로 만들 수 있다. 다음은 설문지 작성을 위한 일반적인 조언이다.

- 질문의 순서에 영향을 받을 수 있기 때문에 질문의 순서를 생각해야 한다.
- 서로 다른 인구 집단에 대해 상이한 설문지가 필요한지 고려해야 한다.
- 설문지를 작성하는 방법에 대한 명확한 지침을 제공해야 한다. 예를 들어 네모난 상자 중 하나만 체크해야 한다면 알려주어야 한다. 신중한 단어 선택과 잘 보이는 서체를 사용하면 정확한 메시지 전달이 가능하다.
- 여백을 사용하는 것과 질문지를 가능한 한 조밀하게 만드는 것 사이의 균형을 맞추어야 한다.

7.5.2 질문 및 응답 형식

다양한 형식의 질문 및 응답을 선택할 수 있다. 예를 들어, 폐쇄형 질문의 경우, 응답을 하나만 표시하거나 혹은 여러 개를 표시하는 것이 적절할 수 있다. 때때로 사용자가 범위 내에서 대답을 찾도록 요청하는 것이 좋다. 가장 적절한 질문 및 응답 형식을 선택하면 응답자가 명확하게 대답하기 쉽다. 일반적으로 사용되는 일부 형식은 아래에 설명되어 있다.

네모 박스와 범위 선택

인구 통계학적 설문에 대한 답변 범위는 예측 가능하다. 예를 들어 성별에는 남성 또는 여성의 두 가지 옵션이 있으므로, 이러한 두 가지 옵션을 제공하여 응답을 요구하는 것이 타당하다. 세부 나이에 대한 정보가 필요한 경우 유사한 접근법을 사용할 수 있다. 그러나 어떤 사람들은 정확한 나이를 알려주고 싶어하지 않기 때문에, 많은 설문 조사는 응답자에게 나이의 연령대를 물어보기도 한다. 범위가 겹치는 경우, 흔히 디자인 오류가 발생한다. 예를 들어, 15~20, 20~25로 범위를 지정하면 20살의 사람은 어디에 체크해야 할지 혼란스러울 수 있다.

이 경우, 14~19, 20~24로 범위를 설정하면 문제를 피할 수 있다.

모든 범위의 간격이 동일해야 하는지에 대한 질문이 자주 있다. 정답은 '아니오' 이다. 알고 싶어하는 정보에 따라 다르다. 예를 들어 생명 보험에 대한 웹사이트를 사용하는 사람들을 확인하고자 할 때, 21~65세의 직업이 있는 사람이 주 관심 대상이다. 따라서 21세 미만, 21~65세, 65세 초과의 세 범위를 나눌 수 있다. 반면, 세대에 따른 정치학적 성향을 알고자 할 때, 21세 이상의 10년 단위의 세대 집단을 살펴보는 것이 좋다. 이 경우엔 21, 22~31, 32~41 등의 범위가 적합하다.

평가 척도

목적에 따라 사용할 수 있는 다양한 평가 척도가 있다(Oppenheim, 1998). 널리 사용되는 방법으로는 리커트(Likert)와 의미 차별법이 있다. 응답자 간 비교 가능한 다양한 응답 범위를 유도하는 것이 목적이다. 얼마나 쉬운지, 유용한지, 좋아하는지 등 사람들이 사물에 대해 판단을 내릴 때 유용하다.

리커트 척도의 성공 여부는 가능한 의견의 범위를 나타내는 진술을 확인하는 데에 있고, 의미 차별법 척도는 가능한 의견의 범위를 나타내는 단어 쌍을 선택하는 데에 있다. 리커트 척도가 더 널리 사용되는데, 이것은 응답자가 이해하기 쉬운 적합한 진술을 찾는 것이 응답자가 의도가 담긴 해석 가능한 의미 쌍을 찾는 것보다 쉽기 때문이다.

리커트 척도

리커트 척도는 의견, 태도 및 신념을 측정하는 데에 사용되므로 제품에 대한 사용자 만족도를 평가하는 데에 널리 사용된다. 예를 들어, 웹사이트에서의 색상 사용에 대한 사용자 의견은 아래 (1)과 같이 숫자의 범위를 가지거나, (2)와 같이 단어로 된 리커트 척도로 평가할 수 있다.

(1) 색상 사용이 우수하다 (1은 '매우 동의함'을 나타내고 5는 '매우 동의하지 않음'을 나타냄)

1	2	3	4	5
☐	☐	☐	☐	☐

(2) 색상 사용이 우수하다

매우 그렇다	그렇다	보통이다	그렇지 않다	매우 그렇지 않다
☐	☐	☐	☐	☐

두 경우 모두 응답자는 올바른 상자, 번호 또는 문구를 선택하거나 동그라미 표시를 한다. 리커트 척도를 설계하는 것은 다음의 세 가지 단계를 포함한다.

1. 조사 대상에 대한 간단한 진술을 수집한다. 예를 들어, '이 제어판은 분명하지 않음' 또는 '신용 등급 확인 절차가 너무 복잡함' 등이 있다. 조사를 진행할 주요 측면을 확인해 보기 위해 동료와 함께 브레인스토밍을 진행해보는 것도 좋다.
2. 조사의 규모를 결정하기 위해 고려해야 할 세 가지 주요 쟁점이 있다. 1) 얼마나 많은 척도가 필요한가?, 2) 척도는 연속적이어야 하는가, 아니면 불연속적이어야 하는가?, 3) 척도를 표현하는 방법은 무엇인가? 자세한 내용은 생각해보기 7.3를 참고하라.
3. 최종 설문지에 대한 항목을 선택하고 필요에 따라 정확하게 뜻이 전달되도록 단어를 수정한다.

위의 첫 번째 예에서 평가 척도는 왼쪽이 1로서 의미적으로는 가장 긍정적이고, 오른쪽이 5로서 의미적으로 가장 부정적이다. 숫자를 정렬하는 데 있어 절대적으로 올바른 방법은 없지만, 일부 연구자는 왼쪽을 가장 좋은 평가인 1순위로, 오른쪽을 가장 안 좋은 평가인 5순위로 정하는 것을 선호한다. 이것에 대한 논리는 경쟁에 있어 첫 번째가 가장 좋은 등수이고, 다섯 번째가 가장 낮은 등수라는 것이다. 다른 연구자들은 척도를 반대로 설정하는 것을 선호하고, 즉, 1을 가장 낮은 평가 점수로, 5를 가장 높은 평가 점수로 사용한다. 이는 직관적으로 높은 숫자가 더 좋은 선택을, 낮은 숫자가 더 나쁜 선택을 의미하기 때문이다. 가장 낮은 평가에서 높은 평가로 가는 또 다른 이유는 결과가 보고될 때, 독자가 높은 점수를 더 좋은 선택이라고 생각하는 것이 직관적이 때문이다. 기억해야 할 중요한 사항은, 어떤 방법으로 척도를 적용할지를 결정하고, 참가자들이 잘 인지할 수 있도록 안내하고, 설문지 전반에 걸쳐 일관된 척도를 적용하는 것이다.

의미 차별법

의미 차별법은 특정 항목에 대해 양극성 태도의 범위를 확인한다. 태도의 각 쌍은 형용사의 쌍으로 표현된다. **그림** 7.6에서 볼 수 있듯이 참가자들은 의견을 나타내기 위해 양 끝 사이 중 하나의 위치를 선택한다. 조사 점수는 각 양극 쌍의 점수를 합하여 계산된다. 점수는 참가자 그룹 전체로 계산된다. 이 예에서 좋고 나쁜 특징들이 오른쪽과 왼쪽에 분산되어, 극들이 혼합되어 있는 것을 볼 수 있다. 이 예는 일곱 개의 선택지를 가진 척도이다.

매력적인								못생긴
명확한								혼란스러운
흐릿한								색깔이 화려한
재미난								지겨운
성가신								즐거운
도움이 되는								도움이 되지 않는
부실한								잘 설계된

그림 7.6 의미 차별법의 예시

생각해보기 7.3

어떤 범위를 사용할 것인가: 3, 5, 7, 혹은 그 이상?

리커트와 의미 차별법을 설계할 때 범위의 개수, 제시 방법 및 형식 등을 고려해야 한다. 많은 설문지는 7점 또는 5점 척도를 사용하고, 3점 척도를 사용하는 경우도 있다. 일부는 9점 척도를 사용하기도 한다. 척도에 대해 두 가지 논쟁이 있다.

긴 척도를 선호하는 연구자들은 이것이 의견 차이를 보여주는 데 도움이 된다고 한다. 인터페이스의 기능에 대한 평가는 아이스크림 맛을 고르는 것에 비해 더 어렵고, 과제가 어려운 경우, 사람들은 위험부담을 줄이려고 한다. 응답자는 옳고 그름이 없을 경우, 한쪽을 선택하기 보다는 중심에 가까운 값을 선택하는 경향이 있다. 반대 의견을 가진 연구자들은 사람들은 큰 척도에서 정확하게 점수를 구분할 수 없기 때문에, 5점 이상의 척도는 불필요하게 사용하기 어렵다고 말한다.

고려해야 할 또 다른 측면은 척도가 짝수 혹은 홀수의 수를 가져야 하는지에 대한 것이다. 홀수는 명확한 중심점을 제공한다. 반면에 짝수는 참여자에게 결정을 내리게 하여 중립적인 태도를 취하게 하는 것을 방지한다. 다음과 같은 가이드라인을 살펴보자.

척도에 얼마나 많은 범위를 사용해야 하는가?

가능성이 매우 제한적이거나, 예 또는 아니오 유형 응답의 경우, 3과 같은 작은 범위를 사용한다.

☐	☐	☐
예	잘 모른다	아니오

선호와 비선호, 동의함과 동의하지 않음과 같은 판단을 내리는 경우, 5와 같은 중간 크기의 범위를 사용한다.

☐	☐	☐	☐	☐
매우 동의함	동의함	보통	동의하지 않음	매우 동의하지 않음

응답자에게 세부적인 판단을 요청할 때, 7 또는 9와 같은 긴 범위를 사용한다.

예를 들어 비디오 게임에서 캐릭터의 '매력 수준'과 같은 사용자 경험 차원에 대해 묻는 경우 사용한다.

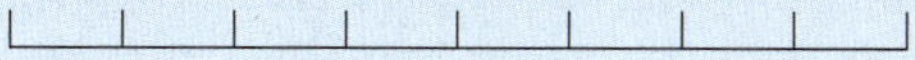

불연속적인? 연속적인?

불연속적인 선택을 위해 네모 박스를 사용하고, 세부적 판단을 위해서는 연속에 가까운 눈금자를 사용한다.

어떤 순서로?

범위를 어떤 순서로 정할 지 정한 후에 일관되게 사용한다. 예를 들어 특정 사람들은 가장 높은 동의에서 가장 낮은 동의로 가는 것이 것을 직관적이라고 생각하기에 선호한다.

- 매우 동의함
- 조금 동의함
- 동의함
- 조금 동의하지 않음
- 매우 동의하지 않음 ■

실습해보기 7.3

그림 7.7의 설문지는 잘못 설계된 4가지 기능이다.

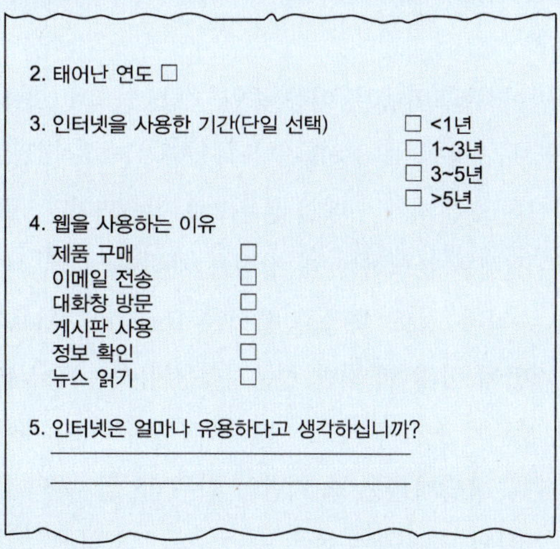

2. 태어난 연도 □

3. 인터넷을 사용한 기간(단일 선택)
□ <1년
□ 1~3년
□ 3~5년
□ >5년

4. 웹을 사용하는 이유
제품 구매 □
이메일 전송 □
대화창 방문 □
게시판 사용 □
정보 확인 □
뉴스 읽기 □

5. 인터넷은 얼마나 유용하다고 생각하십니까?
____
____

그림 7.7 잘못 설계된 설문지

조언

개선해볼 수 있는 부분은 다음과 같다.

- 질문 2는 정확한 나이를 요구하고 있다. 많은 사람들은 이 정보를 주는 것을 꺼려하기 때문에, 차라리 범위를 제공하는 것이 낫다.
- 질문 3에서 경험 기간을 나타내는 척도는 1–3, 3–5와 같이 겹치고 있다. 3년 경험의 경우 어디에 대답할지 애매하다.
- 질문 4의 경우, 설문지를 단일 선택, 혹은 중복 선택해야 할지 알려주지 않는다.
- 5번과 같은 개방형 질문은 대답을 위한 공간이 너무 작게 설계 되어, 특정 사람들은 자신의 의견 전체를 작성하기 어렵다.

많은 온라인 설문 조사 도구는 이러한 설계 오류가 발생하지 않는 장점을 가지고 있다. 그러나 여전히 종이를 통한 설문 조사가 진행 되기 때문에 우리는 이 점들을 잘 알고 있을 필요가 있다. ■

7.5.3 설문지 관리

설문지를 사용할 때 두 가지 중요한 주제는 참가자들의 대표 표본을 선택하고, 합리적인 응답률을 얻는 것이다. 대규모 설문조사의 경우, 샘플링 기술을 사용하여 잠재적 응답자를 선택하는 것이 필요하다. 인터랙션 디자이너는 보통 20명보다 적은 숫자의 참가자들을 사용하고, 작은 샘플의 경우 100% 응답률을 얻을 수 있다. 큰 샘플이나 원격 참가자가 많은 경우, 설문 조사 회신이 보장되어야 하는 것은 잘 알려진 문제점이다. 40% 회신 비율은 많은 조사에서 일반적이나, 더 적은 비율도 흔히 일어난다. 잠재적 응답자에 따라, 인센티브 제공 등을 고려하는 것도 방법이다.

설문지는 종종 웹 기반이지만, 비행기, 이동 중인 공항, 인터넷 사용이 불가능한 외딴 지역 등과 같이 참여자가 인터넷 사용이 불가능하거나 사용하기 매우 비싼 경우 종이 기반 설문지도 사용된다. 때로는 간단한 설문지가 이메일 본문으로 전송되지만, 웹 기반 설문지는 데이터를 편집하고, 부분 혹은 전체를 분석하는 데 장점을 가진다. 스페인의 안달루시아 시민에게 제공된 설문 조사에서 수집된 정보 특성을 분석한 Diaz de Rada와 Dominguez-Alvarez (2014)의 연구는 종이 기반에 비해 웹 기반 설문지를 사용하는 장점을 소개한다. 웹 기반 설문지의 경우 미 응답된 질문의 숫자가 적고, 개방형 질문에 더 자세하고 긴 대답이 수집되었다. 5가지 개방형 질문에서, 응답자들은 웹 기반인 경우 63 글자를 더 작성하였다. 드랍 다운 메뉴를 활용한 선택형 질문의 경우에는 높은 응답률을 보였다.

웹 기반 설문지는 인터랙티브하여, 체크 박스, 라디오 버튼, 풀다운 및 팝업 메뉴, 도움말

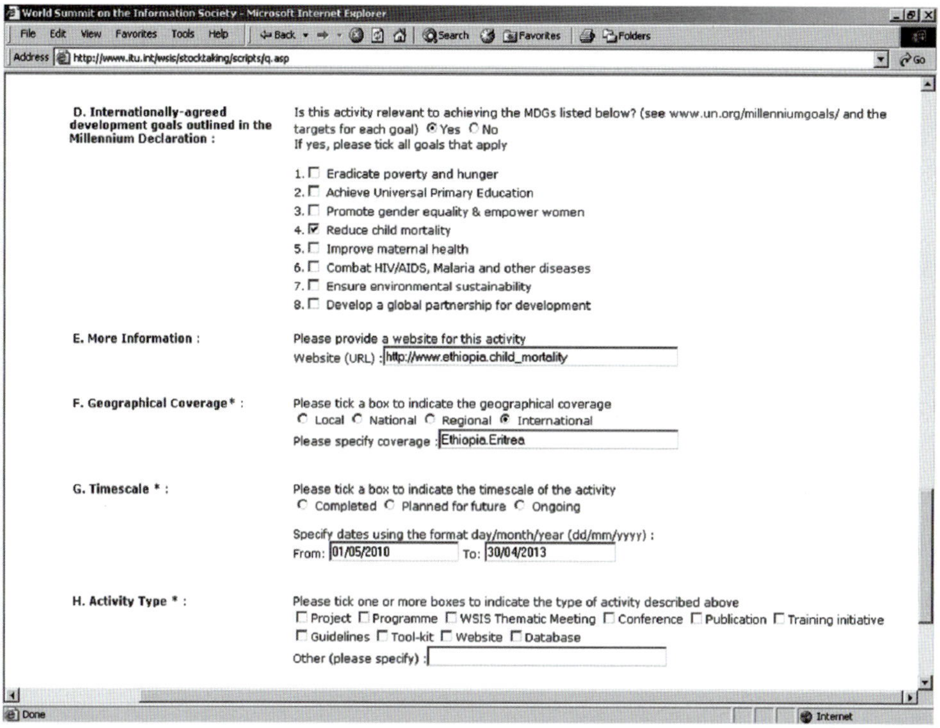

그림 7.8 체크 박스, 라디오 버튼 및 풀다운 메뉴를 보여주는 웹 기반 설문지 사례

화면, 그래픽 또는 비디오를 포함할 수 있다(그림 7.8 참조). 즉각적으로 데이터 검증(예: 1~2 사이의 숫자 작성 여부)이 가능하고, 일부 응답자와 관련 없는 질문(예: 10대에게만 해당되는 질문)은 자동으로 건너뛸 수 있다. 웹 기반 질문지의 다른 장점으로는 응답 속도가 빠르며, 분석을 위해 데이터베이스로 응답을 자동 전송하는 것이 가능하다(Sue와 Ritter, 2012).

기반 설문지의 주요 문제점은 응답자의 랜덤 표본 추출이 어려운 것이다: 웹 기반 설문은 일반적으로 편의성 추출이기 때문에, 결과를 일반화할 수 없다. 일부 국가에서는 시청자의 프로그램 및 정치적 사건(예: Big Brother 프로그램)에 대한 의견을 물어보기 위해 웹 및 스마트폰 기반 질문을 TV와 함께 사용한다.

웹 기반 설문지 배포에는 다음의 단계가 포함된다(Andrews *et al.*, 2003).

1. 인터랙티브 웹 기반 설문지를 설계하고 구현한다. 설문지에 피드백 및 팝업 도움말을 포함하는 것은 유용한 방법이다.
2. 같은 사람이 여러 개의 완료된 설문 조사를 제출할 수 있기 때문에, 각 응답자를 식별할 수 있는 정보를 얻고 저장할 수 있어야 한다. 응답자의 인터넷 도메인 이름이나 IP 주소

를 기록하여, 이를 데이터베이스에 직접 전송할 수 있어야 한다. 그러나 이 행동은 사람들의 사생활을 침해할 수 있으므로, 법적 사안을 검토해야 한다. 또 다른 방법으로는 웹 기반 설문지에 접속한 도메인에 대한 정보를 얻기 위해, 웹 서버로부터 전송 및 참조 로그에 접근하는 것이다. 하지만 사람들은 다른 IP 주소를 가진 다른 계정을 사용할 수 있으므로, 추가 식별 정보가 필요하다.

3. 설문지와 관련한 파일럿 테스트를 진행한다. 다음의 네 단계가 진행될 수 있다. 1) 많은 지식을 가진 분석가에게 설문 조사 검토를 맡김, 2) Think-aloud 기법을 사용하여 설문 조사를 진행해 봄, 3) 작은 규모로 연구를 진행해 봄, 4) 오류를 찾아내기 위한 최종 검사를 수행 등이 그것이다.

다양한 질문 유형(예: 개방형, 객관식), 평가 척도(예: 리커트, 의미 차별법) 및 응답 유형(예: 라디오 버튼, 체크 박스, 드롭 다운 메뉴)을 포함하여 다양한 옵션을 제공하는 온라인 설문 템플릿이 웹에서 제공된다.

실습해보기 7.4

questionpro.com, surveymonkey.com 또는 유사 설문조사 사이트에서 무료 평가 기간 동안 위젯 세트를 활용하여 설문 항목을 설계할 수 있다.

실습해보기 7.2를 위해 개발한 일련의 질문들에 대한 웹 기반 설문지를 만들어 본다. 각 질문에 대해 두 가지 다른 설계를 만들어 본다(예: 하나의 질문에 대해 라디오 버튼 및 드랍 다운 메뉴 사용). 또 다른 질문은 10점 척도의 의미 차별법과 5점 척도를 사용한다.

두 가지 디자인이 응답자의 행동에 어떤 영향을 줄 것이라고 생각하는가? 많은 사람들에게 당신의 질문 중 하나 또는 그 이상에 대답하도록 요청하고 두 가지 디자인에 대한 답변이 다른지 확인해 본다.

조언

응답자가 응답 유형을 다른 방식으로 사용한다는 것을 확인하였을 것이다. 예를 들어 라디오 버튼을 통해 선택한 옵션 목록보다 드롭 다운 메뉴에서 최종 옵션을 더 자주 선택할 수 있다. 혹은 인터페이스에 사용된 위젯 스타일이 사람들의 의견에 영향을 끼치지 않음을 알 수도 있다. 발견된 차이점은 설문지 디자인의 특징 보다는 개인적 응답 간의 차이 때문이라고도 볼 수 있다. 이러한 효과를 확인하기 위해서 많은 숫자의 참가자들(예: 50–100 범위)에게 각 질문 설계에 대해 물어볼 필요가 있다. ■

생각해보기 7.4

사람들은 종이와 연필을 통한 설문지와 온라인 설문지에 다르게 대답하는가? 그렇다면 이유는?

사람들이 컴퓨터를 사용하여 설문 조사에 응답하는 방식과 기존의 종이 및 연필 방식과 비교한 연구들이 있다. 일부 연구에서는 사람들은 컴퓨터를 사용하여 식습관, 음주, 운동량 등과 같은 자신의 습관과 행동을 보고하는 경우, 분명하고 일관성 있게 대답한다고 말한다(Luce *et al.*, 2003). 학생들은 온라인을 통해 강사를 덜 우호적으로 평가한다는 것이 알려졌다(Chang, 2004). 그 이유 중 하나는 교실에서 다른 사람들에 둘러싸여 연필로 작성하는 것에 비해 학생들은 컴퓨터를 통해 설문지를 작성할 때 사회적 압박감을 덜 느끼게 되어 더 솔직하게 작성하기 때문이다.

사람들이 질문에 대답하는 방법에 영향을 줄 수 있는 또 다른 요소는 머리글 사용, 질문의 순서 및 배치와 같은 정보 구조화 방식이다. 그러나 웹 기반 설문지는 종이 설문지에 비해 정보를 처리하는 부분에서 잠재력이 더 크다(Smyth *et al.*, 2004). 예를 들어, 드롭 다운 메뉴, 라디오 버튼 및 이동 옵션의 사용은 사람들이 설문지를 읽고 탐색하는 방법에 영향을 줄 수 있다. 그러나 이러한 사안들이 응답자의 응답에 영향을 미치는가? Smyth *et al.*(2005)은 강제 선택 형식을 제공하면 더 많은 옵션을 선택할 수 있다고 한다. Funcke *et al.*(2011)은 연속 슬라이더는 개별 척도가 아닌 연속 척도를 지원하기 때문에 정확한 정보를 수집할 수 있음을 확인했다. 높은 응답률 또한 가능했지만, 연속 척도를 처음 본 참가자들에게는 해당 개념이 쉽지 않고 이해하기 어려웠다. ■

7.6 관찰 기법

관찰은 제품 개발 중 어느 단계에서나 유용한 데이터 수집 기술이다. 디자인 초기에 관찰을 통해 사용자의 상황, 작업 및 목표를 이해할 수 있다. 개발 후기에 진행된 관찰, 즉 평가는 개발된 프로토타입을 통해 이러한 작업과 목표가 잘 지원되는지 조사할 수 있다.

사용자 활동은 조사관이 직접 관찰하거나, 혹은 녹화된 활동 기록을 통해 간접적으로 관찰할 수 있다. 관찰은 현장 또는 통제된 환경에서 진행될 수도 있다. 전자의 경우, 자연스런 환경에서 일상적인 업무 수행이 관찰된다. 후자의 경우, 사용성 연구실과 같은 통제된 환경에서 정해진 작업 수행이 관찰된다.

실습해보기 7.5

현장에서의 관찰과 통제된 환경에서의 관찰의 각 장점을 이해하기 위해 아래의 시나리오를 읽고 질문에 답하여라.

시나리오 1: 사용성 컨설턴트는 손목 끈에 장착할 수 있는 웨어러블 내비게이션 장치를 장착한 스톡홀름 관광객 그룹과 합류한다. 하루 관광 후, 관광객들은 현재 위치에서 반경 2km 이내의 음식점 목록을 찾기 위해 장치를 사용한다. 표시된 몇 개의 음식점 중 전화번호를 찾아 메뉴에 대해 묻고, 한 군데를 선택하여 예약을 하고, 음식점으로 출발한다. 사용성 컨설턴트는 특히 움직이면서 장치를 조작할 때 어려움이 발생하는 것을 발견했다. 그룹과의 논의를 통해 인터페이스에 문제가 있음을 다시금 확인했지만, 이것을 감안하더라도 장치는 유용하며 그룹은 인근의 좋은 음식점에서 자리를 잡아 기뻐한다.

시나리오 2: 사용성 컨설턴트는 참가자가 실험실에서 웨어러블 내비게이션 장치를 사용하여 미리 설계된 작업을 수행하는 방법을 관찰한다. 참가자들은 마티스(Matisse)라는 식당의 전화번호를 찾는 작업을 수행한다. 이 작업을 수행하는 데 시간이 걸리며 몇몇 문제가 있는 것으로 보인다. 비디오 녹화 및 인터랙션 로그를 통해 인터페이스가 매우 어렵고 오디오 인터랙션 품질이 낮은 것으로 확인되었고, 참가자들은 사용자 만족도 설문지로부터도 이 사실은 확인되었다.

1. 이 두 가지 관찰 유형의 장단점은 무엇인가?
2. 각 유형의 관찰이 유용한 때는 언제인가?

조언

1. 현장 조사의 장점은 관찰자가 실제 상황에서 장치를 사용하여 실제 문제를 해결할 수 있음을 확인하는 것이다. 그녀는 전반적인 컨셉에 대한 즐거움과 인터페이스에 대한 좌절감을 경험했다. 그룹이 이동 중 장치를 어떻게 사용하는지 관찰함으로써, 그녀는 그들이 좋아하는 것과 부족한 점을 이해하게 되었다. 단점은 관찰자가 그룹의 내부에 있어, 그녀가 얼마나 객관적일 수 있을지 모른다는 것이다. 데이터는 정성적이고 진술은 매우 설득력이 있을 수 있지만, 얼마나 유용할까? 어쩌면 그녀는 좋은 시간을 보냄으로써, 판단이 흐려지고 부정적인 의견을 듣지 못하며 특정 사람들의 불만을 알아차리지 못했을 수도 있다. 더 많은 것을 알아내기 위해 또 다른 연구가 수행 될 수 있지만 이 연구의 조건을 똑같이 재현할 수는 없다. 실험실 연구의 장점은 복제하기가 더 쉽기 때문에 여러 사용자가 동일한 작업을 수행하고, 특정 사용성 문제를 찾고, 사용자의 작업 성과를 비교하고, 특정 작업 수행에 걸린 평균 시간 및 평균 오류 수를 계산할 수 있다. 그녀가 외부인이기 때문에 관찰자는 더 객관적일 수 있다. 단점은 이 연구가 인위적이며 실제 환경에서 장치가 어떻게 사용될 것인지에 대해서는 알 수 없다는 것이다.
2. 두 가지 유형의 연구 모두 장점이 있다. 어떤 것이 더 나은지는 연구의 목표에 달려 있다. 실험실 연구는 인터랙션 스타일의 세부 사항을 검사하여 인터페이스 및 버튼 디자인의 사용성 문제를 진단하고 수정하는 데 유용하다. 현장 조사는 실제 상황에서 내비게이션 장치를 사용하는 방법과 어떻게 사용자의 동작이 통합되는지 또는 변경되는지를 보여준다. Kjeldskov와 Skov(2014)에 따르면 사실상 모바일 장치에서 어떤 종류의 연구가 더 바람직한지에 대한 확실한 답은 없다. ■

7.6.1 현장의 직접 관찰법

사람들은 자신이 하는 일을 설명하거나 어떻게 업무를 수행하는지 명확하게 기술하는 것이 매우 어렵다. 따라서 인터랙션 디자이너가 인터뷰나 설문 조사를 통해 진실된 이야기를 얻는 것은 거의 불가능하다. 현장에서의 관찰은 사용자의 행동 방식 및 기술 사용 방법에 대한 세부 정보를 확인하는 데 도움이 될 수 있으며 다른 조사 방법으로 도출되지 않은 뉘앙스가 관찰될 수 있다.

작업 환경에 대한 이러한 이해는 활동이 어떻게 발생 했는지에 대한 중요한 정보를 제공한다. 그러나 현장에서의 관찰은 복잡할 수 있으며, 처음에는 제대로 인식하는 것조차 어려울 수 있다. 관측은 또한 분석에 관련 없는 많은 정보를 초래할 수 있다. 특히 관찰이 계획되지 않고 신중하게 수행되지 않는 경우에 더욱 그렇다.

모든 데이터 수집에는 분명히 명시된 목표가 있어야 하지만, 항상 너무 많은 일들이 일어나기 때문에 관찰 세션에 집중하는 것이 특히 중요하다. 다른 한편으로, 변화하는 상황에 대응하는 것도 중요하다. 예를 들어, 특정 작업자를 관찰하기 위해 하루를 계획했지만 관찰 목표와 관련이 있는 예기치 않은 회의에 초대 받은 경우, 회의에 참석하는 것이 좋다. 관찰에서는 목표에 따라 진행되는 것과 상황에 따라 수정, 형성, 재조정되는 것 사이에 신중한 균형이 유지된다. 이 균형을 유지할 수 있다는 것은 경험과 함께 발전하는 기술이다.

현장 관찰을 위한 프레임워크 설계하기

관측 중에는 사건이 복잡하고 빠르게 변할 수 있다. 관찰자들이 생각해야 할 것이 많기 때문에, 많은 전문가들은 관찰을 구조화하고 초점을 놓치지 않기 위한 프레임워크를 가지고 있다. 프레임워크는 매우 간단할 수 있다. 예를 들어 다음은 기억하기 쉬운 세 가지 항목에 초점을 맞춘 평가 연구용 실무자의 프레임워크이다.

- **사람**: 특정 시간에 기술을 사용하는 사람은 누구인가?
- **장소**: 그들은 그것을 어디에서 사용하고 있는가?
- **물건**: 그들은 그것으로 무엇을 하고 있는가?

사람, 장소, 물건에 기반한 이러한 간단한 프레임워크조차도 관찰자들이 그들의 목표와 질문을 놓치지 않도록 도와준다. 그러나 경험 많은 관측자는 활동 환경에 더 많은 관심을 기울일 것을 권장하는 Robson(2011)이 제안한 자세한 프레임워크를 선호한다.

- **장소**: 물리적 장소는 어디이고 어떻게 배치되는가?
- **배우**: 관련된 사람들의 이름과 관련 세부 사항은 무엇인가?

- **활동**: 배우들은 무엇을 하고 있으며 왜 그런가?
- **대상**: 가구와 같이 어떤 물리적인 물체가 있는가?
- **행동**: 특정한 개별 행동은 무엇인가?
- **이벤트**: 당신이 관찰하는 것이 특별 행사의 일부인가?
- **시간**: 일련의 사건은 무엇인가?
- **목표**: 배우는 무엇을 달성하고자 하는가?
- **감정**: 그룹과 개인의 분위기는 어떤가?

이 프레임워크는 모든 유형의 관찰을 위해 고안 되었으므로 인터랙션 디자인의 맥락에서 사용될 때 약간 수정해야 할 수도 있다. 예를 들어, 어떤 기술이 사용되는 방식에 관점이 맞춰지면 프레임워크는 다음과 같은 질문을 하도록 수정될 수 있다.

- **대상**: 연구될 기술 이외에 물리적 대상이 존재하며 기술 사용에 영향을 미치는가?

실습해보기 7.6

1. 기술(예: 컴퓨터, 가정용 혹은 오락 기기)을 사용하는 소규모 그룹을 찾아, '이 사람들은 무엇을 하고 있습니까?'라는 질문에 답하려고 시도해 보자. 3~5분 동안 지켜보고, 당신이 관찰한 것을 적어보자. 일을 진행하면서 어떤 느낌을 받았는지, 그리고 당신이 관찰한 사람들의 반응을 적어보자.
2. 그룹을 다시 관찰한다면, 처음 당신이 한 일을 어떻게 바꿀 것인가?
3. Robson의 프레임 워크를 사용하여 약 10 분 동안 해당 그룹을 다시 관찰해 보자.

조언

1. 이 연습문제를 하면서 발생한 문제가 있는가? 모든 것을 관찰하고 일어난 것을 기억하는 것이 어려웠는가? 관찰 받는 사람들이 어떤 느낌을 가졌다고 생각하는가? 그들은 관찰 받는다는 것을 알고 있었는가? 아마도 일부 사람은 반대하고 떠나버렸을 지도 모른다. 만약 그들에게 말하지 않았다면, 알려주어야 한다고 생각하는가?
2. 관찰의 초기 목표, 즉 사람들이 무엇을 하고 있는 지를 알아내는 것은 모호하고, 질문에 대답하기 위해 무엇이 중요하고 혹은 무시해도 되는지를 알아내는 것을 생각보다 어렵다. 관찰 시 사용되는 질문들에 대해 더욱 신경을 써야한다. 예를 들어 다음과 같은 질문을 할 수 있다. 사람들은 기술을 활용하여 무엇을 하고 있는가? 그룹의 모든 사람들이 기술을 사용하고 있는가? 그들은 즐겁고, 좌절하거나, 진지하고, 행복하게 보이는가? 기술이 사용자들이 가진 목표의 중심에 있는가?
3. 아마도 두 번째 시도에서 당신은 더 자신감을 가졌을 것이다. 같은 관찰을 행한 두 번째 시도이기도 하고, 프레임워크가 당신이 무엇을 관찰해야 하는 지에 대한 구조를 제공했기 때문이다. ■

위에 소개 된 두 프레임워크는 비교적 일반적이며 많은 다른 유형의 연구에서 사용될 수 있으며, 자신 만의 프레임워크를 개발하는데 기초로 활용될 수 있다.

참여도

연구 유형에 따라, 연구 환경 내의 참여도는 다양한 영역으로 분류될 수 있고, 한쪽은 내부인, 다른 쪽은 외부인으로 구분될 수도 있다. 특정 연구가 가진 목표와 그것을 제한하고 형성하는 실용적, 윤리적인 문제에 따라 참여도의 영역이 정해진다.

외부인 영역을 채택하는 관찰자는 수동적 관찰자라고 불리고, 연구 환경에 전혀 참여하지 않는다. 현장에 있다면 수동적 관찰자가 되기 어렵고, 이는 주변에서 일어나는 활동과의 상호작용을 피할 수 없기 때문이다. 수동 관찰은 실험실 연구에서 더 적합하다.

내부인 영역을 채택하는 관찰자를 참여 관찰자라고 부른다. 이는 그가 연구하고 있는 그룹의 멤버가 되기 위해 연구 유형에 따라 다양한 수준에서 시도한다는 것을 의미한다. 관찰자가 된다는 것은 어느 정도 거리를 두어야 하고, 참여자가 된다는 것은 다른 역할을 수행해야 하기 때문에, 이는 매우 어려운 역할이라고 할 수 있다.

참여 관찰자로서, 두 역할을 명확하고 분리하는 것이 중요하다. 참여를 하면서도 관찰 기록은 객관적이어야 한다. 다음의 몇 가지 이유들로 완전한 참여 관찰자 접근법을 취하는 것이 가능하지 않을 수도 있다. 예를 들면 당신이 당면한 과제에서 충분히 숙련되지 않을 수도 있고, 조직 및 그룹이 활동에 참여할 준비가 되지 않았거나, 혹은 참여할 수 있는 충분한 시간이 제공되지 못할 수도 있다. 마찬가지로, 집과 같은 사적인 장소에서 활동을 관찰하고 싶다면, 완전한 참여는 어려울 것이다. Bell(2003)과 Bell *et al.*(2005) 연구에 따르면 가족과 함께 시간을 보내면서 관찰을 포함한 다양한 데이터를 수집하는 것이 중요하다고 강조한다.

현장 기획 및 관찰

이전 절에서 소개된 프레임워크는 중심을 제공할 뿐만 아니라 관찰 및 데이터 수집 활동을 구성하는 데 유용하다. 프레임워크를 선택하는 것이 중요하지만, 이는 관찰을 계획하는 한 가지 측면에 불과하다. 다른 결정들은 데이터를 기록하는 법, 연구하는 그룹에서 동의를 얻는 방법, 문화적 차이 또는 개인 공간에 대한 접근과 같은 민감한 문제를 처리하는 방법, 연구가 다른 시각(사람, 활동, 직무 등)을 사용하도록 하는 방법 등을 포함한다. 이 마지막 요점을 달성하는 한 가지 방법은 팀으로 일하는 것이다. 이것은 여러 가지 이점을 가질 수 있다. 각 사람은 다른 사람 혹은 다른 상황에 집중하여 더 많은 분야를 다룰 수 있다. 관찰자가 둘 이상일 때 관찰과 반영은 더욱 쉽게 연결될 수 있습니다. 관측치를 비교할 수 있기 때문에 보다 신뢰할 수 있는 데이터가 생성되고, 결과는 다른 시각을 반영한다.

관찰의 늪에 빠지면 고려해야 할 다른 문제가 있다. 예를 들어, 다른 사람들보다 어떤 사람들과의 관계가 더 쉬워 당신을 잘 받아주는 사람들에게 더 관심이 가지만, 그룹의 모든 사람들에게 고루 관심을 가져야 한다.

관찰은 격렬하고 지루한 활동이지만, 당신이 지칠지라도 메모와 기타 기록을 확인하여 매일의 경험과 관찰을 기록해 두는 것이 중요하다. 그렇지 않으면 다음날 이벤트가 전날 느꼈던 점보다 우선시되어, 중요한 정보가 손실 될 수 있다. 일기 또는 개인 블로그를 작성하는 것은 이를 달성하는 한 가지 방법이다. 수집 또는 복사된 모든 문서 또는 기타(예: 회의록, 토론 항목)는 어떻게 사용되었고 활동의 어느 단계인지를 설명하기 위해 주석을 달아야 한다. 몇 일 또는 몇 주에 걸쳐 관찰을 수행하는 일부 관찰자는 매일 메모와 기타 기록을 검토한다.

메모를 검토할 때 개인적인 의견과 어떤 일이 일어난 지에 대한 관찰은 분리 되어야 한다. 추가 조사를 위한 문제 제안은 명확하게 표시되어야 한다. 정보원이나 그룹 구성원들과 관찰 내용을 점검하여 무슨 일이 일어나고 있는지, 그리고 당신의 해석이 정확한지를 이해했는지 확인하라.

딜레마

언제 관찰을 중단해야 하는가?

어떤 유형의 데이터 수집을 중단해야 하는지를 아는 것은 초보자에게는 어려울 수 있지만 명확한 종료가 없으므로 관측 연구에서는 특히나 까다롭다. 스케줄은 언제 당신의 연구가 종료되어야 하는지 알려준다. 그렇지 않다면, 새로운 것을 배우는 것이 멈춰질 때, 멈춰라. 충분히 관찰했다는 두 가지 징후는 당신이 시작할 때 보았던 비슷한 행동 패턴이 반복될 때, 혹은 모든 주요 이해 관계자 그룹의 의견을 듣고 그들의 관점을 이해했을 때이다. ▪

에스노그라피

에스노그라피는 전통적으로 사회 과학에서 활동의 사회적 구조를 밝혀내고, 작업을 이해하기 위해 사용되었다. 1990년대 초반부터 상호작용 설계와 특히 협업 시스템 설계에서 신뢰성을 얻기 시작했다. 생각해보기 7.5 및 Crabtree(2003)를 참조해라. 에스노그라피 연구의 대부분은 직접 관찰이지만, 활동에 사용된 인터뷰, 설문지 및 기타 자료를 연구하는 것 또한 에스노그라피 연구에서 흔히 볼 수 있다. 데이터 수집에 대한 다른 접근법과 비교할 때 에스노그라피 연구의 가장 두드러진 특징은 상황 관찰 시 선험적 구조나 프레임워크를 부과하지 않고 모든 것을 '이상한 것'으로 보는 것이다.

생각해보기 7.5
요구사항의 에스노그라피

MERboard는 과학자를 지원하는 도구로, 엔지니어는 화성 표면의 두 화성 탐사 로버(Mars Exploration Rovers)의 작동을 지원하기 위해 정보를 표시하고, 캡처하고, 주석을 달며, 공유한다. 화성 탐사 로버(그림 7.9 참조)는 샘플을 수집하고, 분석하고, 결과를 지구의 과학자에게 전송함으로써 지질 탐험가처럼 행동한다. 과학자와 엔지니어는 수신된 데이터를 공동으로 분석하고, 다음에 무엇을 연구할지 결정하고, 행동 계획을 수립하고, 화성 표면의 로봇에게 명령을 전송한다.

MERboard에 대한 요구사항은 부분적으로 에스노그라피 조사, 관찰 및 분석을 통해 확인된다(Trimble *et al.*, 2002). 과학자와 엔지니어 팀은 데이터 수신, 분석, 계획 작성 및 화성 탐사 로버로 전송하는 과정을 시뮬레이션하는 현장 테스트를 실시하였다. 그들이 발견한 주된 문제는 과학자가 정보를 표시, 공유 및 저장할 때 한계가 있다는 점이다(그림 7.10(a) 참조).

그림 7.9 화성 탐사 로버

출처: Reproduced by permission of NASA Jet Propulsion Laboratory (NASA-JPL).

그림 7.10 (a) MERboard 이전 상황, (b) 정보를 제공하기 위해 MERboard를 사용하는 과학자

출처: J. Trimble, R. Wales and R. Gossweiler (2002): "NASA position paper for the CSCW 2002 workshop on Public, Community and Situated Displays: Merboard".

이러한 관찰을 통해 네 가지 핵심 애플리케이션(브레인 스토밍 및 스케치를 위한 화이트보드, 웹에서 정보를 표시하는 브라우저, 여러 화면에 걸쳐 개인 정보 및 정보를 표시하는 기능, MERboard에 링크된 파일 저장 공간)이 포함된 MERboard(그림 7.10(b) 참조)가 개발되었다. ■

에스노그라피는 사람들의 행동에 대한 상세하고도 미묘한 이해가 가능하고 기술을 사용하기 때문에 인터랙션 디자인에서 널리 사용된다(Bell, 2001; Lazar *et al.*, 2010a; Crabtree *et al.*, 2009). 에스노그라피의 관찰자는 가능한 한 참여 관찰자(즉, 내부자) 역할을 수행한다(Fetterman, 2010). 참여자 관찰은 에스노그라피 연구의 특징이며, 다른 방법론적 프레임워크 내에서, 상황을 변화하고 개선하는 목적을 가진 행동 연구 프로그램 내에서 사용될 수 있다.

에스노그라피 정보를 수집하는 것은 어렵지 않다. 사용할 수 있는 것을 모으고, '평범한' 것이 무엇인지, 사람들이 하는 일이 무엇이고 어떻게 작동 하는지를 수집한다. 따라서 수집된 정보는 문서, 노트, 사진, 공간 레이아웃 스케치 등 많은 형태를 가진다. 노트에는 대화의 발췌 문장과 공간, 회의, 누군가가 한 일, 사람들이 상황에 어떻게 대처했는지 등에 대한 설명이 포함될 수 있다. 데이터 수집은 당신이 수집할 수 있는 것을 수집하고 그들이 제시한 기회를 최대한 활용할 수 있다는 점에서 기회주의적이다. 흔히 흥미로운 현상은 즉각적으로 드러나지 않고 이후에 드러나기 때문에 관찰의 프레임워크 안에서 가능한 많은 정보를 모으는 것이 중요하다.

처음에는 작업 현장에 있는 사람들을 알기 위해 그들과 함께 할 시간을 보내야 한다. 그들이 처음부터 당신이 왜 거기에 있고, 무엇을 얻기를 원하며, 얼마나 오래 있을 것인지를 이해하는 것이 중요하다. 그들과 함께 점심을 먹고, 커피를 마시며, 쿠키와 같은 작은 선물을 가져오는 일은 이러한 사회화 과정에 크게 도움이 된다. 또한 비공식 모임 동안 중요한 정보를 얻게 될 수도 있다.

제공되는 이야기, 불평 및 설명에 항상 관심을 가지지만, 전화가 울리거나 다른 사람이 작업 현장에 들어온다면 한 걸음 물러 설 준비를 하라. 많은 사람들은 그들의 관심이 다른 곳에 요구된다면 문장 중간에서 멈출 것이다. 따라서 사람들의 즉각적인 관심이 필요한 상황이 발생하면 한 걸음 물러서 작업 사이클을 전환하도록 준비해야 한다.

좋은 전략은 조용한 시간에 참가자 중 한 사람에게 당신이 일어나고 있다고 생각하는 것을 설명하고 나서, 그녀가 정정해 주는 것이다. 지나치게 예리하거나 주제넘어 보이지 않는 것이 중요하다. 너무 많은 질문을 하거나, 모든 것을 사진 찍고, 당신의 지식을 자랑하고, 길을 방해하는 것은 비호감으로 보일 수 있다. 첫날에 카메라를 삼각대에 올려 놓는 것은 좋은 생각이 아니다. 측선에 앉아서 듣고 보고, 가끔씩 질문하는 것이 훨씬 더 나은 방법이다. 참가자의 신뢰와 존중을 얻었을 때 비디오 카메라를 설치하거나, 사진을 찍거나, 레코더를 사용하는 것이 좋을지 물어볼 수 있다. 스마트폰으로 사진을 찍는 것조차 눈에 띌 수 있다.

다음은 에스노그라피에서 기록되고 수집될 수 있는 자료의 예시 목록이다(Crabtree, 2003).

- 활동 또는 작업 설명
- 특정 활동이 통제된 규칙과 절차 등
- 관찰된 활동에 대한 설명
- 관찰된 활동과 관련된 당사자들 사이에서 일어나는 이야기 녹음
- 관찰된 활동의 세부 사항을 설명하는 참가자들과의 비공식 인터뷰
- 물건들의 위치를 포함한 물리적 레이아웃의 다이어그램
- 관찰된 활동 과정에서 사용된 자료들(문서, 다이어그램, 형태, 컴퓨터 등)의 사진
- 관찰된 활동 과정에서 사용된 자료들의 비디오
- 관찰된 활동 과정에서 사용된 자료들에 대한 설명
- 관찰된 활동과 관련된 작업의 순서를 보여주는 작업 흐름도
- 활동 간의 연결을 보여주는 프로세스 맵

전통적으로 이 분야의 에스노그라피 연구는 사람들이 하는 일과 디자이너가 관심을 갖는 특정 상황에서 사람들의 행동과 상호작용을 이해하는 것을 목표로 한다. 그러나 최근 에스노그라피의 인류학적 뿌리와 문화 연구에 대한 연구가 증가하고 있다.

이러한 추세는 다양한 접근 방식을 사용해야 한다는 필요성 때문에 시작되었다. 그 이유는 컴퓨터 및 기타 디지털 기술, 특히 모바일 장치는 1990년대 직장에서만 사용되던 것과 다르게 일상생활 속에 활용되고 있기 때문이다. Crabtree *et al.*(2009)은 상황의 문화적 측면을 연구하기 위해 에스노그라피를 사용하는 것은 다른 접근 방식을 필요로 한다고 말한 바 있다.

생각해보기 7.6
온라인에서의 에스노그라피 진행

온라인에서 협업과 사회적 활동이 활발해지면서 에스노그라피 연구자들은 소셜 미디어 및 다양한 형태의 컴퓨터-매개 의사통신을 연구하기 위한 접근 방식을 채택했다 (Rotman *et al.*, 2012, 2013). 이 사례에는 다양한 명칭이 있고, 가장 일반적인 명칭은

온라인 에스노그라피(Rotman *et al*., 2012), 가상 에스노그라피(Hine, 2000), 네트노그라피(netnography)(Kozinets, 2010) 등이다. 커뮤니티 또는 관심 활동이 온라인 및 오프라인 모두 있는 경우 데이터 수집 프로그램 시 온라인 및 오프라인 기술을 모두 포함시키는 것이 일반적이다. 그러나 관심 있는 커뮤니티나 활동이 거의 독점적으로 온라인에 존재하는 경우, 온라인 기술만 사용되며 가상 에스노그라피가 중심이 된다.

온라인과 대면 에스노그라피를 구분할 필요가 있는 이유는 온라인에서의 인터랙션은 사람과의 인터랙션과 다르기 때문이다. 예를 들어, 사람 간 직접적인 의사소통은 제스처, 표정, 음성 톤 등을 통해 온라인 의사소통보다 더 다채로운 반면, 온라인 의사소통은 익명성이 보다 쉽게 달성된다. 또한 가상 세계에서는 데이터 백업으로 대면 상황에서 일반적으로 발생하지 않는 지속성을 지니고 있다. 이것은 에스노그라피 연구자가 커뮤니티에서 소개하는 방법, 커뮤니티에서 행동하는 방법, 그리고 발견을 보고하는 방법 등의 특징을 변화시킨다.

디지털 도서관이나 Facebook과 같은 사교 공간에서 고려해야 할 윤리적 문제가 있다. 예를 들어, 디지털 도서관을 사용하는 모든 사람에게 피험자 동의서에 서명하도록 요청하는 것은 비현실적일 수 있지만, 참가자가 본인의 연구 참여 및 연구 목적을 이해할 수 있도록 해야 한다. 결과 보고 역시 수정되어야 한다. 보고서에서 익명 처리된 커뮤니티 참여자의 인용문은 커뮤니티 보관 파일이나 보낸 사람의 IP 주소를 통해 쉽게 검색할 수 있으므로 개인 정보 보호에 주의하여야 한다. ■

7.6.2 통제된 환경에서의 직접 관찰

통제된 환경에서 사용자를 관찰하는 것은 사용성 실험실에서 주로 진행되지만, 어느 방에서나 설치할 수 있는 휴대용 실험실 또한 일반적이다. 이는 참여자들이 익숙한 환경에서 진행될 수 있게 하고 사용성 실험실의 구축, 유지에 필요한 비용을 절감할 수 있다. 통제된 환경에서의 관측은 필연적으로 현장에서의 관측보다 더 공식적인 성격을 띠며, 사용자는 불안감을 느끼기 쉽다. 7.4절에서 논의된 인터뷰에서와 마찬가지로, 참가자들이 서로 인사하고, 연구의 목표에 대해 이야기하고, 소요 시간을 알려주는 대본을 준비하고, 참가자들의 권리를 설명해주는 것이 좋다. 대본을 사용하면 각 참가자에게 동일한 정보를 줄 수 있다.

실험실 및 현장 연구에서 직접적인 관찰을 위해 동일한 데이터 기록 기술(예: 사진 촬영, 노트 필기, 비디오 촬영 등)이 사용되지만, 기술이 사용되는 방식은 다르다. 실험실에서는 개인이 하는 일의 세부 사항을 강조하는 반면, 현장에서는 상황을 중요시하고 사람들이 서로, 기술 및 환경과 상호작용하는 방식에 중점을 둔다.

통제된 연구에서는 참가자의 세부 사항을 파악해야 하기 때문에 장비의 배치가 중요하다.

예를 들어, 한 카메라는 표정을 기록하고, 다른 카메라는 마우스 및 키보드 활동에 중점을 두고, 다른 카메라는 참가자의 광범위한 시각을 녹음하고 바디 랭귀지를 기록할 수 있다. 카메라의 실시간 데이터 정보를 비디오 편집 및 분석에 반영하여 시간 기록, 주석 추가 및 부분 편집 작업을 수행할 수 있다(13장, 14장 참조).

Think-Aloud 기법

관찰의 문제점 중 하나는 관찰자가 사용자가 무엇을 생각하고 있는지 알지 못하고, 그들이 보는 것에서만 추측할 수 있다는 것이다. 현장에서의 관측은 거슬리지 않아야 하기 때문에 참가자에게 질문하는 것은 제한되어야 한다. 그러나 통제된 환경에서 관찰자는 조금 더 관여해도 괜찮다. Think-Aloud 기법은 참가자의 머리 속에서 일어나는 일을 이해하는데 유용한 방법이다.

웹 검색 엔진 Lycos.com의 인터페이스를 평가하라는 질문을 받은 사람을 상상해보라. 웹 검색에 대한 경험이 별로 없는 사용자는 열 살짜리 아이를 위한 전화를 찾도록 지시 받았다. 그는 'www.lycos.com'을 타이핑 한 다음 계속 진행하는 것이 가장 바람직하다고 생각한다. 그는 URL을 입력하고 **그림** 7.11과 비슷한 화면을 보았다.

다음으로 그는 검색 상자에 '어린이 전화'를 입력한다. 그는 **그림** 7.12와 비슷한 화면을 얻었고, 침묵했다. 무슨 일이 있었을까? 그는 무슨 생각을 하고 있을까? 그가 하고 있는 일을 알기 위한 한 가지 방법은 Think-aloud 프로토콜을 수집하는 것이다. Erikson과 Simon(1985)은 사람들의 문제 해결 전략을 조사하기 위해 이 기술을 개발하였다. 이 기술은 사람들이 생각하고 시도하려는 모든 것을 말하게 함으로써 사고 과정을 표면화한다.

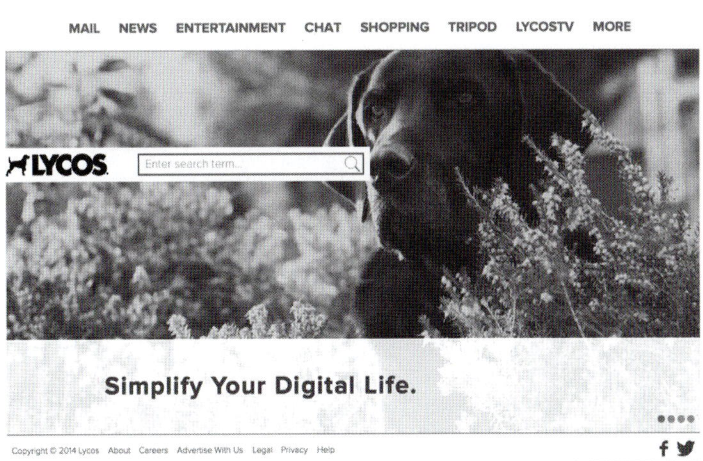

그림 7.11 Lycos 검색 엔진의 홈페이지

그림 7.12 '어린이 전화'를 선택하였을 때 표시되는 화면

방금 설명한 상황을 느린 화면으로 상상해 보자. 하지만 이번에는 사용자가 소리 내어 생각하도록 지시 받았다.

> '당신이 말했듯이 www.lycos.com을 타이핑하고 있습니다.'〈타이핑〉
> '이제 '어린이 전화'를 타이핑하고 검색 버튼을 클릭합니다.'
> 〈일시 중지 및 무음〉
> '응답하는 데 몇 초가 걸렸습니다.'
> '오! 이제 다른 웹사이트를 선택할 수 있습니다. 흠, 나는 내가 무엇을 선택해야 하는지 모르겠습니다. 음, 어린 아이를 위한 것이므로 '어린이 안전 전화'를 선택합니다.'
> 〈그는 Smarter.com을 선택하기 위해 클릭합니다.〉
> '어머, 내가 예상했던 것보다 더 많은 모델을 선택할 수 있습니다! 흠, 이들 중 일부는 나이가 많은 어린이를 위한 것입니다. 나는 열 살 어린이를 위한 것을 찾기 위해 무엇을 해야 할지 모르겠네요.'
> 〈화면 일시 중지 및 확인〉
> '나는 스크롤하며 적절한 것으로 찾아야 한다고 생각합니다.'
> 〈침묵. . . 〉

지금 당신은 사용자가 얻고자 하는 것에 대해 더 많이 알지만 그는 다시 침묵한다. 당신은 그가 화면을 보고 있는 것을 볼 수 있다. 당신이 모르는 것은 그가 지금 생각하고 있는 것 또는 그가 현재 보고 있는 것이다. 이러한 침묵의 발생은 Think aloud 기법의 가장 큰 문제 중 하나이다.

실습해보기 7.7

스스로 Think-aloud를 시도해 보자. Amazon 또는 eBay와 같은 웹사이트로 이동하여 구입하고자 하는 것을 찾아보자. 검색을 하면서 소리 내어 생각하고, 당신이 어떻게 느끼고 행동하는지 확인해 보자.

그 후에, 경험에 반영하여라. 과제를 수행하면서 계속하여 말하기가 어려웠는가? 어색하다고 느껴졌는가? 잘 모르는 경우에, 멈추었는가?

조언

당신은 아마도 남의 시선을 의식하고 어색하다고 느꼈을 것이다. 어떤 사람들은 정말로 당혹스럽다고 말한다. 때때로 소리 내어 말하는 것을 잊기 시작했을 수도 있다. 작업이 어려워지면 소리 내어 생각하는 것이 어려울 수도 있다. 아마도 과제가 어려워 질 때 말하기를 중단했을 것이다. 그리고 그것은 관찰자가 당신의 의견을 가장 듣기 원하는 바로 그 때이다.

Think-aloud를 진행하는 동안 사용자가 침묵한다면, 관찰자가 개입하여 생각을 말하도록 다시 한 번 알려줄 수 있다. 또 다른 해결책은 두 사람이 함께 작업하여 서로 이야기하는 것이다. 다른 사람과 일하는 것은 — 구성적 상호작용라고 불린다(Miyake, 1986) — 참가자들이 서로를 돕기 위해 말을 하여 더 자연스럽고 흥미롭다. 특히 어린이들에게 성공적인 기술로, 동시 언어화에 대한 문화적 영향을 피할 수 있다(Clemmensen *et al.*, 2008). ■

7.6.3 간적접 관찰: 사용자의 활동 추적

때로는 눈에 띄거나 관찰 기간 동안 연구원이 참석할 수 없어 직접 관찰이 불가능할 때, 간접적으로 사용자의 활동을 추적한다. 일기와 인터랙션 로그는 이것을 하기 위한 두 가지 기술이다.

일기법

참가자는 자신의 활동을 적은 일기를 정기적으로 작성해야 한다(예: 그들이 했던 일, 언제 했는지, 그들이 어렵게 또는 쉽게 발견한 것, 상황에 대한 그들의 반응). 예를 들어, Sohn *et al.*(2008)는 20명의 참가자에게 문자 메시지를 통해 모바일 정보 요구를 기록하도록 하였고, 메시지를 사용하여 매일 웹사이트에서 여섯 가지 질문에 답변하도록 했다. 수집된 데이터에서 모바일 정보 요구사항은 16가지 범주로 분류되었고, 가장 자주 사용되는 것은 '퀴즈'였다.

일기는 웹 기반 프로젝트에서와 같이 참가자가 흩어져 있거나 직접 만날 수 없는 경우에 유용하다. 일기에는 몇 가지 장점이 있다. 데이터를 수집하는 데 많은 시간을 투자하지 않는다. 특별한 장비나 전문 기술이 필요하지 않다. 장기간의 연구에 적합하다. 또한 개방형 온라인 설문지에 사용된 것과 같은 템플릿을 온라인으로 작성하여 데이터 입력 형식을 표준화함으로써 데이터를 데이터베이스에 직접 입력할 수 있다. 그러나 일기 연구는 참가자를 신뢰해야 하고, 참여자는 지정된 시간에 지시대로 완료해야 한다는 것을 기억하고 있어야 한다. 이에 인센티브가 필요할 수 있으며 절차는 간단하고 신속해야 한다. 또한 2주 이상 지속되는 연구는 성공 가능성이 적다. 또 다른 문제점은 참가자의 사건 기억이 과장되거나 세부 사항이 잊혀진다는 것이다. 실제보다 더 좋거나 나쁘게 기억하거나, 실제로 보낸 것보다 더 많거나 적은 시간을 기록한다.

일기에서 여러 미디어를 사용하는 방법(예: 셀카, 오디오 및 비디오 클립 등을 포함하는 사진)이 다수 연구자들에 의해 연구되었다. Carter와 Mankoff(2005)는 사건과 관련된 그림, 오디오 또는 기타 자료를 통해 사건을 수집하는 것이 일기 연구의 결과에 어떠한 영향을 미치는지 고려하였다. 그들은 이미지가 다른 미디어보다 더 구체적인 기억을 회상시키지만, 사진 촬영이 어색한 경우, 사건을 기록하기 위해 오디오가 유용하다는 것을 확인했다. 그림 7.13과 같은 형태가 있는 물건들은 토론을 장려했다. 몇몇 연구자들은 모바일 기술로부터 일기 데이터를 수집하는 것이 사용자가 지속적으로 이동하는 상황에서 불편할 수 있음을 지적한다(Palen과 Salzman, 2002).

그림 7.13 재즈 페스티벌에 관한 연구에 참여한 참가자들이 수집한 형태가 있는 물체

출처: S. Carter and J. Mankoff (2005): "When participants do the capturing: the role of media in diary studies" CHI 2005 pp. 899-08 ©2005 Association for Computing Machinery, Inc. Reprinted by permission.

경험 샘플링 방법은 일상 활동 정보를 기록한 참가자가 필요하다는 점에서 일기법과 비슷하다. 그러나 참가자는 자신의 상황, 감정 및 행동에 대해 호출기, 스마트폰 또는 유사한 장치를 사용하여 임의의 시간에 대답한다는 점에서 일반적인 일기 연구와 다르다(Hektner *et al*., 2006). 이러한 방법은 즉각적인 데이터 기록이 가능하다는 이점이 있다. 예를 들어, Mancini *et al*.(2009)는 모바일 사생활을 조사할 때 경험 샘플링과 맥락적 인터뷰를 결합하여 사용했다. 참가자의 스마트폰으로 간단한 객관식 설문지가 전송되었으며 참가자도 스마트폰을 통해 질문에 답변하였다. 기록된 사건에 관한 인터뷰는 당시 제공된 설문지 응답을 기반으로 진행되었다.

인터랙션 로그 및 웹 분석

인터랙션 로깅은 추후 확인을 위해 사용자 활동 로그 기록에 사용되는 소프트웨어를 설치하는 것을 포함한다. 키 누르기, 마우스 또는 기타 장치의 움직임, 웹페이지 검색에 소요된 시간, 도움말 보기 및 소프트웨어 모듈을 통한 작업 흐름에 이르기까지 다양한 작업이 기록될 수 있다. 사용성 평가에 사용되는 경우, 데이터 수집은 종종 비디오 및 오디오 로그와 동기화되어 평가자가 사용자의 행동을 분석하고 사용자가 작업을 수행한 방식을 이해하는 데 도움이 된다. 일반적으로 사용성 실습실에서는 이 기능이 제공된다.

로깅 활동의 주요 이점은 시스템 성능에 영향을 미치지 않는다면 방해가 되지 않는다는 것이다. 그러나 참가자가 모르게 수행되었다면 참여자를 관찰하는 것에 대한 윤리적 문제가 발생한다(뒤의 딜레마 박스 참조). 또 다른 장점은 많은 양의 데이터를 자동으로 기록할 수 있다는 것이다. 그러나 이 데이터를 정량적/정성적으로 조사하고 분석하려면 시각화 도구가 필요하다. 데이터 분석 및 해석에 도움이 되는 시각화의 예는 **그림 6.17, 6.18, 8.6** 및 **8.7**에 나와 있다.

웹 분석은 매우 보편화된 인터랙션 로깅의 한 형태이다. 여기에는 웹사이트와의 상호작용 시 사용자 행동을 추적하는 데이터 수집, 분석 및 보고가 포함된다. 방문자 수를 웹사이트에 기록하는 것은 오래 전부터 진행되어 왔다. 이러한 종류의 데이터는 수정 후 웹사이트 방문자 수 변화를 모니터링 하는 경우에도 사용할 수 있다. 웹 분석 데이터는 사람들이 웹페이지에 머무르는 시간, 대부분의 시간을 보내는 페이지, 그들이 왔던 다른 사이트, 보았던 광고 및 시간 등과 같은 사용자의 행동을 밀접하게 추적한다. 웹 분석은 사용자의 목표 달성 여부를 평가하고, 사용성 연구를 지원하며, 향후 디자인 정보를 제공하는 데 사용할 수 있다. 이들은 비즈니스 및 시장 조사를 위한 강력한 도구이며 다양한 프로젝트에 도움이 될 수 있다. Khoo *et al*.(2008)은 디지털 라이브러리에 대한 웹 측정 항목 사용에 대해 논의하였고, 프로젝트는 생각해보기 8.5에서 더 논의될 예정이다.

웹 분석은 무엇을 위해 사용됩니까?

웹 분석은 웹 사용을 이해하고 최적화하기 위해 웹 데이터 측정, 수집, 분석 및 보고를 위한 도구 및 기술 시스템이다. 웹 분석은 웹사이트 방문자 수 및 페이지 뷰 수에 대한 정보를 제공하여 트래픽 및 인기 동향을 측정하는데 도움이 된다. 웹 트래픽을 측정할 뿐만 아니라, 웹사이트의 효율성 평가 및 향상을 위해 비즈니스 및 시장 조사에 사용된다. 웹 분석은 캠페인 시작 후 사이트 트래픽이 어떻게 변하는지를 추측하여 인쇄 또는 미디어 광고 캠페인의 결과를 측정하는데 도움이 된다.

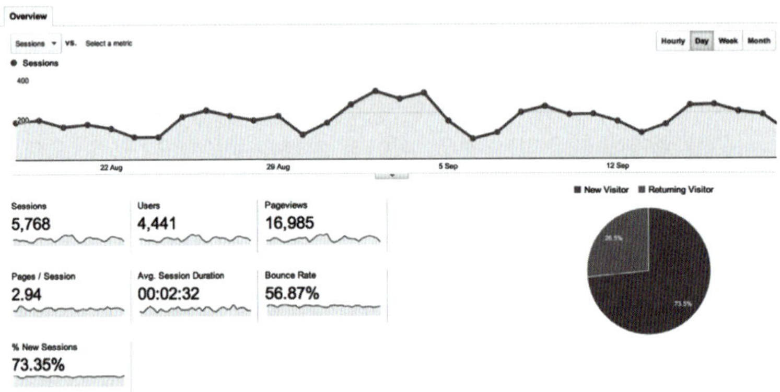

(a)

	Screen Resolution	Acquisition			Behaviour		
		Sessions ↓	% New Sessions	New Users	Bounce Rate	Pages / Session	Avg. Session Duration
		688 % of Total: 11.93% (5,768)	74.27% Site Avg: 73.35% (1.25%)	511 % of Total: 12.08% (4,231)	68.46% Site Avg: 56.87% (20.39%)	2.32 Site Avg: 2.94 (-21.17%)	00:01:47 Site Avg: 00:02:32 (-29.56%)
☐	1. 768x1024	173 (25.15%)	60.12%	104 (20.35%)	58.38%	2.66	00:02:17
☐	2. 320x568	137 (19.91%)	84.67%	116 (22.70%)	79.56%	1.53	00:00:45
☐	3. 360x640	40 (5.81%)	87.50%	35 (6.85%)	72.50%	2.00	00:01:50
☐	4. 320x480	34 (4.94%)	82.35%	28 (5.48%)	82.35%	1.35	00:00:07
☐	5. 360x592	19 (2.76%)	94.74%	18 (3.52%)	78.95%	1.68	00:00:13
☐	6. 480x800	19 (2.76%)	52.63%	10 (1.96%)	57.89%	7.05	00:06:24
☐	7. 720x1280	13 (1.89%)	69.23%	9 (1.76%)	69.23%	2.77	00:01:35
☐	8. 1366x768	10 (1.45%)	70.00%	7 (1.37%)	40.00%	4.20	00:05:52
☐	9. 1536x864	10 (1.45%)	50.00%	5 (0.98%)	30.00%	5.20	00:07:35
☐	10. 1280x800	9 (1.31%)	44.44%	4 (0.78%)	66.67%	2.00	00:02:23

(b)

그림 7.14 2014년 9월의 id-book.com에 대한 Google Analytics 대시보드의 부분 (a)고객 개요, (b) 웹사이트를 보는 데 사용된 모바일 장치의 화면 해상도

웹 분석에는 온사이트 및 오프사이트 분석 등 두 가지 유형이 있다. 온사이트 분석은 방문자 행동을 통해 웹사이트의 실적을 측정하는 데 사용된다. 웹사이트 또는 마케팅 캠페인의 잠재 고객 반응을 개선하는 데 사용된다. 오프사이트 분석은 웹사이트의 잠재 고객(기회), 매체 점유율(가시성) 및 인터넷에서의 의견 등을 수집한다.

지금까지 웹 분석은 주로 온사이트 방문자 측정을 언급했지만 최근 몇 년 사이에 공급 업체가 두 범주를 모두 포괄함으로써 오프사이트 및 온사이트 분석 간의 경계가 흐려졌다. 웹사이트 행동 데이터를 보강하기 위해 추가 데이터 자료도 함께 사용할 수 있다. 예를 들어 이메일 및 클릭률, 직접적 메일 캠페인 데이터, 판매 및 기록을 웹 트래픽 데이터와 함께 사용하여 사용자 행동에 대한 통찰력을 높일 수 있다.

Google Analytics는 가장 널리 사용되는 사이트 웹 분석 및 통계 서비스로, 10,000개의 가장 유명한 웹사이트(Empson, 2012)의 50% 이상에서 사용된다. 이 도구는 인터넷 마케팅 담당자와 중소기업 소유자가 웹사이트 트래픽 패턴, 출처 및 행동을 이해하는 것을 돕기 위해 고안되었다. 이 서비스는 추천 사이트, 검색 엔진, 소셜 네트워크 등에서 방문자를 추적하고, 이메일 마케팅, 클릭당 지불 네트워크 및 디스플레이 광고를 추적한다.

그림 7.14는 2014년 8~9월 id-book.com 사이트의 Google Analytics 분석 결과를 보여준다. 첫 번째 부분은 사이트에 접근한 사용자에 대한 정보를 표시하고 두 번째 부분은 웹사이트를 보기 위해 사용된 모바일 기기에 대한 정보를 보여준다. 여기에는 분석 패키지가 제공하는 일부 정보만 표시된다. 실습해보기 7.8에서 어떤 정보가 표시되는 지에 대해 조사하게 될 것이다.

실습해보기 7.8

그림 7.14에서 표시된 id-book.com에 대한 Google Analytics의 두 개의 스크린샷 부분을 살펴보고 다음 질문에 답해라.

1. 얼마나 많은 사람들이 이 기간 동안 사이트를 방문하였는가?
2. 2.32분(사이트에서 보낸 평균 시간)동안 무엇을 볼 수 있다고 생각하는가?
3. '이탈률'은 사이트의 한 페이지만 보는 방문자의 비율을 나타낸다. 이 기간의 이탈률은 무엇인가? 왜 이탈률이 웹사이트를 분석하는데에 유용한 측정 항목이라고 생각하는가?
4. 가장 높은 이탈률을 보이는 화면 해상도는 어느 것인가? 왜 그렇게 생각하는가?

조언

1. 이 기간 동안 4441명의 사용자가 사이트를 방문했다. 사용자의 수가 세션 수와 같지 않으므로, 일부 사용자는 두 번 이상 방문한 것을 알 수 있다.

2. 이탈률은 56.87%이다. 이것은 사용자 행동 특징을 나타내는 간단하면서도 중요한 측정 항목이다. 이탈률이 높은 경우(40~60%는 평균, 65%가 높고 35% 미만은 낮음) 웹사이트에 문제가 있는지 조사할 필요가 있다.
3. 세션 당 페이지 수는 약 3이므로 평균 사용자는 2.32분 동안 3페이지를 보았다. 2.32분 안에 사용자는 사이트에서 동영상을 재생하거나 사례 연구를 자세히 읽지는 않을 것이다. 아마도 PowerPoint 슬라이드를 다운로드하거나 추가 자료를 살펴본 후, 추가 정보를 제공하는 장소로 이동하였을 것이다.
4. 화면 해상도가 320×480인 경우 가장 높은 이탈률인 82.35%이며, 화면 해상도가 1536×864인 경우 이탈률이 30%로 가장 낮다. 화면 해상도가 낮은 방문자는 웹사이트에서 한 페이지만 보아 높은 이탈률인 경향이 있다. 반면 고해상도 스크린을 사용하는 방문자는 더 많은 페이지를 보았다. 이는 사이트가 저해상도 화면으로 읽거나 탐색하기 어렵기 때문이거나, 혹은 고해상도 화면에서 그래픽이 더 매력적이기 때문일 수 있다. ■

오바마 대통령의 2012년 재선 운동에서 유권자들을 이해하고 응답하기 위해서 실행 가능한 데이터에 빠르고 쉽게 접근하는 것이 중요했다. 'Obama for America' 디지털 마케팅 책임자인 Nate Lubin과 그의 팀은 Google Analytics를 사용하여 재선 캠페인 중 주요 결정을 신속하게 내릴 때를 알려주었다. Lubin은 실시간 최적화가 가능한 기능이 대통령 토론에서 특히 중요하다고 설명했다. 조사 결과에 따르면 64%의 유권자가 후보자의 주장을 확인하거나 '사실 확인'하기 위해 인터넷을 사용했으며, 유권자들은 대통령 토론에서 논의된 문제를 실시간으로 조사했다. Lubin 팀은 Google Analytics의 실시간 보고서를 사용하여 유권자의 질문과 우려를 이해하였고, 캠페인에서 직접 답변을 전달할 수 있도록 했다.

아래에 같이 Google Analytics를 설치하는 방법 등을 보여주는 도움말을 볼 수 있다. 또한 15장의 와인 무역에서 해당 분석이 어떻게 사용되었는지에 대한 사례 연구를 확인할 수 있다.

Video on 'Google Analytics Tutorial-Install' to manually install Google Analytics 2013 on your website, at http://youtu.be/P_l4oc6tbYk

Video on 'Google Analytics Tutorial Step-By-Step' for a comprehensive tutorial that describes the statistics included in Google Analytics, and provides insight into how the analytics may be used to improve user traffic, at http://youtu.be/mm78xlsADgc

Google Analytics에서 맞춤 설정을 위한 대시보드 개요는 Poulter(2013)에서 확인할 수 있다.

생각해보기 7.7
다른 분석 도구

Google Analytics뿐 아니라 추가적인 정보, 향상된 접근 제어 옵션 및 미가공 데이터 및 실시간 데이터 수집을 제공하는 새로운 도구들도 있다.

- Moz Analytics: 검색 마케팅, 소셜 미디어 마케팅, 브랜드 활동, 링크 및 콘텐츠 마케팅을 추적하며 특히 링크 관리 및 분석에 유용하다(www.moz.com).
- TruSocialMetrics: 소셜 미디어 측정 항목을 추적하고 소셜 미디어의 마케팅 수익을 계산하는 데 도움이 된다(www.truesocialmetrics.com).
- Clicky: 개별 방문자와 그들이 취하는 행동을 보여주는 실시간 분석 도구로, 다른 인구 통계학적 사람들의 특징을 정의하는 데 도움이 된다(www.clicky.com).
- Crazy Egg: 클릭하는 구체적인 위치를 기반으로 방문자 클릭 수를 추적하고 웹사이트 디자인, 사용성 및 전환율 분석에 유용한 클릭 히트 맵을 생성한다(www.crazyegg.com).
- ClickTale: 웹사이트 방문객 행동을 기록하고 메타 통계를 사용하여 마우스 이동, 스크롤링 및 기타 방문자 행동에 대한 시각적 히트 맵 보고서를 작성한다(www.clicktale.com). ■

Link to more on this topic, described by Dubois (2014), 11 Best Web Analytics Tools at http://www.inc.com/guides/12/2010/11-best-web-analytics-tools.html

딜레마

그들은 우리가 지켜보고 있는지 모른다. 말해 주어야 할까?

적합한 알고리즘과 충분한 컴퓨터 용량이 있는 경우, 인터넷 사용에 관한 많은 양의 데이터를 수집할 수 있지만 사용자는 전혀 모른다. 이 정보는 여러 가지 이유로 매우 유용할 수 있다. 예를 들어 Google, Facebook, Amazon 및 기타 회사는 적절한 시기에 제품 또는 서비스에 대한 광고를 제공하기 위해 이 작업을 수행한다. 이를 통해 회사는 더 많은 제품, 서비스를 판매하거나 광고 회사로부터 더 많은 수익을 얻을 수 있다. 혹시 스포츠 장비나 자전거를 구입하는 것과 같은 정보 검색 후, 왜 관련된 다른 제품이 광고 형태로 한 쪽에 나타나는지 궁금해 한 적이 있는가? 이 광고는 도움이 되는가 혹은 거슬리는가? 온라인에서 인터랙션이 기록되고 있음을 사용자에게 알려야 하는가? 이 사실을 알게 되면 사용자는 행동을 바꿀 가능성이 높기 때문에, 기록된 데이터가 유용하지 않게 된다. 무엇이 합리적일까? 상황, 수집되는 개인 정보의 양 및 정보 사용 방법에 따라 다르다. 많은 기업들이 이제 당신의 컴퓨터 활동 및 전화 통화가 품질 보증 및 기타 목적으로 기록 될 수 있다고 말한다. 대부분의 사람들은 이 관행을 반대하지 않는다. 그러나 개인 정보 기록(예: 건강 또는 금융 정보에 대한 토론)에 대해 우려해야 하는가? 윤리적이고 시민적인 권리를 넘어서지 않고 웹사이트 방문 시 사용자 행동을 기록하는 기능을 어떻게 활용할 수 있을까? ■

7.7 기법 선택과 결합

단일 데이터 수집 프로그램을 위해 데이터 수집 기법을 결합하는 것은 다양한 시각을 제공하기 때문에 바람직하지만 많은 시간과 비용이 소요된다. 데이터 수집 기법의 선택은 연구 목표에 따라 달라진다. 올바른 기술이나 기술의 조합은 없지만, 일부는 다른 기법보다 적합할 것이다. 아래 표 7.1은 특정 프로젝트에 대한 기법 조합 시 도움이 되는 정보를 제공한다. 얻을 수 있는 정보의 종류(예: 특정 질문에 대한 답변) 및 산출되는 데이터 유형(예: 대부분 정성 또는 대부분 정량)을 보여준다. 또한 각 기술에 대한 몇 가지 장단점을 정리하였다(질적 및 양적 데이터에 대한 논의는 8.2절 참조).

연구의 논점

사용된 기법은 연구의 목표에 부합해야 하고, 즉 알맞은 데이터를 수집할 수 있어야 한다. 예를 들어, 수집되는 데이터는 암묵적인 지식일 수도 있고 명백하고 관찰 가능한 행동일 수도 있다. 의견일 수도 있고 사실일 수도 있다. 공식적으로 문서화된 규칙일 수도 있고 비공식적인 해결 방법 및 경험적 방법 일 수도 있다. 공개적으로 접근할 수 있는 정보, 혹은 기밀 정보일 수도 있다. 필요한 데이터의 종류는 개발 주기에 따라 영향을 받을 것이다. 예를 들어, 프로젝트 초기에는 응답이 필요한 특정 질문이 없을 수도 있으므로, 설문지 보다는 인터뷰와 관찰을 통해 문제를 탐구하는 것이 좋다.

사용할 기술에 영향을 미치는 요소도 있다. 예를 들어, Olson와 Moran(1996)은 과제는 다

표 7.1 데이터 수집 기법의 개요 및 활용

기법	좋은 상황	데이터 종류	장점	단점
인터뷰	문제 탐구	정량적이지만, 대체로 정성적	인터뷰 진행자는 필요한 경우 인터뷰 대상자를 가이드 가능. 개발자와 사용자 간의 연락을 장려	오래 걸리는 시간, 인위적인 환경으로 인해 인터뷰 대상자가 겁먹을 수 있음
포커스 그룹	다양한 관점 수집 가능	정량적이지만, 대체로 정성적	합의와 충돌을 강조. 개발자와 사용자 간의 연락을 장려	주도적인 사용자가 있을 가능성
설문조사	특정 질문에 대한 대답	정량적 & 정성적	적은 예산으로 많은 사용자에게 접근 가능	설계가 중요. 응답률이 낮을 수 있음. 신중하게 설계되지 않은 경우, 적절한 데이터 얻기가 어려움
현장에서의 직접 관찰법	사용자 활동의 상황 이해	주로 정성적	다른 기술이 제공하지 않는 통찰력 제공	시간이 오래 걸림. 거대한 양의 데이터가 생성됨
실험실에서의 직접 관찰법	개인별 세부관찰	정량적 & 정성적	작업의 세부 사항에 집중 가능	조건이 인위적이기 때문에 결과를 일반 환경에서 제한적으로 사용될 수 있음
간접 관찰법	방해없이 사용자 관찰, 자동으로 데이터 수집	정량적(로깅) & 정성적(일기)	사용자는 데이터 수집으로 산만해지지 않음. 자동 녹음은 장기간 진행 가능	많은 양의 데이터의 경우 분석(로깅)을 위한 도구 지원이 필요. 참가자의 기억이 과장될 수 있음

음과 같은 세 가지 요소로 특징지어질 수 있다고 제안했다. 1) 연속적인 단계 또는 중첩된 세부 작업의 세트, 2) 많은 정보와 복잡한 표시, 또는 적은 정보와 간단한 표시의 포함, 3) 비전문가 또는 훈련된 전문가가 수행해야 할 과제 등이 그것이다.

포함된 참가자

대상 사용자 그룹의 특성은 사용된 데이터 수집 기법의 종류에 영향을 준다. 예를 들어, 아이들의 데이터 수집에 사용된 기법은 성인에게 사용되는 기법과 매우 다를 수 있다(생각해보기 7.2 참조). 만약 참가자들이 서둘러 비행기를 타면 긴 인터뷰를 싫어할 것이다. 만약 그들의 직업이 사람들과의 인터랙션이 있다면, 포커스 그룹을 편안하게 느낄 수도 있다.

참가자의 위치 및 접근 가능성 또한 고려해야 한다. 많은 이해관계자를 대상으로 포커스 그룹을 운영하는 것이 매력적일 수도 있지만, 그들이 지리적으로 멀리 떨어져 있다면 대면 미팅이 실용적이지 않을 수 있다. 마찬가지로, 참가자들이 세션에 집중할 수 있는 시간은 중요하다. 예를 들어 인터뷰는 보다 높은 수준의 적극적인 참여가 요구되는 반면, 관찰을 통해 참가자는 자신의 일상 활동을 계속할 수 있다.

참여자들이 참여하는 동기에 따라 설문지를 발행하는 것보다 인터뷰를 하는 것이 더 나을 수 있다. 협의 및 참여를 장려하기 위해 포커스 그룹을 수행함으로써 사용자의 주인의식 및 기대감을 강화할 수 있다.

기법의 본질

우리는 이미 참가자들의 시간과 수집할 데이터의 종류에 대해 언급했지만 기술에 필요한 전문 장비 혹은 훈련이 필요한지, 그리고 조사관이 적절한 지식과 경험을 갖고 있는지 여부에 관한 문제도 있다. 예를 들어, 조사관이 에스노그라피를 수행하거나 비디오 데이터를 처리하는 데 얼마나 경험이 있는가?

사용 가능한 자료

사용 가능한 자원은 기술의 선택에도 영향을 미칠 것이다. 예를 들어, 좋은 설계를 위해 전국적으로 설문지를 발송하려면 충분한 시간, 비용 및 사람이 필요하고, 예비 조사 결과를 토대로 설문지를 작성하고 배포하고, 데이터를 대조하고 분석해야 한다. 만약 시간이 부족하고 이전에 설문지를 작성한 경험이 없는 경우 질적으로 좋지 못한 데이터를 수집할 수 있다.

실습해보기 7.9

아래의 각 상황에서 적절한 데이터 수집 방법 및 기법을 고려하여라. 제품 개발의 초기 단계에 있으며 기술을 사용하기에 충분한 시간과 자원이 있다고 가정한다.

1. 소규모 유기농 가게를 지원하는 새로운 소프트웨어 시스템을 개발 중이다. 사용자가 나름 만족하는 기존 시스템이 있지만 오래되었고 업그레이드가 필요하다.
2. 당뇨병 환자를 위해 혈당 수치를 기록하고 모니터링이 가능한 혁신적인 장치를 개발하고자 한다. 이미 시장에 나와 있는 제품이 있지만 크고 다루기 힘든 경향이 있다. 많은 당뇨병 환자들은 바늘이나 바늘과 유사한 장치, 화학 약품, 서면 또는 시각적 저울을 포함한 수작업 기록 및 모니터링 방법에 의존한다.
3. 젊은 사람들을 위한 패션 전자 상거래 웹사이트를 개발하고 있다.

조언

1. 작은 가게이기 때문에 소수의 이해 관계자가 있을 수 있다. 새로운 시스템과 오래된 시스템

의 컨텍스트를 이해하기 위해서는 일정 기간의 관찰이 중요하다. 직원이 많이 없기 때문에, 설문지를 제공하는 것보다 인터뷰하는 것은 적절하고, 이는 질적으로 좋은 데이터 및 개발자와 사용자를 만날 기회를 제공할 것이다. 유기농 제품은 다양한 법률에 의해 규제되므로 법적인 제약 사항을 고려하기 위해서는 법 관련 문서를 살펴보는 것이 중요하다. 따라서 기존 시스템의 긍정적, 부정적 특징과 시스템 컨텍스트를 이해하기 위한 관찰 세션 및 규정에 대한 이해를 위해 사용자와의 일련의 인터뷰를 제안한다.

2. 이 경우 사용자 그룹이 많아 모든 사용자와 대화하는 건 어렵다. 그러나 지역 당뇨병 진료소에서 잠재적인 사용자의 대표 표본을 가지고 있는지 확인하는 것이 중요하다. 그리고 필요한 사항을 이해하기 위해서는 기존의 사용 매뉴얼을 확인해야 한다. 이해 관계자의 또 다른 그룹은 시장에서 다른 제품을 사용하거나 사용했던 사람들이다. 이러한 이해 관계자를 통해 기존 장치의 문제점을 파악하여 새로운 장치로 개선할 수 있다. 인터뷰에서 얻은 결과를 뒷받침하기 위해 더 많은 그룹에게 설문지를 보내거나, 가능한 경우 포커스 그룹도 권장된다.
3. 다시 말하지만, 모든 사용자와 인터뷰할 수는 없다. 사실, 사용자 그룹이 잘 정의되어 있지 않을 수 있다. 설문지와 포커스 그룹이 포함된 인터뷰가 적합할 것이다. 이 경우 유사 사이트 또는 경쟁 사이트를 식별하고 평가하는 것이 도움이 된다. ■

과제

Part A

이 과제의 목표는 데이터 수집을 연습해 보는 것이다. 스마트폰 앱, iPod, DVD 레코더, 컴퓨터 소프트웨어, 복사기 또는 관심 있는 다른 인터랙티브 제품을 개선하기 위해 취업했다고 가정한다. 이 제품을 다시 설계하거나, 혹은 완전히 새로운 제품을 만들 수 있다. 과제를 수행하려면 사용자 그룹 또는 사용자 개인을 찾아야 한다. 이들은 당신의 가족, 친구, 또는 귀하의 학급이나 지역 커뮤니티의 사람들 일 수 있다.

다음은 과제 수행을 위한 작업이다.

a. 당신의 상황에서 문제가 의미하는 바를 고려하여 제품 개선의 기본 목표를 명확히 하시오.
b. 이 과제를 수행하는 데 발생할 수 있는 문제점을 이해하기 위해 그룹(또는 개인)을 관찰하고, 목표를 세밀하게 조정할 수 있는 정보를 수집하라.
c. 세 가지 데이터 수집 기법을 어떻게 사용하는지 설명하시오. 인터뷰, 설문 조사 및 데이터 수집 프로그램에서의 관찰 등에 대해 설명하시오. 그리고 측정을 고려한 방법을 설명하시오.

d. 사용자 그룹과의 관계를 고려하고, 피실험자 동의서 양식이 필요한지 결정하라(그림 7.1 및 13장은 필요에 따라 설계하는데 도움이 된다).

e. 데이터 수집 방법을 세부적으로 계획하라.

- 어떤 인터뷰를 하고 싶은지 결정하고, 인터뷰 질문을 설계하라. 데이터를 기록하는 방법을 결정한 다음 필요한 모든 장비를 준비하고 테스트하여 예비 조사를 실행하라.
- 데이터 수집 프로그램에 설문 조사를 포함시킬 것인지 여부를 결정하고, 그에 대한 적절한 질문을 고안하라. 파일럿 조사를 실행하여 설문지를 확인하라.
- 직접 또는 간접 관찰을 사용할지 여부와 관찰자의 외부인-내부자 스펙트럼에서 원하는 위치를 결정하라. 데이터를 기록하는 방법을 결정한 다음 필요한 모든 장비를 준비하고 테스트하여 예비 조사를 실행하라.

f. 연구를 진행하면서 범위를 제한하시오. 예를 들어 2~3명 혹은 2시간 30분의 관찰 기간을 계획한다.

g. 당신의 경험을 반영하고 다음 번 다르게 수행할 것을 제안하라. 수집한 데이터는 8장의 과제의 기초가 되므로 일단 보관하자.

Part B

해당 과제는 다음과 같다(Golbeck, 2013 참조).

a. https://wordpress.com/ 에 가서 새로운 블로그를 만드시오.

b. 새 사이트에서 다른 사람들이 보고 싶어할 것으로 생각되는 재미있는 이야기, 이미지 또는 동영상을 업로드하여 게시물이 저작권을 위반하지 여부를 확인하라.

c. Facebook 및 Twitter와 같은 소셜 미디어에서 사이트를 홍보하고 동료 및 가족에게 도움을 요청하라.

d. 매일 같은 날(예: 오전 10시)에 블로그를 방문한 사람들의 수와 방문한 지역을 기록하라. 7일 동안 어떻게 변화했는지 보여주는 차트를 만들어 보자.

e. 결과를 분석해보자. 얼마나 많은 사용자를 유치할 수 있었는가? 어떤 날이 가장 많은 의견이 있었는가? 방문자들은 어디에서 왔는가? 분석 데이터를 토대로 더 많은 방문자를 유치하기 위해 앞으로 할 수 있는 일에 대해 생각해보자.

요약

이 장에서는 인터랙션 디자인에서 일반적으로 사용되는 인터뷰, 설문 조사 및 관찰의 세 가지 주요 데이터 수집 방법을 제시하고, 각각의 설계와 실행 방법을 자세하게 기술하였다. 다섯 가지 주요 데이터 수집 문제가 제시되었고, 수집된 데이터를 기록하는 방법이 논의되었다.

Key points

- 모든 데이터 수집 세션에는 명확한 목표가 있어야 한다.
- 계획한 연구에 따라 피실험자 동의서를 작성하고 연구를 진행할 수 있도록 다른 허가를 받아야 할 수도 있다.
- 계획된 각 데이터 수집 세션은 파일럿 조사를 실행하여 테스트해야 한다.
- 측정은 다른 관점에서 현상을 조사하는 것을 포함한다.
- 손으로 쓴 메모, 오디오 또는 비디오 녹화, 카메라 또는 이들의 조합을 사용하여 데이터를 기록할 수 있다.
- 세 가지 스타일의 인터뷰로서, 구조화, 반구조화 및 비구조화가 있다.
- 설문지는 종이 기반, 전자 메일 또는 웹 기반일 수 있다.
- 인터뷰나 설문지에 대한 질문은 개방형이거나 폐쇄형일 수 있다. 폐쇄형 질문은 인터뷰 대상자에게 제한된 범위의 옵션을 선택하도록 요구한다. 개방형 질문은 자유로운 응답을 허용한다.
- 관측은 직접 또는 간접적일 수 있다.
- 직접 관찰에서 관찰자는 내부자(참여자 관찰자)에서 외부인(수동 관찰자)까지 다양한 수준의 참여가 가능하다.
- 적합한 데이터 수집 기법을 선택하는 것은 연구의 목적, 관련 참가자, 기법의 성격 및 사용 가능한 자원에 달려 있다.

Chapter

08 데이터 분석, 해석, 그리고 표현

목표

이 장의 주요 목표는 다음과 같다.

- 정성적 및 정량적 데이터 분석의 차이점에 대해 배운다.
- 설문지에서 수집한 데이터를 분석한다.
- 인터뷰에서 수집한 데이터를 분석한다.
- 관찰 연구에서 수집한 데이터를 분석한다.
- 분석에 도움이 되는 소프트웨어 패키지에 대해 소개한다.
- 데이터 분석, 해석 및 표현 시 주의해야 할 점을 확인한다.
- 의미있고 적합한 방식으로 결과를 해석하고 설명한다.

8.1 개요

데이터 분석의 종류는 처음에 정한 목표와 실제로 수집된 데이터에 의해 정해진다. 정성적 분석 접근법 또는 정량적 분석 접근법, 또는 이 둘의 결합을 통해 진행될 수 있다. 정성적, 정량적 분석 접근법의 결합은 관찰되는 행동이나 측정되는 성과에 대해 보다 포괄적인 설명을 제공하기 때문에 매우 일반적으로 사용되는 방법이다.

대부분의 분석은 정량적, 정성적 성격과 상관없이 간단한 데이터 분석으로 시작된다. 이는 패턴을 확인하거나 비율, 평균 또는 백분율과 같은 간단한 숫자 값을 계산하는 것과 관련이 있다. 초기 분석 후, 구조화된 프레임워크 또는 이론을 사용하여 보다 자세한 작업이 수행된다.

결과의 해석은 종종 분석과 병행되어 진행된다. 결과의 해석에는 여러 가지 방법이 있으며 데이터가 결론을 뒷받침하는지 여부를 확인하는 것이 중요하다. 조사관의 기존 신념이나 편향된 사고 방식이 결과의 해석에 영향을 미치는 실수도 발생할 수 있다. 데이터 초기 분석을 통해 회사의 시드니 지사를 통해 전달된 고객 문의가 모스크바 지사를 통해 전달된 것보다 처리하는 데 시간이 오래 걸리는 패턴을 발견했다고 가정해보자. 이 결과는 다양한 방법으로 해석 될 수 있다. 시드니의 고객 관리원의 효율성이 떨어지거나, 시드니의 고객 관리원이 보다 자세한 답변을 제공할 수도 있고, 시드니 지사의 문의 처리를 지원하는 기술이 업데이트 되어야 한다고 결론 내릴 수도 있다. 또한 시드니 사무소에 도착한 고객이 더 높은 수준의 서비스를 요구한다는 결론을 내릴 수도 있다. 이러한 잠재적 해석 중 어느 것이 더 정확한지 판별하려면 세부적인 고객의 질문 사항과 같은 추가 데이터를 보거나 직원과의 인터뷰를 하는 것이 적절할 것이다.

또 다른 흔한 실수는 데이터로부터 수집된 내용에서 벗어난 주장을 하는 것이다. 이것은 해석과 발표 시 발생하는 문제이다. 결론을 보고할 때 '많이' 또는 '자주' 또는 '모두'라는 단어는 매우 신중하게 사용해야 한다. 신뢰할 수 있는 결론을 위해서는 가능한 공정하고 객관적인 자세를 유지해야 하며 결과에 의해 결론이 뒷받침된다는 것을 보여주는 것이 중요하다.

마지막으로, 결과 설명을 위한 가장 좋은 방법은 목표에 따라 혹은 청중에 따라 다를 수 있다. 예를 들어, 요구사항 활동에서는 공식 표기법을 사용하여 결과를 발표할 수 있으며, 평가 결과를 개발자 팀에 보고하는 경우에는, 비디오 클립 등을 활용하여 발견된 문제를 요약할 수도 있다.

이 장에서는 다양한 방법을 소개하고 인터랙션 디자인에서 사용되는 일반적인 접근 방법 중 일부를 사용하여 데이터 분석 방법을 보다 자세하게 설명한다.

8.2 정량과 정성

정량적 데이터는 숫자 형태이거나 쉽게 숫자로 변환될 수 있는 데이터이다. 예를 들어 인터뷰 대상자가 경험한 기간, 한 번에 부서에서 처리하는 프로젝트 수 또는 작업을 수행하는 데 걸리는 시간 등이 여기에 포함된다. 정성적 데이터는 수치적으로 표현되지 않는다. 예를 들어, 정성적 데이터에는 설명, 인터뷰 대상자의 인용문, 활동의 그림 및 이미지가 포함된다. 정성적 데이터를 숫자 형식으로 표현하는 것은 가능하지만, 이것이 항상 의미를 갖지는 않는다(생각해보기 8.1 참조).

때로는 특정 데이터 수집 방법이 정량적 데이터만 만들 수 있고 어떤 방법은 정성적 데이터만 만들 수 있다고 가정되지만, 이것은 잘못된 생각이다. 이전 장에서 논의된 데이터 수집 방법들은 모두 정량적 및 정성적 데이터를 만들 수 있다. 예를 들어, 설문지에서 참가자의 나이 또는 하루 동안 사용하는 소프트웨어 패키지 수에 대한 질문은 정량적인 데이터가 되며 주석 필드는 질적인 데이터가 된다. 관찰 결과에 기록할 수 있는 정량적 데이터에는 프로젝트 참여자 수 또는 참가자가 문제 해결을 위해 소비한 시간 등이 있고, 정성적 데이터에는 좌절감에 대한 기록 또는 팀 구성원 간의 상호작용 특성 등이 있다.

생각해보기 8.1
숫자의 사용 및 남용

수치는 쉽게 변형될 수 있고 매우 설득력 있는 주장을 할 수 있지만 왜 당신이 양적인 데이터를 조작하는지, 그리고 그 의미가 무엇인지 명확히 하는 것이 중요하다. 평균을 찾고, 백분율을 계산하거나, 다른 종류의 숫자로 변환해 보기 전에 이러한 작업들이 의미가 있는지를 생각해 보아라.

정성적 데이터는 일련의 숫자로 바뀔 수 있다. 숫자가 아닌 데이터를 숫자 또는 주문 척도로 번역하는 것은 인터랙션 디자인에서 일반적인 접근법이다. 그러나 이런 종류의 번역이 연구의 맥락에서 의미가 있는지 살펴보아야 한다. 예를 들어 새 모바일 제품 사용의 판매 문의를 보고하기 위해 영업 담당자들로부터 인터뷰 데이터를 수집했다고 가정해 보자. 이 데이터를 숫자 형식으로 변환하는 한 가지 방법은 각 인터뷰 대상자가 말한 단어의 수를 계산하는 것이다. 그러면 영업 담당자가 휴대 기기에 대해 얼마나 많은 느낌을 가진 지에 대해 결론을 내릴 수 있다. 제품에 대해 더 많이 말할수록 제품에 대해 더 강하게 느끼게 된다. 그러나 이것이 데이터를 분석하는 현명한 방법이라고 생각하는가? 이 정량적 데이터는 연구에 별로 도움이 되지 않는다.

또 다른 남용으로는 작은 인구 규모를 백분율로 환산하는 것이다. 예를 들어, 전자상거래 웹사이트를 통해 주문을 하는 데 사용자의 50%가 30분 이상 소요된다고 말하는 것은 4명의 사용자 중 2명이 동일한 문제를 겪었다는 것과 다른 의미가 있다. 데이터 수가 10을 초과하지 않는 한 백분율을 사용하지 않는 것이 더 좋으며, 당신의 해석을 잘 못 이해하지 않도록 백분율과 원래의 숫자를 모두 사용하는 것이 좋다.

일련의 데이터에 대해 적합한 통계 계산을 수행하고도, 상황을 명확히 하지 않거나 자신에게 유리하도록 계산을 진행하여 잘못된 결과를 도출할 수 있다(Huff, 1991). 숫자를 다루기가 쉽지 않은 경우 의도하지 않은 방식으로 데이터를 잘못 전달하기 쉽기 때문에 다른 사람에게 도움을 요청하는 것이 좋다. ▪

정량적 분석은 수치를 사용하여 규모, 양 또는 크기를 확인한다. 예를 들어, 인구를 설명할 때, 정량적 분석은 평균 키가 180 cm이고, 몸무게가 82 kg이고, 나이가 45세임을 결론 지을 수 있다. 정성적 분석은 무언가의 성격에 초점을 맞추고 주제, 패턴 및 이야기로 나타낼 수 있다. 예를 들어, 같은 인구를 묘사할 때, 정성적 분석은 평범한 사람이 키가 크고, 날씬하며, 중년이라고 결론을 내릴 수 있다.

8.2.1 데이터 분석의 첫 번째 단계

데이터 수집 세션에서 데이터 분석이 시작되기 전 데이터의 초기 처리 단계가 필요하다. 다양한 데이터 중, 인터뷰, 설문 조사 및 관찰 세션을 통해 수집된 일반적인 데이터에 대해 논의할 예정으로 **표 8.1**에 요약되어 있다.

인터뷰

가공되지 않은 인터뷰 데이터는 대개 오디오 녹음 및 면접관의 메모 형식을 가진다. 인터뷰 진행자의 기억이 정확하고 생생하기 위해선, 인터뷰 후 가능한 한 빨리 메모를 작성하여야 한다. 오디오 녹음은 이 과정에서 도움을 주기 위해 사용되거나 보다 자세한 분석을 위해 사용될 수 있다. 대부분의 사람들은 입력(또는 쓰기)하는 속도보다 더 빨리 말하기 때문에 녹음

표 8.1 주요 데이터 수집 기술을 위한 데이터 수집과 초기 처리 단계

	일반적으로 가공되지 않은 데이터	정성적 데이터의 예시	정량적 데이터의 예시	초기 처리 단계
인터뷰	• 음성 녹음 • 인터뷰 진행자의 메모 • 비디오 녹화	• 개방형 질문에 대한 응답 • 비디오 사진 • 응답자의 의견	• 나이, 직업, 경험 기간 • 폐쇄형 질문에 대한 응답	• 녹음된 내용의 표기 • 메모의 확장
설문 조사	• 기록된 응답 • 온라인 데이터베이스	• 개방형 질문에 대한 응답 • 추가 의견에 대한 응답 • 응답자의 의견	• 나이, 직업, 경험 기간 • 폐쇄형 질문에 대한 응답	• 데이터 정리 • 다른 데이터 세트로 필터링
관찰	• 관찰자의 메모 • 사진 • 오디오와 비디오 녹화 • 데이터 로그 • 소리 내어 말하기	• 행동의 기록 • 진행된 작업에 대한 설명 • 비공식 절차의 사본	• 참가자의 인구 통계 • 작업 수행 시간 • 활동에 참여한 사람 수	• 메모의 확장 • 녹음된 내용의 표기 • 데이터 기록 간 동기화

에 많은 노력이 필요하고, 녹음이 항상 명확하지는 않다. 따라서 전체 인터뷰를 기록할지 혹은 관련 섹션만 기록할지 고려해 볼 필요가 있다.

특히 인터뷰 대상자에게 수행할 과제가 주어지거나 토론을 유도하는데 장치가 사용되는 경우 비디오 녹화도 사용된다. 비디오 데이터의 오디오 채널 또한 활용될 수 있다.

폐쇄형 질문은 대개 정량적 데이터로 취급되어 간단한 정량 분석을 사용하여 분석된다(아래 참조). 예를 들어 응답자의 연령대를 묻는 질문은 각 범위의 응답자 비율을 쉽게 분석할 수 있다. 35세 이상의 남성이 휴대 전화의 버튼이 너무 작다고 생각할 수 있는 것과 같이 일반화를 위한 질문과 응답 간의 관계를 확인하기 위해서는 보다 복잡한 통계 기법이 필요하다. 개방형 질문은 일반적으로 응답의 범주 또는 패턴을 확인할 수 있는 정성적 데이터를 가져온다.

설문 조사

설문지로부터의 수집된 미가공 데이터는 응답자의 질문에 대한 답변으로 구성되며 서면 형식이거나 온라인 설문 조사의 경우 데이터가 데이터베이스에 있을 가능성이 크다. 응답자가 질문을 잘못 이해한 항목을 제거하여 데이터를 정리해야 할 수도 있다.

응답자의 하위 집단(예: 16세 미만 모두) 또는 특정 질문(예: 응답자의 색 반응을 이해하기 위해)에 따라 데이터를 필터링할 수 있다. 이를 통해 데이터의 부분 집합에 대한 분석을 수행하므로 구체적인 목표에 대한 자세한 결론을 도출할 수 있다. 아래 설명과 같이 스프레드시트와 같은 간단한 도구를 사용하면 이 작업을 보다 쉽게 수행할 수 있다.

인터뷰와 같이 폐쇄형 질문은 정량적으로 분석되고 개방형 질문은 정성적으로 분석된다.

관찰

이러한 종류의 데이터 수집은 관찰자의 메모, 사진, 데이터 로그, 소리 내어 말하게 한 후 녹음(프로토콜이라고도 함), 비디오 및 오디오 녹음 등 다양한 미가공 데이터를 생성할 수 있다. 이 모든 미가공 데이터는 관찰 중인 활동에 대한 풍부한 상황을 제공하지만 구조화된 프레임 워크가 채택되지 않으면 분석하기가 어려울 수도 있다. 여기에서의 초기 데이터 처리에는 노트 작성 및 확장, 오디오 및 비디오 녹화의 기록 및 소리 내어 말하기 프로토콜이 포함된다. 제어된 환경에서의 관찰을 위해 초기 처리에는 다른 데이터 기록을 동기화하는 작업도 포함될 수 있다.

표기와 관찰자 노트는 정성적인 접근법을 사용하여 분석될 가능성이 높으며, 사진은 문맥적 정보를 제공한다. 데이터 로그와 관찰자 노트의 일부 요소는 정량적으로 분석된다.

초기 처리 과정에서 데이터의 패턴과 테마가 나타날 수 있다. 이러한 초기 느낌을 기록하여 더 자세한 분석을 위한 기초로 사용하는 것이 유용하지만, 의도하지 않은 편향된 의견을 가질 수 있기 때문에 주의해야 한다.

8.3 간단한 정량적 분석

통계분석을 설명하기 위해서는 책 한 권이 필요하다. 기본적인 통계적 용어와 통계의 사용에 대해서는 14장에서 자세히 설명하지만 통계에 대해 자세히 설명하지는 않을 것이다. 여기서는 인터랙션 디자인 상황에서 효과적으로 사용할 수 있는 몇 가지 간단한 정량 분석 기법을 소개할 예정이다. 소개될 기술은 평균과 백분율로, 백분율은 데이터를 표준화하는 데 유용하다. 특히 두 개 이상의 대규모 응답을 비교하려는 경우 유용하다.

평균과 백분율은 상당히 잘 알려진 수치 척도이다. 세 가지 유형의 평균(평균, 중앙값, 최빈값)이 있고, 사용되는 유형에 따라 결과의 의미가 변경된다. 평균은 일반적으로 알려졌듯이 모든 수치를 합하여 총 개수로 나눈 수치를 나타낸다. 중앙값 및 최빈값은 잘 알려지지는 않았지만 매우 유용하다. 중앙값은 숫자의 순위가 매겨질 때 데이터의 중간 값이다. 최빈값은 가장 많이 발생하는 숫자이다. 예를 들어, 데이터 세트(2, 3, 4, 6, 7, 7, 7, 8)에서 중앙값은 6이고 최빈값은 7이며 평균은 50/9 = 5.56이다. 이 경우 평균의 종류에 따른 차이가 그리 크지 않다. 그러나 집합 (2, 2, 2, 2, 450)의 경우, 중앙값은 2이고 최빈값은 2이며 평균은 458/5 = 91.6이다.

"Looks good. Let me run it past the number-crunchers."

간단한 평균의 사용은 유용한 정보를 제공할 수 있지만 주의해서 사용해야 한다. Karapanos et al (2009)은 평균화가 참가자들 사이의 다양성을 오류로 간주할 수 있기 때문에, 다차원 척도 접근법의 사용을 제안한다.

분석을 수행하기 전에 데이터를 분석 가능한 데이터 세트로 정리해야 한다. 정량적 데이터는 보통 행과 열로 변환할 수 있고, 한 행은 하나의 기록(예: 응답자 혹은 인터뷰 대상자)와 같다. Excel과 같은 스프레드 시트에 입력하면 간단한 조작과 데이터 세트의 필터링이 쉬워진다. 이러한 방식으로 데이터를 입력하기 전에 가능한 다른 응답을 어떻게 표시할지 결정하는 것이 중요하다. 예를 들어 '모르겠다'는 대답은, 응답이 전혀 없는 것과 구별해야 하여 스프레드 시트에 별도의 열로 정리한다. 또한 폐쇄형 질문으로부터 수집된 옵션(예: 직무)을 다루는 경우 분석에 영향을 끼치는 두 가지 가능한 방법이 있다. 하나의 접근법은 열을 직무로 하고 응답자 또는 인터뷰 대상자가 대답한 정보를 입력하는 것이다. 다른 방법은 각 가능한 대답에 대해 하나의 열을 갖는 것으로 자동 요약에 보다 쉽게 도움이 된다. 그러나 질문이 적합한 데이터를 수집하도록 설계된 경우만 옵션을 사용할 수 있다(생각해보기 8.2 참조).

생각해보기 8.2

질문 디자인이 데이터 분석에 미치는 영향

실습해보기 7.2에서는 동료에게 e-리더를 평가하도록 설계된 인터뷰 질문을 제안했다. 우리는 이 예제를 사용하여 다양한 질문 설계가 분석의 종류와 도출할 결론에 어떤 영향을 미치는지 설명하려고 한다.

'e-리더에 대해 어떻게 생각하십니까?'라는 질문을 한 것으로 가정해 보자. 이에 대한 응답은, 가볍다, 휴대가 쉽다, 값이 비싸다, 사용하기 어렵다, 기술적으로 복잡하다 등과 같이 다양할 것이다. 다양한 응답은 정성적으로 다루어질 필요가 있다. 즉, 데이터 분석은 개별 응답을 고려해야 한다. 10개 정도의 응답만 있다면 괜찮겠지만 정보가 더 많으면 정보를 처리하기가 어려워지며 결과를 요약하기가 더 어려워진다. 이것은 일반적인 개방형 질문 예시로, 답변은 같은 것이 없기 때문에 개별적으로 다루어야 한다. 대조적으로 응답자에게 선택할 수 있는 폐쇄형 질문은 정량적으로 처리할 수 있다. 예를 들어 'e-리더에 대해 어떻게 생각하십니까?'라고 묻는 대신 'e-리더는 사용하기 쉽거나 혹은 사용하기가 지루합니까?'라고 물어보았다. 응답을 '사용하기 쉽다', '사용하기가 지루하다' 또는 '둘 다'로 기록한다.

스프레드 시트 또는 간단한 테이블에 입력할 때 데이터의 초기 분석은 다음과 같을 수 있다.

응답자	사용하기 쉬움	사용하기 지루함	둘다 아님
A	1		
B		1	
C		1	
…			
Z			1
Total	14	5	7

이를 토대로 응답자 26명 중 14명(54%)은 e-리더를 사용하기가 쉽다고 생각하며, 26명 중 5명(19%)은 사용하기가 지루하다고 생각하고 26명 중 7명(27%)은 그들은 사용하기 쉽거나 지루하다고 생각하지 않는다. 이 표에서 응답자의 이름은 문자로 바뀌어 식별 가능한 익명으로 표시된다. 이 전략은 참가자의 개인 정보를 보호하는 데 중요하며 일반적으로 동의서를 통해 동의가 이루어진다(그림 7.1 참조).

설문지에 사용될 수 있는 또 다른 대안은 아래와 같은 리커트 척도로 질문을 표현하는 것이다. 이것은 다시 데이터 및 도출될 결론의 종류를 변경한다.

당신의 의견으로, e-리더는 사용하기 쉽다.

매우 동의함	동의함	모두 아님	동의하지 않음	매우 동의하지 않음
□	□	□	□	□

그 다음 간단한 스프레드 시트나 표를 사용하여 데이터를 분석할 수 있다.

응답자	매우 동의함	동의함	모두 아님	동의하지 않음	매우 동의하지 않음
A		1			
B	1				
C				1	
…					
Z					1
Total	5	7	10	1	3

이 경우 우리는 수집하는 데이터의 종류를 변경했으며 이 두 번째 세트를 기반으로 응답자가 e-리더가 사용하기가 지루하다고 생각하는지에 대해서는 말할 수 없다. 우리는 그 질문을 하지 않았기 때문이다. 예를 들어, e-리더가 사용하기 쉽다는 질문에 26명 중 4명(15%)이 동의하지 않는다고 말할 수 있고 특히 3명(11.5%)은 강력하게 동의하지 않았다. ■

간단한 데이터 정렬 및 분석을 위해 Excel과 같은 스프레드시트 소프트웨어가 종종 사용된다. 이는 결과를 이해하기 쉽고, 다양한 수치 조작 및 그래픽 표현을 제공한다. 초기 분석은 평균을 찾아내고, 이상값, 즉 다른 값과 현저하게 차이가 있는 값을 식별하는 것을 포함할 수 있다. 데이터의 그래픽 표현은 데이터의 종합적인 이해와 데이터가 포함한 패턴을 확인하는 데 도움이 된다.

예를 들어, **표 8.2**는 문서 공유 애플리케이션의 평가 연구 중에 수집된 데이터 세트이다. 이 데이터는 사용자들의 경험과 지정된 작업을 완료하는 동안 발생한 오류 수를 보여준다. 이는 자동으로 캡처되어 스프레드시트에 기록되었고, 합계와 평균이 계산되었다. **그림 8.1**의 그래프는 스프레드시트 패키지를 사용하여 생성되었고, 데이터 세트를 종합적으로 표시한다. 특히, 오류값 데이터에는 이상값이 없다는 것을 알 수 있다. 데이터 분석을 위해 이러한 그래픽 표현을 사용하는 것은 중요하다.

표 8.2 문서 공유 애플리케이션 연구를 진행하는 동안 수집된 데이터

사용자	인터넷 사용					에러수
	하루에 한번 이상	하루에 한번	일주일에 한번	일주일에 2,3번 이상	한달에 한번	
1		1				4
2	1					2
3			1			1
4	1					0
5				1		2
6		1				3
7	1					2
8		1				0
9						3
10	1				1	2
11				1		1
12			1			2
13		1				4
14		1				2
15						1
16				1		1
17		1				0
18		1			1	0
Totals	4	7	2	3	2	30
						1.67

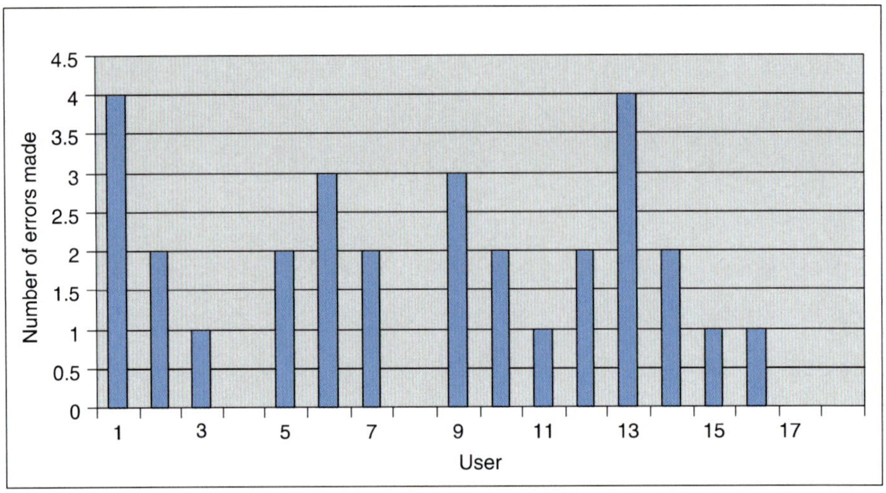

(a)

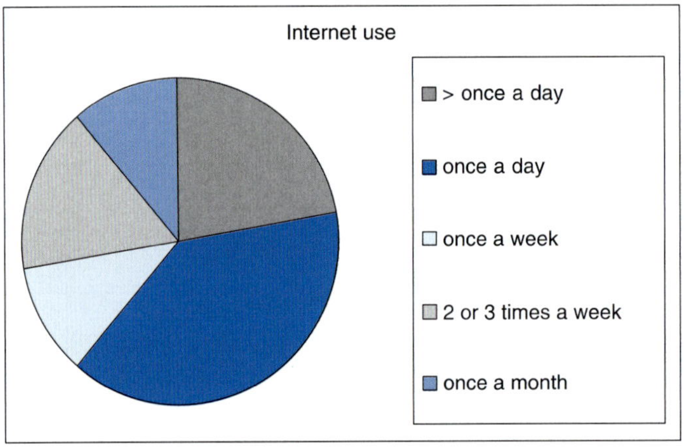

(b)

그림 8.1 표 8.2의 그래픽 표현: (a) 오류의 분포(이 그래프에서 사용된 눈금을 고려할 때, 큰 차이가 실제로는 훨씬 작을 수 있음), (b) 참가자 그룹의 인터넷 사용 경험의 분포

표 8.2에 오류율 9로 사용자를 한 명 더 추가하면 **그림 8.2**와 같은 산점도를 사용하여 이상값을 식별할 수 있다. 이상값은 일반적 패턴을 왜곡하기 때문에 데이터 세트에서 제거된다. 그러나 사용자와 세션을 둘러싼 특별한 상황이 있는지 자세히 조사할 필요가 있다.

이러한 초기 조사는 추가 조사를 위해 다른 분야를 식별하는데도 도움이 된다. 예를 들어, 오류율이 0인 사용자, 또는 인터넷을 한 달에 한 번만 사용하는 사람들의 수행도에 특별한 점이 있는지 추가 조사가 가능하다.

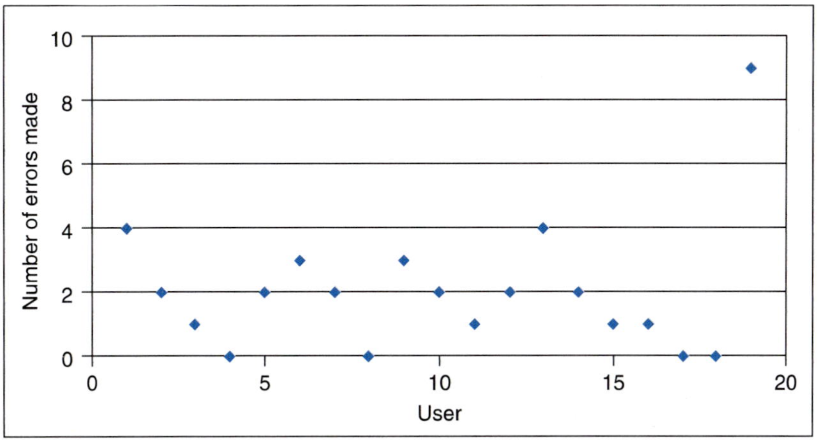

그림 8.2 산점도를 사용하여 데이터의 이상값 확인

실습해보기 8.1

아래 표의 데이터는 사용자 그룹이 온라인 쇼핑 웹사이트에서 항목을 선택하고 구매하는 데 걸리는 시간을 나타낸다.

스프레드시트 애플리케이션을 사용하여 막대 그래프와 산점도을 생성하여 데이터의 전체 보기를 제공할 수 있다. 이러한 표현으로부터 데이터 추가 조사의 기초를 위해 두 가지 초기 관찰을 진행하여라.

사용자	A	B	C	D	E	F	G	H	I	J	K	L	M	N	O	P	Q	R	S
완료시간(분)	15	10	12	10	14	13	11	18	14	17	20	15	18	24	12	16	18	20	26

조언

막대그래프와 산점도는 아래와 같다.

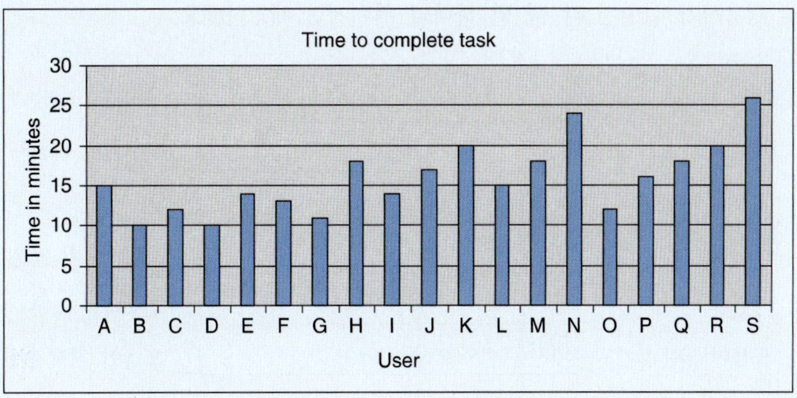

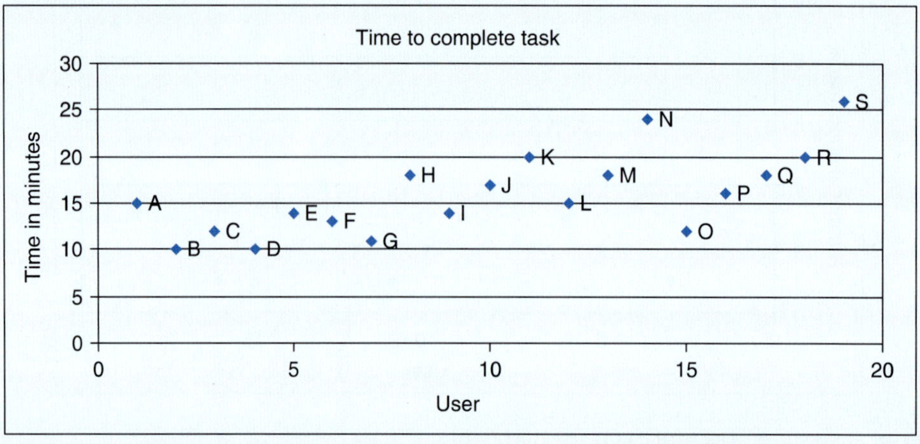

이 두 도표에서 추가 조사를 위한 두 가지 영역이 있다. 우선, 사용자 N(24) 및 사용자 S(26)에 대한 값은 다른 것보다 높다. 또한 테스트 시간의 시작 부분에 있는 사용자(특히 사용자 B, C, D, E, F 및 G)의 테스트 시간이 빠른 경향을 보였다. O도 잘 수행되었으므로 이것은 명확한 상황은 아니다. I, L 및 P 또한 빠른 편으로, 언제 테스트를 진행했느냐가 테스트 시간에 영향을 미칠 수 있기 때문에 더 자세히 조사할 가치가 있다. ■

두 세트의 결과를 비교하는 것(예: 두 개의 인터랙티브 제품 평가 시 이러한 종류의 그래픽 표현을 사용하는 것)은 매우 간단하다. 의미 차별 데이터 또한 이러한 방식으로 분석될 수 있고, 질문의 형식이 올바르다면 트렌드를 확인하는 데 사용된다. 예를 들어 두 가지 스마트폰 디자인을 평가하기 위해 설문지에 다음과 같은 질문을 하였다:

형용사 쌍 각각에 대해 스마트폰 디자인을 설명하는 정도를 반영하는 위치에 체크하세요. 형용사가 설명된 각 줄 별 하나의 위치에만 체크하세요.

성가신						즐거운
사용하기 쉬운						사용하기 어려운
가성비가 좋은						비싼
매력적인						매력적이지 않은
안전한						안전하지 않은
도움이 되는						도움이 되지 않는
높은 기술의						낮은 기술의

강건한						쉽게 부러지는
효과적이지 않은						효과적인
현대식의						구시대의

표 8.3과 8.4는 설문지에 응답한 100명의 응답자로부터 작성된 결과를 보여준다. 응답은 응답자가 각 형용사 쌍 사이에 줄을 표시 한 위치를 기준으로 1에서 5까지 5개의 가능한 범주로 번역되었다. 추가 분석은 다음을 참조할 수 있다.

그림 8.3의 그래프는 두 개의 스마트폰 디자인이 얼마나 현대식인지에 대한 인식을 보여준다. 이 그래픽 표기법은 두 디자인에 대한 차이를 명확하게 보여준다.

표 8.3 폰 1

	1	2	3	4	5	
성가신	35	20	18	15	12	즐거운
사용하기 쉬운	20	28	21	13	18	사용하기 어려운
가성비가 좋은	15	30	22	27	6	비싼
매력적인	37	22	32	6	3	매력적이지 않은
안전한	52	29	12	4	3	안전하지 않은
도움이 되는	33	21	32	12	2	도움이 되지 않는
높은 기술의	12	24	36	12	16	낮은 기술의
강건한	44	13	15	16	12	쉽게 부러지는
효과적이지 않은	28	23	25	12	12	효과적인
현대식의	35	27	20	11	7	구시대의

표 8.3 폰 2

	1	2	3	4	5	
성가신	24	23	23	15	15	즐거운
사용하기 쉬운	37	29	15	10	9	사용하기 어려운
가성비가 좋은	26	32	17	13	12	비싼
매력적인	38	21	29	8	4	매력적이지 않은
안전한	43	22	19	12	4	안전하지 않은
도움이 되는	51	19	16	12	2	도움이 되지 않는
높은 기술의	28	12	30	18	12	낮은 기술의
강건한	46	23	10	11	10	쉽게 부러지는
효과적이지 않은	10	6	37	29	18	효과적인
현대식의	3	10	45	27	15	구시대의

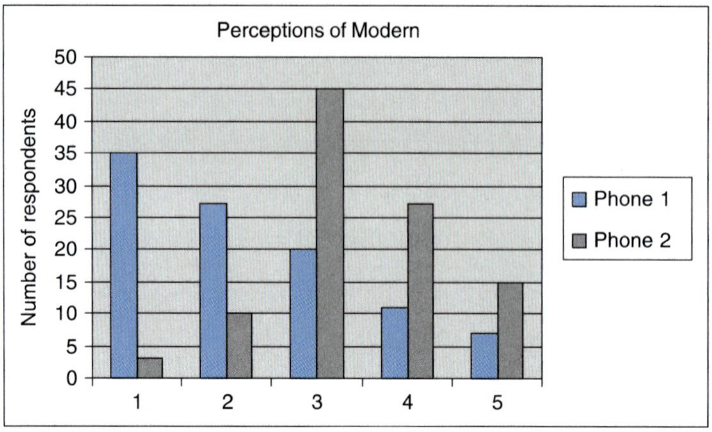

그림 8.3 두 종류의 스마트폰 디자인이 현대적인지, 구시대적인지 비교한 그래프

사용자의 시스템과의 상호작용을 수집하는 데이터 로그도 분석 및 그래픽으로 표현하고 분석될 수 있어 행동 패턴을 식별할 수 있다. 또한 보다 정교한 조작과 그래픽 이미지를 사용하여 수집된 데이터 패턴을 강조하여 표시할 수 있다. 생각해보기 8.3은 온라인 컴퓨터 게임의 데이터 로그를 사용하여 상호작용 패턴을 식별하는 방법을 설명한다. 이 예제는 또한 관측 데이터를 사용하여 정량 데이터를 해석하는 방법을 보여준다.

이 섹션에서 제시된 예시는 주로 10개가 넘는 기록(즉, 응답자 또는 인터뷰 대상자)이 있는 데이터 세트에 중점을 둔다. 적은 수의 기록만 수집하는 경우 추세를 확인하는 것보다 개별 기록을 분석하는 것이 더 중요하다. 이 경우, 표현하기 쉽도록 표를 작성하는 것으로 충분할 수 있다.

생각해보기 8.3

대규모 멀티 플레이 온라인 롤플레잉 게임의 로그 데이터로부터의 인터랙션 패턴 식별

월드 오브 워크래프트, 에버 퀘스트 II, 툰 타운 등 MMORPG(Massively Multiplayer Online Role-Playing Games)에는 가상 세계에서 매일 상호작용하는 수십만 명의 플레이어가 참여하며 특정 목표를 달성하기 위해 노력한다. 이 게임들이 제공하는 도전 과제는 단일 플레이어 환경의 도전 과제와 동일하지만 MMORPG의 매력은 게이머 커뮤니티에 가입하고 해당 커뮤니티에서 평판을 얻으며 게임 경험을 직접 공유할 수 있다는 것이다. 플레이어들이 목표 달성을 위해 협력할 수 있도록 많은 게임들이 개발되어 왔다.

Ducheneaut와 Moore(2004)는 MMORPG가 어떻게 플레이어 간 성공적으로 상호작

그림 8.4 SWG의 Coronet 도시의 cantina

출처: N. Ducheneaut and R.J. Morris (2004): "The social side of gaming: a study of interaction patterns in a massively multiplayer online game" in *Proceedings of CSCW 04*. ©2004 Association for Computing Machinery, Inc. Reprinted by permission.

용을 장려하는지 조사해 보았다. 이를 위해 그들은 3개월 에스노그라피를 통해 스타 워즈 갤럭시(Star Wars Galaxies, SWG)에서 플레이어 간 상호작용에 대한 데이터 로그와 비디오 기록을 분석했다. 에스노그라피는 연구자가 SWG 커뮤니티에 플레이어로 가입하고 3개월 이상 정기적으로 시스템을 사용하면서 진행되었다. 이를 통해 Coronet 도시의 cantina와 starport 등 다른 플레이어가 많이 사용했던 가상 세계 내의 두 위치를 확인했다. cartina는 연예인을 찾을 수 있는 장소이며 플레이어는 종종 전투 피로를 풀기 위해 방문한다. 플레이어는 위치를 이동하기 위해 starport로 가야하며 셔틀은 약 9분마다 비행한다(**그림 8.4** 참조).

플레이어 상호작용에 대한 로그를 수집하기 위해, 두 종류의 캐릭터를 만들고 한 달 동안 각 위치에 하나씩 배치하여 해당 위치에서의 모든 사람들의 발언 및 제스처를 기록했다. 하루 중 21시간 동안 총 26일의 데이터가 기록되었다. 이로 인해 100 MB의 데이터가 생성되었으며 두 곳에서 총 5493명의 플레이어가 표본이 되었다. 누구 누구와 상호작용했는지, 어떤 방식으로(제스처 또는 채팅), 어디서, 언제, 무엇이 상호작용의 내용 이었는지를 확인하기 위한 목적을 가진 파서가 사용되었다. 이러한 맥락에서 제스처는 웃음, 인사, 박수, 응원 등이 될 수 있다. 그런 다음 행동 양식에 대한 데이터를 분석했다. 몇몇 플레이어들은 한 장소에서 자주 출연한 것에 반해, 대다수의 플레이어들은 짧은 시간 동안 방문하였다. 플레이어가 출연한 날짜의 중앙값은 2였고 평균은 3.5였다. 절반의 시간 이상 방문한 플레이어는 전체의 2% 정도였다. 그들이 조사한 또 다른 측

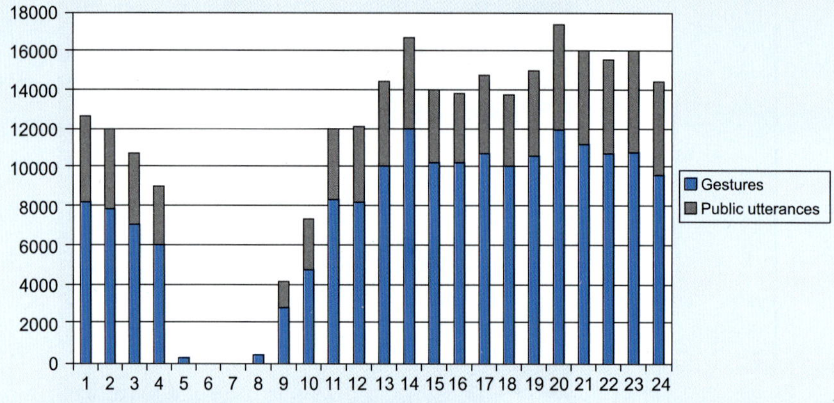

그림 8.5 하루 동안의 cartina 활동 요약(오전 4시부터 오전 7시 사이의 간격은 이 시간 동안 정기적인 서버 재부팅으로 인한 것임)

출처: N. Ducheneaut and R.J. Morris (2004): "The social side of gaming: a study of interaction patterns in a massively multiplayer online game" in *Proceedings of CSCW 04*. ©2004 Association for Computing Machinery, Inc. Reprinted by permission.

면은 하루 동안의 cartina에서의 활동이었다. 그림 8.5는 26일 동안 cartina에서의 활동을 요약한 그래프이다. 이것은 이벤트의 약 3분의 1을 대표하는 제스처와 3분의 2를 나타내는 발언으로, 하루 동안 상당히 균등하게 분배되어 있다.

가장 인기 있는 10가지 제스처에 대한 분석이 아래 표에 요약되어 있다.

제스처	전체 비율(cartina)	제스처	전체 비율(starport)
미소	18.13	감사	15.95
격려	9.57	고개 숙임	12.29
박수	7.77	손 흔들기	9.81
손 흔들기	6.27	뒹굴기	8.17
윙크	4.22	미소	7.89
크게 웃음	3.72	목례	7.03
목례	3.23	경례	2.48
고개 숙임	3.22	쓰다듬기	1.95
감사	2.51	토하기	1.89
인사	2.40	격려	1.56

이 두 종류의 분석은 서로 다른 플레이어의 상호작용에 대한 개요를 파악하는 데 유용하지만 각 플레이어가 참여하는 사회적 상호작용의 풍부함을 나타내지는 않는다. 따라서 Ducheneaut와 Moore는 각 플레이어의 3차원적 상호작용, 즉 제스처 수, 제스처 수 및 공개 발언 수를 분석했다. 평균적으로 플레이어는 cartina에 들어가서 다른 플레이어에게 약 한 번의 제스처를 하고 4명 정도와 이야기를 하며, 한 번의 제스처를 받는

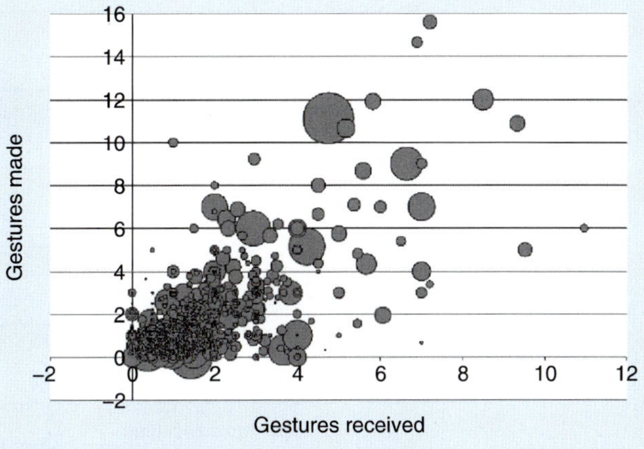

그림 8.6 cartina에서 플레이어들의 상호작용 프로필

출처: N. Ducheneaut and R.J. Morris (2004): "The social side of gaming: a study of interaction patterns in a massively multiplayer online game" in *Proceedings of CSCW 04*. ©2004 Association for Computing Machinery, Inc. Reprinted by permission.

다. 이러한 결론은 데이터 전반에 걸쳐 평균적인 것으로 나타났지만 상호작용에 대한 명확한 시각을 얻기 위해 그래프의 각 개별 데이터 세트에 대한 크기를 표시했다. 이것은 **그림 8.6**에 재현되어 있다. x축은 수신된 제스처의 수를 나타내며 y축은 플레이어가 표현한 제스처의 수를 나타내며, '점'의 크기는 플레이어가 생성한 공개 발언 수에 비례한다. 이 그래픽을 통해 대다수의 플레이어는 거의 상호작용 하지 않는다는 점을 발견하였다. 또 다른 플레이어 세트는 많은 수의 공개 발언을 하지만 제스처를 만들거나 받지 않는다. 그러나 또 다른(더 작은) 일련의 플레이어는 제스처를 많이 하고 많이 말하지만, 수신된 제스처는 거의 없다.

연구자들은 이 마지막 두 가지 종류의 행동은 플레이어가 로그온하지 않아도 플레이어가 자신의 아바타를 프로그래밍하여 반복적으로 행동을 취하는 것이라고 결론을 내렸다. 이러한 종류의 행동은 단순히 게임 내에서 플레이어를 발전시키도록 설계되었으므로 진정한 상호작용이 아니다. 포인트를 얻는 한 가지 방법은 아바타의 직업과 관련된 활동을 반복적으로 수행하는 것이다. 이 행동은 다른 플레이어가 이러한 상호작용에 대해 불만을 나타내기 때문에 cartina의 사회적 분위기에 영향을 준다.

이 그래프의 오른쪽에 있는 버블은 제스처를 만들고 상호작용하고 채팅을 하는 플레이어를 나타낸다. 이 플레이어들은 SWG 디자이너가 홍보하고 싶어하는 종류의 사회적 상호작용에 참여하고 있다.

starport에서도 비슷한 분석이 수행되었지만(**그림 8.7**), 다른 상호작용 패턴을 보였다. 많은 수의 플레이어가 제스처를 표현했지만 아무런 제스처도 받지 못했고, 많은 수의 공개 발언이 있었다. 에스노그라피 데이터는 연구원이 이 발견을 해석하는 데에도

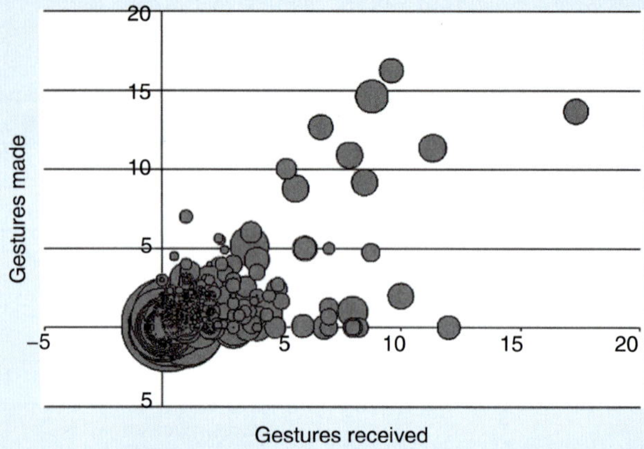

그림 8.7 starport에서 플레이어들의 상호작용 프로필

출처: N. Ducheneaut and R.J. Morris (2004): "The social side of gaming: a study of interaction patterns in a massively multiplayer online game" in *Proceedings of CSCW 04*. ©2004 Association for Computing Machinery, Inc. Reprinted by permission.

도움이 되었는데, starport는 많은 사람들이 셔틀을 기다리면서 모여 들기 때문에 광고하기 좋은 곳이었다. starport에 있는 또 다른 플레이어들은 거의 말하지 않았다. 연구자들은 이들이 게임에서 성장하기 위해 필요한 특정 기술을 주는 트레이너를 찾는다고 생각했다. ■

8.4 간단한 정성적 분석

정량 분석과 마찬가지로 정성 분석의 첫 번째 단계는 데이터에 대한 전반적인 인상을 얻고 패턴을 찾기 시작하는 것입니다. 일부 패턴은 데이터를 수집하는 동안 나타나기 때문에, 패턴의 종류에 대해 이미 알고 있을지 모른다. 그러나 초기에 얻은 데이터에 대한 인상이 왜곡된 분석이 아닌지 확인하기 위해 결과를 확인하고 또 재확인하는 것이 중요하다. 관측 데이터의 경우 프레임워크를 사용하면 데이터에 대한 구조를 얻을 수 있다. 예를 들어, 7장에서 소개된 실무자의 관찰 프레임워크는 누가, 어디서, 무엇에 초점을 두게 될 것이고, Robson의 상세 프레임워크를 사용하면 물리적인 대상, 사람들의 목표, 일련의 사건의 순서 등의 결과를 얻을 수 있다.

반복적인 패턴과 테마를 식별하고, 데이터를 분류하고, 중요한 사건을 분석하는 세 가지 유형의 정성 분석 방법을 논의해 보고자 한다. 이들은 상호 배타적이지 않으며 조합하여 사용할 수 있다.

8.4.1 반복적인 패턴과 테마 확인하기

데이터에 익숙해지면 가능한 테마나 패턴이 나타난다. 예를 들어 TripAdviser.com를 방문하는 사람들이 '끔찍한' 등급의 호텔에 대한 리뷰를 찾는 것을 알 수 있다. 모든 초기 인상은 데이터에서 확실하거나 불확실한 증거를 찾는 과정이 포함된 엄격한 분석을 통해 확인되고 정제되어야 한다. 때로는 정제된 패턴이나 테마가 분석을 위한 주요 결과를 형성하기도 하고, 때로는 다양한 분석을 위한 출발이 되기도 한다.

연구 목표는 주제 정립을 위한 방향을 제시한다. 예를 들어 기차 여행 웹사이트에 표시된 정보가 적절하고 충분한 지 평가하는 설문 조사를 고려해보자. 응답자 중 일부는 출발지와 목적지 역 사이에 정차장이 표시되어야 한다고 제안했다. 이 주제는 학습 목표와 관련이 있으며 주요 주제로 보고된다. 설문 조사의 또 다른 부분에서 추가 의견으로 여러 응답자가 회사의 로고가 혼란스럽다고 말한 것을 알 수 있다. 이것도 데이터의 주제이지만 연구 목표와 직접적인 관련이 없으며 사소한 주제로만 보고될 수 있습니다.

정성적 데이터에서 주제를 식별하기 위한 다양한 기법들이 있다(Braun과 Clarke, 2006). 문맥적 디자인(Beyer와 Holtzblatt, 1998, Holtzblatt, 2001)에 사용되는 어피니티 다이어그램(Affinity Diagram)은 정성적 분석에 사용되는 일반적인 기법 중 하나이다. 공통된 구조와 주제를 계층적으로 보여주어 개별 아이디어와 통찰력을 구조화하는 것을 목표로 한다. 유사한 메모를 그룹화하는 과정을 거치는데, 그룹은 미리 정의되어 있지 않지만 데이터에서 나오게 된다. 이 프로세스는 원래 일본의 소프트웨어 품질 커뮤니티에 도입되어 7가지 품질 프로세스 중 하나로 간주된다. 어피니티 다이어그램은 유도 과정에 의해 만들어진다. 하나의 메모가 먼저 올려지고 팀은 어떤 방식으로든 관련된 다른 메모를 찾는다. 예를 들어 De Angeli *et al.*(2004)은 인도 뭄바이(Mumbai)에서 ATM 사용을 조사하기 위해 현장 관찰 및 반구조화된 인터뷰를 통해 데이터를 수집했다. 데이터 분석의 일환으로 어피니티 다이어그램을 사용하여 문제점들을 주제별로 묶었다(그림 8.8 참조).

데이터의 패턴과 테마는 행동, 사용자 그룹, 특정 이벤트가 발생하는 장소 또는 상황 등과 같은 다양한 측면과 관련될 수 있다. 이러한 종류의 주제는 각각 연구 목표와 관련이 있을 수 있다. 예를 들어, 일반 사용자에 대한 설명(퍼소나)은 참여자 특성의 패턴에 초점을 맞춘 데이터 분석의 결과일 수 있다. 정성 분석 계통의 주제 분석을 포함하지만, 패턴과 테마는 정량적 데이터에서도 나타날 수 있다.

그림 8.8 인도 ATM 사용에 대한 어피니티 다이어그램

출처: Figure 1, A. DeAngeli, U. Athavamker, A. Joshi, L. Coventry and G.I. Johnson (2004) "Introducing ATMs in India: a contextual inquiry", *Interacting with Computers* 16(1), 29-4. Reproduced with permission.

8.4.2 데이터 분류

회의, 인터뷰, 또는 소리 내어 말하기 프로토콜의 내용은 주제나 이야기를 확인하거나, 각 단어, 구절, 발언 혹은 제스처를 분석하는 세부 수준 정도로 매우 자세하게 분석될 수 있다. 어느 쪽이든 데이터에서 확인된 요소는 일반적으로 분류 체계를 사용하여 먼저 분류된다. 분류 체계는 조사가 탐색적일 경우 데이터 자체에서 발생할 수 있는데, 요구사항 활동에 있을 수 있고, 혹은 잘 알려진 분류 체계로부터 시작될 수 있고, 혹은 두 가지 방법의 조합을 사용될 수 있다. 여기서 원칙은 데이터가 요소로 분리되고 각 요소가 분류된다는 것이다.

사용할 분류는 주로 연구의 목적에 따라 결정된다. 가장 도전적인 측면 중 하나는, 서로 중첩되지 않는 의미 있는 분류를 결정하는 것이다. 다른 하나는 분류 (예: 단어, 구, 문장, 또는 단락 수준)에 대해 적절한 세분성을 결정하는 것인데, 이것 또한 연구의 목적과 분석될 데이터에 따라 달라질 수 있다.

사용되는 분류 체계는 분석이 반복될 수 있게 신뢰성을 가져야 한다. 이것은 두 번째 사람이 분류를 사용하도록 훈련함으로써 입증될 수 있다. 훈련이 끝났을 때, 두 사람은 동일한 데이터 샘플을 분석한다. 만약 두 분석 간에 큰 불일치가 있는 경우, 훈련이 부적절하거나 분류가 제대로 되지 않은 것으로, 결과는 다시 분석될 필요가 있다. 높은 수준의 신뢰도에 도달하면, 평가자 간 신뢰도를 계산하여 정량화할 수 있다. 이것은 두 연구자 간의 일치도의 비율로, 두 사람이 같은 방식으로 분류한 항목의 수로 정의되며, 검사된 총 항목 수의 백분율로 표시된다. 두 명의 평가자가 사용한 대안 척도는 Cohen's kappa(κ)이며 우연으로 합의가 발생했을 가능성을 고려한 것이다(Cohen, 1960).

분류를 설명하기 위해, 온라인 교육에서 탐색 보조 기능을 사용하는 연구 예시를 확인해보고자 한다(Ursula Armitage, 2004). 이 연구는 소리 내어 말하기 기법을 사용하여 평가 방법에 대한 온라인 교육 자료를 통해 작업하는 사용자를 관찰하였다. 소리 내어 말하기 프로토콜은 녹화된 후 여러 가지 관점에서 분석되기 전 텍스트로 기록되었다. 그 중 하나는 참여자가 Nestor Navigator로 알려진 온라인 환경에서 사용성 문제를 확인하는 것이었다(Zeiliger *et al.*, 1997). 그림 8.9는 발췌문의 발췌 부분이다.

이 발췌는 시스템의 부정적인 영향으로부터 파생된 분류 체계를 사용하여 분석되었다(van Rens, 1997). 이 연구에서 관찰된 특정 유형의 상호작용을 수용하기 위해 반복적으로 사용되었다. 분류 체계는 그림 8.10과 같다.

이 체계는 기록을 분석하기 위해 개발되고 발전되었다. 그림 8.11은 이 분류 체계를 사용하여 코드화된 부분을 보여준다. 기록은 어떤 사용성 문제가 식별되었는지 나타내기 위해 꺽쇠 괄호를 사용하여 구분된다.

엄격한 분류 체계는 미리 지정된 분류에 따라 데이터가 구성된다는 것을 의미한다. 그러나 중요한 데이터 집합을 분류할 수 없는 경우 체계를 확장할 수 있다. 이 경우 분류 체계와 분류 자체가 병행하여 진행되며 더 많은 분석이 진행됨에 따라 체계가 발전한다.

저는 그것이 화면으로부터 알게 된 많은 정보일 뿐이라고 생각하고 있어요. 저는 화면을 볼 때 잘 집중하지 않았어요. 저는 지금까지 읽은 것에 대한 아주 명확한 생각을 가지고 있지만, 그것은 제가 알고 있는 표제 때문이에요. 이것은 다른 종류의 평가로, 평가하기 전에 누구도 테스트할 수 없었고 전문가에 관한 것이었어요. 그래서 제가 지금 그것을 클릭함으로써, 일종의 생각을 정리하고 있어요. 그러나 읽어야 할 글이 많기 때문에 그것을 종이로 보는 것이 좋을 것 같네요.

지금 제가 궁금한 것은 제가 읽고 있는 것에 관해, 조건이나 상황에 대해 어떻게 생각하는지에 대해, 아니면 화면에서 읽은 것에 대해 대한 느낌, 혹은 가장 좋은 것이 무엇인지 말해야 하는 건가요?

관찰자– 화면에서 읽고 있는 정보를 어떻게 생각하시나요? 만약 당신이 맞다고 생각되면 저에게 의견을 줄 필요가 없어요.

이전에 다른 사람들로부터 많은 언급이 있었고, 저는 이미 다른 평가의 이름을 잊어 버렸어요. 그래서 다른 평가와 이 평가가 다른 점이 별로 없는 것 같다고 생각해요.

아마도 알고 있는 다른 평가들의 목록을 표시하도록 하는 게 좋을 지도 몰라요. 왜냐하면 지금 이전을 클릭할 때, 여러 번 클릭해야 하기 때문에 탐색, 추가 링크가 있으면 좋을 꺼 같아요.

그림 8.9 온라인 교육 환경을 사용한 소리 내어 말하기 프로토콜의 대화에서 발췌

출처: Excerpts reproduced with permission from Ursula Armitage (2004) Navigation and learning in electronic texts, PhD thesis, Centre for HCI Design, City University London.

1. 인터페이스 문제

1.1. 말로 표현하는 것은 인터페이스 측면에 대한 불만족함의 증거가 된다.
1.2. 말로 표현하는 것은 인터페이스의 측면에 대한 혼란/불확실성의 증거를 보여준다.
1.3. 말로 표현하는 것은 행동의 결과에 대한 혼란/놀라움의 증거를 보여준다.
1.4. 말로 표현하는 것은 육체적인 불편함을 보여준다.
1.5. 말로 표현하는 것은 피로의 증거를 보여준다.
1.6. 말로 표현하는 것은 인터페이스의 특정 측면을 보는 데 어려움이 있음을 보여준다.
1.7. 말로 표현하는 것은 자신이 설정 한 목표를 달성하는 데 문제가 있거나 전체 작업 목표를 달성하고 있다는 증거를 보여준다.
1.8. 말로 표현하는 것은 사용자가 오류를 범했다는 증거를 보여준다.
1.9. 참가자는 실험자의 외부 도움 없이 오류를 복구할 수 없다.
1.10. 참가자는 전자 텍스트의 인터페이스를 다시 디자인할 것을 제안한다.

2. 콘텐츠 문제

2.1. 말로 표현하는 것은 전자 텍스트 내용의 측면에 대한 불만족함의 증거가 된다.
2.2. 말로 표현하는 것은 전자 텍스트 내용의 측면에 대한 혼란/불확실성의 증거를 보여준다.
2.3. 말로 표현하는 것은 전자 텍스트 내용에 대한 오해의 증거를 보여준다(사용자가 이를 즉시 알아차리지 못할 수도 있음).
2.4. 참가자는 전자 텍스트 콘텐츠를 다시 쓰도록 제안한다.

식별된 문제점은 [UP, 《 Problem no. 》]. 로 코드화되어야 한다.

그림 8.10 구술 프로토콜 기록에서 사용성 문제를 식별하기 위한 기준

출처: Excerpts reproduced with permission from Ursula Armitage (2004) Navigation and learning in electronic texts. PhD thesis, Centre for HCI Design, City University London.

[저는 그것이 화면으로부터 알게 된 많은 정보일 뿐이라고 생각하고 있어요. **UP 1.1**] [저는 화면 1.1을 볼 때 잘 집중하지 않았어요.] 저는 지금까지 읽은 것에 대한 아주 명확한 생각을 가지고 있어요.. [그것은 표제 때문이에요. **UP 1.1**]. 이것은 다른 종류의 평가로, 평가하기 전에 누구도 테스트할 수 없었고 전문가에 관한 것이었어요. 그래서 제가 지금 그것을 클릭함으로써, 일종의 생각을 정리하고 있어요. [그러나 읽어야 할 글이 많기 때문에 **UP1.1**] [그것을 종이로 보는 것이 좋을 것 같네요. **UP 1.10**]

지금 제가 궁금한 것은 제가 읽고 있는 것에 관해, 조건이나 상황에 대해 어떻게 생각하는지에 대해, 아니면 화면에서 읽은 것에 대해 대한 느낌, 혹은 가장 좋은 것이 무엇인지 말해야 하는 건가요?

관찰자 – 화면에서 읽고 있는 정보를 어떻게 생각하시나요? 만약 당신이 맞다고 생각되면 저에게 의견을 줄 필요가 없어요.

[이전에 다른 사람들로부터 많은 언급이 있었고 **UP 2.1**], [저는 이미 다른 평가의 이름을 잊어버렸어요. 그래서 다른 평가와 이 평가가 다른 점이 별로 없는 것 같다고 생각해요. **UP 2.2**].

[아마도 알고 있는 다른 평가들의 목록을 표시하도록 하는 게 좋을 지도 몰라요.. **UP 1.10**] [왜냐하면 지금 이전을 클릭할 때, 여러 번 클릭해야 하기 때문에 **UP 1.1, 1.7**] [탐색, 추가 링크가 있으면 좋을 꺼 같아요. **UP 1.10**]

그림 8.11 그림 8.10의 분류 체계를 사용하여 코딩된 그림 8.9의 발췌 부분

출처: Excerpts reproduced with permission from Ursula Armitage (2004) Navigation and learning in electronic texts. PhD thesis, Centre for HCI Design, City University London.

데이터를 분류한 결과를 사용하여 학습 목표에 응답할 수 있다. 위의 예제에서 연구자는 참가자가 전체적으로 겪었던 사용성 문제의 수, 각 테스트 조건에 대한 참가자 당 평균 문제 수 및 참가자 당 각 유형별 고유 문제 수를 수량화 할 수 있다. 이는 또한 행동 패턴과 반복되는 문제를 확인하는데도 도움이 된다. 소리 내어 말하기 프로토콜을 사용한다는 것은 사용성 문제에 대한 전체적인 관점이 상황 속에서 고려될 수 있다.

실습해보기 8.2

다음은 같은 연구에서 또 다른 소리 내어 말하기를 추출한 것이다. 그림 8.10의 분류 체계를 사용하여 사용성 문제를 코드화 하여라. 코딩에서 추출한 전체 요소를 대괄호로 묶는 것이 유용하다.

글쎄, 지도를 봤을 때, 명확한 출발점이 없어요. '여기에서 시작하십시오'라는 강조 표시가 있어야 해요.

좋아요, 다음 강조 표시된 키워드는 평가 중이지만, 내가 원하는 방식이라고는 확신할 수 없어요. 그래서 소개로 돌아가겠습니다.

네, 평가를 시작하기 전에 사용성 문제에 대해 읽고 싶어요. 페이지의 각 링크가 다음 논리적 지점으로 연결될 것이라고 생각했지만, 저의 논리는 다른 사람들과 다를 수 있어요. 그냥 가서 사용성 문제를 살펴 보겠습니다.

자, 다시 소개로 돌아가겠습니다. 저는 제가 이것을 한다면, 소개로 돌아가는 링크를 가질 거라고 생각해요. 하지만 저는 사람들이 항상 뒤로 가길 기대하기 보다는, 이러한 각각의 논리적 순서에 따라 데려갈 거에요.

돌아 가다 . . . 소개에. 유형을 보세요. 관찰해보면, 거기에 가고 싶은 게 아니에요. [지도상의 UE 유형을 가리키며]이 비트는 무엇인가요? 이 유형에 바로 간다. . .

아. 나는 벌써 거기에 있었네요. 우리는 이미 사용성 문제를 살펴봤어요. 좋습니다. 그렇기 때문에 이 참조를 살펴 보겠습니다.

소개를 통해 돌아 가기보다는 지도를 클릭했어요. 솔직히 말해서 항상 소개로 돌아가는 것이 지긋지긋해요.

조언

기록을 코드화 하는 것은 쉽지 않으며, 이 작업을 수행하는 데 약간의 어려움이 있을 수 있지만, 이 활동을 통해 취해야 할 활동에 대한 아이디어를 얻을 수 있다. 대부분의 데이터 분석과 마찬가지로, 연습을 통해 쉬워질 수 있다. 코드화된 결과는 다음과 같다.

[글쎄, 지도를 봤을 때, 명확한 출발점이 없어요. UP 1.2, 2.2], [여기에서 시작하십시오'라는 강조 표시가 있어야 해요 UP 1.1, 1.10].

좋아요, 다음 강조 표시된 키워드는 평가 중이지만, [내가 원하는 방식이라고는 확신할 수 없어요. UP 2.2], 그래서 소개로 돌아가겠습니다.

네, 평가를 시작하기 전에 사용성 문제에 대해 읽고 싶어요. [페이지의 각 링크가 다음 논리적 지점으로 연결될 것이라고 생각했지만, 저의 논리는 다른 사람들과 다를 수 있어요. UP 1.3] 그냥 가서 사용성 문제를 살펴 보겠습니다.

자, 다시 소개로 돌아가겠습니다. [저는 제가 이것을 한다면, 소개로 돌아가는 링크를 가질 거라고 생각해요. 하지만 저는 사람들이 항상 뒤로 가길 기대하기 보다는, 이러한 각각의 논리적 순서에 따라 데려갈 거예요. UP 1.10]

돌아 가다 . . . 소개에. [유형을 보세요. 관찰해보면, 거기에 가고 싶은 게 아니에요. [지도상의 UE 유형을 가리키메이 비트는 무엇인가요? UP 2.2]이 유형에 바로 간다. . .

아. 나는 벌써 거기에 있었네요. 우리는 이미 사용성 문제를 살펴봤어요. 좋습니다. 그렇기 때문에 이 참조를 살펴 보겠습니다.

소개를 통해 돌아 가기보다는 지도를 클릭했어요. [솔직히 말해서 항상 소개로 돌아가는 것이 지긋지긋해요. UP 1.1] ■

위의 예는 콘텐츠 분석 형식을 사용했다(Krippendorff, 2013). 콘텐츠 분석에는 일반적으로 데이터를 분류한 다음 분류 발생 빈도를 연구하는 것이 포함된다. 기술은 모든 텍스트에 사용될 수 있고, '텍스트'는 비디오, 신문, 광고 등 다양한 미디어를 나타낸다. 예를 들어, Blythe와 Cairns(2009)는 콘텐츠 분석을 사용하여 'iPhone 3G'와 관련하여 YouTube 검색에서 100개의 동영상을 분석했다. 이들은 동영상을 검토, 신고, 신제품 공개, 데모, 풍자, 광고 및 동영상 논평(예: 대기에 대한 불만) 등 7가지 카테고리로 분류했다.

기록을 분석하는 또 다른 방법은 담론 분석을 사용하는 것이다. 담론 분석은 대화의 의미와 의미를 전달하기 위해 단어가 사용되는 방식에 초점을 맞춘다. 담론 분석은 강력하게 해석적이고, 문맥에 큰 관심을 기울이며, 심리적, 사회적 측면을 반영할 뿐만 아니라 그것을 구성하는 언어를 관찰한다(Coyle, 1995). 담론 분석의 기본 가정은 객관적인 과학적 진리가 없다는 것이다. 언어는 다양한 관점으로부터의 해석될 수 있는 사회 현실의 한 형태이다. 이러한 의미에서 담론 분석의 근본 철학은 에스노그래피의 철학과 유사하다. 언어는 건설적인 도구로 간주되며 담론 분석은 사람들이 자신의 세계를 구성하기 위해 언어를 사용하는 방법에 초점을 맞춘다(Fiske, 1994).

다음 발췌가 지적하듯이 작은 발언의 변화는 의미를 바꿀 수 있다(Coyle, 1995).

> 담론 분석은 담론 분석을 하고 한다고 말을 할 때 하는 일이다.
> Coyle에 따르면, 담론 분석은 담론 분석을 하고 있다고 말할 때 하는 일이다. . .

'Coyle에 따르면,'이라는 단어만 추가하면 Coyle의 작업과 명성에 대해 독자가 알고 있는 것에 따라서, 권위에 대한 느낌이 달라진다.

대화 분석은 담론 분석의 매우 세밀한 형태이다(Jupp, 2006). 대화 분석에서 담론의 의미는 세밀하게 조사되고, 대화는 대화가 진행되는 방식에 초점을 맞춘다. 이 기술은 사회학적 연구에 사용되며 대화가 시작되는 방식, 순서 전환이 구조화되는 방식 및 기타 대화 규칙을 검사한다. 이 분석 기술은 다양한 설정에서 상호작용을 분석하는 데 사용되고 있으며 이러한 환경에서 사용자의 요구에 대한 디자이너의 이해에 영향을 미친다. 또한 다른 미디어를 통해 이루어지는 대화, 예를 들어 면대면 인터뷰와 이메일을 비교하는데도 사용할 수 있다.

8.4.3 중요한 사건 찾기

데이터 수집 세션에서 종종 많은 데이터가 발생한다. 모든 데이터를 세부적으로 분석한다는 것은 시간이 많이 소요되고, 항상 필요한 것은 아니다. 앞서 언급되었듯이 세부적인 분석이 가능한 경우, 적절한 분야를 확인하기 위해 주제, 패턴 및 분류를 사용할 수 있다. 또 다른 접근법은 중요 사건 기법을 사용하는 것이다(Grison *et al.*, 2013).

중요 사건 기법은 미국 육군, 공군에서 수행한 작업에서 나온 일련의 원칙으로, 조종사의 효과적, 비효과적 행동의 요건을 파악하는 것이 목표였다(Flanagan, 1954). 그것은 두 가지 기본 원칙을 가지고 있다. 첫째, 행동에 관한 사실을 보고하는 것은 일반적인 인상에 근거한 해석, 평가 및 의견의 수집보다 선호된다. 둘째, 보고는 권한 있는 관찰자에 따라 활동에 중요한 기여를 하는 행동으로 제한되어야 한다. 인터랙션 디자인 맥락에서 7장에서 논의된 잘 계획된 관찰 세션은 첫 번째 원칙을 만족시킨다. 두 번째 원칙은 중요 사건, 즉 관찰되는 활동에 중요한 사건을 바람직하거나 바람직하지 않은 방법으로 언급하는 것을 나타낸다.

인터랙션 디자인에서 중요 사건 기법은 다양한 방법으로 사용되었지만, 주요 목표는 특정 사건을 식별한 다음, 수집된 나머지 데이터를 맥락으로써 사용하여 상세하게 분석하는 것이다. 이는 최근 이벤트에 대한 회고적 논의를 하는 사용자에 의해, 또는 비디오 장면 연구 혹은 실시간 관찰자에 의해 식별될 수 있다. 예를 들어, 평가 연구에서 중요한 사건은 사용자가 명확하게 말문이 막힌 시간(보통 의견, 침묵, 당황의 모양 등)에 의해 신호를 받을 수 있다.

Curzon *et al.*(2002)의 연구에서, 그들은 자동차 내비게이션 장치의 현장 시험을 통해 중요한 사건의 집합을 확인했다. 한 가지 사건은 다음과 같다. 여행 중 한번은 목적지가 왼쪽이었는데, 시스템이 우회전하라는 지시를 내렸다. 그 길은 다른 방향으로 가기 위해 블록을 돌기 위한 것이었다. 자동차는 이 지시를 무시하고 더 확실한 방법으로 먼저 도착했다는 것이다. Grison *et al.*(2013)는 이동을 위한 새로운 도구 및 서비스를 개발하고자, 파리의 교통수단 선택에 영향을 미치는 요인 조사에 중요 사건 기법을 사용했다. 참가자들은 직장 혹은 학업으로 이동하는 경로와 관련하여 그들이 경험한 긍정적, 부정적인 실제 사건들에 대해 질문을 받았다. 여기서 발견된 점은, 문맥적 요소가 선택에 큰 영향을 미치는데, 사람들은 출근길 보다 귀가길에 대안적 경로를 선택할 가능성이 높고, 경로를 선택할 때 감정적인 상태가 중요하다는 것이다.

Link to read more on critical incident analysis in HCI, at www.usabilitynet.org

하나 이상의 보완적인 데이터 분석 방법을 사용하는 것이 일반적이다. 예를 들어 중요 사건 분석을 수행한 후, 사건이 발생하게 된 상황 속에서 주제를 확인하고, 담론 분석을 통해 상세 내용을 이해할 수 있다. 비디오 자료를 분석하는 것은 여러 가지 방법을 사용하며 쉽지 않을 수 있다(생각해보기 8.4 참조).

실습해보기 8.3

자신이나 친구에게 이 지역에서 참석할 수 있는 극장이나 시네마 공연을 확인하는 작업을 수행하도록 해보자. 이 작업을 수행하거나, 친구가 수행하는 것을 지켜 보면서, 활동과 관련된 중요한 사건을 메모하라. 중요한 사건은 긍정적이거나 부정적인 사건 일 수 있다.

조언

나의 지역에서는 엔터테인먼트에 대한 정보는 지역 신문, 인터넷, 영화관 및 극장에 전화 문의, 또는 전단지를 소장하고 있는 지역 도서관을 방문하여 얻을 수 있다. 나는 나의 딸에게 이 작업을 수행하게끔 하였고, 다음과 같은 몇 가지 중요한 사건을 발견했다.

1. 잠시 집 주변에서 검색 한 후, 해당 주의 현지 신문 사본을 발견했다.
2. 하지만 발견한 현지 신문에는 그녀가 방문하고 싶어하는 영화의 세부 사항이 없었다.
3. 영화 표를 전화로 예약하려 할 때 그녀는 신용 카드가 필요하다는 것을 알게 되었고, 그녀는 신용카드가 없었기에 나에게 전화를 해야만 했다. ■

생각해보기 8.4

비디오 자료 분석

비디오 분석을 시작하는 좋은 방법은 기록된 모든 정보를 보면서 비디오를 통해 흥미로운 사건이 무엇인지 작성하는 것이다. 흥미로운 사건이 무엇인지 결정하는 방법은 관찰되는 대상에 달려 있다. 예를 들어, 개방형 오피스에서 발생한 방해요인에 대해 분석하는 경우, 사람들의 활동이 중단되는 사건(예: 전화벨이 울리고 다른 누군가가 자기 방으로 들어가고, 이메일이 도착하는 등)을 포함한다. 만약 학생들이 협업 학습 도구를 사용하는 방법에 대한 연구인 경우, 입력 장치 공유, 대화하기, 공유된 결과물에 대한 논쟁과 같은 활동을 기록하는 것이 적절할 것이다.

연대순 및 비디오 시간은 이벤트를 색인화하는 데 사용된다. 특정 일상적 이벤트에 대한 라벨도 사용될 수 있다(예: 점심 시간, 커피 브레이크, 직원 회의, 의사의 회진). 스프레드시트는 이벤트의 분류 및 설명과 함께 어떻게 이벤트가 시작되고, 진행되어, 끝났는지에 대한 주석을 기록하는 데 사용된다.

캡처한 스크린 또는 컴퓨터 디스플레이를 통해 사람들과 상호작용한 데이터와 함께 비디오를 보강할 수 있다. 스크린 상의 개체를 열어 움직이고 선택하는 등의 인터랙션을 기록하여 보여주는 다양한 로깅 및 화면 캡쳐 도구가 있다. 이 정보를 비디오와 함께 재생한다면, 대화, 물리적 상호작용 및 시스템 반응에 대한 다양한 시각을 분석할 수 있다. 데이터를 조합해본 후 상세하고 세분화된 행동 패턴을 해석할 수 있다(Heath *et al.*, 2010). ■

8.5 데이터 분석을 지원하는 도구

수동적 기법만으로도 대용량 데이터 세트를 분석할 수 있지만, 대부분의 사람들은 빅데이터를 분석하기 위해 일종의 소프트웨어 도구를 사용하는 것이 더 빠르고, 쉽고, 정확하다는 데 동의한다. 8.3절에서 간단한 스프레드시트 응용 프로그램을 사용하는 방법에 대해 설명하고 있지만 더 정교한 분석이 가능한 도구들도 있다. 그 중 일부는 데이터의 구성과 조작을 지원하고 일부는 통계 테스트 수행에 중점을 둔다. 예를 들어 생각해보기 8.5에서는 디지털 라이브러리 사용에 관한 연구에서 수집된 수천 개의 데이터 포인트에 대한 분석과 표현방법에 대해 설명한다.

새로운 도구가 개발되고 기존 도구가 정기적으로 향상되기 때문에, 이 영역에 대한 포괄적인 설문 조사를 제공하지 않겠다. 대신 사용할 수 있는 도구의 종류에 대해 논의하고 인터랙션 디자인에서 가장 인기 있는 도구에 대해 간략하게 설명하고자 한다.

데이터의 조직 및 조작을 지원하는 도구에는 분류, 주제 기반 분석 및 정량 분석을 위한 기능이 포함된다. 일반적으로 관련된 라벨(분류, 주제 등)을 데이터 섹션과 연결하고, 키워드나 구문을 검색하고, 다양한 주제 및 분류 간 관계를 조사하고, 코딩 체계를 더욱 발전시키는

데 도움이 되는 기능을 제공한다. 일부 도구는 그래픽 표현을 생성할 수도 있다. 또한 일부는 내용 분석이나 때로는 단어나 문구를 발생하는 매우 정교한 메커니즘과 같은 기술에 대한 도움을 제공한다. 또한 검색, 코딩, 프로젝트 관리, 글쓰기와 주석 달기 및 보고서 작성 기능이 일반적이다.

이러한 데이터 분석 활동을 지원하는 두 가지 잘 알려진 도구는 Nvivo 및 Atlas.ti이다. 예를 들어, Nvivo는 PDF 문서, 사진, 비디오 및 오디오 파일과 같은 데이터의 주석 및 코딩을 지원한다. Nvivo를 사용하면 코딩이나 내용 분석을 위해 핵심 단어나 구문을 필드 노트에서 검색할 수 있고, 코드 및 데이터는 여러 가지 방법으로 탐색, 병합 및 조작이 가능하다. 정보는 또한 단어나 구절이 데이터에서 사용될 때마다 리스트 형식으로, 그리고 코드 간의 관계를 보여주는 트리 구조와 같은 다양한 형태로 인쇄될 수 있다. 모든 소프트웨어 패키지와 마찬가지로 Nvivo는 장단점이 있지만 매우 큰 데이터를 처리하는 데 특히 강력하며 SPSS와 같은 통계 패키지용 결과물을 생성할 수 있습니다.

SPSS(사회과학 분야의 통계 패키지)는 보다 대중적인 정량 통계 분석 패키지 중 하나이다. 빈도 분포, 순위 상관 관계(통계적 유의성 결정), 회귀 분석 및 클러스터 분석과 같은 광범위한 통계 테스트를 제공하는 정교한 패키지이다. SPSS는 사용자가 통계 분석을 알고 이해하고 있다고 가정한다.

생각해보기 8.5

디지털 도서관을 위한 웹 분석 – 세션 길이 정보 제시

Khoo *et al.*(2008)는 서로 다른 디지털 도서관에 초점을 맞추어 세션 길이를 주요한 측정 도구로 사용한 네 가지 사례 연구를 논의하였다. 세션 길이와 관련하여 방문(동일한 IP 주소에서 하나 이상의 페이지를 순차적으로 보는 것), 페이지 뷰(방문 도중 페이지에 접속한 횟수) 및 조회수(페이지 또는 페이지 요소 요청 수) 등의 용어가 있다. 웹 분석 소프트웨어 사용자가 직면한 문제 중 하나는 이러한 요소가 서로 다른 도구에서 다르게 측정된다는 것이다. 따라서 세션 길이 데이터를 가장 잘 활용하는 방법을 조사해야 한다.

이 기사에서 제시된 네 개의 디지털 도서관은 의회 도서관, 국립 과학 디지털 도서관의 교사용 사이트, 국립 과학 디지털 도서관 및 The Instructional Architect이다. 이들 각각은 서로 다른 기술적 및 조직적 관심사를 가지고 있었지만, 여러 개의 적합한 도구를 식별하고, 측정 도구 정의의 차이점을 조정할 필요성 및 다른 연구와 함께 웹 측정 도구를 삼각검증을 할 필요성을 포함하여 공통 주제가 조사 과정에서 도출되었다.

특히 흥미로운 점은 해석, 토론, 기타 보고서에 언급하기 위해 웹 측정 데이터를 표현한 다양한 시각화 결과물이다. NSDL의 데이터는 히트 맵(**그림 8.12(a)**)과 시간대(**그림 8.12(b)**)로 표시된다. 의회 도서관 자료가 통계표(**그림 8.12(c)**)로 제시되고 교사 도메인의 자료가 몇 개월 간의 수치 기반 그래프(**그림 8.12(d)**)에 제시되었다. Instructional Architect 조사에서는 Google Analytics 소프트웨어를 사용했다. 연구원은 사용자의 지리적 위치, 사용자가 도서관 사이트에 도착하기 전의 위치, 교사 로그인 경로에 대한 학생 로그인 경로의 비율 및 세션 시간(방문당 사이트 및 페이지 조회 시간)을 포함한 다양한 정보를 사용했다. ■

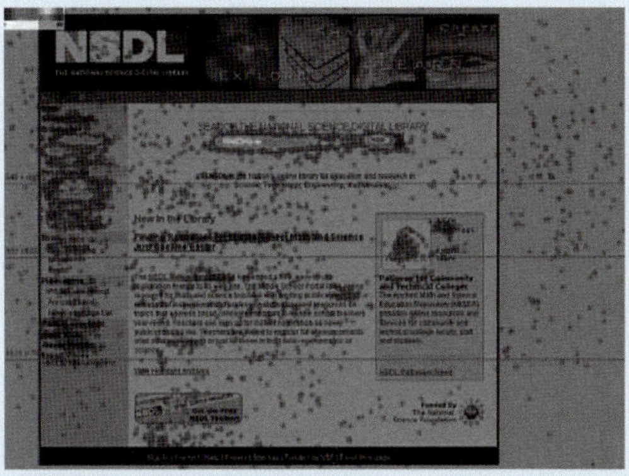

(a)

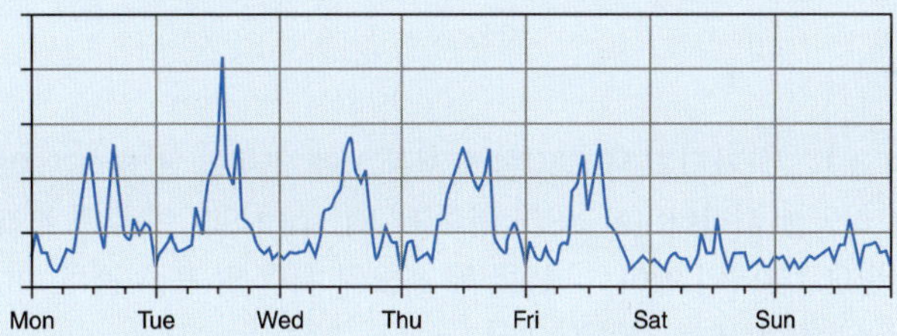

(b)

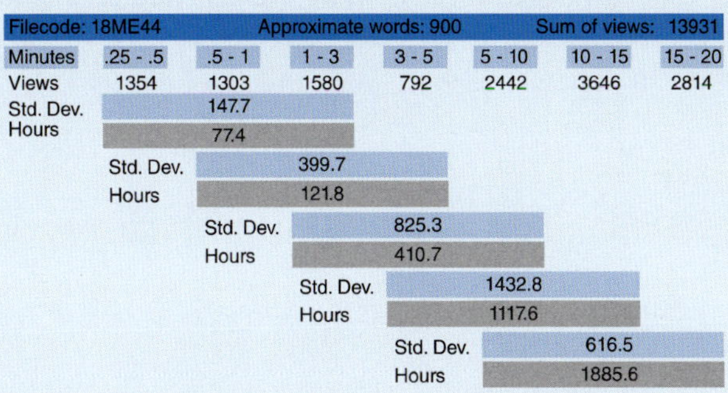

(c)

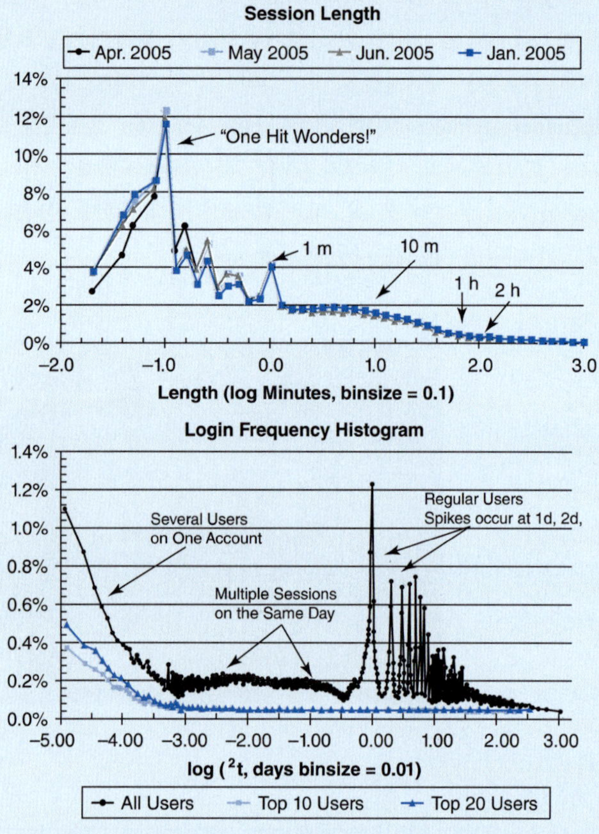

(d)

그림 8.12 세 가지 다른 디지털 도서관 사례 연구의 웹 분석 데이터를 표시하는 데 사용되는 다양한 시각화: (a) NSDL의 히트 맵, (b) NSDL의 주간 트래픽 타임라인, (c) 의회 도서관으로부터의 페이지 데이터에 소요된 시간 및 표준 편차, (d) 교사의 도메인(NSDL)에서 4개월의 세션 길이 데이터

출처: Khoo, M., Pagano, J., Washington, A. L., Recker, M., Palmer, B., and Donahue, R. A. (2008) Using web metrics to analyze digital libraries. Proceedings of Joint Conference on Digital Libraries, Pittsburgh, June 16-0. ©2008 Association for Computing Machinery, Inc. Reprinted by permission.

8.6 이론적 틀의 사용

이론적 틀을 중심으로 질적 데이터 분석을 체계적으로 수행하면 전에 언급한 간단한 테크닉들과 비하여 뛰어난 통찰력을 얻을 수 있다. 이러한 프레임워크들은 꽤나 정교하게 만들어져 있어 이를 사용하려면 적절하게 이해하기 위한 노력이 필요하다. 이 절에서는 관찰 및 인터뷰 데이터와 같은 현장에서 수집한 데이터의 분석을 구조화하기 위해 인터랙션 설계에 일반적으로 사용되는 세 가지 프레임워크를 논의하고자 한다. 근거 이론, 분산 인지 및 활동 이론이 그것이다.

8.6.1 근거 이론

근거 이론은 경험적 데이터의 체계적인 분석과 해석으로부터 이론을 개발하는 것을 목표로 하는 질적 접근법이다. 즉, 이 이론은 데이터에 기초합니다. 이론을 발전시키기 위해 자료가 필요하다는 점에서 이론의 상향식 발전으로 볼 수 있다. 이것은 이론(또는 이전에 발표된 연구)이 데이터 분석의 토대가 되는 범주를 제공하는 일부 유형의 분석과 대조된다. 이 접근법은 Glaser와 Strauss(1967)에 의해 개발된 이후로 여러 연구자들에 의해 채택되었으며, 서로 다른 다양한 상황에 적용되고 있다. 특히 글레이저와 스트라우스는 각기 서로 다른 방식으로 근거 이론을 개발했지만 접근법의 목표는 동일했다. Glaser(1992)는 논쟁이 되는 부분들에 대해 많은 정보를 제공한 바 있다.

근거 이론의 목적은 수집된 데이터 집합에 맞는 이론을 개발하는 것이다. 이 맥락에서 이론이란 현상을 설명하거나 예측하는데 사용될 수 있는 통합된 틀을 구성하는 개념의 집합이라고 할 수 있다(Strauss와 Corbin, 1998). 근거 이론의 개발은 데이터 수집과 데이터 분석을 번갈아 진행하면서 진행된다. 첫 번째 데이터를 수집하고 분석하여 카테고리를 식별한 다음 분석을 통해 카테고리를 확장하고 세분화하기위한 추가 데이터 수집 및 분석을 수행할 수 있다. 이 주기 동안 데이터의 일부가 보다 자세히 재분석될 수 있다. 따라서 데이터 수집 및 후속 분석은 새로운 이론에 의해 주도된다. 이 접근법은 더 이상 새로운 통찰이 나오지 않을 때까지 계속된다. 이 과정에서 연구원은 객관성과 감수성 사이의 균형을 유지해야 한다. 객관성은 사건의 정확하고 공정한 해석을 유지하기 위해 필요하다. 감수성은 데이터의 미묘함을 인식하고 개념 간의 관계를 식별하는 데 필요하다.

분석 내용은 관련 카테고리의 특성과 차원을 식별하고 정의한 다음 이를 이론으로 구성하기 위한 기초로 사용하는 것이다. 카테고리 식별 및 정의는 데이터를 코딩함으로써, 즉 새로운 카테고리에 일일이 매칭해보면서 수행된다. Corbin과 Strauss(2014)에 따르면, 이 코딩은 데이터 수집과 분석의 사이클을 통해 반복적으로 수행되는 세 가지 측면을 가지고 있다.

1. 개방형 코딩은 범주, 속성 및 차원이 데이터에서 발견되는 과정이다. 이 프로세스는 코딩의 세부적 내용(단어, 줄, 문장, 대화 수준 등)에 대한 질문을 포함한다.
2. 축 방향 코딩은 카테고리를 체계적으로 정리하고 하위 카테고리와 관련시키는 프로세스이다.
3. 선택적 코딩은 범주를 정제하고 통합하여 더 큰 이론적 체계를 형성하는 과정이다. 카테고리는 이론의 중추를 형성하는 하나의 중앙 카테고리로 구성된다. 초기에 카테고리의 개요만 포함되지만 더 많은 데이터가 수집되면 더 세련되고 발전되기 마련이다.

근거 이론에 관한 초기 책은 데이터 수집 기술에 대해서는 별로 언급하지 않고 분석에만 초점을 맞추었다. 이후 나타나는 문헌에서는 데이터 수집에 중점을 두었다. 예를 들어, Charmaz(2014)는 인터뷰 기법과 근거 이론 분석을 위한 문서 수집 및 분석에 대해 설명한다. 데이터 분석 시, Corbin과 Strauss(2014)는 분석의 서면 기록과 카테고리의 도식적 표현(메모, 다이어그램 등)의 사용을 권장한다. 메모와 다이어그램은 데이터 분석이 진행됨에 따라 발전한다. 일부 연구자는 스프레드 시트 및 다이어그램 도구와 같은 디지털 도구를 연구하지만, 다른 한편으로 또 다른 이들은 대중 과학에 대한 관심을 불어넣기 위해 Rotman 등(2014)의 것과 같은 자체 코드북 개발에 관심을 가진다. 이들이 분석한 자료는 미국, 인도, 코스타리카 내 33명의 대중 과학자와 11명의 전문 과학자를 대상으로 하는 심층 인터뷰에서 나온 것이다(**그림 8.13** 참조).

다음 분석 도구는 분석가의 사고를 자극하고 관련 카테고리를 식별하고 특성화하는 데 사용된다.

- 질문의 사용(참가자에게 질문하지 않고 데이터에 관해 질문하는 것): 질문은 분석가가 아이디어를 생성하거나 데이터를 보는 다양한 방법을 고려하는 데 도움이 될 수 있다. 분석이 잘못되었을 때 질문하는 것이 유용할 수 있다.
- 단어, 구문 또는 문장 분석: 발언의 의미를 상세히 고려하면 데이터에 대한 다른 관점을 유발하는 데 도움이 될 수 있다.
- 비교를 통한 추가 분석: 객체 간에 또는 추상 카테고리 간에 비교가 이루어질 수 있다. 두 경우 모두 하나를 다른 것으로 비교하면 다른 해석이 가능합니다. Sharp *et al.*(2005)는 더 깊이 생각하고 은유를 정성적인 데이터로 분석하는 기법을 제안한다.

단순 에스노그라피와 데이터 수집 및 분석에 기초한 근거 이론적 접근 방식을 구별하는 한

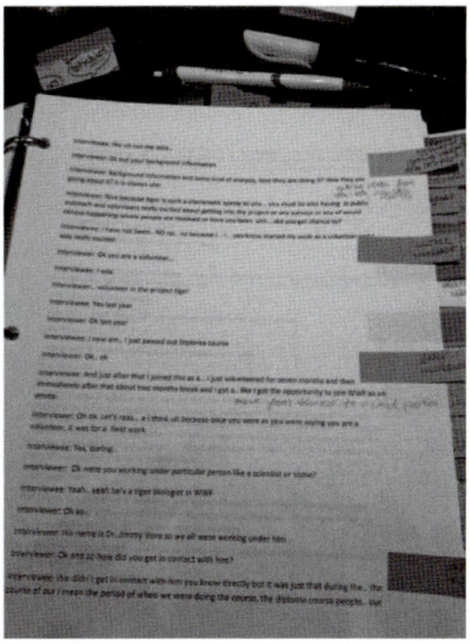

그림 8.13 대중 과학 부흥을 위해 근거 이론 분석에 사용된 코드북

출처: Rotman, D. *et al* (2014). Does motivation in citizen science change with time and culture? In *Proceedings of the companion publication of the 17th ACM conference on Computer supported cooperative work & social computing (CSCW Companion '14)*. ACM, New York, NY, USA, 229–32. ©2014 Association for Computing Machinery, Inc. Reprinted by permission.

가지 방법은 연구자가 의도하지 않은 편향 가능성에 주의를 기울이는지 여부를 보는 것이다. 가능하면 관련된 이론적 배경을 객관적으로 활용하는 것이 좋다.

근거 이론 분석 수행

Sarker *et al*.(2001)은 가상 팀에서 협력 모델을 개발하기 위해 근거 이론 접근법을 사용했다. 이 연구에 적용된 가상 팀은 캐나다와 미국에서 각각 2개의 대학교 학생들로 구성되었다. 각 팀은 각 대학의 4명에서 5명으로 구성되었다. 각 팀은 비즈니스 시스템 문제를 연구하고, 이를 위한 시스템 설계를 하고, 작동하는 프로토타입을 개발하는 과제를 부여 받았다. 프로젝트 자체는 약 14주간 지속되었으며 총 12개 팀이 이 연구에 참여했다. 팀 구성원들은 이메일, 화상 회의, 전화 및 팩스와 같은 다양한 기술을 사용하여 서로 직접 통신할 수 있다. 그러나 주요 커뮤니케이션 채널은 게시판 토론, 이메일 토론, 대화방, 인스턴트 메시지, 일정, 화이트보드, 블로깅 등을 지원하는 공동 게시판 도구인 웹 보드였다. 웹 보드를 사용하면 커뮤니케이션이 더 쉽게 기록 될 수 있다.

웹 보드를 통한 모든 통신 데이터가 자동으로 저장되고, 화상 회의, 전화 회의 또는 인터넷 채팅 세션의 시간이 웹 보드에 게시되었으며, 팀 구성원은 다른 팀 구성원에게 보내거나 받은 이메일을 공개해야 한다. 이 데이터 외에도 팀의 최종 프로젝트 보고서, 프로젝트를 통해 얻은 교훈에 대한 팀 구성원의 성찰, 동료의 성과에 대한 피드백 및 가상 프로젝트 자체에 대한 의견을 모두 수집하여 연구 데이터로 사용했다.

팀이 구성된 즉시 비공식적인 데이터 분석이 시작되었고 두 명의 연구원이 프로젝트 팀의 참여자 관찰자가되어 프로젝트와 목표에 민감하게 반응했다. 그들은 또한 자신들의 배경에 대해 그들이 어떤 이론적 틀을 끌어낼 수 있는지를 보기 시작했다.

개방형 코딩

처음에는 라인 단위로 이루어졌지만, 나중에 메시지 수준에서 코딩이 이루어졌고, 보고서 및 피드백과 같은 문서들은 문서 수준에서 코딩되었다. 200개가 넘는 카테고리가 생성되었으며, 이들이 정제되면서 일부 비공식 축 코딩도 수행되었다. 표 8.5는 프로젝트 시작 시 게시된 두 가지 메시지를 보여주고 개방형 코딩 과정에서 이 메시지가 어떻게 코딩되었는지 보여준다.

Sarker 등은 프로젝트가 진행되는 동안 코드가 등장하고 계속 정제되었다는 사실에 주목했다. 또한 이론 구축에 궁극적으로 사용된 상당수의 코드가 반복적으로 사용되었다. 예를 들어, 기술 및 시간 격차 등이 있다. 마지막으로, 메시지를 하나의 단위로 고려하고 다른 데이터에서 유사한 문구가 나타나면 핵심 카테고리 중 일부로 식별되었다.

범주 간 데이터의 지속적인 비교를 통해 시간의 경과에 따라 범주의 이름이 구체화되고 병

표 8.5 개방형 코딩의 예

Message	Post date, week #, time	Sample codes generated (underlined) and notes
안녕하세요, 저는 Henry입니다. 우리 그룹 회원들의 이메일 주소를 남겨주세요. [이름과 이메일 주소] 음, 토요일에 화상 회의에서 만나요.	1/22/98, week 1, 1:41:52PM	1. 리더십 - 대표성 2. 인터넷에서 팀의 공존성 확립 3. 통신 기술(이메일)에 대한 선호도 부여 4. 기술은 시간과 공간의 격차를 해소 가능
안녕하세요. 언제든지 이메일을 보내실 수 있음을 알려드립니다. ICQ 계정을 사용 중일 수도 있으실 것 같은데, 실시간 채팅을 하고 의사소통을 원할 경우 시도해 볼 수도 있습니다.	1/26/98, week 1, 2:56:37PM	1. 회원의 신원을 집합적 수준 바라 봄(첫 번째 메시지에서와 같이) 2. 시간 경계 없애기 3. 초대 4. 의사소통 기술에 대한 선호 5. 통신 기술 및 매체의 특성(실시간, 동기화?) 6. 시도의 필요성을 인식, 기술의 참신함

합되고 변경되었다.

축 방향 코딩

Sarker 등은 구속력이 강한 하위 카테고리를 어떻게 연관시키는 지에 대해 코빈과 스트라우스(Strauss)의 방법을 사용하지 않고, 대신 축 코딩을 위한 두 단계 프로세스를 사용했다.

1. 주요 카테고리(예: 기술, 규범, 사회적 관행, 팀 개발 단계 및 참조 프레임)는 하위 범주와 계층적으로 관련되어 있었다. 예를 들어, 기술 카테고리는 기술의 하위 범주인 목적, 소유권의 성격, 접근 가능성(시간, 위치, 비용, 인지도), 미래 잠재력, 참신의 정도 및 상호 연관성과 연결되어 있다. 다음 단계에서는 기술의 목적이 정보 공유, 트리거 등과 연결되었다(**그림 8.14** 참조). 이 과정에서 연구자들은 개방형 코딩의 영역으로 돌아왔다.
2. 각 주요 카테고리에 대해 연구원은 최대한 많은 카테고리와 하위 카테고리를 통합하려고 시도했다. 관련해서 설명(메모)을 작성했다. 이 메모는 분석이 진행됨에 따라 발전했다. **그림 8.15**는 기술 범주에 대한 초기 초안 메모에서 발췌한 내용을 포함한다.

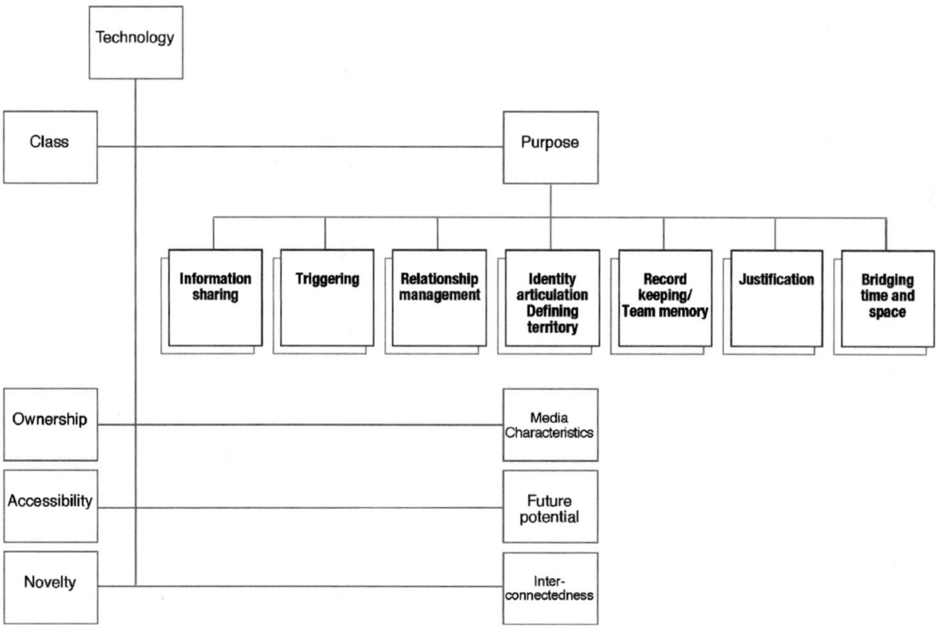

그림 8.14 기술 범주의 축 부호화

출처: S. Sarker, F. Lau and S. Sahay (2001): "Using an adapted grounded theory approach for inductivetheory building about virtual team development". *The Data Base for Advances in Information Systems*, 32(1), pp. 38–6 ©2001 Association for Computing Machinery, Inc. Reprinted by permission.

> 시간과 공간을 초월한 협력은 상징적 및 실질적인 목적을 위해서 기술의 중재를 필요로 한다. 실질적인 목적은 정보 공유, 기록 관리, 관계 관리, 협업을 통한 활동의 조정 및 촉진을 포함한다. 기술의 상징적 사용은 정체성의 조율과 기술 사용과 관련된 다양한 행동의 합법화를 포함한다.
>
> 서로 다른 기술은 서로 다른 기능을 제공하며, 그 중 일부는 디자이너의 관점에서 정의된 기술의 기능과 다르기도 하다. 예를 들어, 우리는 웹 보드를 공개하는 것을 원했다. 학생들은 전통적으로 공적인 것으로 생각되는 영역에 있는 구성원들과 정보 교환을 위해 자신들만의 아지트 같은 곳을 만들어 이 사용을 확장해왔다. 웹 보드는 프로젝트 기록 보관소로서 의제, 회의록, 프로젝트 단계 및 산출물 문서화를 통해 팀 전체의 히스토리를 보존한다.

그림 8.15 기술 범주에 대한 메모의 초안

출처: Excerpt from S. Sarker, F. Lau and S. Sahay (2001): "Using an adapted grounded theory approach for inductive theory building about virtual team development". *The Data Base for Advances in Information Systems*, 32(1), pp. 38–6.

선택적 코딩

코딩의 이 단계는 카테고리와 하위 카테고리를 하나의 이론으로 연결하는 것을 포함하며, 이론 개발은 실제로 매우 복잡하기 때문에 프로세스의 개요를 별도로 제시한다.

Sarker 등은 가상 팀에 대한 이론을 개발하려고 시도했고, 배경에서 두 가지 방법을 사용하였다. 하나는 인간 행동 이론이 사용해야 하는 개념을 강조한다(Couch, 1996). 다른 하나는 사회 구조에 초점을 맞추고 있다(Giddens, 1984). 이 두 가지 접근 방식을 사용하여, 근거 이론의 핵심 카테고리로 '팀 개발 단계'라는 카테고리가 선택되었으며, 다른 카테고리가 이 카테고리와 연결되었다. 이 이론은 토론과 이론 독해를 통해 더욱 상세하게 설명되었으며, 가상 팀이 어떻게 발전하는지에 대한 이론으로 진화했다. 자세한 내용은 Sarker와 Sahay(2003)에서 찾을 수 있다.

8.6.2 분산 인지

우리는 3장에서 개인, 유물, 내적 및 외적 표상에 걸친 인지적 현상의 분산 특성을 살펴보았다(Hutchins, 1995).

일반적으로 분산 인지 분석은 인지 시스템을 통한 정보 흐름을 강조한다. 연구의 대상이 되는 상황은 한 사람이 계산기와 같은 전산 도구를 사용하거나, 신문의 첫 페이지 레이아웃을 설계할 때 두 사람이 공동으로 작업하거나, 공유 저작 도구를 사용하거나, 보다 광범위하게 대규모 개발팀이 일정, 시계, 할 일 목록 및 공유 파일과 같은 다양한 매개체를 사용하는 것 등이다.

분석을 얼마나 세밀하게 할 것인지 여부는 관찰되는 활동, 대상 시스템, 연구 또는 디자인 목적에 따라 다르다. 예를 들어, 조종사 팀이 비행기를 조종하는 방법을 조사하는 것이 목표인 경우, 조종사 간 통신 효율을 향상시키기 위해 비행기 간 인터랙션에 초점을 맞춘다. 조종사가 비행하는 법을 배우는 것이 목표라면 — 새로운 훈련 자료를 개발하는 관점에서 — 조종사가 되는 것과 관련된 문화적, 역사적, 학습 측면을 고려하여 잡다한 지식에 초점을 맞출 것이다.

작성된 설명은 연구의 초점에 따라 1일, 1시간 또는 불과 몇 분의 기간을 포함할 수 있다. 오랜 기간 동안 주로 언어적 설명이 사용되어 왔다. 짧은 시간에 발생하는 인지 과정의 분석은 도식적인 형태 및 표현을 사용하여 사전에 계획된다. 자세한 분석을 수행하는 이유는 정밀하지 않은 분석 결과의 활용성이 너무 떨어지기 때문이다.

Ed Hutchins(1995)는 분산 인지 분석 시 작업 영역에 대한 깊은 이해가 필요하다는 점을 강조한다. 그는 가능한 경우 조사자가 대상에 대해 시간을 두고 학습하도록 권장한다. 연구팀이 학습을 하는 데에는 수개월에서 심지어 수년이 걸릴 수도 있고 때로는 실제 팀을 가동하기 어려울 정도로 비효율적이기도 하다.

물론 특정 인지 시스템에 대한 집중적인 분석을 수행하기 위해, 조직 및 업무 관행에 대해 충분히 배울 수 있는 시간이 주어지기도 한다. 이 경우 몇 주를 소비하게 될 수도 있다. 예를 들어 필자의 경우 이전에 엔지니어링 팀과 6주 동안 함께 일하면서 프로젝트에서 어떻게 협력했는지, 어떻게 서로 업무를 조정했는지, 그리고 기술을 어떻게 조율했는지 잘 이해할 수 있었다. 그들의 작업 활동을 중재하는 것도 시도해 보았다. 필자는 직접 새로운 네트워킹 기술을 도입하여 그들이 겪고 있는 많은 문제점을 문서화하고 분석할 수 있었다. 단순한 의사소통 문제로 인한 지연이 커지고 상황이 분산 인지 프레임워크를 통해 어떻게 개선 될 수 있는지에 대해 설명한 바 있다(Rogers, 1993, 1994).

최근에는 분산 인지가 의료 팀을 공부하는 데에도 적용되었다. 예를 들어 Rajkomar와 Blandford(2012)는 의료 기술이 어떻게 사용되는지 조사했다. 특히 그들은 중환자실의 간호사에 의한 인퓨전 펌프 사용을 검사했다. 정보 흐름, 물리적 레이아웃, 사회 구조 및 제품들로 표현 모델을 구성하고, 문화기술지 관찰 및 인터뷰를 통해 데이터를 수집했다. 그들은 중환자실에서 간호사들 간 사회적 소통, 공간 내 물리적인 구성, 각종 기술 제품들이 어떠한 인지 분산을 일으키고 있는지 분석하였다. 그리고 이 연구의 결과를 토대로 간호사가 인퓨전 펌프를 사용할 때 안전성과 효율성을 향상시킬 수 있는 방안을 제안하였다.

분산 인지 분석 수행

분산 인지 분석에는 왕도가 없으며 따르기 쉬운 매뉴얼도 없다. 수집된 데이터를 분석하고 해석하기 좋은 방법은 공식적인 절차를 포함하여 각종 요구사항에 직면했을 때 그 이슈들을 처리하는 방안에 대해서 차분히 정리를 해보는 것이다. 이 과정에서, 특히 시스템을 사용하여 과도한 시간을 보냈거나, 시스템을 사용 시 오류가 발생했거나, 정보가 다른 사람에게 잘못 전달 된 경우 등을 포함한 비정상적인 사건이 강조될 필요가 있다. 관찰을 하는 동안 구체적인 질문을 해보는 것이 좋다(예: '왜 X씨는 Y씨에게 프린터가 고장 났다는 사실을 알려주지 않나요?'). 혹은 곰곰이 생각해보는 것도 도움이 된다(예: '이 상황에서 업무 과부하가 걸렸던 것은 의사소통의 문제 때문이었을까 기술적인 문제 때문이었을까?').

분산 인지의 이론에 대한 지식은 작업 환경에 대한 관찰을 해석하고 표현하는 데 도움을 줄 수 있다(3장 및 Hutchins, 1995 참조). 해당 이론은 분석 프레임워크와 더 높은 추상화 수준에서 일어나는 일을 설명하는 개념 틀을 제공한다. 일반적으로 문제는 의사소통 경로 상에서 문제가 생긴 부분, 또는 정보의 흐름 상에서 정보가 효과적으로 전달되지 않은 부분으로 정의할 수 있다(생각해보기 8.6 참조). 즉, 이 프레임워크는 정보가 왜곡되고있는 곳을 밝혀내어 비효율을 저하시키는 데에 목적이 있다. 이와 반대로, 특정 기술이나 표현 방식이 특정 작업 활동을 중재하는 데 얼마나 효과적인 지도 나타낼 수 있다.

생각해보기 8.6
분산 인지 개념

분산 인지 분석은 다양한 정밀성 수준에서 도메인 영역에 대한 상세한 설명을 생성하는 것을 포함한다. 미시적 수준에서 인지 활동의 표현과 그것들에 작용하는 과정을 묘사하기 위해 작은 일련의 인지 용어가 사용된다. 이 용어들은 분산된 정보와 표현의 관점에서 문제를 개념화하는 방향으로 유도하기 위한 것이다. 이 수준의 설명은 직접적으로 권장 사항을 유도한다. 디스플레이 사용, 사회적으로 중재된 관행 사용 등의 인지 시스템 측면을 변경하거나 재설계하는 방법을 제안한다. 사용되는 주요 용어는 다음과 같다.

- **인지 시스템**: 사람들과 그들이 사용하는 물리적 매개체, 그리고 그들이 작업하고 있는 환경 간 인터랙션.
- **의사소통 경로**: 사람들 간 정보가 전달되는 경로(예: 전화, 이메일, 제스처).
- **표현 상태의 전파**: 정보가 다른 매체를 통해 어떻게 변할까? 미디어는 외부 매개체(예: 악기, 지도, 종이) 및 내부 표현(예: 사람의 기억)을 포함한다. 이들은 사회적 중재(예: 구두 메시지 전달), 기술적 중재(예: 컴퓨터 키 누름) 또는 정신적 중재(예: 시계에서 시간 읽기)를 활용할 수 있다. ■

분산 인지 분석을 정밀하게 수행함으로써 디자이너는 잠재적인 솔루션의 절충안을 찾아낼 수 있으며, 이를 통해 기초적인 인지 요구사항도 정리할 수 있다. 특정 종류의 활동에 적합한 것으로 여겨지는 정보 유형, 자동화 시스템에서 쉽게 처리 가능한 정보 유형 등과 같이 말이다. 분명한 것은 해석에 필요한 전문성을 갖추기 위해서 노력과 비용이 많이 든다는 것이다. 마감 시간과 예산에 쫓기는 현업에서 실용적이지 않을 수도 있다는 이야기다. 그러나 많은 시간과 자원을 사용할 수 있는 대규모 프로젝트에서는 유용한 분석 도구가 될 수 있다.

Furniss와 Blandford(2006)는 응급 의료 파견 환경(구급차 통제)에 분산 인지 기능을 적용했다. 그들은 문헌조사를 통해 분산 인지에 22가지 원칙을 도출하고, 관련된 활동을 포착하기 위해 문맥 설계(Beyer와 Holtzblatt, 1998) 도표를 사용했다. 분석 결과, 파견실 운영 개선을 위한 제안이 가능했다. 팀워을 위한 분산 인지(Blandford와 Furniss, 2006)이라는 테크닉을 적용한 결과, 소프트웨어 팀 인터랙션(Sharp와 Robinson, 2008), 모바일 의료 환경 설정(McKnight과 Doherty, 2008), 간호사에 의한 인퓨전 펌프의 사용(Rajkomar와 Blandford, 2012) 등에 대한 이해를 높여 주었다.

8.6.3 활동 이론

활동 이론은 인간 행동을 세상과의 상호작용 측면에서 설명하는 소비에트 심리학의 산물이다. 이것은 마르크스 계통의 심리학, 즉 비고츠키(1926/1962)와 레오 티에프(1978, 1989)가 기업과 인간 행동을 연관을 지으면서 시작되었다. 지난 20-30년 동안 활동 이론은 특히 스칸디나비아와 독일에서 인기를 얻었으며 미국과 영국에서 관심이 커지고 있다. 최근에 활동 이론은 업무, 기술 및 교육 관련 문제를 조사하는 연구에서 널리 사용되고 있다.

이 이론은 활동의 개념을 중심으로 하고 시스템의 서로 다른 요소들 사이의 알력 관계를 식별하는 데 도움이 되는 프레임워크를 제공한다. 예를 들어, 현재 HCI에서 활동 이론 사용에 대한 고전적 연구로 간주되는 Mackay *et al.*(2000)은 새로운 소프트웨어 도구로 작업하는 사용자의 영상으로부터 4분 길이로 발췌한 내용을 분석했다. 그들은 도구 인터페이스에서 서로 다른 부분들과 현재 진행 중인 작업 중에 19가지의 활동 내역을 찾아냈다. 사실, 일부 사용자는 이들 특정 세부 활동에 너무 많은 시간을 할애하여 원래 작업을 잊어 버리기도 했다. 이 이론을 사용하여 평가자는 다양한 분석을 수행할 수 있었다.

활동을 구성하는 개별 모델과 물리적 물리적 대상의 매개 역할 등 두 가지 핵심 프레임을 간략히 설명하고자 한다.

개별 모델

활동 이론은 계층적인 방식으로 활동을 모델링한다. 최하위 수준은 작업으로, 조작, 의식을 거의 기울이지 않는 일상적인 작업(예: 빠른 타이핑)이 있다. 중급 수준은 행동으로서 의식적인 계획으로 특징지어지는 행동이다. 용어집 제작 등이 있다. 최상위 수준은 활동으로 명명되며, 개별 활동을 이해하는 데 최소한의 의미 있는 문맥을 제공합니다. 에세이 작성(**그림 8.16** 참조)이 그 예이다. 행동을 완수하게 도와주는 여러 가지 작업이 있을 수 있고, 특정 작업을 수행 하도록 도와주는 수많은 작업이 있을 수 있다.

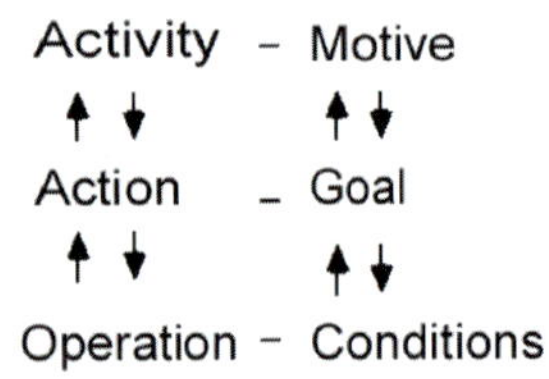

그림 8.16 활동 이론 모델

활동은 동기에 기초하여 정의를 내릴 수 있고, 행동은 의식적인 목표로서 설명할 수 있으며, 작업은 목표를 달성하기 위한 필수적인 조건들로 둘러싸여 있다. 이들 각 수준들 사이에는 유기적인 연결 고리가 존재하고 있다. 행동은 그것이 자동화됨에 따라서 작업으로 전이될 수 있으며, 작업은 장애물에 봉착하게 되어 행동으로 변모할 수 있다. 이렇게 행동이 되면 의식적인 계획이 필요하게 된다. 행동과 활동 사이에는 확실한 경계가 없다. 동기에 따라서 활동이 행동이 될 수 있다. 활동의 경우에는 스스로 그 어떤 경계를 생성하지 않는다. 활동은 다른 활동과 관련이 될 수 있고, 행동의 경우에는 다른 행동에 종속될 수 있는 것이다.

매개물의 역할

매개물은 책이나 돌과 같이 물리적인 것일 수도 있고, 기호 체계 또는 규칙 집합과 같이 추상적 일 수도 있다. 물리적 인공물은 직접적인 사물이 작용할 때 인간이 반응하도록 하는 물리적 속성을 가지고 있다. 그들은 또한 사회적 관행, 특정 용도의 역사를 반영한 디자인을 구체화해준다. Leontiev는 마땅히 학습해야 할 것을 배워나가는 과정을 차근차근 설명한다. 여기에서 관련된 학습의 종류는 이슈에 적합한 활동을 식별하고 참여하는 것이다. 어린 아이가 숟가락으로 먹는 법을 배우는 것을 생각해보자. Leontiev(1981)는 어린 아이들이 처음에는 수평을 유지하지 않고 — 다른 대상을 다루는 것처럼 — 스푼을 입으로 운반한다고 관찰했다. 이것은 시간이 지남에 따라 어른의 인도와 함께 먹는 활동에 적합하도록 바뀌어 나간다. 어린 아이는 차근차근 배우게 된다. 즉, 대상이 마땅히 사용되어야 할 방법을 배우게 된다. 이와는 대조적으로 동물의 우리에 떨어뜨린 숟가락은 다른 물체들과 본질적으로 차이가 없게 된다. 그것은 그 주위의 돌들과 별다를 것이 없는 물체로 인식된다.

추상적인 매개물에 대한 아이디어는 중재라는 아이디어에서 비롯된다. 즉, 인간 발달의 근본적인 특징은 직접 행동하는 방식에서 다른 것에 의해 중재 되는 방식으로의 변화이다. 활동 이론에서, 활동과 관련된 매개물은 요소들 사이를 매개한다.

활동 이론은 또한 활동의 사회적 맥락을 강조한다. 분명히 홀로 일할 때조차도, 개인은 여전히 광범위한 관행에 의해 의미가 주어진 활동에 종사하고 있다.

활동의 기본 요소로는 활동을 수행하는 사람과 활동이 수행되는 대상이 있다. Engeström (1999)과 Nardi와 Kaptelinin(2012)은 단일 활동을 설명하는 세 가지 요소인 사람, 활동, 대상에만 초점을 맞추지 않고, 도구, 공동체, 규칙, 노동 분업 등의 개념을 포함하도록 초점을 넓혔다. 도구란 사람과 대상을 중재하는 매개물, 지표, 수단을 의미한다. 공동체란 동일한 대상을 공유하는 사람들을 의미한다. 규칙이란 해당 공동체의 구성원이라는 것을 의미하는 합의된 협약 및 정책(예: 법률, 학부모, 관리자, 이사회 등으로 정한)을 의미한다. 노동 분업이란 일터에서 노동자를 분류하는 주요 수단(예: 관리자, 엔지니어, 접수)을 의미한다. **그림** 8.17은 활동 시스템을 형성하는 상호 연관된 활동의 네트워크를 보여준다.

활동 이론 분석 수행

활동 이론은 일련의 절차로서 행동의 기술이나 분석을 위한 명확한 방법론을 제시하지 않는다. **그림** 8.16에 표시된 모델은 활동 내에서 수준을 설명하는 데 사용되는 기본 프레임워크

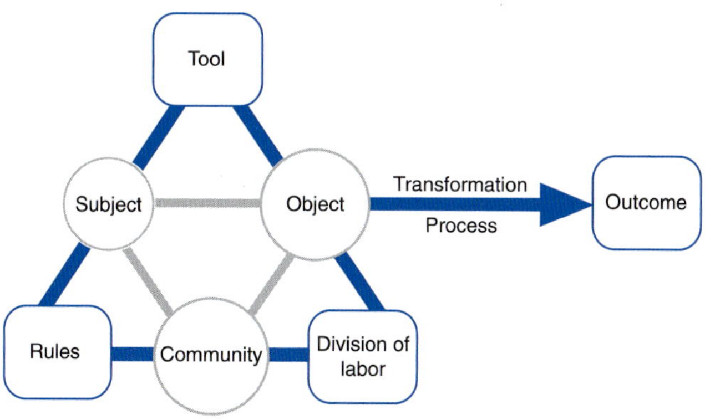

그림 8.17 Engeström(1999) 활동 시스템 모델(도구 요소는 매개물이라고도 함)

출처: Reproduced from Engestrom, Y. (1999) *Perspectives on Activity Theory*, CUP.

이다. 이것은 식별 요소가 개별 해석에 크게 의존한다는 것을 의미한다. Christiansen(1996, p. 177)은 다음과 같이 요약한다. 즉, 활동 이론의 적용에 따른 이상적인 데이터는 장기간에 걸친 문화기술지적 관찰, 인터뷰, 토론, 실험 등을 포함하고, 조사자가 직접적인 질문을 통해 사람들과 대화할 수는 없지만 조심스럽게 행동과 의견을 해석해야 한다는 것이다. 이는 물론 매우 어렵다. 그럼에도 불구하고 활동 이론 프레임워크는 새로운 도구의 필요성을 확인하고 작업이나 기타 환경에 존재하는 문제를 분석하는 방법으로 연구자 및 일부 실무자에게 활발하게 사용되어왔다. 예를 들어, Saguna와 Chakraborty(2013)는 활동 이론이 사용자의 활동을 분석하고 특히 활동 변화를 분석할 수 있으므로, 모바일 응용 프로그램 개발에 적합할 수 있다고 지적했다. 그러나 그들은 활동과 활동 영역의 모든 측면을 완전히 다루는 통일된 이론적 틀이 부재하고 있음을 지적한다.

활동 이론 분석을 수행하는 데 있어 가장 큰 문제 중 하나는 어떤 것이 최상위 활동으로 기술되어야 하고, 어떤 것이 하위 수준 행동으로 묘사되어야 하는지 결정하기가 어렵다는 것이다.

활동 이론 분석을 수행하면 새로운 기술 도구와 관련된 요구사항이 특정 작업장에서 도출됨에 따라 긴장이 나타나는 것을 동시에 느낄 수 있다. 물론 이것은 연구에 참조된다. 이 과정에서 디자이너가 개념을 파악하고 인터뷰에서 제기된 문제를 명명하는 방법을 결정할 수는 있다. 마감 시간과 예산이라는 제약이 존재하는 비즈니스 세계에서는 분산 인식 접근법과 마찬가지로 활동 이론도 실용적이지는 않을 수 있다. 더 많은 시간과 자원을 사용할 수 있으면 유용한 분석 도구가 될 수 있다.

실습해보기 8.4

활동 이론 분석은 분산 인지 분석과 어떻게 다른가?

조언

1. 활동 이론은 활동 이론 시스템의 부분 간 긴장을 기술하는데 초점을 맞추고, 인용문을 사용하여 이를 뒷받침하는 반면, 분산 인지 분석은 주어진 활동에 대해 표현과 기술을 사용하는 방법에 초점을 맞춘다.
2. 활동 이론은 시스템에 대한 특정 관찰을 명명하고 객체화하는 이론적 틀을 제공하는 반면, 분산 인지는 사건의 흐름(종종 다이어그램 형식)을 나타낸다. 또한 분산 인지에서는 다양한 미디어에서 정보가 전파되는 방식을 어떻게 도와줄 것인지 설명한다.
3. 활동 이론 및 분산 인지 분석 모두 기존 기술의 문제점을 나타낸다. ▪

활동 이론 및 분산 인지를 탐구하는 데 관심이 있는 사람들을 위해 Baumer와 Thomlinson (2011)은 비디오 분석에서 이러한 이론의 사용 예제를 포함하여 이들의 비교를 제공한다.

8.7 결과 제시

결과를 제시하는 가장 좋은 방법은 독자와 연구 목표에 달려 있다. 또한 사용된 데이터 수집 및 분석 방법에 따라서도 달라집니다.

이 장의 이전 단원에서는 숫자, 도표, 표, 텍스트, 테마, 범주 집합 등으로 결과를 표현하는 여러 가지 방법을 소개한 바 있다. 이러한 표현 방법들은 청중이나 발표 목적에 적합하기만 하다면 정리된 결과물을 직접적으로 보고하는데 사용될 수 있다. 또는 다른 형태의 발표 방법에 동원되어 증거 형태로 사용될 수도 있다.

인터랙션 디자인의 데이터 수집 및 분석은 인터랙티브 제품에 대한 요구사항을 도출하거나 대상을 평가하는 두 가지 목적 중 하나로 수행된다. 이 두 가지 목적은 강조할 대상 측면에서 서로 다른 양상으로 나타날 수 있지만 표현 방법 측면에서는 유사하다. 일반적으로 연구 결과를 기술 디자인 팀에 보고하여 결과에 대한 조치를 취할 수 있다.

이 장에서는 세 가지 유형의 결과 제시 방법, 즉 엄격한 표기법 사용, 이야기 사용 및 요약에 대해 설명하고자 한다. 조사 결과를 제시할 수 있는 여러 가지 방법들이 있지만 대표적인 것들이다. 상호배타적인 것이 아니며 종종 조합하여 사용되기도 한다.

8.7.1 엄격한 표기법

인터랙션 설계를 위해 정보를 분석, 수집 및 제시하기 위해 여러 가지 엄격한 표기법이 개발된 바 있다. 엄격한 용어는 형식이나 유연성을 암시하는 것이 아니며 표기법에 있어서의 명확한 구문 및 의미를 이야기하는 것이다. 예를 들어, 문맥 디자인(Beyer와 Holtzblatt, 1998) 차원에서 수행된 작업 모델은 흐름, 고장, 개별 역할 등을 표현하기 위한 단순하지만 분명한 규칙을 사용한다. 모델링 언어 UML(Unified Modeling Language)은 더 엄격하고 정확한 구문을 따르며 내부 소프트웨어 설계를 지정하는데 자주 사용된다. 사용자 인터페이스 디자인의 컨텍스트에서 사용 및 확장되었다. 예를 들어, Van den Bergh 및 Coninx(2005)의 연구를 참조할 수 있다.

엄격한 표기법을 사용할 때의 장점은 결과에서 찾을 대상과 강조할 대상에 대한 명확한 지침을 제공하고 정확성을 강요한다는 것이다. 단점은 특정 요소를 강조함으로써 필연적으로 다른 측면을 경시하거나 무시하며 표기법을 잘 모르는 경우 표기법으로 표현된 정밀도가 청중에게 잘 전달되지 않을 수 있다는 것이다. 이러한 표기법으로 다이어그램을 작성하려면 표기법이 강조하는 특정 특성과 이것을 식별하기 위해서 결과에 대한 추가 분석이 필요할 수도 있다.

단점을 극복하기 위해 이야기 형식, 그리고 또 다른 진입장벽이 낮은 형식들의 조합으로 사용되기도 한다.

8.7.2 이야기 사용

스토리텔링은 사람들이 아이디어와 경험을 전달할 수 있는 쉽고 직관적인 접근 방식이다. 이야기(또는 서술)는 조사 연구 결과를 전달하기 위해 인터랙션 디자인에 광범위하게 사용되며 제품 디자인 또는 시스템 개선과 같은 추가 개발의 기초로 사용된다는 것은 놀라운 일이 아니다.

스토리텔링은 세 가지 방법으로 사용할 수 있다. 첫째, 참가자(인터뷰 참가자, 설문 조사 응답자 및 관찰자)는 데이터 수집 중 자신의 이야기를 들려 줄 수 있다. 이러한 이야기를 추출하고 비교하고 다른 사람들에게 결과를 전달하는 데 사용할 수 있다(예: 요약 보고서를 작성하는 일화).

둘째, 참여자에 관한 이야기를 포함할 수 있다. 예를 들어, Bell (2001)은 유럽 문화에 대한 연구 결과를 보고하면서 — 일반적인 주제와 전반적인 결과를 제시하기도 했지만 — 관찰된 참가자에 대한 구체적인 이야기를 통해 이를 보여준다. 예를 들어, 유럽 문화에서 음식 쇼핑이 중요하다는 것이 주제 중 하나였다. 프랑스의 현지 시장의 중요성을 설명하기 위해 그녀는 다음 이야기를 전한다.

> 파트리스(Patrice)는 브리트니의 작은 마을에서 남편인 프레드리코(Frederico), 그리고 두 명의 작은 아이들과 함께 살고 있습니다. 30대 초반에 파트리스는 그녀와 남편이 시작한 회사에서 일하는 것을 그만 두었다. 그녀는 이제 집안 살림을 하고 아이들과 남편을 돌본다. 그녀는 인터뷰했던 다른 많은 유럽 여성들과 마찬가지로 “쇼핑하기 전에 물건을 만지는 것을 좋아합니다”라고 말하면서 카탈로그 쇼핑에 대해 부정적인 의견을 표했습니다. 그리고 그녀는 대형 슈퍼마켓이 있는 도시에서 차로 5분 거리에 있지만, 브리타니 남부를 순환하며 열리는 지역 농산물 시장에서 쇼핑하는 것을 좋아합니다. 현지에서 계절과 연관된 상품을 구입하는 것이 중요합니다. 이를테면 “맛이 좋습니다”라고 파트리스는 말합니다.

이러한 종류의 특정 이야기를 포함시키면 신뢰도를 얻고 요약에 가중치를 부여한다. 비디오 또는 오디오 발췌와 사진을 추가하여 작성하면 이야기가 더 자세하게 설명된다. 이러한 종류의 접근법은 관찰 조사가 포함된 평가 연구의 데이터를 제시하는 경우 특히 효과적일 수 있다. 인터뷰 내역에서 서술, 일화, 그리고 인터랙션하는 사용자의 비디오 클립 중에서 하나만 골라 발표하는 것은 효과가 떨어진다.

셋째, 이야기는 작은 일화 또는 데이터에서 발견되는 반복되는 패턴으로 구성될 수 있다. 이 경우 이야기는 제품 사용 또는 특정 유형의 사건을 대변하여 설명해주며 데이터를 합리화해줄 수 있다.

데이터 수집을 통해 수집된 모든 이야기는 시나리오 구성의 기초로 사용될 수 있다. 시나리오는 사람들과 일상생활에 관한 허구의 이야기이다. 동시에 인터랙션 디자인을 위한 강력한 기술 방법이며 라이프 사이클 전반에 걸쳐서도 사용될 수 있다. 시나리오에 대한 자세한 내용은 10장 및 11장을 참조하자.

8.7.3 결과 요약

초반부에 개요가 첨부되고 이어 자세한 내용이 나타난 보고서는 이해하기 쉽고 나중에 참조하기도 쉽다. 일화, 인용문, 그림, 비디오 클립 등을 포함한 자료들은 흥미를 자극하며 설명이 더 의미 있게 될 수 있도록 도와준다. 일부 팀은 양적 데이터를 강조하지만 그 가치는 연구 유형에 따라 다르다. 상호보완적 관점을 제공하기 때문에 질적 및 양적 데이터 분석을 동시에 사용하는 경우가 많다.

일부 청중은 이야기의 세부 사항이나 정확한 사양보다 주요 결과에 더 관심이 있을 것이다. 이들은 고위 관리자일수도 있고, 연구에 참여한 사용자들일수도 있으며, 또는 결과를 사용하여 신제품을 개발하려는 제품 디자이너일수도 있다. 그들이 누구든 간에 결과 요약을 제시할 수 있는 것이 중요하다. 여기서 숫자와 통계값(있는 경우)이 실제로 강력할 수 있다. 그러나 이 요약에서 결과를 과장하지 않는 것도 중요하다. 10명의 사용자 중 8명이 디자인 B보다 디자인 A를 선호한다고 해서 디자인 A가 디자인 B보다 80% 더 매력적이라는 것을 의미하지는 않는다. 1000명 중 800명의 사용자가 디자인 A를 더 선호한다면 디자인 A가 더 좋다고 제안할 수 있는 증거가 더 많다고 볼 수 있지만 고려해야 할 다른 요소가 여전히 있다. 일반적으로 결과 문장을 구성할 때 '대부분', '모두', '다수', '없음'과 같은 단어를 가급적 사용하지 말고 데이터를 잘 반영할 수 있도록 상당히 주의해야 한다.

실습해보기 8.5

아래의 각 조사 결과와 그에 대한 해석을 확인하라. 그리고 각각에 대해, 그 해석이 결과를 잘 설명하는지 확인하라.

1. 결과: 설문지를 작성한 4명 중 2명은 휴대전화에서 링백 기능을 사용하지 않기를 바란다는 상자에 체크 표시했다. 해석: 사용자 중 절반은 링백 시설을 사용하지 않는다.
2. 결과: 디자인 부서에서 근무하는 조안이 어느 하루 고품질의 컬러 프린터에서 인쇄물을 수집하기 위해 10분 동안 걷는 것이 관찰되었다. 해석: 인쇄물을 수집하려고 먼 거리를 걸어야 하는 디자이너에게 의해 상당한 시간이 낭비된다.
3. 결과: 1월, 2월, 3월 중 특정 웹사이트와의 인터랙션 시간이 1000시간인 데이터 로그에서 도움말을 보는데 8시간이 사용된 것을 확인했다. 해석: 해당 웹사이트의 도움말은 1분기 중 1% 미만으로 사용되었다.

조언

1. 설문지는 링백을 사용하는지 물어보지 않았다. 링백 기능을 사용하기를 원하는지 여부만 물어보았다. 또한 4명은 매우 적은 수이기 때문에 실제 수를 진술하는 것이 좋다.
2. 한 명의 디자이너를 관찰한 후 걸어서 인쇄물을 얻는다는 것을 일반화하는 것은 성급하다. 이것이 그날 일어난 다른 이유가 있을 수 있으며, 명확한 진술을 하기 위해 다른 정보가 더 필요하다.
3. 이 진술은 상당한 기간 동안 로그가 기록될 때 정당화되며, 숫자가 꽤 클 때에서야 백분율을 사용하는 것이 적절하다. ■

과제

이 과제의 목표는 데이터 분석 및 발표를 연습하는 것이다. 7장에서 동료 그룹에 데이터 수집 과제의 결과를 프리젠테이션한다고 가정해보자.

a. 수집한 데이터를 검토하고 정성 및 정량 데이터를 도출해보자.

b. 유익한 정량 데이터로 전이시켜 볼 수 있을만한 정성 데이터가 있을까? 만약 그렇다면 정량 데이터를 추가해보자.

c. 정량 데이터를 확인해보자.

- 스프레드시트 소프트웨어에 정량 데이터를 입력하는 최선의 방법을 결정하시오. 예를 들어, 폐쇄형 질문에 대한 응답을 어떻게 처리할 수 있을까? 일단 데이터를 입력하고 그래픽으로 표현해보자. 응답자 또는 인터뷰 대상자가 거의 없는 기록이 있을 수도 있

으므로, 그래픽 표현이 과연 의미 있는 결과를 제공할 수 있는지에 대해서도 신중하게 생각해야한다.

- 백분율이나 평균과 같은 간단한 조치가 도움이 되는 데이터가 있는가? 그렇다면 세 가지 서로 다른 유형의 평균을 계산하시오.

d. 정성 데이터를 확인해보자.

- '제품 개선'이라는 화두에 기반하여, 정성 데이터로부터 몇 가지 주제를 찾아보자. 제품의 어떤 기능으로 인해 사람들이 어려움을 겪을지 등과 같이 말이다. 참가자 중 누가 대안 디자인이나 솔루션을 제안했는가? 주제를 구체화하고 뒷받침하는 데이터를 찾아보자.
- 데이터에서 중대한 사건을 식별하시오. 이것은 인터뷰, 설문지 응답, 또는 관찰로부터 발생할 수 있다. 이러한 사건을 신중하게 설명하고, 사건이 발생한 한 두 가지 상황을 중심으로 더 깊이 분석해보자.

e. 발견한 내용을 프레젠테이션으로 조합하여 동료 그룹에 전달해보자.

f. 프레젠테이션 및 질의응답 내용을 검토하고 차후에 발표 능력을 향상시킬 수 있는 부분을 찾아보자.

요약

이 장에서는 정성 및 정량 데이터의 차이점, 그리고 정성 및 정량 분석의 차이점을 자세히 설명하였다.

정성 및 정량 데이터는 간단한 기법 및 도식을 사용하여 패턴과 경향을 분석할 수 있다. 정성 데이터의 경우 범주 또는 주제를 식별하고, 근거 이론, 분산 인지, 그리고 활동 이론과 같은 이론적 체계를 사용하는 등 다양한 접근법을 사용하여 분석할 수 있다.

결과를 제시하는 것은 데이터를 분석하는 것만큼 중요하므로, 분석의 결과로 나타나는 요약이나 주장이 상황에 맞게 구성되고 데이터에 의해 정당화될 수 있는지 확인하는 것이 중요하다.

Key points

- 수행할 수 있는 데이터 분석의 종류는 사용된 데이터 수집 기술에 따라 다르다.
- 정성 및 정량 데이터는 주요 데이터 수집 기법(인터뷰, 설문지 및 관찰)으로 수집할 수 있다.

- 인터랙션 디자인을 위한 정량적 분석은 백분율, 평균치 등을 포함한다.
- 평균에는 평균, 모드 및 중앙값 등 세 가지 종류가 있다.
- 정량 데이터의 시각적 표현은 패턴, 특이치, 전반적인 분포를 확인하는 데 도움이 된다.
- 정성 데이터 분석은 근거 이론, 분산 인지, 활동 이론 등의 이론으로 구성될 수 있다.

Chapter 09 인터랙션 디자인 프로세스

목표

이 장의 주요 목표는 다음과 같다.

- 인터랙션 디자인이 포함되는 것을 고려하라.
- 개발 시 사용자를 동원하는 것의 장점을 설명한다.
- 사용자 중심 접근 방식의 주요 원칙을 설명한다.
- 인터랙션 디자인의 간단한 라이프 사이클 모델을 제시한다.
- 인터랙션 디자인 과정에 대한 몇 가지 중요한 질문에 답하고 질문한다.
- 인터랙션 디자인 활동을 보다 폭 넓은 제품 개발 라이프 사이클에 통합하는 방법을 고려한다.

9.1 개요

디자인은 사용자가 목표를 달성할 수 있도록 돕는 제품을 개발하려는 목적을 가진 실용적이고 창의적인 활동이다. 이전 장에서는 다양한 종류의 인터랙션 제품, 인터랙션 디자인을 수행할 때 고려해야 할 문제, 현장의 이론적 기반 및 사용자의 목표를 이해하기 위한 데이터 수집 및 분석 기술에 대해 살펴보았다. 이 장에서는 인터랙티브 제품을 설계하고 구현하는 방법을 알아보도록 한다.

1장에서는 '사람들이 일상생활에서 일하고 의사소통하는 방식을 지원하는 인터랙티브 제품 디자인'과 관련된 것으로 인터랙션 디자인을 정의했다. 하지만 어떻게 해야 할까? 제품 개발은 필요한 부분을 이해하는 것으로 시작해야 하지만, 관련 요구사항은 어디서 발생할까? 그것들에 대해서 누구에게 물어보아야 할까? 근본적으로 좋은 인터랙션 디자인은 사용자 중심 설계의 철학, 즉 개발 전반에 걸쳐 사용자를 고려해야 하는데, 여기에서 사용자는 과연 누구를 지칭하는가? 우리가 물어볼 수 있다고 해도 그들이 원하거나 필요로 하는 것을 어떻게 알 것인가? 혁신적인 제품의 경우 사용자는 무엇이 가능한지 상상할 수도 없을 것이다. 그렇다면 관련 아이디어는 어디서 찾아야 할까?

이 장에서는 이러한 종류의 질문을 제기하고 대답하고자 한다. 그리고 사용자 중심 디자인에 대해 논의하고 1장에서 소개한 인터랙션 디자인 프로세스의 네 가지 기본 활동을 재검토한다. 또한 이러한 활동을 포착하는 인터랙션 디자인의 라이프 사이클 모델을 소개하고자 한다.

9.2 인터랙션 디자인과 관련된 요소

이전 장에서는 인터랙션 디자인에 대한 많은 흥미로운 아이디어, 접근법, 이론 및 의견을 소개했다. 그런데 실제 인터랙션 디자인은 무엇을 의미할까? 다음 활동은 대화식 제품의 초기 디자인을 제작하도록 요청함으로써 이 문제를 환기해보고자 한다.

실습해보기 9.1

여행 플래너를 직접 디자인한다고 상상해보자. 이 시스템을 사용하여 경로를 계획하고, 비자 요구사항을 확인하고, 항공편을 예약하고 티켓을 예약하고, 목적지의 시설을 조사하는 등의 작업을 할 수 있다. 이 활동을 위해 시스템이 태블릿에서 실행될 예정이라고 가정하자.

1. 시스템의 사용자 경험 및 사용성 목표 목록을 작성하라.
2. 이 시스템의 첫 화면 또는 두 개의 대표화면을 요약하여 주요 기능과 일반적인 모양과 느낌을 보여주어라. 약 10분 동안 해보자.
3. 위에서 작성한 개요를 보며 실제로 적용 시 어떠한 어려움이 있을 것인가에 대해 5분 정도 생각해보자. 무엇을 먼저 할 것인가? 고민의 시작지점으로 삼을만한 경험이나 관련된 대상물이 있는가? 이후 어떤 과정을 겪게 될 것인가?

조언

1. 시스템에서 바라는 주요 사용성 목표는 효율성, 효과성, 안전성이다. 시스템이 배우기 쉽거나 기억하기 쉬운 시스템인지 여부보다는 정기적으로 사용할 가능성이 높은 것이 중요하다. 사용자를 잘만 지원해준다면 충분히 시간을 내어 배우는 것도 가능하다. 사용자 경험 목표 목록에서는 짜증나고 좌절을 안겨주며 너무 도전적이어서 피하고 싶은 것들이 있다. 이것이 정말로 도움이 되고 만족스럽기를 바란다. 시스템을 사용하는 주된 목적은 여행 계획을 짜는 것이고, 재미나 참여와 같은 요소들은 부가적인 것들이다.
2. 필자가 만들어본 초기 화면은 **그림 9.1**에 나타나 있다. 첫 화면에서는 보통 마음 속에서 우선순위가 높은 네 가지 주요 항목을 고려해야 한다. 어디로 갈 것인가, 언제 갈 것인가, 어떻게 갈 것인가, 숙소를 어떻게 할 것인가가 그것이다. 두 번째 화면에는 목적지 요크에 기차로

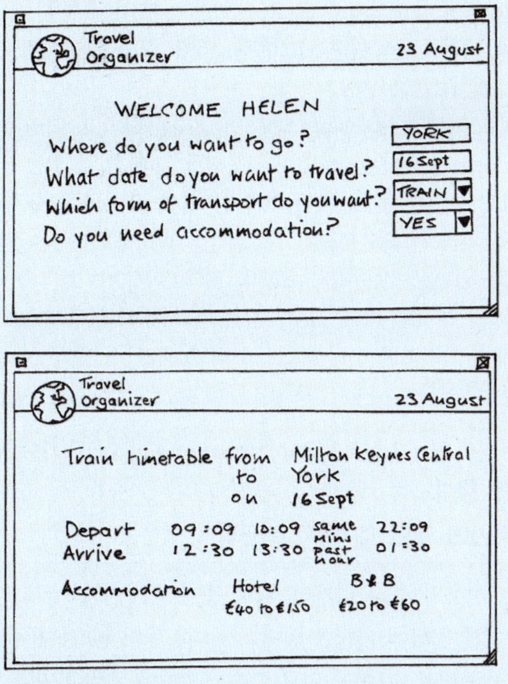

그림 9.1 여행 플래너의 초기 스케치

가고자 할 경우 시스템의 대응에 대한 것이다. 특정 날짜에 특정 역에서의 기차 시간(필자의 선호에 따라 직행만 표시)이 표시된다. 또한 요크에서 가능한 숙박 시설 정보가 표시되며, 필요한 경우 기차나 숙박 정보를 더 상세하게 검색해 볼 수 있다.

3. 필자가 이 일을 시작했을 때 가장 먼저 생각해 본 것은 필자가 여행 계획에 현재 사용 중인 수많은 자원들이다. 예컨대 여행 에이전시들은 보통 숙소, 비자, 가이드 투어 등을 주선해 준다. 보통 여행 경로, 시간에 대해서 종이 기반 혹은 디지털 기반의 시간표를 볼 수 있다. 디지털 기반은 자동화되어 있는 경우가 많다. 여행 정보와 팁에 대해서 다른 누군가에게 상담을 받아볼 수도 있고, 저렴한 티켓을 위해서 여러 사이트를 검색해볼 수도 있다. 여러 가지 방법과 행태가 존재한다. 이러한 다양한 경험들을 하나로 통합하여 시스템을 만듦과 동시에 개별 사용자에게 맞춤형 서비스를 제공해줄 수 있을 것이다. 예컨대 좋아하는 항공사를 검색 결과의 상위에 배치한다든지 여행의 출발점을 선호하는 역이나 공항으로 자동 설정해준다든지 등이다.

다음으로 초점을 맞춘 것은 시스템과의 대화였다. 필자의 스케치는 시스템이 사용자에게 묻는 질문과 사용자의 대답에 최적화된다. 사용자가 입력을 시작해야 하는 위치와 받을 수 있는 도움의 종류 등을 고려해야 한다. 일단 받을 수 있는 도움은 목적지에 가는 방법에 따라 달라진다. 한편, 사용자가 수천 마일 떨어져 있는 다른 대륙의 도시에 갈 때 운전해서 가는 것을 아무도 원하지 않을 것이다. 시스템은 이를 미리 알고 있어야 한다. 이에 따라 어떤 목적지들에 대해서는 항공편으로 가는 것이 기본으로 설정되어 있어야 한다.

필자의 스케치를 다시 한 번 살펴보니, '룩앤필'은 명확하지가 않았다. 아마도 무의식적으로 비즈니스 여행에 집중하고 있었던 것으로 보인다. 휴가 계획을 세우고 있었다면 목적지 사진과 지역 내에서 할 수 있는 활동, 레스토랑, 역사 유적지 등이 필요할 것이다. 휴가 계획을 고려해서 스케치를 보완할 필요가 있어 보인다.

제품을 만드는데 고려해야 할 단계는 디자이너, 제품, 조직에 따라 다양할 수 있다(생각해보기 9.1 참조). 이 Activity에서는 시스템이 사용자를 위해 할 수 있는 일에 대해 생각을 하는 것으로 시작하거나 기존 자원들(예: 여행 에이전시)에 대해 생각하도록 해보았다. 이러한 바탕 위에 인터랙션의 세부 사항을 정하기 위해서 인터페이스의 모습, 각종 효과음이나 정보들과 관련하여 스케치 해보는 것은 꽤나 도움이 된다. 디자이너로서 이렇게 스케치를 하면서 여러 대안들 사이에서 선택을 하고, 요구사항을 더 자세히 탐구해보고, 여행 플래너가 하고자 하는 것에 대해 아이디어를 전반적으로 구체화 해볼 수 있다. ■

생각해보기 9.1

인터랙션 디자인에 대한 네 가지 접근법

Saffer(2010)는 사용자 중심 디자인, 활동 중심 디자인, 시스템 디자인, 기발한 디자인 등 차별화 된 기본 철학에 기반한 인터랙션 디자인의 네 가지 주요 접근법을 제안했다. 참고로 그는 이 중에서 그 어느 것도 순수한 형태로 실존하지는 않으며 각각을 차별화시키기 위해 인위적으로 구분해놓은 것임을 인정한다. 먼저 사용자 중심 디자인은 사용자가 가장 잘 알고 디자이너에게는 안내만 한다. 디자이너의 역할은 사용자의 요구와 목표를 디자인에 잘 부합시키는 것이다. 활동 중심 디자인은 특정 업무를 둘러싼 행동에 초점을 맞추는 것이다. 사용자는 여전히 중요한 역할을 담당하지만 목표와 요구사항이 크게 중요하지는 않다. 시스템 디자인은 상황에 초점을 맞추고 복잡한 문제에 적합하게 구조화되는 전체적인 설계 방식이다. 이 디자인에서는 사용자 역할이 시스템의 목표 설정에만 국한되고 시스템(예: 컴퓨터, 대상, 장치, 조직)이 주요 고려 대상이 된다.

마지막으로 기발한 디자인은 다른 세 가지 방법과는 완전히 차별화된다. 디자이너의 경험과 창의적인 감각에만 의존하기 때문이다. Saffer와 인터뷰를 한 경험이 있는 인터랙티브 디자이너 Jim Leftwich는 '신속한 전문가 디자인'이라는 용어를 선호한다. 이 접근 방식 내에서 사용자의 역할은 디자이너가 만든 아이디어의 유효성을 확인하는 정도에만 그치고 사용자가 디자인 과정 자체에는 참여하지 않는다. Saffer는 사용자의 개입을 위한 장치가 매우 적거나 없다는 것을 지적한다. 물론 성공 사례가 없는 것은 아닌데, 예를 들어서 Apple은 사용자 연구나 실험을 거의 하지 않지만 많은 제품들(예: iPod)의 디자인 업적이 인정 받고 있다.

서로 다른 디자인 문제는 서로 다른 접근 방식에 보다 쉽게 이로운 방향으로 융합될 수 있다. 한편으로 서로 다른 디자이너들은 각자 자신이 좋아하는 방식으로 유도하는 경향이 있다. 그리고 개별 디자이너는 각자 특정 접근법을 선호하지만, 문제를 잘 파악하여 어떤 접근 방식으로 선택할 것인지 잘 정하는 것이 중요하다고 할 수 있다. ■

디자인 분야는 꽤나 다양하다. 그래픽 디자인, 건축 디자인, 산업 및 소프트웨어 디자인 등 각 분야에서 '디자인' 자체에 대한 서로 다른 해석이 있다. 그럼에도 불구하고 모든 분야에서 공통적으로 인식되고 있는 세 가지 기본적인 활동이 있다. 요구사항을 이해하는 것, 이를 충족하기 위한 시제품을 제작하는 것, 그리고 그것을 평가하는 것 등이 그것이다. 인터랙션 디자인에는 이들 활동들이 포함되며 사용자 및 목표에 대해 주의를 기울인다. 예를 들어 사용자 중심의 개발 방식에서 사용자들이 제품 및 서비스를 사용하는 방법과 해당 분야에 대해 면밀히 조사를 하고, 초기 시제품이 나오면 그것에 대한 사용자들의 의견과 반응을 수집하며, 나아가 사용자들을 개발 과정에 투입하는 것을 적극적으로 고려한다. 이것은 사용자들의 의견이 단순히 기술적인 문제에 반영되는 것이 아니고 세 가지 기본적인 디자인 활동에 전반적으로 반영되는 것을 의미한다. 사용자들은 프로토타이핑에도 직접적으로 참여할 수 있다.

결국 디자인은 사용자의 요구사항을 다루는 작업, 솔루션의 설계, 솔루션의 인터랙티브 버전 도출, 평가 작업에 모두 관련된다. 요구사항은 상충된 것들이 존재하기 마련이며 이 과정에서 디자인은 그것들을 어떻게 절충하고 균형적으로 조정할 것인지와 관련된다. 예를 들어 조언을 제공하는 시스템 개발 시에는 사용자들에게 얼마나 많은 선택권을 줄 것인지와 시스템이 어느 정도로 지능적으로 대안을 제시해줄 것인지 사이에 절충안을 찾아야 한다. 절충되는 지점은 시스템의 목적(예: 비즈니스 출장과 휴가 사이)에 따라 달라질 수도 있다. 경험도 중요하지만 평가가 필요할 수도 있다.

대안을 생성하는 것은 대부분의 설계 분야에서 핵심 원칙이며, 인터랙션 디자인에서도 권장되어야 하는 원칙이다. 노벨상을 두 번이나 받은 리누스 폴링(Linus Pauling)은 "좋은 아이디어를 얻는 가장 좋은 방법은 많은 아이디어를 얻는 것"이라고 말한 적이 있다. 물론 이것은 반드시 쉬운 것만은 아니며. 다른 많은 디자인 분야와 달리 인터랙션 디자이너는 대안 개발에 일반적으로 훈련되지 않은 경우가 많다. 희망적인 언급을 하자면 브레인스토밍을 하고 아이디어를 발굴하는 능력은 충분히 계발될 수 있다는 것이다. 예를 들어 Kelley(2008)는 집중력을 높이고(문제 성취도를 높이기 위해), 장난기 어린 규칙을 세우고(아이디어를 장려하기 위해) 물리적으로(시각적인 소품을 사용하여) 더 나은 아이디어 발굴을 위한 7가지 방법을 설명한다. 또한 브레인스토밍에 해가 되는 6가지 상황에 대해서도 덧붙였다.

디자인 프로세스에서 사용자 및 다른 사람들을 참여시키는 것은 원래 디자이너가 아닌 사람들에게 디자인 및 잠재적 솔루션을 전달해야한다는 것을 의미한다. 이를 위해서는 디자인을 검토하고 수정하며 개선 할 수 있는 적절한 형식으로 표현해야 한다. 이 작업에는 여러 가지 방법이 있으며, 스케치를 만드는 것은 가장 간단한 방법 중 하나이다. 다른 일반적인 접근법은 자연 언어로 설명을 작성하고 일련의 다이어그램을 그리며 이를 기반으로 프로토타입을 만들어보는 것이다. 여러 가지 방법을 조합해서 쓰는 것이 가장 효과적 일 수 있다. 그리고 이 과정에서 사용자가 참여할 때 전문 용어 또는 전문 표기법을 이해할 수 없기 때문에 적절한 형식으로 표현하는 것이 중요하다. 사용자가 실제로 인터랙션할 수 있는 양식이 가장 효과적이며 그러한 면에서 프로토타입 제작은 매우 강력한 방법이다(프로토타입 제작에 대한 자세한 내용은 생각해보기 9.2 및 11장 참조).

이 절의 나머지 부분에서는 사용자 중심의 접근 방식을 사용하여 사용자를 디자인에 참여시키는 것의 중요성과 실용성을 보다 깊이 있게 탐구하고자 한다. 이 과정에서 1장에서 소개한 인터랙션 디자인의 네 가지 활동을 다시 고려한다.

생각해보기 9.2
프로토타이핑의 가치

필자는 역할극을 통해 프로토타이핑의 가치를 배웠다. 필자는 현업에서 어떠한 일을 할 수 있을지 실습하는 과목을 수강한 적이 있다. 여러 가지 주제 중에 생산 및 제조와 관련된 것이 있었고 세부적으로는 책을 생산, 출판하는 것이었다. 이때 10권의 책을 만드는데 30분의 시간이 목표로 정해졌다. 그리고 학생들로 구성된 각 그룹에는 종이, 가위, 테이프, 스테이플러 등의 소품을 주어졌다. 필자가 소속된 그룹은 당연히 최선을 다할 것을 다짐했다. 먼저 스테이플러를 쓰는 작업, 테이프로 바인딩하는 작업 등의 요소 작업을 만들어서 생산라인을 구성했다. 한 사람은 품질 보증을 담당했다. 10권의 책을 만드는 데에는 10분도 채 걸리지 않았다. 이 책들을 최종 결과물인 양 제출하여 했는데, 책임자가 이렇게 이야기하는 것이었다. "그것은 우리가 원하는 것이 아닙니다. 우리는 더 큰 사이즈가 필요합니다". 책의 크기가 작업 설명에 제대로 명시되어 있지 않았던 터라 담당자에게 원하는 크기가 어느 정도인지 물어보았다. 이후 원하는 크기에 맞게 다시 책을 생산해서 제출하였다. 그리고 우리는 다시 한번 제출을 거절당했는데 그 이유는 바인딩의 위치 때문이었다. 이번에는 가능한 모든 요구사항을 확인한 후 돌아가서 책을 한 권만 만든 후에 다시 확인을 받았다. 이번에도 몇몇 요구사항을 얻어오게 되었다.

만약 프로토타입 방법을 사용하여, 개발 초기에 요구사항을 확인했다면 더 많은 노력과 자원을 절약했을 것이다! ■

9.2.1 사용자 참여의 중요성

위의 설명은 사용자를 인터랙션 디자인에 참여시킬 필요성을 강조한다. 그 이유는 무엇일까? 사용자의 참여가 프로젝트 성공에 미칠 수 있는 영향력이 알려지기 전, 즉 기존에는 개발자가 관리자 또는 가상의 사용자(즉, 사용자로 역할을 맡은 사람, 요구사항을 이끌어 낼 때 또는 참조없이 자신의 판단을 이야기 해주는 사용자)와 대화하는 것이 일반적이었다. 가상의 사용자는 유용한 정보를 제공할 수 있지만, 매일 사용하거나 의도된 사용을 정기적으로 하는 사용자와 동일한 관점을 가지기 어렵다. 예를 들어, 필자는 몇 년 전에 대형 국제 은행의 외환 딜러로부터 금융 거래를 처리하고 기록하는 시스템 개발에 관여한 적이 있다. 이 시스템의 사용자는 외환 딜러가 작성한 수기 거래 기록을 가져와 세부 정보를 시스템에 입력했다. 그런 다음 시스템은 거래를 확인하고 관련 당사자에게 확인서를 전달하는 것이었다. 그런데 하필이면 이 시스템에 대한 요구사항을 정리할 때 개발팀 내 아무도 최종 사용자와 접촉하지 않았다. 요구사항은 관리자급에서 정리하였을 뿐이다. 결과적으로는 시스템이 잘 활용되기는 하였지만, 최종 사용자는 몇 가지 해결 방법과 보완 시트를 개발할 수밖에 없었다. 예를 들어, 각 책상에는 구매자 코드와 이름 목록이 있는 종이가 붙었다. 이 시스템에서는 구매자 코드와 구매자 이름을 모두 입력해야 했지만, 거래자가 거래 기록을 작성할 때에는 구매자 이름만 쓰는 것이 일반적이었기 때문이다. 이름과 코드 목록은 코드를 수동으로 식별하는 데 사용되었다.

개발이 사용자 활동을 지속적으로 고려하도록하는 가장 좋은 방법은 개발 과정에서 실제 사용자를 참여시키는 것이다. 이 방법으로 개발자는 사용자의 목표를 더 잘 이해할 수 있으므로 보다 적절하고 유용한 제품을 만들 수 있다. 한편 기능과 관련이 없는 두 가지 측면, 즉 기대 관리, 소유권 등에 대해서는 사용성이 좋은지 여부와 관련 없이 한번쯤 생각해보아야 한다.

기대 관리는 신제품에 대한 사용자의 기대가 현실적인지 확인하는 과정이다. 기대 관리의 목적은 제품 개봉 시 사용자에게 놀라움이 없음을 보장하는 것이다. 사용자가 실현되지 않은 약속에 의해 속임을 당했다고 생각하면 저항과 거부감이 유발되기 마련이다. 마케팅을 할 때에는 시스템이 크고 복잡하여 설명이 어려울지라도 가능하면 허위 진술하지 않도록 주의해야 한다(Nevo와 Wade, 2007). 우리는 얼마나 많은 시간 동안 광고를 보아왔는가? 정말 좋을 것이라고 생각한 것을 광고했지만, 나중에라도 조금 과장되었는지 여부를 금세 알지 않는가? 제품을 디자인하는 입장에서는 여기에 실망하게 될 수도 있다. 만약 조금이라도 실망했다면 기대 관리를 회피하려고 한 것이다.

사용자의 기대에 못 미치는 것보다 뛰어 넘는 것이 더 낫다. 이는 더 많은 기능을 추가하는 것을 의미하는 것이 아니다. 사용자의 목표를 예상보다 효과적으로 지원한다는 것을 의미하는 것이다. 개발 전반에 걸쳐 사용자를 참여시키는 것은 제품 관리가 초기 단계에서 볼 수 있기 때문에 기대 관리에 도움이 된다. 그들은 또한 자신의 직업과 삶에 어떤 영향을 미치는지, 그리고 그 기능이 그렇게 설계된 이유를 더 잘 이해할 것이다. 적절한 시기의 적절한 시연은 기대를 관리하는 또 다른 기술이다. 출시되기 전에 사용자가 제품을 써 볼 수 있는 기회가 있거나 시험판의 데모를 통해 최종 제품을 미리 사용할 수 있을 때 예상되는 것을 더 잘 이해할 수 있다.

사용자 개입의 또다른 이유는 소유권이다. 참여하고 제품 개발에 기여했다고 생각하는 사용자는 제품 개발에 대해 본인의 지분을 가졌다고 느끼고 그 사용을 지원할 가능성이 크다.

9.2.2 사용자 참여도

기대 수준을 관리하고 소유권을 부여하기 위해 다양한 수준의 사용자 참여가 실현될 수 있다. 스펙트럼의 한쪽 끝에서 사용자는 디자인 팀에 참여하여 주요 참여자가 될 수 있다. 어느 한 사용자에게 이것은 풀타임 또는 파트타임으로 진행될 수 있으며 프로젝트 기간 동안 또는 제한된 시간 동안만 가능할 수 있다. 각 상황에 장단점이 있다. 사용자가 전체 프로젝트에 대해 전일제로 참여하면 의견 내용이 일관되고 제품 및 그 이론적 근거에 매우 익숙해진다. 그러나 프로젝트가 오랜 시간이 걸리면 의견 내용이 덜 유효할 수 있다. 사용자가 전체 프로젝트에 대해 시간제로 참여하면 다른 사용자와 연락을 유지하면서 개발 일정을 일관되게 제공한다. 상황에 따라 사용자가 새로운 전문 용어를 배우고 익숙하지 않은 자료를 설계 팀원으로 처리하면서 동시에 원래 직업의 요구를 충족하려고 할 때 주의 깊은 관리가 필요할 것이다. 이것은 개인에게는 매우 스트레스가 될 수 있다. 제한된 기간 동안 각 사용자 그룹의 사용자 중 일부가 시간제로 참여하면 그들의 의견이 전체 프로젝트에서 반드시 일치하지는 않지만 사용자 간의 신중한 조정을 통해 문제를 완화할 수 있다. 이 경우 한 명의 사용자가 6개월 동안 디자인 팀에 속할 수 있고 다음 6개월 동안 다른 사용자가 속할 수 있다는 점을 주지해야 한다.

사용자 참여의 다른 끝 단으로 사용자가 정기적인 뉴스 레터 또는 다른 의사소통 채널을 통해서만 정보를 얻을 수 있는 상황을 생각해볼 수 있다. 워크샵이나 이와 유사한 행사를 통해 개발 프로세스에 영향을 줄 수 있다고 가정하면 기대 관리 및 소유권에 대한 효과적인 접근 방식이 될 수 있다. 수백 또는 수천 명의 사용자가 있는 상황에서 팀원으로 모두 참여하는 것은 불가능하므로 이 경우에 유일한 방법이 될 수도 있다. 타협적인 상황이 가장 좋을 때도 많다. 각 사용자 그룹의 대표는 풀타임 기준으로 팀에 합류할 수 있으며 다른 사용자는 디자인 워크샵, 평가 세션 및 기타 데이터 수집 활동을 통해 참여할 수 있는 것이다.

프로젝트의 개별 상황은 현실적인 면에 영향을 미치고 좌우될 때가 많다. 최종 사용자 그룹이 식별 가능한 경우(가령, 당신은 특정 회사를 위한 제품을 개발 중이다), 그들을 직접 참여시키는 것이 더 쉽다. 그러나 제품을 오픈 마켓 용 제품을 개발 중인 경우 사용자를 디자인 팀에 합류시킬 수 없으므로 대체 방법이 필요하다. 생각해보기 9.3은 사용자 의견을 얻는 다른 방법에 대해 설명한다.

사용자가 얼마나 적극적으로 참여해야 하는지는 논쟁의 대상이다. 일부 연구 결과에 따르면 너무 많은 사용자 참여로 인해 문제가 발생할 수 있다. 이 문제는 다음 Dilemma 박스에서 논의하자.

생각해보기 9.3
제품 출시 후 지속적인 사용자 참여

일단 제품이 출시되고 개발의 초점이 다음 버전으로 옮겨지면 다른 종류의 사용자 관여가 가능하다. 즉, 제품의 실제 사용에 대한 데이터를 수집하는 것이다. 여러 가지 방법이 가능하다. 고객 서비스 에이전트를 통하거나 자동화된 오류 보고 시스템을 통할 수도 있다. 예를 들어 Microsoft는 전 세계 수백만 고객을 보유하고 있으며 그 중 약 30%는 기능 또는 소프트웨어 오류로 인해 고객 지원 라인에 문제와 좌절을 보고한 경험이 있는 것으로 알려졌다. 고객 행동과 제품 문제에 대한 이 데이터는 제품 개발 및 개선에 도움이 된다(Cusumano와 Selby, 1995).

오류 보고 시스템(ERS, 온라인 충돌 분석이라고도 함)은 장기간에 걸쳐 응용 프로그램을 개선하는 데 사용되는 사용자의 정보를 동의 하에 자동으로 수집한다. 그림 9.2는 Microsoft 운영 체제에 내장된 Windows 오류 보고 시스템에 대한 두 가지 일반적인 대화 상자를 보여준다(Glerum *et al*., 2009). ■

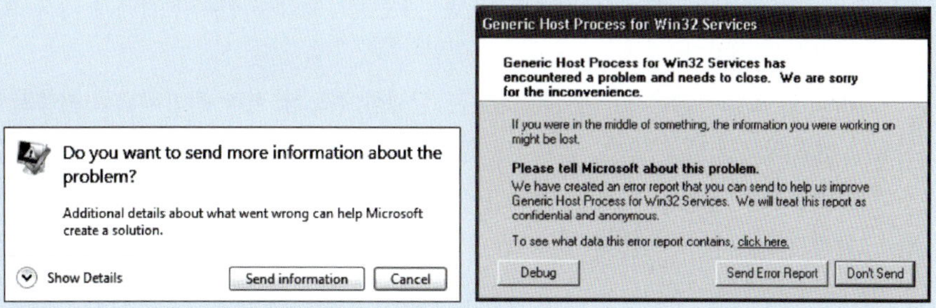

그림 9.2 Windows 오류 보고 시스템의 두 가지 일반적인 대화 상자. 이러한 종류의 보고는 응용 프로그램의 품질에 큰 영향을 줄 수 있다. 예를 들어 Windows XP(서비스팩1) 팀에서 수정한 오류의 29%는 ERS를 통해 수집한 정보를 기반으로 한다.

딜레마

좋은 것들이 너무 많으면?

개발에 사용자를 참여시키는 것은 좋은 일일 수 있다. 과연 그럴까? 그리고 얼마나 많이 참여시켜야 할까? 그들은 어떤 역할을 해야 할까? 사용자가 기술 개발 프로젝트를 이끌 자격이 있을까? 또는 프로토타입 평가로만 역할을 한정하는 것이 더 적절할까? 사용자를 어느 정도 관여 시키면 비용이 발생하므로 사용자 개입이 생산적인지 또는 필요한 수준의 자원을 투입할 만한 가치가 있는지를 보여주는 증거는 무엇일까?

Kujala와 Mäntylä(2000)는 개발 초기에 수행된 사용자 연구가 이를 수행하는 비용보다 중요한 이익을 창출한다고 결론을 내렸고, Keil과 Carmel(1995)의 연구는 보다 성공적인 프로젝트에서 사용자와 고객 간 직접적인 관련이 있음을 나타냈다. Subrayaman *et al.*(2010)은 다소 혼합된 결과를 발견했다. 개발자와 사용자가 다같이 사용자 참여가 제품 만족도에 미치는 영향을 조사했다. 그들은 신제품의 경우 참여자가 증가함에 따라 개발자 만족도가 증가하는 것을 발견했다. 이때 참가율이 낮으면 사용자 만족도가 높았지만 참여가 증가하면 만족도가 떨어짐을 발견했다. 한편 유지 보수 프로젝트의 경우 개발자와 사용자 모두 보통 수준의 참여(전체 프로젝트 개발 시간의 약 20%)에 만족했다. 프로젝트 성공의 지표로 사용자 만족에 초점을 맞추면 낮은 사용자 참여가 가장 도움이 되는 것처럼 보인다.

일부 연구에 따르면 낮은 수준의 사용자 참여가 도움이 되는 반면 너무 많은 경우 문제가 발생할 수 있다. 예를 들어, Heinbokel *et al.*(1996)은 높은 사용자 참여 프로젝트가 원활하게 진행되지 않는 경향이 있음을 발견했다. Subrayaman *et al.*(2010)은 또한 높은 수준의 사용자 개입으로 인해 불필요한 갈등이 발생하고 재작업이 증가할 수 있음을 확인했다.

개발되는 제품의 종류, 가능한 사용자 참여 유형, 적용 분야 등은 모두 사용자가 프로젝트에 미치는 영향과 관련이 있다. Scaife *et al.*(1997)은 디자인의 각기 다른 단계에서 다른 유형의 사용자를 참여시키는 것이 긍정적인 결과를 낳는다고 제안했지만, Wagner와 Piccoli (2007)는 제품이 사용자의 일상에 변화를 안겨주는 그 순간을 전후한 참여가 가장 효과적이라는 증거를 제시한다.

Abelein *et al.*(2013)은 이 분야의 문헌을 상세히 검토한 결과 전반적으로 사용자 참여가 사용자 만족과 시스템 사용에 긍정적인 영향을 미친다는 결론을 얻었다. 그들이 수집한 데이터는 이러한 긍정적인 효과를 뒷받침하는 편이었지만 일부 데이터의 경우 상반된 결과를 포함하기도 하여 이를 명확한 개념 모델로 일반화하기는 어렵다는 것을 알게 되었다. 참고로 사용자와 시스템 성공 간 부정적인 상관관계 연구는 대부분 10여년 이전에 발표된 바 있다.

사용자 참여가 유익한 것으로 널리 인정받고 있지만 고려하고 균형을 잡아야 할 요소가 많은 것은 사실이다. ■

9.2.3 사용자 중심 접근 방식이란 무엇인가?

이 책에서는 개발에 대한 사용자 중심 접근 방식의 필요성을 강조한다. 이는 기술뿐 아니라 실제 사용자와 그 목표가 제품 개발의 원동력이라는 것을 의미한다. 결과적으로, 잘 설계된 시스템은 인간의 기술과 판단력을 최대한 활용하고, 진행 중인 활동과 직접적으로 관련되며, 사용자를 제약하기보다는 지원할 것이다. 이것은 기술보다는 철학에 가까운 개념이다.

1985년 굴드와 루이스(Gould와 Lewis, 1985)는 '유용하고 사용하기 쉬운 컴퓨터 시스템'으로 이어질 것이라고 믿는 세 가지 원칙을 세운 바 있다.

1. **사용자 및 작업에 대한 선행 조사**: 이것은 인지적, 행동적, 의인화된, 그리고 태도적 특성을 직접 연구함으로써 사용자가 누구인지를 먼저 이해해야함을 의미한다. 이를 위해서는 사용자가 정상적인 작업을 수행하는 것을 관찰하고, 해당 작업의 특성을 연구한 다음 사용자를 디자인 프로세스에 참여시키는 것이 필요하다.
2. **실증적 평가**: 개발 초기에는 의도된 사용과 관련하여 인쇄된 시나리오, 매뉴얼 등에 대한 사용자의 반응과 수행 능력을 관찰하고 측정한다. 그리고 그 이후 사용자가 시뮬레이션 및 프로토타입과 직접 인터랙션 해보게 하고 반응 및 수행 능력을 관찰, 기록, 분석한다.
3. **반복적인 설계**: 사용자 테스트에서 문제가 발견되면 보완한 이후 더 많은 테스트와 관찰을 수행하여 수정 사항의 영향을 확인한다. 이는 설계 및 개발이 반복적이어야 함을 의미한다. 즉, 반복적인 설계-측정-재설계의 주기가 필요한 만큼 반복되어야 한다.

이 세 가지 원칙은 이제 사용자 중심 접근 방식의 기초로 받아 들여지지만(Mao *et al.*, 2005), Gould와 Lewis가 처음 논문을 썼을 때에는 대다수의 개발자가 이를 받아들이지 않았다. 사실, 이들이 디자이너들에게 이 원칙을 추천하기 시작했을 때, 디자이너의 반응은 이러한 원칙들이 너무 명백하다는 것이었다. 그들이 기술한 바에 따르면 소프트웨어 설계의 주요 단계에 대한 인간공학 심포지엄에서 그들이 디자이너들에게 질문했을 때 대부분 이 원칙들을 인용하지 못했다. 겨우 2%만이 이 원칙들을 언급했을 뿐이었다. 어쩌면 이 원칙들이 명백하다는 장점이 있을지 모르지만 실행하기가 쉽지 않았다. Olympic Messaging System(OMS)(Gould *et al.*, 1987)은 이 세 가지 원칙을 사용하여 개발된 최초의 대형 컴퓨터 기반 시스템이었다. 가장 초기 프로토타입에서부터 최종 제품에 이르기까지 디자인에 대한 사용자의 반응을 이끌어 내기 위해 다양한 방법이 조합되었다. 사용자는 주로 디자인 평가에 참여했다. 아래에서 이 원칙들에 대해 자세히 설명하고자 한다.

사용자 및 작업에 대한 선행 조사

이 원칙은 다음 다섯 가지 원칙을 통해 확대되고 명확해질 수 있다.

1. 사용자의 작업과 목표는 개발의 원동력이다.
   디자인에 대한 사용자 중심의 접근 방식에서 기술은 설계 옵션과 선택 사항을 알려주지만 원동력이 되어서는 안된다. '이 새로운 기술을 어디에 배치할 수 있습니까?'라는 질문 대신 '사용자의 목표를 보다 잘 지원하기 위해 어떤 기술을 사용할 수 있습니까?'라는 질문을 해야 한다.
2. 사용자의 행동 및 사용 맥락을 연구하고 시스템이 이를 잘 지원하도록 설계해야 한다.
   이는 단지 작업과 사용자의 목표를 포착하는 것 이상의 의미를 갖는다. 사람들이 업무를 수행하는 방법 또한 중요하다. 행동을 이해하면 우선순위, 환경 설정 및 암시적 의도가 강조된다. 현재의 행동을 연구하는 것에 대한 한 가지 주장은 우리가 일을 개선하고 자동화에서 나쁜 습관을 포착하지 않기 위해 노력하고 있다는 것이다. 그 함의는 디자이너에게 사용자를 노출시키는 것이 혁신과 창의력을 저해할 가능성이 있다는 것이다. 하지만 지금까지의 경험은 그 반대가 사실임을 말해준다(Beyer와 Holtzblatt, 1998). 또한 실제 작업을 거의 이해하지 못하는 상태에서 설계된 것이 있다면 현재의 관행과 양립할 수 없게 된다. 이러한 장치를 새로 작동하는 경우 사용자는 습관에서 벗어나는 것을 싫어할 것이다(Norman, 2013).
3. 사용자의 특성을 파악하고 설계한다.
   기술에 문제가 생길 때, 우리는 종종 그것이 우리의 잘못이라고 말한다. 그러나 인간으로서 우리는 잘못을 범하기 쉽고 인지적, 신체적으로 어느 정도 제한이 있다. 인간을 대상으로 설계된 제품은 이러한 한계를 고려해야 하며 실수의 가능성을 고려해야 한다. 관심, 기억, 지각 문제와 같은 인지적 측면은 3장에서 소개되었다. 신체적 측면은 키, 이동성, 힘 등을 포함한다. 일부 특성은 일반적으로 알려져 있다. 예를 들어, 약 12명의 남성 중 한 명이 색맹을 앓고 있다. 또 다른 특성은 직무나 특정 작업과 관련이 있다. 일반적인 특성뿐만 아니라 의도된 사용자 그룹과 관련된 특성도 파악해야 한다.
4. 사용자는 초기 단계부터 가장 최신 단계까지 개발 전 주기에서 참여할 수 있다. 그 의견도 진지하게 고려되어야 할 것이다. 위에서 논의한 것처럼 사용자 참여에는 여러 수준이 있으며 사용자와 소통하는 다양한 방법이 있다. 만약 참여가 확정되었다면, 사용자가 디자이너에게 존중 받는 것도 중요하다.
5. 모든 디자인 결정은 사용자, 작업 및 환경의 맥락에서 이루어진다. 그렇다고 사용자가 디자인 의사 결정에 적극적으로 참여해야 한다는 것은 아니다.

디자이너가 자신의 결정을 내리는 동안 사용자를 인식하는 한 이 원칙이 지지 될 것이다. 이 맥락을 염두에 두는 것은 어려울 수 있다. 퍼소나를 사용하는 것은 이를 달성하는 한 가지 방법이다(10장 참조). 쉽게 접근 가능한 데이터를 분석하는 것은 또 다른 방법이다. 일부 디자인 팀은 브레인스토밍 세션의 데이터 및 비공식 기록을 벽에 고정하거나 테이블에 남겨두기도 한다. 프로젝트를 성공시키기 위한 보조 공간으로서 말이다.

실습해보기 9.2

당신이 정원 식물 구입을 위한 새로운 온라인 경험을 개발하는데 관여한다고 가정 해보자. 온라인으로 식물을 사기 위한 여러 웹사이트가 있지만 시장 점유율을 높이기 위해 뚜렷한 경험을 설계하고자 한다. 이 작업에서 위의 원칙을 적용하는 방법을 제안해보자.

조언

처음 세 가지 원칙을 다룰 때, 새로운 경험의 잠재적인 사용자의 작업과 목표, 행동 및 특성과 다른 사용 맥락을 찾아야 한다. 기존 온라인 상점의 현재 사용자를 대상으로 몇 가지 정보를 추출하고 새로운 경험에서 해결해야 할 몇 가지 문제를 파악할 수 있다. 그러나 시장 점유율을 높이려면 기존 사용자만 컨설팅 하는 것만으로는 충분하지 않다. 조사를 위한 또 다른 방법으로는 실제 쇼핑 상황(예: 시장에서 쇼핑하기, 지역 코너 샵에서 쇼핑하기)을 분석해볼 수 있다. 이러한 대안은 서로 다른 환경에서 식물을 사는 데 있어서의 장점과 단점을 발견하는데 도움이 된다. 다른 행동을 관찰할 수도 있다. 이를 살펴봄으로써 잠재적인 사용자 및 맥락의 새로운 점들을 찾아낼 수도 있을 것이다.

네 번째 원칙에서는 조사가 진행됨에 따라 새로운 사용자 계층이 나올 수 있을 것이고, 사용자 그룹을 대표하는 사람들도 비교적 처음부터 접근할 수 있을 것이다. 워크샵이나 평가 세션은 시장과 같은 대체 쇼핑 환경 중 하나에서 수행 될 수 있다. 마지막 원칙은 수집된 모든 데이터를 저장하는 디자인 공간을 만드는데 적용될 수 있으며, 개발 팀이 사용자와 제품 목표에 대해 더 자세히 알아볼 수 있는 곳으로 이를 활용할 수 있다. ■

실증적 평가

특정 유용성 및 사용자 경험 목표는 프로젝트 초기에 식별되고 명확하게 문서화되고 합의되어야 한다. 디자이너는 대체 디자인을 선택하고 제품 개발 과정을 점검할 수 있다. 앞 단에서 특정 목표를 세운다는 것은 개발된 제품이 정기적으로 평가될 수 있음을 의미한다.

반복적인 설계

반복을 통해 피드백을 기반으로 디자인을 개선할 수 있다. 사용자와 디자이너가 함께 참여하고 요구사항, 희망사항, 기대를 논의하기 시작하면, 필요한 내용, 도움이 되는 내용 및 실현 가능한 내용에 대한 다양한 통찰력이 나온다. 이 과정에서 서로의 활동을 반복적으로 공유하는 것이 필요하다. 그리고 디자이너가 훌륭하더라도 사용자가 자신의 목표를 명확하게 인식하고 있더라도, 피드백에 비추어 아이디어를 수정해야 할 필요가 있다. 혁신을 시도할 때에도 특히 그렇다. 혁신은 여간 해서 급진적으로 나타나기 어렵다. 시간, 진화, 시행착오, 그리고 많은 인내가 필요하다. 디자이너가 처음부터 정답을 이끌어내는 것이 불가능하기 때문에 반복이 불가피하다(Gould와 Lewis, 1985).

9.2.4 인터랙션 디자인의 네 가지 기본 활동

1장에서는 인터랙션 디자인을 위한 네 가지 기본 활동을 소개한 바 있으며, 그 중 일부는 실습해보기 9.1을 수행할 때 적용할 수 있다. 그것은 즉, 사용자 경험을 위한 요구사항을 정립하고, 요구사항을 충족시키는 대안을 설계하며, 의사소통 및 평가를 위해 대안을 프로토타이핑하고, 마지막으로 프로세스 및 사용자 경험을 통해 구축되는 내용을 평가하는 것이다. 이들은 상당히 일반적인 활동이며 그래픽 디자인, 건축 디자인 및 제품 디자인과 같은 다른 디자인 분야에서도 볼 수 있다.

요구사항 정립

사용자를 지원하기 위해 무언가를 디자인하기 위해서는 대상 사용자가 누구인지, 인터랙티브 제품이 유용하게 제공할 수 있는 지원이 무엇인지를 알아야 한다. 이러한 요구는 제품 요구사항의 기초를 형성하고 후속 설계 및 개발을 뒷받침한다. 이 활동은 사용자 중심 접근 방식의 기본이며 인터랙션 디자인에서 매우 중요하다. 이러한 요구사항을 이해하기 위해서는 7장과 8장에서 논의되는 데이터 수집 및 분석을 통해 수집해야 한다. 요구사항 활동은 10장에서 자세히 설명한다.

대안 설계

이것은 디자인의 핵심 활동이다. 실제로 요구사항을 충족시키기 위한 아이디어를 제안한다. 이 활동은 개념 설계 및 구체적 설계의 두 가지 하위 활동으로 볼 수 있다. 개념 설계는 제품의 개념 모델을 생성하는 활동을 수반한다. 개념 모델은 사람들이 제품으로 무엇을 할 수 있는지, 그리고 제품과 인터랙션하는 방법을 이해하는 데 필요한 개념을 설명하는 추상적인 것이다. 구체적인 설계에서는 사용할 색상, 사운드 및 이미지, 메뉴 디자인, 그리고 아이콘 디자인을 포함하여 제품의 세부 사항을 고려한다. 대안은 모든 시점에서 고려된다. 2장에서 개념 디자인 아이디어 몇 가지와 6장에서 특정 인터페이스 유형에 대한 몇 가지 디자인 문제를 다룬 바 있다. 11장에서 인터랙티브 제품을 설계하는 방법에 대해 자세히 설명할 예정이다.

프로토타이핑

인터랙션 디자인에는 인터랙티브 제품 설계가 포함된다. 사용자가 이러한 디자인을 평가하는 가장 현명한 방법은 프로토타입을 이용하는 방법이다. 이것은 반드시 소프트웨어가 필요하다는 것을 의미하지는 않는다. 프로토타입 기술에는 여러 가지가 있으며, 모든 것이 실제와 같이 작동하는 소프트웨어가 항상 필요하지는 않다. 예를 들어, 종이 기반 프로토타입은 매우 빠르고 저렴하며 설계 초기 단계에서 문제를 식별하는 데 매우 효과적이다. 역할극 사용자는 제품과 인터랙션할 수 있는 실제 느낌을 얻을 수 있다. 프로토타이핑은 11장에서 다룬다.

평가

평가는 다양한 사용성 및 사용자 경험 측면에서 제품 또는 디자인의 사용성 내지 수용 가능성을 확인, 결정하는 프로세스이다. 인터랙션 디자인은 개발 과정에서 높은 수준의 사용자 개입이 필요하며 이는 제품의 수용 가능성을 높인다. 평가는 최종 제품이 목적에 부합하는지 확인하는 품질 보증 및 테스트를 대체하지는 않지만 보완하고 향상시킨다. 13장에서 15장 사이에서 평가에 대한 내용을 다룬다.

요구사항 정립, 대안 설계, 프로토타이핑 및 평가는 서로 얽혀 있다. 프로토타입을 통해 대안을 평가하고, 재설계를 위한 피드백을 줄 수 있으며, 누락된 요구사항을 찾을 수도 있다. 이 반복은 사용자 중심 접근 방식의 핵심 특징 중 하나이다.

9.2.5 인터랙션 디자인을 위한 간단한 라이프 사이클 모델

인터랙션 디자인과 관련된 활동을 이해하는 것이 이를 수행하는 첫 번째 단계이다. 하지만 전체 개발 프로세스를 볼 수 있도록 활동이 서로 어떻게 관련되어 있는지 고려하는 것도 중요하다. 라이프 사이클 모델이라는 용어는 일련의 활동과 그 활동과 관계가 있는 모델을 표현하기 위해 사용된다. 소프트웨어 엔지니어링은 폭포, 나선형 및 RAD(Rapid Application Development) 모델을 포함하여 많은 라이프 사이클 모델을 창안했다(Sommerville, 2010). 폭넓게 사용되지는 않았지만 소프트웨어 개발의 반복적 성격을 반영하는 라이프 사이클 모델 중 하나는 샘 라이프 사이클 모델이다(Henderson-Sellers와 Edwards, 1993). HCI 분야는 Star(Hartson과 Hix, 1989) 및 국제 표준 모델 ISO 9241-210과 같은 여러 라이프 사이클 모델과 관련되어 있다.

기존 모델은 다양한 수준의 정교함과 복잡성을 갖추고 있다. 소수의 숙련된 개발자만 참여하는 프로젝트의 경우 간단한 프로세스만으로 충분하다. 그러나 수백 또는 수천 명의 사용자가 존재하며 수십 또는 수백 명의 개발자가 참여하는 대규모 시스템의 경우 간단한 프로세스만으로는 유용한 제품을 설계하는데 필요한 관리 구조와 규율을 제공하기에 충분하지 않다. 더 많은 형식과 규율을 제공할 수 있는 무언가가 필요하다(생각해보기 9.1에서 인터랙션 디자인에 대한 시스템 설계 접근 방식으로 설명됨). 그렇다고 해서 반드시 혁신이 손실되거나 독창성이 억눌리는 것을 의미하는 것은 아니다. 단지 구조화된 프로세스가 독창성을 위한 안정적인 프레임워크를 제공하는데 사용된다는 것이다.

간단하건 복잡하건 모든 라이프 사이클 모델은 현실의 단순화된 버전이다. 그것은 추상화를 위한 것이며, 좋은 추상화가 으레 그렇듯이 당면 과제에 필요한 세부 사항만 포함된다. 라이프 사이클 모델을 실제로 적용하고자 하는 조직은 특정한 환경과 문화에 대한 세부 사항을 추가해야 한다.

인터랙션 디자인의 활동은 그림 9.3과 같다. 이 모델은 인터랙션 디자인의 네 가지 활동과 위에서 논의된 사용자 중심 설계의 세 가지 원칙을 통합한다. 개발되는 제품의 종류에 따라 모든 측면에서 이 모델을 따르는 것이 가능하지 않거나 적절하지 않을 수 있다. 그리고 실제 프로젝트에서 라이프 사이클을 실천하기 위해 더 많은 세부 사항이 필요할 수 있다. 평가 가능한 사용성 및 사용자 경험 기준은 모든 활동에서 조기에 지정되고 참조되지만, 각 활동의 산출물은 명시하지 않았다.

이 모델은 규범을 제정하기 위해 만들어진 것이 아니다. 즉, 이것을 모든 인터랙티브 제품의 개발 방식이라거나 그렇게 개발되어야 한다고 생각해서는 안 된다. 이것은 인터랙션 디자인에 대한 관찰과 이 책에 대한 연구에서 수집한 정보를 기반으로 할 뿐이다. 위에서 언급한 소프트웨어 엔지니어링 및 HCI 라이프 사이클 모델에 뿌리를 두고 있으며 현장에서 실제로 수행되고 있다고 믿는 것을 나타낸다.

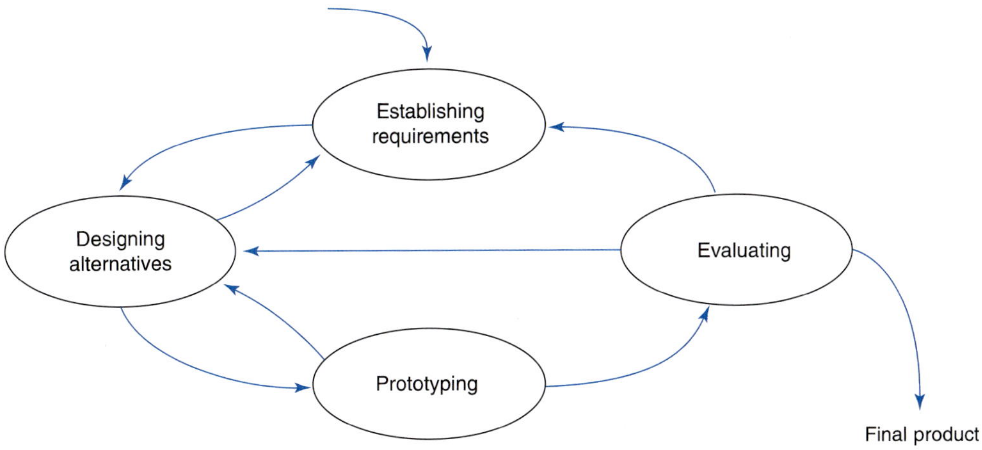

그림 9.3 간단한 인터랙션 디자인 라이프 사이클 모델

대부분의 프로젝트는 요구사항을 설정하는 것으로 시작된다. 프로젝트는 이전에 수행한 평가 활동을 기화로 발생할 수 있다. 하지만 새로운(또는 수정된) 제품의 라이프 사이클은 현재 시점부터 시작된다. 이 활동에서 찾아낸 요구사항을 충족시키기 위해 일부 대체 설계가 생성된다. 그런 다음 프로토타입 디자인을 개발하고 평가한다. 평가에서 얻은 피드백을 토대로 팀은 더 많은 요구사항을 확인하거나 요구사항을 수정하기 위해 돌아올 필요가 있거나 다시 설계할 수 있다. 하나 이상의 대안 설계가 다른 설계와 동시에 반복주기를 따르거나 한 번에 하나의 대안이 고려 될 수 있다. 이 사이클에서 암시하는 것은 최종 제품이 거친 초기 아이디어에서 완제품에 이르기까지 진화적인 방식으로 출현한다는 것이다. 이 진화의 방식은 프로젝트마다 다를 수 있으며 11장에서이 문제를 다룬다. 사이클을 통해 횟수를 제한하는 유일한 요인은 사용 가능한 리소스이지만 숫자가 무엇이든 간에 평가 활동으로 개발이 끝난다. 최종 제품이 규정된 사용자 경험 및 사용성 기준을 충족하는지 확인할 필요가 있다.

9.3 현실적인 문제들

지금까지의 토론에서는 사용자 중심 디자인의 실제 적용 시 발생 가능한 문제점들, 그리고 인터랙션 디자인의 간단한 라이프 사이클에 대한 문제점들을 강조했다. 이러한 문제는 실제로 인터랙션 디자인을 수행할 수 있도록 해결되어야 한다. 우리는 다음 질문에서 이러한 문제를 재조명할 수 있다.

- 사용자는 누구인가?

- 요구사항의 의미는 무엇인가?
- 대안을 어떻게 생성하는가?
- 대안들 중 무엇을 선택할 것인가?
- 인터랙션 디자인 활동을 다른 라이프 사이클 모델과 어떻게 통합할 것인가?

9.3.1 사용자는 누구인가?

사용자, 그리고 인터랙션 디자인 프로세스에 대한 사용자 개입에 대한 내용들과 관련해서 생각할 수 있는 가장 기본적인 질문은 '사용자는 누구인가?'이다.

사용자를 식별하는 것은 단순한 활동처럼 보일 수 있지만 실제로 '사용자'라는 용어에 대한 해석이 분분한 편이다. 적합한 사용자 중심의 설계는 성공적인 사용자 중심 설계에 중요하다. 가장 분명한 정의는 작업을 수행하기 위해 제품과 직접 인터랙션하는 사람들이라는 것이다. 대부분의 사람들은 이 정의에 동의할 것이다. 그러나 또한 사용자로 생각할 수 있는 다른 사람들이 있다. 예를 들어, Holtzblatt과 Jones(1993)는 사용자를 직접적으로 관리하는 사용자, 제품을 수령하는 사용자, 시스템을 테스트하는 사용자, 구매 결정을 내리는 사용자, 경쟁 제품을 사용하는 사용자를 사용자 정의에 포함시켰다. Eason(1987)은 1차, 2차, 3차 사용자 범주를 정의하였다. 1차 사용자는 시스템의 실제 사용자가 될 가능성이 큰 사용자이다. 2차 사용자는 간헐적인 사용자이거나 중개자를 통해 시스템을 사용하는 사용자이다. 3차 사용자는 시스템 도입에 영향을 받는 사용자 또는 구매에 영향을 미치는 사용자를 일컫는다.

문제는 성공적인 제품 개발에 의외로 광범위한 사람들이 관련되어 있다는 것이다. 이 사람들은 이해 관계자라고 불린다. 이해 관계자는 "시스템으로부터 영향을 받고 시스템 요구사항에 직접 또는 간접적인 영향을 미치는 사람 또는 조직"으로 정의할 수 있다(Kotonya와 Sommerville, 1998). Dix *et al.*(2004)은 사용자 중심의 개발 관점에 다음과 같이 매우 적절한 관찰을 한 바 있다. 시스템을 주문하는 공식 '고객'이 실제로 중요하지 않은 경우가 많다는 것이다. 일부 이해 관계자로부터 영향력 또는 통제력을 어떻게 받고 있는지 매우 주의 깊게 살펴야 할 것이다.

특정 제품에 대한 이해 관계자 그룹은 일반적으로 사용자로 생각되는 그룹보다 커야 한다. 당연히 실제 사용자를 포함할 것이다. 앞에서 언급한 정의를 사용하여 이해 관계자 그룹은 개발 팀 자체는 물론 직접 사용자, 관리자, 제품 산출물 수령자, 신제품 출시로 인해 일자리를 잃을 수도 있는 사람들을 포함한다(Sharp *et al.*, 1999).

예를 들어, 실습해보기 9.1의 여행 플래너를 다시 고려해보자. 이 책에서 제공된 설명에 따르면, 시스템의 사용자 그룹에는 단 하나의 구성원만 있다. 그러나 시스템의 이해 관계자는 방문하려는 사람, 항공편을 예약한 항공사, 머무를 호텔의 직원, 고객의 정보가 정확한 것인지 검증하는데 관심이 있는 회사와 그 회사의 직원들, 여행 경로에 위치해 있는 레스토랑들(시스템에서 제안한 경로가 해당 레스토랑을 지나갈 것인지 여부를 결정하기 때문이다) 등을 포함한다.

프로젝트의 이해 관계자를 설정한다는 것은 누가 참여해야 하는지, 어느 정도 수준으로 의사결정을 내려야 하는지 정하는 것을 의미한다. 그러나 관련이 있는 이해 관계자를 포함시키는 방법은 꽤나 복잡하다. 알렉산더와 로버트슨(Alexander와 Robertson, 2004)은 양파 다이어그램을 사용하여 이해 관계자와 그 참여를 모델링할 것을 제안한다. 이 다이어그램은 이해 관계자 영역의 동심원을 보여 주며 적절한 제품을 개발할 수 있도록 도와준다. Lim *et al* (2010)은 관련 이해 관계자를 식별하고 우선순위를 정하기 위해 소셜 네트워킹을 통한 권장사항에 의존하는 StakeNet이라는 프로세스 및 지원 도구를 개발했다. Ellen Gottesdiener는 이 장의 끝에서 그녀의 인터뷰에서 이해 관계자의 역할에 대해 설명한다.

실습해보기 9.3

대형 슈퍼마켓 내 자동화된 체크 아웃 시스템의 이해 관계자는 누구인가?

조언

첫째, 고객이 있다. 시스템의 성공과 사용성에 대한 그들의 지분은 매우 명확하고 직접적이다. 고객은 시스템이 제대로 작동하여 상품에 대해 적절한 금액을 청구하고, 올바른 영수증을 받고, 불만을 일으키지 않고 신속하고 효율적으로 상품을 구매할 수 있기를 원한다. 체크 아웃 도우미가 있다. 이들은 문제가 있을 경우 고객을 도울 수 있는 사람들이다. 체크 아웃 도우미는 고객이 만족하고 행복하기를 원하며, 심술 궂은 사람을 다룰 필요가 없다. 이 그룹 외에는 슈퍼마켓 관리자와 슈퍼마켓 소유자가 있다. 이들은 또한 도우미들이 행복하게 되고 고객이 만족하고 불평하지 않기를 원한다. 그들은 또한 시스템이 지불을 올바르게 처리할 수 없는 이유로 돈을 잃고 싶지도 않다. 이 시스템의 성공에 영향을 줄 다른 사람들로는 창고 직원, 슈퍼마켓 공급업체, 슈퍼마켓 소유자 가족 및 해당 시스템의 성공 또는 실패로 인해 영향을 받는 지역 상점 주인과 같은 다른 슈퍼마켓 직원을 포함한다. 그렇다고 지역 상점 주인에게 슈퍼마켓 체크 아웃 시스템에 대한 요구사항을 문의해야 한다고 제안하지는 않는다. 그러나 창고 직원과 이야기하는 것은 중요할 수도 있다. 특히 시스템이 재고 관리 또는 다른 기능과 연결되어있는 경우에 말이다. ■

9.3.2 요구사항의 의미는 무엇인가?

1990년대 후반에 거리에서 누군가에게 필요한 것을 물어 보았다면, 그 대답에는 양방향 텔레비전이나 MP3 플레이어가 통합된 스키 재킷 또는 로봇 애완 동물이 포함되었을 것이다. 같은 사람에게 이러한 가능성을 제시하고 가능한 경우 구매할 것인지 묻는다면 그 답이 더 긍정적일 수 있다. 우리가 필요를 파악하고자 할 때 사람들에게 '무엇이 필요합니까?'라는 질문을 한 다음 바로 그 필요한 것을 주지 않는다. 어차피 사람들은 무엇이 가능한지 알 수 없는 경우가 많다. 로버트슨과 로버트슨(Robertson과 Robertson, 2013)은 사용자가 생각해본 적이 없는 욕구를 언급한다. 이 경우 직접적으로 물어보는 대신 사용자의 특성과 능력, 달성하려는 목표, 현재 달성 방법, 그리고 목표를 보다 효과적으로 즐겁게 달성할 수 있는지에 대한 이해를 통해 접근해야 한다.

사용자의 특성과 능력에는 다양한 차원이 있으며 이는 제품 설계에 영향을 미친다. 3장에서 이 중 일부를 다루었다. 사람의 신체적 특징 또한 디자인에 영향을 줄 수 있다. 손의 크기는 입력 버튼의 크기와 위치에 영향을 줄 수 있으며, 움직임과 관련된 능력은 특정 입력 및 출력 장치의 적합성에 영향을 미칠 수 있다. 키는 물리적 키오스크 디자인과 관련이 있다. 그리고 장난감을 디자인할 때의 가해지는 힘의 크기도 중요하다. 장난감은 작동하기에 너무 강한 힘을 요구해서는 안 되지만, 건전지를 바꾸는 등 일부 작업의 경우에는 대상 연령대의 아이들을 고려하지 않고 성인들을 고려해야 할 수 있다. 문화적 다양성과 경험은 의도된 사용자 그룹이 사용된 용어에 영향을 미칠 수 있다. 사용자 집단이 기술에 대해 얼마나 잘 적응하는지 또는 시설이 어떻게 사용될 수 있는지도 고려해야 한다(10장에서 사용자 요구사항에 대해 자세히 논의함).

제품이 새로운 발명인 경우에는 사용자 및 대표 작업을 식별하는 것이 어려울 수 있다. 예를 들어, 차량 내 내비게이션 시스템이 처음 개발되기 전에는 요구사항에 대해 문의해볼 사용자가 없었으며 식별할 대표적인 작업도 없었다. 시스템을 개발하는 사람들은 누가 그것을 사용하기를 원하는지 알 수 없으며 그것을 할 수 있을지에 대해서도 상상해야 했다.

디자이너가 단순히 자신이 사용하고자 하는 것을 디자인하는 것이 유혹적 일 수 있다. 그러나 그들의 경험과 기대가 다르므로 아이디어가 반드시 대상 사용자 그룹의 아이디어와 일치하지는 않는다. 따라서 실제 목표 그룹의 대표 사용자와 상의해보는 것이 필수적이다. 예를 들어, Netpliance는 사용자가 인터넷에서 특정 작업을 수행하는데 필요한 모든 서비스를 완벽하게 통합할 수 있는 새 제품을 개발했다(Isensee *et al.*, 2000). 그들은 사용자 중심의 접근법을 취하고 포커스 그룹 인터뷰 및 설문 조사를 통해 고객의 요구사항을 파악했다. 이 과정에서 개발자는 포커스 그룹 인터뷰에서 많은 것을 배울 수 있었다.

제품이 새로운 발명인지 아닌지 간에, 이미 확립된 유사한 행동을 이해함으로써 시작하는 것이 유용하다. 사람들의 삶에 새로운 무언가, 특히 새로운 일상적인 아이템을 도입하는 것은 대상 사용자 인구의 문화 변화를 요구하며, 문화 변화에 영향을 미치는 데는 오랜 시간이 걸린다.

사용자의 목표와 사용성 및 사용자 경험 목표에 초점을 맞추는 것은, 사람들의 요구에 초점을 맞추고 요구사항을 알려줄 것으로 마음 편히 기대하는 것보다 인터랙션 디자인에 더 좋은 접근 방식이다. 이러한 목표를 조사하고 요구사항을 수립하기 위한 데이터 수집 기술은 7장과 10장에서 자세히 다룬다.

9.3.3 대안을 어떻게 생성하는가?

일반적인 인간의 경향은 우리가 알고 있는 어떤 것에 집중하는 것이다. 우리는 더 나은 해결책이 어딘가에 존재할 수 있다는 것을 알고 있지만, 그것이 효과적이라는 것을 알고 있기 때문에 이것을 받아 들이기가 매우 쉽다. 이 정도면 충분하다고 생각하는 것이다. 충분히 좋은 해결책을 위해 정착하는 것이 반드시 나쁜 것은 아니지만, 좋은 대안이 고려되지 않을 수 있기 때문에 바람직하지 못하며 대체 솔루션을 고려하는 것이 디자인 프로세스에서 중요한 단계이다. 그러나 이러한 대안적인 아이디어는 어디서 오는 것일까?

이 질문에 대한 한 가지 대답은 개별 디자이너의 재능과 창조성(생각해보기 9.1에 설명된 기발한 디자인)에서 비롯된 것이다. 어떤 사람들은 아이디어를 내놓는 것을 상당히 힘들어 하지만, 어떤 사람들은 영감에 찬 디자인을 마구 생산해내곤 한다. 따지고 보면 이 세상에는 새로운 것이 전혀 없다. 예를 들어, 증기 기관은 일반적으로 발명으로 간주되는데, 실제로는 끓는 주전자의 증기가 뚜껑을 들었다는 사실에 영감을 얻은 것이다. 끓는 주전자에서 증기 기관을 떠올리는 데에는 분명히 창의력과 공학이 뒷받침되었겠지만, 주전자가 한 상황에서 얻은 경험을 다른 상황에 적용 가능한 영감을 준 것도 사실일 것이다. 혁신은 대개 다른 관점, 개인 및 맥락에서 아이디어를 교차 수정하는 것을 통해 발생한다. 사용과 관찰을 통해 기존 제품의 진화시키거나 다른 유사 제품을 직접적으로 베끼거나 말이다.

Buxton(2007)은 사용자와 다른 시각이 대안 디자인에 대한 독창적인 아이디어를 창출했다고 기술한 바 있다. 다른 디자이너와 아이디어를 논의하는 것만으로도 교차 수정이 발생할 수 있다는 것이다. 진화의 한 예로 워드 프로세서를 생각해보자. 오피스 소프트웨어의 부가 기능들은 처음 등장한 이후로 점차 증가했다. 처음에는 워드 프로세서가 타자기의 전자 버전이었지만 점차적으로 맞춤법 검사기, 동의어 사전, 스타일 시트, 그래픽 기능 등 다른 기능들이 추가되었다.

창조성과 발명은 신비감으로 포장되긴 하지만, 우리는 과정의 일부와 창의력이 어떻게 강화되고 영감을 받을 수 있는지 이해할 수 있다. 예를 들어, 디자이너는 기존 디자인 샘플들을 통해 영감을 받아 대안 솔루션을 도출할 수 있다. 사례 기반 추론의 영역(Maher와 Pu, 1997)은 이전의 유사한 문제를 해결함으로써 얻은 지식을 바탕으로 디자이너가 새로운 문제를 해결한다는 관찰에서 나왔다. Schank(1982, p.22)는 "전문가는 자신의 현재 경험을 처리하는데 도움이 되는 적절한 이전 경험을 생각나게 하는 사람"이라고 칭한다. 그런 경험은 디자이너 자신이 했던 것일 수도 있지만 다른 이의 경험을 가져온 것일 수도 있다.

창조성에 대한 또 다른 접근법으로 Maiden *et al* (2007a)에 의해 다루어진 것이 있다. 이들은 항공 교통 관리(ATM) 응용 분야에서 혁신적인 요구사항을 생성하기 위해 창의성 워크샵을 운영하고 있다. 그들의 아이디어는 다른 분야의 전문가를 워크샵에 초청한 다음 이해관계자가 해당 전문가 분야에서의 해결법을 보고 응용 아이디어를 떠올릴 수 있도록 하는 것이다. 예를 들어, 그들은 인도의 섬유 전문가, 음악가, TV 프로그램 스케줄러, 박물관 전시 디자이너를 초청했다. 모두들 완전히 다른 분야의 전문가임에도 불구하고 항공 교통 관리 애플리케이션을 위한 창의적인 아이디어를 촉발시켰다. 예를 들어, 참가자들은 하나의 텍스타일 디자인이 우아하고 단순하고 아름답고 대칭이라고 이야기했다. 그런 다음 이 속성들을 항공기 충돌 해결의 핵심 영역인 ATM 영역으로 가져와 생각을 시작해보았다. 그들은 이 맥락에서 우아함의 의미를 탐구했고 우아함이 다른 관제사에 의해 다르게 인식된다는 것을 깨달았다. 이로부터 시스템은 충돌 해결 중에 다른 항공 교통 관제사 스타일을 수용할 수 있어야 한다는 요구사항을 만들게 되었다.

이 질문에 대한보다 실용적인 대답은 대안이 다른 시각을 찾고 다른 디자인을 바라 보는 데에 있다. 영감과 창의력의 과정은 디자이너 자신의 경험을 자극하고 다른 사람들의 아이디어와 제안을 연구함으로써 향상 될 수 있다. 의도적으로 영감을 얻는 방법을 찾는 것은 모든 디자인 과정에서 중요한 단계이다. 이러한 소스는 경쟁 제품과 같이 의도한 신제품에 매우 근접하거나 유사한 시스템의 이전 버전 일 수도 있고 완전히 다른 무언가 일 수도 있다.

상황에 따라 대체 디자인을 고려할 수 있는 범위가 제한 될 수 있다. 디자인은 제약 조건을 균형적으로 조정하기 위해 한 요구사항을 다른 것과 끊임없이 교환하는 프로세스이다. 이 상황에서 사용 가능한 대안이 거의 없다는 제약이 있을 수도 있다. 예를 들어, Windows 운영체제에서 실행되는 소프트웨어 시스템을 설계하는 경우, Windows 룩앤필도 준수해야 하고 사용자를 위해 Windows 프로그램을 일관성 있게 유지해야 하기도 한다. 이 상황에서 충돌이 일어날 수도 있다. 기존 시스템에 대한 업그레이드를 할 때, 익숙한 요소를 유지하고 기본적으로 동일한 사용자 환경을 유지하고자 하는 유인과 충돌이 일어날 수 있다.

실습해보기 9.4

이 장의 시작 부분에 소개된 여행 플래너를 다시 고려해보자. 과정을 다시 생각해 보면, 무엇이 윤곽을 그리는 디자인에 영감을 주었을까? 진정한 혁신이라고 믿는 요소가 있는지 확인해보자.

조언

필자의 디자인을 위해, 필자는 여행 정보의 기존 틀에 상당히 좌우되었다. 특히 기존 틀 속에서 결함으로 보는 대상들 말이다. 예를 들어, 온라인 시간표에 가면 집 근처 기차역을 항상 찾아서 들어가야 하는데(특히, 구별해야 할 두 개의 다른 역이 있다는 것을 순간적으로 기억하지 못하는 경우), 매번 번거롭다. 필자가 항상 비행기에서 채식을 주문하는 것과 같은 개인적인 세부사항을 시스템이 항상 기억하고 있어야 할 것이라고 생각했다.

사람들이 일반적으로 고려하는 것들 중에는 기존 시간표, 팜플렛, 티켓 등이 포함된다. 어쩌면 정기적으로 웹사이트를 사용하여 항공편이나 숙박 시설을 예약할 수도 있다. 정말 많은 종류의 상황과 정보들이 있다. 혁신적인 아이디어가 얼마나 중요한지 잘 모르겠지만, 필자에게 중요한 것은 응용 프로그램을 사용자의 습관에 맞게 조정하는 것이었다. 디자인이 당신에게 독특하고 어느 정도 혁신적일 수 있는 다른 많은 측면들이 있다. ■

생각해보기 9.4

아이디어로 가득 찬 상자

혁신적인 제품 디자인 회사인 IDEO는 1장에서 소개된 바 있다. 창의적 감각의 일부가 TechBox라는 대형 보관함에 저장되어 있다(그림 9.4 참조). TechBox에는 놀라운 재료, 차가운 메커니즘, 흥미로운 제조 프로세스, 전자 기술, 그리고 열 및 광학과 같은 범주로 분류된 수백 개의 장치 및 흥미로운 재료들이 들어 있다. 각 항목은 깔끔한 생각이나 새로운 과정을 나타내기 때문에 상자에 넣었다. IDEO의 직원은 TechBox에서 브레인스토밍 회의에 필요한 항목을 선택한다. 항목은 유용한 시각적 소품이나 특정 문제에 대한 가능한 해결책으로 구성되어 있다.

각 항목에는 이름과 카테고리가 명확하게 표시되어 있다. 자세한 내용은 TechBox의 온라인 카탈로그를 참조하라. 각 항목에는 항목이 무엇인지, 왜 흥미로운 지, 어디서 왔는지, 누가 그것을 사용했는지에 관한 자체 페이지가 있다. 상자 안의 항목에는 금속 코팅 목재 샘플, 구멍이 있거나 없으며 늘리거나 구부리거나 모양, 색 변형이 가능한 소재 등이 포함되어 있다.

IDEO의 각 사무실에는 TechBox가 있고 각 TechBox에는 항목을 유지 관리하고 카탈로그를 작성하며 사무실에서의 사용을 장려하는 자체 큐레이터가 있다. 누구나 새로운 항목을 제안할 수 있으며 항목이 평범해지면 다음 세대의 매혹적인 것들을 위해 TechBox에서 제거된다. ■

그림 9.4 IDEO의 TechBox

출처: Reproduced by permission of IDEO. Photo by Jorge Davies.

딜레마

영감을 위한 복제: 그것은 합법적일까?

디자이너는 새로운 프로젝트에 접근할 때 기존 경험을 활용한다. 여기에는 그들이 알고 있는 이전 디자인, 자신이 만든 디자인 및 다른 사람들이 만든 디자인이 포함된다. 다른 사람들의 창조물은 종종 새로운 아이디어와 혁신으로의 영감을 불어 넣는다. 이것은 잘 알려져 있고 이해되어 있다. 그러나 아이디어의 표현은 저작권으로 보호되며 저작권을 침해하는 사람들은 법원에 기소될 수도 있다. 저작권은 아이디어 자체가 아니라 아이디어의 표현을 의미한다. 예를 들어, 비슷한 기능을 가진 수많은 MP3 플레이어가 있지만, 아이디어가 서로 다른 방식으로 표현되면 저작권 침해가 아닐 수 있다. 저작권은 무료이며 저작권자에게 자동으로 귀속된다. 다른 사람에게 저작권을 위임하지 않는 한, 책을 쓰는 작가 또는 프로그램을 개발하는 프로그래머에게 할당된다. 취업을 통해 무언가를 생산하는 사람들은 고용 계약에 해당 고용 과정에서 발생한 모든 것에 관한 저작권이 자동으로 고용주에게 배정되며 직원은 권리가 없다는 내용이 포함되어 있을 수 있다.

특허는 표현보다는 아이디어 자체를 보호하는 대안이다. 발명자가 아이디어를 활용할 수 있는 기회를 제공할 수 있도록 다양한 형태의 특허가 있다. 오랜 시간이 걸리며 비용이 많이 드는 프로세스이기 때문에 소프트웨어에 특허권을 부여하는 것은 드문 일이다. 비즈니스 프로세스에 특허를 부여하는 사례가 몇 가지 있다. 예를 들어, Amazon은 원 클릭 구매 절차를 특허화하여 일반 사용자가 한 번의 마우스 클릭으로 구매를 선택하고 구매할 수 있게 한다 (미국 특허 번호 5960411, 1999년 9월 29일). 이것은 시스템이 고객의 세부 정보를 저장하고 Amazon 사이트에 다시 접근할 때 이를 인식하기 때문에 가능하다.

최근 몇 년 동안 크리에이티브 커먼즈 커뮤니티(creativecommons.org)는 다른 사람들이 만든 저작물을 재사용하고 확장하여 협업을 지원할 수 있는 보다 유연한 라이선스 협정을 제안했다. 예를 들어, 오픈 소스 소프트웨어 개발 운동에서 소프트웨어 코드는 자유롭게 배포되며 수정되어 다른 소프트웨어에 통합되고 동일한 오픈 소스 조건 하에서 재배포 될 수 있다. 오픈 소스 코드 사용에 따른 로열티는 없다. 이러한 움직임은 저작권이나 특허법을 대체하지는 않지만 아이디어 보급을 위한 대안적인 경로를 제공한다.

여기에서 딜레마는 다른 사람의 작품을 영감의 원천으로 사용할 때와 저작권이나 특허법을 침해할 때 사이에 놓여 있다. 이 문제를 둘러싼 문제는 복잡하고 상세하며 이 책의 범위를 훨씬 넘어서는 것이지만, 법적인 사례와 및 최신 정보는 Bainbridge(2014)에서 찾을 수 있다. ■

9.3.4 대안들 중 무엇을 선택할 것인가?

대안 중에서 선택하는 것은 디자인 결정을 내리는 것이다. 장치가 키보드 입력 또는 터치 스크린을 사용하는가? 제품이 자동 메모리 기능을 제공 하는가? 이러한 결정은 사용자 및 작업에 대해 수집된 정보와 아이디어의 기술적 타당성에 의해 정보가 제공된다. 일반적으로 결정은 두 가지 범주로 나뉜다. 즉, 외부에서 볼 수 있고 측정 가능한 기능에 관한 것과, 시스템 내부의 특성에 관한 것이다. 후자의 분석하거나 뜯어보지 않으면 관찰하거나 측정할 수 없다. 예를 들어, 사진 복사기의 경우, 외부에서 눈으로 볼 수 있고 측정 가능한 요소에는 기계의 물리적 크기, 복사 속도와 품질, 사용할 수 있는 용지의 크기 등이 포함된다. 이러한 요인의 근본적인 특성은 기계를 열어보지 않으면 관찰하거나 연구할 수 없다. 예를 들어, 복사기에 사용되는 재료의 선택은 마찰 특성 및 특정 조건에서 변형되는 정도에 따라 달라질 수 있다.

인터랙티브 제품에는 외부에서 볼 수 있고 측정할 수 있는 요소와 사용자 관점에서 볼 수 없는 요소가 있다. 예를 들어 웹페이지가 로드되는데 30초가 걸린 이유, 휴대폰 텍스트 메시지가 도착하는데 1시간이 걸리는 이유는 웹페이지 또는 휴대 전화 소프트웨어를 만들 때 내린 기술적인 결정에 영향을 받는다. 사용자의 관점에서 중요한 관찰은 로드하는데 30초 또는 도착하는데 1시간이 걸린다는 사실이다.

인터랙션 디자인에서는 사용자가 제품과 인터랙션하는 방식이 설계의 원동력으로 간주되므로 외부에서 가시적이며 측정 가능한 동작에 집중한다. 세부적인 내부 활동은 외부 행동이나 특징에 영향을 미치는 한도 내에서만 중요하다.

위의 질문에 대한 한 가지 대답은 사용자와 이해 관계자가 인터랙션할 수 있게 하고 경험, 선호도 및 개선 제안에 대해 토론함으로써 대체 디자인 중에서 선택하는 것이다. 이는 개발에 대한 사용자 중심 접근 방식의 기본이다. 따라서 디자인은 사용자가 합리적으로 평가할 수 있는 형태로 제공되어야 하며 기술 전문 용어나 표기법으로는 이해할 수 없는 형태가 아니어야 한다.

전통적으로 디자인을 전달하는데 사용되는 한 가지 형식은 문서이다. 무언가가 어떻게 작동하는지 또는 구성 요소를 보여주는 다이어그램 등이 포함된다. 문제는 정적인 설명이 행동의 역동성을 쉽게 포착할 수 없으며 인터랙티브 제품의 경우 실제로 작동할 것처럼 사용자에게 알릴 필요가 있다는 것이다.

많은 디자인 분야에서 프로토타이핑은 잠재적인 고객의 오해를 극복하고 제안된 디자인과 제작의 기술적 타당성을 테스트하는데 사용된다. 프로토타이핑은 디자인의 타당성 또는 적합성에 대한 특정 질문에 답하기 위한 목적으로 제한된 버전의 제품을 생산하는 것을 포함한다. 프로토타입은 단순한 설명보다 사용자 경험에 대한 더 나은 인상을 주며 다른 개발 단계 및 다양한 종류의 정보를 추출하는 데 적합한 여러 종류의 프로토타이핑이 있다. 프로토타이핑은 11장에서 자세히 설명한다.

대안들 사이에서 선택할 수 있는 또 다른 기준은 품질이지만, 이는 품질의 의미를 분명히 이해할 것을 요구한다. 품질이 우수한 제품에 대한 사람들의 관점은 다양하다. 우리가 무엇인가를 사용할 때마다 우리는 기대하거나, 원하거나 필요로 하는 수준의 개념을 가지고 있다. 이 수준의 품질이 공식적으로 또는 비공식적으로 표현되는지 여부는 중요하지 않다. 요점은 그것이 존재한다는 것이며, 우리는 대체 항목을 평가하기 위해 그것을 의식적으로 또는 무의식적으로 사용한다. 예를 들어, 웹페이지를 다운로드 하는데 너무 오래 기다려야 하는 경우 포기하고 다른 사이트 접속을 시도할 가능성이 있다. 웹페이지를 다운로드하는데 소요되는 시간과 관련된 특정 품질 척도를 적용할 수 있다. 한 스마트폰에서 좋아하는 음악 채널에 쉽게 접근할 수 있고 다른 스마트폰에서는 여러 가지 복잡한 절차가 포함되는 경우 후자보다는 전자를 구입할 가능성이 높다. 여기서 효율성과 관련된 품질 기준을 적용할 수 있다.

제품을 사용하는 유일한 사용자인 경우 다른 사람에게 알릴 필요가 없으므로 품질 정의를 반드시 표현할 필요는 없다. 그러나 우리가 보았듯이, 대부분의 프로젝트에는 다양한 이해 관계자 그룹이 관련되어 있다. 각 프로젝트마다 품질에 대한 정의가 다르며 허용되는 한계가 다르다. 예를 들어, 모든 이해 관계자들이 '응답 시간은 빠름'이나 '메뉴 구조가 사용하기 쉬움'와 같은 목표에 동의할지라도, 정확히 이것들이 의미하는 바는 다를 수 있다. 나중에 개발될 때 분쟁은 피할 수 없는데, 이해 관계자 중 한 명은 '1초 내'를 염두에 두고 또 다른 한 명은 '2~3초'를 생각할 수도 있다. 개발 초기에 명확하며 모호하지 않은 언어로 이러한 다양한 견해를 정리해두는 것이 좋다. 모든 이해 관계자가 잘 이해할 수 있는 제품을 생산하는 것이 중요하다. 기대를 명확히 하는데 도움이 되며 개발 프로세스의 제품을 측정할 수 있는 벤치마크를 제공하고 대안 중에서 선택할 수 있는 기반을 제공하는 것이 중요하다.

측정 가능하고 검증 가능한 사용성 기준을 작성하는 프로세스는 사용성 엔지니어링이라는 인터랙션 디자인 접근 방식의 주요 특징이다. 이것은 여러 해 동안 그리고 다양한 지지자들과 함께 등장했다(Whiteside *et al.*, 1988; Nielsen, 1993). 사용성 엔지니어링은 제품 성능의 정량화 가능한 척도를 지정하고 사용성 규격에서 문서화하고 제품에 대해 평가한다. 이 접근 방식을 사용하는 한 가지 방법은 이전 버전에 대한 사용성 테스트 결과를 신중하게 문서화한 피드백을 기반으로 시스템의 후속 버전을 변경하는 것이다.

실습해보기 9.5

실습해보기 9.1에서 설계한 여행 플래너를 고려해보자. 플래너의 품질을 결정하는데 사용할 수 있는 사용성 기준을 제안해보자. 1장에서 소개된 효과성, 효율성, 안전성, 유용성, 학습성, 기억 용이성 관련 목표를 사용하라. 가능한 한 구체적으로 작성하라. 측정할 항목과 그 실적을 측정하는 방법을 정확히 고려하여 기준을 확인하라.

그런 다음 1장에서 소개한 사용자 경험 목표(시스템이 만족스럽고, 즐겁고, 동기부여되고, 보람 있는 것인지 등)에 대해 동일한 작업을 수행하여라.

조언

이 중 일부에 대한 측정 가능한 특성을 찾는 것은 쉽지 않다. 다음은 몇 가지 제안 사항이지만 다른 것들을 발견했을 수도 있다. 가능한 경우 기준은 측정 가능하고 구체적이어야 한다.

- **효과성**: 이 목표에 대한 측정 가능한 기준을 확인하는 것이 다른 목표의 조합이기 때문에 특히 어렵다. 예를 들어, 특정 장소로 여행하거나 숙소를 예약할 때 시스템이 사용자를 지원하는가? 즉, 플래너가 사용되는가?
- **효율성**: 플래너로부터 추천을 요청할 때 적합한 호텔이나 세부 항공편 정보를 제시하기까지 응답 시간은 어느 정도 되는가?
- **안전성**: 얼마나 자주 데이터가 손실되거나 잘못된 옵션을 선택하는가? 예를 들어, 사용 시간 당 발생 횟수로 측정할 수 있다.
- **유용성**: 플래너가 제공하는 기능은 매주 사용되며 매달 몇 번, 2개월마다 몇 번씩 사용되는가? 기능이 없거나 플래너가 올바른 하위 작업을 지원하지 않아서 합리적인 시간 내에 완료하기 어려운 작업은 몇 개인가?

- **학습성**: 초보 사용자가 일련의 작업을 수행하는데 얼마나 오래 걸리는가? 특정 날짜에 파리의 호텔방을 예약하고 시드니에서 웰링턴까지의 적절한 항공편을 확인하고 중국에 가려면 비자가 필요한지 알아보아라.
- **기억용이성**: 플래너가 한 달 동안 사용되지 않으면 얼마나 많은 기능을 수행할 수 있는지 기억할 수 있는가? 가장 빈번한 업무 수행 방법을 기억하는 데 얼마나 걸리는가?

사용자 경험 기준에 대한 측정 가능한 특성을 찾는 것이 더 어렵다. 만족감, 재미, 동기 또는 심미성을 어떻게 측정하는가? 한 사람에게 즐거움을 주는 것은 다른 사람에게 지루할 수도 있다. 이러한 종류의 기준은 주관적이고 객관적으로 측정할 수 없다. ■

9.3.5 인터랙션 디자인 활동을 다른 라이프 사이클 모델과 어떻게 통합할 것인가?

인터랙션 디자인에 기여하는 다른 분야와 관련된 여러 라이프 사이클 모델이 있다(**그림 1.4** 참조). 이러한 라이프 사이클 모델 중 상당 부분은 소프트웨어 엔지니어링과 관련된 모델이다. 사용자 중심 설계 및 소프트웨어 엔지니어링을 가장 잘 통합하는 방법과 소프트웨어 엔지니어와 함께 사용자 중심 기술에 대한 인식을 높이는 방법에 대한 논의가 수년 동안 진행되어 왔다(Seffah *et al*., 2005)

최신 연구를 포함하여 일부는 통합에 대한 가장 유망한 시도가 애자일 소프트웨어 개발이라고 하는 소프트웨어 엔지니어링 방법에 초점을 두고 있다. 애자일 방법은 1990년대 후반에 등장하기 시작했다. 가장 유명한 것으로는 eXtreme Programming(Beck과 Andres, 2005), Crystal(Cockburn, 2005), Scrum(Schwaber와 Beedle, 2002), Adaptive Software Development(ASD)(Highsmith, 2000) 등이 있다. DSDM(Dynamic Systems Development Method)(DSDM, 2014)은 애자일 운동이 본격화되기 이전에 만들어졌지만 애자일 선언문(아래에 재현)을 준수하여 애자일 계통에 속한다고 볼 수 있다. 상세 방법들은 서로 다르지만 반복의 중요성, 초기 및 반복되는 사용자 피드백, 긴급 요구사항 처리, 유연성과 구조 간 적절한 균형 등을 강조한다. 이들은 또한 협업, 대면 커뮤니케이션, 불필요한 활동을 피하기 위한 능률화된 프로세스와 그 실행을 포함하여 작업 완료의 중요성을 강조한다.

애자일 소프트웨어 개발을 위한 선언문(http://agilemanifesto.org/iso/ko/manifesto.html)의 시작 문장은 다음과 같다.

> 우리는 소프트웨어를 개발하고, 또 다른 사람의 개발을 도와주면서 소프트웨어 개발의 더 나은 방법들을 찾아가고 있다. 이 작업을 통해 우리는 다음을 가치 있게 여기

게 되었다:

공정과 도구보다 개인과 상호작용을
포괄적인 문서보다 작동하는 소프트웨어를
계약 협상보다 고객과의 협력을
계획을 따르기보다 변화에 대응하기를

이 선언문은 비즈니스와의 의사소통에서 코딩의 우수성 및 수행된 작업의 양을 극대화하는 일련의 원칙에 의해 뒷받침된다. 애자일 개발 방식은 특히 긴밀한 반복과 피드백, 고객과의 협업(Armitage, 2004, Sharp *et al.*, 2006)을 포함하기 때문에 인터랙션 디자인의 관점에서 특히 흥미롭다. 예를 들어, eXtreme1 Programming(XP)에서 각 반복은 1~3주 사이에 있으며 각 반복의 끝에서 값진 결과가 나타난다. 또한 XP는 고객이 개발자와 함께 사이트에 있어야 한다고 규정한다. 실제로 고객 역할은 한 사람이 아닌 팀에 의해 수행되며(Martin *et al.*, 2009), 통합은 단순하지 않다(Ferreira *et al.*, 2012). 몇몇 회사는 더 나은 품질의 제품을 생산하기 위해 인터랙션 디자인 관행과 애자일 방법을 통합했다. 12장에서는 이 측면에 대해 자세히 설명한다.

실제로 사용자 중심 설계와 애자일 개발을 통합하는 주요 지지자 중 하나인 Jeff Patton은 디자이너가 팀의 일원이 되는 중요성을 비롯하여 사용자 연구와 함께 병렬 트랙을 사용하여 성공적인 애자일 제품 개발을 위한 몇 가지 공통적인 동작 패턴을 분명히 했다. 충분한 사용자 리서치, 모델링 및 디자인, 개발자가 복잡한 엔지니어링 사례를 작업할 때 디자인 타임 구입, 지속적인 사용자 유효성 검사를 위한 사용자 그룹 육성 등이 포함된다. 이것들은 얼마 전에 처음 등장했지만, 여전히 좋고 실용적인 조언이다.

Link to see Jeff Patton's common behaviours for successful agile product development at http://tinyurl.com/3rfnm2

이러한 권장 사항은 애자일 프로젝트 연구를 수행한 Nielsen Norman Group(Nielsen Norman Group, 2014)의 보고서에 반영되어 있으며 사용자 경험에 관심이 있고 개발에 대한 애자일 접근 방식을 채택한 16개 조직의 사례 연구를 깊이 분석하였다. 그들은 성공을 위해 두 가지 주요 권장 사항을 제시한다. 개발 및 설계를 별도의 트랙에서 실행하고(**그림 12.2** 참조), 인터페이스 아키텍처에 대한 일관된 비전을 유지하라는 것이다(Kollmann *et al.*, 2009).

과제

요즘 시계(예: 시계, 손목 시계 등)에는 다양한 기능이 있다. 그들은 시간과 날짜를 보여 줄뿐만 아니라 당신에게 말할 수 있고, 뭔가 할 시간이 되었을 때 상기시켜준다. 그리고 어둠 속에서 빛을 제공한다. 그러나 대부분이 장치의 인터페이스는 두 가지 기본 방법 중 하나인 시간을 표시한다. 23:40과 같은 디지털 숫자 또는 두 개 또는 세 개(예: 시, 분, 초)의 침을 사용하는 아날로그 디스플레이가 그것이다.

이 과제에서 우리는 자신이 사용할 수 있는 혁신적인 시계를 디자인해야 한다. 이것은 손목 시계, 벽난로 시계, 전자 시계 또는 당신이 좋아하는 시계의 다른 종류의 형태 일 수 있다. 당신의 목표는 발명적이고 탐구적인 것이다. 우리는 이 과제를 명확하게 하기 위해 다음 단계로 나누었다.

a. 디자인 중인 인터랙티브 제품에 대해 생각해보시오. 당신이 원하는 것을 무엇인가? 3~5명의 잠재 사용자를 찾아 원하는 것을 물어보자. 1장의 정의를 기반으로 몇 가지 사용성 기준 및 사용자 경험 기준과 함께 시계에 대한 요구사항 목록을 작성해보자.

b. 유사한 장치를 둘러보고 도움이 될만한 다른 영감의 원천을 찾아보자. 흥미롭고, 유용하며, 통찰력 있는 결과를 기록하자.

c. 초기 디자인을 스케치해보라. 요구사항들을 모두 충족하는 두 가지 이상의 대안을 개발하라.

d. 사용성 기준을 사용하고 스케치와 인터랙션하는 역할에 따라 두 디자인을 평가해보라. 가능한 경우 평가에 잠재 사용자를 참여시킨다. 당신이 원하는 방향으로 평가가 진행되었는가? 시간이나 다른 정보가 항상 표시되어 있는가? 디자인은 반복적이므로 대안 중 하나를 선택하기 전에 이전 프로세스 요소로 돌아가고 싶을 수 있다.

요약

이 장에서는 사용자 중심 설계와 인터랙션 디자인 프로세스, 즉 사용자 중심 설계란 무엇인지, 인터랙티브 제품을 설계하기 위해 필요한 활동은 무엇인지, 이러한 활동은 어떻게 관련되어 있는지 살펴 보았다. 네 가지 활동으로 구성된 간단한 인터랙션 디자인 라이프 사이클 모델이 소개되었고 사용자 참여 및 식별, 대안 생성, 평가, 그리고 사용자 중심 관심사를 다른 라이프 사이클과 통합하는 문제가 논의되다.

Key points

- 인터랙션 디자인 프로세스는 네 가지 기본 활동으로 구성된다. 요구사항 정립, 대안 설계, 프로토타이핑, 평가가 그것이다.
- 사용자 중심의 디자인은 사용자와 작업에 대한 선행 조사, 실증적 평가, 반복적 디자인의 세 가지 원칙에 기반한다. 이러한 원칙은 또한 인터랙션 디자인의 핵심이다.
- 설계 프로세스에서 사용자를 참여시키는 것은 기대 관리 및 소유권에 대한 느낌을 높이는데 도움이 되지만 언제 어떻게 사용자를 참여시킬 것인가는 분쟁의 소지가 있다.
- 요구사항을 설정하기 전에 사용자의 신원과 제품 사용에 대한 목표를 이해해야 한다.
- 다른 사람들의 디자인을 보고 다른 사람을 디자인에 참여시키는 것은 유용한 영감을 제공하며, 디자이너가 대안적인 솔루션을 만들어낼 수 있도록 도와준다.
- 사용성 기준, 기술적 타당성 및 프로토타입에 대한 사용자 피드백은 모두 대안 중에서 선택할 때 사용할 수 있다.
- 프로토타이핑은 모든 단계에서 디자인에 대한 사용자 피드백을 용이하게 하는 유용한 방법이다.
- 다른 라이프 사이클 모델과 인터랙션 디자인 활동을 통합하려면 신중한 계획이 필요하다.

Ellen Gottesdiener와의 인터뷰

EBG Consulting CEO이자 Principal인 Ellen Gottesdiener는 기업이 적시에 적절한 제품을 찾고 제공할 수 있도록 도와준다. Ellen은 요구사항 관리, 제품 관리, 프로젝트 관리의 융합 분야에서 세계적으로 인정받고 있다. Ellen은 고객과 협력하는 것 외에도 전 세계에 선물을 선사하고, 글쓰기를 하며, 훈련을 해준다. 그녀는 다수의 책을 집필한 바 있다.

요구사항이란 무엇입니까?

제품 요구사항은 목표를 달성하거나, 문제를 해결하거나, 기회를 활용하기 위해 충족되어야 하는 요구사항입니다. '요구사항'이라는 말은 문자 그대로 보면 절대적으로, 긍정적으로, 의문의 여지없이 필요한 것을 의미합니다. 제품 요구사항은 계획 및 개발을 위해 충분히 상세하게 정의해야 합니다. 그러나 그 노력과 비용을 지불하기 전에, 그것들이 반드시 꼭 해야 할뿐만 아니라 올바르고 관련된 요구사항이라는 것을 확신할 수 있을까요?

이러한 확실성에 도달하기 위해서는 이해 관계자가 제품의 옵션을 탐색하는 것이 가장 이상적입니다. 여기서 옵션이란 제품의 잠재적 특성, 요소 또는 품질을 나타냅니다. 내가 제품 파트너라고 부르는 이해 관계자는 비전을 실현할 수 있는 다양한 옵션을 제시하기 위해 광범위한 생각을 사용합니다. 그런 다음 옵션을 공동으로 분석하고 가치에 따라 옵션을 집합적으로 선택합니다.

모든 제품에는 여러 개의 요소가 있습니다. 실제로는 7개입니다. 7개에 대한 옵션을 발견하면 포괄적이고 사실적인 제품보기를 얻을 수 있습니다. 그것들은 다음과 같습니다.

제품 관련 요소	설명
사용자	사용자는 제품과 인터랙션합니다
인터페이스	제품은 사용자, 시스템 및 장치를 연결합니다
행동	제품은 사용자에게 특정 기능들을 제공합니다
데이터	제품에는 데이터 및 유용한 정보의 저장소가 포함되어 있습니다
제어	제품에는 제약 조건이 있습니다
환경	제품은 물리적 특성 및 기술 플랫폼을 준수합니다
품질 요소	제품에는 운영 및 개발에 적합한 특정 속성이 있습니다

(http://tinyurl.com/m59lo9x에서 이미지를 보고 다운로드할 수 있다.)

출시에서 단종과 같은 전체 제품 라이프 사이클에 걸쳐 다양한 이해 관계자를 참여시키고 싶습니다.

그렇다면 이해 관계자가 누구인지 어떻게 알 수 있습니까?

성공적인 팀은 가치를 정의한 다음 가치가 높은 솔루션을 적극적으로 발굴하여 전달함으로써 제품 파트너로서의 이해 관계자와 긴밀히 협력합니다. 이는 기능적 요구 및 요구사항 문서를 넘어서고, 사용자 스토리 및 제품 사용로그를 넘어서며, 경쟁적 관심사의 밀당을 넘어서는 것입니다. 서로 다른 세 가지 이해 관계자 그룹의 아이디어, 전망 및 경험이 수렴되는 파트너십입니다. 결과는 어떨까요? 가치를 발견하고 전달하기 위해 협력하는 제품 파트너가 됩니다.

제품 파트너쉽에는 고객, 비즈니스 및 기술이라는 세 영역의 사람들이 포함됩니다. 각각은 독특한 시각을 제공하며 가치있는 것에 대한 자체 아이디어를 가지고 있습니다.

고객 파트너는 사용자, 구매자 및 조언자를 대변합니다. 제품과 인터페이스하는 사람 또는 시스템, 구매 결정 또는 다른 사용자에게 영향을 미치는 구매자를 나타냅니다. 생산성 향상, 효율성 향상, 속도 향상, 엔터테인먼트 및 기타 유사한 이점을 가치 있게 생각합니다.

비즈니스 파트너는 제품을 승인, 지원하거나 전문 지식을 제공하는 조직의 사람들을 나타냅니다. 그들은 시장 위치 개선, 규제 준수, 비즈니스 사례 달성, 간접비 절감, 내부 성과 향상 등의 측면에서 가치를 발견합니다.

기술 파트너(공급 팀, 내부 또는 제3자)가 제품을 설계, 전달, 테스트 및 지원하거나 담당자에게 조언합니다. 그들은 고품질의 제품을 만들고, 매끄럽고 꾸준한 결과물을 제공하고, 안정적인 아키텍처를 채택하는 등의 가치를 부여할 수 있습니다.

어떤 유형의 전달 방법(애자일, 전통적, 하이브리드 또는 다른 접근 방식)을 사용하느냐에 관계없이 파트너와 관점의 혼합은 필수적입니다. 파트너십이 작동하려면 이 세 가지 이질적인 그룹이 공동의 목표인 가치 발견하고 충족시키기 위해 협력해야 합니다.

요구사항을 파악하는 방법에 대해 어떻게 생각하십니까?

요구사항 발견은 대단히 적극적이고, 대화식이며, 때로는 지나치게 활동적입니다! 예를 들면, 당신은 추출, 분석, 구체화, 프로토타이핑, 테스트에 관련되어 있습니다. 그리고 우리가 관여한 모범 사례에서, 당신은 끊임없이 제품을 발견하고 있습니다. 그것은 '일회용' 활동이 아닙니다.

추출은 인터뷰, 기존 문서 연구, 탐색적 프로토타입, 워크샵, 포커스 그룹, 관찰(도제, 컨텍스트 조사 및 문화기술지 포함), 설문 조사(기타 연구 기반 기술 포함), 사용자 작업 분석(스토리보딩 및 시나리오 분석 포함) 등을 총망라한다. 이러한 일반적인 범주에는 여러 가지 특정 기술이 있으며 일부 기술은 중복됩니다. 분석에는 일반적으로 제품 수용 테스트 또는 프로토타입, 또는 둘 다 사용하는 것이 포함됩니다.

적절한 사람들을 모아 올바른 질문을 하는 것만으로는 충분하지 않습니다. 전달 방법을 효율적이고 효과적으로 전달하기 위해 제품 파트너는 의사소통 및 의사결정을 위한 집중적인 방법이 필요합니다.

우리가 연구에서 발견한 가장 효율적이고 효과적인 발견 메커니즘은 '구조화된 대화'라는 공동 접근 방식입니다. 구조화된 대화에서 제품 파트너는 먼저 다음 단계의 요구사항(옵션)을 탐색합니다. 이들은 7가지 제품 관련 요소 내에서 작업을 수행합니다. 이를 통해 제품 파트너는 다양한 범위의 가능성을 공동으로 창조적으로 탐구할 수 있습니다. 이 광대한 사고는 제품 혁신, 실험 및 상호 학습의 장을 열어줍니다.

그런 다음 가치 측면에서 이러한 많은 옵션을 평가합니다. 이것은 그 시점에서 실제로 가치가 무엇인지를 공유하는 것을 의미합니다. 평가 프로세스를 통해 옵션 목록을 좁히면 명확한 승인 기준으로 이러한 후보 솔루션을 검증하고 검증하는 방법을 확인합니다. 유효성 검사에는 올바른 요구사항을 제공했는지 테스트하는 방법과 각 전달에서 예상되는 값을 달성하는 방법이 포함됩니다.

다음 단계로 나아갈 충분한 요구사항을 수집했는지 여부를 어떻게 알 수 있습니까?

고객들은 종종 내가 완전한 요구사항 세트를 가지고 있을 때 어떻게 알 수 있는지 묻습니다. 하지만 당신이 올바른 요구사항을 따르고 있는지 묻는 것이 더 중요하다고 생각합니다.

나는 다음과 같은 '올바른 요구사항'을 특성화합니다.

1. 제 시간에. 이것으로 충분합니다. 이 기간 동안 비즈니스 목표를 달성하는 것은 필수적입니다.
2. 현실적임. 사용 가능한 자원으로 전달 될 수 있습니다.
3. 명확하고 모호하지 않게 정의 가능. 모든 파트너가 제품을 확인하고 유효성을 확인하는데 사용하는 수락 기준이 있습니다.
4. 귀중함. 다음 주기에 예상되는 결과를 얻는 것은 필수 불가결합니다.

요구사항 설정에 대해 가장 어려운 점은 무엇입니까?

사람들입니다.

정말입니다.

우리 인간은 비선형 생물입니다. 우리는 예측할 수 없고, 변덕스럽고(어른으로서) 종종 유연하지 못합니다. 요구사항을 추구하는 사람들로서, 우리는 일하는 과정에 복잡하고 진화하는 인간 시스템 내에서 방황하곤 합니다.

이를 없애기 위해 대부분의 제품 요구사항에는 복잡성과 상호 의존성이 있습니다. 문제 공간이 솔루션 공간과 겹치는 진정한 사악한 문제가 있습니다. 프레더릭 브룩스(Frederick Brooks)는 자신의 에세이 No Silver Bullet에서 "소프트웨어 시스템 구축의 가장 어려운 부분은 정확히 무엇을 만들지 결정하는 것"이라고 말했습니다.

믿지 않고 결정을 내릴 수는 없습니다. 그리고 신뢰는 구축하기 쉬운 것이 아닙니다.

요구사항을 정립하기 위한 다른 팁이 있습니까?

요구사항-빌드-릴리스의 작고 단단히 싸인 사이클을 이용하십시오. 인터랙티브 및 애자일 관행을 사용하여 가능한 한 가장 작은 실행 가능한 릴리스에서 조기에 피드백을 얻으십시오.

요구사항 발견을 성공적으로 수행하려면 가치에 초점을 맞춰야 합니다. 바로 제품의 이유와 제품 파트너의 가치 고려 사항입니다. 검색 작업 중에 일부 사용자는 특정 옵션을 다음 배달주기의 '요구사항'으로 간주하지만 다른 사람들은 이후 릴리스의 '희망 목록' 항목으로 간주합니다.

최근 있었던 워크샵의 경우와 마찬가지입니다. 팀은 특정 옵션을 사용하여 개발 비용을 정당화하기에 충분한 가치가 있는지 질문했습니다. 제품 챔피언은 옵션이 요구사항인 이유를 설명했습니다. 조직이 규제 준수 불이행의 위험에 처하게 되지 않은 경우입니다. 일단 다른 사람들이 이것을 이해하면, 그들은 모두 그것이 배포본에 포함될 것이라고 동의했습니다.

결국 요구사항 작업은 인간 중심적이며 성공적인 제품 제공의 핵심입니다. 동시에 제품 요구사항의 주제 및 내용은 복잡합니다. 따라서 요구사항 작업은 소프트웨어의 가장 어려운 부분이며 항상 필요합니다.

요구사항을 성공적으로 수행하려면 요구사항에 대한 엔지니어 공동 작업이 필요합니다.

개인적으로, 저는 협업의 가치에 대한 인식이 점차 커지고 제품 및 소프트웨어 개발 커뮤니티에서 공동 작업에 대한 관심이 폭발적으로 증가하는 것을 기쁘게 생각합니다.

Notes

1. 이 방법은 핵심 사례를 극한까지 밀어 내기 때문에 '극단(extreme)'이라고 불린다. 자주 테스트하는 것이 좋으므로 XP에서는 개발이 테스트 중심으로 이루어지며 완전한 테스트 세트가 하루에도 여러 번 실행된다. 사람들에게 요구사항에 대해 이야기하는 것이 우수 실행이므로 쓸데없이 긴 문서화를 지양한다. XP는 문서를 최소한으로 줄임으로써 의사소통을 강요한다.

Chapter

10 요구사항 정립

목표

이 장의 주요 목표는 다음과 같다.

- 다양한 종류의 요구사항을 설명한다.
- 단순한 설명으로부터 다양한 요구사항을 발견할 수 있는 능력을 키운다.
- 요구 분석을 하는 동안 다양한 데이터 수집 기법(7장에서 소개)들이 어떻게 적용될 수 있는가에 대해 설명한다.
- 단순한 설명을 통해 시나리오 개발, 사용 사례, 필수 사용 사례를 개발할 수 있는 능력을 키운다.
- 단순한 설명에 대해 계층적 작업 분석을 수행할 수 있도록 한다.

10.1 개요

인터랙션 디자인 프로젝트의 경우, 기존 시스템을 대체하거나 업데이트, 또는 전례가 없는 완전히 새로운 혁신적인 완성품을 개발하는 것이 목표일 수도 있다. 초기에 정리된 요구사항들이 이미 있거나, 또는 백지 상태에서 새롭게 요구사항들을 도출해야 하는 단계일 수도 있다. 프로젝트가 시작되는 시점의 상황이나 목표에 상관없이, 사용자가 원하는 것, 요구사항, 포부, 기대하는 부분에 대해서 논의하고, 수정하며, 명확히 하거나 경우에 따라 원하는 범위를 다시 조정해야 할 수도 있다. 이러한 과정을 거치기 위해서는, 많은 고려 사항 중에도 특히, 사용자와 그들의 능력, 성취해야 할 작업과 목표, 제품이 사용되는 조건 및 상황, 상품 성능의 한계 등을 고려해야 한다.

요구사항을 정립한다는 것은 원하는 기능을 적어 내려가는 것만을 의미하는 것이 아니다. 인터랙션 디자인이 반복적인 과정을 거친다는 것을 고려할 때, 요구사항 도출 작업을 디자인, 사용성 평가와 같은 작업과 명확히 구분하는 것이 현실적이지 않다. 실제로 디자인하는 경우 이 모든 과정이 서로 얽혀 있다. 이미 요구사항이 정립된 상황에서 디자인을 하는 경우도 있으며, 반복된 사용성 평가 및 디자인을 수정하는 과정에서 요구사항이 조금씩 발전되기도 한다. 하지만, 각 기법들은 중요도나 구체적인 방법에 따라 구분될 수 있다.

이번 장에서는 전반적인 요구사항 도출 과정에 대해 짚어 나가며, 다양한 종류의 요구사항 및 유용한 기법들에 대해서 설명한다.

10.2 무엇을, 어떻게, 왜?

10.2.1 요구사항 도출 과정을 통해 달성하려고 하는 것은 무엇일까?

두 가지 목표가 있다. 첫 번째 목표는 사용자, 사용자들의 활동, 활동을 하는 맥락에 대해 최대한 이해를 하고, 이를 통해 그들의 목표를 성취할 수 있도록 뒷받침해주는 시스템을 개발하는 것이다. 이와 더불어, 두 번째 목표는 견고한 기반을 통해 디자인할 수 있도록 안정적인 요구사항 목록을 도출하는 것이다. 이를 위해, 과중한 문서화 작업이나 견고한 규정집이 필요한 것은 아니지만, 디자인을 하거나 아이디어에 대해 피드백을 받을 경우, 근본적으로 바뀌어서는 안 된다. 결국, 최종 목표는 요구사항 목록을 도출하는 것이며, 우리는 이를 종종 요구사항 도출 작업이라고 지칭할 것이다.

10.2.2 어떻게 이 목표를 달성할 수 있나?

요구사항 활동 초기에는 새롭게 찾고 명확하게 해야 할 요소가 많다. 최종적으로는 디자인 작업의 견고한 기반이 될 수 있는 안정적인 요구사항 목록을 가지게 될 것이다. 중간 과정에서는, 데이터 수집, 분석, 해석, 표현을 통해 조사하게 된 결과물들을 요구사항으로 정리하는 과정을 거치게 된다. 대략적으로 얘기하자면, 이러한 작업은 주로 순차적으로 나타난다. 먼저 데이터를 수집하고, 수집된 자료를 분석하고 해석하고, 결과로부터 요구사항을 도출하게 된다. 하지만, 실제로 작업해 보면 훨씬 더 지저분한 과정을 거치게 되며, 반복적인 과정을 거칠수록 다양한 작업들은 서로에게 영향을 미치게 된다. 데이터 분석을 시작해보면, 발견된 사항들을 명확히 하고 입증하기 위해 추가적으로 데이터를 필요로 할 것이다. 또한, 요구사항이 제시된 방식은 어떤 측면을 더 쉽게 발견하고 표현하게 해주어 분석에 영향을 미치게 된다

(8.7절 참조). 예를 들어, 어떤 상황에서 데이터의 특성을 강조하게 되면, 추후에 일어나는 분석에서도 작업 구조보다는 이러한 점에 집중하게 될 수 있다. 7장에서 상호보완적인 데이터 수집과 분석을 사용하는 것이 중요하다고 강조했다. 아래에서 설명하는 것처럼, 다른 종류의 요구사항이 존재하며, 각 기법에서 강조 또는 덜 강조되는 것들이 있다.

요구사항을 정립하는 것은 반복적인 작업이며 각 하위 작업들은 서로에게 영향을 미치고 정제해주기도 한다. 이러한 작업은 몇 주 또는 몇 달간 지속되다가 마무리 되지는 않는다. 실제로 요구사항은 각 이해 관계자들이 디자인에 관여하고 어떤 것이 가능한지 보며, 어떻게 특정 시설들이 그들을 도울 수 있는지를 보며 진화하고 개발된다. 9장의 라이프 사이클 모델에 나와 있듯이, 각 작업은 반복적으로 일어날 것이다.

10.2.3 귀찮아도 하는 이유는? 올바르게 하는 것의 중요성

소프트웨어 개발 주기에서 오류 수정 작업이 늦은 단계에서 이루어질수록, 얼마나 큰 비용을 치르는 지에 대해서는 많이 알려져 있다. 예를 들어, Davis(1995)는 불충분한 사용자의 의사소통, 부족한 설계 명세서, 불충분한 분석이 열악한 비용 예측에 이르게 한다고 분석했다. Boehm과 Basili(2001)은 소프트웨어 결함 감소를 위한 상위 10개 목록을 제시하며, 첫 번째는 "이미 배포를 한 이후에 소프트웨어 결함을 발견하고 수정하는 비용은, 요구사항 도출 및 디자인 단계에서 고치는 것보다 100배 이상을 지불하게 된다"는 것이다. 아래 그림은 요구사항이 제대로 명시되지 않으면 어떻게 일이 잘못될 수 있는가에 대해서 잘 표현해준다.

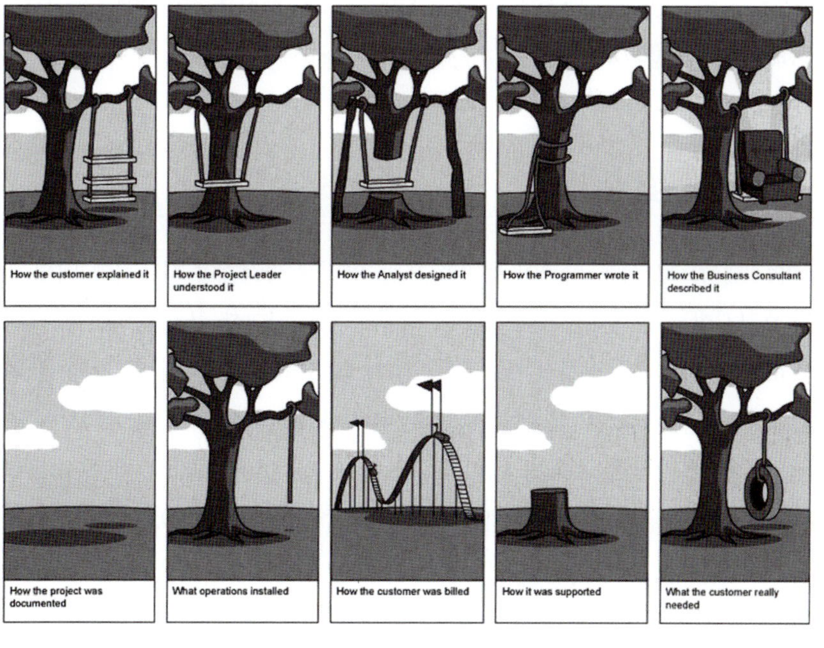

10.2.4 요구사항을 '정립'해야 하는 이유는?

어떠한 상품이 무엇을 해야 하는지에 대해 이해하는 작업은 다양한 이름으로 불리운다. 가령, 요구사항 수집, 요구사항 포착, 요구사항 도출, 요구사항 분석, 그리고 요구사항 공학이 있다. 처음 두 가지 표현은 요구사항이 이미 존재하며 우리는 그것들을 선택하거나 찾아내면 된다는 의미를 내포하고 있다. 도출하는 작업은 타인(보통 고객 또는 사용자)이 이미 요구사항을 알고 있으며 우리는 그들이 말할 수 있도록 유도해야 하는 점을 암시하고 있다. 하지만, 요구사항은 이처럼 식별하는 것이 쉽지는 않다. 어떤 경우에는 고객들이 도움을 필요로 하는 작업에 대해 알고 있기 때문에 필요한 요구사항을 알아야한다고 생각할 수 있다. 하지만, 고객들은 아직 정제된 요구사항을 가지고 있지 않을 수도 있으며, 설사 초기 자료가 있다 하더라도, 바로 개발이 될 수 있도록 충분하게 검토하지 않은 경우가 대부분이다.

요구사항 분석이라는 용어는 보통 수집되고, 도출하고, 또는 포착된 초기 요구사항 목록을 조사하고 분석하는 작업을 일컫는다. 수집된 정보를 분석한다는 것은 디자인에 영감을 줄 수 있도록 어떤 사실들에 대해 해석이 가미되는 중요한 단계이다. 요구사항 공학은, 다른 용어들에 비해 요구사항 목록을 개발한다는 것이 진화와 절충의 반복적인 과정이며, 신중히 관리되고 통제되어야 점을 간과하지 않고 잘 표현한 용어이다.

본 책에서는 요구사항이 사용자가 필요로 하는 것에 대한 깊은 이해와 수집한 데이터에 기반한 것임을 표현하기 위해 요구사항 정립이라는 용어를 사용한다. 최근 서로 다른 문화를 고려한 디자인에 대한 관심사는 누구를 위해 디자인하는 것인지, 그들의 특정 상황, 그리고 어떻게 더 나은 생활 방식을 제공할 수 있을 지에 대해 이해하는 것이 얼마나 중요한지 강조한다(Chavan *et al.*, 2009).

10.3 요구사항이란?

요구사항이란 대상으로 삼은 상품이 무엇을 또는 어떻게 동작해야 하는지에 대해 명시한 진술서이다. 요구사항 작업의 한 가지 목표는 요구사항을 최대한 구체적이고, 모호하지 않게, 명확하게 표현하는 것이다. 예를 들어, 스마트와치 GPS 앱의 한 가지 요구사항은 지도를 로딩하는데 걸리는 시간이 0.5초 이내여야 한다는 것이다. 조금 더 구체적으로 보여주는 예시로는, 십대 청소년들은 스마트 시계가 매력적이길 원한다는 것이다. 두 번째 예시의 경우 십대들이 무엇을 매력적으로 느끼는지에 대해 탐구하는 추가 조사가 필요하다. 요구사항은 다양한 유형과 여러 단계의 추상적 관념으로 표현되지만, 우리는 요구사항이 최대한 명확하게 표

Requirement #: **75** Requirement Type: **9** Event/use case #: **6**

Description: **The product shall issue an alert if a weather station fails to transmit readings.**

Rationale: **Failure to transmit readings might indicate that the weather station is faulty and needs maintenance, and that the data used to predict freezing roads may be incomplete.**

Source: **Road Engineers**

Fit Criterion: **For each weather station the product shall communicate to the user when the recorded number of each type of reading per hour is not within the manufacturer's specified range of the expected number of readings per hour.**

Customer Satisfaction: **3** Customer Dissatisfaction: **5**

Dependencies: **None** Conflicts: **None**

Supporting Materials: **Specification of Rosa Weather Station**

History: **Raised by GBS, 28 July 99**

Volere

그림 10.1 Volere shell을 이용한 요구사항 예시

출처: An example requirement using the Volere shell, taken from Robertson and Robertson: "Mastering the Requirements Process" 2013 Addison Wesley. © Atlantic Systems Guild.

현될 수 있도록 해야 하며 충분히 이행되었다는 것을 알아야한다. 그림 10.1에서 보여진 예시에는, Volere process에서 소개된 atomic requirments shell이라는 형식으로 요구사항이 표현된 것이다(Robertson과 Robertson, 2013). 이 쉘(shell)은 적합도 기준이라고 불리우는 것을 포함하여 요구사항 자체에 대한 많은 정보를 필요로 한다. 적합도 기준은 해결 방법이 요구사항을 충족시킬 때 측정하는 방법이다. 9장에서 상품 개발 이른 단계에서 구체적인 사용성 기준 정립에 대한 중요성을 강조하였으며, 쉘의 해당 부분이 이를 독려한다.

10.3.1 다양한 종류의 요구사항

소프웨어공학에서는 요구사항을 두 가지 종류로 분류한다. 하나는 시스템이 무엇을 해야 하는지에 대해 설명하는 기능적인 요구사항과 시스템 및 개발의 제약 조건을 설명하는 비기능적인 요구사항이다. 예를 들어, 새로운 비디오 게임의 경우, 사용자 능력의 특정 범위에 대해 도전적이어야 한다는 것이 기능적인 요구사항이 될 수 있다. 이 요구사항은 다시 도전의 구조에 대해 더 상세하게 명시할 수 있는 요구사항으로 나누어질 수 있다(예: 계층적인 단계, 숨겨진 단서나 속임수, 마력이 있는 물건 등). 반면에, 이 게임이 6개월 안에 배포되어야 하는 것은 비기능적인 요구사항이라고 할 수 있다. 이는 상품 자체에 대한 설명보다는 개발하는 과정의 제약을 설명한다.

각각의 상호작용 가능한 상품들은 다른 제약 조건들이 따르게 된다. 예를 들어, 노년층의 움직임을 모니터링하고 관련 의료진에게 경보를 보내는 원격의료 시스템의 경우, 일반 생활

이 가능할 수 있도록 쉽게 부착 가능한 센서의 종류 및 크기의 제약을 받을 수 있다. 웨어러블 인터페이스는 가볍고, 작고, 패셔너블하고, 잘 보이지 않아야 하며, 일상생활에 방해가 되어서는 안 된다. 온라인 쇼핑몰과 반려 로봇의 경우 신뢰라는 요소가 중요하다. 하지만, 이 요소는 다른 비기능적인 제약조건에 이르게 된다. 온라인 쇼핑몰의 경우 정보 보호에 초점을 둔다면, 로봇 동행자의 경우에는 행동 규범에 초점을 맞추게 될 것이다.

인터랙션 디자인은 넓은 범위의 요구사항을 고려하기 때문에, 필요한 기능과 작동 또는 개발이 되는 제약 조건에 대한 이해를 바탕으로 해야 한다. 아래 **표 10.1**은 고려될 수 있는 다양한 요구사항 목록을 보여준다.

표 10.1 Volere 요구사항 명세 템플릿

프로젝트 추진력 1. 제품의 목적 2. 이해 당사자 **프로젝트 제약** 3. 규정된 제약 4. 명명 관례와 정의 5. 관련 사실과 전제 사항들 **기능적인 요구사항** 6. 일의 범위 7. 비지니스 데이터 모델 및 데이터 사전 8. 제품의 범위 9. 기능적 및 데이터 요구사항 **비기능적인 요구사항** 10. 룩앤필 요구사항 11. 사용성 및 인간적인 요구사항	12. 성능 요구사항 13. 조작 및 환경적인 요구사항 14. 유지 보수 요구사항 15. 보안상 요구사항 16. 문화적이고 정치적인 요구사항 17. 법적인 요구사항 **프로젝트 쟁점** 18. 공개된 현안 19. 바로 적용할 수 있는 해결 방안 20. 새로운 쟁점 21. 과업 22. 새로운 제품으로 이동 23. 위험 요소 24. 비용 25. 사용자 문서 및 교육 26. 공간 27. 해결책에 대한 아이디어

출처: The Volere Requirements Specifi cation Template version 15 ©Atlantic Systems Guild. The full version of the template may be downloaded from http://www.volere.co.uk/template.htm.

기능적 요구사항은 제품이 충족해야 할 역할을 반영한다. 예를 들어, 자동차 조립공장에서 작동하는 로봇을 위한 기능적 요구사항은 로봇이 필요한 금속 부품들을 정확한 자리에 위치하고 용접하는 것이다. 상호작용이 가능한 제품에 대해 기능적 요구사항을 이해하는 것은 중요하다.

데이터에 대한 요구사항은 데이터 유형, 휘발성, 용량, 지속성, 정확성, 가치를 고려해서 정의된다. 상호작용이 가능한 제품들은 어떤 형태로든지 데이터에 대해 다루게 된다. 예를 들어, 주식과 관련된 시스템의 경우, 데이터는 최신으로 업데이트가 정확하게 되어 있어야 하며, 하루에도 여러 번 변경될 가능성이 높다. 개인 인터넷 뱅킹과 관련된 분야의 경우 데이터는 정확해야 하며 몇 개월뿐만 아니라 수년간 대량의 데이터가 지속되어야 할 가능성이 높다.

환경적 요구사항 — 사용되는 맥락 — 은 상호작용이 가능한 제품이 사용될 상황과 관련이 있다. 요구사항 수립 시 4가지 요소에 대해 고려를 해야 한다. 첫째, 제품 작동 시 물리적인 환경으로 빛의 양, 소음, 움직임, 먼지 등이 고려될 수 있다. 예를 들어, 상호작용하는 사용자들이 과연 상호작용할 인터페이스에 영향을 미치는 큰 장갑이나 보호용 모자와 같이 보호장구를 착용하게 될까? 환경이 얼마나 복잡할지에 대한 의문을 가질 수 있다. ATM의 경우, 공공장소에서 많이 사용하기 때문에 음성 인터페이스는 문제가 될 수도 있다. 생각해보기 10.1에서는 다른 환경에서 상호작용하는 제품들을 소개하고 있다.

두 번째 환경적 측면은, 사회적 상황이다. 인터랙션 디자인을 할 경우, 4장에서 언급한 협업 또는 상황 조정에 대한 사회적 요인에 대해 더 탐구할 필요가 있다. 예를 들어, 데이터는 공유되어야 할까? 만약 그런 경우에, 실시간으로 공유가 되어야 하는지(예: 모든 사용자들이 동시에 데이터를 볼 수 있음) 또는 비동기적으로 공유되어도 되어도 괜찮은지(예: 두 사람이 같이 순서를 정해 레포트를 편집)? 또한 같이 일하는 동료들이 물리적으로 같은 공간에 있는가(예: 원격 협업이 필요한지 여부)도 중요한 요인이 될 수 있다.

세 번째 측면은, 조직 환경이다. 가령, 사용자 지원이 얼마나 잘 되는지, 물적 지원 및 교육도 잘 되는가 등이다. 의사소통이 얼마나 효율적이며 인프라가 잘 되어 있는가 등 다양한 요인이 있다.

생각해보기 10.1

환경적 요구사항: 수중 컴퓨팅

잠수부들이 수중에서 사용할 수 있는 컴퓨터 장비를 개발하는 것은 물로 둘러싸여 있다는 큰 환경적 요인을 고려해야 한다. 하지만, WetPC의 디자이너들에게 수중 웨어러블 인터페이스를 개발하는 것은 단지 방수가 되는 것을 고려하는 것 이상으로 더 도전적인 문제들이 있다(그림 10.2(a)). 잠수부의 산소 탱크에는 개인용 소형 컴퓨터가 부착되어 있고, 잠수부의 마스크에는 헤드업 디스플레이가 장착되어 화면을 볼 수 있게 해주며, 다섯 개의 버튼이 있는 GUI 기반 Kord® Pad가 잠수부의 벨트나 가슴 쪽에 부착되어 있다(그림 10.2(b)).

잠수부들은 흔히 한 손으로만 컴퓨터를 작동할 수 있으며, 동시에 수영을 하거나 아래 위로 이동 중일 것이다. 그리하여 기존 인터페이스 디자인은 상황에 맞지 않는다. Kord Pad(그림 10.2(b))는 5개의 키가 있으며 다양한 조합으로 누름으로써 메뉴를 선택하게 된다. 떠다니는 디스플레이(그림 10.2(c))는 각 동작을 위해서 어떤 키를 눌러야 하는지 보여준다.

WetPC는 6개의 버튼으로 이루어진 키패드 KordGrip으로 동작하는 SeaSlate도 디자인하였다(그림 10.3(a)). 잠수부들은 카메라 작동이나 메시지 전송과 같은 조작이 가능하다. 이 시스템은 GPS에도 연결이 되어 잠수부들의 위치를 알려주며 광산이나 수중에서 새롭게 발견되는 것들을 기록하게 해준다. ■

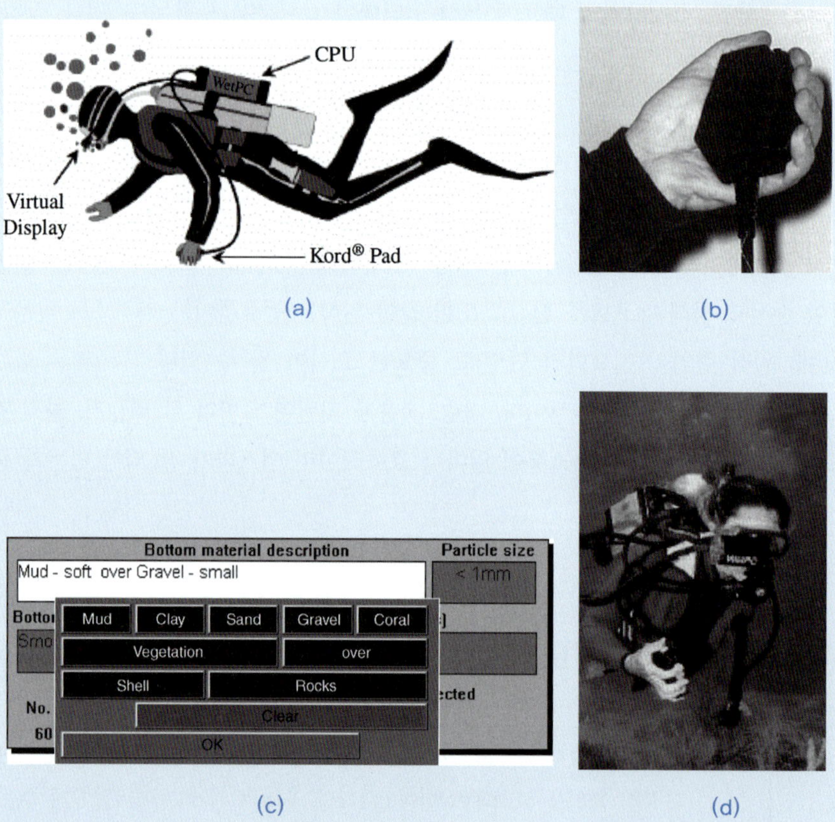

그림 10.2 (a) 수중 컴퓨터 WetPC의 구성 요소, (b) Kord® Pad Chordic 키패드, (c) '누르는 대로 보이는' 떠 있는 디스플레이, (d) 수중에서 이용하는 Kord® Pad

출처: Reproduced by permission of WetPC Pty Ltd. http://www.wetpc.com.au/WetPC.

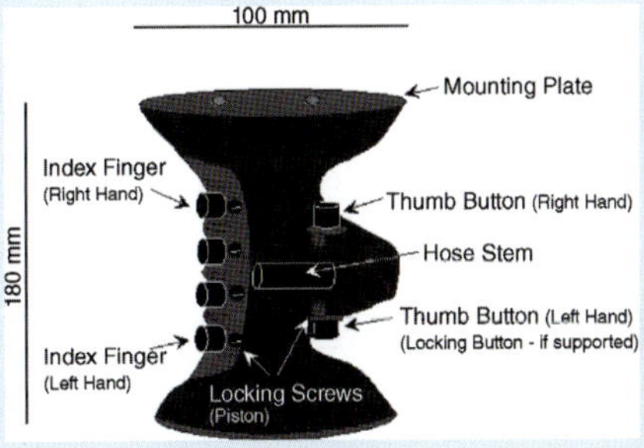

(a)

(b)

그림 10.3 (a) KordGrip 인터페이스와 (b) 수중에서 이용 가능한 KordGrip

출처: (a) Reproduced by permission of WetPC Pty Ltd (b) Reproduced by permission of the Australian Institute of Marine Science.

마지막으로, 기술적 측면도 고려되어야 한다. 제품이 어떤 기술적 기반에서 작동이 되는지, 또는 호환이 되어야 하는지, 또는 기술적 제약을 고려해야 한다.

사용자 특성은 예정된 사용자 집단에 대해 포착된 주요 특성들을 의미한다. 9장에서 사용자의 능력과 기술이 가지는 관련성에 대해 언급하였으며, 이는 사용자의 주요 특성이다. 디자인에 영향을 주는 다른 특성으로는, 사용자의 국적, 교육 정도, 선호도, 개인적 상황, 신체적 또는 정신적 장애 등이 있다. 또한, 사용자는 초보자, 전문가, 임시 사용자 또는 장기 사용자일 수도 있다. 이는 인터랙션 디자인에 영향을 미친다. 예를 들어, 초보 사용자의 경우 단계별 설명서와 제한된 조작, 부가 설명이 필요할 것이다. 반면 전문가의 경우, 다양한 인터랙션과 많은 조작 방법을 제공받길 원할 것이다. 이렇게 전형적인 사용자에 대한 특성을 모아둔 것을 사용자 프로파일이라고 일컫는다. 단일 제품이라도 다양한 사용자 프로파일을 가질 수가 있다.

사용자 프로파일을 의미있게 사용하기 위해서는 몇 개의 퍼소나로 정의한다(Cooper, 1999). 퍼소나는 어떤 제품을 사용할 만한 다양한 사용자 유형들의 특징에 대해 자세하게 묘사하며, 제품 개발 시 그 특성들에 집중할 수 있도록 도와준다. 실제 인물에 대한 묘사는 아니지만, 이상적이기 보다는 현실적인 모습을 반영하려고 한다. 하나의 퍼소나는 여러 명의 실제 사용자 자료를 바탕으로 합성되어 만들어진다. 각 퍼소나는 직업이나 행하는 업무 설명보다는 개발하려는 제품의 사용 목표와 관련된 특징으로 설명할 수 있다. 이는 같은 직업을 가졌다고 하더라도 제품 사용 목표는 다를 수 있으며, 다른 직업을 가지는 사람들이라 하더라도 같은 목표를 가질 수 있기 때문이다.

퍼소나는 목표 이외에도 사용자의 능력, 태도, 사용 업무나 환경 등도 포함된다. 이러한 요소들은 어느 정도 자세하게 기술되어 있으며, 유능한 선원이라고 단순 명시하기 보다는 그는 Day Skipper 선원 자격을 취득하였으며, 유럽 인근 바다에서 100시간 이상의 운항 경험을 가지고 있고, 동료 선원들이 항해 규칙을 어기는 경우 짜증을 내곤 한다고 묘사할 수 있다. 각 퍼소나는 나이, 사진, 그리고 여가 시간을 어떻게 사용하는가 등 개인적인 사항들을 가진다. 구체적이고 신뢰할 수 있는 특이 사항들을 제시할수록 디자이너들은 퍼소나를 실제 사용자로 여기고 디자인을 할 수 있다.

대부분의 제품들은 하나보다는 여러 명의 퍼소나를 요구하며, 가장 큰 사용자 유형 집단을 대표할 수 있는 한 명의 퍼소나를 선택하는 것이 좋다. 퍼소나는 업계에서 널리 이용되며 디자이너와 개발자 사이에서 사용자 특징과 목표에 대해서 소통할 수 있는 강력한 방법으로 증명되었다.

퍼소나의 스타일은 다양하다. 생각해보기 10.2의 회사에서 사용한 예제(그림 10.4 참조)를 보자. 촘촘하면서도 눈길을 끄는 레이아웃을 가지고 있다.

생각해보기 10.2

시티오브런던(City of London)의 퍼소나 주도 신개발품

캐플린 시스템(Caplin Systems)은 런던에 위치하고 있으며 투자은행들이 단일 딜러 거래를 빠르게 설계, 향상하거나 단일 딜러 플랫폼을 만들 수 있는 체계를 구축하였다.

이 회사는 고객에게 초점을 맞추어 누구를 위해 제품을 개발하는가에 대해 잘 이해할 수 있도록 퍼소나를 사용하고 싶어했다. 퍼소나는 사용자에 대한 단일 시각을 제공하고, 고객 중심 제품을 더 개발할 수 있는 방안으로 비춰졌다.

첫 번째 단계로는 전체 회사 대상으로 워크샵을 열어 퍼소나에 대해 소개하고, 다른 회사들의 사례를 공유하고, 직접 간단한 팀 실습을 통해서 직원들이 장점을 이해할 수 있도록 했다. 그런 후에 '퍼소나를 도입하여 퍼소나 주도 개발을 해야 할 것이가?'에 대해 물었다. 압도적으로 긍정적인 반응이 있었으며, 좋은 결과로 이어졌다. 모두가 퍼소나에 대해 받아들이고 그에 맞춰 변화를 할 수 있도록 설득하는 것은 근본적으로 매우 중요한 부분이었다.

모두가 흥분했으며 일은 전진해 나갔다. 캐플린 팀은 초기 퍼소나를 완벽하게 만들기 위해서 너무 오랜 시간을 보냈다는 것을 뒤늦게 깨달았지만, 추후에 열린 워크샵들을 통해 초기 퍼소나를 정제했다. 이런 과정을 통해 이제는 좀 더 기민하게 퍼소나 생성을 할 수 있게 되었다.

퍼소나 도입 워크샵 개최 18개월간, 캐플린 거래를 위한 주요 퍼소나인 Jack과 그의 '불편한 요소'들은 개발, 디자인 프로세스, 팀 토론 등의 주요 이슈가 되었다. 현재 진행되고 있는 퍼소나 개발은 소프트웨어의 말단 사용자에 초점을 맞추고 있으며, 서술적 여정 지도를 통해 소프트웨어와의 상호작용을 파악하고 목표, 동기, 불편한 요소를 정의하는 것이다(**그림 10.4(b)**). ■

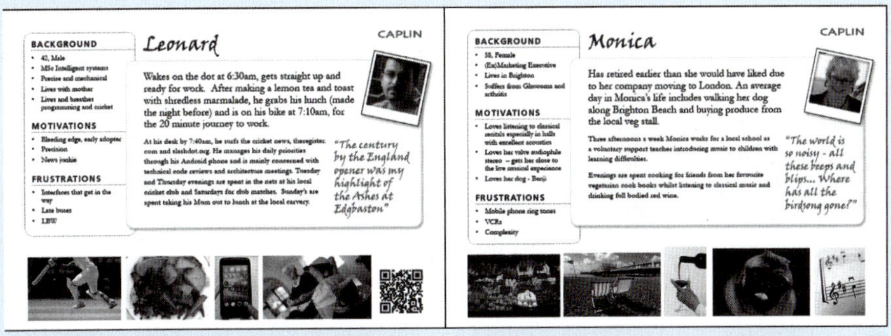

(a)

(b)

그림 10.4 (a) 퍼소나 예시, (b) 서술적 여정 지도-슬픈 얼굴은 퍼소나의 불편한 점을 보여준다.

출처: Caplin Systems.

1장에서 사용성 목표 및 사용자 경험 목표에 대해 다루었다. 이는 또다른 요구사항이며, 정확한 측정 도구와 함께 정의가 되어야 한다. 9장에서는 사용성 공학, 즉 제품 개발 앞 단계에서부터 사용성 목표와 함께 이를 측정할 수 있는 지표를 마련하고 개발과정에 따라 진행 상황을 추적하는 것에 대한 접근법을 소개하였다. 이는 사용성과 이에 대한 추적을 촉진한다. 우리가 사용성 공학의 철학을 따르고 사용성 목표를 달성하려고 한다면, 적합한 요구사항이 정의되어야 한다. 이는 사용자 경험 목표에도 똑같이 적용된다. 이를 맞추는 정량적인 지표를 정의하는 것은 쉽지 않지만, 요구사항 도출 과정에서 이에 대한 중요성을 인식해야 한다.

사용성 및 사용자 경험에 대한 지표를 식별할 수 있는 다양한 접근법이 있다. 어떠한 경우에는 사용자 성과에 대한 객관적인 지표에 초점을 두고, 다른 경우에는 상호작용에 대한 사용자의 인식에 초점을 둔다. 이 차이에 대해서는 13장~15장에서 다룬다.

실습해보기 10.1

아래의 상황에 대해서 앞에 언급한 카테고리(기능적, 데이터, 환경적, 사용자 특성, 사용성 목표, 사용자 경험 목표)에서의 주요 요구사항 몇 개를 제시하시오.

1. 대학교 셀프-서비스 식당에서 비접촉 카드나 스마트폰으로 결제를 가능하게 해주는 제품
2. 원자력 발전 시스템을 조작할 수 있는 제품

조언

아래 의견을 참고하자.

1. - 기능적: 해당 제품은 구매 상품의 총 가격을 계산할 것이다.
   - 데이터: 해당 제품은 교내 식당 판매 상품 가격 정보에 대해 접근이 가능해야 한다.
   - 환경적: 교내 식당 사용자들은 식판을 들고 다닐 것이며 바쁘게 이동할 것이다. 물리적인 환경은 소음이 많고 복잡하며, 사용자들은 해당 제품 사용시 친구들이나 동료들과 이야기를 나누고 있을 수도 있다.
   - 사용자 특성: 대부분의 사용자는 25세 이하이며 새로운 기술 사용에 대해 편안해 할 것이다.
   - 사용성 목표: 해당 제품은 새로운 사용자가 바로 사용할 수 있도록 배우기 쉬워야 하며, 자주 이용하는 사람들은 쉽게 외울 수 있어야 한다. 사용자들은 제품 이용 시 오래 기다리고 싶어하지 않기 때문에 효율적이고 안전해야 한다(예: 에러 시 쉽게 대응)
   - 사용자 경험 목표: 1장에서 소개했던 목표들 중에 이 상황에서 관련도가 높은 것은 만족하는, 도움이 되는, 그리고 사회성이다. 이런 환경에서 마지막에 언급한 것들은 적용이 쉽지 않을 수도 있다. 하지만 교내 식당은 사교적인 공간이며, 이러한 부분을 보완해 주는 시스템이라면 좋을 것이다. 다른 목표들도 고려대상이 될 수 있지만, 인지적 시뮬레이션과 같은 요구사항은 고려하지 않아도 된다.

2. - 기능적: 해당 제품은 원자로의 온도를 모니터링할 수 있을 것이다.
   - 데이터: 해당 제품은 측정된 온도 정보에 접근이 가능해야 한다.
   - 환경적: 물리적으로 붐비지 않을 것이며, 보호 장비를 갖춰야 하는 상황이 아니라면 콘

솔 작동 시 약간의 제약이 있어야 한다(콘솔 위치에 따라 다름).

– 사용자 특성: 사용자는 훈련이 잘된 공학자 또는 과학자일 것이며 기술적으로 잘 다룰 것이다.
– 사용성 목표: 해당 시스템은 모든 사용성 목표를 충족해야 한다. 안전이 중요한 시스템의 경우, 효과적, 효율적, 안전한, 작동법에 대해 배우고 외우기 쉽고 유용한 시스템을 개발하고 싶을 것이다. 예를 들어, 시스템의 결과, 특히 경보 알림이나 측정치는 정확하고 명료해야한다.
– 사용자 경험 목표: 반면에, 사용자 경험 목표들은 상대적으로 관련이 없다. 당연히 제품이 도발적이고 어렵게 설계되길 원하지 않겠지만, 미적으로 만족스럽게 설계한다고 문제가 되지는 않을 것이다. ■

10.4 요구사항을 다루기 위한 데이터 수집

요구사항 정립 시 데이터 수집의 최종 목표는 충분하고, 적합하고 관련된 정보를 최대한 수집하여 지속 가능한 요구사항을 도출하는 것이다. 가령 초기 요구사항이 있다고 하더라도, 이를 확장하고, 명료하게 수정하고, 확정하는데 데이터 수집은 필요하다. 데이터 수집은 넓은 범위의 사항들에 대해 고려되어야 한다. 사용자들이 현재 이행하는 작업들과 그에 따른 목표, 작업이 행해지는 맥락, 그리고 현재 상황에 대한 타당성 등이 수집되어야 한다.

7장에서 데이터 수집을 할 수 있는 3가지 방법에 대해 소개하였다. 인터뷰, 설문지, 그리고 관찰 기법이다. 아래에서는, 이 3가지 방법이 데이터 수집에 어떻게 활용되는지 먼저 소개할 것이며, 추가적으로 다른 2가지 방법인 문서에 대한 학습과 유사 제품 연구에 대해서 살펴볼 것이다. 생각해보기 10.3에서는 단순 데이터 수집보다는 영감을 불러일으키는 접근법에 대해 소개한다.

생각해보기 10.3
영감을 위한 조사

Presence 프로젝트(Gaver *et al.*, 1999)는 지역사회의 노년 계층에 대한 존재가 더 드러날 수 있는 새로운 인터랙션 기법들에 관심을 가졌다. 이 프로젝트는 오슬로, 암스테르담, 피사 인근 지역에서 연구되었다. 전통적인 방법인 설문지, 인터뷰, 에스노그라피 방법보다는 문화적 탐색기 도구를 이용하였다. 이 탐색기는 다양한 물건들이 포함된 봉투였다. 엽서 8~10개, 7개 정도의 지도, 폐기 가능한 사진기, 사진 앨범, 그리고 미디어 일기장이 포함되어 있었다(**그림 10.5**). 수령인들은 특정 물건들과 관련된 질문에 대해 답을 하고 연구자들에게 즉각 돌려주었다. 예를 들어, 엽서의 경우 앞면에 사진이 있었으며 뒷면에 질문이 적혀 있었다. 이는 미리 주소와 우표가 붙여져 있어 돌려주는데 어려움이 없었다. 다음과 같은 질문들이 포함되어 있었다. '당신에게 중요했던 조언이나 통찰이 있었다면 알려주세요', '당신의 인생에서 예술이 있었던 곳은?', '가장 좋아하는 전자 장치에 대해서 알려주세요'. 지도와 그에 대응하는 질문들은 수령인들이 환경에 어떻게 느끼고 있는지 알기 위해서 이용되었다. 다양한 재질의 종이에 출력이 되어 있었으며, 바로 보내질 수 있도록 우편 봉투와 같은 형태로 접혀 있었다. 지역 지도의 경우, 수령인들은 지인들과의 만남 장소, 혼자 있는 장소, 쉬는 장소, 또는 가고 싶지만 못 가는 장소 등을 표시하도록 요청했다. 세계 지도의 경우, 가본 경험이 있는 장소를 표시하도록 요청했다.

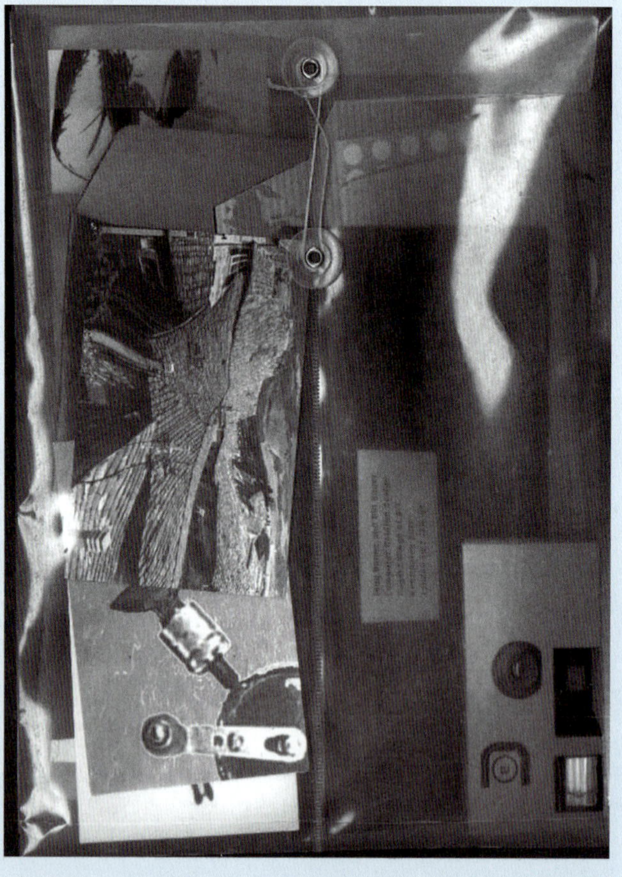

그림 10.5 문화적 탐색기 패키지

출처: B. Gaver, T. Dunne and E. Pacenti (1999): "Cultural Probes" from *Interactions* 6(1) pp.21-9. ©1999 Association for Computing Machinery, Inc. Reprinted by permission.

수령인들에게 카메라로 집, 오늘 입을 옷, 오늘 처음 만난 사람, 호감이 가는 것, 흥미롭지 않은 것 등을 촬영해달라고 요청했다. 사진 앨범의 경우, 그림으로 자신들의 이야기를 전해달라고 했다. 미디어 일기장은 텔레비전과 라디오에 대해 기록을 요청했다.

"우리가 노년층에 대해 배운 것도 많지만, 노년층이 탐색기를 통해 배운 것 또한 많다. 그들은 이를 통해 자신들의 역할, 어떤 경험들을 통해 즐기고 있는지를 깨달았으며, 우리가 주었던 것들이 자신들의 새로운 역할이나 경험으로 이어질 수 있도록 이끌어주었다(Gaver *et al.*, 1999, p. 29)."

탐색 기법은 다른 상황에서도 많이 적용되고 있다(Boehner *et al.*, 2007, Wallace *et al.*, 2013). 이걸 확장하여 레고 마인드스톰이나 센서보드(Richards와 Woodthrope, 2009)와 같은 도구나 기술적 탐색기에 적용되어, 사용자들은 직접 혁신적이거나 생각하지 못했던 새로운 제품들을 만들게 되었다(Rogers *et al.*, 2014). ▪

인터뷰

인터뷰는 문제들을 탐색하고, 반구조적 또는 구조적인 인터뷰를 통해 개발 초기에 시나리오를 도출하는게 좋다(10.6.1절 참고). 요구사항을 정립하는 차원에서는 개발팀이 이해관계자들과 사용자들을 만나 그들이 참여하고 있다는 느낌을 주는 것이 중요하다. 이것만으로도 인터뷰를 진행하는 것은 의미를 가진다.

포커스 그룹

포커스 그룹은 요구사항을 정립하는 과정 중에 의견 일치를 합의하고 의견 불일치가 일어나는 사항들에 대해서 강조하는데 유용하다. 관계 측면에서는 이해 관계자들이 디자이너들을 만나 그들의 의견을 공개적으로 표현하는데 도움이 되기도 한다. 똑같은 조직에 있다고 하더라도, 이해 당사자와 자기가 어떤 문제나 과정에 대해서 서로 이해도가 다른 것은 흔히 일어나는 일이다.

요구사항 도출을 위한 활동과 워크샵이 활발해지면서 요구사항 도출을 위한 포커스 그룹이 맞춰 나가며 진행되었다. 워크샵은 신중하게 계획되고, 참여자들도 신중히 선택하며, 구체적인 결과물을 산출한다. Gottesdiener(2002)은 협업과 용이함을 강조하면서도 계획과 결과물을 강조하는 유용하고, 실용적인 방법을 제안한다.

설문지

설문지는 초기에 수집하여 인터뷰 대상자를 선정하거나 다른 데서 언급된 특정 사항에 대해 보다 광범위한 답변을 얻기 위해 사용될 수 있다. 예를 들어, 어떤 설문은 새로운 대학 온라인 지원 서비스를 학생들이 원하는지 알아보는데 활용될 수 있다. 이 설문은 현재 시스템에 대한 인상이나 의견, 그리고 추후에 인터뷰를 할 생각이 있는지 여부를 물어볼 수 있다. 또한 어떤 도움을 받고 싶어하는지에 대해 구체적인 제안을 받을 수도 있다.

직접 관찰

요구사항 도출 단계에서는, 자연스러운 환경에서의 사용자 관찰은 작업의 성격과 그것이 이뤄지는 맥락을 파악하는데 사용한다. 때때로 훈련된 관찰자가 관찰을 하고 발견을 기록 및 보고하기도 하며, 디자인팀의 일원이 진행하기도 한다.

간접 관찰

덜 사용되기는 하지만, 새로운 제품을 개발할 때 다이어리와 상호작용 로그 역시 요구사항 도출 단계에서 활용된다. 하지만, 어떤 제품이 반복적인 과정을 거치거나 기존 제품에서 개선되고 있다면, 간접 관찰이나 경험에 대한 데이터를 수집하는 것은 매우 유용하다. 상호작용 로그와 더불어 웹 분석은 웹사이트 개선에 중요하다.

문서화 연구

매뉴얼이나 다른 문서들은 어떤 작업을 수행하기 위한 단계와 관련 규정에 대한 소중한 정보를 제공한다. 문서들만 참고하는 것은 추천하지 않지만, 다른 방법들을 상호 보완할 수 있다. 사용자 중심 개발 관점은 이상적인 방법뿐만 아니라 일상에서 경험하는 방법들에 대해서 의미를 가지는 것이다. 문서를 연구하는 것은 법률과 작업에 대한 배경 지식을 얻는데 중요하다. 또한 이해 관계자들을 직접 만나지 않아도 되어서, 다른 방법론에서 겪는 문제들을 최소화할 수 있다.

유사 제품 연구

9장에서 유사 제품들을 살펴보고 디자인 대안을 만들어내는 것을 살펴보았다. 유사 제품을 보는 또 다른 이유는 요구사항을 신속하게 파악하기 위한 것이다. 예를 들어, 휴대 기기를 위한 이미지 편집기를 개발하기 위해서 Kangas와 Kinnunen(2005)은 PC 이미지 편집기를 검토하여 필요한 기능 및 상호작용 종류를 이해했다고 보고했다. 유사하게, Chisnell와 Brown(2004)은 건강과 관련된 계획을 세우는 웹사이트를 개발할 때 경쟁사의 제품도 참고하였다.

요구사항 도출 단계에서 어떤 데이터 수집 기법을 선택할지는 작업의 성격, 사용자, 분석가, 사용 가능한 리소스에 따라 달라진다(자세한 설명은 7장 참조). 서로 다른 관점을 제공하기 위해 다양한 데이터 수집 기법들을 활용한다. 예를 들어, 어떤 맥락에서 작업이 이루어지는지를 확인하기 위한 관찰, 특정 사용자 그룹에 초점을 맞추기 위한 인터뷰, 넓은 모집단을 위한 설문, 공감대 형성을 위한 포커스 그룹 등이 있다. 상황과 자원에 따라 달라지기 때문에 올바른 하나의 선택이나 조합은 없다. 실제 작업에서는 여러 조합들을 사용한다. 생각해보기 10.4는 다양한 조합의 몇 가지 예시를 보여준다. Shaer *et al.*(2012) 예시에서는 특정 영역의 전문가들을 위한 상호작용 가능한 제품을 개발하는 과정에서 실제 전문가들이 자기네의 영역에 대한 이해를 돕기 위해 참여하는 것을 볼 수 있다. 또한 프로토타입을 평가하는 과정 역시 요구사항 도출 단계에 포함될 수 있다. 이러한 측면은, 9장 인터랙션 디자인 과정에서 설명하듯이 요구사항 도출, 설계, 평가가 모두 긴밀하게 연결되어 있는 것을 보여준다. 이러한 단계의 구분은 모호하며 주로 어디를 강조할 것인가에 따라 작업이 달라진다.

생각해보기 10.4
요구사항 도출 방법들의 조합

다이어리와 인터뷰: Dearman *et al.*(2008)은 사람들이 일상생활에서 필요로 하고 공유하고 싶은 정보의 유형을 조사하였다. 그들은 20명의 참가자들과 4주간의 다이어리 연구를 했다. 각 참가자는 양식이 정해진 종이 일기장을 받아 하루 중에 어떤 정보를 공유하거나 필요로 할 때마다 작성하라는 안내를 받았다. 참가자들에게 하루에 주변 문자나 이메일을 보내 정보를 입력하라고 상기시켰고, 매주 일기장을 제출하며 인터뷰를 진행하였고, 새로운 일기장을 받았다. 연구가 종료되는 시점에 참가자들은 인터뷰를 한 번 더 진행하여 전체적인 경험에 대해 공유하였다.

에스노그라피, 인터뷰, 사용성 평가, 사용자 참여: Shaer *et al.*(2012)은 유전자 데이터에 대해 공동으로 탐색할 수 있는 멀티터치 테이블탑에 대한 연구를 하였다(**그림 10.6** 참고). 분자 및 전산 생물학 전문가 38명과 함께 현재 일하는 환경, 필요성, 소규모의 연구팀의 작업 진행 과정을 이해하기 위한 심층 인터뷰를 진행하였다. 폐결핵의 유전자 상호작용을 연구하는 9명의 연구원으로 구성된 소규모 팀은 에스노그라피 방법으로 8주간 연구되었고, 다른 연구실들도 관찰되었다. 연구 영역이 전문화되었기 때문에, 디자인 팀은 그 영역의 개념에 대해 익숙해져야 했다. 이를 위해 생물학자들은 디자인 팀에 합류하였고, 디자이너들은 생물학 연구팀에 주기적으로 방문하였고, 관련 지식을 배우기 위해 수업을 듣고, 사용자들과 사용성 평가를 자주 진행하였다.

2년간의 노력으로 개발의 기초를 이루는 5가지 주요 요구사항을 도출하였다. 이는, 데이터 급증 완화, 고급 생체정보 툴들을 쉽게 사용할 수 있도록 함, 통합되고 유연한 작업 과정 지원, 다양한 형태의 증거 지원, 협업과 깊이 있는 사고를 촉진하는 것이었다.

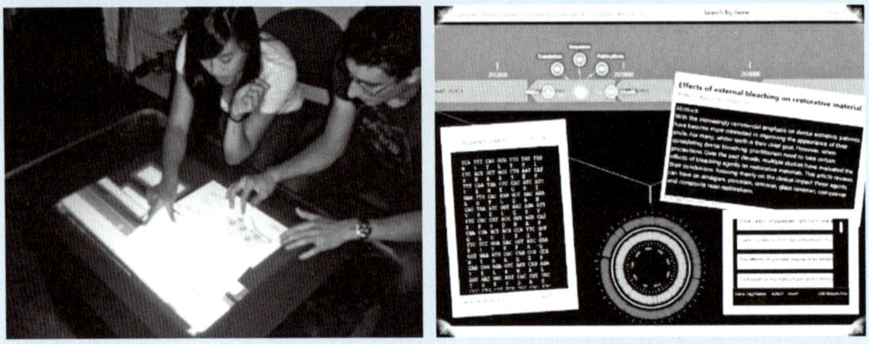

(a) (b)

그림 10.6 (a) G-nome Surfer 2.0을 이용하여 쥐 유전자를 탐색하는 모습, (b) 염색체 시각화, 정렬 순서, 관련 논문을 보여주는 G-nome Surfer Pro

출처: Shaer *et al* (2012) The design, development, and deployment of a tabletop interface for collaborative exploration of genomic data, *International Journal of Human-omputer Interaction* 70, 746-64. ©2012 Association for Computing Machinery, Inc. Reprinted by permission.

문서화, 인터뷰, 온라인 설문 조사, 그룹 토론: Oostveen과 van den Besselaar(2004)은 여러 나라 간의 행정 거래를 행하는 유럽 시민들을 위한 스마트 카드 기반 시스템에 대한 개발 과정을 소개하였다. 예를 들어, 한 나라에서 다른 나라로 이동하기 위해서는 특히 문서 교환의 형태로 이루어지는 일련의 행정적 운영이 필요하다. 이 시스템은 시민이 필요로 하는 정보를 다운로드 받아 카드에 저장하고, 이것을 이용하여 새로운 국가에서 필요로 하는 문서를 사용하는 것이었다. 다양한 나라의 해외 주재원들과 심층 인터뷰를 하여 이동을 하는 유럽인들이 직면하는 문제들을 목록화하였다. 공무원 및 이 일과 관련된 업종에 종사하는 사람들과도 인터뷰를 하였다. 수집된 인터뷰 결과가 타당한지 알아보기 위해서 잠재적 사용자들을 대상으로 온라인 설문을 하였다. 각 나라에서 기술 디자이너들과 관리 전문가들 사이에 그룹 토론을 진행하였으며, 행정 과정을 조사하였고 개선 방안도 논의하였다. 다른 요구사항들을 뒷받침하기 위해 문서들도 연구되었다.

포커스 그룹, 인터뷰 및 평가: Liu *et al.*(2005)은 중국에서 ATM의 사용 확장을 위한 연구를 소개하였다. 이 연구를 통해서 ATM 디자인을 위한 요구사항 도출, 현재 기기의 문제점, 확장을 위한 개선 사항들을 논의하였다. 데이터 수집을 위해 3가지 방법을 적용하였다. 포커스 그룹을 통해 ATM을 사용하면서 느낀 좋은 경험과 나쁜 경험을 공유하였고, 쇼핑센터에서 100명의 참가자들과 포커스 그룹에 발견한 사항들이 얼마나 적용 가능한지 알아보기 위해 인터뷰를 진행하였고, 기존의 ATM기기를 사용하면서 느끼는 혼란이나 오류율을 파악하기 위해 사용성 평가를 하였다. ■

10.4.1 맥락 탐구

맥락 탐구(Holtzblatt과 Jones, 1993)는 맥락 디자인(Beyer와 Holtzblatt, 1998)의 7개 부분 중 하나이다. 이 방법은 소프트웨어 개발을 위해서 현장 작업에서 수집된 데이터에 대해 이해를 할 수 있는 구조화된 접근 방식이다. 맥락 디자인은 5가지의 다른 작업 생산 모델을 포함한다.

맥락 탐구는 요구사항을 발견하는데 사용되는 대표적인 방법이며, 특히 사용을 하는 맥락과 관련된 요소를 도출하는 데 이용되고 있다. 예를 들어, Meschtscherjakov *et al.*(2011)은 자동차의 차량 대시보드 중앙에 있는 다기능 회전 버튼과 사용자들이 어떻게 상호작용하는지 알기 위해서 6주간 맥락 탐구를 하였다. 이 연구를 통해 편안함, 안전, 보안 요소가 가장 자주 언급되었고, 시각적 및 촉각적 미학은 전혀 언급되지 않았다. 이 연구 결과는 새로운 차량 내 정보 시스템 설계에 대한 정보를 알려주었다.

맥락 탐구는 에스노그라피 접근의 데이터 수집 방법에서 생겨났다. 디자인에 활용될 수 있는 데이터를 수집하며 수습생 모델을 따른다. 디자이너는 사용자의 수습생으로 작업한다. 맥락 탐구를 하기 위해서는 관찰, 토론, 지난 상황의 재구성을 조합하여 맥락 인터뷰를 진행한다. 또한, 맥락, 파트너십, 해석, 초점의 4가지 원칙을 가진다.

맥락 원칙들은 실제 현장에 가서 어떤 일이 일어나는지를 직접 볼 것을 강조한다. 파트너십 원칙은 개발자와 사용자가 작업에 대한 이해를 위해 협업 중요성을 보여준다. 기존의 인터뷰나 워크샵 접근법에서는 인터뷰를 진행하는 사람이나 워크샵 진행자가 주도권을 가졌지만, 맥락 탐구에서는 이해관계자들간의 협력을 중요시한다.

해석의 원칙은 관찰 결과들은 디자인에 활용될 수 있어야 하며, 이러한 해석도 개발자와 사용자간의 협업으로 도출되어야 한다. 예를 들어, 필자는 업무 책상에 종이들을 쌓아두고 있는데, 일부는 전화번호를 기록한 것이고 일부는 소프트웨어 명령어들이다. 필자의 사무실에 들어온 사람들은 제각각 이 상황에 대해서 해석할 수 있다. 직원들을 조회할 수 없다거나, 소프트웨어 매뉴얼이 없다거나, 소프트웨어를 자주 사용 안 한다던가, 소프트웨어 명령어를 외우기 어렵다고 생각할 수도 있다. 이 상황을 가장 잘 이해하기 위해서는 필자에게 질문을 하는 것이다. 실제로 필자는 직원 조회가 가능하지만, 보통 쓰지 않는 네트워크에 새롭게 로그인해야 하는 번거로움이 있다. 소프트웨어 명령어를 적어두는 이유는 잘 잊고 또 검색하는데 시간이 걸리기 때문이다.

네 번째 원칙은, 초점 원칙으로 7장에서 논의했던 것처럼 목표에 맞춰 데이터 수집을 해야 한다는 것이다. 맥락 탐구에서 구조화되지 않은 인터뷰처럼 토론을 하다가 목적에서 주제가 벗어나기 쉽다. 이것을 방지하기 위해서 면접자를 안내하기 위한 프로젝트 목적을 설정하고,

이를 바탕으로 사용자의 관심과 견해에 맞춰 데이터를 수집한다.

일방적으로, 제품을 개발하는 개발팀의 일원들은 최소한 한 번의 맥락 탐구를 진행한다. 데이터는 노트, 음성 또는 동영상 촬영의 형태로 수집되지만 많은 양의 데이터는 관찰자 머릿속에 있다. 세션이 끝난 직후에 어떤 경험을 했는지 문서화하는 것이 중요하다. 맥락 탐구는 데이터 수집 후에 해석 과정을 거치는데, 어피니티 다이어그램, 작업 흐름 모델, 시퀀스 모델, 인공물 모델, 문화 모델, 물리적 모델 등과 같은 모델들을 생성한다. 각 모델과 모델 생성의 구체적인 방법은 Beyer와 Holzblatt(1998)의 문헌에 있다.

맥락 탐구는 원격 상황(Rampoldi-Hnilo와 English, 2004)에서 사용되기도 하고, 제품 생산 주기를 줄이는데 사용되기도 하였다(Holtzblatt *et al.*, 2004).

실습해보기 10.2

7장에서 진행한 인터뷰와 맥락 탐구 인터뷰의 차이점은?

조언

7장에서는 구조화된, 구조화되지 않은, 그리고 반구조화된 인터뷰가 소개되었다. 맥락 탐구는 구조화되지 않은 인터뷰에 해당하지만, 다른 특이점을 가지고 있다. 맥락 탐구 인터뷰는 인터뷰 대상의 일터에서 일하면서 이루어진다. 맥락 탐구는 특히 관찰이나 디자이너가 사용자의 수습생이 되는 등 추가적인 방법으로 데이터를 수집한다. ■

10.4.2 요구사항 정리를 위한 데이터 수집 가이드라인

데이터 수집에 대한 일반적인 조언은 7장에서 소개하였으며, 여기서는 요구사항과 관련된 특이 사항에 대해서 구체적으로 다룬다.

- **이해관계자들의 요구사항에 집중하라.** 그들의 기존 행동이나 사용하는 지원 도구들, 경쟁제품이나 개발 중인 제품의 이전 버전들과 같이 다른 제품을 살펴보면서 이와 관련된 요구사항을 도출할 수 있을 것이다.
- **모든 이해관계자들을 그룹에 참여시켜라.** 모든 사람들의 견해를 듣는 것이 중요하다. 당연한 말처럼 들리겠지만 간혹 부분적으로 특정 이해당사자들을 간과하기 쉽다. 대규모 유통 및 물류 회사의 사례에 따르면, 소프트웨어 시스템을 다시 개발하는 과정에서 사무직, 경영진, 창고 직원들 등 모든 이해관계자들을 참여 시켰지만, 시스템이 가동되는 날에 생산성이 50%로 떨어졌다. 하지만 조사를 해보니, 병목 현상은 그들이 회사가 아닌

납품업체에서 새로운 시스템을 사용하다가 방생한 것이었다. 아무도 납품업체에 있던 직원들이 어떻게 작업을 하는지 확인하지 않았고, 새로운 시스템은 그들의 작업 방식과 맞지 않았던 것이다.

- **특히 그룹이 큰 경우, 각 이해관계자 집단에서 한 명씩을 참여시키는 것은 충분하지 않다.** 데이터 수집에 참여시키는 모든 사람은 각자의 상황, 과제, 작업과 그것들을 완수하는 방식에 대한 관점이 있다. 한 명씩만 참여시킨다면, 한쪽으로 치우친 의견을 얻을 수 밖에 없다.
- **데이터 수집을 진행할 때 작업 설명 및 프로토타입과 같은 보조 수단을 활용하라.** 요구사항 수집은 반복적인 과정을 거치기 때문에, 한 세션에서 사용한 프로토타입이나 설계 명세서는 다시 보거나 다른 세션에서 재사용될 수 있다. 이런 보조 수단을 활용하는 것은 사람들의 기억을 되살리거나 논의 사항에 집중할 수 있도록 도와준다. Maiden *et al.*(2007b)은 모바일 기술 및 요구사항 도출을 위한 전용 애플리케이션들을 활용할 것을 권장하였다.

10.5 데이터 분석, 해석, 그리고 표현

8장에서 데이터의 분석, 해석 및 제시를 위한 방법과 접근법들이 논의되었다. 이러한 방법들은 요구사항을 구조화하고 도출하기 위해 사용될 수 있다. Volere shell(그림 10.7)과 같은 양식을 활용하면 어떤 정보를 찾아야 하는지 알 수 있으며 데이터 분석을 하기 위한 첫 단계로 유용하다. 많은 정보들을 추적할 수 있는지가 고려되어야 한다. 예를 들어, 누가 요구사항을 제기했고 어디서 더 많은 정보를 찾을 수 있는가? 이러한 정보는 문서에 기록이 되거나 분석 과정에서 다이어그램으로 그려질 수 있다.

어떤 요구사항은 더 형식적인 기법과 표기법을 활용해서 조사되기도 한다. 예를 들어, 기능적인 요구사항은 클래스 다이어그램, 상태 그래프, 시퀀스 다이어그램과 같은 기법을 통해 분석될 수 있다. 데이터 요구사항은 개체-관계 다이어그램과 같은 것으로 표현될 수도 있다. 항공 예약 시스템에서 이와 같은 다이어그램을 활용한 것을 그림 10.8에서 볼 수 있다. 이러한 다이어그램들은 그림 10.7의 이벤트/사용 사례 필드를 통해 요구사항에 연결될 수 있다.

이런 도표들을 구체적으로 어떻게 사용하는지는 별도의 책 한권 분량이므로 여기서 다루지 않을 것이다. 대신 사용자의 목표 및 작업을 이해할 수 있는 사용자 중심 기법 4가지인 시나리오(10.6.1절), 사용 사례(10.6.2절), 필수 사용 사례(10.6.3절) 및 작업 분석(10.7절)을

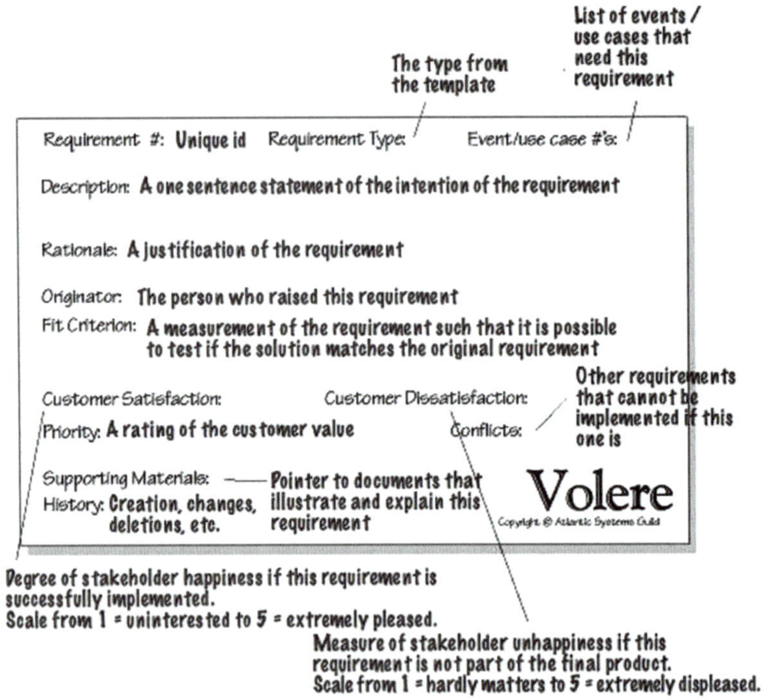

그림 10.7 Volere shell을 활용한 요구사항
출처: © Atlantic Systems Guild.

소개한다. 이것들은 모두 데이터 수집의 결과물이 되거나 혹은, 이후에 이루어지는 데이터 수집 과정의 보조 수단으로 사용될 수 있다.

요구사항 활동은 견고한 요구사항 목록이 만들어지기 전까지 반복적으로 이루어지며, 다양한 분석 기법들을 적용할수록 요구사항에 대한 이해가 깊어지고, 세부사항들이 명확해질 것이다.

10.5.1 혁신을 위한 브레인스토밍

지금까지는 수집된 데이터로부터 직접적으로 요구사항을 도출하는 것을 다루었다. 하지만, 특정 요구사항들은 기술 혁신을 수반하기도 한다. 브레인스토밍은 인터랙션 디자인이나 특정 영역에 국한된 방법은 아니며, 아이디어를 만들어내고 다듬고 발전시키는데 사용되는 일반적인 기법이다. 인터랙션 디자인에서는 대안을 만들어내는데 많이 사용되며(9장 참조) 사용자를 도울 수 있는 새로운 아이디어를 도출하는데도 사용한다.

브레인스토밍 세션을 성공적으로 수행하기 위한 다양한 규칙이 제안되었으며, 아래에 일부

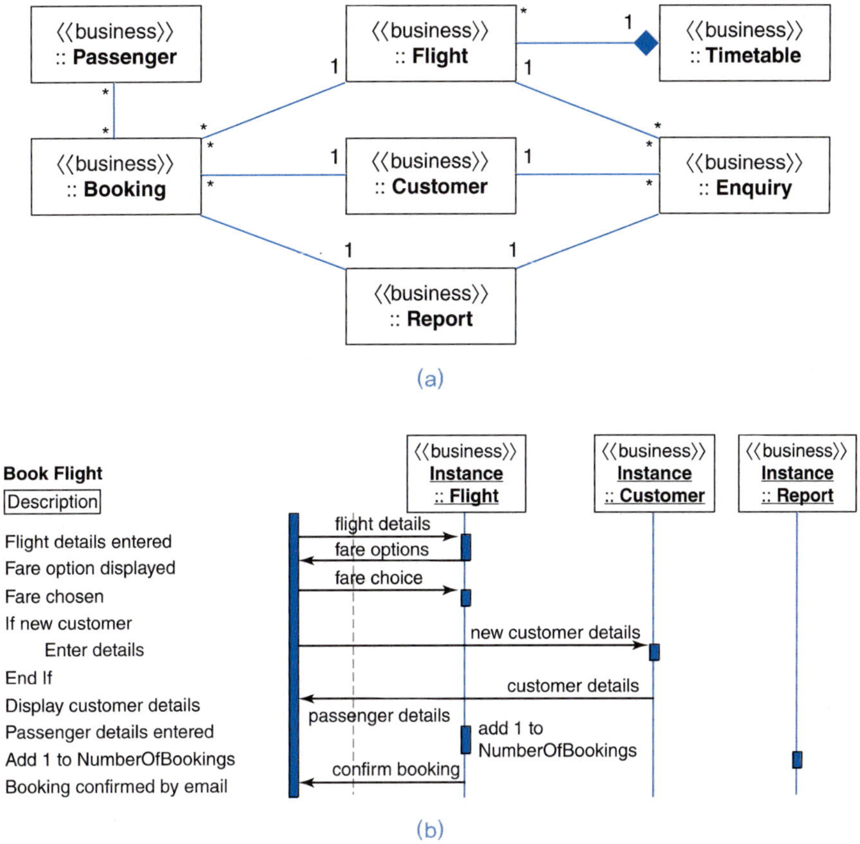

그림 10.8 (a) 클래스 다이어그램과 (b) 시퀀스 다이어그램을 활용하여 정적인 구조 및 동적인 행동을 분석할 수 있다.

를 설명한다. 요구사항을 위한 두 가지 핵심 성공 요소 중 첫 번째는 제품이 지원하려고 하는 사용자의 목표를 알고 있어야 한다는 것과 두 번째는 어떠한 아이디어에 대해서도 비판을 하거나 논쟁을 해서는 안 된다는 것이다(Robertson과 Robertson, 2013; Kelley, 2008). 다음은 브레인스토밍의 성공적인 세션을 위한 추가적인 제안들이다.

1. **다양한 경험을 가진 다양한 분야의 사람들을 포함한다**(Robertson과 Robertson, 2013; Kelley, 2008).
2. **우스운거라도 버리지 마라**(Kelley, 2008). 엉뚱한 아이디어가 유용한 요구사항으로 발전하기도 한다(Robertson과 Robertson, 2013).
3. **영감을 줄 수 있는 촉매제를 활용하라.** 한 가지 아이디어 위에 또다른 아이디어를 만들어라(Robertson과 Robertson, 2013). Kelley(2008)는 이전 아이디어로 돌아가거나 다른

해석을 하는 것도 고려하라고 조언한다. 만약에 막히면, 사전에서 임의로 하나의 단어를 뽑아서 제품과 관련된 아이디어를 생각해 본다(Robertson과 Robertson, 2013).

4. **기록을 하라**. Robertson과 Robertson(2013)은 모든 아이디어는 검열없이 기록을 해야 한다고 주장한다. Kelley(2008)는 아이디어들을 다시 쉽게 찾을 수 있도록 번호를 매기라고 조언한다. 또한 작업하는 벽면과 탁상을 활용하여 참가자들은 스케치, 마인드맵, 다이어그램을 자유롭게 배치하여 공간 기억력을 최대한 활용할 것을 권장한다.
5. **초점을 분명히 하라**(Kelley, 2008). 문제를 명확히 정의한 후에 브레인스토밍을 시작하라. 이렇게 하면 브레인스토밍을 순조롭게 시작할 수 있고 주제가 벗어나더라도 다시 참가자들을 원래의 주제로 돌아오게 할 수 있다.
6. **워밍업 시간을 가지고 세션을 재미있게 준비하라**(Robertson과 Robertson, 2013). 참가자들이 서로 같이 일해보지 않았으면 워밍업이 필요할 것이며, 다른 외부 요인에 의해 집중을 못하고 있을 수도 있다(Kelley, 2008). 워밍업 연습은 단어 게임을 한다거나 문제와 관련이 있거나 없는 물리적인 물체들을 손으로 직접 만져보는 시간이 될 수도 있다. 예를 들어, 9장의 TechBox 예시를 참고하라.

10.6 작업 설명

비지니스 과제에 대한 설명은 소프트웨어 개발에서 수년간 사용되어 왔다. 1970년대부터 1980년대에 이르기까지, 비지니스 시나리오는 수용도 평가의 기준으로 자주 사용되었다. 즉, 고객이 직접 비용을 지불해서 소프트웨어를 사용하기 전 마지막 평가 단계였다. 최근 몇 년 동안 개발 초기 단계에 사용자를 참여시키는 것의 중요성이 강조되고 새롭게 개발되는 수많은 인터랙티브 제품들로 인해, 작업 설명은 개발 초기에 요구사항 도출 단계부터 프로토타이핑, 평가, 테스트 등 전 과정에서 활용되고 있다. 그에 따라, 작업 설명을 가장 잘 구조화 시키고 사용할 수 있는 방법을 이해하기 위해 많은 시간과 노력이 기울여져 왔다.

Alexander와 Maiden(2004)의 시나리오, 이야기, 사용 사례의 모음에서 볼 수 있듯이 다양한 작업 설명 방법이 있으며, 제품 개발 당시에 다른 요소들을 강조하면서 다양한 목적으로 사용될 수 있다. 예를 들어, Alexander와 Maiden은 4가지 관점에 따라 작업 설명을 분류하고 이를 9가지 측면으로 표현하는 구조화된 프레임워크를 사용한다. 이러한 측면들은 설명 방법(예: 텍스트, 그래픽, 이미지 또는 프로토타입, 형식적인, 비형식적인, 반형식적인 표기), 맥락(예: 조직 환경 및 시스템 상호작용) 및 역할(서술, 탐색, 설명)을 포함한다.

우리는 일반적으로 많이 사용되는 시나리오, 사용 사례, 필수 사용 사례(작업 사례라고 부르기도 함) 3가지 방법에 대해서 소개하려고 한다. 이들은 각각 기존에 존재하는 작업 또는 새로운 제품으로 사용될 수 있는 새로운 작업을 설명하기 위해 사용될 수 있다. 상호배타적이지 않으며 개발 라이프사이클의 다양한 관점 또는 다양한 단계를 기록하기 위해서 조합되어 사용되기도 한다.

이번과 다음 절에서는, 두 가지 예시를 통해 이러한 기법들을 적용하는 방법을 설명한다. 영화 대여 서비스와 공유 여행 관리자이다. 영화 대여 서비스는 가입자들이 영화를 대여하게 해주며, 공유 여행 관리자는 휴가를 계획하려는 사람들을 지원한다.

10.6.1 시나리오

시나리오는 '형식에 얽매이지 않은 서술적 설명'이다(Carroll, 2000). 사람의 활동이나 작업들을 포함하는 이야기이며 맥락, 필요 요구사항들에 대해서 탐구하고 논의할 수 있도록 한다. 어떤 목표를 달성하기 위해 소프트웨어나 다른 기술을 사용하는 구체적인 방법을 묘사할 필요는 없다. 시나리오가 사용자들이 사용하는 언어로 기술되어 있기 때문에 이해관계자들에게도 이해될 수 있으며, 이를 통해 그들도 개발 단계에 참여할 수 있다. 이해관계자들에 의한 시나리오 작성은 요구사항 정립을 위한 첫 단계로 종종 사용된다.

대학 입학 사무실에서 데이터 입력을 수행하는 사용자 그룹과 대화를 하기 위해 초대되었다고 상상해보자. 당신은 안으로 들어가서, 관리자인 Sandy에게 인사를 받고, 다음과 같은 대화를 시작할 것이다.

> "여기가 입학 서류들을 처리하는 곳입니다. 신청 기간 동안 많을 때는 하루 약 50개 정도를 접수 받습니다. 여기 있는 Brian이 필요한 정보가 다 작성되어 있는지와 필요한 증빙 서류들이 모두 포함되어 있는지 확인합니다. 우리는 성적표나 이전 업무 경험과 같은 증빙 서류들을 요구합니다. 확인한 결과에 따라 해당 서류들은 다른 데로…"

자신들이 무엇을 하고 어떻게 목표 달성을 하는지에 대해서 이야기로 설명하는 것은 자연스러운 방법이다. 그래서 이해관계자들 역시 쉽게 이해할 수가 있다. 이와 같은 이야기의 초점은 대게 사용자들이 이루고자 하는 목표에 대한 것이다. 사람들이 어떤 행동을 하고 어떤 목표를 달성하려고 하는지 등을 이해하려면 기술과의 상호작용보다는 사람들의 행동에 주목해야 한다.

이것은 새로운 제품에서 사람들의 기존 행동을 그대로 보존하기 위함이 아니라, 현재 행동을 이해함으로써 제약, 맥락, 짜증이 나는 부분, 조력자 및 어떤 환경 아래에서 작업하는지 탐색하기 위한 것이다. 그 활동과 관련된 이해관계자와 여러 요소들을 식별하는데 도움이 된다. 특정 앱, 책, 행동, 또는 위치를 반복적으로 참조하는 것은 그것이 작업을 수행하는데 있어 중요한 역할을 한다는 것을 보여주며 우리는 이에 주의를 기울여야 한다.

온라인 영화 대여 서비스에서 발생할 수 있는 시나리오는 다음과 같다.

> "Martin Scorsese가 감독한 영화를 찾고 싶다고 생각해보자. 제목이 기억이 나지는 않는데 2006년이나 2007년도에 극장 상영을 했던 것으로 기억한다. 서비스 웹사이트에 가서 감독 옵션을 선택한다. 엄청난 수의 감독 목록이 보였다. 성이 S로 시작하는 감독들이 그렇게 많은지 몰랐다! 목록을 스크롤하는 동안 Martin Scorsese를 찾았으며 그에 대한 더 자세한 사항을 보았다. 또다른 긴 영화 목록을 보았고, 거기서 내가 찾던 The Departed를 찾았다. 이 서비스의 가입자로 영화를 대여하기 전에 로그인을 해야 한다. 로그인을 하고 나면, 대여 기간과 비용 지불 방법을 선택할 수 있다. 이미 기본 설정을 등록해두었기 때문에, 기본값을 선택하고 영화를 다운로드한다."

기존의 시스템을 사용하는 제한된 시나리오를 통해서 몇 가지를 발견할 수 있다: 긴 목록의 이름과 영화들에 대하여 사용자가 스크롤을 해야 한다는 것과 상세 검색 기능이 제공되지 않는다는 것, 대여 기간 설정의 중요성, 보통의 사용자들이 자주 사용하는 기본 설정값의 유용성 등 이것들은 모두 새로운 시스템에 대한 잠재적 디자인 가능성이 될 수 있다. 시나리오는 또한 한 가지 특정 사용성, 예를 들어 감독의 이름은 알지만 영화의 제목을 모르는 경우에 대해서 이야기할 수도 있다.

시나리오가 어느 정도로 상세해야 하는지는 개발 단계에 따라 달라진다. 요구사항 단계에서는 맥락, 사용성 및 사용자 경험의 목표, 사용자들이 행하는 작업들을 강조하는 것이 좋다. 구체적인 퍼소나와 같이 활용할 때는 개발자들은 사용자 경험에 대한 중요성을 더 인식할 수 있다.

이런 시나리오는 일반적으로 워크샵, 인터뷰, 브레인스토밍 세션 또는 사용자 목표와 관련된 논의를 하다가 만들어진다. 새로운 제품의 잠재적 사용이나 기존 행동을 파악하는데 사용할 수 있다. 전체 요구사항을 파악하기 위한 용도 보다는 매우 개인화된 부분, 특정 관점을 제공하기 위한 방법이다.

다음은 공유 여행 관리자를 위한 비형식적인 인터뷰에서 도출된 내용이다. 이는 시스템의 한 가지 기능, 즉 잠재적인 휴가지 옵션을 찾는 것이 어떻게 작동될 수 있는 보여준다. 이 시나리오는 일반적인 사용자에 대한 세부 사항과 그들이 무엇을 필요로 하는지를 보여준다. 요구사항 인터뷰에서 얻을 수 있는 종류의 정보이다.

> "Thomson 가족은 야외 활동을 즐기며 올해는 배를 타고 싶어한다. 다음과 같이 4명의 가족 구성원으로 이루어져 있다. Sky(10세), Eamonn(15세), Claire(35세), Will(40세) 등이다. 저녁 식사를 마친 어느 날 어떤 옵션들이 있는지 찾기로 했다. 한 자리에 모여 여행 관리자에 자신들의 요구조건으로 '초보자 4인을 위한 지중해 보트 여행 상품'을 선택하였다. 시스템의 콘솔은 가족 모두가 쉽고 편하게 상호작용할 수 있도록 디자인되었다. 시스템의 초기 결과는 소함대를 추천했으며 다양한 수준의 승무원들과 별도 배로 같이 항해를 할 수 있다. Sky와 Eamonn은 비록 자기네 가족이 별도의 배를 가진다고 하더라도, 다른 사람들과 같이 여행해야 하는 사실을 좋아하지 않았다. 여행 관리자는 자신들과 유사한 나이의 어린이들이 소함대를 사용했던 긍정적인 리뷰 내용을 보여주었고, 결국 모두는 소함대를 더 알아보는 것에 대해 동의했다. 시간이 늦어져서, 내일 더 고민해볼 수 있도록 현재 사항들을 저장하도록 요청했다. 여행 관리자는 다른 여러 가지 가능한 옵션들에 대해서도 이메일을 보낸다."

시나리오는 미래의 상황을 그려보기 위해 구성될 수도 있다. 미래지향적인 용도로 시나리오를 사용하는 것은 **그림 10.9**에서와 같이 피부가 입력의 도구로 사용되는 예를 통해 볼 수 있다. 이와 같은 입력 기술은 개발되고 평가되었으며(Harrison *et al.*, 2010), 상업적으로 어떻게 활용될 수 있는지 시나리오를 통해 확인할 수 있다.

> "Bramat은 매일 하는 4마일 달리기를 막 끝냈다. 그는 운동하는 동안 음악 듣는 것을 좋아하며, 제일 좋아하는 노래들을 듣고 있었다. 이 새로운 스킨풋(skinput) 기술은 운동에 집중하면서도 손가락을 누르는 것만으로 트랙을 탐색하고, 건너뛰는 동작들을 가능하게 해준다. 그는 기진맥진해져서 가장 좋아하는 자리에 주저앉는다. 손가

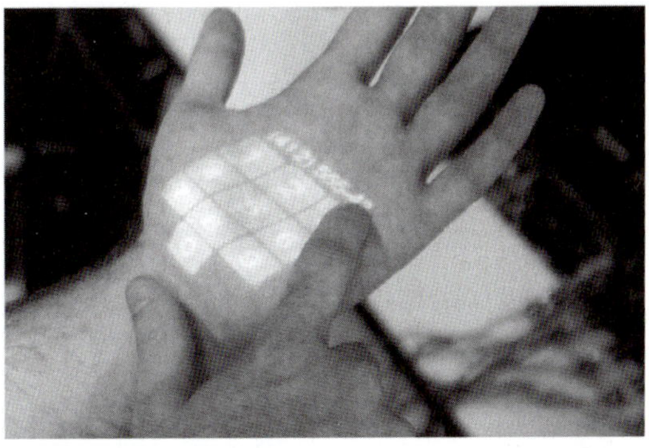

그림 10.9 스킨풋이 사용될 수 있는 모습

출처: Reproduced by permission of Chris Harrison, Dan Morris, Desney Tan – Microsoft Research & Carnegie Mellon University.

락 한번 까딱하는 것으로 음악을 끄고 손바닥을 펼쳐서 피부에 직접 리모컨 패널을 비출 수 있다. 버튼을 누르는 것으로 원하는 프로그램 방송국을 선택하고, 볼륨을 변경하고 기대서 본다. 배고픔을 느껴 부엌으로 가서 손바닥을 다시 펴고 냉장고에 있는 재료들로 어떤 요리를 할 수 있는지 확인한다. 또다른 손 제스처로 그의 손바닥은 휴대폰 키패드로 바뀌었고 친구를 저녁식사에 초대할 수 있다."

스킨풋 비디오는 다음 링크에서 확인할 수 있다. http://youtu.be/g3XPUdW9Ryg

이번 장에서, 우리는 요구사항을 도출하는데 있어 시나리오의 역할에 대해 소개한다. 시나리오는 디자인 프로세스에 지속적인 역할을 하며 11장에서 소개한다. Alexander과 Maiden (2004)에서 보여지듯이 시나리오는 전 과정에 어떤 역할을 하며, Rosson과 Carroll(2002)은 시나리오 기반 사용성 공학이라는 접근법을 소개하며 사용성 공학에서 시나리오의 역할에 대해 설명한다.

기존의 행동과 목표를 드러내는 시나리오를 작성하는 것은 새로운 시나리오를 만들거나 새로운 요구사항을 정립하는데 도움이 된다. 다음으로 할 활동은 기존의 시나리오가 미래에서 사용할 제품의 요구사항을 정립하는데 어떻게 도움이 되는지 이해하기 위한 것이다.

실습해보기 10.3

자동차를 어떻게 선택할 지에 대한 시나리오를 작성하라. 중고차가 아닌 새로운 자동차이어야 한다. 작성했다고 생각하고, 당신의 우선순위 및 선호도와 같이 이 과제의 어떤 요소가 중요한지 생각해보라. 이러한 목표와 문제들을 해결해주는 새로운 상호작용 가능한 제품에 대해 상상해보아라. 이 제품이 어떻게 사용될 지에 대해서 시나리오를 예상해서 작성하시오.

조언

다음 예시는 나타날 수 있는 일반적인 과정을 보여준다. 당신이 작성한 것과 다를 수 있지만, 비슷한 문제들과 우선순위를 작성했을 것이다.

"내가 처음으로 할 행동은 길에서 내가 사고 싶은 것과 유사한 자동차를 찾는 것이다. 아마도 몇 주가 걸릴 수도 있다. 나는 아마도 차량 성능 평가를 포함해서 소비자 평가 자료를 찾아볼 것이다. 이러한 초기 활동을 통해 자동차를 선택할 수 있으면 좋을 것이다. 다음으로는 자동차 쇼룸을 방문해서 자동차의 모습을 살펴보고, 직접 탑승해서 편한 지를 확인할 것이다. 자동차에 대해 긍정적인 평가가 이어지면 시승을 요청할 것이다. 짧은 시승을 해보면 핸들이 얼마나 잘 다루어지는지, 엔진이 얼마나 시끄러운지, 기어가 얼마나 부드럽게 바뀌는지 등에 대해서 이해할 수 있다. 직접 운전을 하고 난 후에는 사고 싶은지 아닌지를 결정할 수 있다."

이 시나리오에서 작업을 수행하는데 두 단계가 있는 것으로 파악된다. 가능한 옵션들을 검색하는 것과 잠재적 구매 제품을 직접 경험해보는 것이다. 전자에서는 길에서 차량을 보고 전문가 평가를 보는 것이 강조되었으며, 후자에서는 직접 시험 운전을 하는 것이 관건일 것이다.

새로운 차를 사는 많은 사람들은, 차의 외관과 내부의 냄새나 촉감, 운전 경험이 차량을 선택하는데 중요한 요소이다. 연비, 내부 공간, 색상, 가격과 같은 다른 요소들은 선택할 수 있는 모델을 추리는데 사용될 수는 있어도, 궁극적으로는 차량 운전을 하는데 얼마나 다루기 쉽고 내부가 편한 지로 결정된다. 이로 인해서 시험 운전이 선택 과정에서 중요한 부분이 된다.

이러한 의견들을 반영하여, 새 차를 구입하기 위한 새로운 '원스톱 샵(one-stop shop)'에 대한 시나리오를 소개한다. 이 제품은 건축이나 폭탄 처리 전문가들을 훈련시킬 때 활용하는 몰입형 가상현실 기술을 이용한다.

"나는 새로운 차를 사고 싶다. 길을 따라 내려가서 시내의 '원스톱 샵'에 들른다. 가게 안에는 몇개의 부스가 차려져 있으며, 빈 부스로 향한다. 안에 들어가니 레이싱카를 연상하는 시트와 앞에 대형 디스플레이가 있다. 앉았더니, 디스플레이에서 생동감 있는 화면들이 재생된다. 지난 2년간 출시된 차량에 대한 비디오 클립들을 탐색할 수 있으며, 차량 모델 또는 연도별로 검색도 가능하다. 또한 내가 관심 있어 하는 차량들에 대한 소비자 보고서들을 검색할 수 있다. 1시간 정도 정보들을 탐색한 후에 몇 개의 후보로 줄였다. 나중에 다시 방문할 수도 있지만, 몇 종류에 대해서 확인을 하고 싶다. 팔걸이에 있는 스위치를 누름으로써 내가 관심 있어 하는 모든 차종들에 대해 가상현실로 경험할 수 있다. 이를 통해 시험 운전을 하고 노면 유지 기능, 윈드스크린 화면, 페달 압력 감지, 대시보드 레이아웃과 같은 차량 운전 경험에 대한 시뮬레이션을 할 수가 있다. 차량 안에 있는 듯한 분위기도 재현한다."

기존 시나리오에서 언급했던 두 주요 활동들을 포함하고 있으며, 시험 운전도 가능하다는 것을 알 수 있다. 이것은 시나리오 초안이며, 앞으로 논의될 사항들과 여러 연구로 개선하게 된다. ■

생각해보기 10.5
시나리오와 퍼소나

처음에 퍼소나와 시나리오를 구분하는 것은 어려울 수도 있다. 정의를 읽으면 쉬운 듯하지만, 실제 작업을 하다보면 두 개가 종종 섞인다. 시나리오는 제품의 하나의 사용 사례나 목표를 달성하기 위한 예시를 보여주며, 퍼소나는 대표적인 사용자의 특성을 보여준다. **그림 10.10**에서 이와 같은 차이점을 확인할 수 있다.

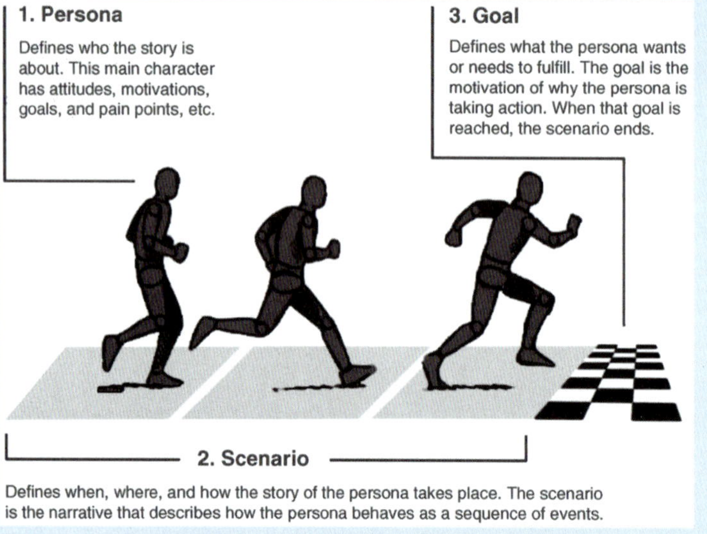

그림 10.10 시나리오와 퍼소나의 관계를 보여주는 예시

출처: http://www.smashingmagazine.com/2014/08/06/a-closer-look-at-personas-part-1/

이 그림에서는 시나리오 목표라는 개념이 나온다. 퍼소나의 목표를 고려하는 것은 제품의 한 사용 사례에 대한 시나리오를 정하는데 도움이 된다. ■

10.6.2 사용 사례

사용 사례 역시 사용자 목표에 초점을 맞추지만, 사용자의 작업 자체보다는 사용자 - 시스템간의 상호작용에 더 중점을 둔다. 이와 같은 개념은 객체지향 커뮤니티에서 소개한 객체지향 소프트웨어 공학에서 처음 등장했다(Jacobson *et al.*, 1992). 그들의 관심은 사용자(행위자라고 함)와 시스템간의 상호작용에만 초점을 둔 것이지만, 시스템보다는 사용자의 관점을 더 중요시한다. 사용 사례에 맥락에서도 시나리오란 용어를 사용한다. 여기서는 특정 조건들에 대한 사용 사례를 통과하는 하나의 경로를 표현한다. 위에서 언급했듯이 하나의 사용 사례에 해당하는 예시를 보여준다는 측면에서 일치한다.

사용 사례는 행위자와 연관되어 있으며, 사용 사례는 시스템을 이용하는 행위자의 목적을 포착하고자 하는 것이 목표이다. 분석가가 가장 많이 사용될 것이라고 생각하는 일련의 조치들이 모음을 보편적인 과정이라고 부르며, 이것을 주요 사용 사례라고 일컫는다. 예를 들어, 영화 대여 서비스에서 대부분의 사용자들이 대여하고 싶은 영화 제목을 안다고 생각하면, 사

용 사례의 보편적인 과정은 제목으로 영화 검색하는 것이 포함되어 있을 것이다. 그런 다음 다른 대체 과정들이 하단에 열거된다.

여행 관리자를 이용하여 비자 요구사항을 검색하는 것에 대한 보편적인 사용 사례는 다음과 같다.

1. 시스템은 비자와 예방 접종에 대해서 알아볼 수 있는 옵션을 표시한다.
2. 사용자들은 비자 요구사항에 대한 자세한 사항을 볼 수 있는 옵션을 선택한다.
3. 시스템은 사용자에게 목적지 국가의 이름을 입력하도록 요청한다.
4. 사용자는 국가 이름을 입력한다.
5. 시스템은 그 나라가 유효한지 확인한다.
6. 시스템은 자신의 국적을 묻는다.
7. 사용자는 국적을 입력한다.
8. 시스템은 입국한 국가의 여권 소지자에 대한 비자 요건을 확인한다.
9. 시스템은 비자 요건을 표시한다.
10. 비자 요건을 출력할 수 있는 옵션을 표시한다.
11. 사용자는 출력을 선택한다.

대체 과정:

6. 입력한 국가 이름이 유효하지 않다면:
    6.1 시스템은 오류 메시지를 표시한다.
    6.2 시스템은 3단계로 돌아간다.
8. 국적이 유효하지 않다면:
    8.1 시스템은 오류 메시지를 표시한다.
    8.2 시스템은 6단계로 돌아간다.
9. 비자에 관한 요구사항이 없다면:
    9.1 시스템은 적절한 메시지를 표시한다.
    9.2 시스템은 1단계로 돌아간다.

대체 과정에서 보이는 번호들은 보편적인 과정의 단계를 대체하는 것이다. 또한 사용 사례의 경우 사용자와 시스템이 상호작용하는 방법에 대해 구체적으로 명시된 것을 알 수 있다.

사용 사례는 그림으로 설명할 수 있다. **그림 10.11**은 여행 관리자에 대한 사용 사례를 보여준다. 여행사의 행위자는 '여행 세부 사항 업데이트'라는 사용 사례와 엮여 있다. 여행 관리

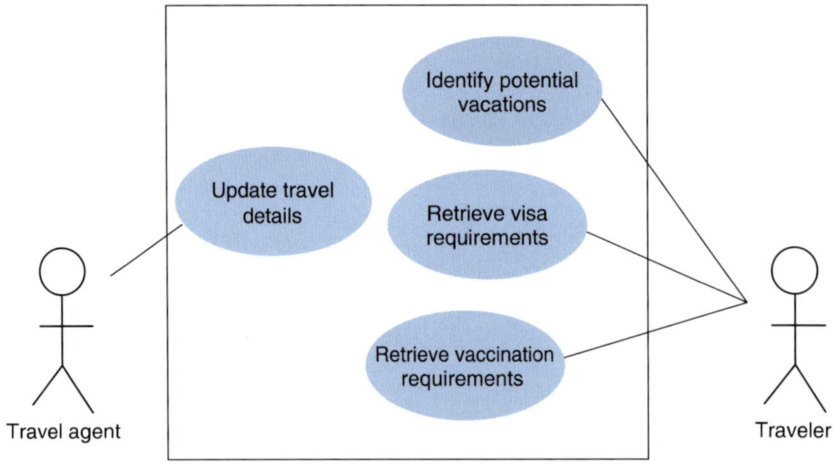

그림 10.11 여행 관리자와 연관된 두 행위자와 도출된 4가지 사용 사례

자의 또다른 행위자는 Thomson 일가와 같이 여행객이다. 행위자들은 하나 또는 하나 이상의 사용 사례와 연관이 있을 수 있다. 예를 들어, 여행객은 '여행 후보지 추천' 또는 '비자 요건 확인' 등과 같은 사용 사례에 모두 연관될 수 있다. 각 사용 사례는 하나 이상의 행위자와 연관이 있을 수 있다. 행위자는 어떤 역할을 대표하므로, 여행사에 근무하는 Jasmine이 자신의 개인 여행을 위해 여행 관리자를 사용하면 여행객의 역할이며, 여행사 근무자로 관리자를 사용하면 여행사의 역할을 맡을 것이다.

이러한 설명은 10.6.1절에서 설명한 시나리오와 다른 표현 방법과 초점을 가진다. 레이아웃은 더 형식적이며, 좋은 사용 사례의 좋은 구조에 관한 것은 많이 논의되었다(Bittner와 Spence, 2002; Alexander와 Maiden, 2004). 또한 사용자 행동 자체보다는 사용자와 시스템 간의 상호작용에 더 초점을 맞추기 때문에 사용 사례는 그 기술이 이미 이용되고 있다는 것을 가정한다. 이러한 세부적인 설명은 요구사항 도출 단계나 데이터 수집 단계보다는 개념 설계 단계에 더 적합하다. 하지만, 간혹 일부 이해관계자들은 기존 시스템을 어떻게 사용하고 있고 새로운 시스템에 바라는 점들을 사용 사례를 활용하여 표현하기도 한다.

사용 사례를 만들기 위해서는 사용자 또는 시스템과 상호작용할 다른 시스템과 같은 행위자를 먼저 정해야 한다. 그런 다음 이 행위자들의 시스템을 사용하는 목적에 대해서 조사하면, 그런 점들이 사용 사례에 활용될 것이다.

실습해보기 10.4

영화 대여 예제에서 '영화 대여'라는 사용 사례와 가입자라는 행위자를 고려해서 다음 문제들에 대해서 생각해보라.

1. 다른 행위자를 선정하고 관련 사용 사례를 정의하고, 사용 사례 다이어그램을 작성하라.
2. '영화 대여'라는 사용 사례에 대해서 보편적인 과정과 대체 과정을 작성하라. 보편적인 사용 사례는 사용자들이 웹사이트를 방문하여 감독으로 영화를 검색하는 것으로 가정하라.

조언

1. 다른 행위자로는 영화 목록을 업데이트 하는 관리자일 수 있다. 이런 행위자의 사용 사례로는 '영화 목록 업데이트'가 될 수 있다. **그림 10.12**는 사용 사례 다이어그램을 보여주며, 다른 사용 사례를 작성했어도 무방하다.
2. '영화 대여'의 사용 사례는 다음과 같을 수 있다.
    1. 시스템은 선택할 수 있는 메뉴를 보여준다.
    2. 사용자는 감독 별로 영화 보기를 선택한다.
    3. 시스템은 감독에 대한 목록을 보여준다.
    4. 사용자는 원하는 감독 이름을 찾기 위해 목록을 본다.
    5. 시스템은 해당 감독에 대한 영화 목록을 보여준다.
    6. 사용자는 영화를 선택한다.
    7. 시스템은 사용자가 아이디와 비밀번호를 입력하기를 기다린다.
    8. 사용자는 아이디와 비밀번호를 입력한다.
    9. 시스템은 사용자 비밀번호를 확인한다.
    10. 시스템은 사용자의 대여 및 비용 지불 방식의 기본 설정 값을 보여준다.
    11. 사용자는 기본 설정 값을 확인한다.
    12. 시스템은 영화 다운로드를 위한 링크를 제공한다.

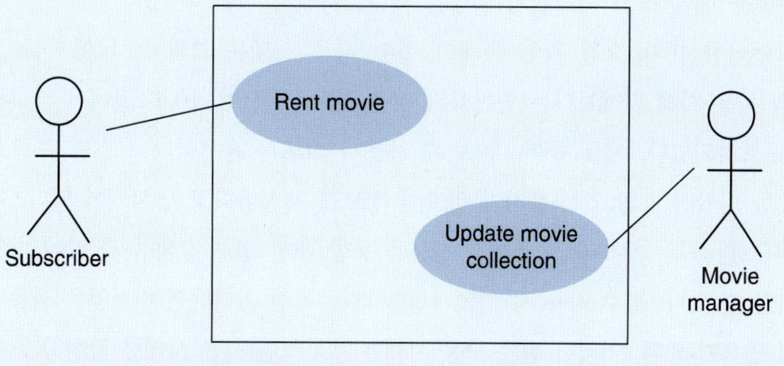

그림 10.12 영화 대여 서비스를 위한 사용 사례 다이어그램

대체 과정:

2. 사용자가 영화 제목을 안다면:
   2.1 사용자는 영화 제목을 입력한다.
   2.2 시스템은 영화 세부사항을 표시한다.
   2.3 사용자는 선택을 확인한다.
   2.4 시스템은 7단계로 돌아간다.
10. 사용자 비밀번호가 틀리다면:
   10.1 시스템은 오류 메시지를 표시한다.
   10.2 시스템은 7단계로 돌아간다. ■

10.6.3 필수 사용 사례

필수 사용 사례는 위에서 설명한 시나리오와 사용 사례의 한계점을 극복하기 위해서 Constantine과 Lockwood(1999)에 의해 개발되었다. 시나리오는 사실적으로 구체적인 활동들을 보여주는 구체적인 이야기들이다. 이에 따라 더 넓은 조직적인 관점과 관련된 광범위한 이슈들을 모호하게 보여주게 될 수도 있다. 전통적인 사용 사례는 이미 상호작용이 가능한 기술과 사용자, 인터페이스 등에 대한 어떤 가정을 기반으로 한다.

필수 사용 사례(종종 작업 사례라고도 부름)은 시나리오를 추상화하는 것으로, 조금 더 일반적이고 기존 사용 사례처럼 어떤 가정을 피하도록 노력한다. 필수 사용 사례는 세 가지로 이루어진 구조화된 서술이다. 전체적인 사용자의 의도를 보여주는 이름, 사용자 행동에 대한 단계적 설명과 시스템 책임에 대한 구체적인 단계 설명이다. 이러한 사용자와 시스템의 역할 구분은 개념 설계에 도움이 되며 작업 할당 및 시스템 범위를 논의할 때 유용하다. 가령, 사용자가 무엇을 해야 하고 시스템의 책임은 어디까지인지 정할 수 있다.

위에서 언급한 비자 요건 확인에 대한 필수 사용 사례는 **그림** 10.13에서 볼 수 있다. 10.6.2절의 사용 사례 단계보다는 일반화된 것을 볼 수 있으며, 10.6.1절에서 본 시나리오보다는 더 구조화되었다. 예를 들어, 두 번째 사용자 의도는 옵션이나 시스템 프롬프트를 선택하는 것을 언급하지 않고, 사용자가 필요한 정보를 제공한다고 명시되어 있다. 이러한 정보는 여권 스캔 또는 데이터베이스에서 지문을 통한 개인 정보 검색 등과 같이 다양한 방법으로 얻어질 수 있다. 필수 사용 사례를 작성할 때는 특정 인터랙션 디자인을 활용한다는 것을 생각할 필요가 없다. 이러한 필수 사용 사례는 세부적인 사용 사례를 작성하기 전에 사용한다.

필수 사용 사례에서는 행위자 대신에 사용자 역할과 연관되어 있다. 행위자는 다른 시스템

retrieveVisa	
USER INTENTION	SYSTEM RESPONSIBILITY
find visa requirements	
	request destination and nationality
supply required information	
	obtain appropriate visa information
obtain a personal copy of visa information	
	offer information in different formats
choose suitable format	
	provide information in chosen format

그림 10.13 여행 관리자에서 비자 요건을 확인하는 필수 사용 사례

일 수도 있지만 사용자 역할은 시스템을 사용할 여러 사람들을 의미할 수도 있다. 그러므로 사용자 역할은 특정 사람을 지칭하는 것도 아니며 다른 시스템을 말하는 것도 아니다. 이에 따라 필수 사용 사례는 사용자 역할부터 정의한다.

실습해보기 10.5

실습해보기 10.4에서 설명한 영화 대여 서비스에서 '영화 대여'라는 사용 사례와 사용자 역할 '가입자'를 활용하여 필수 사용 사례를 만들어라.

조언

여기서 비밀번호를 언급하지 않고 사용자가 자신을 인증해야만 한다고 명시하는 것을 볼 수 있다. 이는 지문 인식, 홍채 인식 또는 다른 기술로도 가능하다. 필수 사용 사례는 특정 기술에 국한시키지 않는다. 또한 선택 가능한 옵션 목록을 명시하지 않는다. ■

영화대여	
사용자 의도	시스템 책임
감독 이름 입력	
	관련 영화 제목 보여주기
필요한 제목 선택	
자신을 인증	
	인증 확인
	대여 기간 확인
	비용 지불
	해당 영화 제공

10.7 작업 분석

작업 분석은 새로운 제품을 구상하는데 사용되기 보다는 기존 상황을 조사하는데 활용한다. 사람들이 어떤 행동을 하는데 있어 근거와 목적을 분석하는데 사용한다. 어떤 것을 달성하려고 하는가, 왜 달성하려고 하는가, 어떻게 하려고 하는가와 같은 질문을 포함한다. 작업 분석에서 수집된 정보는 새로운 요구사항과 새로운 작업을 구축하기 위한 기반이 된다.

작업 분석은 인지 과정과 물리적 행동을 조사하는 모든 방법들을 포함하며, 고차원적인 추상화 과정 및 세부 사항을 다루는 것 모두 포괄한다. 실제로 작업 분석에 대하여 사람들은 엇갈린 반응을 가진다. 가장 널리 이용되는 것은 계층적 작업 분석이며, 이번 장에서 소개한다.

10.7.1 계층적 작업 분석

계층적 작업 분석(Hierarchical Task Analysis, HTA)은 원래 훈련의 필요성을 알아보기 위해 설계되었다(Annett과 Duncan, 1967). 하나의 작업을 세부 작업으로 나누고, 세부 작업을 다시 하위 세부 작업으로 나누는 과정이다. 그런 다음 실제 상황에서 작업이 어떻게 수행될지를 반영하여 계획으로 정리된다. HTA는 물리적이고 관찰 가능한 행동에 초점을 두며, 소프트웨어나 상호작용이 가능한 제품과 관련이 없는 행동들도 포함한다. 출발점은 사용자 목표다. 그런 다음 목표 달성을 위한 주요 작업들을 확인한다. 이러한 작업들은 회면 스케치로 표현할 수 있는 낮은 단계까지 하위작업으로 계속 세분화한다.

DVD를 구입하는 작업을 생각해보아라(Hornsby, 2010). 이 작업은 다음과 같은 하위 작업들 세분화할 수 있다: DVD 찾기, DVD를 장바구니에 담기, 결제방식 입력, 주소 입력하고 구매 확인하기. 만약에 사용자가 자주 이용하는 사람이라면 결제 방식이나 주소 입력과 같은 몇 개의 하위 작업은 안 할 수도 있다. 이러한 것은 계획으로 파악이 될 수 있다. 그림 10.14

0. DVD를 구입하기 위해서는
1. DVD 위치 확인
2. DVD를 장바구니에 추가
3. 결제 정보 입력
4. 주소 입력
5. 구입 완료

0 계획: 자주 사용하는 사용자는 1-2-5를 할 것이며, 새로운 사용자는 1-2-3-4-5를 수행할 것이다.

그림 10.14 DVD 구입을 위한 계층적 작업 분석

는 DVD 구입의 하위 작업들을 보여주며 두 가지 대체 경로를 보여주는 하나의 계획을 보여준다.

HTA의 다른 표현 방식으로는 박스-선으로 이루어진 도식화 방법이다. 그림 10.15는 그림 10.14의 도식화이다. 여기서 하위 작업들은 번호가 매겨진 박스에 표현이 된다. 작업들 간 계층 구조는 세로 줄로 표현이 된다. 작업이 더 이상 세분화 되지 않으면 해당 박스에 두꺼운 가로줄이 하단에 그려진다. 계획 역시 표현이 된다. 세분화되는 작업 하단의 세로줄 옆에 표시된다.

HTA사용에 대한 논쟁이 많았으며, 지지하는 사람들도 있었고 반대하는 사람들도 있었다. 실제 문제에 적용할 때 다음과 같은 문제를 가진다.

1. 실제 문제는 매우 복잡하며, 작업 분석은 확장성에 대한 제약이 있다. 표기법들은 곧 통제하기가 어려워지고 따라가기가 어렵다.
2. 작업 분석은 적용할 수 있는 작업의 종류가 한정적이다. 예를 들어, 병렬적인 작업들이나 방해 작업들에 적용하기 어렵다. 많은 사람들은 다양한 방해로 인해 작업 중단을 겪으며, 병렬로 일어나는 작업들도 많다.

반면에, 다음과 같은 장점도 있다(Homsby, 2010).

1. 사용자의 계획된 작업과 하위 작업들에 대한 대체 디자인들에 대해 객관적으로 평가할 수 있다.
2. 어떤 단계에서 추상화 작업이 필요한지 이해를 도와주며, 좋은 디자인에 이를 수 있다.
3. 디자인의 재사용성을 지원한다.

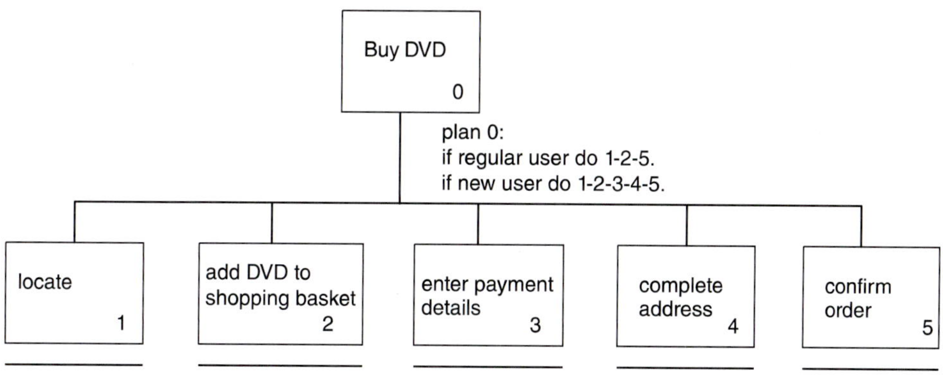

그림 10.15 DVD 구입의 계층적 작업 분석에 대한 그림

실습해보기 10.6

여행 관리자를 다시 활용하여 여행지를 정하는 작업에 대한 계층적 작업을 분석을 수행하라. 모든 계획을 포함하고, 작업 분석 결과를 글과 그래프로 표현하라.

조언

이 활동과 관련된 주요 작업들은 초기 조건들을 모으는 것(예: 초보자들을 위한 항해 여행), 여행의 제약 조건 파악(예: 가능한 날짜, 어린이 시설과 같이 필요한 시설), 조건에 맞는 후보지 찾기(예: 그리스 섬 주변에서 소함대 경험), 그런 다음 여행지를 결정하고 예약하는 것이다. 여행 후보지 찾기는 적절한 목적지 찾기, 여행지 시설 조사, 현지의 여행사, 선호하는 날짜 동안 사용 가능 여부 등과 같이 하위 작업들로 세분화할 수 있다. 잠재적 여행 후보지를 찾는 동안 모든 옵션들은 저장될 수 있다. **그림 10.16**은 이에 대한 도식을 보여준다. 다음과 같이 글로 설명할 수도 있다.

0. 여행 후보지를 찾기 위해서는:
1. 초기 조건 모으기
2. 제약 조건 모으기
3. 여행 후보지 찾기
   3.1 후보 장소 찾기
   3.2 후보 장소 시설 확인
   3.3 후보 장소에 있는 여행사들 찾기
   3.4 여행 장소가 선호하는 날짜에 가능한지 확인
   3.5 여행 정보 저장
4. 마음에 드는 여행지 결정
5. 예약하기

0 계획: 1–2–3 수행. 후보지가 더 이상 발견되지 못할 때까지 3 반복. 하나 또는 그 이상의 여행 후보지가 가능하다면 4–5 수행. 여행 후보지가 없다면 0으로 돌아가기.

3 계획: 3.1–3.2–3.3–3.4 수행 또는 3.1–3.3–3.2–3.4 수행 또는 3.1–3.3–3.4–3.2 수행. 여행 후보지가 있다면 3.5 수행

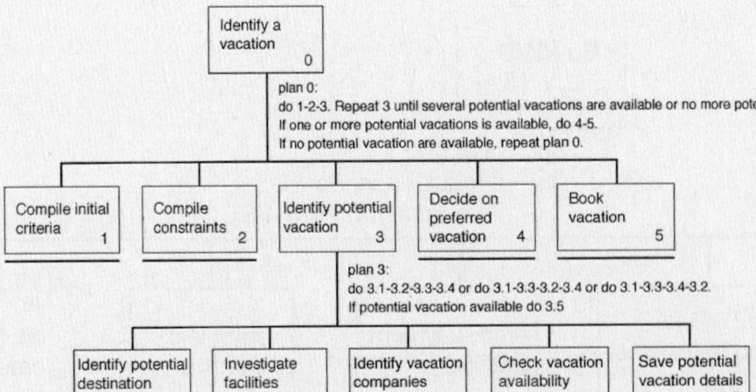

그림 10.16 여행지 찾기에 대한 HTA 결과 도식화

과제

이 과제는 상호작용이 가능한 제품을 전체 개발 라이프사이클을 경험할 수 있는 5가지 과제 중 첫 번째이다. 이번 장에서 배운 요구사항 도출 방법들을 활용하여 요구사항을 정립하라. 이전 7장과 8장에서 배운 기법들을 활용해야 한다. 다른 과제들은 11, 12, 14, 15장에서 주어진다.

전반적인 과제는 콘서트, 공연장, 극장에서의 공연을 보기 위한 온라인 티켓 예매 시스템을 설계하고 평가하는 것이다. 대부분의 시설들은 온라인 예매 시스템을 가지고 있지만, 원하는 자리를 찾아서 예약하는 것은 어려운 일일 수도 있다.

이번 과제를 통해 다음과 같은 작업들을 수행해야한다.

(a) 온라인 시스템을 위한 사용자의 요구사항을 파악하라. 다양한 방법을 통해 수행할 수 있다. 예를 들어, 티켓 예매 시스템을 사용하는 것을 관찰할 수 있고, 개인의 경험을 떠올릴 수 있고, 예매 사이트를 보거나, 친구들이나 가족을 인터뷰할 수 있다. 수집된 데이터를 신중하게 기록하라.

(b) 사용자 요구사항을 기반으로 두 명의 프로파일을 이용해서 퍼소나 한 명을 만들고 사용자가 제품과 어떻게 상호작용할지를 상상하면서 주요 시나리오를 만들어라.

(c) 티켓 예매와 같이 티켓 예매 시스템의 주요 작업에 대해서 작업 분석을 하라.

(d) 이 분석을 통해서, 티켓 예매에 대한 사용 사례를 작성하라.

(e) (a)단계와 그 이후에 수집된 데이터를 활용하여, 10.3절에서 설명한대로 제품의 다른 요구사항을 정리하라. Volere shell 양식에 맞춰 요구사항을 정리하라.

요약

이번 장에서는, 요구사항 활동에서의 세부적인 중요성에 대해서 설명했으며, 인터랙션 디자인에서 어떻게 요구사항을 정립하는지 소개하였다. 7장에서 소개한 데이터 수집 기법들은 다양한 조합으로 요구사항과 관련된 데이터 수집에도 적용될 수 있다. 또한, 맥락 탐구, 문서화 연구, 유사 제품 분석도 자주 사용되는 기법들이다. 시나리오, 사용 사례와 필수 사용 사례는 데이터 수집 결과를 표현하기 좋은 수단이다. 작업 분석은 더 구조화된 방식이지만, 확장성이 뛰어나지 않다.

Key points

- 상호작용 가능한 제품을 만들기 위해서는 요구사항 분석이 중요하다.
- 다른 유형의 요구사항들이 있다: 기능적, 데이터, 환경적(사용 맥락), 사용자 특성, 사용성 목표, 사용자 경험 목표 등이 있다. 이와 같은 분류에 따라 모든 제품은 요구사항을 가진다.
- 데이터 수집을 위해서는 설문, 인터뷰, 포커스 그룹, 직접 관찰, 간접 관찰, 문서화 연구, 유사 제품 조사와 맥락 탐구와 같이 다양한 방법이 있다.
- 사용자 작업에 대한 설명은 시나리오, 사용 사례, 필수 사용 사례와 같은 방법을 통해 가능하며, 이는 기존 작업 방법을 이해하는데 도움이 된다. 새로운 제품의 방향성을 표현하는데도 도움이 된다.
- 작업 분석 기법들은 기존 시스템과 그 사용법을 이해하는데 도움이 된다.

Chapter 11

디자인, 프로토타이핑, 그리고 제작

목표

이 장의 주요 목표는 다음과 같다.

- 프로토타이핑의 개념 및 다양한 종류의 프로토타이핑 작업에 대해 설명한다.
- 요구사항 도출 중에 개발된 모형들로부터 간단한 프로토타입을 만들어 본다.
- 개념적인 제품 모형을 만들 수 있고 자신의 결정을 정당화 할 수 있다.
- 디자인 과정에서 시나리오와 프로토타입을 활용법을 설명한다.
- 피지컬 컴퓨팅 도구와 소프트웨어 개발 도구(SDK: software development kit) 및 그것들이 제작 과정에서 어떤 역할을 하는지 소개한다.

11.1 개요

디자인 활동은 몇 가지 요구사항들이 정의된 후에 시작된다. 사용자가 참여하는 디자인, 평가, 재디자인의 과정을 통해 일련의 디자인 산물출들이 만들어진다. 넓게 보면 개념적인 디자인과 구체적인 디자인의 두 가지 유형이 있다. 전자는 제품이 무엇을 하며 어떻게 행동할 것인지에 대한 개념적 모형을 개발하는 것과 관련이 있고, 후자는 메뉴 구조, 햅틱 피드백, 물리적 위젯 및 그래픽과 같은 세부적인 디자인 속성과 관련이 있다. 디자인 주기가 점점 짧아지면서 이 두 가지 디자인 유형 간의 구별이 흐려지고 있지만, 각각이 강조하는 디자인 고려사항이 다르므로 구분하여 알 필요가 있다.

사용자가 인터랙티브 제품의 디자인을 효과적으로 평가하려면 디자이너가 그 아이디어를 프로토타입으로 만들어야 한다. 개발 초기 단계에서 프로토타입은 종이나 카드보드 혹은 이미 만들어진 구성품들을 이어 붙여 만들며, 디자인 프로세스를 통해 더 세련되고 다부지며 안정화되면서 최종 제품에 가까워진다.

대체로 디자인 프로세스가 시작되는 두 가지 다른 상황, 즉 아예 처음부터 시작하거나 기존의 제품을 변경시켜야 하는 상황이 있다. 후자에 속하는 경우가 더 많은데, 대단한 조사나 프로토타입 및 평가 없이도 기존 제품에 기능을 추가하거나 변경할 수 있다는 것을 생각하면 구미가 당긴다. 만약 큰 변경이 아니라면 프로토타이핑과 평가의 분량이 줄어들 수는 있지만 여전히 의미 있는 활동이며 간과되어서는 안 된다.

10장에서는 사용자 요구사항을 파악하고 요구사항을 정의하는 몇 가지 방법에 대해 논의했다. 본 장에서는 제작을 위한 프로토타이핑의 순환을 통해 요구사항들을 해결해나가는 과정을 포함한 활동들을 살펴본다. 프로토타이핑의 역할과 기술에서 시작해서 디자인 과정 중에 순환되는 프로토타이핑을 어떻게 활용할 수 있는지를 설명할 것이다. 최종적으로 제작의 기반을 제공하는 피지컬 컴퓨팅과 소프트웨어 개발 도구(SDK)를 탐구하는 것으로 마무리 하려 한다.

11.2 프로토타이핑

사용자가 무엇을 원하는지 말해 주지는 못해도 그들이 뭔가를 보고 사용해보면 즉시로 그들이 무엇을 원하지 않는지를 깨닫게 된다는 말이 있다. 몇몇 요구사항을 파악한 다음 단계로, 프로토타이핑과 평가의 순환을 통해 디자인 아이디어를 시험하는 것이 필요하다.

11.2.1 프로토타입이란 무엇인가?

프로토타입은 디자인의 실체를 보여주는 한 가지 형태로서, 이해관계자들이 그것과 인터랙션하면서 적합성을 알아볼 수 있도록 해준다. 프로토타입은 보통 제품의 한 가지 특성만 강조하고 다른 속성들을 간과하는 제약점이 있다. 프로토타입이라는 용어를 들으면 아마도 당신은 빌딩과 교량의 축소 모형들 혹은 몇 분마다 계속 에러를 일으키는 소프트웨어를 상상할지 모른다. 프로토타입은 화면의 외곽을 종이로 감싼 형태이거나, 기성품들을 끈으로 묶어 놓은 형태, 전자 사진, 비디오 시뮬레이션, 소프트웨어나 하드웨어의 복잡한 조각, 혹은 워크스테이션의 3차원 목업의 형태일 수도 있다.

실제로 프로토타입은 종이 위에 쓰여진 스토리보드부터 복잡한 소프트웨어에 이르거나 카드보드 모형에서부터 금형으로 찍어낸 금속 조각까지 무엇이든 될 수 있다. 예를 들어 PalmPilot의 창업자인 Jeff Hawkin은 그의 아이디어를 구체화할 때 자신이 상상한 장치의 크기와 모양을 나무로 조각하여 만들었다. 그는 그런 기기를 휴대하는 것이 어떤 경험인지 알아보기 위해 그것을 가지고 다니면서 정보를 입력하는 시늉을 했다(Bergman과 Haitani, 2000). 이것은 매우 단순한 — 혹자에게는 기괴하다고 할 수 있는 — 프로토타입 사례이지만 사용 시나리오를 시뮬레이션하기 위한 목적을 달성했다. 3D 프린터 기술의 진보 및 단가의 하락은 디자인에서의 활용도를 증가시켰다. 이제는 소프트웨어 패키지에서 3D 모델을 가져와서 프

(a) (b) (c)

그림 11.1 (a) 컬러 3D 프린터의 결과물: 이 모형의 모든 기어와 연결 막대는 아래에서 위로 한 번에 '인쇄'되었으며, 하나의 기어가 회전하면 다른 기어도 회전한다. (b) 제임스 본드 Skyfall에 있는 Aston Martin은 사실 3D 인쇄 모델이었다(http://www.telegraph.co.uk/technology/news/9712435/The-names-Printing-3D-Printing.html). (c) 테디베어가 와이어 프레임 디자인으로부터 '인쇄'되었다.

출처: (a) The Computer Language Company, Inc., courtesy of Alan Freedman (b) Courtesy of voxeljet and Propshop Modelmakers Ltd (c) Courtesy of Scott Hudson, Human-omputer Interaction Institute, Carnegie Mellon University.

로토타입을 인쇄할 수 있고 심지어 부드러운 장난감이나 초콜릿도 이런 방식으로 '인쇄'할 수 있다(그림 11.1 참조).

Video showing a teddy bear being 'printed' is available at
http://www.disneyresearch.com/project/printed-teddy-bears/

11.2.2 왜 프로토타입인가?

프로토타입은 이해관계자들과 아이디어를 논의하거나 평가할 때 유용하며, 팀 구성원들 사이의 소통 장치이자 디자이너가 아이디어를 탐색할 수 있는 효과적인 방법이다. Schön(1983)이 설명했듯이, 프로토타입을 만드는 활동은 디자인 과정을 심사숙고 하도록 도와주며, 다양한 분야의 디자이너들에게 널리 인식되어 있는 디자인의 중요한 특성이다.

프로토타입은 디자이너들이 문제를 해결하고 대안들을 비교 및 선택할 수 있도록 지원한다. 프로토타입이 제공하는 다양한 목적들은, 아이디어의 기술적 구현 가능성을 테스트하고, 모호한 요구사항을 명확하게 하거나, 사용자 테스트 및 평가를 수행하거나, 특정 디자인 방향성이 나머지 제품들의 개발과 호환되는지를 알아보는 것 등이 있다. 프로토타입의 목적에 따라서 만들어야 하는 프로토타입의 종류가 달라진다. 예를 들어 사용자가 일련의 작업을 어떻게 수행하는지 알아보고 당신이 제안하는 디자인이 그 작업을 잘 지원하는지 여부를 알고 싶다면 종이 기반 목업을 만들 수 있다. 그림 11.2는 자폐아의 의사 소통을 돕기 위해 손에 쥐고 사용하는 기기의 종이 기반 프로토타입인데, 의도된 기능과 버튼 및 레이블이 배치되어 있고 제품의 전반적인 형태를 가지고 있으나 실제로 작동하는 버튼은 없다. 이런 종류의 프로토타입은 버튼 이미지와 레이블이 적절한지, 기능이 충분한지 등을 포함한 사용 시나리오를 조사하고 결정하기에 충분하지만, 음성의 크기가 충분한지, 반응속도가 충분히 빠른지 등을 테스트하기 위한 것은 아니다. 스마트 식이 저울과 태블릿 애플리케이션을 제공하는 SITU를 아이디어 단계에서 시작하여 최종 제품까지 개발하는 과정 중에 다양한 범위의 프로토타입과 표현 방식이 사용되었다. 여기에는 화면 스케치, 종이와 카드보드 목업, 와이어 프레임과 많은 포스트잇 등이 포함된다.

SITU의 전체 이야기 비디오 링크:
https://www.kickstarter.com/projects/situ/situ-smart-food-nutrition-scale

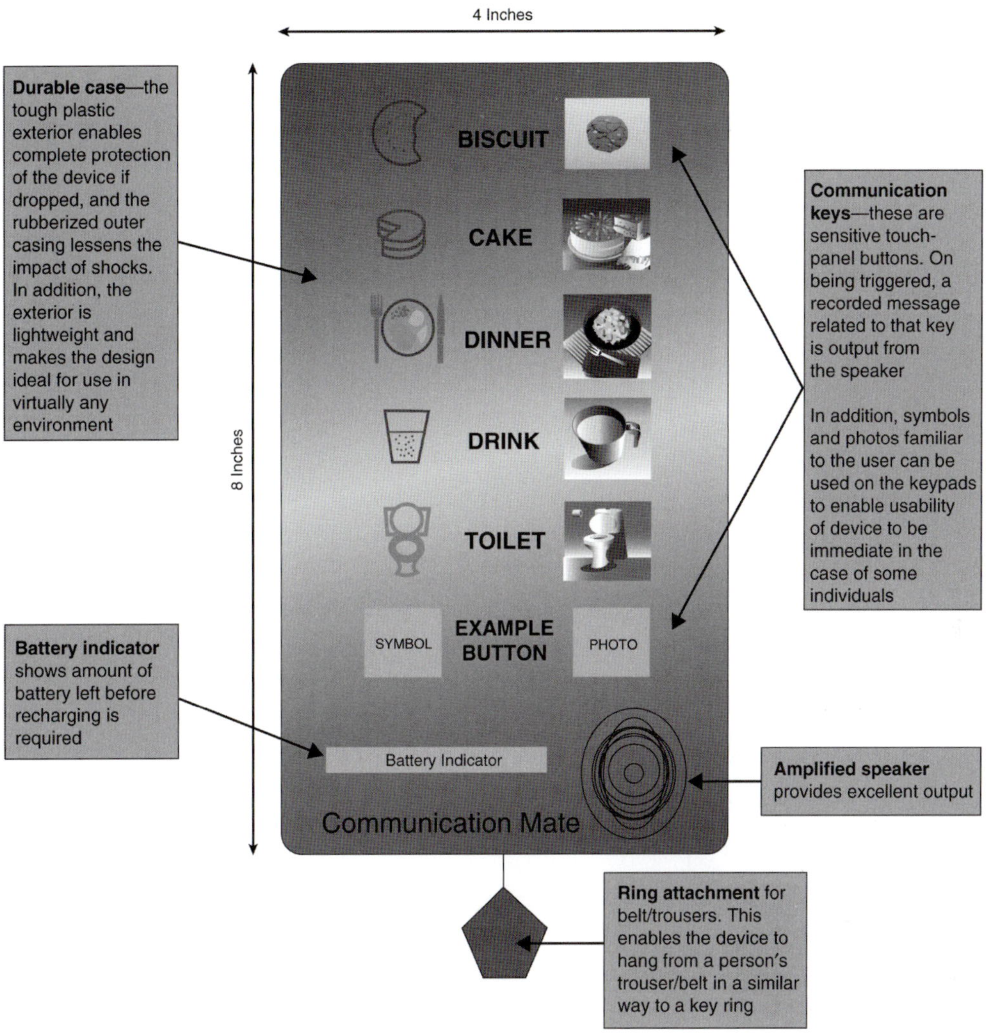

그림 11.2 자폐아를 돕기 위한 파지형 장치의 종이 기반 프로토타입

출처: Reprinted by permission of Sigil Khwaja.

Saffer(2010)는 제품 프로토타입과 서비스 프로토타입을 구분하는데, 후자는 제품 자체뿐만 아니라 역할 놀이 및 사람들을 프로토타입의 핵심적인 부분으로 포함시킨다. 서비스 프로토타입은 종종 비디오 시나리오 캡처 방식을 사용하는데 이는 10장에 소개된 시나리오 기법과 유사하다.

11.2.3 충실도가 낮은 프로토타이핑

충실도가 낮은 프로토타입은 최종 제품처럼 보이지도 않으며 동일한 기능을 제공하지도 않는다. 예를 들어 그것은 전자 화면과 금속 대신에 종이나 카드보드 같은 다른 재료로 만들어질 수 있고, 몇 가지 제한된 기능들만 수행하거나, 아무 기능도 수행하지 않고 단지 기능을 표현하기만 할 수도 있다. 앞서 언급된 PalmPilot을 프로토타이핑하기 위해 사용된 나무 덩어리는 충실도가 낮은 프로토타입이다.

충실도가 낮은 프로토타입은 간단하고 저렴하며 빨리 만들 수 있기 때문에 유용하며 디자인 아이디어의 대안을 탐색하는 과정에 도움을 줄 수 있다. 이런 프로토타입은 개발 초반부의 개념적인 디자인 과정에서 특히 중요한데, 이는 아이디어를 탐색하는 과정이 유연해야 하고 다양한 가능성과 쉬운 수정을 허용해야 하기 때문이다. 충실도가 낮은 프로토타입은 최종 제품의 일부로 남거나 및 통합되지 않으며, 탐색 과정을 위해서만 사용된다.

스토리보드

스토리보드는 10장에서 설명한 시나리오와 종종 함께 사용되는 충실도가 낮은 프로토타이핑의 한 종류이다. 스토리보드는 사용자가 개발 중인 제품을 어떻게 사용하여 작업을 진행하게 되는지 보여주는 일련의 스케치로 구성된다. 그것은 사용자가 인터렉티브 기기를 사용하여 작업을 수행하는 방법을 보여주는 일련의 화면들 혹은 장면의 스케치일 수 있다. 시나리오와 함께 사용될 시, 스토리보드가 좀 더 상세한 내용을 제공하며 이해관계자들이 프로토타입을 통해 역할극을 하고 시나리오에 따른 단계별로 인터랙션할 수 있는 기회를 제공한다. 그림 11.3에 나타난 스토리보드의 예시는 역사적 지역을 탐험하기 위해 새로운 모바일 장치를 사용하는 Christina라는 인물이 묘사되어 있는데, 그 장치를 사용하는 맥락과 그것이 고대 그리

그림 11.3 아크로폴리스 같은 고대 역사 지역 탐험을 위한 모바일 기기의 스토리보드 예시

스의 아크로폴리스에서 도자기 거래에 대한 정보를 수집하는 작업을 어떻게 도와줄 수 있는지를 보여준다.

스케치

충실도가 낮은 프로토타이핑은 종종 손으로 그린 스케치에 의존하기 때문에 자신의 그림 수준을 염려하는 많은 사람들이 이 방법을 사용하기를 부담스러워 한다, 하지만 Greenberg (2012)가 언급했듯이 "스케치는 그리기에 관한 것이라기 보다는 디자인에 관한 것이다." 당신은 자신만의 상징과 아이콘을 고안하고 연습함으로써 스케치에 대한 염려를 극복할 수 있다(Greenberg의 저서 'Sketching vocabulary'의 p. 85 참조). 그것들은 단순한 상자, 막대 그림, 별 이상의 그 무엇일 필요가 없다. 당신이 스토리보드 스케치를 하는데 필요한 요소들은 디지털 기기, 사람, 감정, 테이블, 책, 행동(예: 주기, 찾기, 전송하기, 글씨 쓰기) 등을 포함한다. 인터페이스 디자인을 스케치하려면 다양한 아이콘, 대화 상자 등을 그릴 필요가 있다. 몇 가지 간단한 예제가 그림 11.4에 나와 있다. 나아가 상징적인 스케치가 필요할 수 있지만 여전히 꽤 간단히 그릴 수 있다. Baskinger(2008)는 초보들을 위한 추가적인 스케치 팁을 제공한다.

색인 카드 프로토타입

색인 카드(약 3×5인치 정도의 작은 판지)를 사용하는 것은 인터랙션을 프로토타이핑하는

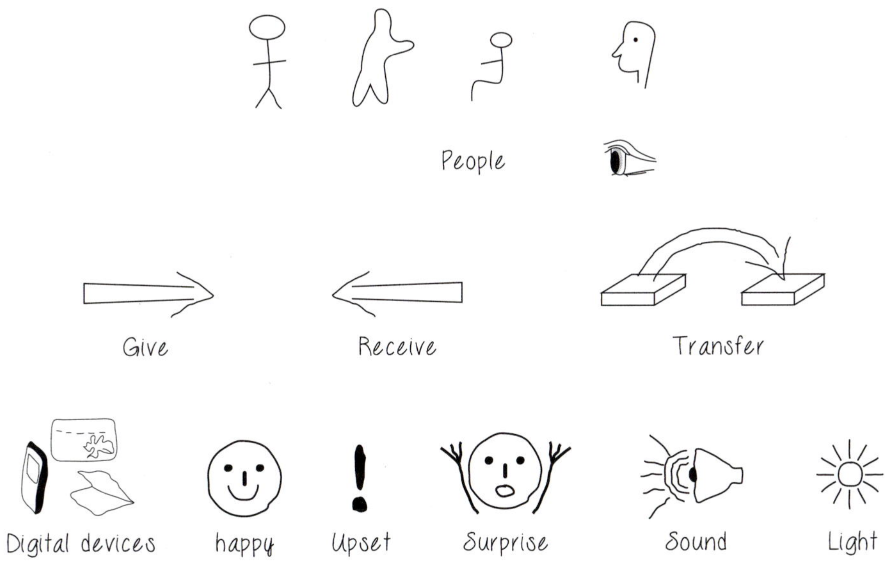

그림 11.4 충실도가 낮은 프로토 타이핑을 위한 간단한 스케치

가장 성공적이고 간단한 방법으로, 주로 웹사이트를 개발할 때 사용된다. 각 카드는 화면 혹은 인터랙션의 한 가지 요소를 나타낸다. 사용자 평가에서 사용자는 카드들을 가지고 작업을 수행하는 흉내를 내면서 모든 카드들을 살펴볼 수 있다. 이런 류의 프로토타이핑 상세 예시는 11.6.2절을 참고하라.

실습해보기 11.1

자동차에 휘발유를 주유하는 방법을 묘사하는 스토리보드를 만들어보자.

조언

우리는 **그림 11.5**와 같이 시도해볼 수 있다. ■

그림 11.5 자동차에 휘발유를 주유하는 방법을 묘사한 스토리보드

오즈의 마법사

충실도가 낮은 프로토타입을 위한 또 다른 방법으로 소프트웨어에 기반한 오즈의 마법사 프로토타입이 있다. 이 방법은 사용자가 제품과 인터랙션하는 것을 가장하여 소프트웨어와 상호작용한다. 그러나 실제로는 사용자에게 반응하는 소프트웨어를 시뮬레이션하는 관리자가 있다. 이 방법은 태풍에 휩쓸려 오즈 랜드로 들어간 자신을 발견했던 작은 소녀에 대한 고전 소설에서 그 이름을 따왔다(Baum과 Denslow, 1900). 오즈의 마법사는 아무도 볼 수 없는 화

면 뒤에 숨어서 자신이 만든 커다란 이미지를 조종하는 작고 수줍음이 많은 남자이다. 오즈의 마법사 스타일의 프로토타입은 고관절 골절 수술 중에 외과용 핀을 정확하게 삽입하도록 도와주는 로봇 시스템인 PinTrace(Molin, 2004), 그리고 디지털 게임에서 전신 인터랙션을 위한 제스처를 인식을 위한 애플리케이션(Norton *et al.*, 2010) 등 다양한 애플리케이션에 성공적으로 사용되어 왔다.

11.2.4 충실도가 높은 프로토타이핑

충실도가 높은 프로토타입은 최종 제품과 동일해 보일 뿐만 아니라 충실도가 낮은 프로토타입에 비해 더 많은 기능을 제공한다. 예를 들어 비주얼 베이직으로 개발된 소프트웨어 시스템 프로토타입은 종이 기반 목업보다 더 충실하며, 플라스틱 몰드로 제작된 Palm Pilot의 프로토타입이 목재 덩어리로 된 목업보다 더 충실하다. 충실도가 높은 프로토타입은 아이디어를 판매할 때 혹은 기술적인 문제들을 시험하는데 있어 유용하다.

충실도가 높은 포로토타입은 기존의 하드웨어와 소프트웨어를 결합하거나 수정하는 방법으로 개발 가능하다. 이 접근 방법은 로봇 공학에서는 땜질이라고 불리며(Hendriks-Jansen, 1996), 소프트웨어 개발에서는 기회주의적 시스템 개발(Ncube *et al.*, 2008)이라 불린다. Banzi(2009)는 "이미 존재하던 기술을 재사용하는 것은 최선의 땜질 방법이다. 값싼 장난감이나 버려진 장비들을 구하고 해킹하여 새로운 일을 하도록 만드는 것은 위대한 결과를 도출할 수 있는 가장 좋은 방법 중 하나이다"라고 말했다. Bird(2009)는 사용자의 환경에 대한 카메라 이미지를 촉각적 정보로 변환시켜 그들의 몸에 전달해주는 시스템을 개발하기 위해 이 방법을 어떻게 사용했는지 설명한다.

11.2.5 프로토타이핑에서 타협하기

제품의 속성을 빠르게 시험해보기 위한 의도를 가진 프로토타이핑의 본질상 타협이 필요하다. Lim(2008)은 프로토타입의 다양한 측면과 달성하고자 하는 목표를 구조화시킨 프로토타이핑 해부학을 제안한다. 그 아이디어는 생각해보기 11.1에서 계속 설명된다. 어떤 한 가지 프로토타입을 통해 해결할 수 있는 문제의 종류는 제한되어 있으며, 프로토타입은 가장 핵심이 되는 문제를 염두하여 제작되어야 한다. 충실도가 낮은 프로토타입은 명백히 타협적이다. 예를 들어 종이 기반 프로토타입은 실제로 작동하지 않는 장치라는 점에서 분명히 타협하고 있다. 소프트웨어 기반 프로토타입의 경우는 반응 속도가 늦거나 최종 제품 같아 보이지 않는 외형을 가지거나 제한된 기능들만 가능하다는 몇 가지 관점에서 꽤 분명한 타협을 하고 있다.

생각해보기 11.1

프로토타이핑의 해부: 필터 및 표현

Lim(2008)은 제품의 특정 속성을 강조하기 위한 필터의 역할에 초점을 맞춘 프로토타입의 관점과 디자이너의 생각을 외적으로 표현할 수 있게 해주는 도구로서의 관점을 제안한다.

표 11.1 필터링 차원 별 변수 예시

필터링 차원	변수 예시
외관	크기, 색깔, 모양, 여백, 형태, 무게, 재질, 비율, 경도, 투명도, 그라데이션, 햅틱, 사운드
데이터	데이터 크기, 데이터 유형(예: 숫자, 문자, 미디어), 데이터 사용, 프라이버시 유형, 계층, 조직
기능	시스템 기능, 사용자가 필요로 하는 기능
인터랙션	입력 동작, 출력 동작, 피드백 동작, 정보 동작
공간 구조	인터페이스 또는 정보 요소의 배치, 인터페이스와 정보 요소 간의 관계(2차원 또는 3차원), 무형 또는 유형 또는 혼합형

표 11.2 표출된 차원 별 정의 및 변수 예시

표현 차원	정의	변수 예시
재료	프로토타입을 형성하는 매체(가시적 혹은 비가시적)	물리적 매체(예: 종이, 나무 및 플라스틱), 물리적인 조작 도구(예: 칼, 가위, 펜 및 사포), 컴퓨터 프로토타입 도구(예: 매크로 미디어 플래시 및 비주얼 베이직), 피지컬 컴퓨팅 도구(예: Phidgets과 Basic Stamps), 가용한 기존의 인공물(예: 심장 마비 시뮬레이션 신호 발생 장치)
해상도	결과물의 디테일 수준 또는 세련된 정도(충실도와 연결됨)	수행 정확성(예: 사용자 입력에 반응하는 피드백 시간으로 종이 기반 프로토타입이 컴퓨터 기반 보다 느림), 외관의 디테일, 인터랙션 디테일, 현실적인 데이터와 조작된 데이터
범위	표현되어야 하는 범위	맥락화 수준(예: 웹사이트의 색상을 테스트할 때 색상 리스트만 가지고 할지, 웹사이트에 화면 구성에 색을 적용한 상태로 할지, 책 검색의 사용성 테스트를 할 때 책만 검색해보게 할지, 다른 것들도 포함한 탐색 인터페이스까지 테스트할지 여부)

> 프로토타입 해부학에 대한 세 가지 핵심 원칙은 아래와 같다.
>
> 1. 프로토타이핑의 기본 원리: 프로토타입은 창조의 목적을 가진 행위로써, 전체에 대한 이해를 왜곡시키지 않으면서도 디자이너가 관심을 가지는 속성들을 가장 단순한 형태로 걸러서 보여줘야 한다.
> 2. 프로토타이핑의 경제적 원리: 가장 좋은 프로토타입은 가장 간단하고 효율적인 방법으로 디자인 아이디어의 가능성과 한계점을 가시화시키고 측정 가능하게 해준다.
> 3. 프로토타입의 해부: 프로토타입은 디자인 영역을 가로지르는 필터들로 디자인 아이디어를 구체화 및 외형화 해주는 표현 방식이다.
>
> Lim은 프로토타입을 개발할 때 고려할 수 있는 필터 및 표현 방식의 몇 가지 차원들을 정리했는데, 비록 완성된 테이블은 아니지만 프로토타입을 고려할 때 유용한 시작점을 제공한다는 점을 언급한다. 이것들은 표 11.1과 11.2에 나와 있다. ■

종종 서로 절충되어야만 하는 두 가지 관점은 기능의 넓이와 깊이다. 이 두 가지는 수평적 프로토타이핑(광범위한 기능을 제공하지만 디테일이 없음)과 수직적 프로토타이핑이다(몇 가지 기능에 한하여 많은 세부정보를 제공).

다른 타협점들은 시스템 사용자에게 명확히 보이지는 않는다. 예를 들어 제품의 내부 구조가 세심하게 설계되어 있지 않을 수도 있고 코딩이 뒤죽박죽이거나 잘못 분할되어 있을 수도

"THEN IN HERE WE DO A CLAY MOCK-UP OF THE COMPUTER MODEL"

있다. 사용자가 인터랙션하여 기능을 수행할 수 있는 프로토타입을 만들 때 한 가지 위험은 그것이 최종 제품 같아 보일 수 있다는 점이다. 또 다른 위험은 프로토타입이 잘 작동하고 사용자가 그 자체를 좋아할 경우 개발자들이 다른 대안을 고려하지 않게 될 수 있다는 점이다. 그러나 프로토타입을 만들기 위해 타협했다는 사실을 잊어서는 안 되며, 특히 외적으로 보이지 않는 부분에 대해 더욱 그렇다. 질 좋은 제품을 위해서는 합당한 공학적 원칙이 반드시 준수되어야 한다.

생각해보기 11.2

충실도가 높은 프로토타입과 낮은 프로토타입을 사용해야 하는 경우

표 11.3은 충실도가 높은 프로토타입과 낮은 프로토타입에 대해 기존에 언급된 장단점을 요약한 것이다. 구성 요소 키트 및 인터페이스 구성 요소의 패턴 라이브러리(11.7절 및 12장 참조)를 사용하면 완성도가 높은 기능성 프로토타입을 쉽게 개발할 수 있다. 하지만 초기 아이디어를 탐색하는 목적에 있어서는 종이 기반 스케치나 포스트잇 디자인, 스토리보드와 같이 충실도가 낮은 프로토타입의 가치가 더 크다. 예를 들어 종이 프로토타이핑은 게임 디자인(Gibson, 2014), 웹사이트 개발 및 제품 디자인(Case Study

표 11.3 낮고 높은 충실도를 가진 프로토타입의 장단점

유형	장점	단점
충실도가 낮은 프로토타입	• 적은 개발 비용 • 복수의 디자인 컨셉 평가 • 유용한 소통 방법 • 화면 레이아웃 문제 해결 • 시장 요구사항 파악에 유용 • 컨셉의 가능성 확인	• 오류 검사의 한계 • 코드 작업하기에는 디테일이 부족 • 진행자 주도적인 • 요구사항 설정 후 제한된 사용성 • 사용성 테스트 시 제한된 유용성 • 탐색 및 흐름의 제약
충실도가 높은 프로토타입	• 완벽한 기능 • 완전한 인터랙션 가능성 • 사용자 주도적인 • 탐색 구조가 명확히 정의된 • 실험과 테스트에 사용 가능한 • 최종 제품과 동일한 외관과 느낌 • 작동하는 설명서 같은 • 마케팅 및 영업 도구로 활용 가능	• 높은 개발 리소스 필요 • 제작 시간이 오래 걸림 • 컨셉 디자인 검증에 비효율적 • 요구사항 수집에 비효과적

11.1)에 활용된다. 충실도가 높고 낮은 프로토타입들 모두는 디자인 평가와 순환의 과정 중에 유용한 피드백을 제공해준다. 예를 들어 Dhillon(2011)은 충실도가 낮은 비디오 프로토타입이 충실도가 높은 프로토타입과 동등한 수준의 사용자 피드백을 이끌어내면서도 더 빠르고 값싸게 만들 수 있다는 것을 밝혔다. 대부분의 연구들은 사용성 테스트의 맥락상 프로토타입의 충실도가 낮거나 높거나에 따른 사용자 피드백의 차이가 없다고 말한다(Sauer와 Sonderegger, 2009). 오히려 중간 정도의 충실도를 가진 프로토타입은 높거나 낮은 충실도를 가진 것보다 덜 매력적으로 보인다는 증거들이 있다. 콘텐츠와 구조의 문제를 탐구할 때는 단순히 비용측면에서 충실도가 낮은 프로토타이핑이 바람직하며, 이 때 디자이너는 기술적으로 구현이 불가한 기능을 종이에 그리지 않도록 조심해야 한다(Holmquist, 2005). 우선 고려해야 할 사항은 프로토타입의 목적이며, 유용한 피드백을 얻기 위해 어느 정도의 충실도가 필요한지를 정하는 것이다. ■

Case Study 11.1

휴대폰 사용자 인터페이스 디자인의 핵심 도구인 종이 프로토타이핑

종이 프로토타이핑은 휴대폰 및 태블릿 제조사들의 설계 프로세스 중 핵심적인 부분으로 사용되고 있다(**그림 11.6** 참조). 업계의 경쟁이 더욱 치열해지고 새로운 컨셉이 지속적으로 요구된다. 모바일 기기들은 고화질 카메라, 음악 재생, 미디어 갤러리, 애플리케이션 다운 등의 많은 기능으로 넘쳐난다. 이에 따라서 복잡하더라도 배우고 사용하기는 쉬운 인터랙션 디자인이 요구된다. 종이 프로토타이핑은 여러 개의 애플리케이션에 걸친 인터랙션 디자인의 모든 디테일들을 면밀히 살펴볼 수 있는 신속한 방법이다.

그림 11.6 휴대폰 사용자 인터페이스를 위해 개발된 프로토타입

모바일 기기 개발을 위한 프로젝트에는 그 제품이 어떤 모습이어야 한다는 각각의 관점을 가진 다양한 분야의 멤버들이 참여한다. 전형적인 프로젝트라면 프로그래머, 프로젝트 관리자, 마케팅 전문가, 상업 관리자, 핸드셋 제조업체, 사용자 경험 전문가, 시각 디자이너, 콘텐츠 관리자 및 네트워크 전문가 등을 포함할 것이다. 종이 프로토타이핑은 디자인 프로세스의 일부로 참여한 모든 구성원들이 다각도에서 함께 디자인을 고민할 수 있게 해주는 수단을 제공한다.

위의 웹사이트 사례 연구는 디자이너의 관점에서 종이 프로토타이핑의 장점 및 그것이 프로젝트의 전체 순환 과정에 미치는 영향력의 큰 그림을 함께 설명한다. 프로젝트는 유럽 및 미국의 통신사들을 위한 사용자 인터페이스 디자인에 관한 것으로, 그 문제 영역 및 종이 프로토타이핑을 프로젝트의 일부로 활용하는 방법에 대한 설명으로 시작된다. 본 사례 연구는 이런 접근법을 설명하기 위한 프로젝트의 예를 보여주며, 이 방법이 어떻게 다양한 전공과 배경을 가진 이해 관계자들을 포용하도록 사용될 수 있는지 단계별로 설명한다. 이 사례 연구에서 제공하는 연습문제를 통해 당신도 직접 시도해 볼 수 있다. ■

프로토타입들이 광범위한 사용자 평가를 거친다 하더라도 견고성이나 오류 없는 작업 수행 등의 엄격한 품질 테스트를 목표로 하지는 않는다. 수천 또는 수백만 사용자에게 사용되며 다양한 운영체제 및 환경에서 사용되기 위한 제품을 만드는 과정은 특정 문제를 해결하기 위해 신속한 프로토타입을 만드는 것과는 다른 종류의 검증 제도를 필요로 한다.

아래의 딜레마 박스에서는 두 가지 개발 철학에 대해 논의할 것이다. 진화하는 프로토타이핑에서 프로토타입은 최종 제품에 이르기까지 진화한다. 쓰고 버리는 프로토타이핑에서 프로토타입은 최종 디자인을 향한 징검다리이다. 이 경우 프로토타입은 쓰고 버려지며 최종 제품은 처음부터 다시 만들어진다. 만일 진화하는 프로토타이핑으로 접근한다면 프로토타입은 엄격한 검증 과정을 계속해서 거쳐야 하는 반면, 쓰고 버리는 프로토타입에게 그런 검증은 필요치 않다.

딜레마

프로토타이핑 vs. 엔지니어링

충실도가 낮은 프로토타입은 최종 제품으로 통합되지 않지만 반대로 높은 충실도의 프로토타입은 그럴 수 있기에 개발자들에게 딜레마를 준다. 개발자들은 프로토타입을 구현하여 즉각적인 목적을 달성한 후에 버릴 의도로 제작할 수도 있고, 아니면 최종 제품으로 융화될 목적으로 진화시킬 수도 있다.

프로토타입을 제작할 때 어떤 식으로든 타협이 필요하며 반드시 고려되어야 한다. 그러나 프로젝트 팀이 일정의 압박을 받고 있으면 기존의 프로토타입들을 합쳐서 최종 제품으로 만들고 싶은 유혹을 받을 수 있다. 결국 수많은 시간을 들여 그것들을 개발했고 고객들을 대상으로 평가도 잘 받았다고 그것들이 버려질 쓰레기가 아닐까? 이런 식의 프로토타입에 기반한 최종 제품은 단지 추후의 검증과 유지보수 문제를 누적시키고, 한마디로 제품의 질을 떨어뜨리는 결과를 가져온다.

정해진 공학적 프로세스를 통해 프로토타입을 최종 제품으로 진화시키는 것은 안정적인 최종 제품으로 이어질 수 있지만, 이는 반드시 처음부터 명확하게 계획되어야 한다.

하지만 그 기기가 혁신적이라면, '충분히 좋은' 제품으로 시장에서 최초의 지위를 확보하는 편이 매우 우수한 품질의 제품을 경쟁자들 보다 2개월 늦게 출시하는 것보다 더 중요할지도 모른다. ■

11.3 개념적인 디자인

개념적인 디자인은 요구사항들을 개념적 모형으로 변환시키는 것과 관련이 있다. 개념 모형을 디자인하는 것은 인터랙션 디자인의 기본임에도 그것에 대한 명확한 이해는 어려울 수 있다. 그 이유 중 하나는 개념적 모형이 다양한 형태를 취하기 때문이며, 명확한 한 가지 세부 속성을 설명하는 것은 불가능하다. 대신에 개념적 디자인은 그것을 향한 다양한 접근법들을 탐구하고 경험함으로써 가장 잘 이해될 수 있으며, 그렇게 할 수 있는 방법에 대한 구체적인 제안들을 제공하는 것이 본 절의 목적이다.

개념 모형은 사람들이 제품으로 무엇을 할 수 있는지 및 그것과 인터랙션 하는 방법을 이해하기 위해 어떤 개념이 필요한지에 대한 개요이다. 전자는 주어진 기능적 요구사항으로부터 나오는데, 아마도 그것들의 부분 집합, 혹은 그 전체, 혹은 더 확장된 버전일 수 있다. 제품과 인터랙션하는 방법을 이해하는 데 필요한 개념은 예상 사용자, 사용할 인터랙션 및 인터페이스 유형, 용어, 메타포, 애플리케이션 영역 등의 많은 요인들에 의존한다. 개념적 모형을 구체적으로 파악하기 위한 첫 번째 단계는 사용자들 및 그들의 목적에 관한 데이터에 몰입하고 그들과 공감하기 위해 노력하는 것이다. 이를 통해 사용자가 그 제품을 사용할 때 겪는 사용자 경험이 어떤 모습이 되어야 할지에 대한 그림이 떠오르고 구체화 될 것이다. 본 절에서 다루게 될 이슈들을 고려하는 것과, 시나리오 및 프로토타입 기법을 사용하여 아이디어를 포착하고 실험하는 것이 개념적 디자인 과정에 도움이 될 것이다. 전통적으로 패션 및 인테리어 디자인에 사용된 무드보드는 새로운 제품이 보여줘야 하는 느낌을 알아보는데 사용될 수

그림 11.7 무드 보드 예시

출처: Image courtesy of The Blog Studio www.theblogstudio.com.

있다(**그림 11.7** 참조). 이것은 요구사항 도출 결과로 인해 알려지며, 기술적 구현 가능성의 맥락에서 고려된다.

사용자와 공감할 수 있는 여러 가지 방법이 있다. 예를 들어 Beyer와 Holtzblatt(1998)은 맥락적인 디자인이라는 그들의 방법론 서적에서 팀 내 리뷰 회의 시간을 잡아 데이터와 관찰 내용에 대해 타인들의 관점을 확보하길 추천한다. 이를 통해 이해가 깊어지며 팀 전체가 다른 측면도 바라볼 수 있게 된다. 이렇게 아이디어는 주어진 요구사항들에 대한 확장된 이해를 바탕으로 나오게 되며, 다른 데이터나 시나리오로도 테스트 가능하고, 다른 팀의 구성원들과 논의 및 사용자 테스트를 위한 프로토타이핑도 가능하다. 사용자 경험을 이해하기 위한 다른 방법들은 생각해보기 11.3에 설명되어 있다.

개념적인 디자인의 주요 원칙들을 다음과 같다:

- 마음을 열고 사용자와 컨텍스트를 항상 고려하라.
- 가능한 많은 이해관계자들과 아이디어를 상의하라.
- 신속한 피드백을 얻기 위해 프로토타입을 사용하라.
- 위의 원칙들을 계속 반복하라.

11.3.1 초기 개념 모형 개발하기

개념 모형의 일부 요소들은 제품 요구사항에서 파생된다. 예를 들어 요구사항 정의 활동을 통해 작업에 포함된 개념들, 작업의 정의 및 분석과 같은 관계 정보들이 도출된다. 위에서 설명했듯이 요구사항과 더불어 데이터에 집중하고 사용자와 공감하려고 노력한다면 그 제품이 목표로 하는 사용자 경험에 대한 정보를 얻을 수 있으며 그 제품이 어떤 모습이어야 하는지 잘 이해할 수 있게 된다. 본 절에서는 초기 개념 모형을 더 자세히 들여다 볼 수 있는 접근 방법들에 대해서 논하며 특히 아래 내용을 다룰 것이다.

- 사용자가 제품을 이해하는 데 도움이 되는 인터페이스 메타포는 무엇인가?
- 어떤 인터랙션 유형이 사용자의 활동을 가장 잘 지원하는가?
- 디자인 대안에 대한 통찰력이나 옵션을 제시하는 다른 인터페이스 유형이 있는가?

생각해보기 11.3
사용자의 경험을 잘 이해하는 방법

몇몇 디자인팀들은 사용자의 경험에 공감하기 위해 지대한 노력을 한다. 이 접근법의 두 가지 사례를 소개한다.

Buchenau와 Suri(2000)는 오직 체험적 지식을 통해서만 얻을 수 있는 사용자 경험의 통찰력을 제공하는 경험 프로토타이핑에 대해 설명한다. 그들은 가슴에 이식하는 자동 심장 제세동기 디자인 팀에 대해 이야기한다. 심장 제세동기는 심실세동, 즉 심장 근육이 불규칙적인 부정맥 현상을 보이거나 혈액을 뿜어 내지 못하는 상태의 심장마비 환자에게 사용된다. 심장 제세동기는 보통 흉벽의 외부에 전극 패들을 붙이는 방식으로 심장에 전기 충격을 주는데, 이식된 제세동기는 심장 근육에 직접 연결된 단자를 통해 같은 일을 한다. 두 기기가 발생시키는 큰 전기 충격은 심장 근육이 본래의 리듬을 되찾게 하기 위한 것으로, 사람이 두발을 털썩할 정도로 강력하다.

이런 종류의 이벤트는 사람들이 일반적으로 경험하는 범위를 완전히 벗어나므로, 디자이너가 이해해야 할 사용자 경험의 통찰력을 얻기가 어렵다. 인공 심장 제세동기의 프로토타입을 디자인팀 멤버들에게 이식하거나 그들의 심실 세동을 시뮬레이션할 수 없다. 그러나 경험의 중요한 일부 속성을 시뮬레이션할 수는 있으며, 그 중 하나는 제세동 충격을 불규칙적으로 일으키는 것이다. 이를 위해 팀 멤버들은 주말에 집에 가져갈 호출기를 받았다(그림 11.8 참조). 호출기의 메시지가 제세동 충격 발생을 시뮬레이션하며, 메시지가 무작위로 수신되면 팀 멤버들은 그들이 어디에서 누구와 무엇을 하고 있었는지, 그리고 이것이 쇼크 상태를 의미한다면 어떤 생각과 기분이 들었는지 기록하기로 했다. 주말 이후에 그들의 경험을 공유했는데, 그 사례들의 범위는 아기를 안고 있거나 위험한 도구를 사용하는 중과 같은 일상적인 일들을 둘러싼 걱정에서부터 누군가를 만나던 상황에서 상대에게 할 말을 잃었던 것까지 다양했다. 이런 직접적인 경험은 디자인 과정에 새로운 통찰력을 가져다 준다.

그림 11.8 경험 프로토타이핑을 위한 환자 키트

출처: Buchenau, M. and Suri, J. F. (2000) Experience prototyping. In *Proceedings of DIS 2000, Design Interactive Systems: Processes, Practices, Methods, Techniques*, pp. 17–9.

다른 예로 운동 능력의 일부를 잃었거나 감각 인식 능력이 부족한 사람이 그들의 차를 운전하는 경험이 어떤 모습인지를 자동차 디자이너가 공감할 수 있도록 제작된 복장인 Third Age suit가 있다. 이 복장은 목, 팔, 다리, 발목의 움직임을 제약한다. Ford Motor사와 Loughborough 대학(그림 11.9 참조)에서 최초로 개발하여 자동차 디자이너, 건축가 및 기타 제품 디자이너들의 의식을 일깨우는데 사용되어 왔다. ■

그림 11.9 공감용 복장은 디자이너가 운동 능력과 감각의 부재를 경험할 수 있도록 돕는다.

출처: Ford Motor Co.

개념적 디자인에 접근하는 한 가지 방법이 어떤 상황에서는 옳지만 다른 상황에서는 맞지 않는다고 말하려는 것은 아니다. 이 모든 접근들은 해당 제품에 대해 다양하게 생각해 볼 수 있는 방법을 제공하며 잠재적인 개념 모형을 생성하는데 도움이 된다.

인터페이스 메타포

인터페이스 메타포는 익숙한 지식과 새로운 지식을 결합하여 사용자가 제품을 잘 이해할 수 있게 해준다. 적합한 은유를 선택하고 새로운 개념과 익숙한 개념을 결합하려면 유용성과 재미 사이의 신중한 균형이 요구되며, 이는 사용자와 그들이 처한 맥락을 제대로 이해하는 것에 기초한다. 예를 들어 6세 학생들에게 수학을 가르치는 교육 시스템을 생각해보자. 한 가지 가능한 메타포는 칠판 앞에 교사가 서있는 교실이다. 그러나 그 시스템을 사용할 사람과 무엇이 그들을 사로잡을 수 있을지를 고려한다면, 공놀이, 서커스, 놀이방과 같이 아이들이 즐길 수 있는 무언가를 떠올려주는 메타포가 보다 적합할 것이다.

Erickson(1990)은 좋은 인터페이스 메타포를 선택하기 위한 세 단계 프로세스를 제안한다. 첫 단계는 기능적인 요구사항과 같은 시스템의 역할을 이해하는 것이다. 부분적인 개념 모형을 만들고 시도해보는 것이 그 과정의 일부일 수 있다. 두 번째 단계는 어떤 작업 혹은 세부 작업이 복잡하거나 위태로운지, 제품의 어떤 부분이 사용자 문제를 일으킬 법한지를 이해하는 것이다. 메타포는 소프트웨어와 메타포가 근거한 실제 대상물 사이의 일부 특징만을 대응시킨다. 사용자가 어려움을 느끼기 쉬운 영역을 이해하는 것은 그런 영역을 보완하기 위해 특정 메타포가 선택될 수 있음을 의미한다. 세 번째 단계는 메타포를 생성하는 것이다. 사용자가 그 작업에 대해 어떻게 설명하는지 살펴보는 것이 좋은 시작점이다. 또한 애플리케이션에 적용된 어떤 메타포라도 사용자에게 익숙한 개념이라면 적절할 수 있다.

적절한 은유가 생성되면 평가해야 한다. Erickson은 아래 다섯 가지 질문을 제안한다.

1. 메타포가 얼마나 많은 구조를 제공하는가? 좋은 메타포는 익숙한 구조를 제공하는 것이 바람직하다.
2. 메타포가 문제와 얼마나 관련이 있는가? 메타포 사용의 어려움 중 하나는 사용자가 자신이 할 수 있는 것보다 더 많이 이해하고 있다고 생각해서 부적절한 메타포 요소를 제품에 적용하기 시작하면 혼동과 그릇된 기대로 이어질 수 있다는 점이다.
3. 인터페이스 메타포는 쉽게 표현할 수 있는가? 좋은 메타포는 단어뿐만 아니라 특정 시각 및 청각 요소와도 연계된다.
4. 사용자가 메타포를 이해할 수 있는가?
5. 메타포는 얼마나 확장 가능한가? 나중에 유용하게 사용할 수 있는 추가 요인들이 있는가?

제10장에서 소개된 여행 플래너 사례에서 우리가 사용할 수 있는 메타포는 여행사에서 흔히 볼 수 있는 여행 안내 책자이다. 이 친숙함은 여행지의 영상이나 탐색 기능과 같이 전자 브로셔에 적합한 편의 기능들과 결합될 수 있다. 이 메타포를 평가하기 위해 앞서 나열된 다섯 가지 질문을 적용해보자.

1. 그것은 구조를 제공하는가? 그렇다. 친숙한 종이 브로셔에 근거하여 구조를 제공한다. 이것은 책자이므로 페이지, 표지, 페이지를 함께 묶는 바인딩, 색인 및 목차를 가진다. 여행 안내 책자는 종종 여행 목적지를 중심으로 구성되지만, 간혹 회사가 모험 여행 상품에 특화되어 있을 경우는 활동을 중심으로 구성되기도 한다. 그러나 전통적인 브로셔는 휴가 및 숙박 시설의 세부 사항에 초점이 맞춰져 있으며 비자 발급을 지원하거나 예방 접종 관련 정보(이런 정보는 주기적으로 변경되기 때문에 인쇄형 문서에 적합하지 않다)를 지원하는 구조는 거의 없다.
2. 메타포가 얼마나 적절한가? 숙박 시설, 이용 가능한 시설, 해당 지역의 지도 및 관련 삽화들과 같은 세부내용들은 여행 플래너에 적절한 정보이기에 브로셔 내용으로 적합하다. 또한 휴가 및 목적지의 유형에 따른 정보들을 구조화하는 것도 적절하며 두 가지 정보를 묶어 제공하는 것이 바람직할 수도 있다. 그러나 페이지를 넘기는 것과 같은 브로셔의 물리적 속성은 별로 적절치 않다. 여행 플래너는 팜플렛보다 유연하므로 책자의 속성을 적용 하면 안 된다. 마지막으로 브로셔는 아마도 1년에 한번 정도 인쇄되며 최신 변경 사항을 반영할 수 없는 반면, 여행 플래너는 가장 최신 정보를 제공하는 것이 가능해야 한다.
3. 메타포를 쉽게 표현할 수 있는가? 그렇다. 휴가 정보는 브로셔와 유사한 페이지들의 모음일 수 있다. 이것은 페이지의 탐색이 페이지를 넘기는 행위에 국한된다는 의미는 아니다.
4. 사용자가 메타포를 이해할 수 있는가? 그렇다.
5. 메타포는 얼마나 확장 가능한가? 종이로 된 책자의 기능은 상당히 제한적이다. 그러나 그것은 여전히 책이며, 우리는 eBook(대부분 사용자에게 익숙한 개념)의 기능들을 참고할 수 있다. 그러므로 확장될 수 있다.

실습해보기 11.2

여행 플래너를 위한 다른 인터페이스 메타포로 여행 컨설턴트도 가능하다. 여행 컨설턴트는 요구사항들을 고려하여 휴가 일정을 짜준다. 아마도 2~3가지 대안을 제시해 주겠지만, 여행자를 대신하여 대부분의 결정을 한다. 이 메타포에 대해 위의 다섯 가지 질문을 해보자.

조언

1. 여행 컨설턴트 메타포는 구조를 가지고 있는가? 그렇다. 이 메타포의 핵심 특징이 여행자가 원하는 것을 말하면 컨설턴트는 그것을 조사한다는 구조이기 때문이다. 그것은 여행자가 스스로 주요 결정들을 하도록 방치하기 보다는 컨설턴트가 세심히 조사할 수 있는 충분한 정보를 여행자가 제공할 수 있는지의 여부에 달려있다.
2. 메타포가 얼마나 적절한가? 누군가를 대신하여 적당한 휴가를 계획해준다는 아이디어는 어떤 사람들에게 매력적일 수 있지만, 다른 사람들에게는 아닐 수도 있다. 반면, 아무런 도움 없이 가능한 옵션들을 면밀히 조사해야 한다면 굉장히 지루하고 의기소침해질 수 있다. 따라서 이 메타포는 어느 정도 적절하다.
3. 메타포를 쉽게 표현할 수 있는가? 그렇다. 소프트웨어 에이전트로 표현할 수도 있고, 정교한 데이터베이스 입력 및 탐색 기능으로 표현될 수도 있다. 그러나 과연 사용자가 이런 방식을 좋아할 지가 중요하다.
4. 사용자가 메타포를 이해할 수 있는가? 그렇다.
5. 메타포는 얼마나 확장 가능한가? 인간의 멋진 점은 그들이 유연하다는 것이고, 그래서 여행 컨설턴트 메타포도 꽤 유연하다. 예를 들어 여행자가 요구하는 수많은 요인들에 따라 컨설턴트는 휴가 계획을 수정하도록 요청 받을 수 있다. ■

인터랙션 유형

2장에서 지시, 대화, 조작, 탐색 등 네 가지 인터랙션 유형을 소개했다. 현재 디자인의 애플리케이션 분야와 개발될 제품의 종류를 고려할 때 가장 적합한 유형은 무엇인가? 예를 들어 컴퓨터 게임은 조작하는 스타일이 가장 적합할 것이며, 그리기 도구모음은 지시적이거나 대화적인 특징이 있다.

대부분의 개념적 모형들은 인터랙션 유형을 포함하며, 다른 종류의 인터랙션 타입을 가진 다른 부분과 연계될 필요가 있다. 예를 들어 여행 플래너에서 사용자 작업 중 하나는 특정 목적지의 비자 규정을 알아보는 것이다. 이것은 지시적인 인터랙션 접근법을 필요로 하는데, 시스템에 규정을 보여주는 대화 상자가 필요치 않기 때문이다. 사용자는 단지 여권 발행 국가 및 목적지 등과 같이 미리 정의된 정보를 입력하기만 하면 된다. 반면에 한 그룹의 사람들을 위한 휴가를 알아보는 것은 대화 형식으로 진행될 수 있다. 예를 들어 사용자가 목적지의 특성과 시간 제약 및 선호 사항들을 선택하면 플래너가 몇 가지 옵션으로 대답할 것이고, 다시 사용자는 더 많은 정보와 선호 사항들을 제공할 것이다(혹시 이 작업에 대한 시나리오를 다시 참조하고 싶다면 10장을 보고, 이런 종류의 인터랙션이 얼마나 잘 어울리는지 고려해보라). 대안적으로, 아직 분명한 요구사항이 없는 사용자들은 특정 옵션에 대해 묻기 전에 다양한 가능성들을 탐색하길 선호할지 모른다.

인터페이스 유형

이 단계에서 다른 인터페이스를 고려하는 것이 시기상조로 보일 수 있지만 디자인과 실용적인 목적 둘 다를 위한 것이다. 제품의 개념적 모형에 대해 생각할 때, 미리 정해진 인터페이스 유형에 의해 지나치게 영향 받지 않는 것이 중요하다. 다른 인터페이스 유형은 개발 중인 제품에 대한 다양한 관점을 제시하고 지원하며 가능한 행동들의 대안을 제안한다. 따라서 이 단계에서 다른 인터페이스가 제품에 미치는 영향을 고려하는 것이 대안을 찾는 한 가지 방법이다.

제품을 프로토타이핑하기 전에 몇 가지 대안적인 인터페이스 후보들 중에서 선택해야 한다. 이러한 결정은 당신이 정의한 요구사항에서 기인한 제품의 제약 사항에 따라 달라진다. 입력 및 출력 장치는 특히 사용자 및 환경적인 요구사항에 의해 영향을 받는다. 따라서 이때 인터페이스를 고려하는 것은 실용적인 프로토타입을 만들기 위한 첫 걸음을 내딛는 것이다.

이것을 설명하기 위해 우리는 6장에서 소개된 몇 가지 인터페이스 유형들 및 그것들이 여행 플래너에 대해 제시할 새로운 관점들을 고려할 것이다.

- **공유 가능한 인터페이스**: 여행 플래너는 여러 사람이 사용하는 상황을 의도하기 때문에 공유 가능한 형태이어야 하며 흥미롭고 재미있어야 한다. 6장에 소개된 공유 가능한 인터페이스의 디자인 이슈들이 이 시스템에서 고려될 필요가 있다. 스마트폰 같은 개인용 기기를 공유된 인터페이스와 엮어서 사용할 수 있는 가장 좋은 방법을 고려해보라.
- **탠저블 인터페이스**: 탠저블 인터페이스는 센서 기반의 인터랙션의 한 형태로, 블록 또는 다른 물리적 사물을 옮기는 방식이다. 여행 플래너에 적용하여 생각해보면 사람들이 협업하는 흥미로운 이미지(아마 물리적 사물들이 여행자 자신들을 상징하는 모습)를 마술처럼 떠올리게 되지만, 조작하는 사물들이 분실되거나 고장날 수 있기 때문에 이런 종류의 인터페이스는 실용성 측면에서 문제가 있다.
- **증강 및 혼합 현실**: 여행 플래너는 일반적으로 증강 또는 혼합 현실 인터페이스로 디자인되기 위한 제품의 종류는 아니다. 가상적 요인이 증강해야 할 물리적 사물은 무엇을 상징해야 하는가가 문제이다. 한 가지 가능성은 물리적인 브로셔를 증강하여 보다 동적이고 쉽게 변화하는 정보들을 제공하는 것이다.

실습해보기 11.3

10장에 소개된 영화 대여 서비스를 고려하자.

1. 이 제품과 관련하여 지시, 대화, 조작, 탐색 등 인터랙션 유형들 각각이 가장 잘 지원할 수 있을 것 같은 작업들을 파악하라.
2. 6장에서 소개된 인터페이스 유형들 중에 디자인에 다른 관점을 제공할 수 있는 두 가지 유형을 선택하라.

조언

1. 당신이 파악한 다른 것들도 있겠지만, 아래 몇 가지 제안해본다.
   - 지시: 사용자가 특정 영화의 세부 사항(대본 작가, 촬영 장소 등)을 보기 원하는 경우
   - 대화: 사용자가 특정 주제의 영화를 찾고 싶으나 정확한 영화명을 모르는 경우
   - 조작: 혹 영화의 표현이 아이콘(혹은 영화의 한 장면)으로 되어 있을 때, 그 아이콘을 통해 정보를 알아보거나, 다운로드 및 나중에 볼 영화로 태그 된 상태를 표현하기 위해 조작될 수 있다.
   - 탐색: 사용자가 특정 주제나 또는 배우를 고려하지 않고 단지 재미있는 영화를 찾고 있는 경우
2. 영화 대여 서비스는 웹 기반인 경향이 있으므로 다양한 스타일을 탐색하고 인사이트를 발굴하는 과정은 의미가 있다. 다른 생각들도 가능하겠지만, 아래와 같이 생각해 보았다.

   구독자가 영화를 보고 싶다면 언제, 어디서나(예: 집, 배 위, 공원 등) 사용될 수 있다. 영화 대여가 예약되었을 때 동일한 인터페이스를 통해서 영화를 봐야 한다면, 이는 모바일 및 웨어러블 같이 작은 기기에는 적절치 않지만, 공유 가능한 인터페이스로는 적절할 것이다. 다양한 인터페이스를 통해 영화를 대여할 수 있고, 보다 제한된 기기를 통해 볼 수 있도록 하는 것이 이상적이다. 멀티모달 인터페이스는 무비 클립과 예고편 및 영화 자체를 다양한 방법으로 경험하게 할 수 있는 가능성을 제공하며, 특히 3D 영화 및 TV 화면을 통해 냄새를 분출시켜주는 성공적인 Smell-o-Vision의 미래를 고려할 때 그렇다. ■

11.3.2 초기 개념 모형 확장하기

이전 절에서 언급된 이슈들을 고려하는 것은 디자이너가 일련의 초기 개념 모형 아이디어를 생성하는 데 도움이 된다. 이러한 아이디어들은 프로토타입으로 제작하거나 사용자 테스트를 거치기 전에 보다 상세히 생각해보고 확장되어야 한다. 예를 들어, 사용자와 제품이 서로 소통하기 위한 구체적인 컨셉의 제안과 그것들이 구조화되고 연결되며 표현될 수 있는 방법이 필요하다. 즉 제품이 수행할 기능과 사용자가 수행할 기능들과, 그것들이 어떻게 연결이 되며, 그것들을 지원하기 위해 어떤 정보가 필요한지 결정하는 것을 의미한다. 이런 결정은 초기에 잠정적으로만 이루어지며 이후 프로토타이핑과 평가를 통해서 변경될 수 있다.

제품이 어떤 기능을 수행하는가?

제품이 지원할 작업을 이해하는 것은 개념 모형을 개발하기 위한 기본 요소이지만, 작업의 어떤 부분은 사용자 책임이고 어떤 부분은 제품의 역할일지 고려하는 것 또한 중요하다. 예를 들어 여행 플래너는 주어진 특정 사람들을 위한 몇 가지 옵션들을 제시하겠지만, 과연 그것으로 충분한가? 자동으로 예약을 해야 할까? 아니면 그 여행 일정이 적합하다고 말해줄 때까지 기다려야 할까? 이런 질문에 명확히 대답하려면 시나리오와 주요 사용 예시, 일반 사용 예시들을 개발하는 것이 도움이 된다. 무엇을 시스템이 하고 무엇을 사용자가 할 지 결정하는 것을 작업 할당이라고 부른다. 이러한 상충 관계는 인지적인 암시를 가지며(3장 참조), 협업의 사회적 속성과 연결된다(4장 참조). 사용자의 인지 부하가 너무 높으면 장치를 사용하는 것이 스트레스를 유발할 수 있다. 반면에 제품이 너무 많은 권한을 가지고 있고 전혀 유연하지 않으면 애초에 사용되지 못할 수도 있다.

또 다른 문제는 어떤 기능을 제품에 고정시키고 어떤 기능을 소프트웨어 영역에 남겨두어 간접적으로 사용자의 조작을 받도록 할지 결정하는 것이다

기능들이 서로 어떻게 연관되어 있는가?

기능들은 일시적으로 연관될 수 있다. 예를 들어 두 가지 기능이 순차적으로 수행되어야 하거나, 동시에 수행될 수도 있다. 또한 기능들은 수많은 분류 방법에 의해서도 연관될 수 있는데, 스마트폰의 모든 기능들은 프라이버시와 연관되며, 갤러리앱의 모든 옵션들은 소셜네트워크 사이트와 연계된다. 작업들 사이의 관계는 사용을 제한하거나 제품 안에서 적절한 작업 구조를 표시할 것이다. 예를 들어, 어떤 작업이 다른 작업에 의해 좌우될 경우, 작업을 수행하고 완료하는 순서가 제약될 필요가 있다.

작업의 분석을 수행한다면, 그 구조 체계가 이런 종류의 결정을 도울 수 있다. 10.7절에 다뤄진 여행 플래너의 작업 분석 사례는 그것에 포함된 부수적인 작업들 및 먼저 수행될 수 있는 작업의 순서를 보여준다. 따라서 그 시스템에서는 목적지의 시설에 대해 조사하기 전과 후로 잠재적인 여행사를 찾을 수 있다. 그러나 가능성을 알아보기 전에 잠재적인 여행사를 먼저 확인하는 것은 중요하다.

어떤 정보가 필요한가?

작업을 수행하려면 어떤 데이터가 필요한가? 이 데이터는 시스템에 의해 어떻게 변환될 것인가? 데이터는 요구사항을 도출하는 과정에서 파악되는 카테고리 중 하나이다. 이런 요구사항들은 컨셉 디자인 과정 중에 고려되어 해당 모형이 작업을 수행하는 데 필요한 정보를 확실히 제공할 수 있도록 한다. 구조나 디스플레이의 상세 이슈들(아날로그 디스플레이 또는 디

지털 디스플레이를 사용할지 여부 등)은 구체적 디자인 활동 중에 다루어질 것이지만 표시될 데이터 종류에서 발생하는 의미는 개념적인 디자인 이슈에 영향을 줄 수 있다.

예를 들어 여행 플래너를 사용하여 여러 사람들의 잠재적인 휴가를 알아보기 위해서 다음의 정보가 필요하다. 가능 한 예산, 선호하는 목적지(있는 경우), 선호하는 날짜 및 기간(있는 경우), 여행자 인원수, 해당 그룹의 특별 요청(장애인 여부) 등이 그것이다. 이런 정보들은 시스템 기능 수행을 위해 필요하며 자세한 휴가 및 목적지에 대한 설명, 예약 가능성, 시설, 제약 사항 등의 정보에 반드시 접근 가능해야 한다.

초기 개념 모형은 아마도 와이어프레임의 형태로 구성될 것인데, 이는 구조, 콘텐츠, 조작부 등을 보여주는 문서의 집합이다. 와이어프레임은 다양한 추상화 정도로 구축될 수 있으며, 제품의 부분 혹은 전체적인 개요를 보여줄 수 있다. Case Study 11.2 및 12장에 자세한 내용과 예시들이 포함되어 있다.

11.4 구체적인 디자인

개념적인 디자인과 구체적인 디자인은 밀접한 관련이 있다. 이 둘은 강조하고자 하는 점에서 차이가 있다. 디자인 과정 중에 때로는 개념적인 문제가 강조되며 이외의 경우는 상세한 내용이 강조된다. 프로토타이핑은 비록 인터랙션 디자인의 반복적인 과정 때문에 임시적 속성이 있지만, 필연적으로 구체적인 의사결정을 의미하며, 일부 상세 이슈들은 개념적인 디자인 과정 중에 발견되기도 하고 그 반대의 경우도 있다.

디자이너는 기능적 요구사항과 더불어 환경, 사용자, 데이터, 사용성 및 사용자 경험 등, 폭넓은 요구사항들의 균형을 맞출 필요가 있다. 이것들은 종종 상충된다. 예를 들어 웨어러블 제품의 기능들은 사용자가 그것을 착용한 채로 수행하고자 하는 활동의 제약을 받기도 하고, 컴퓨터 게임은 배우기 쉬우면서도 도전적일 필요가 있다.

인터랙티브 제품의 구체적인 디자인에는 컬러와 그래픽 같은 시각 표현, 아이콘 디자인, 버튼 디자인, 인터페이스 배치, 인터랙션 기기의 선택 등의 많은 측면이 있다. 6장에서 소개된 여러 인터페이스 유형들 및 연관된 디자인 이슈들은 구체적인 디자인 과정 중에 결정해야 하는 문제들을 보여준다. Case Study 11.2는 특정 애플리케이션을 사용할 때, 장치의 크기가 미치는 영향 및 다른 폼팩터를 고려한 디자인 필요성을 설명하고 있다. 또한 6장은 디자이너들이 디자인한 제품이 사용성 및 사용자 경험 목표를 달성할 수 있도록, 인터페이스 유형에 따른 지침과 원칙 및 규칙들을 소개한다.

Case Study 11.2

다양한 폼팩터를 위한 모바일 애플리케이션 디자인하기

Trutap은 350종 이상의 모바일 기기들을 위해 디자인된 소셜 네트워킹 서비스로 2007~2009년 사이에 영국의 한 스타트업 회사를 위해 만들어졌다. 그것은 Facebook과 같이 사용자가 인터랙션할 수 있는 온라인 블로그, 인스턴트 메시지 및 소셜서비스를 모두 제공한다(**그림 11.10** 및 **11.11** 참조). 2번에 걸친 주요 업데이트가 있었던 Trutap 애플리케이션 디자인은 화면이 작은 기기

그림 11.10 Trutap: 버전 2.0 디자인 컨셉

출처: © Trutap, Reproduced with permission.

그림 11.11 Trutap: 버전 2.0 스크린 샷, 받은 편지함

출처: © Trutap, Reproduced with permission.

위에 이질적인 데이터 소스를 통합하는 방법과 다양한 폼펙터(혹은 손에 쥐고 사용하는 물리적인 디자인의 차이)에 맞추어 크기를 조절하는 디자인 방법의 관점에서 의미 있는 도전을 시도했다.

Trutap 서비스는 사회 생활의 대부분을 온라인에서 보내는 십대들과 젊은 성인들이 어디에서든 계속 소통할 수 있도록 도와주고자 하는 명확한 목표를 가지고 디자인되었다.

Trutap은 두 가지 버전으로 출시되었다. Trutap 1.0은 사람들의 연락처를 관리할 수 있고 서로 소통할 수 있는 자체적인 메커니즘을 제공하여 기존 인스턴트 메시징 네트워크(예: Yahoo, MSN, AOL 등)의 범위에 속해 있었다. 2008년에 출시된 버전은 기존의 타겟 사용자였던 영국 학생들과 비교할 때 인도 및 인도네시아에서 훨씬 더 큰 규모의 성공을 거두었다.

2008년 7월 iPhone의 성공적인 출시 및 Facebook이 개인용 소셜 네트워킹 분야에서 우위를 차지함과 맞물린 이 성공으로 인해 Trutap도 그 강조점을 변경한 2.0을 배포했다. 1.0버전으로부터 1년 후의 2.0 업데이트는 재작업이라기 보다는 기술적인 진화로서, Facebook, 웹로깅 소프트웨어, 사진 관리, 수많은 인스턴트 메시징 서비스의 확장 등 기존의 온라인 서비스들을 묶어주는 경험을 강조했다. 공개적으로 이 서비스는 개발 도상국의 야망 있는 중산층 사람들이 그들의 기존 폰을 통해서도 iPhone이 약속한 많은 혜택들을 동일하게 경험할 수 있게 해주는 수단으로 제시되었다.

본 사례 조사는 Future Platforms Ltd.의 Tom Hume, Johanna Hunt, Bryan Rieger 및 Devi Lozdan이 수행했으며, 다른 폼팩터가 Trutap 디자인에 미치는 영향을 탐구했다. ■

구체적인 디자인은 사용자의 특성 및 맥락과 관련된 이슈들을 다루며 특히 주목할 만한 두 가지 관점은 접근성과 나라별 문화이다. 접근성은 생각해보기 1.2에서 논의되었다. 연구원, 디자이너 및 평가자들은 여러 가지 접근성의 필요를 가진 개개인을 지원하기 위해 다양한 기술과 도구 및 인터랙션 기기들을 조사해왔다. 최근에는 이런 접근 방법이 내포한 '연민의 수사학'을 '참여의 수사학'의 관점에서 도전하는 목소리들이 있어 왔으며, 누군가를 위한 특별한 디자인이라기 보다는 사용자의 능력을 향상시켜준다는 개념을 제안한다(Roger와 Marsden, 2013).

문화를 넘나드는 디자인의 측면들은 적절한 언어, 색상, 아이콘, 이미지, 탐색 방식 및 정보 구조의 사용 방법 등을 포함한다(Rau *et al.*, 2013). 디자인 지침의 예시는 그 제품이 날짜, 시간, 숫자, 단위, 통화의 다른 형식을 지원하는지, 아이콘이 필요한 곳에 포괄적인 아이콘이 디자인되는지 보장하는 것을 포함한다(Esselink, 2000). 그러나 Marsden(2008)은 사용자의 니즈를 파악하고 그것을 충족시키기 위한 시도를 할 때 먼저 그 문화권 사람들도 그런 니즈를 인식하고 있는지 묻지 않는 것을 경고한다(Case Study 11.3 및 본 장의 끝 부분에 있는 Marsden 인터뷰 참조).

지침들은 겉보기에는 매력적이지만 잘못된 방향으로 인도할 수도 있다. 문화적인 웹 디자인을 위한 가장 유명한 지침들 중 하나는 Marcus와 Gould(2000)에 의해 제안되었는데 이는

Hofstede(1994)가 제안한 문화적 차원을 토대로 구축된 것이다. 그러나 Hofstede의 작업 및 그것을 인터랙션 디자인에 적용한 결과들은 도전을 받아 왔으며(생각해보기 11.4 참조), 이제 타 문화권 사용자를 위한 디자인은 열심히 번역하는 것 이상의 작업으로 인식되고 있다. Carlson(1992, p.175)이 말한 것처럼, 성공적인 제품은 "단지 기술적인 해결책들의 모음이 아니라 사회적 해결책들의 모음이기도 하다. 발명가들이 특정 문화권에서 성공하는 이유는 그들이 해당 문화의 가치와 제도적 장치 및 경제적 개념을 이해하기 때문이다".

생각해보기 11.4
인터랙션 디자인에 Hofstede 차원 사용하기

국가간 문화 차이의 특성화를 위한 가장 영향력 있는 업적들 중 하나가 1970년대 경영 이론가인 Geert Hofstede에 의해 수행되었다. 그는 전세계 50개국 이상에 걸친 IBM 직원 설문 조사의 응답을 활용하여 국가 문화의 4가지 측면을 파악했는데 그것들은 '힘의 거리', '개인주의', '남성성과 여성성' 및 '불확실성 회피'이다. 이후 홍콩에서 캐나다인 Michael Bond가 수행한 연구 결과에서 5번째 차원인 '시간의 방향'이 추가 되었다.

Hofstede의 작업은 영향력이 있지만 한계점도 있다. 예를 들어 그는 설문지의 원본 디자인에 참여한 사람들이 모두 서양 문화권이었다는 점을 인정했다. 그리고 그의 연구는 그 간에 계속 토론되고 도전 받아왔는데, 일례로 Oyserman(2002)은 Hofstede의 발견점 중에 유럽계 미국인이 나머지 다른 인종 그룹들 보다 더 개인주의적이라는 주장을 반문했다. 인터랙션 디자인에서 그의 아이디어를 적용하는 것도 도전을 받았다. Oshlyansky(2007)는 Hofstede의 모델이 유도성의 문화적 차이를 설명하는 데 도움이 되지 않으며 기술의 수용성에 적용하기도 어렵다는 사실을 발견했다. Hofstede의 차원들이 유명하긴 해도, 국가 문화 차이를 수용하기 위한 인터랙션 디자인의 가장 좋은 방법은 아닐 수 있다. ■

11.5 시나리오 활용하기

시나리오는 사용자의 작업 및 활동에 관한 격식 없는 이야기이다. 시나리오는 기존 작업 상황의 표본을 만드는데 사용될 수 있지만, 일반적으로는 제안되거나 상상된 상황을 표현함으로써 개념적 디자인 과정을 돕기 위해 사용된다. 제품을 위한 시나리오를 함께 개발하고 전반적으로 확인하는 작업에는 이해 관계자들도 종종 적극적으로 참여한다. Bødker(2000)는 시나리오의 네 가지 역할을 제안했다.

1. 전체적인 디자인의 기초
2. 기술적인 구현 목적
3. 디자인팀 내의 협력 수단
4. 전문 영역들 간의 협력 수단(다양한 분야의 구성원으로 이뤄진 팀의 소통을 위함)

어느 프로젝트에서든지 시나리오는 위 역할의 일부 혹은 전부를 위해 사용된다. 좀 더 구체적으로 시나리오는 사용자가 프로토타입을 평가하기 위한 대본 및 스토리보드 제작을 위한 기초로서(11.6.1절 참조), 그리고 팀 구성원들 사이에 동일한 이해를 형성하기 위해 사용되어 왔다. 시나리오는 사용자, 관리자 및 잠재적인 고객들에게 아이디어를 판매하기 위한 효과적 방법이다.

Bødker는 플러스와 마이너스 시나리오의 개념을 제안한다. 이런 시도는 제안된 디자인 해결책이 제공하게 될 가장 긍정적이고 부정적인 결과들을 포착하므로써(**그림 11.12** 참조), 디자이너들이 제안된 컨셉에 대해 이해할 수 있도록 해준다. 이 아이디어는 미래의 기술을 탐구하기 위해 긍정, 부정적인 비디오 시나리오를 사용하는 Mancini(2010)에 의해 확장되었다.

11.6 프로토타입 만들기

본 절에서는 디자인 과정 중에 프로토타입을 어떻게 사용할 수 있는지 설명하고, 요구사항의 도출 결과와 무관하게 프로토타입을 생성할 수 있는 한 가지 방법, 즉 시나리오로부터 스토리보드를 만들고 사용예들을 카드형 프로토타입으로 만드는 방법을 보여줄 것이다. 둘 다 충실도가 낮은 프로토타입이며, 개발 과정상 더 구체적인 인터페이스 디자인과 충실도가 높은 프로토타입을 개발하기 위한 기초로 사용될 수 있다.

11.6.1 시나리오에서 스토리보드 만들기

스토리보드는 어떤 작업을 완료하기 위해 사용자와 제품이 수행하는 일련의 작업 또는 사건들을 보여준다. 시나리오는 그 제품이 작업을 수행하기 위해 어떻게 사용되는지에 관한 한 가지 이야기이다. 따라서 한 개의 시나리오를 인터랙션 관점에서 여러 단계로 나누는 방식으로 스토리보드를 생성할 수 있으며, 각 단계 별로 스토리보드의 한 가지 장면씩 만들게 된다. 이렇게 하는 이유는 두 가지로, 첫째는 사용자나 동료들로부터 피드백을 받을 목적으로 사용될 수 있도록, 둘째는 디자인팀이 더 상세하게 시나리오와 제품의 사용 과정을 고려할 수 있도록 스토리보드를 제작한다. 예를 들어 10장에 여행 플래너 앱을 위해 개발된 시나리오를

시나리오 3: 하이퍼 원더랜드

이 시나리오는 하이퍼미디어 솔루션의 긍정적인 측면을 다룬다.

미래의 어느 날 Lindholm 건설 현장의 설정이다. Kurt는 휴대용 PC에 액세스할 수 있다. 휴대용 PC는 무선 모뎀을 통해 현장 사무소의 컴퓨터에 연결되며, 이를 통해 감독관이 하이퍼미디어 애플리케이션을 실행한다.

행동: Kurt는 Caisson(건설 중에 물을 저장하는 건물의 시설) 중 하나를 검사하는 도중에 휴대용 PC를 가져와 전원을 켜고 필요한 정보 위에 커서를 가져간다. 그는 마우스 버튼을 클릭하여 링크 목록들과 함께 마스터 파일 색인을 가져온다. 그리고 그가 검사하고 있는 Caisson과 관련된 링크를 선택한다.

Kurt는 더 이상 사전에 검사를 계획할 필요가 없다는 사실에 만족한다. 이는 불시에 시행되는 검사의 본질, 즉 건설자가 검사의 시기와 장소를 절대 알 수 없다는 점을 고려할 때 큰 도움이 된다. 또한, 개인 일지 및 보고서 등을 관리하기가 훨씬 더 쉬워졌다.

건설 현장의 인터페이스를 통한 액세스는 그에게 복잡한 키워드를 다루기를 강요하지 않는다. 대신에 그는 문자 그대로 그가 서 있는 곳에서 연관 정보에 바로 접근할 수 있다.

긍정적인 부분은 그의 활동 가능 영역에 관련된다. 그는 컴퓨터에 로그인 해 있는 한, 비서관을 만나거나, 도착한 손님을 만날 수도 있으며, 그가 현장 내의 다른 장소로 가야할 때 갈 수 있다. 게다가 그는 그의 동료들이 어디서 일하고 있는지를 한눈에 보고 그들의 도움이나 조언이 필요할 때 연락할 수 있다.

대체로, Kurt는 새로운 PC 애플리케이션으로 인해 업무를 더 잘 제어할 수 있게 되었다고 느낀다.

시나리오 4: 원형 교도소(panopticon)

이 시나리오는 하이퍼미디어 솔루션이 작동하는 방식의 부정적 측면을 다룬다.

미래의 어느 날 Lindholm 건설 현장 설정이다.

Kurt는 휴대용 PC에 액세스할 수 있다. 휴대용 PC는 무선 모뎀을 통해 현장 사무소의 컴퓨터에 연결되며, 이를 통해 감독관이 하이퍼미디어 애플리케이션을 실행한다.

행동: Kurt는 Caisson 중 하나를 검사하는 도중에 한 건설자와 어떤 보강 문제에 대해 이야기하기 시작했다. 그들은 최근 실험실의 테스트에 대해 논쟁했고, Kurt는 그의 논점을 정당화 하는 어떤 자료를 보여주기 위해 휴대용 PC를 꺼냈다. 그가 PC를 올려놓을 장소를 찾기까지 시간이 꽤 걸렸는데 그나마 평평하지도, 적절한 높이도 아니며 빛도 충분치 않았다. 마침내 그는 PC를 커다란 상자 위에 올려두고 전원을 켰다. 그는 현재 검사 중인 caisson 관련 정보 위로 커서를 옮겨 마스터 파일을 열기 위해 클릭했다. 콘텐츠 표가 열리고 그가 링크 목록들 중에서 연관된 항목을 선택했지만 실험실 테스트 정보는 나타나지 않는다. 분명히 파일이 계획대로 업데이트 되지 않은 것이다.

Kurt는 약간 화가 났다. 그가 이전처럼 그의 검사를 계획했더라면 계약자 엔지니어 앞에서의 명예 실추는 없었을 것이다.

때때로 그는 특정 경우에 어떤 행동을 취해야 할지를 생각하면서 떠돌아 다니는 자신의 모습이 사냥 당한 여우의 상황 같다고 느낀다. 만일 그가 로그아웃하는 것을 잊는다면 갑자기 비서로부터 전화를 받아 "지금 당신 케이슨 39에 있는 것으로 보이는데 잠깐 들러서 이야기 좀 할까요?"라는 소리를 듣게 될 것이다.

대체로 Kurt는 새로운 PC 애플리케이션이 그를 통제하게 되었다고 느낀다.

그림 11.12 플러스, 마이너스 시나리오의 예

출처: S. Bødker (2000) Scenarios in user-centered design – setting the stage for reflection and action. Interacting with Computers, 13(1), Fig. 2, p. 70.

고려해보라. 이것은 아래 5가지 주요 과정으로 나눌 수 있다.

1. Thompson 가족은 여행 플래너 앱을 중심으로 모여 초기 요구사항들을 입력한다.

2. 시스템의 초기 제안은 그들이 작은 선박 여행을 고려하는 것이지만 스카이(sky)와 이몬(Eamonn)은 만족스럽지 않다.
3. 여행 플래너 앱은 젊은이들이 작성한 작은 선박 여행 관련 설명을 보여준다.
4. 이 추천 내용을 확인하고 세부 사항을 묻는다.
5. 여행 플래너가 세부 정보를 이메일로 보낸다.

실습해보기 11.4

GPS로부터 정보를 받고 경로와 교통량 정보를 자동차의 전면 유리창에 직접 보여주는 증강 현실 자동차 내비게이션 시스템을 생각해보고, 여기서 플러스 마이너스 시나리오를 한 가지씩 제안해보자. 이런 시스템의 가능한 이점들을 플러스 시나리오에서 생각해보고, 반면 뭐가 잘못될 수 있을지를 마이너스 시나리오에서 상상해보자.

그림 11.13 증강 현실 기반의 자동차 내비게이션 시스템
출처: The Aeon Project, courtesy of Michaël Harboun

조언

플러스 시나리오: 이 시나리오는 증강 현실이 차량 내비게이션 시스템에서 제공할 수 있는 긍정적인 측면들을 보여준다.

Beth가 친구의 새 집으로 가고 있다. 그녀가 이전에 가봤던 곳이 아니므로 새로 산 차가 제공하는 증강현실 내비게이션 시스템의 지시를 따르고 있다. 신호 대기 중인 동안에 그녀는 가야 할 경로의 전체 지도를 열어서 넓은 화면에 띄웠다. 그녀는 그 화면에서 기존의 추천 경로에 교통 체증이 있음을 확인하고 체증을 피하기 위한 경로를 다시 계산할 것을 시스템에 요청했다. 디스플레이는 자동으로 일반적인 주행 모드로 되돌아간다.

일단 신호등을 지나면 도로의 변화 및 교차로가 꽤 복잡해진다. 내비게이션 시스템은 넓은 화면에 화살표와 경로를 직접 투영함으로써 그녀가 교차로들을 잘 헤쳐갈 수 있도록 가이드한다. Beth는 시스템의 지시를 따르는 것이 너무 쉬워서, 교통 체증을 피하여 그녀 친구의 집에 늦지 않게 도착할 수 있었음에 놀랐다.

마이너스 시나리오: 이 시나리오는 증강 현실이 차량 내비게이션 시스템이 야기할 수 있는 부정적인 측면을 보여준다.

Beth가 친구의 새 집으로 가고 있다. 그녀가 이전에 가봤던 곳이 아니므로 새로 산 차가 제공하는 증강현실 내비게이션 시스템의 지시를 따르고 있다. 그녀가 원하는 경로를 설정하는 것이 꽤 어려웠는데, 이는 그녀의 초행길이기 때문에 내비게이션 시스템이 교통 체증 정보를 제공해주더라도 모든 교차로에서의 선택을 일일이 동의해야 하며 이로 인해 시간이 오래 걸리기 때문이다. 결국 그녀는 국지적인 방향 전환 및 랜드 마크 정보와 더불어 전체 경로의 지도를 화면에 띄우도록 선택했으며 마침내 바른 경로를 설정할 수 있었다.

전체 지도는 앞 유리의 하단 구석에 자리하고 있음에도 불구하고 계속 바뀌고 번쩍거리는 정보들 때문에 매우 산만하다. 방향 정보도 앞 유리에 보여지고 있지만 해석하기가 쉽지 않다. 갑자기 커다란 화살표가 그녀의 시야 우측에 나타나서 속도 위반 카메라가 다가오고 있음을 강조했고, 그녀는 깜작 놀라 앞서가는 차를 간만의 차이로 비켜갔다. Beth는 매우 당혹스럽고 긴장되는 느낌 때문에 시스템을 끄고 친구에게 전화로 방향을 물어봤다. ■

이런 과정들 중에 가장 염두 하여야 할 것은 사용 예의 세부 사항이 없어도 시나리오와 관련된 주요 이벤트 및 활동들을 파악해야 한다는 점이다. 두 번째 염두 사항은 이러한 이벤트들 중 일부는 여행 플래너의 화면에만 초점을 맞추고 있으며, 나머지 부분들은 환경과 관련된다는 점이다. 예를 들어 첫 번째 스토리보드는 여행 플래너 앱 주변에 모인 가족에 대한 이야기이며, 세 번째와 다섯 번째는 여행 플래너 앱 중심적인 내용이다. 따라서 우리는 화면에 초점을 맞추거나 환경에 초점을 맞춘 스토리보드를 제작할 수 있다. 어쨌든 스토리보드를 만들면 디자인 이슈에 대해 생각할 수 있게 된다.

예를 들어 시나리오 상에는 시스템에서 사용할 수 있는 입력 및 출력 장치의 종류에 대한 언급이 없지만, 여행 플래너를 그려보면 이런 것들에 대해서 생각할 수밖에 없다. 시스템이 작동할 환경에 대한 정보가 약간 있을 때 역시도, 장면을 그리려면 여행 플래너가 어디에 위치하게 될지를 곰곰이 생각해야 한다. 트랙볼이나 터치스크린 혹은 다른 어떤 수단을 사용할지 등의 어떤 결정도 내릴 필요가 없지만, 당신은 그것에 대해 생각해야만 한다. 화면을 중심으로 생각할 때, 디자이너는 어떤 정보들을 제공할 필요가 있고 또 표시가 되어야 하는지 등의 이슈들을 고려해야 한다. 이 모든 것들이 디자인 의사 결정 및 대안들을 탐색하는데 도움이 되지만, 그리기 작업을 통해 더욱 명확해 진다.

우리는 여행 플래너 앱을 둘러싼 환경에 초점을 맞춘 스토리보드를 그리기로 선택했으며, 이는 **그림 11.14**와 같다. 가족 모두를 위한 인터랙션을 어떻게 디자인할 수 있을까? 그들이 앉아 있을까, 서 있을까? 인터랙션이 얼마나 신뢰감을 줘야 하는가? 어떤 종류의 문서 혹은 도움말이 가능해야 하는가? 여행 플래너에게 어떤 물리적 요소가 필요한가? 등등, 그리는

그림 11.14 여행 플래너를 둘러싼 환경적인 이슈들에 초점을 맞춘 스토리보드

동안 환경과 관련된 다양한 질문들이 마음속에 떠오른다. 이 실습에서 나타난 질문들은 제품의 최종적 형태만큼이나 중요하다.

우리가 스토리보드를 제작하기 위해 시나리오를 주요 추진력으로 사용해왔음에도 불구하고, 개발에 영향을 미치는 요구사항들에 기인한 다른 정보도 있음을 기억해야 한다.

실습해보기 11.5

실습해보기 10.3은 원스톱 자동차 상점에 대한 미래 시나리오를 개발하는 것이었다. 이 시나리오에 기반하여 사용자의 환경에 초점을 맞춘 스토리보드를 만들어보자. 이 스토리보드를 그리는 과정 중에 발견되는 디자인 이슈를 적어 두자.

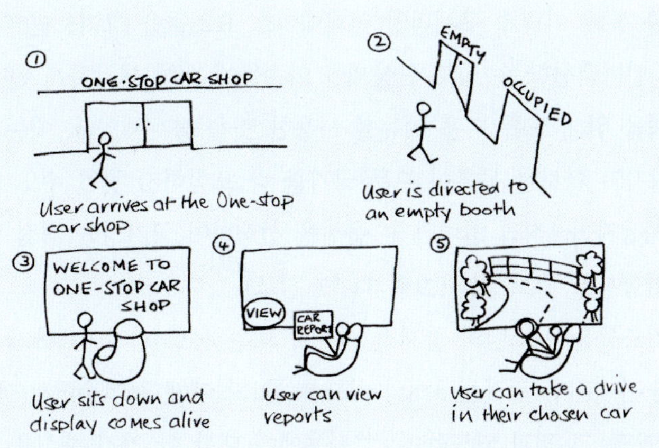

그림 11.15 원스톱 자동차 상점 시나리오로부터 만들어진 스토리보드(10.3절 참조)

조언

우리는 실습해보기 10.3의 조언에서 시나리오를 사용했다. 이 시나리오는 다음 5개의 주요 단계로 나누어진다. 사용자가 원스톱 자동차 상점에 도착, 비어 있는 부스로 이동, 사용자가 레이싱 카시트에 앉자 화면이 켜짐, 리포트를 볼 수 있음, 선택한 차량에서 가상 현실 운전이 가능함 등이 그것이다(그림 11.15 참조). 이 스토리보드를 그리면서 떠오른 이슈들은 리포트를 어떻게 표시할지, 어떤 가상 현실 장치가 필요한지, 키보드와 터치 스크린, 운전대, 클러치, 가속 페달, 브레이크 페달 중 어떤 입력 장치가 필요한지, 입력 장치들이 얼마나 자동차와 조작법과 유사해야 할 지 등이다. 아마도 당신은 다른 이슈들을 떠올렸을 지도 모른다.

11.6.2 사용예로부터 카드 기반 프로토타입 만들기

카드 기반 프로토타입의 가치는 사용자의 인터랙션을 시뮬레이션하고 사용자 경험의 처음부터 끝까지의 과정을 탐색해보기 위해 화면 및 인터랙션 요소들을 조작하고 옮겨볼 수 있다는 점이다. 화면에 초점을 맞춘 스토리보드가 개발되었다면, 이를 카드 기반 프로토타입으로 변환시켜 활용할 수 있다. 카드 기반 프로토타입을 만드는 또 다른 방법은 도출된 요구사항들의 사용예를 기반하여 생성하는 것이다.

예를 들어 10.6.2절에서 여행 플래너를 위해 생성된 사용예를 고려해보자. 이것은 시스템 상에서 비자 관련 정보에 중점을 둔다. 여행 플래너는 사용예의 각 단계별로 버튼, 메뉴 옵션, 화면 등의 인터랙션 요소들을 제공해야 한다. 단계적인 사용예들을 고려함으로써 요구된 행동들을 만족시킬 수 있는 카드 기반 프로토타입의 구축이 가능하다. 그림 11.16의 카드들도 사용예의 각 단계들을 고려하여 개발되었다. 카드 1은 1단계를, 카드 2는 2~7 단계를, 카드 3은 8~11 단계를 다룬다(카드 3에 그려진 인쇄 버튼은 10, 11 단계를 위한다는 점을 기억하자). 스토리보드를 통해 이렇게 구체적인 인터페이스 요소들을 그려보면 디자이너는 사용자가 프로토타입과 인터랙션할 수 있도록 상세한 이슈들에 대해 생각하게 된다. 카드 2를 보면 필자가 국적 선택을 위해 드롭 다운 메뉴를 사용한 것을 볼 수 있다. 이는 실수를 방지하기 위한 것이지만 필자가 확보한 목록이 모든 국가를 다 포함하지 못할 수도 있다는 결점이 있으며, 그렇기에 사용자가 '직접 입력하기' 옵션을 선택하여 국가명을 직접 타이핑할 수 있는 디자인 대안을 결합시킬 수도 있다(그림 11.17 참조).

다음으로 이 카드들을 시스템의 잠재적 사용자 또는 동료 디자이너에게 보여주고 자유로운 피드백을 얻을 수 있다. 필자는 3개의 카드를 동료들에게 보여주면서 애플리케이션과 카드에 대해 논의 했고, 그 결과 카드들이 각 사용예에 대한 한 가지 해석을 보여주며, 그들이 WIMP/GUI를 가정한 인터랙션 모델에 너무 집중했음을 알 수 있었다. 우리의 토론은 스토리

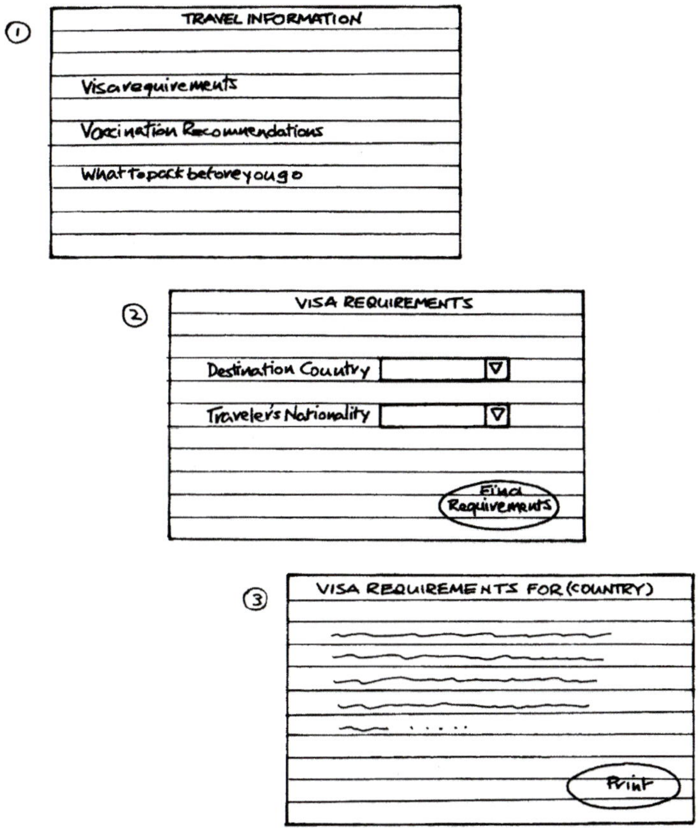

그림 11.16 여행 플래너를 위한 카드 기반 프로토타입 1~3

그림 11.17 여행 플래너를 위한 카드 기반 프로토타입 4

보드와 시나리오의 영향을 받았다. 한 가지 대안은 세계 지도를 제공하여 사용자들이 목적지와 국적을 지도상에서 지목할 수 있게 하는 것이고, 또 다른 대안은 국가별 깃발들을 사용할 수도 있을 것이다. 이러한 대안들 역시 카드로 프로토타이핑 되어 추가적인 피드백을 얻을 수 있다.

실습해보기 11.6

실습해보기 10.4에 소개된 영화 대여 서비스에서 영화 대여 작업 수행을 위한 카드 기반 프로토타입을 제작해보자. 그리고 동료들 중 한 명에게 프로토타입을 가지고 사용자 입장에서 행동 및 사용하여 단계별 작업을 수행하도록 요청해보자.

조언

카드 프로토타입 세 장이 **그림 11.18**에 나와 있다. 이 카드들에는 이미지가 포함되어 있지 않다. 영화의 대표 이미지는 화면을 매력적으로 보이게 하며, 여기 혹은 다음 단계에서 추가해 볼 수 있다. ■

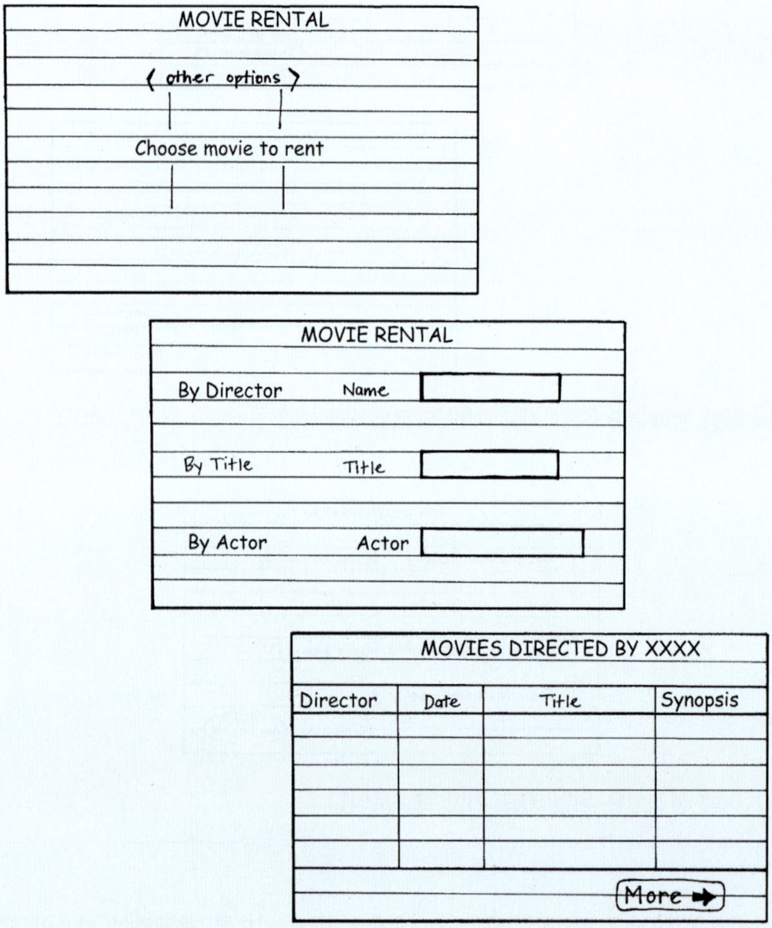

그림 11.18 영화 구독 서비스에서 영화를 대여 작업을 위한 카드 기반 프로토타입

시나리오의 처음부터 끝까지 다루는 카드 기반의 프로토타입의 모음은 인터페이스 및 화면 스케치와 같이 상세한 프로토타입의 기초가 되거나, 퍼소나와 엮어서 일련의 사용자 경험을 살펴볼 수 있게 해준다. 후자의 목적은 사용자 경험의 시각적 표현을 만듦으로써 달성된다. 이러한 표현들은 디자인맵(design map, Adlin과 Pruitt, 2010), 고객 여정 지도(customer journey map, Ratcliffe와 McNeill, 2012) 또는 경험 지도 등으로 다양하게 불린다. 그것들은 사용자의 경로 또는 제품이나 서비스를 경험하는 여정을 묘사하며, 일반적으로는 특정 인물을 위해 만들어지므로 충분한 맥락과 상세 내용을 제공해야 논의할 거리들이 많아진다. 디자인맵은 사용자가 특정 목표를 달성할 때의 전반적인 경험을 디자이너가 고려할 수 있도록 도우며, 디자인된 경험을 탐구 및 반문할 수 있게 해주고, 아직 고려되지 않은 문제들을 파악하기 위해 사용된다. 또한 기존 제품을 분석하고, 디자인 이슈들을 수집하거나, 디자인 프로세스의 일부로 사용될 수 있다.

다양한 복잡성을 표현하기 위한 여러 가지 방식들이 있다. 두 가지 주요 유형은 휠과 타임라인이다. 휠 표현 방식은 **그림 11.19(a)**의 항공기 이용 사례와 같이 특정 인터랙션 지점 보다 인터랙션의 단계가 더 중요할 때 사용된다. 타임라인은 웹사이트에서 물건을 구매하는 것과 같이 분명한 시작과 끝 지점이 있는 서비스가 제공되는 곳에서 사용된다(**그림 10.4(b)** 참조). **그림 11.19(b)**은 타임라인의 구조를 보여주며 질문, 총평, 아이디어 등의 다양한 관점들을 확인할 수 있다.

이러한 표현을 만들어내기 위해서는 한 명의 퍼소나 및 두 세 가지 시나리오가 필요하다. 시나리오를 위한 타임라인을 그려보고 사용자와 인터랙션이 일어나는 지점들을 파악하자. 그 다음에 그것을 논의의 도구로 삼아서 어떤 문제 혹은 질문들이 고려되어야 하는지 동료들과 파악해보자. 어떤 사람들은 사용자의 기분을 고려하거나 애로사항을 확인하며, 때로는 기술적인 문제에 집중할 때도 있는데 이는 혹 디자인된 인터랙션 상에서 누락된 기능이나 영역이 없는지 파악하는데 사용된다.

타임라인을 사용한 경험 매핑의 장점을 보여주는 비디오 링크:
http://youtu.be/eLT_Q8sRpyI

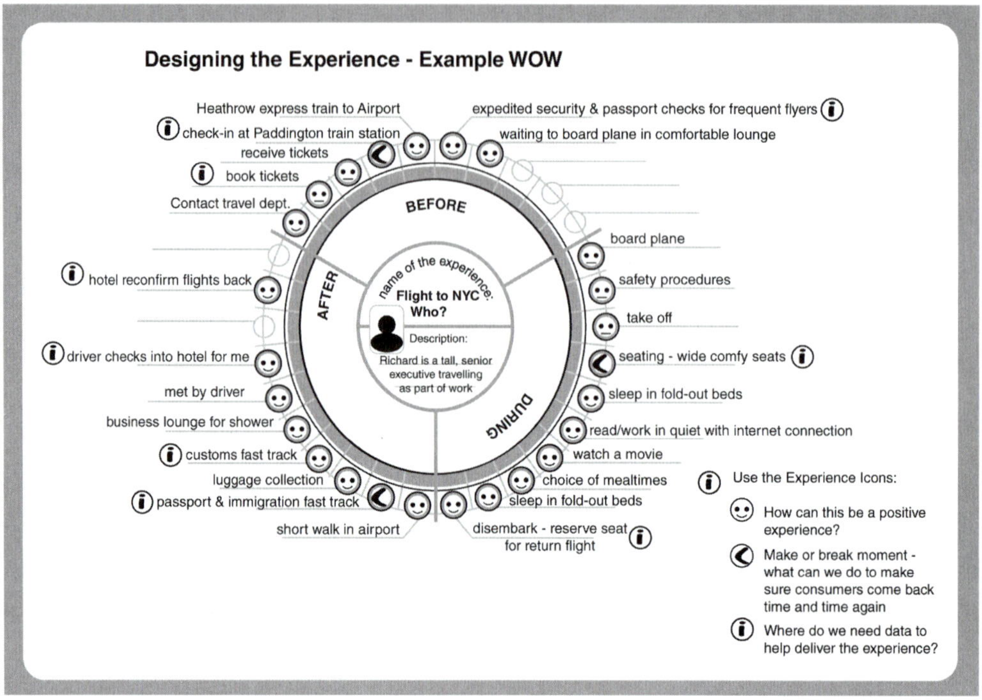

(a)

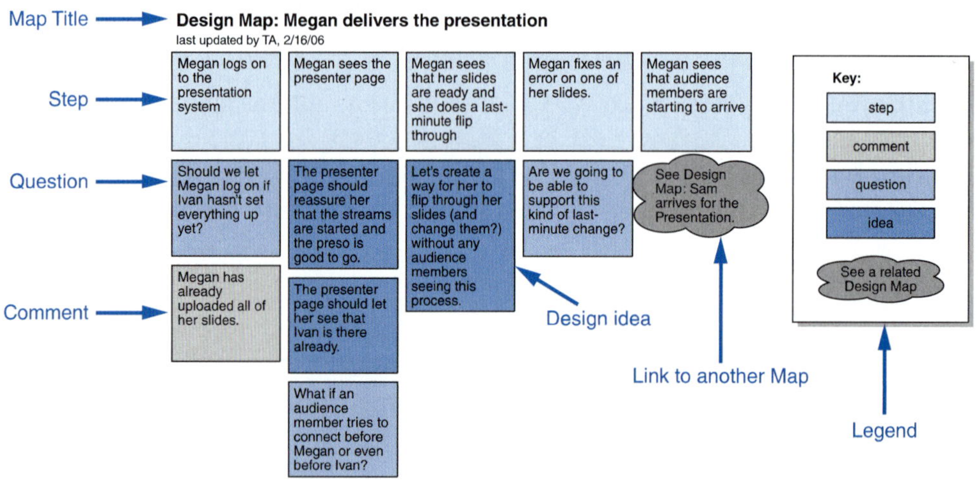

(b)

그림 11.19 (a) 휠로 표현된 경험 지도, (b) 다양한 이슈들을 확인할 수 있는 타임라인 디자인맵 예시

출처: (a) http://www.ux-lady.com/experience-maps-user-journey-and-more-exp-map-layout/ (b) Adlin, T. and Pruitt, J. (2010) *The Essential Persona Lifecycle: Your guide to building and using personas*. Morgan Kaufmann p. 134.

생각해보기 11.5
디자인에 사용자 초대하기: 참여형 디자인

참여형 디자인의 아이디어는 1960년대 후반과 1970년대 초반 스칸디나비아에서 처음 소개되었다. 초기 작업에 영향을 미쳤던 두 가지는 복잡한 시스템에 관한 정보를 소통하고자 하는 열망과 근로자가 자신의 업무 변화에 대해 민주적인 통제권을 가져야 한다고 주장했던 노동 조합 운동이다. 1970년대의 새로운 법은 노동자가 자신의 업무 환경의 변화 방향을 주장할 수 있는 권리를 부여했고 아직까지도 유효하다. 그 운동의 전체 역사 자료는 Ehn(1989)과 Nygaard(1990)의 업적에서 찾아볼 수 있다.

최근의 몇몇 프로젝트들은 단순히 제품을 생산하는 것보다 디자인 과정에 사용자를 초대하여 작업에 집중하려는 시도를 했다. 가장 많이 언급되는 사례 중 하나는 UTOPIA 프로젝트인데, 북유럽 그래픽 노동 조합과 덴마크 및 스웨덴 연구소 간의 협력을 통해 텍스트와 이미지 프로세싱을 위한 컴퓨터 기반 도구를 디자인하고자 했다.

그러나 디자인 의사 결정에 사용자를 참여시키는 것은 간단하지 않다. 사용자와 디자이너가 협업하여 시스템의 특징을 정의해야 할 경우에 문화적 차이가 극명히 나타날 수 있다. Bødker(1991)는 UTOPIA 프로젝트의 몇 가지 단편들을 다음과 같이 기억한다. "어느 늦은 오후, 디자이너들이 텍스트 및 이미지 통합 처리 시스템의 사용자 인터페이스를 제안하는 긴 프레젠테이션을 거의 마쳐갈 무렵, 어떤 타이포그래퍼(글씨체를 다루는 사람)가 타이포그래피의 코드 구조에 관한 정보의 부족을 지적했다. 그는 그것이 큰 실수라고 생각하지는 않았으나(그는 예의 바른 사람이다), 제안서를 준비한 컴퓨터 공학자들이 코드 표기 방식을 명시하는 것을 잊었다는 점, 즉 뒤따르는 텍스트가 굵은 서체로 인쇄 되어야 할 때 '<bf /'라고 표기할지 아니면 그냥 '\ b'라고 할지 등의 정의가 없었음을 언급하고 싶었다."

사실 디자이너들이 설명한 시스템은 WYSIWYG(What you see is what you get: 보는 대로 얻는다)시스템이었기에 굵은 활자체로 표기 되어야 할 단어는 굵게 나타난다(그 당시 대부분의 타이포그래피 시스템에는 해당 코드가 필요했다). 타이포그래퍼는 자신의 지식과 경험으로는 그 내용을 이해할 수 없었다. 그 프로젝트는 이런 문제에 대처하기 위해서 모형을 사용하기 시작했다. 작업 상황을 시뮬레이션하는 것은 일하는 사람이 자신의 경험과 암묵적인 지식을 표현할 수 있도록 도와주며 디자이너들은 타이포그래퍼들이 해야 할 실제 작업을 더 잘 이해할 수 있게 해준다.

Case Study 11.3은 참여 디자인 아이디어가 확장된 형태인 커뮤니티 기반 디자인에 대해 설명한다. ■

Case Study 11.3

청각 장애인의 전화 방법

Edwin Blake, William Tucker, Meryl Glaser, and Adinda Freudenthal의 사례 연구는 남아프리카의 커뮤니티 기반 디자인 경험에 대해 논의한다. 커뮤니티에 기반한 공동 디자인의 과정은 다양한 차원의 요구사항, 디자이너 스킬 및 기술적 가능성으로 구성된 다차원 디자인 스페이스 안에서 여러 가지 해결책의 형태들을 탐구하는 것이다. 이 공간에서 무엇을 볼 수 있을 지는 디자이너가 보유한 스킬과 사용자 요구사항에 대한 지식에 의해 결정된다. 공동 디자인은 근시안적인 개인의 관점과 편견을 완화시킴으로써 디자인 스페이스를 탐구하는 방법이다. 이 스페이스를 가로질러 갈 때 개인적 역량과 학습 능력에 따라서, 그리고 사용자들이 제시한 요구사항 및 그들의 학습 능력에 따라서 경로가 생성된다.

남아프리카 청각장애인들이 그들끼리 또는 일반인들 및 공공 서비스와 소통하는 것을 돕기 위해 프로젝트 팀이 꾸려졌다. 그 팀은 빈곤 및 청각 장애로 인해 어려움을 겪고 있는 청각장애인 커뮤니티와 오랫동안 함께 일해왔다. 이 광범위한 디자인 스토리는 장애인 커뮤니티와 수행한 공동 디자인 사례들 중에 (때로는 좌절하지만) 가장 지속적으로 성과가 좋은 사례 중 하나이다. 그 팀의 장기적인 작업은 장애인 커뮤니티에 대한 관점을 변화시켜 중요시 여기게 된다는 점과 그 디자인 접근 방법에 의해 팀원들 자신도 변하게 된다는 점에서 의미가 있다.

이 커뮤니티의 청각장애인 사용자는 컴퓨터에 대해 전혀 알지 못했다. 그들의 모국어는 남아프리카 공화국 수화(South African Sign Language: SASL)이며 이를 사용하는 사람들의 정체성을 보여주는 자랑스러운 상징이다. 또한 많은 사람들이 문맹 혹은 반문맹이다. SASL을 사용하는 많은 청각 장애인들이 있으며 실제로는 규모가 작은 공식 언어들도 여럿 있다. 1994년 민주주의 시대가 도래함에 따라 청각 장애인 지원에 대한 목소리가 높아지면서 SASL은 그 자체로 구별된 언어로서 인정받게 되었다.

이 사례 연구에서, 프로젝트의 역사적 개요와 디자인 과정 중에 연결고리가 된 다양한 프로토타

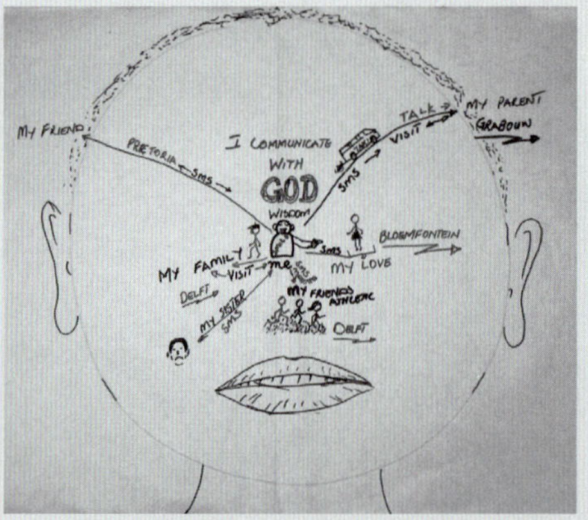

그림 11.20 한 청각장애인 참여자의 의사소통 관점

출처: Copyright Edwin Blake *et al.*

그림 11.21 수화로 디자인을 토론하는 참여자

입들을 소개한다. 그리고 액션 리서치의 방법론 및 효과적인 구현을 위한 순환적인 접근 방법들을 다시 짚어본다. 이 방법은 연구자와 사용자 커뮤니티 두 그룹 모두가 배울 수 있는 수단이며 이로써 그들이 하나의 효과적인 디자인 팀이 된다는 점에서 중요하다. 마지막으로 지역 사회와 장기간 친밀한 관계 유지를 통해 기본적인 호혜주의 관점의 중요한 윤리적 문제를 발견하게 된다. ■

11.7 제작하기

프로토타이핑과 대안 탐색의 과정이 진행됨에 따라 각각의 요소들을 모아서 최종 제품을 개발하는 것이 점점 중요해진다. 이것은 알람, 센서, 조명 세트와 같은 물리적인 제품의 형태를 취하거나 부분적인 소프트웨어의 형태, 혹은 두 가지 모두일 수도 있다. 최종 형태가 무엇이든 당신은 엉성한 조합으로 그것을 만들지는 않을 것인데, 이는 개발을 지원하는 다양하고 필수적인 자원들이 많기 때문이다. 그러한 자원들 중 두 가지, 피지컬 컴퓨팅 도구(Physical Computing Kit)와 소프트웨어 개발 도구(SDK: Software Development Kit)를 소개한다.

11.7.1 피지컬 컴퓨팅

피지컬 컴퓨팅은 전자 부품을 사용하여 프로토타입 및 장치를 제작하고 코딩하는 방법을 다룬다. 그것은 구체적으로 "물리적인 재료와 컴퓨터 프로그래밍 그리고 회로를 함께 조합하여 물리적인 인공물을 만들어 행동을 부여하는 활동이다(Gubbels와 Froehlich, 2014)". 일반적으로 인쇄 회로 기판(PCB), 상태를 인식하기 위한 센서들(예: 가속도계, 적외선, 온도), 그리고 몇 가지 효과를 발생시키기 위한 엑츄에이터(예: 모터, 밸브)를 사용해서 물건을 디자인하는 과정을 말한다. 일례로 '친구냐 적이냐'라고 하는 고양이 감지기가 있는데, 이는 가속도계를 사용하여 고양이문으로 들어오는 고양이(또는 감지하고자 하는 어떤 것이라도)를 감지한다. 문 뒤편에는 웹카메라가 있어 고양이 움직임이 포착되면 엑츄에이터를 촉발시켜 문을 통해 지나가는 것의 사진을 찍는다. 사진이 웹사이트에 올려지면서 주인에게 알림을 주어 자신의 고양이와 일치하지 않는 고양이 혹은 다른 무언가가 지나갔음을 알려준다.

교육 및 프로토타이핑을 목적으로 수많은 컴퓨팅 도구들이 개발되었다. 아두이노(Arduino)는 가장 초기의 도구들 중 하나이다(Banzi, 2009 참조). 아두이노의 목적은 예술가와 디자이너들이 전자 부품들을 사용하여 단 며칠 만에 물리적인 프로토타입을 만들어 코딩하는 방법을 워크샵을 통해 배우도록 하는 것이다. 도구는 두 부분으로 구성되는데, 아두이노 보드(그림 11.22 참조)는 프로토타입을 제작하기 위해 사용되는 하드웨어 부품이고, 아두이노 IDE (integrated development environment: 통합 개발 환경)는 쉬운 프로그래밍이 가능한 소프트웨어로 아두이노 보드에 스케치(아두이노의 코드 단위명)를 업로드할 수 있다. 예를 들어 센서가 빛의 변화를 감지하면 LED를 켜게 하는 스케치를 만들 수 있다. 아두이노 보드는 작은 칩을 포함하는 소형 회로(혹은 마이크로 컨트롤러)로서, 입력 및 출력 핀을 제공하는 돌출 된 '다리들'을 가지고 있는데, 여기에 센서와 액추에이터가 연결된다. 스케치는 간단한 처리 언어의 형태로 IDE에 작성된 다음, 보드에 업로드되면서 C 프로그래밍 언어로 변환된다.

아두이노 기본 도구를 기반으로 개발된 다른 도구들도 있다. 가장 잘 알려진 것은 LilyPad로, Leah Beuchley가 개발했다(그림 11.23과 6장 말미의 인터뷰 참조). 그것은 패션 의류 및 다른 직물들을 만들 수 있는 봉제형 전자 부품 세트다. Engduino®는 아두이노 LilyPad를 기

그림 11.22 아두이노 보드
출처: Courtesy of Nicolai Marquardt

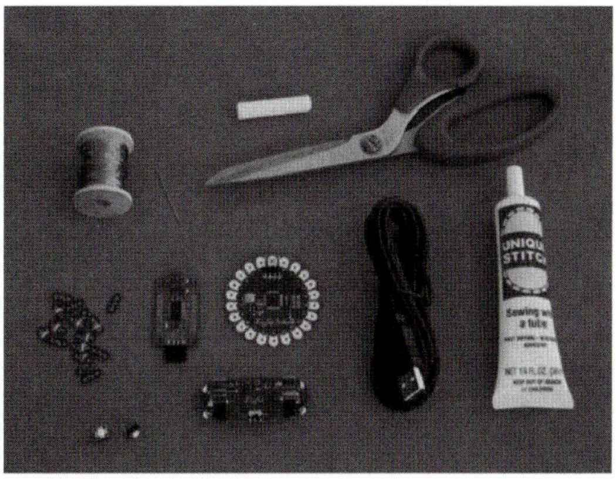

그림 11.23 릴리패드 아두이노 도구

출처: Photo courtesy of Leah Buechley
http://web.media.mit.edu/~leah/LilyPad/build/turn_signal_jacket.html.

반으로 한 교육 도구로, 시각적 피드백을 제공할 수 있는 16색 LED 및 버튼과 간단한 사용자 입력 장치들을 포함한다. 그것은 또한 온도 감지 센서, 3D 가속도계 및 다른 Engduino로 메시지를 전송할 수 있는 적외선 송수신기도 가지고 있다.

MakeMe(Marquardt *et al.*, 2015)는 평평한 전자 판넬이 조립되는 형태의 새로운 도구로, 6면을 서로 이어 붙이면 인터랙티브 큐브가 되어 흔들리는 강도에 따라 다양한 색상을 밝힌다. 이는 아이들의 상상력을 배우고 공유 및 활성화시키게 해주어 새로운 게임이나 다른 목적의 프로토타입을 만들 수 있도록 지원한다. 다음 링크를 참조하자. http://www.codeme.io/

사람들에게 혁신성과 창의성을 부여하는 새로운 기회를 제공하는 쉽고 간편한 피지컬 도구의 대안들로 Senseboard(Richards와 Woodthorpe, 2009), LittleBits 및 MaKey MaKey (Silver와 Rosenbaum, 2012) 등이 있다. MaKey MaKey는 인쇄 회로 기판과 함께 아두이노 마이크로 컨트롤러, 악어 모양 집게 클립 및 USB 케이블로 구성되어 있으며(**그림 11.24** 참조), 키 누름, 마우스 클릭 및 마우스의 움직임 정보를 전송하기 위해 컴퓨터와 통신한다. 6개의 입력 장치(4개의 화살표 키, 스페이스바, 마우스 클릭)가 보드 전면에 배치되어 악어 클립을 통해 컴퓨터의 USB에 연결된다. 클립의 다른 편 끝은 야채나 과일 조각 같은 비절연성 물체에 부착될 수 있다. 그래서 키보드로 컴퓨터와 인터랙션하는 대신 바나나와 같은 외부 사물을 사용할 수 있다. 그 컴퓨터는 MaKey MaKey를 키보드나 마우스 같은 입력 장치라고

그림 11.24 MaKey MaKey 도구

생각한다. 예를 들어 컴퓨터 키보드 말고 바나나를 사용하여 디지털 피아노 앱을 연주할 수 있으며, 바나나를 터치할 때 보드로 연결된 MaKey MaKey가 컴퓨터로 키보드 메시지를 전송한다.

지금까지의 피지컬 도구들은 아이들 혹은 디자이너들이 작은 전자 제품이나 디지털 도구를 빠르게 창작하는 활동을 통해 프로그램을 시작할 수 있도록 했다(Hodges *et al.*, 2013). 그러나 Rogers(2014)는 은퇴한 사람들도 도구를 통해 동등한 창의성을 가지고 "일상의 물건들을 터치 패드"로 바꿀 수 있는 방법을 소개했다. 그는 60대에서 80대의 연령층으로 이뤄진 소규모 은퇴자 그룹을 대상으로 워크샵을 진행하여, 그들이 MaKey MaKey 도구를 가지고 놀게 했다(그림 11.25 참조). 은퇴자들은 과일과 야채를 입력 수단으로 사용하여 음악을 연주

그림 11.25 은퇴한 사람들이 MaKey MaKey를 가지고 놀고 있는 모습

한 후에 혁신적인 디자인을 위한 새로운 가능성을 보았다. 함께 만들고 노는 것이 처음에는 아이들 같아 보일 수 있지만, 상상하고 자유롭게 생각하며 탐색하기 위한 촉매제가 될 수 있다. 사람들은 때때로 그들의 아이디어를 공개할 때 그것이 쉽게 반박 당하여 뭉개질 것을 두려워하기 때문에 신중한 태도를 취하지만, 긍정적인 분위기에서는 왕성한 아이디어 발산이 가능하다. 올바른 공유의 경험이 긍정적이고 편안한 분위기를 만들 수 있으며, 그 안에서 사회 각계 층의 사람들이 자유롭게 아이디어를 주고 받을 수 있다.

생각해보기 11.6

메이커 무브먼트(maker movement)의 부상

메이커 무브먼트는 2000년대 중반에 등장했다. 이것은 컴퓨터 혁명과 인터넷의 발자취에 뒤이어 제조와 생산을 변화시킬 차세대 혁명으로 여겨진다(Hatch, 2014). 앱, 소셜 미디어 및 서비스의 급증을 동반한 웹의 폭발적인 확산은 우리가 가상으로 할 수 있는 일들에 관한 것이었다. 메이커 무브먼트는 집에서, 의복, 음식에서 자전거에 이르기까지 우리가 물건을 만들고, 사고, 소비하고, 재활용하는 방식을 변화시킨다. 그 핵심은 DIY(Do It Yourself), 즉 워크샵이나 제작 공간에서 다양한 기계, 도구 및 방법을 함께 사용하여 물리적인 물건을 만드는 행위로, 요컨대 기술, 인터넷과 물리적인 것들을 연결하여 미래를 발명함에 관한 것이다.

라디오, 시계 및 기타 장치들을 어설프게 개조하는 취미가들이 항상 있어왔지만, DIY 제작의 세계는 더 많은 사람들에게 열려있다. 저렴하고, 강력하며, 사용하기 쉬운 도구와 현지에서 구할 수 있는 제품들과 지역 사회를 기반 활동들, 그리고 지속 가능하고 진정성 있으며 윤리적으로 생산되는 제품에 대한 열망이 제작 방법에 대한 흥미를 부풀어 오르게 했다. 3D 프린터, CNC 밀링 머신, 레이저 커터 등의 전자 및 제조 장비들을 갖춘 넓은 물리적 공간을 제공하는 제조 실험실들이 전세계 도시에 출현하기 시작했다. 개인들이 디지털 파일을 가져와 커다란 3D 모델을 인쇄하고, 가구 및 설치물과 같은 물건들을 만들 수 있게 되었는데, 이전에는 개인적으로 불가능했던 일이었다. 뒤이어 상하이에서 인도의 시골에 이르기까지 전세계 수천 곳에 소규모 메이커 스페이스들이 생겨나기 시작했고 모두가 사용하고 만들 수 있는 제조 시설을 공유하고 있다. 3D 프린터 정도만 공유하는 작은 규모의 공간도 있지만, 대량 생산을 위한 기계, 도구, 작업 공간들을 제공하는 잘 갖춰진 넓은 공간도 있다.

재봉틀과 전자 실을 사용하여 전자 섬유를 만들고 프로그래밍하기 위한 개발도 계속되어 왔다. 전자 섬유는 전도성 실과 직물을 사용하여 함께 재봉된 센서, LED 및 모터 등의 전자 장치가 내장된 섬유이다(Buechley와 Qiu, 2014). 초기의 예로는 Leah Beuchley가 개발한 턴 시그널 바이크 재킷(Turn signal bike jacket, **그림 1.3** 참조)이 있다. 다른 예로는 부드러운 인터랙티브 장난감, 터치하면 노래하는 벽지, 환경이나 사건에 반응하는 패션 의류 등이 있다.

메이커 무브먼트의 핵심은 11.2.4절에서 논의 했듯이 땜질의 개념과 지식, 기술, 노하우, 그리고 당신이 만든 것의 공유 활동을 포함한다. Instructables.com는 누구나 자신의 DIY 결과물을 탐색하고 문서화하며 공유할 수 있는 웹사이트이다. 이 사이트에 가서 메이커가 업로드한 프로젝트들을 살펴보자. 얼마나 많은 작품들이 전자적, 물리적인 재료를 조합했는가? 그것들이 재미있거나 유용한가 아니면 기계스러운가? 그것들이 어떻게 표현되었는가? 그것들이 당신의 창작에 영감을 주는가? 또 다른 사이트인 Etsy.com은 사람들이 팔기 위해 직접 만든 공예품 및 물건들을 위한 온라인 마켓 플레이스로 유명한데, 메이커의 가족, 친구 및 전세계 사람들에게 작품을 판매할 수 있는 온라인 샵을 쉽게 만들고 사용할 수 있도록 디자인 되었다. 그 곳은 Amazon, eBay 같은 기업형 온라인 사이트와는 달리 메이커가 자신의 상품들을 가장 잘 어울리는 방식으로 다른 사람들에게 표현할 수 있다.

본질적으로 메이커 무브먼트는 DIY의 개념을 온라인으로 가져와 대중에게 공개함으로써, 참여자 수와 공유의 방법을 엄청나게 증가시킨다(Anderson, 2013). ■

실습해보기 11.7

전자 섬유 회사인 XO가 개발한 최초의 비행 드레스 Voltanis를 착용한 Lady Gaga의 비디오를 보고, 패션과 최첨단 전자 기술의 융합에 대한 생각을 나누어 보자.

Voltanis를 착용한 Lady Gaga의 비디오 링크(http://vimeo.com/91916514)

조언

Voltanis는 탄소 섬유로 된 원격 제어 기체이다. 이 비행복을 착용한 Lady Gaga는 훈련된 조종사의 도움으로 무대 주변을 날아 다녔는데, 이는 마치 첨단박스를 착용한 사람들이 등장하는 초기 공상 과학 영화가 예견한 모습 같다. 종종 괴상한 미래의 모습으로 보였던 장면이 패션에 대한 강조를 통해 전세계의 팬들과 교감할 수 있는 장면으로 바뀌었다. 전 세계의 팬들을 임의로 초대하고 무대 위를 — 조종사의 도움으로 — 1분간 날아다니는 Lady Gaga(또는 다른 유명한 가수)를 상상해보자. 이것은 Justin Bieber가 리트윗 한 당신의 Twitter 게시물을 증가할 수 있다. ■

11.7.2 SDK: 소프트웨어 개발 도구

소프트웨어 개발 도구(SDK: software development kit)는 특정 플랫폼(예: iPad, iPhone, iPod touch의 iOS, Kinect 및 Windows phone)의 애플리케이션 개발을 지원하는 프로그래밍 도구 및 구성 요소 패키지이다. 일반적으로 SDK는 IDE(integrated development environment: 통합 개발 환경), 문서, 드라이버 및 샘플 프로그래밍 코드를 통하여 SDK 구성요소들의 사용법을 설명한다. 일부 SDK는 디자인에 쉽게 적용할 수 있는 아이콘과 버튼을 포함한다. SDK를 사용하지 않고 애플리케이션을 개발하는 것도 가능하지만, 이렇게 강력한 자원을 사용하는 편이 훨씬 더 많은 것들을 쉽게 성취할 수 있다. 예를 들어 Microsoft의 Kinect SDK를 사용하면 강력한 제스처 인식 및 신체 움직임 추적 기능을 사용할 수 있다. 이것은 몰입형 게임의 움직임 추적(Manuel *et al.*, 2012), 신체의 길이를 기반한 사용자 인식(Hayashi *et al.*, 2014), 그리고 로봇 제어(Wang *et al.*, 2013) 등과 같은 다양한 가능성의 모색으로 이어진다.

SDK에는 애플리케이션 프로그래밍 인터페이스(API) 세트가 포함되어서 그것들이 작동하는 세세한 원리를 몰라도 구성요소들을 제어할 수 있다. 경우에 따라서는 API에 접근하는 것만으로도 중요한 작업을 수행할 수 있는데, 예를 들어 Hayashi(2014)의 사례는 API에 접근하는 것만으로 충분했다. 생각해보기 11.7에서는 API와 SDK의 차이점에 대해 알아본다.

생각해보기 11.7
API와 SDK

SDK는 프로그래밍 도구와 구성 요소들의 모음으로 이루어지며, API는 SDK 구성 요소들을 연결하는 입력과 출력을 모아 놓은 기술적 인터페이스이다. 좀 더 설명하자면, API는 어린이 퍼즐에 사용되는 서로 다른 모양의 블록들 같이 결합될 수 있는 반면, SDK는 미리 정해진 블록을 사용하기 보다는 원하는 크기와 모양의 블록들을 직접 만들 수 있는 개발 도구들을 갖춘 작업 환경을 제공한다. 따라서 API는 이미 존재하는 블록들의 사용을 허용하지만, SDK는 이러한 제한 없이 새로운 블록을 생성할 수 있고, 블록을 아예 사용하지 않고 무언가를 만들 수도 있다. 모든 플랫폼을 위한 SDK는 관련된 API 뿐만 아니라 프로그래밍 도구, 문서 및 기타 개발 지원도 제공해야 한다. ■

과제

이 과제는 10장 말미에 소개된 온라인 예약 시스템에 대한 작업의 연장선 상에 있으며 12, 14, 15장의 과제로도 이어진다.

a. 10장의 과제에서 얻은 정보를 바탕으로, 이 시스템을 위한 세 가지 개념 모형을 제안해보자. 인터페이스 메타포, 인터랙션 유형, 인터페이스 유형, 지원할 활동, 기능, 기능 사이의 관계 및 정보 요구사항 등, 본 장에서 논의했던 개념 모형의 각 측면을 고려하라. 제안한 개념 모형들 중 가장 적합한 모형을 결정하고 그 이유를 설명해보자.

b. 선택한 개념 모형에 대해 다음의 프로토타입을 제작해보자.

   i. 온라인 예약 시스템을 위해 제작된 시나리오를 활용하여 당신의 개념 모형들 중 하나를 위한 표 예매 작업의 스토리보드를 만들자. 이를 2~3명의 잠재 사용자들에게 보여주고 자유로운 피드백을 받자.

   ii. 이제는 (i)의 피드백을 반영하여 티켓 예약 작업을 위한 사용 예의 카드 기반 프로토타입을 만들자. 이 새로운 프로토타입을 다른 그룹의 잠재 사용자들에게 보여주고 자유로운 피드백을 더 받자.

c. 제품의 구체적인 디자인을 고려하라. 애플리케이션의 첫 페이지를 스케치해보면서 레이아웃, 색상, 탐색 방법, 사운드, 애니메이션 등을 고려하자. 이 과정 동안에 6장에서 소개된 세 가지 주요 질문들, 어디에 있는가, 무엇이 있는가, 어디로 갈 수 있는가를 지침으로 사용하라. 당신의 선택을 설명하는 한 두 문장을 작성하여 그것이 사용성에 관한 것인지 사용자 경험에 대한 내용인지 생각해보자.

d. 제품의 경험 맵을 작성하라. 사용자 경험을 탐색하기 위해 이미 만들어 둔 시나리오와 퍼소나를 사용하라. 특히 이전에 고려하지 않은 새로운 인터랙션 이슈들을 파악하고, 그것들을 해결하기 위한 방법을 제안해보자.

e. 당신의 제품은 전형적인 메이커 무브먼트에서 나올 법한 애플리케이션과 어떻게 다른가? 소프트웨어 개발 툴을 사용할 여지가 있는가? 있다면 그 역할은 무엇이고, 없다면 왜 아니라고 생각하는가?

요약

본 장에서는 디자인과 프로토타이핑 및 제작하기에 대해 살펴 보았다. 프로토타이핑과 시나리오는 디자인 과정 전반에 걸쳐 아이디어의 구현 가능성과 사용자 수용도를 테스트하기 위해 사용된다. 우리는 다양한 형태의 프로토타이핑 기법을 살펴보고, 이를 디자인 과정 중에 고려하며 적용해 보는 연습을 했다.

Key points

- 프로토타이핑은 충실도가 낮거나(예: 종이 기반) 높을(예: 소프트웨어 기반) 수 있다.
- 충실도가 높은 프로토타입은 수직적(구체적이지만 적은 기능) 또는 수평적(구체적이지 않지만 많은 기능)일 수 있다.
- 충실도가 낮은 프로토타입은 제작 및 수정이 쉽고 빠르며, 디자인 과정의 초반에 사용된다.
- 이미 만들어진 소프트웨어 및 하드웨어 구성 요소들을 활용해서 프로토타입을 제작할 수 있다.
- 디자인 활동에는 개념적인 디자인과 구체적인 디자인의 두 가지 측면이 있다.
- 개념적 디자인은 사람들이 제품으로 무엇을 할 수 있는지, 어떤 컨셉이 필요한지, 그것과 어떻게 인터랙션할지 등의 개괄적인 부분을 고안하는 반면, 구체적인 디자인은 화면상의 배치와 탐색 방식 등 디자인의 상세 내용을 명시하는 과정이다.
- 우리는 초기 개념 모형을 개발할 때 도움이 되는 세 가지 접근법인 인터페이스 메타포, 인터랙션 유형, 인터페이스 유형을 탐구했다.
- 초기 개념 모형은 제품이 어떤 기능을 수행할 지, 사용자가 어떤 행동을 할 지, 이런 기능들이 어떻게 연관되는지, 사용자를 지원하기 위해 어떤 정보가 필요한 지를 고려하면서 확장될 수 있다.
- 시나리오와 프로토타입은 디자인 과정 중 아이디어 탐색에 효과적으로 사용될 수 있다.
- 피지컬 컴퓨팅 도구와 SDK는 디자인 컨셉을 제작하는 과정을 용이하게 해준다.

Gary Marsden과의 인터뷰

Gary Marsden은 2013년 12월에 갑작스럽게 사망했다. 그는 당시 43세로 Cape Town 대학의 컴퓨터 공학과 교수였다. 그의 연구 관심사는 모바일 인터랙션, 컴퓨터 과학, 개발을 위한 디자인과 ICT였다. 'There's Not an App for That: Mobile User Experience Design for Life'는 그가 Matt Jones, Simon Robinson과 공동 집필했던 책이며, 2006년에 출판된 Mobile Interaction Design의 집필에도 참여했다. 2007년 ACM SIGCHI는 개발도상국에서 모바일 기술에 관한 그의 연구 업적에 대해 사회적 영향상을 수여했다. 그는 HCI 학계에 큰 인상을 남겼다. 우리는 제3판에서도 그와의 인터뷰 내용을 유지하기로 했다.

Gary, 당신의 연구에 대해, 그리고 왜 그 연구를 하는지 말해주겠습니까?

저의 연구 중에는 아프리카에 사는 사람들을 위한 디지털 기술을 만드는 것이 있어요. 이 작업의 대부분은 모바일폰을 위한 소프트웨어 및 인터페이스 디자인에 관한 것인데, 이것이 아프리카에서 현재 가장 널리 보급된 디지털 기술이기 때문이에요.

이 기술은 아프리카에 제공될 것이기 때문에 우리는 지구상에서 앞서 개발된 지역들을 위해 작업하던 것과는 다른 디자인 영역에서 작업해야 해요. 예를 들어 우리는 사용자들이 개인용 컴퓨터나 초고속 인터넷에 접속할 수 없다라고 가정합니다. 또한 우리는 사용자들의 문맹 수준과 문화가 다르다는 점도 고려해야 해요. 이런 고려들은 우리가 만들 기술뿐만 아니라 그것을 만드는 방법에까지 영향을 미치거든요.

저는 컴퓨터 과학 전문가로서 어떻게 하면 구매자들에게 적합하고 사용 가능한 디지털 시스템을 만들 수 있을지 이해하고 싶습니다. 아프리카의 많은 사람들은 상당한 투자를 해야만 휴대 전화를 구입할 수 있는데, 인터랙션 디자인 학문을 통해 그들이 투자한 것을 극대화 시켜주는 제품을 선사할 수 있으면 좋겠어요.

당신이 구축한 시스템이 사람들이 원하고 필요로 하던 것인지 어떻게 알 수 있을까요?

이것은 현재 이 분야에서 뜨겁게 논의되고 있는 주제이며, 결론을 이끌어 낼 만큼 충분한 작업들이 최근에 있었습니다.

첫 번째 도전은 기술에 거의 노출된 적 없는 사람들을 위한 시스템을 디자인하는 것이에요. 많은 사용자들은 단순한 휴대전화를 사용하는 것 이외에는 디지털 기술에 대한 경험이 없습니다. 따라서 사용자가 공동 디자이너로 초대되는 참여적 기술은 매우 어려울 수 있어요. 그들이 하드웨어 소프트웨어의 구분과 같은 추상적인 기본 개념도 가지고 있지 않기 때문이죠. 이를 극복하기 위해 우리는 종종 기술 탐색 접근법을 사용하여 사용자가 종이 스케치들을 보면서 추상적인 결정을 내릴 것을 요구하기 보다는 충실도가 높은 프로토타입을 보고 그들의 의견을 제시할 수 있도록 했어요.

저는 우리가 구축한 많은 시스템에 대해서 단순히 효율성 및 효과를 측정하는 것 이상의 관심이 있습니다. 당연히 기술의 유용성이 중요하지만, 자원이 제한된 환경에서는 생계를 크게 개선시키지 못하는 것에 소비할 돈이 너무 부족하므로 기술의 유용성을 말하기가 매우 어렵답니다.

사람들과 사회에 미치는 영향을 측정하기 위해 우리는 종종 길들여짐과 같은 개발 및 측정 이슈들에 대한 문헌을 참고하는데, 여기서 길들여짐이란 어떤 기술이 누군가의 일상에 적절히 녹아 드는 것을 의미합니다. 특정 공동체에 속하여 그 공동체가 당면한 문제들을 해결하기 위한 연구 파트너를 찾는 NGO 파트너들과 함께 많은 연구들을 수행하기도 했어요. 일례로 다가올 선거에서 유권자들의 선택권에 대한 이해를 돕기 위해 디지털 기술을 사용하고 싶은 투표 교육 NGO와 협업할 수 있었지요. 그 프로젝트에서 우리는 NGO의 목표(얼마나 많은 사람들이 그들의 투표권을 이해하는지)를 프로젝트의 부분적인 성공 척도로 삼았어요. NGO들은 그들의 영향력을 측정하기 위한 정교한 장치들을 종종 가지고 있는데, 이는 그 결과에 따라 그들이 받는 펀드가 좌우되기 때문입니다. 그 장치들을 사용하면 우리의 영향력도 측정할 수 있을 거에요.

참여자가 시스템에 대해 정말로 어떻게 생각하는지를 이해하기 위해서 Bill Gaver가 언급했던 다면 평가를 사용합니다. 그 방법은 사용자를 인터뷰하고 시스템에 대한 그들의 평가 결과를 알려주는 편견 없는 언론인을 고용해요. 우리는 이 방법을 사용하는 것이 우리가 만든 시스템에 대한 피드백을 얻는 데 매우 효과적이라는 것을 알게 되었습니다. 게다가 이 방법은 호손 효과를 극복할 수 있어요. 호손 효과는 자원이 빈약한 환경에서 일하는 연구원들이 경험하는 현상으로, 사용자들이 받는 관심과 지원에 감사한 나머지 어떤 시스템에라도 좋은 점수를 주면, 연구자들이 기뻐서 그 공동체에 계속 투자하게 될 것이라고 믿는 현상을 말합니다.

현 세계의 개발 도상국에 어떤 기술을 배치할지 평가할 수 있는 가장 좋은 방법이 무엇인지 명확히 합의된 바는 없지만, 기술이 HCI의 관점에서만 평가 될 수는 없으며, 일상과 공동체에 미치는 영향까지 고려할 필요가 있다는 것은 자명합니다.

연구를 수행하는 중에 크게 놀랐던 일이 있나요?

연구자로서 저의 연구는 끊임없이 놀랍고 매우 고무적인 것 같아요. 제가 12년 전에 이곳으로 옮겨왔을 때 휴대폰의 높은 보급률을 보고 처음으로 놀랐어요. 유럽에서는 휴대폰이 사치로 여겨지던 1999년인데, 판자집에 사는 사람들이 휴대폰을 통해 소통하고 있었지요. 분명 핸드폰에 길들여지는 것에는 아무런 문제가 없더군요.

아프리카에서 연구 프로젝트를 시작했을 때에는 선진국의 환경을 가정한 많은 HCI 연구 및 방법들, 예를 들어 앞서 언급했던 참여형 디자인 등이 어디까지 확장될 수 있는지에 대해서 놀랐습니다. 반면 인터페이스의 국제화에 관한 초기 HCI 문헌들은 저에게 그다지 유용하지 않았어요. 예를 들어 저의 동료인 Marion Walton은 화면에 하나의 버튼으로 구성된 인터페이스를 만들어서 참가자들에게 그 버튼을 누를 것을 요청했는데 한 사람이 그것을 하지 못했어요. 그에게 버튼의 위치를 알려주자 그는 '그건 버튼이 아니라 버튼의 그림인데요'라고 말했답니다. 물론 그가 옳았고 우리는 그날 시각적 문화에 대한 중요한 깨달음을 얻었어요.

마지막으로 아프리카의 환경은 놀라움의 연속입니다. 제가 겪었던 가장 이상한 일은 잠비아의 시골에서 갑자기 고장 난 컴퓨터를 고치려고 했던 일이에요. 컴퓨터의 케이스를 열었는데, 흰 개미가 회로 기판의 녹색 수지를 갉아 먹은 뒤 온기가 있는 전원 공급 장치에 둥지를 트는데 사용했더라고요. 비록 지금은 그것이 아름다운 장식처럼 보이지만, 메인보드는 구원 받지 못했죠.

미래에 대한 당신의 희망은 무엇입니까?

저의 희망과 열정은 아프리카 대륙을 위한 기술을 창조할 수 있는 현지의 차세대 컴퓨터 과학자들을 탄생시키는 것입니다. 제가 하고 있는 일이 어느 정도는 도움이 될 수 있지만, 외부 인력과 팀이 개발도상국에 사는 모두를 위한 신기술을 창출하는 것은 지속 가능한 일이 아닙니다. 교육자로서 아프리카 대학에서 인터랙션 디자인을 가르쳐서 아프리카인들이 그들과 그들의 환경에 가장 적합한 기술을 창조하도록 힘을 실어주는 것이 해결책이 될 수 있다고 믿어요. ▪

Chapter

12 실무에서의 인터랙션 디자인

목표

이 장의 주요 목표는 다음과 같다.

- 실무적 관점에서 인터랙션 디자인과 관련된 핵심 트렌드에 대해 설명한다.
- 애자일 개발 프로젝트에서 UX 디자인의 역할에 대해 논의할 수 있다.
- 인터랙션 디자인 패턴을 파악하고 비평할 수 있다.
- 오픈 소스 및 기존 구성 요소가 인터랙션 디자인을 지원할 수 있는 방법을 설명한다.
- 도구를 이용하여 인터랙션 디자인 활동을 지원하는 방법을 설명한다.

12.1 개요

인터랙션 디자인의 목표는 사용자에게 편익을 주는 인터랙티브 제품을 생산하는 것이다. 따라서 이 책에서 소개된 제품 디자인을 위한 모든 원칙과 기술, 접근법들을 실무 및 실제 상황과 실제 사용자들의 관점에서 재해석 되어야 한다. 인터랙션 디자이너들이 폭넓은 상거래 및 비지니스 업계에서 일할 경우 시간과 자원의 압박을 포함한 다양한 압력들을 받으며, 디자인 외 다양한 분야의 사람들 및 이해관계자들과 협력해야 한다. 인터랙션 디자인을 수행하는 실무자들을 부르는 명칭들은 인터페이스 디자이너, 인포메이션 아키텍트, 경험 디자이너, 사용성 엔지니어 및 사용자 경험(UX) 디자이너 등이 있다. 본 장에서는 사용자 경험 디자이너 및 사용자 경험 디자인에 대한 이야기를 하고자 한다. 특히 사용자 경험 디자이너는 업계에서 인터페이스 디자인, 사용자 평가, 인포메이션 아키텍처 디자인, 시각 디자인, 퍼소나 개발 및 프로토타이핑 등과 같은 폭넓은 인터랙션 디자인 작업을 수행하는 사람을 의미한다.

이 책의 이전 부분들을 읽어보면, 디자이너가 사용자나 주변 동료들을 제외한 다른 사람의 도움을 거의(또는 전혀) 받지 않고 백지 상태에서 디자인을 개발한다는 인상을 받았을 수도 있지만, 이는 사실과 거리가 멀다. 실무 UX 디자이너를 지원하는 네 가지 주요 영역들은 다음과 같다. 첫째, 애자일 개발 방식을 운영하는 소프트웨어 및 제품 개발팀과 협력하는 작업(9장에 소개)에서 기술과 과정의 측면을 수용하여 애자일 UX 접근법이 탄생했다. 둘째, 기존 디자인과 컨셉을 재사용하는 것은 가치가 있으며 시간을 아낄 수 있다. '바퀴를 다시 발명'할 필요가 없듯이, 인터랙션 디자인 및 UX 디자인 패턴은 기존 작업 결과를 활용하여 시간을 아끼는 성공적인 디자인의 청사진을 제공한다. 셋째, 재사용 가능한 구성 요소들(화면 상의 위젯에서부터 전체 시스템의 소스코드 라이브러리까지 혹은 모터나 센서같은 부품에서부터 완성된 로봇에 이르기까지)은 프로토타입이나 최종 제품을 위해 변형되거나 통합될 수 있다. 디자인 패턴들은 인터랙션의 아이디어를 구현하지만, 재활용 가능한 구성 요소들은 구현된 코드 덩어리 및 위젯을 제공한다. 마지막으로, 디자이너들이 시각 디자인, 와이어 프레임, 인터페이스 스케치, 인터랙티브 프로토타입 등을 제작할 수 있도록 지원하는 다양한 도구와 개발 환경이 있다. 본 장은 이 4가지 영역들을 각기 소개하고자 한다.

12.2 애자일 UX

2000년대 애자일(agile) 소프트웨어 개발이 시작된 이래로 디자이너들은 그것이 그들의 작업에 가져올 영향력에 대해서 고민해왔으며(Sharp *et al.*, 2006), 관련 논쟁이 계속되고 있다(Holtzblatt *et al.*, 2014). 이런 고민을 해결하고자 인터랙션 디자인과 애자일 방법의 기술들 및 프로세스를 통합하려 했던 시도가 낳은 종합적인 결과가 애자일 UX이다. 애자일 소프트웨어 개발 및 UX 디자인은 순환적인 과정, 측정 가능한 것에 집중하고, 사용자가 개입하는 등의 공통된 특징을 가지고 있으나, 애자일 UX는 기존 UX 디자인과 비교할 때 사고 방식의 변화를 필요로 한다.

워터폴(water-fall) 방식의 소프트웨어 개발 프로세스는 구현을 시작하기 전에 가능한 완벽한 요구사항들을 명시한다. 반면 애자일 소프트웨어 개발 프로세스는 구현을 시작하기에 충분한 세부 사항들만 파악하면 된다. 이후에 변하는 사업 관점의 필요들에 대응하여 정기적으로 우선순위들이 바뀌게 되는 구현의 과정 속에서 요구사항들도 정교하게 가공된다. 디자인 또한 비슷한 방식으로 진행되어야 한다. 순환적 과정의 초반에는 우선순위의 변화가 격주 간격으로 자주 발생할 수 있다. 완전한 요구사항을 정의하던 방식에서 '제때에' 혹은 충분한 요구사항을 정의하는 방식으로의 변화는 소모적인 노력을 줄이는 것을 목표로 한다. 따라서 그런 소프트웨어 개발자나 엔지니어 동료들과 함께 일하는 UX 디자이너들은 그들의 접근법을 재고해봐야 한다. UX 디자이너는 적절한 기술들과 원칙을 사용하겠지만, 그 순환적인 과정 중에 이뤄지는 작업들이 과연 어느 시점에 얼마나 완성되어야 하는지, 그리고 구현된 작업 결과물들이 애자일 개발의 맥락 속에서 어떻게 수정되어야 하는지 고민이 필요하다. 이런 과정은 디자인 산출물을 전달하는 것으로 일이 끝났다고 생각하는 디자이너에게는 불안정하게 느껴질 수 있지만, 애자일 소프트웨어 개발자들의 입장은 구현 프로세스가 진행되고 요구사항이 정교해지면서 결과물이 변경될 필요가 있기 때문에 소모되는 과정이라고 생각한다.

10장에서 소개된 여행 플래너의 예를 생각해보면, 프로젝트 초기에 설정한 제품의 목적은 휴가를 계획하고 싶은 사용자를 도와주는 것이었다. 그림 10.10에서는 추가적으로 여행 세부 정보 입력, 비자 요구사항 검색, 예방 접종 요구사항 검색의 세 가지 제품 영역을 파악했다. 애자일 우선순위 측면에서 볼 때, 시스템의 목표가 최우선이므로 처음에는 요구사항, 디자인 및 구현 활동에 집중해야 할 것이다. 사용자가 휴가 일정을 선택하도록 하려면 여행 상세 정보가 업데이트되어야 하므로 이 역시 높은 우선순위를 가지게 된다. 상세 요구사항을 정의하고 나머지 두개의 영역을 디자인하는 것은 사용자가 일정을 선택할 수 있는 결과물이 나올 때까지 연기된다. 실제 결과물이 나오면 백신과 비자 관련 정보가 큰 사업성이 없다고 생각하는 고객이 해당 기능을 아예 제외시키도록 결정할 수도 있다. 이런 경우에 좀 더 권위있는 사용자 및 정보의 출처가 필요할 지도 모른다.

애자일 업무 환경에서 UX 작업을 하려면 디자인 결과물의 전달 보다는 제품 자체에 더 집중하는 유연한 관점이 필요하다. 또한 UX 디자인, 엔지니어링 등 다양한 분야의 전문가들이 긴밀하게 협업하여 사용자와 사용 맥락 및 기술력과 실현 가능성에 대한 이해를 진화시킬 수 있는 다기능 팀이 필요하다. 특히 애자일 UX는 세 가지 실무 영역에 주의를 기울인다. 1) 어떤 사용자 연구를 얼마나 언제 수행할지, 2) UX 디자인과 애자일 실무를 어떻게 조율할지, 3) 어떤 문서 자료를 언제 얼마나 생산할지가 그것이다.

"Enough storyboarding. Let's shoot something."

출처: Courtesy of Conde Nast Licensing

12.2.1 사용자 연구

'사용자 연구'라는 용어는 제품 개발을 시작하기 전에 사용자 및 그들의 작업과 사용이 이뤄지는 맥락적 특징을 파악하기 위해 필요한 데이터를 수집하고 분석하는 활동을 의미한다. 이러한 연구에는 현장 연구와 에스노그라피(ethnography) 방법이 종종 사용되며, 사용자 중심 디자인의 가장 중요한 요소로 여겨진다(Mao *et al.*, 2005). 하지만 애자일 개발은 짧게 나뉘어진 기간(최대 4주, 보통은 2주)에 수행되기 때문에 장기간의 사용자 조사는 불가능하다(애자일의 다른 이름은 '반복'이며, 스프린트, 타임박스 및 사이클 등의 용어가 혼용된다). 예를 들어 한 달 동안 일련의 퍼소나를 개발하거나, 현재의 여행자가 휴가를 계획하는 방법에 대해 자세히 조사하는 것은 어떤 애자일 개발 방식에는 너무 긴 시간이다. 디자인 요소를 평가하거나 요구사항 및 작업의 맥락을 파악하기 위한 인터뷰를 수행하는 등의 사용자 중점적 활동들은 기술적인 개발 과정과 병행될 수 있다(하기 병렬 트랙 접근법 참조). 하지만 일단 반복적인 개발 과정이 시작되면 광범위한 사용자 조사를 수행할 시간은 없다.

이 문제를 해결하는 한 가지 방법은 프로젝트가 시작되기 전 혹은 실제로 발표되기 전에 사용자 조사를 수행하는 것으로(Norman, 2006), 제한된 기간으로 인한 한계점을 극복할 수 있다. 이 기간을 종종 이터레이션 제로(iteration zero)라 부르며, 기술 구조 설계뿐만 아니라 사용자 연구를 포함한 다양한 선행 활동의 수행을 위해 사용된다.

각 프로젝트를 위해 사용자 조사를 수행하는 또 다른 접근법은 장기적 관점에서 회사가 그들의 사용자들에 대한 지식을 수정하고 개선할 수 있는 진행형 사용자 조사 프로그램을 운영

실습해보기 12.1

실습해보기 10.3에서 소개된 '원스톱 자동차 상점'을 고려해보자. 반복적인 개발 과정을 시작하기 전에 어떤 종류의 사용자 연구가 도움이 될 것이라고 생각하는가? 이런 영역들 중에서 진행형 사용자 연구 프로그램을 수행하면 좋은 곳은 어디인가?

조언

자동차 운전자와 운전 경험의 특징을 파악하는 것은 반복적 개발 과정을 시작하기 전에 적절한 사용자 연구가 될 것이다. 많은 사람들이 운전을 하지만, 운전 경험은 차에 따라, 그리고 개인적 역량에 따라서 매우 다르다. 제품 개발에 활용하기 적합한 데이터를 수집하고 분석하는 활동은 정해진 기간의 제약된 시간 보다 오래 걸릴 수 있다. 그러한 사용자 연구를 통해서 자동차 종류에 따른 퍼소나 및 운전 경험에 대한 깊은 이해를 얻을 수 있다.

그러나 자동차 성능과 핸들링은 끊임없이 진화하고 있으므로 진행형 사용자 연구가 변화하는 운전 경험을 이해하는 데 도움이 될 것이다. ▪

하는 것이다. 예를 들어 Microsoft는 소프트웨어 사용자들을 적극적으로 모집하여 향후 개발 계획에 활용하기 위한 사용자 연구에 가입 및 참여시킨다. 이 경우 특정 프로젝트의 이터레이션 제로 단계에서 구체적인 데이터 수집 및 분석이 필요하지만, 사용자들의 목표에 대한 폭넓은 이해의 맥락에서 조사가 이뤄져야 한다.

린(Lean) UX(생각해보기 12.1 참조)는 제품을 시장에 도입하는 것에 초점을 맞추고 이미 시장에 있는 제품들에 대한 사용자 피드백을 수집함으로서 사용자 연구에 접근하는 또 다른 방법이며 혁신적인 제품을 디자인하고 개발하는 것에 특화된 프로세스이다.

12.2.2 실무 업무에 맞추기

구현이 시작되기 전에 요구사항들이 명시되면, 디자이너는 프로젝트의 초반에 UX 디자인을 완성하여 전체적으로 일관된 디자인을 확보하려는 경향이 있다. 이는 애자일 용어로 '빅 디자인 선행(big design upfront: BDUF)'라고 불리는데, 애자일 업무에 가장 반하는 개념이다. 애자일 개발은 진화형 개발을 통해 작동하는 소프트웨어를 정기적으로 배포하는 것과 구현이 진척됨에 따라서 요구사항들이 정교해지는 것을 강조한다. 이런 맥락에서 BDUF는 실무적 문제들로 이어지는데, 이는 요구사항들의 우선순위가 조정되면 기능, 작업의 흐름, 옵션과 같은 인터랙션 요소들이 더 이상 필요가 없어지거나 다시 디자인 되어야 할지도 모르기 때문이다. 따라서 UX 디자인 활동의 구성은 애자일 프로세스에 맞게 분화될 필요가 있다.

생각해보기 12.1
린(lean) UX(Gothelf, 2013)

린 UX는 혁신적인 제품을 신속하게 개발하고 배포하도록 고안되었다. 그것은 애자일 소프트웨어 개발을 근본 철학으로 깔고 있으며, 우수한 사용자 경험을 제공하는 것의 중요성을 옹호하기 때문에 애자일 UX와 연관되어 있다. 린 UX는 애자일 소프트웨어 개발, 디자인 사고 및 혁신적인 스타트업 아이디어(Ries, 2011) 위에 세워지며, 반복적인 개발, 모든 이해 관계자들 사이의 협력, 다기능 팀의 세 가지 관점이 강조된다. 디자인 사고는 사용자가 원하는 것과 기술이 제공할 수 있는 것을 이해하는 데 초점을 맞춘다. 그것은 전문적인 디자인 실무에서 비롯되며, 프로토타이핑, 평가, 배움을 통해 해결책을 발전시키는 과정 중에 제품과 맥락에 대한 전체론적 관점을 필요로 한다.

린 스타트업(Lean Startup) 아이디어의 핵심 개념인 린 UX는 일본의 린 생산 공정에서 영감을 받았으며 제작-평가-배움의 타이트한 반복에 근거한다. **그림 12.1**에 설명되고 2장에서 논의된 것처럼 린 UX 프로세스는 낭비를 줄이고, 배움을 위한 실험을 강

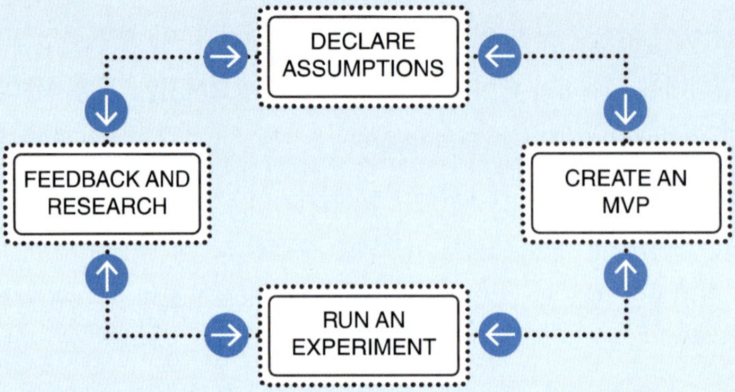

그림 12.1 린 UX 프로세스

출처: Gothelf, J. with J. Seiden (2013) *Lean UX*, O'Reilly.

조하며, 계획된 제품에 대한 가정들을 확인하는 것의 필요성을 강조한다. 가정은 가설의 형태로 표현될 수 있으며, 사용자들에게 배포될 최소한의 기능을 갖춘 제품(minimal viable product: MVP)을 제작함으로써 시험 연구를 수행할 수 있다. 가정의 시험은 실험을 통해 수행되지만, 그 전에 각 가정을 확인하거나 반박하는데 필요한 증거들을 파악해야 한다. MVP는 가정들을 시험할 목적으로 만들 수 있는 최소한의 제품으로, 사용자들에게 제공되어 어떤 일이 일어나는지 관찰하기 위함이다. 따라서 실험 및 증거의 수집은 실제 제품의 사용을 기반으로 한다. Gothelf(2013, pp. 567)는 월간 뉴스 레터를 출시하고자 하는 회사의 사례를 설명한다. 그 회사는 고객들이 월간 뉴스 레터를 매력적으로 보리라고 가정했다. 이 가정을 시험하기 위해, 그들의 웹사이트에 회원 가입 양식을 제공하여 등록 건수의 형태로 증거를 수집했다. 이 양식은 월간 뉴스레터가 고객들에게 매력적일 것이라는 그들의 가정을 지지하거나 반박하기 위한 증거를 수집해주는 MVP였다. ■

Laura Klein이 린 UX를 설명하는 비디오 링크:
http://youtu.be/7NkMm5WefBA

이에 대한 응답으로, Miller(2006)와 Sy(2007)는 개발 작업 보다 한 단계 앞서서 병렬로 진행되는 UX 디자인의 작업의 개념을 제안했다(**그림 12.2** 참조). 병렬 진행이란 UX 디자인과 애자일 프로세스를 통합하기 위한 접근 방법으로, 지금은 Autodesk의 일부인 Alias 프로

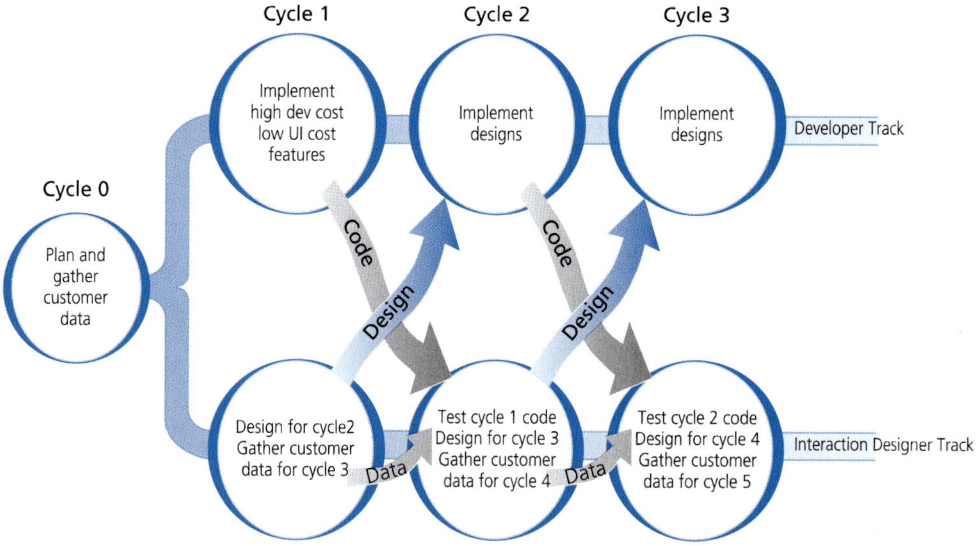

그림 12.2 사이클 0과 그 다음 사이클과의 관계

출처: Sy, D. (2007) Adapting usability investigations for development, *Journal of Usability Studies* 2(3), May, 112–30. User Experience Professionals Association.

그램에서 유래되었다. 이 다이어그램에서는 '이터레이션'을 '사이클'로 지칭하고 있다. 병렬적 개발의 원칙은 매우 간단하다. n번째 사이클 중에 n + 1번째 사이클에 대한 디자인 활동 및 사용자 데이터를 수집하게 된다. 이를 통해 개발 작업 보다 한 발 앞서서 디자인 작업을 마칠 수 있는데, 단 제품이 진화함에 따라서 이 두 작업은 더욱 타이트하게 결합되어야 한다.

사이클 0과 사이클 1은 이후의 사이클들과는 다르며 진화적인 개발이 시작되기 전에 제품의 비전이 수립되어야 하는 단계이다. 이 단계는 다양한 애자일 방법에 따라 여러 가지 방식으로 다루어지지만, 만들어질 제품의 범위와 그 전체적인 디자인(기술과 UX 측면 모두)을 이해하기 위한 일종의 선행 작업이 필요하다는 점은 모두가 동의한다. 앞서 논의한 것처럼 사이클 0 이전에 몇 가지 사용자 연구가 수행되며, 사이클 0이 끝날 무렵에는 그 프로젝트의 비전 및 전체 설계가 완료된다. 기존 제품의 개선인지, 새로운 제품인지, 완전히 새로운 경험을 위한 제품인지 등의 성격에 따라 필요한 작업이 다를 수 있다.

병렬 진행 개발 방식의 창시자 중 한 명인 Desiree Sy(2007)는 두 가지 제품의 맥락에서 이것을 설명했다. 첫 번째 제품은 디지털 아티스트를 지원하는 정교한 스케치, 필기 및 프리젠테이션 도구인 SketchBook Pro v2.0이며 두 번째는 실시간 3D 자동차 시각화 도구인 Autodesk의 Showcase이다. SketchBook Pro v2.0의 개발팀은 v1.0(무료 평가판)을 다운로드했지만 v2.0을 구입하지 않은 사용자를 대상으로 설문 조사를 실시했다. 설문 조사의 결과는

100개의 기능을 5개의 주요 작업 스트림으로 개편하는 것으로 반영되었고, 이것이 개발 과정의 전반적인 우선순위에도 영향을 미쳤다. Showcase의 개발팀은 툴을 디자인하여 지원할 예정이었던 작업을 수행했던 잠재적인 구매자를 사이클 0에서 인터뷰했다. 조사 결과는 Showcase의 디자인 원칙 및 개발 진행에 따른 우선순위와 디자인 의사 결정들의 기초적인 근거 자료가 되었다.

보통 사이클 1에서는 개발자들이 기술적인 준비 활동을 수행하는데, 이를 바탕으로 UX 디자이너들이 사이클 2를 위한 디자인 및 사용자 조사 활동을 시작할 수 있다. 팀은 이어지는 n번째 사이클의 기술적인 작업에 해당되는 디자인 및 사용자 활동을 n-1 단계에서 수행하는 패턴으로 작업을 이어가게 된다.

예를 들어, 여행 플래너의 개발이 사이클 n 단계에 있고, 이 단계에서 여행 후기(10.6.1절에서 언급된 시나리오에서 Sky와 Eamonn이 다른 아이들이 작성한 소함대 여행 후기를 보고 있는 상황)를 검색하는 기능을 위한 작업이 예정되어 있다고 상상해보자. 사이클 n-1 단계에서 UX 디자이너는 상세 아이콘, 버튼 및 그 밖의 그래픽 디자인과 몇 가지 인터랙션 유형들을 프로토타이핑하여 여행 후기를 조회할 수 있는 구체적인 디자인을 제작할 것이다. 이런 구체적인 디자인 대한 질문들이 사이클 n에서 검토 되면서, 구현 피드백을 기반으로 필요에 따라 수정된다. 사이클 n의 디자인 작업은 그 다음 사이클의 개발은 위한 것으로, 이번 휴가와 관련된 리뷰들을 파악하고 보여주는데 초점을 맞출 것이다. 또한 사이클 n에서 UX 디자이너는 사이클 n−1에서 구현된 부분들을 평가한다. 그래서 UX 디자이너는 사이클의 각 단계마다 다음 세 가지 활동을 처리한다. 이전 사이클의 구현을 평가, 다음 사이클을 위한 구체적인 디자인, 현재 사이클에서 구현 중인 디자인 문제에 대한 답변이 그것이다.

Alias의 개발팀은 UX 디자이너들이 디자인 및 구현 과정에서 구현 가능한 것을 디자인하고, 또 디자인된 대로 구현되었는지를 확실히 하기 위해 개발자들과 긴밀하게 협력했음을 알게 되었다. 과제에 참여한 인터랙션 디자이너들은 이런 프로세스에 3가지 큰 장점이 있다고 느꼈다. 첫째, 구현되지 않을 기능에 디자인 시간을 허비하지 않았다. 둘째, 동일한 고객들을 대상으로 일련의 기능에 대한 사용성 테스트와 맥락적 질의 응답을 수행하여 시간을 절약했다. 셋째, 인터랙션 디자이너가 사용자와 개발자 모두로부터 적시의 피드백을 받았다. 더 중요한 것은 애자일 작업 방식으로 인해 피드백에 대응할 시간이 있다는 것이다. 예를 들어, 처음 생각했던 것보다 개발 시간이 오래 걸리거나 사용자 조사 결과에 따른 우선순위 조정에 의해 특정 기능을 포기할 경우에 일정이 변경될 수 있다. 요약하자면, "사용자 중심 애자일 디자인은 워터폴 방식보다 더 나은 소프트웨어 디자인 결과물을 도출하였다(Sy, 2007)."

다른 이들도 이러한 장점들을 공감하며, 병렬적 개발 방식이 애자일 UX의 구현 방법으로 보편화되고 있다. 때로는 작업의 종류 및 이터레이션의 길이 혹은 적절한 사용자 데이터를 얻는데 필요한 시간과 같은 외부 요인들에 따라서 UX 디자이너가 2개의 이터레이션 앞서 작업을 수행해야 하는 경우도 있다. 이렇게 작업하는 것이 UX 디자이너들과 다른 팀 구성원들이 함께 긴밀히 협업해야 하는 필요성을 감소시키지 않으며, 병렬적으로 작업이 진행되더라도 분리된 프로세스로 보여서는 안 된다. 이와 관련된 딜레마를 아래에서 논의한다.

딜레마

함께 배치하느냐 하지 않느냐, 이것이 문제로다.

대규모 조직의 UX 디자이너 인력은 모든 팀마다 한 명씩 배치될 정도로 충분하지는 않은데, 그렇다면 그들은 어디에(물리적 혹은 가상적으로) 배치되어야 할까? 애자일 업무는 규칙적인 의사소통 및 진화하는 프로젝트의 내용들을 잘 파악하고 있는 것을 중요시 여기기 때문에 UX 디자이너가 팀 멤버들과 함께 있으면 좋을 것이다. 하지만 어떤 팀에 배치시켜야 하는가? 매일 다른 애자일 팀일까? 또는 매 이터레이션마다 각 팀에 배치되어야 할까? 그러나 일부 조직들은 UX 분야의 일관성을 위해 UX 디자이너들을 같은 공간에 배치하는 것이 더 바람직하다 믿는다. "소프트웨어 이슈들이 창의성을 저해하기 때문에 UX 디자이너는 그 이슈들과 분리되는 것이 최선이다(Ferreira *et al.*, 2011)." 이 견해에 대해서 일부 UX 디자이너들도 공감하는 바이다. 당신이 여러 애자일 팀에 소속되어 각 팀과 협업할 필요가 있다면, 어디에서 작업을 하고 싶은가? 어쩌면 4장에서 소개된 Sococo와 같은 소셜 인식 도구를 사용하고 싶을 지도 모른다. ■

애자일 이터레이션 중에 Android에서 사용된 UX 기술에 대한 사례 연구를 설명하는 비디오 링크: http://youtu.be/6MOeVNbh9cY

실습해보기 12.2

린 UX 및 애자일 UX와 11장에 소개된 진화형 프로토타이핑을 비교해보자. 어떤 면에서 비슷하고 어떻게 다른가?

조언

린 UX는 최소한의 기능 수행이 가능한 제품(MVP)을 만들어서 이를 완제품처럼 사용자들에게 배포함으로써 프로젝트의 가정들을 시험하고 사용자가 반응하는 증거들을 수집한다. 그 시험의 결과에 따른 증거들은 후속 제품을 진화시키는 데 사용된다. 이러한 의미에서 린 UX는 진화론적 개발의 한 형태이며 진화형 프로토타이핑과 유사하다. 하지만 가정을 시험할 목적으로 개발된 모든 MVP가 최종 제품에 통합될 수 있는 것은 아니다.

애자일 UX는 UX 디자인과 애자일 개발 프로세스를 통합하는 데 중점을 둔 모든 작업들을 포괄하는 용어이다. 애자일 소프트웨어 개발은 진화적인 개발 접근법이기에 애자일 UX 또한 진화적이다. 추가적으로 애자일 UX 프로젝트는 11장에 설명된 것처럼 프로토타이핑과 다른 방법들을 함께 사용하여 질문에 답하고 아이디어를 테스트할 수 있다. ■

12.2.3 문서화

UX 디자이너들이 디자인(예: 사용자 조사 결과, 타겟 퍼소나, 상세 인터페이스 스케치, 와이어프레임)을 담아내고 소통하는 가장 일반적인 방법은 문서화를 통하는 것이다. 왜냐하면 그들의 결과물은 디자인이며, 이것이 그들의 작업을 승인할 수 있는 핵심 지표가 되기 때문에, 그들의 목표 달성 여부를 보여줄 수 있는 충분한 문서 작업이 필요하다. 프로토타입 및 시뮬레이션과 같이 다른 형태로 디자인을 담아내는 것도 중요하지만, 여전히 문서화가 가장 보편적인 수단이다. 애자일 개발은 문서 작업을 최소화하고 디자인에 더 많은 시간을 투자할 것을 장려하므로, 작동하는 제품을 통해 사용자들에게 가치를 제공한다.

문서 작업의 최소화는 '문서가 없음'을 의미하지 않으며 대부분의 프로젝트에서 약간의 문서화는 꼭 필요하다. 그러나 애자일 UX의 핵심 원칙은 문서화로 소통과 협업을 대체해서는 안 된다는 것이다. Ratcliffe와 McNeill(2012)은 일반적 문서화 과정을 위한 일련의 질문들을 제안함으로써 바람직한 문서화 수준을 파악하는 것을 돕고자 한다.

1. 문서 작성에 얼마나 많은 시간을 소비하는가? 문서 작성에 소요되는 시간을 줄이고 디자인 시간을 늘리기 위해 노력하라.
2. 그 문서의 독자는 누구인가?
3. 독자가 그 문서에서 필요로 하는 최소한의 내용은 무엇인가?
4. 디자인 승인 프로세스는 얼마나 효율적인가? 문서가 승인되기를 기다리는 데 얼마나 많은 시간이 소요되는가? 이것이 프로젝트에 어떤 영향을 미치는가?
5. 문서가 복제되었다는 증거는 무엇인가? 사업 문서의 다른 부분도 동일하게 적용되어 있는가?
6. 문서가 의사소통 및 개발 목적으로만 사용될 경우에 어느 수준으로 정제되어야 하는가?

그림 12.3의 예시에도 요점이 잘 설명되어 있다. 두 이미지 모두 사용자가 제품을 사용할 법한 과정을 담고 있는 사용자 여정을 보여준다. 그림 12.3(a)의 스케치는 모든 팀 구성원들

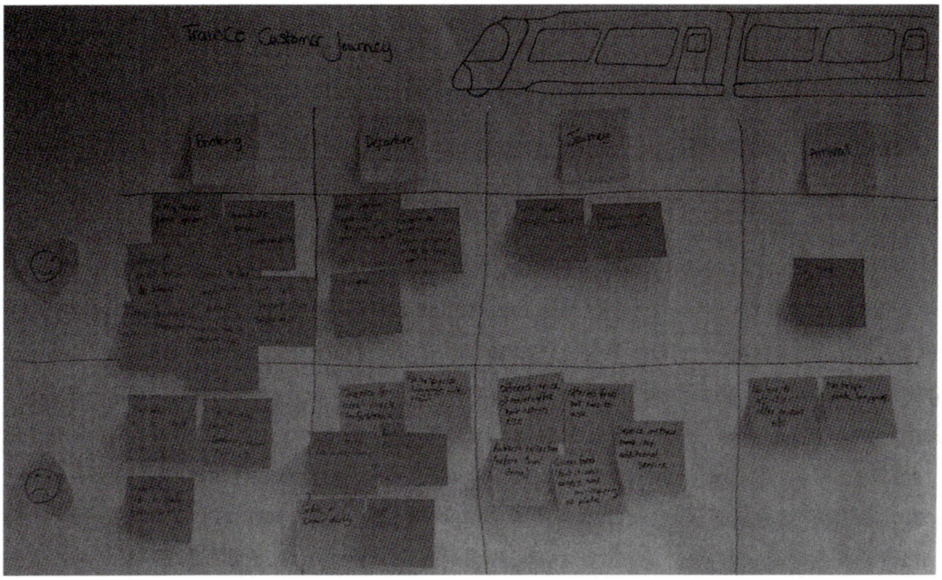

(a)

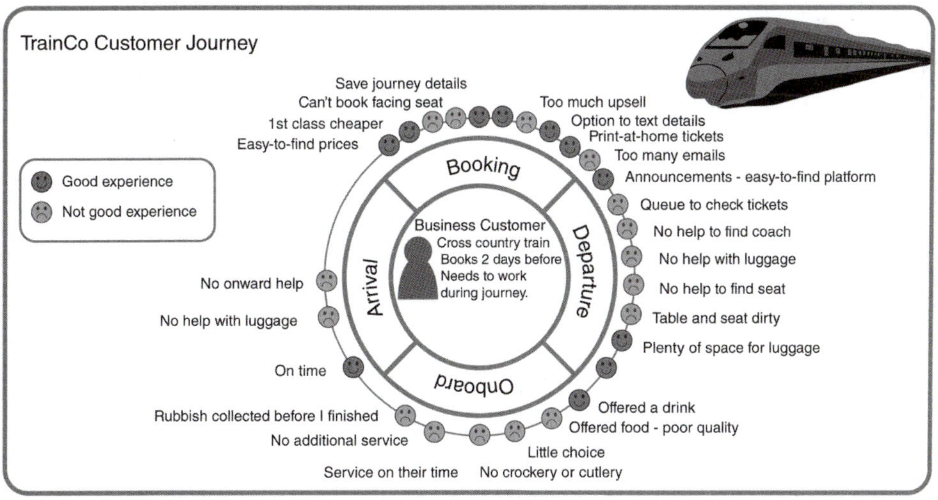

(b)

그림 12.3 (a) 충실도가 낮은 사용자 여정, (b) 충실도가 높은 사용자 여정

출처: Ratcliffe, L. and McNeill, M. (2012) *Agile Experience Design*. New Riders.

이 논의하여 제작한 스티커 메모와 글자들로 이루어져 있다. 그림 12.3(b)의 스케치는 디자이너들이 몇 시간을 들여서 작성하고 정돈했다. 후자가 좋아 보이긴 하지만 차라리 그 작업 시간을 제품 디자인에 투자했다면 좋았을 것이다.

Case Study 12.1

UX 디자인을 DSDM 프로젝트에 통합하기: 당면 과제, 실무 사례 및 교훈

이 사례 연구는 UX 디자인을 단일의 애자일 소프트웨어 개발 과정으로 통합하기 위한 DSDM(dynamic systems development method: 동적 시스템 개발 방법) 프레임워크를 도입하려고 했던 어떤 조직의 이야기 중 일부를 소개한다(자세한 내용은 dsdm.org 참조). 본 사례는 UX 디자이너들을 DSDM 애자일 프로세스에 통합하는 과정 중에 직면한 어려움, 채택된 실무 사례 및 교훈들을 다루고 있다.

L Shift는 광범위한 분야, 언어 및 플랫폼에서 작동하는 하이테크 소프트웨어 개발 업체이다. 그들은 DSDM 프레임워크에 UX 디자인을 통합하는 과정에서 아래 4가지 문제들을 당면했다.

1. **개발자와 UX 디자이너 사이의 의사소통**: 소통이 필요한 관련 정보들이 무엇인지, 소통하는 최선의 방법, 소통 채널을 항상 열어 두는 방법, 새로운 디자인 구현을 시각화함으로써 지속적인 피드백을 받는 방법이 무엇인지 확인이 필요하다. 이 분야가 당면한 어려움들로 인해 좌절감, 디자인의 구현 가능성 문제 및 고객들의 잘못된 기대가 야기될 수 있다.
2. **선행 디자인의 정밀도**: 개발자가 작업에 착수할 수 있는 디자인 문서가 준비되었을 때, 개발자는 어째서 '부족한 것이 나온지'에 대한 5가지 주요 이유들을 제안했다. 필요 이상으로 완벽한 디자인 작업은 우선순위와 과제 범위의 조정에 의해 허비될 수 있다. 어떤 디자인 문제는 구현을 시작해야만 발견할 수 있다. 필요 이상으로 완벽한 디자인은 변경에 강하게 저항한다. 먼저 기능에 초점을 맞추고 진행하면서 디자인을 병행하는 것이 낫다. 개발자들의 초기 의견은 디자인 품질 개선에 도움이 된다.
3. **디자인 문서 작업**: 문서의 양과 세부 사항을 조기에 논의하여 개발자 및 디자이너의 요구사항을 모두 충족시켜야 한다.
4. **사용자 테스트**: 아직 고객이 없는 신규 사업의 경우, 제품 개발 중에 사용자 테스트를 수행하기가 쉽지 않다. 이런 한계는 퍼소나와 대표적인 사용자를 정의하는 방법으로 극복될 수 있다.

이 사례 연구는 위 업체가 당면한 과제들에 대한 배경 및 세부적인 내용들과 몇 가지 실습들을 소개한다.

사례 연구의 전체 내용을 제공하는 링크: http://tinyurl.com/neehnbk

애자일 프로젝트에서 얼만큼의 문서화가 필요한지에 대한 질문은 애자일 UX에만 국한된 문제는 아니지만, Scott Ambler(2002)는 애자일 문서 작업을 위한 모범 사례의 상세 내용들을 제공한다. 그는 효율적으로 '충분히 좋은' 문서 작업을 지지하며, 어떤 문서화가 필요한지 결정을 돕고자 한다. 그가 제시한 질문들은 문서화의 목적이 무엇인가, 문서의 독자는 누구인가, 언제 문서를 업데이트해야 하는가 등이 있다.

12.3 디자인 패턴

디자인 패턴은 디자인 경험을 담아내지만 다른 형태의 지침이나 특정 방법과는 다른 구조와 철학을 가지고 있다. 패턴 커뮤니티의 의도 중 하나는 디자이너가 다른 디자이너 혹은 사용자들과 소통하기 위해 사용할 수 있는 패턴의 명칭을 기반으로 '어휘'를 만들어내는 것이다. 그리고 설득력 있는 형태로 정리된 문서를 경험할 수 있는 '문학'을 생산하는 것이다.

패턴의 개념은 건축의 패턴을 설명한 영국 건축가 Christopher Alexander(1979)에 의해 처음 제안되었다. 그는 어떤 것이 좋다는 것을 알아볼 때 식별되는 '이름 없는 퀄리티'를 포착하고 싶었다.

그러나 디자인 패턴은 무엇인가? 한 가지 간단한 정의는 '문제에 대한 맥락적 해결책'으로, 하나의 패턴이 문제와 해결책을 설명하고, 그 해결책이 실제로 작동하는지 확인되어야 한다는 것을 의미한다. 따라서 그 패턴의 사용자는 문제와 해결책을 볼 수 있을 뿐만 아니라 그런 개념이 이전에도 작동했던 상황을 이해하게 되어 그 패턴이 왜 작동했는지에 대한 근거를 확보하게 된다. 디자인 패턴의 주요 특징은 생산성이며 패턴들이 다양한 방법으로 응용 및 구현될 수 있다. 패턴은 그 자체로 흥미롭지만 패턴 언어만큼 강력하지는 않다. 패턴 언어는 패턴들의 네트워크로서 서로 참조하고 협력하여 완성된 구조를 형성한다.

인터랙션 디자인에 패턴을 적용하는 것은 1990년대 후반부터 꾸준히 증가해왔다(Borchers, 2001; Tidwell, 2006; Crumlish과 Malone, 2009). 이 영역에서 패턴 언어가 매우 일반적이지는 않지만 여러 가지 패턴 컬렉션은 있다. 패턴은 공통적인 문제에 대응하여 시도되고 검증된 솔루션이기 때문에 디자이너에게 매력적이다. 필수는 아니지만 대개 패턴 컬렉션은 거의 수정 없이 사용할 수 있는 소프트웨어 컴포넌트와 연계되며, 그것들이 공통적인 해결책이기 때문에 많은 사용자들이 이미 그것들에 익숙해져 있다는 사실은 새로운 앱이나 제품을 출시할 때 굉장한 이점으로 작용한다. 생각해보기 12.3에서 Swiss ArmyKnife Navigation 앱의 패턴 예시를 확인해보자.

생각해보기 12.3

Swiss ArmyKnife Navigation: 모바일 앱을 위한 패턴 디자인 사례(Nudelman, 2013)

Swiss ArmyKnife Navigation 디자인 패턴의 기본 원칙은 스크린 공간을 최대한 생산적으로 활용하고, 사용자가 진행하고 있는 작업에 집중할 수 있도록 고안되었다. 예를 들어 게임 디자인에서 사용자는 내비게이션 바나 팝업 메뉴에 의해 산만해지기를 원치 않는다. 페이드인과 페이드아웃을 조정하는 메커니즘을 가진다면 보다 매력적인 디자인이 가능하다.

이 디자인 패턴은 일반적으로 '오프 캔버스' 또는 '사이드 드로어' 내비게이션(Neil, 2014)으로 파생되어 컨트롤 바가 주요 콘텐츠 화면을 덮으면서 미끄러져 나온다. 이 때 내비게이션 바가 투명하기 때문에 유용하다. 즉 앱의 주요 화면의 최상단 레이어에서

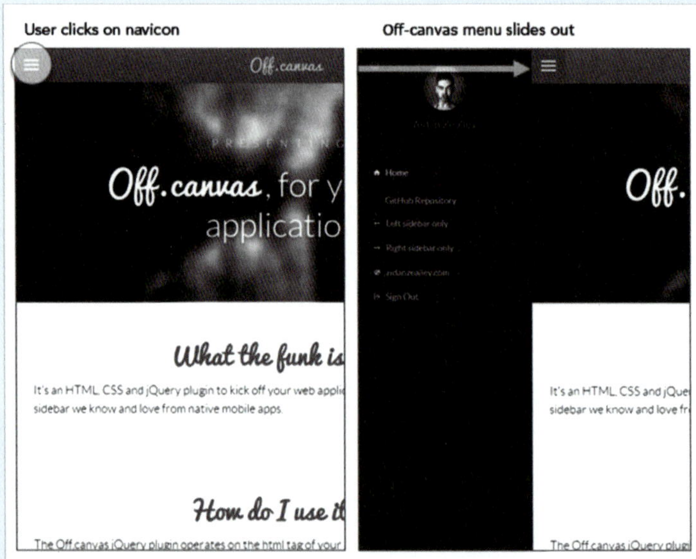

그림 12.4 캔버스 내비게이션으로 파생된 Swiss ArmyKnife Navigation 패턴 예시. 좌측 이미지에서 해당 메뉴가 화면의 좌측 상단에 3줄의 선으로 표현되며, 우측 그림에서는 메뉴 항목이 사용자가 보고 있던 콘텐츠를 오른쪽으로 밀어내었다.

출처: Courtesy of Aidan Zealley.

> Link to platform guidelines and pattern libraries plus downloadable collections of screen elements, at
> http://dev.windows.com/en-us/design/interaction-ux (for Windows)
> http://developer.android.com/design/patterns/index.html (for Android)

> 그것을 스와이프로 호출할 수 있고, 사용자가 작업을 마치면 다시 스와이프 하여 치울 수 있다. 메뉴는 텍스트와 아이콘을 모두 활용하여 표현할 수 있기 때문에 인터랙션 디자인 관점에서 좋으며, 화면 배치의 관점에서도 메뉴가 필요할 때만 공간을 차지하기 때문에 좋다. 또한 탐색 이외의 인터랙션에도 사용할 수 있다(Peatt, 2014). 이 패턴을 모범 사례로 포함시키고 싶었던 이유는 일반적인 디자인 패턴이지만 다양한 방향으로 진화하고 있다는 점 때문이다.
>
> 이 내비게이션의 정확한 구현 방식은 플랫폼에 따라서 달라진다. ■

인터랙션 디자인과 관련된 패턴 컬렉션, 라이브러리 및 갤러리는 실제 실무에서 보편적으로 사용되며(Nudelman, 2013), 종종 Github(아래 참조)나 플랫폼 웹사이트 같은 오픈 소스 저장소를 통해 부분적인 코드를 제공하기도 한다. 패턴 작업은 여전히 진행 중이며 더 많은 사람들이 사용하고, 경험이 증가하며, 사용자의 선호도가 변화함에 따라서 계속 진화해간다. 패턴은 얼마 동안 계속 발전하다가도 구식이 되거나 더이상 좋은 인터랙션이 아닌 것으로 간주되는 등 도태될 수 있다. 과거에 성공이 입증된 아이디어를 재사용하는 것이 보통은 좋은 전략이지만, 맹목적으로 그렇게 하면 안 된다. 디자인 분야가 다양한 만큼, 어떤 패턴이 유효하며 어떤 것이 구식인지에 대한 의견도 갈린다.

실습해보기 12.3

휴대 기기의 디자인 패턴 중에서 일부 기기를 제외하고 계속 사용되는 것은 회전식 탐색 패턴으로, 사용자는 화면 상에 수평으로 배열되거나 한 번에 하나씩 볼 수 있는 복수의 이미지 혹은 제품 등을 탐색할 수 있다. 왼쪽이나 오른쪽으로 스와이프(또는 클릭)하면 마치 회전식 사진처럼 다른 이미지가 표시된다.

이 디자인 패턴은 각기 다른 디자이너들로부터 상이한 반응을 불러 일으켰다. 당신이 선호하는 브라우저를 이용하여 이 디자인 패턴과 관련된 정보를 검색하고, 적어도 두 개의 상반된 기사 또는 블로그 게시물을 읽어보자. 이 패턴의 사용을 반대하는 글과 어떻게 하면 성공적으로 사용할 수 있을지 설명하는 글로 찾도록 하자. 그리고 회전식 탐색 패턴이 구식일지 유지 가능할지를 당신 스스로 판단해보자.

조언

Nielsen Norman Group의 웹사이트에는 회전식 탐색 패턴에 대한 두 개의 글이 있다(이 단락의 끝에 있는 URL 참조). 하나는 어떤 사용자의 사용성 시험을 통해 이 패턴이 실패작이라는 것을 증명하고 있으며, 다른 하나는 이 패턴을 잘 살릴 수 있는 디자인 방법에 대한 균형 있는 관점을 제공한다. 두 번째 글은 화면 내의 동일 위치에서 한 번에 한 개의 이미지를 보여주는 식으

(a)

(b)

그림 12.5 두 가지 회전식 탐색 스타일: (a)부동산 매물의 사진을 보여주는 사례. 하단에 나열된 이미지들의 좌우로 배치된 화살표에 주목하자 (b)휴대폰용 날씨 애플리케이션으로 좌우로 스와이프하여 위치 정보를 전환할 수 있다. 화면의 중앙 하단의 점선들이 다른 화면도 있음을 나타내고 있음에 주목하자.

로 여러 이미지를 표시하는 회전식 탐색 패턴을 중점적으로 다룬다. 그들은 이 패턴이 화면의 공간을 잘 활용한다는 점과(여러 요소가 같은 공간에 배치되기 때문), 화면의 최상단 레이어에 정보가 배치되어 사용자에게 보여질 가능성이 크다는 측면에서 가장 큰 장점을 발견한다. 단점으로는 사용자가 종종 회전식 메뉴를 지나쳐 버릴 수 있으며, 사용자가 이미지를 보더라도 첫 번째 것만 보게 되기 쉽다는 것이다. 이 기사는 디자인 대안을 제안하면서 바람직한 회전식 탐색 방법에 대한 유용한 사례들과 지침까지 제공한다. 자세한 내용은 다음 웹사이트를 참조하라.

http://www.nngroup.com/articles/designing-effective-carousels/
http://www.nngroup.com/articles/auto-forwarding/

회전식 패턴의 사용을 반대하는 게시물과 글들이 많이 있다. 이는 사용자들 또한 회전식 패턴을 거의 사용하지 않으며, 사용하더라도 첫 번째 이미지에만 집중하게 된다는 증거를 제시한다. 그러나 정말 다양한 형태로 존재하는 회전식 패턴의 사용성을 지지하거나 반박할 수 있는 확실한 데이터들은 없는 것 같다.

균형된 관점으로 볼 때, 어떤 형태의 회전식 패턴은 다른 형태(예: 여러 장의 이미지 중에서 첫 번째 것만 대부분의 사용자들에게 보이는 형태)보다 더 쉽게 제품의 목표를 충족시키는 듯하다. 적절한 디자인, 그리고 그것보다 당신의 콘텐츠를 잠재적 사용자들이 평가 해보는 것이 더 중요하다면, 당장 회전식 탐색 패턴을 도태시킬 수는 없어 보인다. ■

Link to other sites providing interesting food for thought at
http://yorkwebteam.blogspot.co.uk/2013/03/are-homepage-carousels-effective-aka.html
http://weedygarden.net/2013/07/carousel-interaction-stats/

디자인 패턴들은 보편적인 기존의 실무로부터 추출된 결과물이지만, 보편적 실무라는 것이 훌륭한 실무는 아닐 수도 있다는 것이 문제이다. 허술한 실무를 의미하는 디자인 접근법을 안티 패턴이라 부른다. 인터랙션 디자인과 사용자 경험의 품질은 일반적으로 이 책이 초판으로 나온 2002년 이후로 대폭 향상되었는데 어째서 안티 패턴이 아직도 문제인가? 기본적으로 기술은 계속 변하고 있으며, 한 플랫폼에서만 작동하는 디자인 솔루션이 다른 플랫폼에서는 작동하지 않을 수 있기 때문이다. 모바일 기기를 위한 안티 패턴의 일반적인 경우들은 웹사이트나 기타 소프트웨어가 노트북 같이 큰 화면에서 스마트폰 같이 작은 화면으로 옮겨오는 사례에서 찾아볼 수 있다(**그림** 12.6을 보면 스마트폰의 운영 체제 업그레이드가 잘못되어서, 표시된 전화번호를 탭 할 수 없다).

1장에서 소개된 다른 형태의 패턴(**그림** 1.10 참조)은 어두운 패턴이다. 어두운 패턴이 꼭

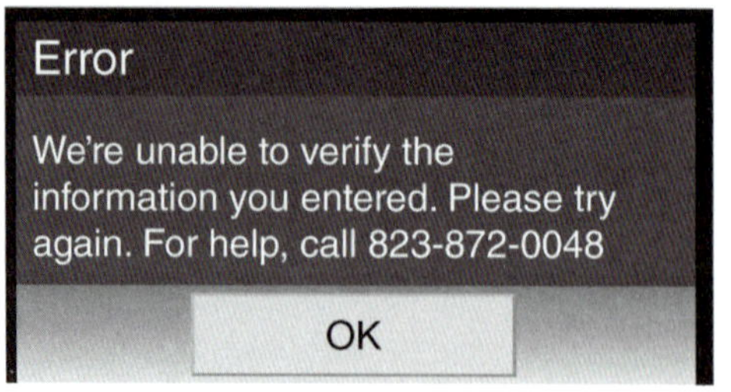

그림 12.6 스마트폰 설치 오류로 인해 도움 요청을 위한 전화번호를 탭 할 수 없다.

나쁜 디자인은 아니며, 사람들을 속이기 위해 조심스럽게 디자인 되어 왔다. 단지 실수로 구현된 어두운 패턴이라면 재빠르게 수정해야 하지만, 진짜 어두운 패턴은 사용자를 속일 목적으로 사용된다(예: 이메일 알림 등록 유도하기).

12.4 오픈 소스 리소스

오픈 소스 소프트웨어는 무료로 재사용 및 수정이 가능한 컴포넌트, 프레임워크 또는 시스템 전체를 위한 소스 코드를 의미한다. 오픈 소스 개발은 코드를 생성, 유지, 향상시키는 개인들로 구성된 커뮤니티 주도적인 작업으로, 그 결과는 다시 커뮤니티의 오픈 소스 저장소로 돌아와서 향후 개발에 사용된다. 오픈 소스를 추진하는 사람들의 모임, 즉 소프트웨어를 작성하고 관리하는 사람들은 대개 그들의 시간을 무상으로 제공하는 소프트웨어 개발자들이다. 그 컴포넌트들은 표준 저작권의 제약 없이 누구나 자신의 요구사항 충족을 위해 사용하고 변경할 수 있는 소프트웨어 라이선스를 통해 (재)사용이 가능하다.

우리가 전세계적으로 사용 중인 디지털 인프라를 구성하는 많은 소프트웨어는 오픈 소스 프로젝트에 의해 동력을 얻는다. 예를 들어, Linux 운영 체제, Eclipse 개발 환경 및 NetBeans 개발 도구는 모두 오픈 소스 소프트웨어 사례들이다.

더 흥미로운 점은, 어쩌면 인터랙션 디자이너들이 좋은 사용자 경험을 디자인하기 위해 사용할 수 있는 오픈 소스 소프트웨어의 비중이 증가하고 있다는 것이다. 12.3절에서 소개된 디자인 패턴 구현을 위한 라이브러리는 오픈 소스 소프트웨어가 어떻게 사용자 경험 디자인에 영향을 줄 수 있는지를 보여주는 한 사례이다. 다른 예로 초기 웹 개발을 위한 부트스트랩 프레임워크가 있다. 이 프레임워크는 재사용 가능한 부분 코드들, 다양한 화면 사이즈를 지원하기 위한 화면 레이아웃 구성 및 미리 정의된 탐색 방식, 글자 서식, 버튼, 탭 등을 포함하는 패턴 라이브러리를 담고 있다. 프레임 워크 및 관련 문서는 Github(https://github.com/twbs/

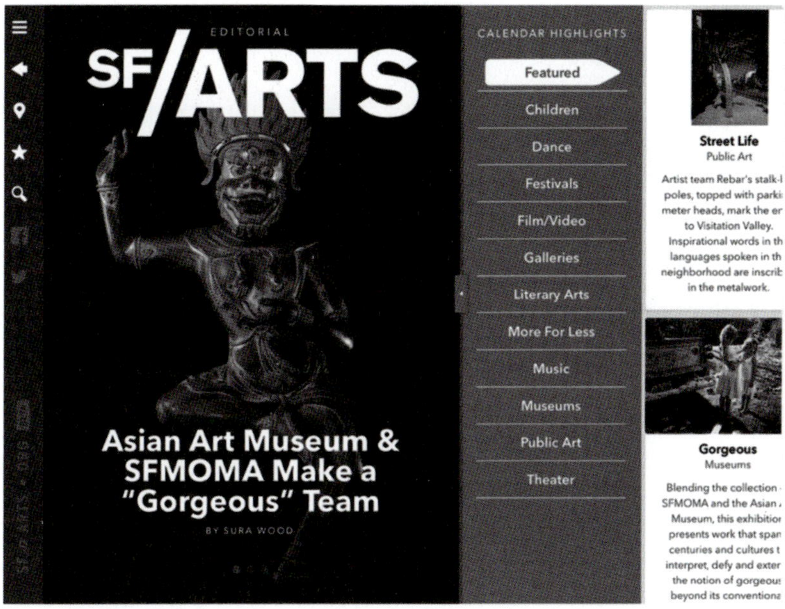

그림 12.7 부트스트랩 프레임워크를 사용하여 작성된 웹사이트 예 http://www.sfarts.org
출처: Didier Garcia/Larson Associates.

> **부트스트랩 예제에 대한 최신 갤러리를 볼 수 있는 링크:**
> http://expo.getbootstrap.com

bootstrap#community)를 통해 확인이 가능한데, 이는 현재 가장 빠르게 성장하는 오픈 소스 저장소이다.

Github 저장소를 처음 접하는 사람들에게는 다소 어려울 수 있지만, 그 배후에는 새로 합류하는 사람들을 기꺼이 도와주고자 하는 개발자 커뮤니티의 지원이 있다.

12.5 인터랙션 디자인 도구

실무 UX 디자이너는 많은 유형의 자동화 도구를 사용한다. 이런 도구가 지원하는 작업은 창의적인 사고, 디자인 스케치, 시뮬레이션, 비디오 캡처, 일관성 자동 점검, 브레인스토밍, 라이브러리 검색, 마인드맵 등이 있으며 모든 디자인 프로세스 마다 적어도 한 가지 도구를 사용하게 된다. 예를 들어, Visio©와 Omnigraffle©은 폭넓은 종류의 그림 작업 및 화면 배치 작업을 지원하며, FreeMind는 오픈 소스 마인드맵 도구이다. 이러한 도구들 각각은 UX 디자인 과정에 큰 도움이 될 뿐만 아니라, 함께 사용되어 다양한 충실도를 가진 프로토타입을 제작하는 과정을 가속시킬 수도 있다.

우리는 이 책의 다른 부분에서 충실도가 낮은 프로토타이핑의 가치와 그것을 활용하여 사용자 의견을 받는 과정을 강조했다. 그러나 종이 프로토타입 혹은 다른 어떤 프로토타입이라도 저마다의 한계가 있으며 사용자 주도적인 인터랙션이 불가능한 경우가 있다(Lim *et al.*, 2006). 이를 고려하여 충실도가 낮으면서도 인터랙티브 한 프로토타입을 제작하는 방법이 수년 동안 많이 연구되어 왔으며(Lin *et al.*, 2000), 스케치를 인터랙티브 프로토타입으로 변환시켜주는 연구도 계속되고 있다(Segura *et al.*, 2012).

인터랙티브 와이어프레임 또는 목업을 빠르고 쉽게 개발할 수 있게 해주는 상용 패키지도 실무 데모 및 평가를 위해 널리 사용된다. 일반적으로 사용되는 두 가지 도구는 Balsamiq© (www.balsamiq.com)과 Axure©(www.axure.com)이다. 다음 웹사이트에서 짧은 영상을 통해 이 두 가지 도구의 작업 방법을 소개하고 있다(Balsamiq.com, http://www.axure.com/learn/core/getting-started). 실습해보기 12.4는 하나 이상의 도구를 사용하여 간단한 프로토타입 제작을 시도해볼 것을 제안한다.

> **Balsamiq의 개요 및 빠르고 쉬운 목업 제작에 활용하는 예시를 제공하는 링크:**
> http://www.disruptware.com/business/wireframe-balsamiq/

이 도구들 중 하나를 사용하여 인터랙티브 와이어 프레임을 만들면, 이미 준비된 패턴 라이브러리 및 프레임워크(12.3절과 12.4절에 소개됨)를 활용하여 다음 버전의 프로토타입을 구현함으로서, 더 충실도 높은 프로토타입을 일관된 모양과 느낌으로 제작할 수 있다. 즉 충실도가 낮은 목업을 작동 가능하고 스타일 좋은 프로토타입으로 한 단계 진화시킨다. 기타 오픈 소스 리소스들도 제품을 만들기 위한 폭넓은 종류의 인터페이스 요소들 및 디자인 재료들을 제공하도록 수용될 수 있다.

구성 요소의 인터페이스 같은 기술적 성능 문제를 프로토타이핑 해야할 경우에, 종이 기반의 프로토타입은 그리 좋지 못하며 소프트웨어 기반 프로토타입이 낫다. 예를 들어, Gosper (2011)는 그가 자주 사용하는 방법, 즉 SAP에서 드로잉이나 그래픽 패키지를 사용하여 대표 사용예와 그 인터페이스, 인터랙션 및 작업 흐름을 목업으로 제작한 후에 파워포인트로 변환하는 방법에 대해 설명한다. 도출된 일련의 슬라이드들을 쓸어 넘기는 식으로 사용자 경험의 전반적인 느낌을 제공할 수 있다. 하지만 그들이 성능 좋고 말단의 이슈들까지 파악할 수 있는 지능형 도구를 상용화 한다면, 이런 종류의 프로토타입으로 그 목적을 평가하기엔 부족했다. 대신 UX 디자이너들은 Java를 사용하여 일부 요소들을 프로토타이핑할 수 있는 개발자와 협업을 했다.

실습해보기 12.4

인터랙티브 와이어 프레임 또는 충실도가 낮은 프로토타입의 제작을 지원하는 상용 도구 중 하나를 선택하고, 실습해보기 11.6에서 영화 대여 서비스의 와이어 프레임을 만들어 보자. 도구에 대한 라이센스가 없으면 모든 기능을 사용할 수는 없는데, 예를 들어 Balsamiq의 데모 버전에서는 이미지를 넣거나 업로드할 수 없다.

조언

우리는 Balsamiq 웹 데모를 사용하여 **그림 12.8**의 화면을 만들었고, 실습해보기 11.6의 카드 기반 프로토타입을 그려보았다.

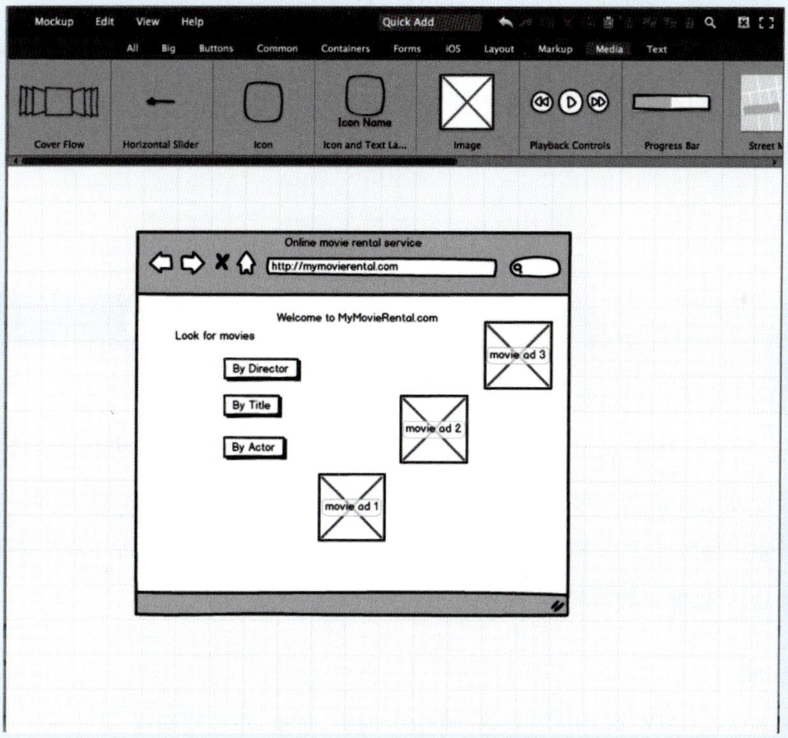

그림 12.8 Balsamiq을 사용하여 제작한 영화 대여 서비스의 인터랙티브 와이어 프레임의 스크린 샷 http://www.disruptware.com/business/wireframe-balsamiq/

과제

본 과제는 10장의 마지막에 소개된 온라인 예약 시스템 작업의 연장선이며 14, 15장의 과제로도 이어질 것이다.

a. 애자일 접근 방식으로 온라인 예약 시스템을 구축한다고 가정하라.
   i. 이터레이션 사이클이 시작되기 전에 수행하고 싶은 사용자 조사를 제안하라.
   ii. 사업적인 가치를 고려하여 제품 요구사항의 우선순위를 지정하라. 즉, 사업 이익을 극대화시킬 수 있는 요구사항은 무엇인가? 그리고 사이클 0부터 3까지 4개의 이터레이션 동안에 이뤄질 것으로 예상되는 UX 디자인 작업을 스케치 해보자.

b. 위에 소개된 목업 도구 중 하나를 사용하여 11장 과제에서 개발된 것과 같은 제품의 방문 페이지 목업을 만들자.

c. 전에 소개된 패턴 웹사이트 중 하나를 활용하여, 당신이 만들 제품 요소에 적합한 인터랙션 패턴들을 파악하고, 11장 마지막에 다루었던 사용자 경험 매핑의 모든 피드백과 결과들을 수집할 수 있는 소프트웨어 프로토타입을 개발하자. 이것들을 사용해 본 경험이 없다면, 당신의 웹사이트의 기본 구조를 나타낼 수 있는 HTML 웹페이지 몇 개를 만들자.

요약

본 장에서는 실무에서 인터랙션 디자인을 수행할 때 직면하게 되는 이슈들에 대해 살펴 보았다. 애자일 개발을 향한 움직임은 UX 디자인을 재고하고 및 빡빡한 애자일 주기에 맞추어 관련 기술과 방법들을 동원하기 위한 고민들로 이어져 왔다. 오픈 소스 컴포넌트 및 자동화 도구와 더불어 패턴과 코드 라이브러리의 존재로 인해 인터랙티브 프로토타입을 일관된 디자인으로 빠르고 쉽게 제작하여 데모와 평가에 활용할 수 있게 되었다.

Key Points

- 애자일 UX는 UX 디자인 활동을 애자일 제품 개발 접근 방식에 통합하고자 한다.
- 애자일 UX는 마인드의 변화를 요구하는데, 이는 반복적으로 요구사항의 우선순위가 바뀌며, 짧은 주기의 구현 과정 중에 허비되는 일이 없어야 하기 때문이다.
- 애자일 UX는 어느 정도의 디테일을 표현할지, 디자인 결과물을 구현에 어떻게 반영할지

등 UX 디자인 활동에 대한 재고를 요구한다.

- 디자인 패턴은 맥락 속의 문제에 대한 해결책을 제시하며, 활용 가능한 UX 디자인 패턴 라이브러리가 많이 있다.
- Github와 같은 오픈 소스 리소스를 사용하면 표준 애플리케이션을 보다 쉽고 빠르게 개발할 수 있다.
- 실무 인터랙션 디자인을 지원하는 다양한 종류의 자동화 도구들이 있다.

Chapter 13 평가에 대한 소개

목표

이 장의 주요 목표는 다음과 같다.

- 평가에 있어서 주요 개념과 용어를 설명한다.
- 사용성 평가 방법의 다양한 종류를 소개한다.
- 디자인 프로세스의 단계 및 다양한 맥락에 따라 다른 목적으로 사용되는 평가를 소개한다.
- 새로운 시스템의 요구사항을 충족시키기 위해 평가자들이 어떻게 방법론들을 결합하고 변형하는지 소개한다.
- 평가를 할 때 평가자들이 실질적으로 겪는 어려움들을 논의한다.
- 7장과 8장에서 깊이 있게 논의된 방법론들이 평가에 어떻게 사용되는가를 소개하고 특히 평가와 관련된 방법들을 구체적으로 보여준다.

13.1 개요

청소년들이 음악, 잡담, 사진들을 공유할 수 있는 앱을 디자인했다고 상상해봐라. 첫 프로토타입을 제작하였고 핵심 기능을 구현하였다. 그들에게 매력적으로 느껴지는지 그리고 실제로 사용을 할 것인지에 대해 어떻게 파악할 것인가? 당신은 평가를 해야 할텐데 어떤 방법으로 할 것인가? 이번 장에서는 주요 사용성 평가의 종류와 방법들에 대해 소개를 할 것이다.

평가는 디자인 프로세스에서 필수적이다. 평가자들은 사용자 또는 잠재적 사용자들이 프로토타입, 앱, 컴퓨터 시스템, 컴퓨터 시스템의 일부분, 애플리케이션, 화면 스케치와 같은 디자인 산출물과 상호작용할 때의 경험을 수집한다. 이 작업은 디자인을 향상시키기 위해 하는 것이다. 평가는 시스템의 사용성(예: 배우고 사용하기 얼마나 쉬운지)과 활용할 때 사용자의 경험(예: 만족도, 즐거움, 상호작용을 더 하고 싶은 동기부여)을 모두 살펴본다.

스마트폰, 아이팟(iPods), 아이패드(iPads), 전자리더기(e-readers)와 같은 기기들은 사용성에 대한 인지도를 높였지만, 많은 디자이너들은 아직도 동료들이 제품을 사용할 수 있고 매력적으로 느끼면, 다른 사람들도 그렇게 느낄 것이라고 가정한다. 이 가정의 문제점은 디자이너들은 결국 자신만을 위한 디자인을 할 수도 있다는 것이다. 평가는 자신의 디자인이 좀 더 넓은 대중들에게 적절하고 수용될 수 있는지를 점검할 수 있게 해준다.

평가에는 다양한 방법들이 있다. 어느 방법을 사용하느냐는 평가의 목표에 달려 있다. 평가는 실험실, 사람이 사는 집, 야외, 직장 환경 등 다양한 환경에서 이루어질 수 있다. 평가는 주로 사용성 평가, 실험, 현장 연구에서 참여자들을 관찰하고 그들의 성과를 측정하는 활동을 수반한다. 하지만, 사용자 행동 모델링과 같이 참여자들이 수반되지 않는 방법론들도 있다. 이들은 어떤 인터페이스에 대해 사용자들이 상호작용했을 때의 행동에 대해 짐작한 근사치를 활용하며 주로 다양한 인터페이스 설정들에 대해 빠르고 저렴하게 평가할 때 사용하는 방법들이다. 평가되는 것에 대한 통제 수준은 다양하다. 어떤 경우는 현장 연구처럼 전무하며, 실험과 같이 수행해야할 과업과 맥락에 대해 상당한 통제를 하는 경우도 있다.

이 장에서는, 평가가 왜 중요하며, 무엇에 대해 평가를 해야 하며, 어디서 평가가 이루어져야 하는지, 제품의 수명주기 중 어떤 단계에서 이루어져야 하는지에 대하여 논의한다. 다양한 방법들에 대해 짧은 사례 연구로 소개한다.

13.2 왜, 무엇을, 어디서, 언제 평가할 것인가?

평가 활동은 평가가 왜 중요한지에 대한 이해도 중요하지만, 어떤 측면을 평가하고, 어디서 평가를 할지, 그리고 언제 수행할 것인가에 대한 이해도 수반한다.

13.2.1 평가 이유

요즘 사용자들은 작동을 잘 하는 시스템뿐만 아니라, 사용하면서 즐겁고 마음을 사로잡는 경험도 찾으려고 기대한다. 이는 평가를 이행하는 것이 더욱 더 중요하다는 것을 의미한다. Nielsen Norman Group(www.nngroup.com)이 언급했듯이, “사용자 경험은 최종 사용자 상호작용의 모든 측면을 포함한다 … 모범적인 사용자 경험이 되기 위해서는 고객의 정확한 요구사항을 성가시게 하지 않고 충족시켜야 한다. 다음으로는 제품을 소유함에 있어 즐거움을 주는 단순함 및 우아함, 사용하는데 기쁨을 주는 것이다.”

© 1999 Randy Glasbergen.

"it's the latest innovation in office safety. When your computer crashes, an air bag is activated so you won't bang your head in frustration."

경영과 마케팅 관점에서, 잘 디자인된 제품들은 팔린다. 이런 이유로, 회사들이 평가에 투자를 하는 것은 타당하다. 디자이너들은 서로 무엇을 좋아하고 싫어하는지에 대해 논쟁을 하기 보다는, 다양한 사용자 집단들의 요구사항과 실질적인 문제들에 대해서 집중할 수 있다. 또한, 제품이 판매되기 전에 문제를 고칠 수 있는 기회를 준다.

실습해보기 13.1

Facebook 이용에 대해 대화를 나눌 수 있는 성인 한 명과 청소년 한 명을 알아보아라(이들은 가족이나 친구가 될 수 있다). 그들에게 다음과 같은 질문을 물어보라. 하루에 Facebook을 얼마나 자주 보느냐? 얼마나 많은 사진을 포스팅하냐? 앨범에 어떤 종류의 사진들이 있느냐? 프로필 사진으로 어떤 사진을 쓰느냐? 얼마나 자주 변경하느냐? 친구들은 몇명이 있느냐? 어떤 책과 음악을 올리느냐? 어떤 그룹의 회원이냐?

조언

당신은 아마도 성인과 청소년 사이에 다른 양상을 찾았을 것이다. 일반적으로, 청소년들은 Facebook의 열렬한 사용자라 어느 곳에 있든 접속을 하고 방금 방문한 장소들의 사진들도 업로드할 것이다. 그들의 사회 활동을 조정하는데 자주 사용한다. 많은 청소년들은 게임을 좋아하며 다운로드를 받는다. 많은 성인들 역시 Facebook을 이용하지만, 사용 빈도수가 적을 수 있으며 가족들에게 휴가지를 공유하고, 자녀들과 손자들의 사진을 올리는 등 다른 목적을 위해 사용할 수도 있다. ■

13.2.2 평가 대상

평가할 대상은 간단한 기술로 만든 프로토타입에서 완전한 시스템까지, 특정 화면의 기능부터 전체 워크플로우까지, 미적인 디자인에서부터 안전성까지 아우른다. 예를 들어, 새로운 웹브라우저의 개발자들은 사람들이 자신들의 개발품으로 더 빨리 무엇인가를 찾을 수 있는지 궁금할 것이고, 엠비언트 디스플레이 개발자들은 사람들의 행동을 바꿀 수 있는지, 그리고 게임 앱 개발자들은 자신들의 게임이 얼마나 재미있고 얼마나 오랫동안 게임을 하는지 궁금할 것이다. 정부 당국은 컴퓨터 기반의 교통 신호등 제어 시스템이 사고를 줄이거나 웹사이트가 장애가 있는 사용자들을 위한 표준에 준수하는지 궁금할 것이다. 장난감 제작자들은 6살짜리가 조정기를 조작할 수 있는지 그리고 그들이 털로 된 케이스에 매료되는지, 그리고 놀기에 안전한지 궁금할 것이다. 개인 디지털 음악 플레이어를 개발하는 회사는 다른 나라에 사는 다양한 연령층의 사람들이 케이스의 크기, 색깔, 모양 등을 좋아하는지 궁금할 것이다. 소프트웨어 회사는 새로운 홈페이지 디자인에 대한 시장 반응을 평가하기를 원할 것이다.

실습해보기 13.2

다음 시스템에서 어떤 측면을 평가하고 싶은가:

1. 개인용 음악 플레이어(예: 스마트폰 앱)
2. 의류 파는 웹사이트

조언

1. 수천 개에 이르는 트랙들 중에 원하는 것을 얼마나 잘 선택할 수 있는지, 사람들에게 좋아 보이고 그렇게 느끼는지, 새로운 음악을 쉽게 추가하고 저장할 수 있는 알아 보아야할 것이다.
2. 사이트 내비게이션이 가장 중요한 문제일 것이다. 특히, 옷을 보고 빠르게 비교할 수 있는지, 그리고 구매가 가능한지 확인해야 한다. 게다가, 옷들이 구매하고 싶을 만큼 매력적으로 보이는지? 기타 핵심 사항으로는 신뢰도 그리고 고객 신용 카드 세부 정보 수집 절차 등에 보안 문제이다. ■

13.2.3 평가 장소

평가가 수행되는 장소는 평가되는 내용에 따라 달라진다. 웹 접근성과 같은 일부 특성은 일반적으로 실험실에서 평가한다. 모든 요건이 충족되는지 여부를 체계적으로 조사하는데 필요한 제어 장치를 제공할 수 있기 때문이다. 이는 스마트폰의 크기 및 레이아웃과 같은 설계 선택에도 적용된다. 사용자 경험 중에서 아이들이 새로운 장난감을 가지고 노는 것을 즐기는지 그리고 지루해지기까지 얼마나 걸리는 지와 같은 측면은, 흔히 필드에서 하는 설정과 같이 자연스러운 환경에서 더 효과적으로 평가할 수 있다. 소셜 네트워킹과 같은 온라인 행동에 대한 원격 연구는, 저렴하고 신속하게 많은 참여자들이 자신들의 가정에서 이루어질 수 있다. 실험실과 필드 환경의 중간에 해당하는 리빙랩은 집과 같은 특정 환경을 제공하면서도 활동을 제어, 특정, 그리고 기록할 수 있도록 해준다.

실습해보기 13.3

한 회사가 운전 중 졸음 운전을 하는 지 여부를 모니터링하고 후각과 촉각을 이용하여 알람을 제공할 수 있는 카시트를 개발하고 있다. 이 제품을 어디서 평가하겠는가?

조언

처음에는 자동차 시뮬레이터를 사용하여 새로운 종류의 피드백이 효과적인 확인할 수 있는 실험실 실험을 안전한 환경에서 시행해야 할 것이다. 참가자들이 운전 중에 잠들게 하는 방법을 찾아야할 것이다. 효과적인 메커니즘을 설정한 후에는, 더 자연스러운 환경에서 실험을 해야할 것이다. 실험자가 이중 제어 차량을 사용할 수 있도록 레이싱 트랙이나 비행장에서 실험이 가능하다. ▪

13.2.4 평가 시기

제품 유형에 따라 어느 제품 수명 주기에서 평가를 해야 하는지 다르다. 예를 들어, 새로운 컨셉으로 개발되는 제품이거나 기존 제품에서 업그레이드를 하는 제품을 수도 있다. 만약에 새로운 제품이라면, 보통 상당한 시간은 시장 조사 및 사용자 요구사항 정립에 투자하게 된다. 요구사항이 수립되면, 초기 스케치, 스토리보드, 일련의 화면 또는 설계 아이디어의 프로토타입을 작성하는데 활용된다. 그런 다음, 설계자는 사용자의 요구사항을 정확하게 해석하여 적절히 구현되었는지 평가하게 된다. 설계된 디자인은 피드백에 따라 수정이 되고 후속으로 프로타이핑이 개발되고 평가가 이어진다.

제품이 사용자의 요구를 지속적으로 충족하는지 확인하기 위해 설계 중에 평가를 수행할 때, 이와 같은 평가를 형성적 평가라고 부른다. 형성적 평가는 광범위한 디자인 프로세스를 포함하며, 이는 초기 스케치 및 프로토타이핑부터 거의 완성된 디자인을 수정하고 완성하는 과정까지 아우른다.

완제품의 성공여부를 평가하기 위해 행해지는 평가를 총괄적 사용성 평가라고 일컫는다. 제품이 업그레이드되는 경우라면 평가는 일련의 요구사항을 설정하는 데 초점을 두지 않고, 기존 제품을 평가하여 개선점을 이끌어낼 수 있다. 그런 다음 기능들이 추가되어 새로운 사용성 문제를 야기할 수 있다. 어떠한 경우에는 탐색 향상과 같이 특정 기능에 초점을 맞추어 기능 측면을 개선할 수 있다.

미국의 NIST(National Institute of Standards and Technology), 국제 표준 기구(International Standards Organization, ISO), 영국 표준 협회(British Standards Institute, BSI)와 같은 기관들은 항공기 항법 시스템이나 사용자의 안전성에 영향을 미치는 제품과 같은 특정 유형의 제품에 대한 기준을 설정하며 이들은 평가가 되어야 한다.

13.3 평가 유형

평가는 설정, 사용자 개입, 제어 수준에 따라 크게 세 가지로 분류하며 다음과 같다.

1. 사용자를 포함하는 통제된 설정(예: 실험실 및 리빙랩): 사용자 활동은 가설과 특정 행동을 측정 또는 관찰하기 위해 통제된다. 주요 방법은 사용성 평가 및 실험이다.
2. 사용자를 포함하는 자연스러운 설정(예: 온라인 커뮤니티 또는 공공장소에서 사용되는 제품): 사용자가 실제 세계에서 제품을 어떻게 사용하는지 이해하기 위해서 사용자 행동에 대한 통제는 거의 또는 전혀 없다. 주요 방법은 현장 연구이다.
3. 사용자가 포함되지 않은 설정: 컨설턴트나 연구자가 비판, 예측, 인터페이스에 대한 특정 부분을 모델링하여 명백한 사용성 문제를 식별한다. 주요 방법은, 점검, 휴리스틱, 둘러보기, 모형 및 분석이 포함된다.

각 유형별로 장단점이 있다. 예를 들어 실험실 기반 연구는 사용성 문제를 노출시키는데 뛰어나지만, 사용 맥락을 캡처하기는 쉽지 않다. 현장 연구는 사람들이 그들의 의도한 환경에서 기술을 어떻게 사용하는지를 잘 보여주지만 비싸고 수행하기가 어렵다(Rogers *et al.*, 2007, Rogers *et al.*, 2013). 모델링 및 예측 접근법은 저렴하고 수행 속도가 빠르지만, 예측 불가능한 사용성 문제 또는 사용자 경험의 미묘한 측면을 놓칠 수가 있다.

어떤 접근 방식을 사용할 것인지 결정하는 데 있어 중요한 문제는 인터페이스 또는 장치가 어떻게 작동하는지 알아내기 위해 얼마나 많은 제어가 필요한가이다. 예를 들어, 이전에 언급한 십대들의 음악 앱의 경우, 우리는 십대들이 어떻게 앱을 사용하며, 앱을 좋아하는지, 기능적으로 어떤 문제를 경험하는 것인가 등에 대해 알아내야 한다. 이를 위해서는 그들이 인터페이스를 이용하여 다양한 작업들을 어떻게 수행하는 것인가에 대해 정의되어야 하며, 그러기 위해서는 앱이 수행해야 할 모든 작업에 대해 평가가 이루어질 수 있도록 제어 정도 여부를 포함시켜야 한다.

13.3.1 사용자가 포함된 통제된 설정

통제된 설정은 평가자가 사용자의 수행 작업, 수행 시기 및 기간을 제어할 수 있다. 또한 평가자가 친구나 동료들이 이야기하는 것과 같은 외부 영향 및 방해물을 감소시킬 수 있다. 이 방법은 PC에서 실행되는 애플리케이션이나 PC 앞에 앉아 이용할 수 있는 기술을 평가하는데 광범위하고 성공적으로 수행되었다.

사용성 평가

일반적으로 사용자 인터페이스를 평가하기 위해 이 방법을 사용하는 경우, 다양한 방법들을 활용하여 데이터를 수집한다. 가령, 통제된 환경에서 실험 및 관찰, 인터뷰 및 설문지 등이 있다. 일반적으로 실험실에서 행해지지만, 원격이나 자연스러운 환경에서의 실험이 증가하고 있다. 일차적인 목표는 의도한 사용자 집단이 인터페이스를 사용할 수 있는지 여부를 결정하는 것이다. 이는 보편적인 사용자가 보편적인 작업을 어떻게 수행하는 것인가에 대해 조사하는 것이다. 여기서 보편적인 사용자는 시스템이 설계된 사용자(예: 십대)이며 보편적인 작업은 시스템이 할 수 있도록 설계된 작업(예: 최신 옷 쇼핑하기)이다. 이 접근법은 주로 사용자가 저지르는 오류의 수와 종류를 비교하고 그것이 걸리는 시간을 기록하는 것을 포함한다. 사용자들이 임무를 수행하는 동안, 비디오에 녹화하거나 소프트웨어를 통해 상호작용을 기록할 수도 있다. 시스템을 활용한 경험에 대해 사용자의 의견을 알아내기 위해 사용자 만족도 설문지와 인터뷰 또한 수행될 수 있다. 어떻게 시스템 사용하는 것인가에 대해 현장 관찰 역시 이 접근법을 보완할 수 있다.

개발자들에게 보고서를 읽거나 발표를 듣는 것보다, 상호작용이 가능한 제품에 대한 사용자의 반응을 관찰하는 것은 큰 도움이 된다. 수년 동안, 사용성 평가는 HCI의 주요한 방법론이었으며, 워드프로세서, 데이터베이스, Excel 시트와 같이 여러 세대를 거치는 표준 제품 개발에 사용되고 있다(Johnson, 2014; Krug, 2014; Redish, 2012; Koyani *et al.*, 2004). 사용성 평가에서 나온 결과는 개발자가 향후 프로토타입 또는 업그레이드 버전을 이에 대비하여 테스트할 수 있도록 사용적합성 규격으로 요약되어졌다. 일반적으로 최적의 성능 수준과 최소 허용 수준이 지정 되며 현재 수준을 기록한다. 그런 다음, 내비게이션 구조, 용어의 사용, 사용자들에게 시스템이 반응하는 방법 등을 구현할 수 있다.

Madrigal와 McClain(2010)은 사용성 평가를 하면서 해야 할 것과 하지 않아야 할 목록 등 실질적인 지침을 제공한다. 그들은 또한 "사용성 평가는 사용자 경험 연구에서 가장 매력적이지 않지만, 가장 중요한 측면 중 하나"라고 언급했다.

실험은 주로 가설 검증을 위해서 대학교나 산업체 실험실에서 수행된다. 가장 통제된 설정이며, 연구자들은 참가자의 성과를 방해할 수 있는 관련 없는 변수를 제거하려고 한다. 그 이유는 실험에서 나오는 결과들이 측정하는 특정 인터페이스에 기인한다고 신뢰성 있게 말하기 위함이다. 예를 들어, 태블릿 인터페이스를 사용할 때 사용자가 텍스트를 입력하는 가장 좋은 방법을 비교하는 실험은 사용자 성과에 영향을 미치지 않도록 다른 측면들을 모두 제어할 것이다. 이는 참가자에게 동일한 실험 설명서를 읽어주고, 같은 태블릿 인터페이스를 사용하며, 동일한 작업을 수행하도록 요청하는 것을 포함한다. 비교 가능한 조건은 다음과 같이, 가상 키보드를 사용하여 입력하기, 실제 키보드를 사용하기 입력하기, 스와이핑을 이용하여 가상 키보드로 입력하기(6장 참조)가 가능하다.

실험의 목적은 어떤 키보드가 다른 것들보다 타이핑 속도가 빠른지 그리고 오류가 적은 것인가를 확인하는 것이다. 여러 명의 참가자는 실험실에 각각 초대되어 사전에 정의된 텍스트 입력 작업을 수행하고 수행 시간, 오류(예: 잘못된 글자 선택)가 기록될 것이다. 수집된 데이터는 각 조건에 대한 점수가 다른 조건들과 유의하게 다른지 여부를 위해 분석될 것이다. 만약에 가상 키보드가 다른 두 키보드들보다 유의한 차로 빠르고 오류가 적었다면, 텍스트 입력 방법으로 가장 좋다고 말할 수가 있다.

생각해보기 13.1
리빙랩

리빙랩은 사용성 평가 실험실에서 측정하기 어려운 사람들의 일상생활을 평가하기 위해 개발되었다. 예를 들어, 몇 달 동안 사람들의 습관과 일상을 조사하기 위해 연구가 실시되었다. 리빙랩의 초창기 예로는 Aware Home이 있으며, 진정성 있는 사람들의 삶 속에서 연구를 할 수 있는 최신 기술로 이루어진 실험이 가능한 집이었다(Abowd *et al.*, 2000). 집안에서의 움직임 및 사용하는 기술들을 기록할 수 있도록, 집안 전체에 센서 및 오디오/비디오 녹화 장치 네트워크가 설치되었다. 이를 통해 거주자의 행동을 모니터링하고 분석할 수 있었다(예: 일상과 변화된 움직임).

주된 동기는 몇 달에 걸쳐 실제 가정이 그러한 환경에 어떻게 반응하고 적응할 것인지를 평가하는 것이었다. 하지만, 참가자 가족들이 그들의 집을 떠나 리빙랩 집에서 사는 것에 동의하는 것은 쉽지 않았다. 최근에 많은 리빙랩들은 특정 시설을 제공, 커뮤니티 제공을 통해 사용자, 개발자, 연구자, 그리고 다른 이해관계자들이 같이 모일 수 있도록 상업적인 기업처럼 되어가고 있다. 예를 들어, MIT 리빙랩의 경우 "다른 분야의 전문가들이 실제 환경에서 개발, 실행 및 검증을 통해 세상을 바꿀 수 있는 새로운 기술 및 전략을 개발하여 디자인할 수 있게 모이게 해주는 곳이다". 이러한 공간은 연구자와 기업이 건강, 에너지 및 환경과 관련된 많은 활동을 관찰하고 기록할 수 있도록 한다. 랩은 특정 세팅(예: 가정, 댄스 플로어, 교실)을 시뮬레이션하도록 설정되며 이러한 실험적인 실제 환경에서 미래의 제품 및 서비스 아이디어를 경험할 수 있도록 기능 구현된 프로토타입 제품들이 설치된다. 또한, 특정 집에 센서 네트워크를 설치하지 않고 실제로 살고 있는 집에 센서 기반 서비스를 이용할 수 있도록 설치하기도 한다. 이렇게 함으로써, 장애인과 노인들이 방해를 받지 않고 안전하고 독립적인 삶을 영위할 수 있도록 원격 모니터링을 지원할 수 있고 사고, 질병, 또는 비상 상황에서 보호자에게 경보 알림을 제공할 수 있다(Fernández-Luque *et al.*, 2009). '리빙랩'이라는 용어는 사람들이 직접 또는 가상으로 모여 상업적 연구와 개발 협력을 하기 위해 형성된 혁신적인 모임을 일컫기도 한다. ■

딜레마

리빙랩은 정말 실험실일까요?

리빙랩의 개념은 자연스러우면서도 실험도 가능하다는 두 가지를 모두 충족하려는 측면에서 전통적 실험실의 관점과는 다르다. 또한, 목표가 실험실을 집(또는 더 자연스러운 환경)으로 가져오려는 것이다. 문제는 자연스러운 환경을 얼마나 인공적으로 만드느냐인 것이다. 자연스러운 설정과 실험이 가능한 적절한 수준의 제어 간의 균형을 어떻게 맞출 것인가? ■

13.3.2 사용자를 포함하는 자연스러운 설정

현장 연구의 목적은 자연스러운 환경에서 사람들을 평가하는 것이다. 주로 다음과 같은 상황에 사용하였다. 1) 새로운 기술을 위한 기회를 식별, 2) 새로운 디자인을 위한 요건 확립, 3) 새로운 맥락에서 기존 기술 도입을 촉진하는 것이다. 보편적으로 사용되는 방법은 관찰, 인터뷰, 포커스 그룹, 인터랙션 로깅이다(7장 참조). 데이터는 이벤트나 대화에 대해 연구자들이 노트, 오디오, 또는 비디오로 기록한 형태이거나 참여자들이 직접 일지나 메모로 기록한 형태이다. 목표는 평가를 하면서 참여자들에게 최대한 방해를 하지 않고 영향을 미치지 않는 것이다. 하지만, 어떤 평가 방법들은 불가피하게 영향을 미치게 된다. 예를 들어, 일지 연구의 경우, 사람들에게 특정 순간에 그들의 활동이나 감정에 대해 기록을 하도록 요구하며, 이와 같은 활동은 한번 더 생각하게 하고 행동을 변화시킬 수도 있다.

최근에는 HCI와 유비쿼터스 컴퓨팅 연구에서 실제 현장에서 연구를 수행하는 경향이 보인다. 이 실험들은 다양한 환경에서 새로운 기술들이나 프로토타입 제품들이 어떻게 도입되고 사용되고 있는지를 관찰하는 현장 연구로, 야외, 공공장소, 또는 가정에서 이루어진다. 현장에서 수행하는 경우 연구자들은 불가피하게 평가에 대한 통제권을 포기해야한다. 그래야만 사람들이 일상생활에서 특정 기술을 어떻게 접근해서 사용하는지 또는 안하는지 관찰할 수가 있다. 예를 들어, 새로운 모바일 내비게이션 장치가 도시 환경에서 어떻게 사용되는지 관찰하는 데 관심이 있을 수 있다. 연구를 수행하기 위해서는 몇 주 또는 몇 달 동안 그 기기를 자연스런 상황에서 사용할 참여자들을 모집해야 한다. 그 장치로 무엇을 할 수 있는지 참여자들에게 설명할 수 있을 것이다. 그것 말고는, 직장이나 학교, 집과 다른 장소를 오가며 그 기기를 어떻게 사용하고, 언제 사용하는지는 참여자에게 달려있다.

통제권을 넘겨주는 것의 단점은 어떤 일이 일어날지 예측하기 어렵게 하고 발생하는 경우 그 장소에 나타날 수 없다는 것이다. 이는 항상 기록을 하고 있는 관찰자 또는 카메라가 가까이에 있는 사용성 평가 시험과 대조된다(Rogers *et al.*, 2013). 대신에, 연구자는 참여자들이 그것을 어떻게 사용되는지를 기록하고 반영하는 것에 의존해야 한다. 기록은 일지, 온라인 설문지, 또는 간헐적 인터뷰 형태로 이루어진다. 참여자들은 간혹 너무 바빠지거나 특정 일을 잊고 기록하지 못해 신뢰성을 떨어뜨릴 수 있다. 또한, 참여자들은 기기가 제공하는 모든 기능을 사용해보지 않아서, 연구자가 기기의 유용성이나 사용성 여부를 파악하지 못할 수도 있다. 하지만, 참여자들이 그것을 사용하지 않았다는 것은 밝혀질 수 있을 것이다.

현장 연구는 가상의 환경에서 이루어질 수도 있다. 다중 사용자가 있는 월드 오브 워크래프트, 온라인 커뮤니티, 채팅방과 같은 환경을 관찰할 수도 있다(Bainbridge, 2010). 이런 종류의 현장 연구는 협업, 대결, 협력이 일어날 때 어떤 사회적 과정이 생겨나는지 관찰하는 것이다. 연구자 역시 참여자가 되어 상호작용을 통제하지 않는다(7장, 8장 참조). 현장 연구와 마찬가지로 어떤 일이 언제 어떻게 일어날지 예상하기 쉽지 않다.

13.3.3 사용자를 포함하는 않는 설정

사용자 없이 이루어지는 평가는 연구자가 인터페이스가 어떻게 사용될지 상상하거나 모델링해야 하는 환경에서 수행된다. 검사하는 방법들은 사용성, 사용자의 행동, 시스템이 사용될 상황, 사용자가 수행할 행동들에 대한 지식을 바탕으로 사용자 행동 및 문제점을 예측한다. 일반적인 사용자의 행동에 대한 원칙들을 바탕으로 하는 휴리스틱 평가, 특정 시나리오를 비추어 보는 작업, 또는 프로토타입에 대해 답변을 하는 평가들을 포함한다. 또한, 분석적 모델링을 하는 기법도 있다.

휴리스틱 평가에 사용된 원래 휴리스틱은 스크린 기반 애플리케이션이었다(Nielsen과 Mack, 1994, Nielsen과 Tahir, 2002). 이것은 웹 기반 제품, 모바일 시스템, 협업 기술, 컴퓨터 기반 완구, 그리고 새로운 형태의 시스템을 평가하기 위해 채택되어 왔다. 휴리스틱을 이용하는 것의 문제들 중 하나는, 때때로 디자이너들이 처음에 보여지던 것처럼 정확하지 않은 발견들에 의해 오도될 수 있다는 것이다(Cockton *et al*., 2002; Tomlin, 2010, 개략적인 설명은 http://www.nngroup.com/topic/heuristic-evaluation/ 참조).

시찰법 중 처음으로 개발된 인지적 시찰법은 사용자의 문제해결 과정 각 단계에서 인간-컴퓨터 대화, 인터랙션을 하면서 사용자가 어떻게 단계별로 나아가는지를 시뮬레이션한다(Nielson과 Mack, 1994의 Wharton *et al*., 1994). 인지적 시찰법의 주요한 특징은 쉽게 배울 수 있느냐에 초점을 맞춘다는 것이다.

7장과 8장에서 논의한 바와 같이, 분석 기법은 고객 사이트 또는 원격에서 데이터를 기록하는 기술이다. 웹 분석은 웹 사용 최적화를 위해 인터넷 데이터를 측정, 수집, 분석 및 보고를 하는 것이다(Arikan, 2008). 예를 들어, Google은 분석 데이터를 수집하는데 일반적으로 사용되는 접근 방식을 제공한다(http://www.google.com/analytics). 수집하는 데이터의 종류는 평가가 수행되는 이유에 따라 달라진다. 분석은 웹사이트의 설계 기능을 평가하는데 특히 유용한 방법이다. 예를 들어, 기업은 예비 사용자들의 잠재력이나 온라인에서 자기들의 상품에 대한 의견들을 평가하고 싶을 수 있다. 특정 도구를 이용하여 사용자들이 다녀가고 상호작용한 흔적을 저장하고 있는 로그 파일을 통해 웹사이트에 대한 트랜잭션을 분석할 수 있다. 이러한 로그 파일들이 요즘 흔히 말하는 빅데이터 근간이라고 할 수 있다. 또한 방문한 웹페이지, 이메일을 통한 캠페인 정보, 세일즈 정보, 사용자 이용 데이터도 분석할 수 있다. 통계적 분석 및 데이터 시각화 같은 다양한 자동 분석 도구를 사용하면, 웹 트래픽의 변화를 확인할 수 있으며 가장 인기 있는 웹페이지와 상품도 파악할 수 있다. 최근에 MOOC(Massive Open Online Courses)와 같이 웹 기반 온라인 교육과 원격 학습의 영향으로, 사람들이 실제로 온라인에서 얼마나 잘 학습하고 있는지를 분석하는 학습 분석도 각광을 받고 있다.

똑같은 애플리케이션을 수행하는 다른 인터페이스의 효과를 비교하기 위해 모형을 주로 사용하였다. 예를 들어, 특정 요소의 배치나 위치에 대한 최적화를 알아보는 것이다. 가장 널리 알려진 피츠 법칙(Fitts' Law)은 포인팅 장치를 이용하여 특정 목표물에 도달하는 시간을 예측하는 모형이다(MacKenzie, 1995).

13.3.4 다양한 평가 방법의 선택 및 조합

앞에서 언급한 세 가지의 광범위한 범주는 어떠한 평가 방법을 선택해야 하는지 안내하는 역할을 한다. 더 깊은 이해를 얻기 위해서 다양한 방법들을 조합하기도 한다. 예를 들어, 실험실에서 평가를 한다고 하더라도 사용자가 제품을 최대한 자연스러운 상황에서 사용하게 하고 관찰 기법을 통해 사용성 문제들을 최대한 많이 발견하려고 한다. 그림 13.1에서는 실험실 기

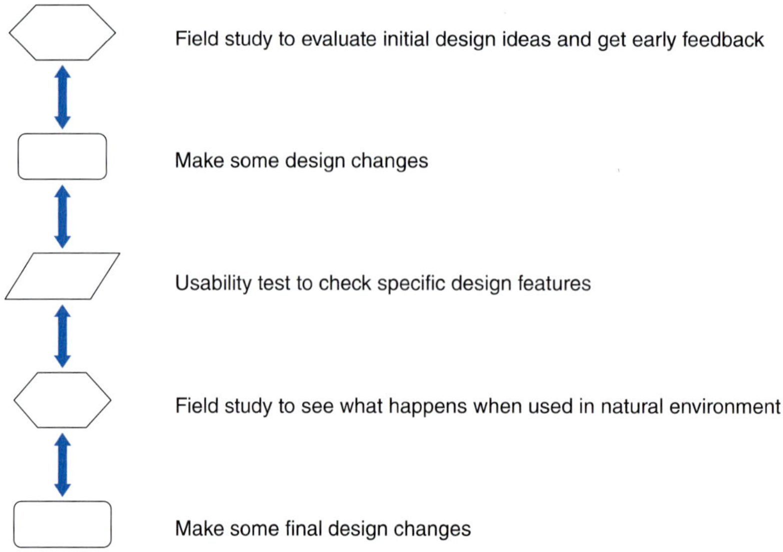

그림 13.1 실험실 기반 및 필드 연구 사용성 평가가 서로 상호 보완할 수 있는 방법

반 사용성 평가와 자연스러운 환경에서의 현장 연구가 서로 어떻게 보완하여 모바일 애플리케이션을 평가할 수 있는지 보여준다(예: 스마트폰 사용).

통제된 설정과 통제되지 않는 설정 중 어떻게 선택하나? 각각에 대한 장단점이 분명히 있다. 통제된 설정에서는 인터페이스의 구체적인 요인에 대한 가설을 시험해보고 그 결과를 좀 더 일반화할 수 있다. 통제되지 않은 설정에서는 예상하지 못한 정보를 얻을 수도 있고, 일상 생활에서 새로운 기술을 활용하는 것에 대한 새로운 시각을 시사함으로써 통찰력을 줄 수 있다.

13.3.5 기회주의적 평가

평가는 상세하게 계획된 것일 수도 있고, 기회주의적 탐색이 될 수도 있다. 후자는 일반적으로 이른 시기의 디자인 프로세스에서 행해지며, 이를 통해 디자이너들에게 아이디어에 대한 빠른 피드백을 제공할 수 있다. 아이디어를 계속 개발하여 프로토타이핑까지 해야 하는가를 결정하는데 도움을 주기 때문에, 디자인 프로세스 초기에 이러한 피드백을 받는 것은 중요하다. 이른 단계에서의 평가는 대부분 비형식적으로 이루어지며 많은 자원을 필요로 하지 않는다. 예를 들어, 디자이너들은 인근 지역에서 사용자들을 모집하여 의견을 물어볼 수 있다. 이러한 피드백은 어떤 아이디어를 수정할지 아니면 버려질지를 빠르게 결정하여 궁극적으로 많은 시간과 비용을 절약할 수 있다. 이러한 기회주의적 평가는 사용자들과 조금 더 형식적인 설정에서도 수행할 수 있다.

13.4 평가 사례

두 가지 대조되는 사례 연구는 사용자 활동에 대해 서로 다른 통제 방식으로 서로 다른 설정에서 평가를 수행하는 방법을 설명하기 위한 것이다. 첫 번째 사례 연구(13.4.1절)는 컴퓨터를 상대로 협업 게임을 하는 것과 친구를 상대로 협업 게임하는 것 중에 어느 것이 더 흥미로운 것인지 테스트 한 것이다(Mandryk과 Inkpen, 2004). 사용자 경험을 측정하는 방법에 중점을 두었다. 일반적으로 사용자 경험은 사용성 측정보다 어려운 것으로 알려져 있다. 두 번째 사례 연구(13.4.2절)는 실력 향상을 위해서 활동에 대한 피드백을 제공하는 모바일 장치를 사용하는 스키어(Jambon과 Meillon, 2009) 평가를 설명한다. 평가의 초점은 참여자가 피드백을 받았는지 여부와 얼마나 자주 받았는지 여부이다.

13.4.1 사례 1: 컴퓨터 게임에 대한 실험

게임이 성공하기 위해서는 사용자들을 교감하고 도전해야 한다. 이러한 사용자 경험을 평가할 수 있어야하며, 앞으로 소개할 사례(Mandryk와 Inkpen, 2004)에서는 사용자가 친구와 게임을 할 경우, 그리고 혼자서 컴퓨터를 상대로 게임하는 경우에 대해서 생리적 반응을 측정하여 사용자 경험을 평가하였다. 연구자들은 게임을 하는 사용자들에 대하여 생리적 반응을 이용하는 것이 효과적일 것이라고 추측하였다. 그래서 사용자들이 온라인 아이스하키 게임을 하는 동안 평가할 수 있는 실험을 고안하였다.

10명의 숙련된 사용자들이 실험에 참여했다. 실험을 하는 동안 생리적 반응을 측정할 수 있도록 센서들을 장착하였다. 손과 발의 땀샘에서 발생한 땀을 측정하고, 심박수와 호흡수 변화를 감지하였다. 추가로, 실험을 하는 동안 동영상 촬영을 하고 끝난 후에는 사용자들에게 만족도에 대한 설문을 하였다. 학습 효과를 줄이기 위해서 절반은 친구와 게임을 한 후에 컴퓨터와 겨루었고, 나머지 반은 반대의 순서로 실험을 하였다. 그림 13.2는 실험을 하는 동안 촬영한 모습이다.

사용자의 만족도 설문에서는 1에서 5점 척도로 답한 경우, 친구와 게임하는 것을 선호하였다(표 13.1). 생리학적 반응을 기록한 데이터는 친구와 상대로 게임하는 경우, 혼자서 컴퓨터를 상대로 게임하는 것보다 더 높은 수준의 흥분 상태를 보였다. 사용자들간에 대해서도 생리학적 반응을 비교하였으며, 비교적 동일한 경향을 나타냈다. 그림 13.3은 두 참여자 간 데이터를 비교하였다.

개인간 차이로 인해 주관적 의견에 대한 설문지와 생리학적 측정 결과에 대해서는 직접적으로 수집된 데이터의 평균값을 이용하여 비교할 수는 없었다. 하지만, 데이터를 정규화함으로써 개인별 결과에 대하여 상관관계 분석을 할 수 있었다. 생리학적 데이터를 활용하며 도전에 대한 정도와 교감 정도를 평가할 수 있는 것으로 보인다. 완벽하지는 않지만, 이러한 측정 기법들은 통제된 상황에서의 전통적인 사용성 평가에서 벗어나 사용자에 대한 이해를 넓힐 수 있다.

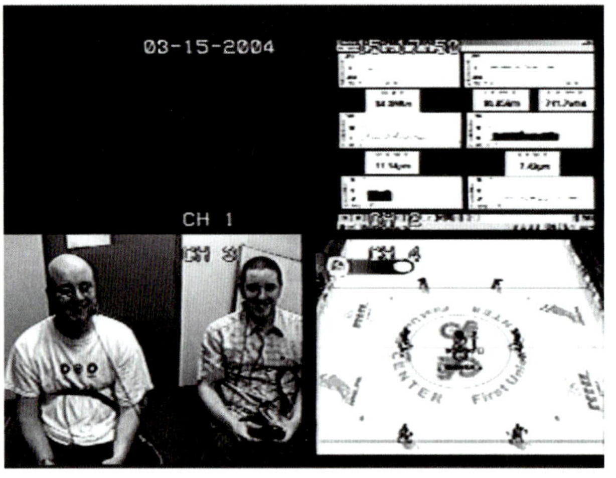

그림 13.2 화면의 우측 상단에는 생리적 반응 정보와 두 명의 실험 참가자, 게임을 하는 화면을 보여준다.

출처: Mandryk and Inkpen (2004) Physiological Indicators for the Evaluation of Co-located Collaborative Play, *CSCW'2004*, pp. 102-11. ©2004 Association for Computing Machinery, Inc. Reprinted by permission.

표 13.1 만족도 설문에서 10명의 주관적 척도에 대한 평균을 보여준다(1-5점 척도이며, 1이 낮음, 5가 높음). 평균이 높을수록 더 강한 경험을 보여준다. 표준편차는 평균을 중심으로 얼마나 산재해 있는지 보여준다. 낮은 값일수록 참여자들 간 답변의 변동이 적은 것을 의미하며, 높을수록 큰 변동이 있다는 것을 보여준다.

	Playing against computer		Playing against friend	
	Mean	St. Dev.	Mean	St. Dev.
Boring	2.3	0.949	1.7	0.949
Challenging	3.6	1.08	3.9	0.994
Easy	2.7	0.823	2.5	0.850
Engaging	3.8	0.422	4.3	0.675
Exciting	3.5	0.527	4.1	0.568
Frustrating	2.8	1.14	2.5	0.850
Fun	3.9	0.738	4.6	0.699

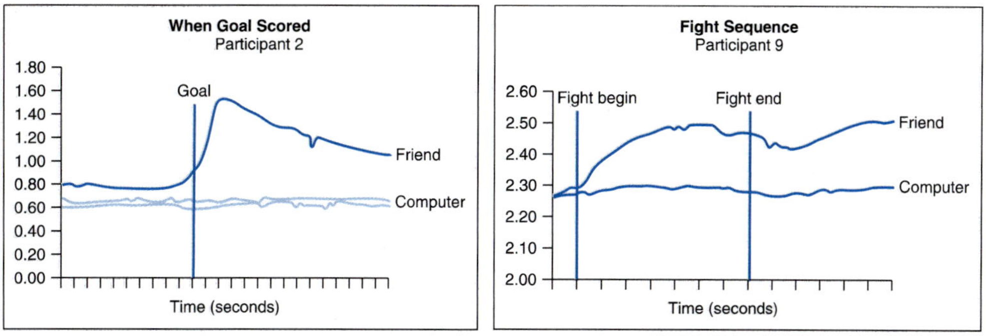

(a) (b)

그림 13.3 (a) 참여자가 친구를 상대로 또는 컴퓨터를 상대로 점수를 획득했을 때, 참여자의 피부 측정 결과이며, (b) 하키 게임을 친구 또는 컴퓨터를 상대로 참여했을 때 다른 참여자의 측정 결과

출처: Mandryk and Inkpen (2004) Physiological Indicators for the Evaluation of Co-located Collaborative Play, *CSCW'2004*, pp. 102-11. ©2004 Association for Computing Machinery, Inc. Reprinted by permission.

실습해보기 13.4

1. 이 실험에서는 어떤 기법이 활용되었는가?
2. 평가자는 얼마나 많은 통제를 하였나?
3. 어떤 기법들이 기록되었으며 언제 하였나?

조언

1. 실험은 연구실에서 이루어졌으며, 통제된 설정이었다.
2. 평가자에 의해 통제가 많이 되었다. 각 참여자에게 어떤 게임 조건을 배정할지 미리 정했다. 또한 참여자들은 게임을 하는 동안 생리학적 데이터를 수집할 수 있도록 센서를 장착하였다(예: 심박수 및 호흡 변화).
3. 생리학적 측정은 참여자들이 게임을 하는 동안 수집되었으며, 게임을 끝낸 후에 게임에 대한 만족도와 얼마나 즐겼는지에 대해서 설문지로 답하였다. ■

13.4.2 사례 2: 스키 타는 사람들에 대한 현장 연구

Jambon과 Meillon(2009)은 스키 경기력 향상을 위해서 고안한 모바일 기기를 스키 선수들이 사용할지 여부와 어떻게 사용하는지를 알기 위해서 직접 현장에서 연구를 하였다. 각 스키 선수들은 가속도계와 미니카메라가 장착된 헬멧을 착용했다(**그림** 13.4(a)). 선수들의 경기력에 대한 피드백을 제공하기 위해 데이터를 수집하는데 사용되었고, 이 자료들은 스마트폰에서 확인할 수 있었다(**그림** 13.4(b)). 스키 선수들은 스마트폰을 주머니에 보관하였으며, 슬로

(a) (b)

그림 13.4 (a) 스키 선수의 경기력을 측정하기 위해 가속도계(어두운 적색 상자)와 미니카메라(검정 실린더)가 부착된 헬멧과 (b) 선수에게 시각화 형태로 피드백을 주는 스마트폰

출처: Jambon and Meillon (2009) User experience in the wild. In: *Proceedings of CHI'09, ACM* Press, New York, p. 4070.

프에서 확인할 수 있었다.

이 연구는 스키를 타는 참가자들에게 모바일 시스템이 어떻게 사용되는지를 조사하였다. 스키 선수들은 여러 차례 산을 타고 내려왔다. 각 선수 별로 하강 시 카메라 영상과 가속도계를 활용하여 데이터를 수집하였다. 연구팀은 스키 선수들이 오두막에 들르면 데이터를 다운로드 했다. 그런 후에 각 선수들은 스마트폰에서 데이터를 확인할 수 있다는 문자를 받았다. 이 데이터는 스키 주행 지도, 주행 거리, 주행 기간, 최고 속도, 녹화된 영상을 포함했다. **그림 13.5**에서는 다른 요소들이 어떻게 연결되어 있는지 확인할 수 있다.

스키 선수들이 언제 그리고 얼마나 자주 스마트폰을 통해 피드백을 확인하였는지 기록하였다. 평가자들 입장에서 놀랍게도 선수들은 슬로프에서 경기력을 확인하지 않았다. 대신에 그들은 쉬는 동안 검토하는 것을 선호했다. 현장에서 연구하는 경우 예상치 못한 발견들을 얻을 수 있는 좋은 예이다.

스키 실험 약 일주일 후에, 평가자들은 시스템에 대한 이해를 위해 스키 선수들과 포커스 그룹을 운영하였다. 비형식적인 저녁 식사 자리를 통해 이루어졌고, 스키 선수들은 스키를 타

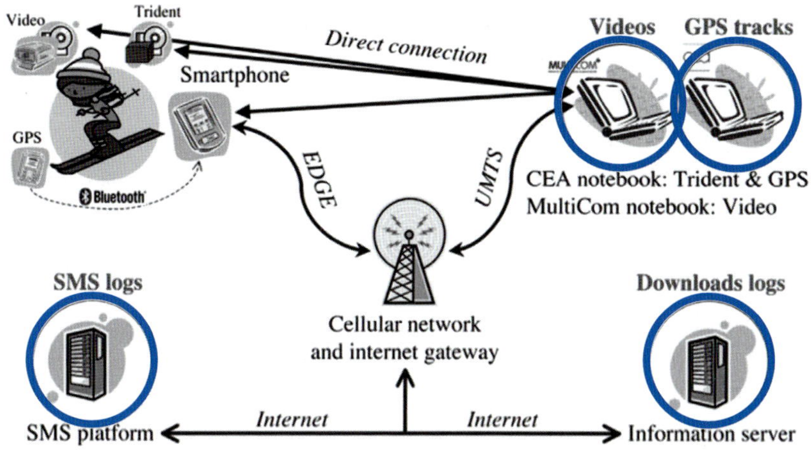

그림 13.5 e-skiing 시스템의 구성 요소. 역방향의 화살표는 기기, 서버 및 시스템간 데이터 전송을 의미한다. 화살표 모양은 다른 통신 유형을 나타내며 파란색 원은 데이터 수집 지점을 나타낸다.

출처: Jambon *et al* (2009) User experience in the wild. In: *Proceedings of CHI'09*, *ACM* Press, New York, p. 4070.

는 도중에 방해를 받지 않도록, 슬로프에서 스키를 다 탄 후에 피드백 받는 것을 선호한다고 언급하였다. 스키 선수들은 슬로프에서 장비를 사용하는 것에 대한 문제점도 지적하였는데, 예를 들어 GPS 시스템과 스마트폰사이의 블루투스 연결이 안정적이지 않고 다른 기술적인 문제들도 있었다.

실습해보기 13.5

1. 이번 평가에서는 어떤 설정이 사용되었는가?
2. 평가자들은 얼마나 많은 통제력을 발휘했는가?
3. 어떤 종류의 자료를 수집했는가?

조언

1. 평가는 자연스러운 환경에서 이루어졌다.
2. 평가자들은 이전의 사례 연구에 비해 참가자들에 대한 통제력이 낮았다. 스키 선수들은 자유롭게 스키를 탈 수가 있었다. 하지만 참가자들은 카메라, GPS, 그리고 다른 추적 장치들을 장착하는 것에 대해서는 동의를 해야 했다.
3. 슬로프를 내려갈 때 스키 선수들의 움직임은 비디오와 가속도계를 통해 수집되었다. 추가로, 포커스 그룹 운영을 통해 시스템에 대한 추가적인 의견을 수집하였다. 선수들이 좋아한 점, 싫어한 점, 시스템 활용하면서 생긴 문제들에 대해서 공유하였다. ■

생각해보기 13.2
크라우드소싱

어떤 작업을 수행하거나, 디자인에 대한 피드백을 제공, 또는 실험을 당장 해줄 수십만 명의 참가자에게 접근할 수 있다고 상상해봐라. Amazon이 호스팅하는 Mechanical Turk에는 Turkers라고 일컬어지는 수천 명의 사람들이 자진해서 작은 보상을 받고 온라인에서 HIT(Human Intelligence Tasks)라는 다양한 태스크들을 수행한다. HIT는 연구자들이나 기업들에 의해 업로드가 되고 사진 태깅과 같이 간단한 태스크의 경우 $0.01에서 몇 실험 참가와 같은 태스크를 위해서 몇 달러를 지불하고 있다. HCI에서 크라우드소싱을 활용하는 장점은 전통적인 실험실 연구보다 비용이 적게 들 수 있다는 점이다. 기존에 주로 실험 시간에 따라 참가자 한 명 당 $15에서 $30 지불했던 것과 비교해서 적다. 또한 더 많은 실험 참가자를 모집할 수 있다는 장점도 있다.

Heer와 Bostock(2010)은 인터넷을 통해 무작위적으로 사람들에게 실험에 참가하는 이런 형태의 실험이 얼마나 신뢰할 수 있나를 알기 위해 크라우드소싱을 활용하였다. Mechanical Turk를 활용하여 다양한 시각화 기법들을 보여주며 일련의 인식 태스크를 하도록 하였다. 많은 참가자들의 동의하에 참가자들의 데이터를 활용하여 통계적으로 분석하였다. 짧은 형태의 설문을 작성하여 2880개의 답변을 수집하였다. 실험실에서 수집된 연구 결과와 크라우드소싱에서 수집한 데이터를 비교 분석하였다. 그들은 Turker를 이용한 연구 결과가 보고된 연구보다 더 넓은 범위의 차이를 보인다고 했지만, 그 연구의 전반적인 결과는 동일했다. 그들은 또한 그들의 실험의 총비용이 6분의 1이라는 것을 발견했다. 크라우드소싱은 Heer와 Bostock(2010)과 같이 실험 수행부터, 디자인 아이디어 수집, 자연 공원을 방문하는 사람들에게서 데이터 수집(Maher *et al.*, 2014) 등 다양한 분야에서 활용되고 있다. ■

13.5 사례 연구에서 배울 점

위의 사례 연구에서는 얼마나 다양한 평가 방법들이 다양한 물리적 환경에서 이루어질 수 있는지를 보여주며, 이를 통해 다양한 질문 형태를 통해 사용자들에 대해서 배울 수 있다. 평가자들이 다른 설정에서 어떻게 통제력을 발휘하며 혁신적인 시스템을 활용하려는 경우, 평가 환경의 제약 조건을 어떻게 헤쳐 나가야하는 경우, 기술의 견고성을 받아들여야 하는 상황에서 얼마나 창의적으로 문제를 해결해야 하는 지를 보여준다. 사례 연구를 통해 우리는 아래와 같은 것을 배울 수 있었다.

- 자연스러운 환경에서 사용자를 관찰하는 방법

- 현장 연구에서의 예측하지 못한 결과의 발견
- 사용자 경험 중에서도 참가자의 도전이나 교감을 측정하기 위해 다양한 데이터 수집 및 분석 방법 고안
- 크라우드소싱을 통한 빠르면서도 낮은 비용을 지불하는 인터넷에서의 실험
- Mechanical Turk를 통한 많은 참가자 모집 방법

생각해보기 13.3
평가에서 사용되는 용어

때때로 평가를 기술하는 용어는 서로 다르게 사용되기도 하고 다른 의미를 가지기도 한다. 혼란을 피하기 위해 아래 몇 가지 용어를 정의한다(물론 다른 교재에서 사용이 다른 것을 발견할 수도 있다).

분석: 데이터 분석은 큰 용량의 원시 데이터를 분석하여 추론을 하는 것이다. 웹 분석은 일반적으로 사용자의 클릭 데이터를 분석하여 웹사이트 트래픽을 특정하는 것이다.

분석적 평가: 사용자 동작을 모델링하고 예측하는 평가 방법이다. 이 용어는 휴리스틱 평가, 시찰법, 모델링 및 분석을 포함한다.

편향: 평가 결과가 왜곡된 것이다. 이러한 경향성은 다양한 이유로 나타날 수 있다. 예를 들어, 새로운 시스템을 이미 사용한 참가자들을 모집하여 마치 처음 사용하는 것처럼 성과를 기술하는 것이다.

통제 실험: 인터페이스나 어떤 특정 요인에 대해 가설 검증을 통해 수행되는 연구이다. 주로 참가자들이 수행할 작업, 주어지는 시간, 평가를 하는 장소 등을 주로 통제한다.

크라우드소싱: 웹 기반 방법으로 잠재적으로 수백, 수천 또는 수백만 명의 사람들이 실험에 참가할 수 있는 방법이다. 군중들은 새로운 제품의 특정 평가 작업을 수행하거나 제품에 대한 의견을 제시할 수도 있다.

생태적 타당성: 평가를 수행하는 환경이 결과에 어떻게 영향을 미치거나 심지어 왜곡하는지에 관한 타당성을 일컫는다.

전문가 검토 또는 평가: 한 명 또는 그 이상의 사용성 및 사용층에 대한 전문지식을 가진 사람들이 잠재적 문제를 찾아 제품을 검토하는 평가 방법이다.

현장 연구: 누군가의 집, 직장, 또는 여가 장소 등 자연스러운 환경에서 이루어지는 평가 방법이다.

형성 평가: 설계 중에 수행하는 평가로 제품이 요건을 충족하고 사용자의 요구를 계속 충족하는지 확인하는 평가 방법이다.

휴리스틱 평가: 흔히 휴리스틱에 의해 유도되는 사용자의 지식을 활용하여 사용성 문제를 식별하기 위해 적용하는 평가 방법이다.

사전동의서 양식: 평가를 진행하는 동안 참가자에게 요청한 작업, 수집된 데이터 처리 방법, 연구에 참여하는 동안 그들의 권리를 설명하는 양식이다.

필드 연구: 일상 환경에서 제품이나 프로토타입을 어떻게 사용하는지 관찰하는 연구 방법이다.

리빙랩: 가정과 같은 자연적인 환경에서 사람들의 일상 활동을 측정하고 기록하도록 구성된 장소이다.

예측 평가: 이론에 기반한 모델을 사용하여 사용자 성능을 예측하는 방법이다.

신뢰성: 연구 방법에 대한 신뢰성이나 일관성은 개별적인 경우에 동일한 상황에서 얼마나 동일한 결과를 도출할 수 있는지에 관한 것이다.

범위: 평가에서 얻은 결과를 얼마나 일반화할 수 있는지를 의미한다.

총괄 평가: 설계 완료 시 수행되는 평가이다.

사용성 실험실: 사용성 평가를 위해 특별히 설계된 실험실이다.

사용성 평가: 다양한 작업을 수행하는 사용자의 성과를 측정하는 것을 수반한다.

사용자 연구: 현장 연구 및 실험을 포함하여 사용자와 관련된 평가 범위를 포괄하는 일반적인 용어이다.

사용자 또는 참가자: 이 용어들은 평가에 참여하는 사람들을 지칭하기 위해 사용된다.

타당성: 평가 방법이 측정하고자 하는 것을 제대로 측정하는지 여부에 관한 것이다. ■

13.6 평가 수행 시 고려 사항

사례 연구를 읽을 때, 당신은 아마도 평가가 잘 초점을 맞출 수 있도록 좋은 질문을 하는 것의 중요성이나 가장 좋은 접근방법과 평가 방법 선정의 중요성과 같은 문제들에 대해 생각했을 것이다. 당신은 또한 어떻게 적절한 참가자들을 찾을 수 있는지, 만약 찾았다 하더라도 어떻게 접근을 해야 하는지에 대해서도 궁금했을 것이다. 카페에서 부모님의 허락 하에 아이들에게 접근해도 되는가? 참가자들에게 어떤 정보를 미리 고지해야 하며 중간에 그만둔다고 하는 경우에는 어떻게 해야 하는가? 그들은 중도하차를 할 수 있는가, 아니면 끝까지 수행해야 하나? 이러한 이슈들에 대한 논의는 ID-Book 4번째 에디션 웹사이트에서 확인 가능하지만 다음과 같이 두 가지에 대해서는 고려해야 한다. 참가자들에게 그들의 권리에 대해 알리고 여러분이 참가자들에게 평가 방법을 어떻게 설명하느냐에 따라 참가자들은 다르게 받아들이고 편향이 생길 수도 있다.

13.6.1 참가자들에게 그들의 권리에 대한 설명 및 동의를 얻는 것

대부분의 전문 사회 기관, 대학, 정부 및 기타 연구소는 사람이 관여하는 활동에 대한 정보를 연구자들이 제공하도록 요구한다. 참가자들이 신체적으로 위험에 처하지 않고(예: 의학 연구), 감정적으로도 보호 받고 그들의 권리가 보호하기 위함이다. 연구자들이 세운 계획, 특히 참여자의 데이터가 어떻게 수집될 지에 대한 세부 사항이 적합한지에 대하여 패널들이 검토하고 통보한다. 많은 대학과 주요 기관에서는 이 같은 합의서 작성을 의무화하고 있다. 실제로, 특별 검토 위원회는 필요한 내용이 작성될 수 있도록 일정한 형식을 제공하며 반드시 작성되어야 할 상세한 내용에 대해서도 제공한다. 세부사항에 대하여 승인이 나면, 심의회는 모든 사항들이 준수되고 있는지 정기적으로 점검한다. 미국 대학에서는 IRB(Institutional Review Boards)라고 흔히 일컫는다. 다른 나라들도 다른 이름으로 유사한 과정을 거친다. 수년간 IRB에서 더 상세한 내용을 요구하고 있으며, 특히 많은 연구가 인터넷과 같이 정보통신기술과 밀접하기 때문이다. 특히 유명 대학에서의 소송이 이와 같은 IRB에 대한 관심을 높였으며 종종 승인을 받기 위해서 몇 달이 걸리기도 하고 많은 수정 과정을 거친다. IRB 심의관들은 참가자들이 어떻게 대우 받는 지와 어떤 작업을 수행해야 하는지에 대한 정보 이외에도, 수집된 데이터가 어떻게 분석되고 저장되는가에 대해서도 관심이 높다. 예를 들어, 참가자들의 이름과 해당 데이터가 연관되지 않도록 피실험자에 대한 데이터를 코드화하여 저장해야 한다. 피실험자들의 이름은 일정 코드나 유사어로 대체되어야 하며, 수집된 데이터와 별도로 보안이 보장된 장소에 저장되어야 한다.

평가에서 참가자들은 어떤 작업을 하게 될지, 데이터가 수집될 조건, 그리고 완료 후에 데이터가 어떻게 처리될 지에 대하여 고지가 되어야 한다. 참가자에게 도중하차가 가능하다는 것과 같은 권리에 대하여 알려야 한다. 7장에서 논의한 것과 같이, 이와 같은 정보는 보통 참가자들이 참여하기 전에 읽고 서명을 하게 되며, 동의서라고 불려진다.

13.6.2 데이터 해석에 영향을 미치는 사항

연구자는 연구에 대한 질문을 답하기 위해서 어떤 데이터가 필요한지, 데이터를 어떻게 분석할지, 분석 결과를 어떻게 제공할지 등에 대해서 결정을 내려야 한다(8장 참고). 어떠한 방법론을 이용하느냐에 따라 데이터의 성격을 결정짓지만, 여전히 결정을 내릴 수 있는 여지가 있다. 예를 들어, 데이터를 통계적으로 분석할 것인가? 몇 가지 일반적인 질문도 필요하다. 방법론이 믿을 수 있는가? 사용하기로한 방법은 의도한 것을 측정할 수 있게 해주는가, 즉 방법론과 수집된 데이터는 타당도가 있는가? 평가 방법은 생태학적으로 타당한가 아니면 연구를 위해서 근본적으로 성격이 변질되었는가? 결과에 영향을 미칠 정도로 혹시 편향이 일어났나? 결과는 일반화가 가능한가? 그리고 그 범위는 어디까지 가능한가?

신뢰도

어떤 방법의 신뢰도나 일관성은 동일한 조건하에서 다른 시간에 행해졌을 때 얼마나 동일한 결과를 산출하느냐에 따라 결정된다. 다른 평가자나 연구자가 똑같이 시행하면 유사한 결과를 얻을 수 있어야 한다. 평가 방법마다 신뢰도가 다르다. 예를 들어, 통제를 많이 하는 실험일수록 신뢰도가 높을 것이며, 자연스러운 환경에서 관찰하는 방법은 편차가 클 것이다. 구조화되지 않은 인터뷰로 얻은 결과는 똑같이 하지 않은 이상 같은 결과를 얻기 어렵기 때문에, 신뢰도가 낮을 것이다.

타당도

타당도는 평가 방법이 측정하려는 대상을 평가하는지 여부와 관련된다. 여기에는 평가 방법 자체와 구현 방법이 포함된다. 예를 들어, 평가 연구의 목표가 사용자가 가정에서 신제품을 사용하는 방법을 찾는 것이라면 실험실 실험을 계획하는 것은 적절하지 않다. 사용자 주택에 대한 문화기술지적 연구가 더 적절할 것이다. 작업을 완료하는데 평균 성능 시간을 찾는 것이 목표라면 사용자 오류 수만 기록한 방법은 유효하지 않다.

생태학적 타당도

생태학적 타당도는 평가가 수행되는 환경이 평가에 어떤 영향을 미치는지 또는 아예 결과를 바뀌게 할 수 있는지에 관련한 타당도이다. 예를 들어, 실험실 실험은 통제가 되기 때문에 참가자들이 어떻게 행동하는지가 직장, 집, 여가 환경과 같이 자연스러운 환경에서와 다를 수 있다. 그래서 실험실에서의 실험은 실제 세계에서 일어나는 것과 다를 수 있어 생태학적 타당도가 낮다고 볼 수 있다. 반대로, 에스노그라피에서는 연구 장소나 참가자들에게 어떤 영향을 끼치지 않기 때문에 생태학적 타당도가 높다.

생태학적 타당도는 참가자들이 연구 대상임을 인지할 때도 영향을 받는다. 이런 영향을 호손 효과라고 부르기도 한다. 호손 효과는 1920년대와 1930년대에 미국 서부 전기 회사의 호손 공장에서의 일련의 실험들을 한 후에 발견된 것으로, 근무 시간, 난방, 조명 등의 변화들로 인한 생산성에 대한 영향을 조사했다. 하지만, 결국엔 일하는 사람들이 특정 실험 조건보다는 특별한 대우를 받는 것에 대하여 긍정적으로 반응한 것으로 나타났다. 의료 임상실험에서도 유사한 결과들이 나타난다. 위약 투여량을 받은 환자들이 약물이 투여되지 않는 허위 투여량을 받고도, 특별한 관심을 더 받는 것만으로도 호전하는 경우이다.

편향

편향은 결과가 왜곡될 때 발생한다. 예를 들어, 전문 평가자들이 휴리스틱 평가를 할 때 다른 일반인들보다 작은 결함에도 민감하게 받아들일 수 있으며, 이러한 부분은 결국 결과에 반영된다. 관찰 데이터를 수집하는 평가자들은 특정 행동을 중요하게 여기지 않기 때문에 특정 부분을 지속적으로 누락할 수도 있다. 다른 말로 하자면, 중요하다고 생각하는 데이터를 더 선택적으로 기록할 수도 있다. 면접관들은 목소리 톤, 표정, 질문을 하는 표현 방식 등으로 참가자들에게 영향을 미칠 수도 있기 때문에 편향이 일어나지 않도록 세심하게 신경을 써야 한다.

범위

평가 연구의 범위는 연구 결과가 얼마나 일반화될 수 있는지에 따라 결정된다. 예를 들어, 15장에서 논하는 Fitts'의 법칙과 같은 모델링 방법들은 키패드 설계와 같이 매우 좁고 정밀한 분야에 적용될 수 있다(결과의 과잉 해석은 8장에서 다룬다).

과제

이 과제에서는 앞에서 다룬 사례들을 평가방법에 비추어 생각해보자.

1. 각 사례 연구에서 시스템 설계에 있어서 평가의 역할과 무엇을 평가했는지, 설계 단계 중에 언제 평가를 수행했는지, 어떤 방법들을 사용했는지, 그리고 무엇을 배웠는지 기술하라. 특별히 관심있는 사안도 작성하다 보면, 아래와 같은 형태로 정리하는 것이 도움이 될 수도 있다.
   - 평가 대상
   - 디자인 과정상 평가 시점
   - 통제된 정도와 사용자의 역할
   - 적용된 방법론
   - 어떤 데이터가 수집되었으며 평가 방법
   - 배운 점

- 기타 의견

2. 평가에 영향을 미치는 제약조건은 무엇이었나?
3. 평가에 대한 폭넓은 시각을 제공하기 위해 다른 방법론들은 서로 어떻게 영향을 주고 상호보완이 되었나?
4. 사용성 목적과 사용자 경험에 따라 설계된 평가의 영역은 무엇이었나?

요약

이 장의 목적은 주로 사용되는 평가에 대한 접근법과 방법을 소개하는 것이었다. 다음 두 장에서 더 자세히 다룰 것이다. 이 장에서는 설계 전반에 걸쳐 평가가 어떻게 이루어지는지에 대해서 강조하였다. 프로토타입, 컴퓨터 시스템, 또는 시스템의 일부를 사용하는 사용자들에 대한 정보 수집하여 디자인을 개선하는 것을 설명하였다.

연구실 기반 또는 필드에서 이루어지는 연구에 대하여, 비용, 노력, 제약, 도출할 수 있는 결과 형태에 따라 장단점을 설명하였다. 어떤 방법을 선택할지는 평가의 목표, 평가자의 기대치, 사용 가능한 자원에 따라 달라진다. 비용을 절감하고 새로운 방법으로 크라우드소싱을 소개하였다. 마지막으로 참가자들의 사생활 및 권리와 같이 평가 방법과 관련된 윤리적인 사항에 대해 언급하였다. 데이터를 분석할 때 생길 수 있는 편향, 신뢰성, 생태학적 타당성도 논의하였다.

Key Points

- 평가와 설계는 밀접한 관계를 가진다.
- 평가 시에 사용자 요구사항 수집에서 사용했던 방법을 사용하기도 한다(예: 관찰, 인터뷰, 설문지).
- 평가는 통제된 실험실, 통제가 덜한 현장 연구, 또는 사용자가 없는 경우 수행될 수도 있다.
- 사용성 평가와 실험은 평가자가 많은 통제를 하며, 현장 연구는 평가자가 적게 또는 통제를 하지 않는다.
- 연구를 할 때 다양한 시각을 위해 다양한 방법을 조합한다.
- 참가자들은 사전동의서를 통해 자신들의 권리를 인식한다.
- 평가에서 얻은 결과를 지나치게 일반화하지 않도록 유의해야 한다.

Chapter

14 평가 사례: 통제 실험부터 자연스러운 환경까지

목표

이 장의 주요 목표는 다음과 같다.

- 사용성 평가를 하는 방법을 설명한다.
- 실험 계획의 기본 윤곽을 설명한다.
- 현장 연구를 하는 방법을 기술한다.

14.1 개요

당신이 중고품을 광고하기 위한 새로운 공유 웹 공간을 디자인했다고 상상해보아라. 가정주부들이 원하는 것을 쉽게 찾는데 사용할 수 있는지와 신뢰할 수 있는 서비스인지 알고 싶다면 어떻게 할 것인가? 어떤 평가 방법을 사용할 것인가?

이번 장에서는 통제된 실험실부터 자연스러운 환경에 이르기까지, 다양한 환경에서의 평가 방법을 다룰 것이다. 이 스펙트럼 내에서, 사용성 평가실, 사용성 연구실, 그리고 사용하는 사람들의 집, 학교, 직장, 여가 환경 등과 같이 자연스러운 현장 연구에 초점을 맞춘다.

14.2 사용성 평가

전통적으로 제품의 사용성 평가는 통제된 실험실 환경에서 시험되어 왔다. 이는 대부분 웹사이트, 문서 편집기, 검색 도구와 같은 데스크톱 애플리케이션을 평가하는데 일반적으로 사용되어 왔다. 실험실 또는 일시적으로 통제된 환경에서 사용성 평가를 하는 것은 사용자가 수행하는 작업, 환경, 사회적 영향 등 사용성 평가에 영향을 미칠 수 있는 요소들을 평가자가 제어할 수 있게 해준다. 평가의 목표는 제품이 개발된 주요 고객들에게 제대로 사용되어지고 있으며, 달성하고자 하는 목적을 잘 이루게 하는지 측정하는 것이다.

14.2.1 방법, 작업, 사용자

사전에 정의된 작업에 대해서 사용자의 성과를 데이터로 수집하는 것은 사용성 평가의 핵심이다. 13장에서 언급한 바와 같이 데이터 수집을 위해서는 종종 다양한 방법을 조합한다. 이러한 데이터에는 사용자들의 표정까지 포함한 동영상 데이터, 키보드 기록이나 마우스 이동도 포함한다. 때때로, 사용자들은 작업을 수행하면서 그들이 생각하는 바를 큰 소리로 말하도록 요청을 받기도 한다. 이는 사용자들이 무엇을 생각하고 계획하고 있는지를 밝히는 방법이다(자세한 내용은 14.2.3절 참고). 또한, 제품을 직접 사용하고 난 후에 제품에 대해 어떻게 느꼈는지 직접 설문지를 통해 여러 척도에 따라 평가를 하기도 한다. 제품에 대하여 어떤 점을 좋아하고 좋아하지 않았는지 구조화된 또는 반구조화된 인터뷰 요청을 받기도 한다. 평가자는 사용자들이 현장에서 제품을 어떻게 사용하는지 데이터 수집을 한다.

예를 들어, 정보를 검색하거나, Helvetica나 Times와 같이 다른 글자체를 읽거나, 다른 메뉴를 탐색하는 것이다. 웹페이지를 찾기와 같은 경우에는 작업 수행 시간과 개수가 주요 성능 지표이며, Excel 시트를 생성하면서 메뉴를 잘못 선택하는 경우에는 오류 개수가 성능 지표가 된다. 작업을 수행하면 생성되는 정량적인 성능 지표는 다음과 같다(Wixon과 Wilson, 1997).

- 작업 완료 시간
- 제품에서 일정 시간 떨어진 뒤 작업을 완료하는 시간
- 작업 별 오류 개수 및 유형
- 시간 단위 별 오류 개수
- 온라인 도움말이나 설명서를 찾기 위한 탐색 수
- 특정 오류를 범하는 사용자 수
- 작업을 성공적으로 완료하는 사용자 수

사용성 평가 초기에는, 인터페이스의 특정 요소를 조사하기 위해 평가를 실시하였다. 예를 들어, 제록스 사의 연구자들은 자사의 Star office 워크스테이션 시스템을 위해 마우스에 필요한 최적의 버튼 개수, 메뉴의 최적 개수, 아이콘 디자인과 같은 요소에 대해서 일련의 평가를 수행하였다(Bewley *et al.*, 1990). 최종적으로 200명의 사용자들을 통해서 15개 이상의 평가

를 400시간 넘게 진행하였다. 이러한 결과들은 다음 인터페이스 설계에 반영이 되었다.

사용성 평가에 적합한 사용자 수를 결정하는 것은 중요한 의사결정 사항이며, 보통 5명에서 12명이 허용 가능한 숫자로 간주된다(Dumas과 Redish, 1999). 그러나 예산과 일정에 따라 더 작은 수의 사용자를 대상으로 하기도 한다. 예를 들어, 웹사이트의 로고를 디자인할 때 빠른 피드백을 위해서 두세 명의 사용자로부터만 평가를 얻을 수도 있다.

14.2.2 실험실과 장비

마이크로소프트와 IBM과 같은 많은 회사들은 사용성 평가를 위한 맞춤형 실험실에서 제품을 평가하였다(Lund, 1994). 이러한 평가 실험실은 제품 및 녹화 장치, 평가자들이 무슨 일이 일어나는지를 지켜보고 데이터를 분석할 수 있는 관측실로 구성된다. 사용자들 맞이할 수 있는 장소, 보관장소, 관찰자들을 위한 장소도 있을 수 있다. 실제 세계를 피상적으로나마 모방하는 장소가 마련될 수도 있다. 예를 들어, 제품이 사무실 또는 호텔 리셉션에 사용될 것이라면, 실험실이 그러한 환경처럼 보이도록 꾸며질 수 있다. 방음 그리고 창문, 전화기, 직장 동료, 그 외 사회적 요소들의 부재는 실제 환경에서의 방해 요소들을 없애며, 수행해야 할 작업에 집중하게 해준다.

일반적으로, 사용자의 손동작, 표정, 자연스러운 몸동작을 녹화할 수 있도록 두 개에서 세 개의 벽걸이형 비디오 카메라가 설치된다. 사용자들 입 밖으로 내는 소리나 탄식을 녹음하기 위해 근처에 마이크도 설치한다. 관찰실에 비디오 영상과 다른 데이터가 전달된다. 관찰실은 보통 주요 실험실과 단방향 투과성 거울로 분리가 되어 평가자는 실험자들을 볼 수 있지만, 실험자들은 평가자를 보지 못한다. 여러 층으로 이루어진 작은 강당 배치일 수도 있으며 모니

그림 14.1 평가자들이 실험자들을 모니터 그리고 단방향 투과성 거울로 관찰할 수 있는 사용성 평가 실험실

터를 바라볼 수 있는 일련의 의자로 이루어진 작은 뒷방일 수도 있다. 평가자들과 다른 사람들이 진행 중인 실험을 모니터 또는 거울을 통해 볼 수 있도록 설계가 된다. **그림** 14.1에서 전형적인 배치를 볼 수 있다.

다른 유형의 애플리케이션을 평가하기 위해 방의 배치를 수정하기도 한다. 예를 들어, 마이크로소프트의 Nodder와 그의 동료들은 1990년대 중반에 **그림** 14.2와 같이 NetMeeting이라는 초기의 화상 회의 제품을 평가할 때 방을 두개로 분할했다(Nodder *et al*., 1999). 이를 통해서, 화상회의를 진행하는 동안 두 방의 사용자들을 모두 관찰할 수 있었다.

사용성 실험실은 운영 및 유지 보수가 비싸고 노동 집약적일 수 있다. 이에 따라, 90년대 중반에는 저렴한 비용으로 대체할 수 있는 이동식 사용성 평가 기기가 인기를 얻었다. 비디오 카메라, 노트북, 다른 사용성 측정 기기들을 사무실이나 다른 공간에 임시로 설치하였다. 또한 이러한 기기들을 실제 작업 환경에 가져감으로써 좀 덜 인위적인 환경에서 사용자들이 편하게 평가에 임할 수 있게 하였다.

이동식 평가를 위해 특별히 고안된 제품도 늘고 있다. 들고 다니기 편한 케이스에 휴대할 수 있어 lab-in-a-box 또는 lab-in-a-suitcase 등으로 불리우기도 한다. 한 예로는 Tracksys라는 휴대용 실험실로 포함 기기에 따라 미화로 5000불 이하 정도의 비용이 든다(**그림** 14.3). PC에 바로 꽂아 하드디스크에 데이터를 저장할 수 있는 기성품들로 구성되어 있다(**그림** 14.4). Tracksys에 최근에 추가된 것으로는 GoToMeeting 패키지, 원격 아이 트래커를 포함한 원격 제어 시스템, 이동식 헤드셋 기반 아이트래커가 포함된다. 후자는 헬멧 또는 모자에 장착되어 스포츠, 사용성 평가, 그리고 다른 상황에서도 지원할 수 있도록 완전히 휴대용으로

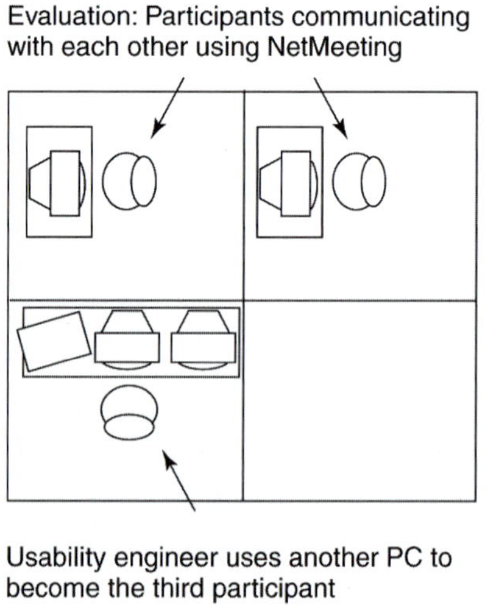

그림 14.2 초기의 화상 회의 제품인 NetMeeting를 평가했던 실험실의 배치

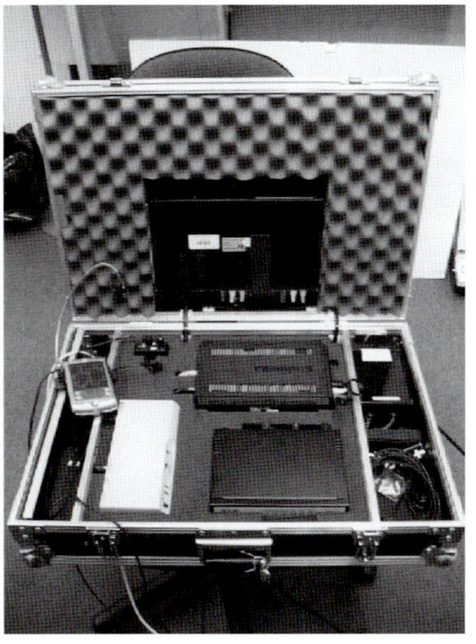

그림 14.3 PC와 휴대용 기기들을 담고 있는 Tracksys의 lab-in-a-box 시스템
출처: Courtesy of Harry Brignull.

제작되었다(그림 14.5). 다른 휴대용 아이트래킹 기기들도 있다.

또 하나의 트렌드는 원격 사용성 평가를 수행하는 것으로, 사용자들이 자신들의 환경에서 소프트웨어를 활용하여 작업하며, 원격으로 행동 데이터를 기록하는 것이다. 많은 사용자들이 동시에 평가를 할 수 있으며 데이터를 자동으로 통계 프로그램에 연결하여 분석할 수 있는 것이다. 예를 들어, 특정 작업을 수행하기 위한 페이지당 클릭 수나 탐색을 위한 클릭 수가 기록되어 바로 분석할 수 있다.

그림 14.4 Tracksys 시스템을 활용하여 유연한 거치대에 장착된 휴대용 카메라로 모바일 기기를 촬영하고 있는 모습
출처: Courtesy of Harry Brignull.

그림 14.5 휴대용 아이트래커

출처: Picture courtesy of SensoMotoric Instruments (SMI), copyright 2010.

14.2.3 사용성 평가 사례: 아이패드

Nielsen Norman Group의 사용성 평가 전문가인 Budiu와 Nielson(2010)은 아이패드에 특화된 웹사이트와 앱에 대한 사용성 평가를 실시하였다. 그들은 기기와의 상호작용이 어떻게 사람들에게 영향을 미치는지와 그들의 고객 및 개발자, 또한 보도되고 있는 대로 아이패드가 광고에 부응하는지를 알고 싶어하는 사람들에게 피드백을 전해주고 싶어했다. 사용자가 자신이 하는 일과 생각하는 것을 큰소리로 얘기하는 소리 내어 생각하기 기법과 전문가 인터뷰 두 가지 방법을 진행하였다. 다음으로 그들이 수행한 사용성 평가 기법을 설명한다. 그들이 한 핵심 질문은 "아이폰과 달리 아이패드에 대한 사용자들의 기대는 다른가?" 아이폰에 대한 이전 연구에서 사람들은 느리고 번거로운 웹 브라우징에 비해서 앱 사용을 선호했다. 사람들이 보통 사용하는 노트북이나 데스크톱 컴퓨터의 웹페이지와 유사하게 보이는 큰 화면 가지는 아이패드에서도 같은 양상이 보일까? Budiu와 Nielsen은 그 당시에 많은 회사들이 생각하고 있던 문제에 대해 답을 할 수 있기를 바랬다. 아이패드를 위한 특정 웹사이트를 개발할 가치가 있는지(일부 외사가 스마트폰을 위해 웹사이트를 따로 개발하듯이) 또는 데스크탑 버전이 아이패드 멀티터치에서도 허용될 수 있는가 등에 대해 말이다.

사용성 평가는 미국의 두 도시, 캘리포니아의 Fremont와 시카고에서 수행되었다. 평가 세션은 유사했으며, 아이패드에서 애플리케이션이나 웹사이트 접근할 때 겪는 일반적인 사용성 문제를 이해하는 것이었다. 7명의 참가자들을 모집했으며, 모두 3개월 이상 아이폰 사용자이면서 다양한 앱을 사용하고 있었다. 한 명은 아이패드를 가지고 있었다. 아이폰을 이용자들을 모집한 이유는 아이패드와 유사한 상호작용 방식으로 앱과 웹을 사용한 경험이 있기 때문이다.

참가자들은 전형적인 사용자들로 간주되었으며, 나이와 직업은 다양했다. 20대는 2명, 30대는 3명, 50대와 60대는 각각 1명이었다. 그들의 직업은 음식 서버, 준법률가, 의료 보조, 은퇴한 음식 운전사, 회계 담당자 및 가정주부였으며, 3명은 남성, 4명은 여성이었다.

참가에 앞서, 참가자들은 약관에 동의하는 사전동의서를 읽고 서명하도록 하였다. 사전동의서에는 다음과 같은 사항이 적혀 있었다.

- 참가자들에게 요청될 작업
- 평가 시간
- 참가에 따른 보상
- 연구를 도중에 철회할 권리
- 신원 비공개에 대한 약속
- 수집된 데이터에 대한 보안 유지 및 평가자 이외에 다른 마케팅 담당자나 사용자가 사용할 없다는 조항

평가

사용자들은 아이패드에서 흥미로워 보이는 앱을 탐색하는 것으로 시작했다. 그들이 무엇을 찾거나 읽는지, 사이트에 대해서 어떤 것을 좋아하는지 싫어하는지, 작업을 수행함에 있어 어떤 어려움이 있는지 말하도록 요청했다. 참가자 옆에는 조정자가 앉아 관찰하고 메모를 했다.

표 14.1 아이패드 평가에서 사용한 작업 예시(Budiu와 Nielson, 2010)

앱 또는 웹사이트	작업
iBook	이상한 나라의 앨리스의 무료 복사본을 다운로드 받아 앞 몇 페이지 읽으시오.
Craiglist	정원에 사용할 무료 뿌리 덮개 찾으시오.
Ebay	Ebay에서 새로운 아이패드를 사려고 한다. 신뢰도가 있는 판매자가 파는 것을 찾으시오.
Time Magazine	잡지를 탐색하고 이번주 베스트 포토를 찾으시오.
Epicurious	오늘 사과 파이를 만들려고 한다. 레시피를 하나 찾고 무엇을 사야하는지 알아보시오.
Kayak	이번 해에 Death Valley로 여행을 가려고 한다. 공원이나 공원 근처에서 묵을 수 있는 호텔을 찾으시오.

출처: Copyright Nielsen Norman Group, from report available at http://www.nngroup.com/reports/.

각 세션은 녹화되었으며 약 90분 동안 진행되었다. 참가자들은 스스로 작업을 수행했다.

아이패드를 탐색한 후에는 평가자가 특정 앱이나 웹사이트를 열고 이를 탐색한 후에 스스로 하는 것처럼 하나 또는 하나 이상의 작업을 수행하도록 요청했다. 작업은 무작위로 할당받았다. 모든 앱은 아이패드를 위해서 특별히 제작되었지만, 일부 작업의 경우 일반 웹사이트에서 평가하였다. 이러한 작업의 경우 평가자는 몇몇 참가자들에게는 앱이 그리고 다른 참가자들에겐 웹사이트가 먼저 보이도록 순서를 조정하도록 주의했다. 32개 이상의 사이트에서 60개 이상의 작업을 수행했으며, **표 14.1**에서 예시들을 살펴볼 수 있다.

실습해보기 14.1

1. 이 연구의 주 목적은 무엇이었나?
2. 좋은 사용성과 사용자 경험을 위해서는 어떤 요소들을 고려하는 것이 중요한가?
3. 표 14.1에서 보여진 작업들은 어느 정도로 전형적인 아이패드 사용자를 대변할까?

조언

1. 아이패드를 활용하여 사용자들이 앱과 웹사이트와 어떻게 상호작용을 했는지 발견하는 것이다. 도출된 발견들은 개발자들이 아이패드를 위해 따로 웹사이트를 개발해야 하는 것에 대해 답하기 위한 것이었다.
2. 우리의 사용성에 대한 정의로 아이패드가 충족해야 할 것: 효율적이고, 효과적이고, 안전하고, 배우기 쉽고, 기억하기 쉽고, 좋은 효용(즉, 좋은 사용성)을 가지는 것이다. 아이패드는 창의성도 지원하고 사용하도록 동기부여도 하고, 유용하고, 만족스러워야 한다(즉, 좋은 사용성). 아이패드는 일반적인 대중을 위해 디자인되었기 때문에 사용자들의 나이와 기술적 경험이 광범위하다.
3. 작업들은 평가자들에 의해 고안된 작은 샘플이다. 쇼핑, 읽기, 계획 세우기, 레시피 찾기 등과 같이 일상생활에서 일어날 수 있는 작업들을 다룬다. ■

장비

평가는 **그림 14.6**에서와 같이 이동식 사용성 키트와 비슷한 설정으로 수행되었다. 참가자 아이패드를 사용할 때의 상호작용과 제스처가 녹화되어 노트북에 기록되었다. 웹캠을 활용하여 참가자의 표정과 소리 내어 생각하기 기법의 의견들을 녹화하였다. 노트북에서는 Morae라는 소프트웨어를 이용하여 녹화되는 두 데이터를 동기화하였다. 참가자 옆에 앉은 중개자를 포함하여 총 3명의 관찰자들이 참가자를 직접 보기 보다는 테이블 위의 비디오 영상을 보았다. 이를 통해 참가자의 개인 영역을 침범하지 않도록 하였다.

그림 14.6 시카고에서 이루어진 사용성 평가의 설정

출처: Copyright Nielsen Norman Group, from report available at http://www.nngroup.com/reports/.

사용성 문제

연구의 주 발견은 참가자들이 아이패드에서 웹사이트를 활용할 수 있었지만 최적은 아니었다는 것이다. 예를 들어, 페이지들의 링크들은 터치하기 너무 작거나 글자를 읽기 어려웠다. 연구에서 확인된 다양한 사용성 문제들은 잘 알려진 상호작용 설계 원리에 따라 분류되었다. 멘탈 모델, 내비게이션, 화질, 작은 표적 영역에서 터치 스크린의 문제, 행동 유도성, 애플리케이션에 길 읽기, 방향 전환의 영향, 작업 메모리, 그리고 그들이 받는 피드백 등을 아우른다.

내비게이션 문제점의 예로는 아이패드에 Time 잡지가 등장 했을 때, 하이퍼링크가 없었다. 콘텐츠 페이지에는 존재했지만 접근하기가 쉽지 않았다. 접근을 하기 위해서는, 화면을 터치하여 하단의 컨트롤 버튼이 표시되도록 한 후에, 콘텐츠 버튼을 선택하고 콘텐츠가 보이는 띠를 보이게 한 후에, 원하는 페이지를 선택해야 했다.

또 다른 문제점으로는 사용자들이 종종 버튼과 메뉴를 선택하기 위해서 아이패드를 어딜 눌러야 할지 알지 못했다. 인터페이스의 행동 유도성을 위해서는 어디를 선택해야 하는지 잘 보여야 한다. 하지만, 평가자들은 참가자들이 메뉴에서 옵션을 선택하기 위해서 먼저 아이패드 인터페이스를 터치하는 것을 발견했다.

애플리케이션 내 길을 잃는 것은 디지털 제품에서 오래되었지만 중요한 문제이다. 사용자들은 종종 아이패드 터치를 너무 많이 한 후에 뒤로가기 버튼을 찾지 못해 첫 홈페이지로 돌아가지도 못했다. 한 참가자는 "... [홈페이지에] 모든 것이 표시되는 것을 좋아한다. 내 뇌는 그런 식으로 작동한다(Budiu와 Nielson, 2010)". 다른 문제들은 아이패드의 회전 방향에 따른 두 화면, 가로 및 세로로 인해 야기되었다. 세로 방향보다는 가로 방향에서 더 많은 정보를 보여줄 수 있도록 개발된 앱들이 있어 문제가 발생했다.

데이터 해석 및 보여주기

연구 결과에 따라 Budiu와 Nielsen은 표준 내비게이션과 같은 여러 권장 사항을 도출했다. 연구 보고서는 앱 개발자들과 일반인들이 볼 수 있도록 공개적으로 작성되었다(www.nngroup.com에서 제공). 주요 발견 사항들도 요약하고 참가자들이 겪었던 구체적인 문제들도 공개하여 개발자들이 아이패드를 위해 따로 웹사이트를 개발해야 할지 결정할 수 있도록 도와주었다.

이 평가는 아이패드에서 웹사이트들이 얼마나 사용 가능한지는 밝혔지만, 일상생활에서 어떻게 사용될 지에 대해서는 알려주기 어려웠다. 이는 집이나 여행을 할 때와 같은 일반적인 환경에서 사용자들이 사용하는 것에 대한 관찰 연구를 필요로 한다.

실습해보기 14.2

1. 아이패드 평가를 위한 참가자 모집 기준은 적당했나? 의견에 대한 이유를 작성하시오.
2. 작업을 하면서 소리내어 생각하기 기법을 사용한 것은 어떤 문제가 있을 수 있나?

조언

1. 평가자는 연령대와 아이폰이나 아이패드를 사용 경험을 고려하여 대표성을 띈 참가자들을 모집하려고 했다. 결과에 대해 좀 더 일반화할 수 있도록 참가자 수가 더 크면 좋았을 것 같다. 하지만 개발자들과 일반 대중을 위해 빠르게 연구 결과를 도출하는 것도 중요하다.
2. 소리 내어 생각하기 기법을 통해 참가자들이 무엇을 하고, 하려고 하고, 생각을 하고 있는지에 대해서 구두로 녹음을 할 수 있었다. 하지만, 만약에 어떤 사람이 작업에 몰두하고 있으면, 동시에 말하는 것이 어려울 수도 있다. 이런 시점은 참가자들이 어려움을 겪고 있어 가장 흥미로운 의견을 들을 수도 있는 때이지만, 말수가 적을 때이기도 하다. ■

영상: 2010년에 Blue Duck Labs에서 제작한 영상이며 어린 아이들과 시스템에 대해 평가할 때 고려해야 할 사항을 소개한다. 어린 아이가 종이로 된 프로토타입을 통해서 색칠 프로그램을 시험해보는 사례가 소개되어 있다(http://youtu.be/9wQkLthhHKA 참조).

보다 엄격한 평가가 필요하다면, 생각해보기 14.1에서와 같이 미국 정부의 Recovery.gov 웹사이트에 적용한 사례와 같이 일련의 표준들이 지침으로 활용될 수 있다. 이 대형 웹사이트를 위해서 사용성 평가, 전문가 검토(15장에서 논함), 포커스 그룹 등 다양한 방법들이 사용되었다.

생각해보기 14.1

Recovery.gov 웹사이트에 대한 접근성 및 섹션 508 규정 준수 보장(Lazar *et al.*, 2010b)

미국의 'Recovery and Reinvestment' 법안('the Stimulus Bill'으로 알려짐)은 2009년 2월 17일날 법으로 제정되었다. 일자리를 창출하고 경제 상황을 개선하기 위해 미국 경제에 7,870억 달러를 투입하려는 의도였다. 지출에 대한 감독 및 낭비를 최소화하고 투명성 있는 집행을 위해 'Recovery Accountability and Transparency Board'이라는 독립된 이사회를 구축하였다. 법안은 일반 대중에게 올바른 정보를 제공할 수 있는 웹사이트를 구축할 것을 요구하였다. 법안에 통과한 날 간단한 웹사이트가 개설되었고, 법안과 관련된 모든 계약에 관한 자료를 포함해서 데이터, 지리 공간에 대한 요소, 웹 2.0 기능을 갖추는 것이 일차적인 목표였다. 미국 연방정부는 시민들이 돈이 어떻게 사용되는지 볼 수 있도록 지원하여 정치적 투명성을 제공하려는 전례 없는 목표를 지니고 있었다.

Recovery.gov 웹사이트의 개발의 주요 목표는 지각(시각 및 청각)과 운동 장애와 같은 장애를 가진 사람들도 접근할 수 있는 웹사이트를 개발하는 것이었다. Rehabilitation Act(재활법) 섹션 508조(자세한 내용은 id-book.com 웹사이트 참조)에 명시된 지침을 준수해야 했다. 대략적으로 규정 준수를 보장하는지 3가지 방법으로 바라봤다.

- 지각 및 운동 장애가 있는 사용자를 포함하여 개별 사용자에 대한 사용성 평가
- 3개월마다 스크린 리더 툴인 JAWS 또는 Watchfire와 같은 자동화 테스팅 도구를 사용하여 주기적으로 평가
- 사용자들에게 접근성에 대한 온라인 피드백을 받아 신속하게 대응

개발 기간 동안 5개 도시에서 2시간에 이르는 포커스 그룹이 10번 이루어졌다. 또한 4명의 인터페이스 전문가로 이루어진 전문가 패널도 소집되어, 다양한 장애를 가진 11명의 사용자와 함께 사용성 평가가 이루어졌다. Recovery.gov 2.0이 출시되기 몇 주 전에 개발팀은 국방부의 전산팀(Department of Defense Computer Accommodations Technology Evaluation Center, CAPTEC)에 방문하여 자신들의 사무실에 없는 헤드 포인팅 장치와 같은 다양한 보조 기술 기기에 대하여 직접 체험을 하였다.

PDF 파일과 같이 기존 규정이 제공하지 않는 상황을 포함하여 각 규정 준수 표준을 충족하기 위해 다양한 방법을 개발했다. Recovery.gov에는 매달 많은 양의 PDF파일이 게시되며, 이러한 파일 역시 섹션 508 규정에 해당한다. Adobe의 자동화된 PDF 접근성 테스팅 도구를 통해 검사가 되며, 약간의 추가 설명이 필요하면 Recovry.gov 웹사이트 관리자들이 수정을 한다. 하지만, 수정해야할 범위가 크면 PDF 파일은 Adobe에서 접근성 관련 생성되는 문서와 함께 다시 각 담당부서로 다시 반환된다. PDF 파일은 Adobe의 자동화된 접근성 검사를 통과하기 전까지는 게시되지 못한다. 또한, 자동화된

> 검사를 통과하기 전까지는 새로운 모듈이나 기능은 추가되지 못한다. Recovery.gov 웹사이트는 방문자수가 많아(월 150만명으로 추산) 접근성을 보장하고 사용성이 높은 인터페이스를 제공하는 것이 중요하다. 사례를 더 자세하게 확인하고 싶으면 www.id-book.com에 게시되어 있다. 법안이 제정된 이후에 특히나 수천 명의 큰 피해를 만든 미국의 북쪽 동해안의 허리케인 샌디의 구호물자를 포함하도록 2013년에 개정되었다.■

14.3 실험 수행

여러 연구에서 사용자가 인터페이스를 어떻게 사용하는가에 대한 다양한 예측을 위해 가설들을 실험한다. 한 인터페이스가 다른 인터페이스 보다 이해하기 쉽거나 사용하기 쉽다는 것을 더 강력하고 신뢰도 있게 입증한다. 가설의 예를 들자면, 맥락에 따른 메뉴(예: 사용자의 이전 결정에 따라 관련된 옵션을 보여주는 메뉴)는 계단식 메뉴와 비교해서 선택하기가 쉽다. 가설들은 흔히 Fitts'의 법칙(다음 장 참고)과 같은 이론이나 기존 발견에 기반을 두기도 한다. 구체적인 측정 방법은 이러한 가설들을 시험하는 방법을 제공한다. 위 예제에서는 메뉴를 선택하는 정확도는 사용자의 메뉴 선택 오류 빈도수를 세어 비교할 수 있다.

가설 검정

전형적으로, 가설은 변수라고 불리는 두 가지 사이의 관계를 조사하는 것이다. 변수는 독립 또는 종속 변수이다. 독립 변수는 선택과 같이 연구자가 조작하는 변수이며, 위 예제에서는 메뉴 종류이다. 다른 변수들은 종속 변수라고 부르며, 위 예제에서는 옵션을 선택하는데 걸리는 시간이다. 사용자의 성과를 측정하는 것이며, 우리의 가설이 맞으면 메뉴 종류에 따라 달라질 것이다.

종속 변수에 대한 독립 변수의 영향을 검정하기 위해 가설을 세울 때, 일반적으로 귀무가설과 대립가설을 도출한다. 우리의 예시에서 귀무가설은 사용자들이 맥락 메뉴와 계단식 메뉴 사이에 메뉴를 선택하는데 걸리는 시간이 차이가 없다는 것이다. 대립가설은 두 메뉴 방식 간에 특정 메뉴를 선택하는데 걸리는 시간이 다르다고 명시할 것이다. 선택 시간에 대한 둘 간의 차이가 있다고 검정하는 것은 양측 검정이다. 맥락 또는 계단식 메뉴 간의 선택 시간이 다르다는 것은 둘 중 하나가 다른 것보다 빠르다고 해석할 수 있기 때문이다. 또는 둘 중에 하나만 효과가 있다고 가설을 세울 수도 있다. 이를 단측 검정이라고 부르며, 맥락 메뉴가 계단식 메뉴보다 선택 시간이 빠르다고 명시할 수 있으며, 반대로도 가능하다. 한쪽이 더 빠르다고 생각할 강력한 이유가 있다면 단측 검정을 할 수 있는 가설을 세우면 된다. 한쪽이 더 우세하다고 생각할 근거가 없다면 양측 검정을 한다.

우리가 입증하고자 하는 것은 반대인 것처럼 보이는데, 귀무가설이 왜 필요한지 의문이 들 수도 있다. 반대 가설을 입증하기 보다는, 데이터를 기반으로 귀무가설을 기각하는 방법을 택하는 것이다. 우리가 수집한 데이터가 두 메뉴 간에 선택 시간이 큰 차이가 보인다는 것을 입증한다면, 우리는 두 메뉴 간에 선택 시간 차이가 없다는 귀무가설을 기각할 수 있다. 이와 같은 표현은 두 메뉴가 효과가 있다고 말하는 것과는 차이가 있다. 만약에 두 메뉴 간의 성과 차이가 없다면, 귀무가설은 기각될 수 없으며, 맥락 메뉴가 계단식보다 선택 시간을 빠르게 한다는 것과 같은 주장을 할 수가 없다.

가설을 검정하기 위해서 실험자는 조건을 설정하고 다른 변수들을 일정하게 유지해야 하며 실험 설계라고 일컫는다. 메뉴 선택을 하는 실험에서 통제해야 할 변수들은 화면 크기 또는 해상도일 것이다. 예를 들어, 하나의 조건에서 폰트가 10 pt이고 나머지는 14 pt라면 어떤 효과가 일어났을 때 메뉴 차이가 아니라 폰트 차이 때문일 수도 있다. 여러 개의 조건들을 비교할 수도 있다. 예를 들어 다음과 같다.

조건 1 = 맥락 메뉴
조건 2 = 계단식 메뉴
조건 3 = 스크롤

때때로 실험자는 나이와 교육 배경과 같이 두 개의 독립 변수에 대한 관계를 조사하고 싶을 수도 있다. 젊고 과학과 관련된 학력을 가진 사람들이 나이 든 사람보다 웹 검색을 빠르게 할 것이라고 가설을 세울 수도 있다. 작업을 수행하기 위한 시간과 오류 개수를 측정하는 실험을 계획할 것이다. 데이터 분석은 나이와 학력에 대한 두 변수가 차이를 만들어내는지 또한 두 변수간의 관계에 대해 분석하게 된다.

가설 검정은 더 많은 변수를 포함할 수 있지만, 실험 설계를 더 복잡하게 한다. 예를 들어, 검색 엔진과 다른 브라우저와 같은 두 가지 웹 검색 방법에 나이와 교육 배경이 미치는 영향을 시험하고 싶을 수 있다. 주요 변수는 연령과 교육 배경, 웹 검색 방법에 대한 것이며 그들 간의 상호작용도 확인하는 것이다. 하지만, 변수가 늘어날수록 데이터를 통해 어떤 변수로 인해 그러한 현상이 일어났는지 확인하는 것이 어려워진다.

실험 설계

실험 설계할 때 고려할 점은 어떤 조건에 어떤 참가자들을 포함시킬 지에 대한 부분이다. 한 조건에 참여하는 참가자가 다른 조건에도 참여하게 되면 영향을 미칠 것이다. 예를 들어,

멀티미디어가 어떻게 작동하는지에 대해서 노출이 되었던 참가자들이 다른 매체에 대한 학습 자료에 똑같이 노출이 된다면, 그렇지 않은 참가자들은 불공평한 상황에 놓이게 된다. 나아가서 똑같은 콘텐츠를 본 참가자들은 그렇지 않은 참가자들에 비해 편견이 생길 수도 있다. 콘텐츠에 노출이 되었던 참가자들은 그 주제에 대해서 더 배울 시간이 많아 질문에 대해 정확하게 답변할 확률이 높아지는 것이다. 하지만 어떤 실험 설계의 경우, 훈련 효과가 나타나지 않도록 사전에 방지하여 참가자들이 모든 조건을 하도록 하는 경우도 있다.

이러한 실험 설계는 다른 참가자들에 대한 설계, 같은 참가자들에 대한 설계, 쌍으로 된 설계 등 다른 방법들이 있다. 첫 번째의 경우, 단일 그룹이 한 조건에 대해 무작위로 배치가 되어 참가자들끼리 다른 조건에 대해 작업을 수행하며, 피험자 간 또는 집단 간 설계라고 부른다. 이런 실험 설계의 경우 한 조건에 대해서만 작업을 수행하기 때문에, 두 조건 모두에 노출될 때 생기는 순서 또는 훈련에 따른 영향이 생기지 않는다는 장점이 있다. 단점으로는 많은 참가자들을 필요로 한다는 것과 개인의 경험과 전문 지식과 같은 개인차가 영향을 미칠 수 있다는 것이다. 이러한 문제를 최소화하기 위해서는 참가자들을 무작위로 배치하고 사전 시험을 통해서 개인차가 큰 참가자들을 확인하는 것이다.

피험자 내 또는 집단 내 설계는 모든 참가자들이 모든 조건들에 대한 작업을 수행하기 때문에 참가자 수가 절반이면 된다. 이러한 실험 설계를 하는 이유는 개인간 차이를 최소화하고 조건에 따른 성과가 어떻게 되는지 살펴보기 위한 것이다. 참가자들에게 주어진 조건 순서가 영향을 미치지 않도록 조정하는 것이 중요하다. 예를 들어, A와 B 두 작업이 있다면 절반의 참가자들은 A 다음에 B를 하고, 나머지 절반은 B를 먼저하고 A를 수행해야 한다. 이를 역균형법이라고 부른다. 이런 역균형화는 순서에 따른 효과에서 오는 불공정성을 없앨 수 있다.

쌍대비교에서는 참가자들은 전문성 또는 성별과 같은 특성으로 쌍을 이룬다. 실험 조건에 맞춰 각 쌍은 무작위로 할당한다. 이런 실험 설계의 경우 고려되지 않은 다른 중요한 변수들이 결과에 영향을 미칠 수도 있다. 예를 들어 웹 전문성이 쌍을 이루는 좋은 기준이 될 수 있다. 각 설계 별 장단점은 **표 14.2**에 요약되어 있다.

실험할 당시에 수집되는 데이터는 주로 작은 단위의 작업들을 완료하는 시간, 작업 전체를 완료하는 총 시간, 그리고 작업을 수행하면서 생기는 오류 개수이다. 데이터 분석은 다른 조건에 따른 성능 지표들을 비교하는 것이다. 완료하는 시간, 오류 개수 등은 조건 별로 평균을 내고 차이가 있는지 확인한다. *T*-검정과 같은 통계적 분석 방법으로 차이가 유의한지 확인한다. 예를 들어, *T*-검정을 활용해서 맥락 메뉴 또는 계단식 메뉴가 메뉴 선택을 하는데 있어 더 빠른지 확인할 수 있다.

표 14.2 실험 설계 별 참가자 할당에 따른 장단점

실험설계	장점	단점
다른 참가자	순서에 따른 효과가 없음.	참가자 수가 많음. 개인간 차가 영향을 미칠 수 있음. 무작위로 할당하면서 약간 완화시킬 수 있음.
같은 참가자	실험 조건에 따른 개인간 차를 제거할 수 있음	순서에 따른 효과를 줄이기 위해 역균형화 필요
쌍을 이룬 참가자	개인간 차를 줄일 수 있음	실험 결과에 영향을 미칠 다른 요소들을 참가자들이 지니고 있어도 확인할 수 없음

통계: T–검정

어떤 요소에 의해서 차이가 있는지 확인하는 통계적 분석이 많이 있지만, 심리학을 포함해서 HCI에서는 *T*-검정이 가장 광범위하게 활용된다. 맥락 또는 계단식 메뉴를 사용하여 메뉴를 선택하는데 걸리는 시간과 같은 성과 지표를 활용하여 평균 그리고 표준편차를 계산한다. 표준 편차는 평균을 중심으로 분포 또는 변동성을 나타내는 지표이다. *T*-검정은 간단한 방법으로 두 조건의 평균이 차이가 있는지 확인한다. 통계적으로 유의한 차가 있다면, 귀무가설을 기각할 수 있으며 대립가설이 채택한다. 참가자 9명 및 12명의 메뉴 선택 시간을 비교하는 실험에 대한 *T*-검정 결과는 $t = 4.53$, $p < 0.05$, $df = 19$으로 나타날 수 있다. *T*-값인 4.53은 검정통계량이며 df는 자유도를 나타낸다. 자유도는 자유롭게 변화할 수 있는 조건의 개수이다. 이는 복잡한 개념이며 여기서 설명하지는 않을 것이지만, *T*-검정 결과를 표현할 때 항상 쓰인다. 자유도는 각 조건에 할당된 참가자수에서 1을 뺀 값이며, $df = (N_a - 1) + (N_b - 1)$ 이다. N_a는 한 조건에서의 참가자 수이며, N_b는 다른 조건의 참가자수이다. p 값은 효과가 우연히 발견되지 않은 확률을 나타내며, $p < 0.05$이면, 발견된 효과는 아마도 우연 때문이 아닐 것이고 우연히 일어났을 확률은 단지 5%이라는 것이다. 즉, 두 조건 간에 차이가 있을 가능성이 높다는 것이다. 통상적으로 $p < 0.05$이면 귀무가설을 기각할 수 있을만큼 충분한 값으로 여겨지며, 낮을수록 더 설득력이 높아진다. 가령, $p < 0.01$이면, 발견된 효과가 우연히 일어났을 확률은 1%에 불과하다는 것이다.

14.4 현장 연구

점점 많은 평가를 참가자들을 통제하지 않은 자연스러운 환경에서 수행되고 있다. 새로운 기술들이 사무실을 벗어난 환경에서 사용할 수 있는 때문이다. 예를 들어, 모바일과 주변의 기기들은 가정, 야외, 공공장소 등에서 사용할 수 있다. 현장 연구는 이러한 환경에서 사용자 경험을 평가하는 것이다.

13장에서 언급했듯이, 자연스러운 환경에서 이루어지는 평가는 질서정연하게 설정을 따르는 통제된 실험과 많이 다르다. 반대로, 자연스러운 환경에서 이루어지는 평가는 작업이 서로 겹치기도 하고 방해를 받는다는 측면에서 복잡해지는 경향이 있다. 하지만 사람들이 일상생활에서 실제로 제품을 사용하는 환경과 유사할 수도 있으며, 실험실에서 행동하는 것과 다를 수 있다. 사람들이 실제로 사용할 환경에서 제품을 어떻게 생각하고, 상호작용하고, 어떻게 사용하는지를 보는 것은 실제로 그 제품이 얼마나 성공할 수 있을지 파악하기에 더 좋을 수도 있다. 하지만 통제된 실험에서 어떤 인터페이스에 대한 가설을 세우고 결과를 도출하는 것을 할 수는 없다. 이로 인해서 어떤 행동을 유발하는 이유가 무엇인지 또는 어떤 제품의 사용성이 무엇이 문제인지 발견하는 것을 더 어렵다. 대신, 제품을 어떻게 사용하고 어떤 행동을 했는지에 대한 정성적인 설명을 얻을 수 있다.

현장 연구는 단 몇 분에서 몇 달 또는 심지어 몇 년까지의 기간까지도 이루어질 수 있다. 사람들에 대한 관찰과 인터뷰를 통해 데이터를 수집한다. 해당 환경에서 비디오, 음성, 그리고 현장 노트를 통해 기록한다. 또한, 참가자들은 제품을 사용하다가, 또는 제품을 사용하다가 문제를 직면하거나 특정 장소에 있을 때 종이 또는 디지털 기기로 일기를 작성하라고 요

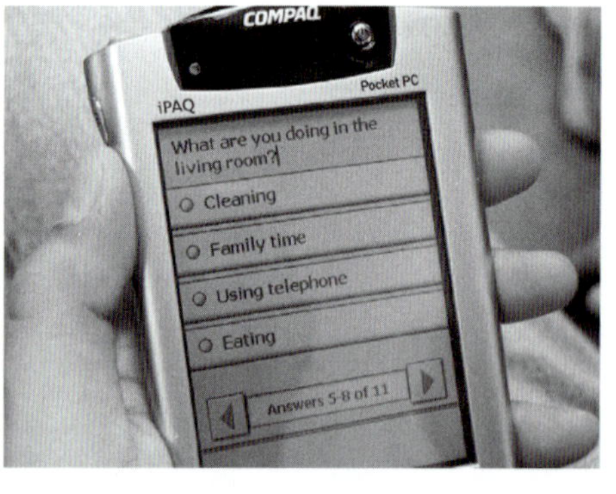

그림 14.7 휴대기기에서 맥락에 따른 사용자 경험을 기록하는 예시

출처: From Cogdill, K. (1999) "MedlinePlus Interface Evaluation: Final Report". Reproduced by permission of Prof. Keith Cogdill.

청 받기도 한다(그림 14.7). 이와 같은 기법은 7장에서 설명한 것과 같이 경험 샘플링 방법으로 의료 쪽에서 종종 쓰인다(Csikszentmihalyhi와 Larson, 1987). 식습관이나 음료 섭취 습관, 모바일이나 대면 대화와 같은 사회적 상호작용 등, 하루에 일어나는 활동들에 대한 빈도나 패턴이 기록된다. 특정 시간에 휴대폰에 있는 앱을 통해 참가자에게 질문에 답하게 하거나 체크리스트를 작성하도록 요청하기도 한다. 참가자들이 무엇을 하는지, 어떤 감정을 느끼는지, 어디에 있는지, 또는 지난 한시간 동안 얼마나 많은 대화를 나누었는지 등에 대해 기록하게 한다.

현장 연구를 수행할 때, 사람들에게 본인들이 관찰 받고 있다는 것을 알릴지, 정보를 기록하도록 요청할지, 그들은 연구에 참여하고 있다고 알릴지, 얼마나 걸릴지 등에 대해 고지할지에 대한 결정이 통제된 실험보다는 어렵다. 예를 들어, 주변에 있는 앰비언트 화면과 사람들의 상호작용을 연구할 때, 사람들에게 연구가 되고 있다는 것을 알리면 행동이 달라질 수 있다. 또한, 길거리에서 사람들이 온라인 지도를 활용할 때의 행동은 매우 짧은 시간에 이루어지는데, 실험을 하고 있다고 알려주면 하던 행동을 방해할 수도 있다.

현장 연구에서 참가자의 사생활을 보호하는 것은 중요하다. 예를 들어, 사용자의 동의 없이 현장의 사진들은 보고서에 포함되어서는 안 된다. 가정에서 리모컨 활용에 대해서 몇 주 또는 몇 달 간 연구하게 된다면, 13장에서 언급했듯이 연구에 대해 고지하고 동의서에 서명하도록 요청해야 한다. 이러한 상황에서, 평가자는 참가자와 함께 어느 부분까지 그리고 어떻게 기록할지 의논해야 한다. 가령, 참가자들이 카메라를 설치하고 싶다면 방해가 되지 않도록 설치가 되어야하며 참가자들에게 사전에 카메라 위치 및 언제 녹화가 될지 알려주어야 한다. 또한, 제품 또는 프로토타입이 고장 날 경우에 참가자들이 스스로 고칠 수 있는지 아니면 평가자에게 연락을 해야 하는지 등 어떻게 대처해야할지 대비해야 한다. 공공장소에서 고가의 장비가 사용된다면 보안도 신경 써야 한다. 실험 장소, 평가 대상 제품, 참가자들 등에서 발생할 수 있는 여러 가지 현실적인 문제들에 대해서 대비를 해야 한다.

13장에서와 같이 스키 선수들의 경기력을 향상시키기 위해서 스키 선수들은 직접 헤드셋을 착용하고 효과가 있었는지에 대해서 평가를 했다. 그 이외에도 새로운 기술들이 만들어지면 다양한 문화와 환경에 적합한지에 대한 연구는 많이 이루어져왔다. 적합하다는 의미는 사람들이 자신들의 편의와 욕구를 위해 그 기술을 어떻게 사용하고, 삶의 방식에 적합하도록 적응했는지 등에 관한 것이다. 예를 들어, 4장에서 언급한 Opionionizer은 어떤 공간의 디스플레이를 통해 사람들이 시각적으로 익명으로 의견을 공유할 수 있는 시스템이었다. Opionionizer는 파티나 사교 모임에서 낯선 사람과도 대화를 유도하고 용이하게 하기 위한 것이었다. 여러 파티에서 관찰한 결과, 시스템 근처에 사람들이 모여들었고, 화제거리가 생겨 낯선 사람들과 다양한 대화가 오가는 Honey-pot 효과가 보였다. 현장 연구에서의 발견들은 특정 상황의 발췌, 중요 사건, 패턴, 다양한 서술 형태로 제품들이 어떻게 주위 환경에 녹아 들었는지 보여준다.

14.4.1 필드 연구

최근 몇 년 간 사람들이 새로운 기술들이나 프로토타입을 어떻게 활용하는지 필드에서 연구하는 것이 활발하게 이루어졌다. 13장에서의 사례에서(13.4.2절) 연구자들은 새롭게 개발한 시스템이 스키 선수들의 경기력을 향상시킬 수 있는지, 실제로 도움을 줄 수 있는지에 대해서 피드백을 얻기 위해 실제 현장에서 연구를 하였다. 전에 언급했듯이, '필드'라는 단어는 연구가 이루어지는 상황, 즉, 새로운 기술이 만들어지고, 활용하고, 평가를 실제 환경에서 이루어진다는 것이다(Rogers, 2011). 평가는 자연스러운 환경에서 수행되며, 평가자는 프로토타입이 사람들에게서 가정, 또는 자신들의 공간에서 어떻게 활용되고 있는지 관찰하는 것이다. 기존 환경에 맞춘 솔루션을 개발하기 보다는 새로운 기술을 적용하거나 행동을 아예 새롭게 바꿀 수 있는 접근을 하기도 한다. 새로운 기회를 만들고, 새로운 방법을 시행하고, 다른 행동을 유도하는 것을 장려한다. 사람들의 그들의 삶 속에서 어떻게 반응하고, 변화하고, 기술을 적용하는지가 관심사이다. 다른 시점 그리고 다른 간격으로 필드 연구를 하는 것은 실험실에서 발견할 수 있는 것과 다른 다양한 결과들을 도출할 수 있다. 실험실과 필드 연구를 비교한 결과, 실험실 환경에서는 사용성 이슈들을 발견할 수는 있지만, 실제로 활용하는 측면은 발견하기가 어려울 수도 있다. 이런 측면들은, 사용자가 새로운 기술에 접근하는 방법, 기술로부터 얻을 수 있는 혜택, 일상생활에서 적절하게 사용할 수 있는지, 오랜 시간 지속적으로 사용할 수 있는 등이다(Rogers *et al.*, 2013; Kjeldskov와 Skov, 2014).

필드 연구: UbiFit 가든

필드 연구의 또 다른 초기 예시는 UbiFit 가든 프로젝트였다(Consolvo *et al.*, 2008). 이 프로젝트는 사람들이 주로 정적인 생활 방식에 따른 문제를 해결하기 위해서 물리적 활동 감지를 평가했다. 신체 활동을 촉진하기 위해서 모바일 기기를 통해 신체 감지와 활동을 유도하였다. 개인 휴대 기기는 세 가지 요소를 갖추고 있었다. 다양한 유형의 신체 활동을 감지할 수 있는 모니터링 기기, 개인의 활동 일지를 포함하여 세부 사항을 기록하는 애플리케이션, 휴대폰에서 한눈에 보이는 인터페이스였다. 기기의 가속도계 및 기압계 센서를 통해 감지된 데이터를 활용하여 사용자가 걸을지, 달리기할지, 사이클링, 또는 체육관에서 장비를 사용할지를 추론하였다. 센서 데이터를 처리한 후에 휴대폰과 블루투스를 통해 통신했다. **그림 14.8**

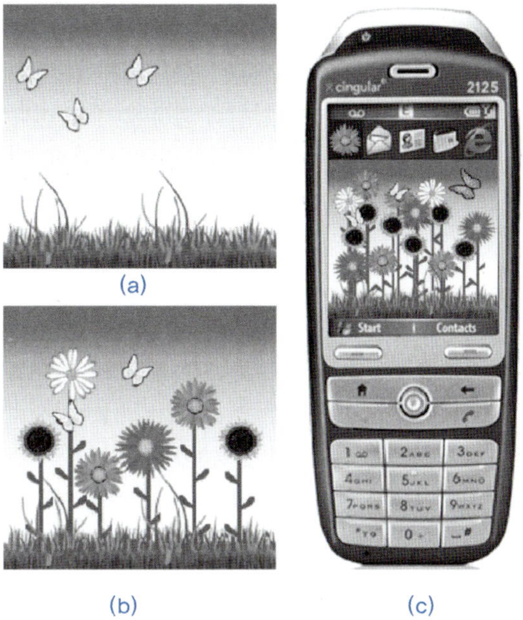

그림 14.8 UbiFit 가든의 화면: (a) 한 주의 시작 화면(작은 나비들은 최근 목표 달성을 의미하며, 꽃의 부재는 아직 신체 활동이 없다는 의미), (b) 다양한 신체 활동의 의미, (c) 모바일 기기에서 보여지는 화면(큰 나비는 목표를 달성했다는 것을 의미)

출처: From Consolvo, S., McDonald, D.W., Toscos, T. *et al* (2008) "Activity sensing in the wild: a fi eld trial of UbiFit garden". In: *Proceedings of CHI 2008*, ACM Press, New York, p. 1799.

과 같이 UbiFit 가든을 통해 처리된 데이터가 보여졌다. 사용자가 다양한 신체활동을 수행함에 따라 정원에는 꽃이 피는 형상을 보인다. 건강한 신체 활동은 꽃과 나비들로 표현되었고, 건강하지 않은 정원의 모습은 건강하지 못한 생활 방식을 나타냈다.

데이터 수집과 참가자들

이 연구에서는 두 가지 평가 방법을 사용했으며, 필드에서 3주일 간 12명의 참가자들과 미국의 13주에 걸쳐 75명을 대상으로 모바일 기기와 신체 활동에 대한 태도 및 행동에 관한 설문을 하였다. 필드 연구의 목표는 사용성 문제를 발견하고 이런 기술이 일상생활에서 활용될 수 있는지 보는 것으로, 남녀 각각 6명씩, 평균 나이 25~35세로 자원하여 참가하였다. 이 중에서 11명은 리서치 기관을 통해서 모집하였으며, 한명은 연구팀에서 모집하였다. 모두 핸드폰을 일상생활에서 사용하고 신체 활동을 늘리고 싶은 사람들이었으며, 모두 모르는 사이였다. 직업은 다양했으며, 마케팅 전문가, 접수원, 초등학교 직원, 음악가, 카피라이터 등을 포함하였다. 8명은 정규직이었으며 2명은 가정주부, 그리고 아르바이트 및 자영업자 한 명씩 있었다. BMI 지수에 따라 6명은 과체중이었으며, 5명은 정상, 한명은 비만이었다.

이 연구는 21일에서 25일 동안 진행되었으며, 이 기간 동안 참가자들은 세 번의 인터뷰를 진행했다. 첫 번째 인터뷰는 목표 설정을 하고 신체 활동에 대한 태도에 초점을 맞추었다. 1주일 째 되는 날에 진행한 두 번째 인터뷰에서는 자신들의 주간 활동 스케줄을 변경할 수 있었으며, 마지막 인터뷰는 21일째 진행하였다. 인터뷰들은 모두 녹화 및 기록되었으며, 참가자들은 참여에 대한 보상을 받았다.

데이터 분석 및 결과

그림 14.9는 평가자가 참가자들의 다양한 운동에 대해 수집한 데이터를 보여준다. 시스템에 의해서 추론된 데이터도 있고, 일기에 의해 수동으로 기록된 것, 두 개를 조합해서 도출된 것들도 있다. 참가자들과 기록된 방식은 시간에 따라 달랐으며, 세로축에 참가자들이 표시되어있고, 날짜는 가로축에 표시되어 있다. 시스템이 가끔 틀리게 추론 하면 참가자가 바꾸기도 했다. 예를 들어, 집안일의 경우 사이클링으로 인식되기도 했다. 시스템이 인식하지 못하는 수영 또는 헬스기구를 활용한 근력 운동은 수동으로 기록되었으며, 그림에서는 journaled로 표기되었다.

연구자들은 인터뷰를 통해 UbiFit 가든의 사용성에 대한 사용자들의 반응, 오류가 났을 때의 느낌, 건강해지도록 지원해주는 역할에 대한 일반적인 인식을 알 수 있었다. 7가지의 시스템 오류가 보고되었으며, 시작 시간 오류, 지속 시간 오류, 신체 활동에 대한 여러 가지 혼란, 활동 인식 오류, 그리고 아무것도 하지 않을 때 활동으로 인식하는 오류를 포함한다. 이러한

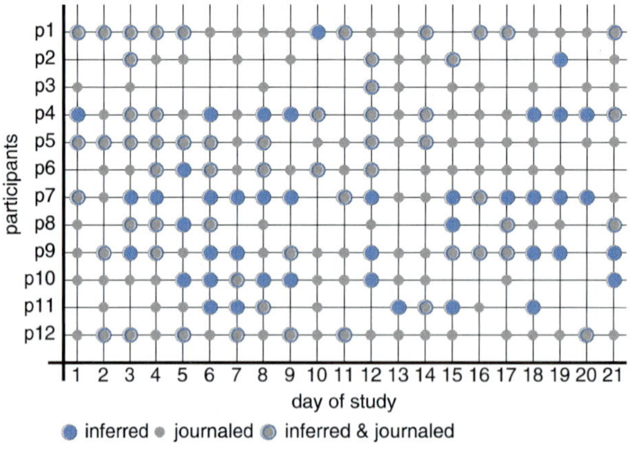

그림 14.9 참가자별로 수행한 운동과 기록 방법

출처: From Consolvo, S., McDonald, D.W., Toscos, T. *et al* (2008) "Activity sensing in the wild: a field trial of UbiFit garden". In: *Proceedings of CHI 2008*, ACM Press, New York, p. 1802.

오류들은 카테고리로 정리되었으며, 포커스 그룹에서 나온 의견들은 다음과 같다.

> "재미있는 것은, 어느 날 밤에 집안일을 많이 했다. 그런데 이쁜 분홍색 꽃들이 계속 펴는 것이었다. 그걸 보는 건 매우 만족스러웠어(P9, Consolvo *et al.*, 2008, p. 1803)"

> "세상이 끝난 건 아니지만, 신체 활동을 했는데 시스템이 기록하지 못하면 실망스럽다. 내가 무엇을 잘못하고 있나라는 생각이 든다(P2, Consolvo *et al.*, 2008, p. 1803)"

일반적인 의견으로는 다음과 같은 것이 있다.

> "우습게도 꽃들이 효과가 있다? 배경 화면에 표시되다 보니, 휴대폰을 집을 때마다 보게 되는데 그럴 때마다 '오, 이렇게 많은 꽃들이 있네. 더 많은 꽃이 있으면 좋겠다' 라는 생각이 들어. 이건 정말 놀라운 일이고, 나에게 있어 이건 '저기까지 걷는데 고작 10분이야. 그러면 아마도 꽃이 하나 더 생기겠지, 그래 걷자' 이렇게 되는 거야 (P5, Consolvo *et al.*, 2008, p. 1804)"

전체적으로 참가자들은 시스템을 좋아했으며, 이는 사용자 경험이 좋았다는 것이다. 어떤 참가자들이 시스템이 운동을 촉진한다는 의견도 주었다. 하지만, 특히 활동 기록 정확성과 같이 개선해야 할 기술적인 문제와 사용성 문제도 있었다.

실습해보기 14.3

1. UbiFit 가든은 왜 실험실보다는 필드에서 평가되었나?
2. 현장 연구에서는 두 가지 종류의 데이터가 제시되었는데, 결과를 이해하는데 어떻게 각각 기여하나?

조언

1. 연구자들은 UbiFit이 일상생활에서 어떻게 활용되는지, 어떻게 느꼈는지, 그리고 오랜 기간 동안 사용하면 어떤 문제가 발생할 수 있는 알고 싶어했다. 통제된 환경에서는 이러한 발견을 하기엔 참가자들에게 너무 많은 제약 사항이 있었을 것이다.
2. **그림 14.9**는 각 참가자 별로 어떤 방법과 어떤 내용으로 데이터가 수집되었는지 시각적으로 보여주며, 인용문들은 참가자들이 어떻게 느꼈는지 보여준다. ■

14.4.2 다른 시각들

현장 연구는 연구자들이 관심을 가지는 행동이 그 제품을 오래 사용한 후에야 발견될 수 있는 경우에 활용될 수 있다. 예를 들어, 어떤 시각화 도구를 사용하여 문제 해결을 전략이 변화되는지를 알고 싶은 경우, 이와 같은 효과의 발견은 며칠 또는 몇 주 후에야 발견될 수 있다(Shneiderman과 Plaisant, 2006). 이러한 도구의 유효성을 평가하기 위해서는, 사용자들은 자신들의 작업 환경에서 연구되어야 하며, 자신들의 데이터를 사용하고, 목표를 달성하기 위한 일정을 직접 설정해야 한다. 초기 인터뷰를 통해 참가자들이 풀어야할 문제가 있는지, 사용 가능한 데이터가 있는지, 그리고 완료 일정을 가지고 있는지 확인한다. 그런 이후에 참가자들은 입문 교육을 받고, 2주에서 4주간의 초보 사용 기간, 또 2주에서 4주의 숙련 사용 기간을 거치게 되고 반구조적인 마무리 인터뷰를 하게 된다. 기존에 연구자와 참가자를 분리하기 보다는, 필요에 따라 연구자가 추가 지원을 제공할 수도 있다. 이러한 가까운 관계는 참가자들에 대한 이해, 어떤 어려운 점이 있는지 또는 도와주는지에 대해 연구자가 더 깊이 알 수 있게 도와준다. 추가적으로 일지, 자동화된 로그, 구조적인 설문지 및 인터뷰 역시 도구의 장단점을 파악하는데 도와줄 수 있다.

때때로, 평가 수행 또는 데이터 수집을 위해 특정 개념 또는 이론적 프레임워크가 사용되기도 한다(8장 참고). 이를 통해 인지 과정 또는 학습, 대화 또는 언어적 상호작용과 같이 데이터를 보다 일반적인 관점에서 설명할 수도 있다. 예를 들어, 가족이 새로운 TV와 비디오 시스템을 사용하는지 이해하기 위해서 활동 이론(activity theory)을 적용하기도 했다(Petersen *et al.*, 2002). 또 다른 예로 기호학을 기반으로 하는 기호공학이 있다(de Souza, 2005). 기호공학에서는, 기호에 대한 연구가 디자이너와 사용자들 간 의사소통을 분석하는데 디자이너를 도와주기도 한다.

비디오: 브라질 어린이들이 선생님들의 도움을 받아 기호학 개념을 활용하여 확장 가능한 게임을 디자인한 것에 대한 토론(http://youtu.be/CYTi0bXjzYU)

일반적으로, 특히 필드에서 이루어지는 현장 연구는 새로운 제품과 프로토타입들이 의도된 사회적 물리적 상황에서 어떻게 사용될지 알고 싶은 경우에 연구자들에게 유용하다. 자연스러운 상황에서 새로운 제품이 제대로 전용되고 있는지 새로운 행동들과 패턴에 의해 분석되고 개념적으로 정리될 수 있다. 새로운 제품이나 프로토타입의 배치, 시스템이 어떻게 학습되는지, 사용되는지, 채택되는지에 대한 질문 외에는 평가자들에 의한 중재는 제한된다. 대조적으로, 실험실에서의 평가는 사용성 및 미리 정의된 작업들이 제대로 수행되는지에 대해 초점을 맞추게 된다.

지난 몇 년 동안 다양한 모바일, 주변 장치, 웨어러블 및 기타 종류의 시스템이 개발됨에 따라 평가자는 이동 중에 또는 예상외의 상황에서 생기는 참가자의 도전에 대처하기 위해 다양한 평가 방법들을 생각해야 한다.

딜레마

몇 명의 참가자가 필요한가?

학생들이 항상 하는 질문은, 과연 실험을 위해서 몇 명의 참가자가 필요한가에 대한 것이다. 실험에 몇 명의 참가자들을 모집할지는 종종 스케줄, 예산, 대표성을 띄는 사용자들, 물리적인 시설 등에 의해 결정되기도 한다. 많은 전문가들은 통제된 실험에서는 대체로 5명에서 12명의 참가자들이면 충분하다고 조언한다. 물론 디자인 초기에 소수의 참가자들로도 유용한 피드백을 받을 수도 있다. 어떤 경우에는 새로운 의견 없이 같은 문제가 언급되면 실험을 중지해도 된다고 한다. 많은 참가자가 있을수록 발견되는 결과들이 일반화될 수 있을 것이다. 하지만, 그에 따라 연구가 시간적으로 또 비용적으로 비싸지기 때문에 두 가지를 고려해서 결정해야 한다.

현장 연구의 경우 가정에서의 가족, 공학 회사에서의 소프트웨어 개발팀, 놀이터에서의 어린이와 같이 주제에 따라 참가자 수는 달라질 것이다. 현장 연구의 경우 다른 그룹의 행동 방식을 대표하지 못한다는 문제가 있을 수도 있다. 그러나 참가자들을 통해 기술을 어떻게 학습하고 시간에 따라 어떻게 활용하는지에 세부적인 발견들은 연구자들에게 유용한 정보를 준다. ■

과제

이 과제는 10장과 11장에서 소개된 온라인 예매 서비스에 대한 작업을 이어나간다. 제품의 기본 구조를 보여주는 프로토타입을 사용하여 다음 안내에 따라 평가를 하시오.

a. 시스템 요구사항에 따라, 표준화된 작업을 작성하시오(예: 2인용 공연 예매).
b. 당신과 참가자들의 관계를 고려했을 때, 사전동의서가 필요한가? 필요하다면 사전동의서를 작성하고 왜 그런지 의견을 작성하시오.
c. 3명의 대표적인 사용자를 선택하고(친구나 동료 가능), 그들에게 프로토타입을 이용해서

작업을 수행하게 하시오.

d. 사용자가 겪는 문제들을 작성하시오. 가능하다면 수행 시간을 기록하시오(카메라가 있다면 녹화도 가능)

e. 시스템이 실제로 개발된 것은 아니기 때문에, 실제 환경에서 사용할 수는 없다. 하지만, 통제된 실험이나 현장 연구를 한다고 상상하고, 어떻게 할 것인지, 무엇이 필요한지, 어떤 데이터를 수집할 수 있으며 어떻게 분석할 것인지 생각하시오.

f. 통제된 실험과 자연스러운 환경에서의 연구는 어떤 장단점이 있는지 작성하시오.

요약

이 장에서는 평가의 다양한 설정에 대해서 다루었다. 통제된 실험실 연구 그리고 자연스러운 환경에서의 현장 연구에 초점을 맞추었다. 아이패드가 처음 출시되었을 때 사용성 평가가 어떻게 이루어졌는지 소개하였다. 이 실험은 외부 영향을 피하기 위해 사무실에서 이루어졌다. 참가자들은 평가자들이 궁금해하는 점을 반영한 이미 정해진 작업을 수행하였다. 다음으로 통제된 실험에서의 가설 검정을 위한 실험 설계에 대해 설명하였다. 마지막으로 참가자들이 자연스러운 환경에서 새로운 기술을 사용하는 현장 연구에 대해서 논의하였다. UbiFit 가든 예시를 통해 사람들이 어떻게 모바일 기기를 이용하여 신체 활동량을 늘릴 수 있는지에 대하여 시스템 평가를 보여주었다. 목표는 참가자들이 일상생활에서 시스템을 어떻게 사용했는지, 어떤 종류의 문제에 부딪혔는지, 그리고 그들이 시스템을 좋아했는지 여부에 대해서 평가하는 것이다.

사용성 평가, 실험 및 현장 연구 간에는 연구 장소(사용성 실험실, 연구실, 자연스러운 환경)와 얼마나 많은 통제가 있는지에 따라 차이가 있다. 한 쪽 끝에는 실험실이 있으며 반대 쪽 끝은 필드 연구이다. 많은 연구들은 다양한 방법을 조합하며 연구자들은 종종 새로운 기술로 인해 생겨나는 새로운 상황들에 대처를 하기 위해 방법을 조정하기도 한다.

Key Points

- 사용성 평가는 사용성 실험실 또는 임시 실험실에서 수행되며, 이러한 환경은 평가자들이 통제를 할 수 있게 해준다.
- 사용성 평가는 사전에 정의된 작업에 대하여 작업 수행 시간, 오류 개수 등을 측정한다. 비디오 영상, 키보드 로그 등 간접적인 모니터링도 하며 만족도 설문지나 인터뷰를 수행한다.

- 사용성 실험실보다 더 접근성과 이동성이 좋은 원격 사용성 평가 시스템이 개발되었으며, 많은 경우에 아이트래킹과 다른 기기들을 포함한다.
- 실험은 가설 검정을 위해 특정 변수를 조작하고 다른 변수들은 통제한다.
- 실험자는 종속변수를 측정하기 위해 독립변수를 조작한다.
- 현장 연구는 자연스러운 환경에서 평가를 하는 것이며, 사람들이 실제 환경에서 새로운 기술들과 어떻게 상호작용하는지 발견하기 위해 수행된다.
- 자연스런 환경에서 프로토타입이나 새로운 기술을 배치하는 것을 필드 연구라고도 일컫는다.
- 때때로, 현장 연구에서의 발견은 예기치 않은 것이기도 하며, 특히 참가자들이 새로운 기술을 자신들의 집, 일터, 또는 야외에서 어떻게 사용하는지를 알기 위한 목적에 따라 필드 연구에서 나타난다.

danah boyd와의 인터뷰

danah boyd는 마이크로소프트 연구소의 수석 연구원이며, 뉴욕 주립대의 조교수이며, Data & Society Research Institute의 설립자 겸 대표이다. 연구적인 측면에서 그녀는 기술과 사회 간의 교차점을 연구한다. 최근에, 그녀는 사생활 보호, 홍보, 가시성, 그리고 '빅데이터' 현상에 대해 관심을 가졌다. 2014년에 그녀는 'It's Complicated: The Social Lives of Networked Teens'를 통해 십대들과 소셜 미디어 간에 연관 관계를 연구했다. http://www.zephoria.org/thoughts/를 통해 블로그를 운영하고 @zephoria를 통해 Twitter 계정을 운영한다.

danah, 자신의 연구에 대해 간략하게 소개하고 동기 부여가 무엇인지 알려줄 수 있나요?
나는 에스노그라피 학자이며, 기술과 사회 연관성을 연구하는 사람입니다. 지난 10여 년간, 소셜 미디어의 다양한 양상에 대해서 연구했으며 특히, 미국의 십대들이 일상생활에서 소셜 미디어와 어떻게 상호작용하는지에 대해 연구하였습니다. 최근에 떠오른 MySpace, Facebook, YouTube, Twitter, Instagram, Snapchat 등 다양한 소셜 미디어를 활용하였습니다. 십대들이 이러한 서비스를 통해 무엇을 하는지 조사하면서, 궁극적으로 이러한 기술들이 십대들의 일상에 어떻게 영향을 미치는지 연구하였습니다. 이를 위해서, 미국 전역에 돌아다니면서 십대들, 그들의 부모들, 교육자, 청소년 관료들, 법을 집행하는 사람들, 사회 복지사들과 만나며 십대들의 삶을 이해하고 기술이 어떤 역할을 하는지 이해하려고 했습니다.

최근에는, '빅데이터' 현상에 대해서 이해하려고 하고 있으며, 오래 전부터 존재했던 구조적인 부분에 대해서 데이터가 어떤 변화를 일으킬 수 있는지에 대해서 집중을 하고 있습니다. 특히 근본적으로 차별적일 수 있는 알고리즘을 활용할 때 우리는 공정성에 대해서 어떻게 이해할 수 있는 대해서 관심을 가지고 있습니다. Melvin Kranzberg은 다음과 같이 언급한 바 있습니다. "기술은 좋지도 나쁘지도 않다. 중립적이지도 않다"고요. 나는 기술과 관련된 결정이 문화적 결정과 어떻게 교차하는지, 누가 어떤 방식으로 영향을 받는지, 그리고 우리가 원하는 사회를 건설하는데 올바르게 개입하려면 어떻게 해야 하는지에 대한 답을 구하고 있습니다. 우리가 만든 복잡성을 이해하기 위해서 다양한 분야와 프레임 간을 오가야 합니다.

근본적으로, 저는 사회적인 세계를 이해하기 위한 사회 과학자입니다. 기술은 사회적 역학에 영향을 비치며, 문화적 관행을 이해하기 위한 매력적인 요소입니다.

좋은 에스노그라피를 어떻게 정의할 수 있나요? 본인의 실제 경험과 더불어 설명해주세요.

에스노그라피는 문화를 지도화는 것입니다. 이를 성공적으로 하기 위해서는, 특정 인구 또는 지역사회에 문화적으로 깊이 파고들어 이해하는 것이 중요합니다. 다음 단계는 이론과 여러 사상을 반영하여 본인이 관찰한 것을 원론적으로 이해하는 것으로 문화적 역할을 이해하고 프레임워크를 제시하는 것입니다.

많은 사람들은 번거롭게 온라인으로 볼 수 있음에도 불구하고 왜 미국 전역을 다니며 십대들을 만나려고 하는지 물어봅니다. 아쉽게도, 온라인에서 확인할 수 있는 부분은 극히 일부이며 온라인에서의 행동만 보고 그들을 이해하려고 하면 오해할 소지가 있습니다. 그들의 삶에 들어가서, 그들의 논리를 이해하고, 일상생활에서 기술이 어떤 역할을 하는지는 매우 중요하며, 십대들이 '온라인' vs. '오프라인' 삶을 뚜렷하게 구분하지 않기 때문입니다. 모든 것을 서로 얽혀있기 때문에 다각적으로 보는 것이 중요합니다. 물론, 이는 데이터 수집 과정일 뿐입니다. 또한, 나아가면서 새롭게 발견하는 것을 모두 기록하며, 나와 반대하는 누군가가 볼 수 있도록 생각하는 점들과 생각들을 정리하기 때문에 사람들 혼란스럽게 만들기도 합니다. 나는 블로그가 귀중한 피드백 로프를 만든다고 생각하며, 나의 생각에 도전하는 십대들을 특히 소중하게 생각합니다. 실제로 그들을 많이 고용하기도 합니다.

Facebook이나 MySpace에서의 당신 일과 관련해서 커다란 이벤트가 있었던 것으로 알고 있습니다. 관련해서 우리에게 말해 주시겠습니까?

2006년에서 2007년까지, 미국 전역에서 십대들과 이야기를 나누었으며 어떤 십대들은 MySpace에서 대해서 다른 십대들은 Facebook에 대해서 이야기하는 것을 알아채기 시작했습니다. 메사추세츠에서 나는 한 젊은 여성을 만났으며, 그녀는 자기네 학교에서 흑인들은 MySpace에 백인들은 Facebook을 이용한다고 했습니다. 그녀는 MySpace를 "like ghetto"라고 묘사했습니다. 나는 미국에서의 인종이나 계급 문제를 분석하기 위해 이 프로젝트를 수행하지 않았지만, 이 문구를 맞닥뜨리고 나서는 무시할 수가 없었습니다. 나는 데이터에 뛰어들었고, 어떤 사이트를 선호하는지에 대해서 인종이나 계급이 설명을 도와줄 수 있다는 것을 깨달았습니다. 이로 인해 불편하고 나의 지적인 능력과 동떨어져 있었지만, 내가 관찰하고 있는 것에 대해서 어색한 블로그 포스팅을 남기게 되었습니다. 좋든 나쁘든, BBC는 이를 "UC Berkeley의 공식 보고서"라고 거론하였고, 그 다음 주에 10,000개 이상의 메시지들을 받았습니다. 나와 나의 의도에 대해서 오해를 하고 보낸 매우 비판적인 것도 있었습니다. 그러나 글을 쓴 십대들은 한결같이 동의했습니다. 그리고 두 명의 십대들은 나에게 그것이 단순한 문제가 아니라고 지적하기 시작했습니다. 선택의 문제뿐만 아니라, 몇몇 십대들은 MySpace에서 Facebook으로 안전 문제로 이동해야만 했다는 것입니다. 어쨌든, 인종차별주의자와 계급주의자들의 뿌리를 인식하고, 미국의 십대들이 MySpace와 Facebook에서 어떻게 인종 및 계급적인 가치관을 형성하는지에 대한 논문에서 십대들이 이용하는 언어를 이해하려고 했습니다. ■

Chapter

15 평가: 검사, 분석 및 모델

목표

이 장의 주요 목표는 다음과 같다.

- 검사 방법과 관련된 주요 개념에 대해 설명한다.
- 휴리스틱 평가와 시찰법에 대해 설명한다.
- 평가에서 분석의 역할에 대해 설명한다.
- 예측 모델인 피츠의 법칙(Fitts' Law)의 활용 방법에 대해 설명한다.

15.1 개요

지금까지 책에서 설명했던 평가 방법은 사용자와 상호작용이 있거나 사용자에 대한 관찰을 포함한다. 이번 장에서는 휴리스틱에 녹아 든 지식, 원격으로 수집된 데이터, 또는 사용자의 행동을 예측하는 모델을 통해서 사용자를 이해하는 방법에 대해서 소개한다. 이러한 방법들은 평가를 하는 동안 사용자가 참여하지 않는다. 검사 방법은 일반적으로 전문가가 마치 그 제품을 사용할 사용자처럼 생각을 하며 특정 가이드라인에 따라 인터페이스를 분석하여 잠재적인 사용성 문제들을 발견한다. 가장 잘 알려진 방법은 휴리스틱 평가방법과 시찰법이다. 분석 방법은 사용자의 상호작용에 따른 로그 데이터를 활용하며 일반적으로 원격으로 이루어진다. 예측 모델은 특정 작업을 수행하기 위한 사용자의 신체적, 정신적 운영 방법들을 분석하여 양적으로 표현하여 분석하는 방법이며, 피츠의 법칙(Fitts's Law)이 대표적이다.

15.2 검사: 휴리스틱 평가 및 시찰법

때때로, 사용자를 모집하는 것은 쉽지 않으며, 만약에 사용자를 참여시키려고 해도 비용이 비싸거나 시간이 많이 걸릴 수 있다. 그럴 경우 전문가들이 피드백을 제공할 수 있다. 이들은 상호작용에 관련된 설계와 일반적인 사용자에 대한 이해를 하고 있다. 1990년 초창기에 사용성 평가의 대안으로 소프트웨어 공학에서 코드에 대해 검사하는 것을 차용하여 많은 검사 방법들이 만들어졌다. 상호작용에 관련된 검사 방법으로는 휴리스틱 평가, 시찰법이 있으며 전문가들이 일반적인 사용자처럼 제품을 사용하며 사용자들이 겪을 수 있는 문제점들을 발견하는 것이다. 이와 같은 방법은 프로젝트 설계 어느 단계에서라도 적용할 수 있다는 장점을 가지고 있다. 사용자 평가를 보완하는데도 사용할 수 있다.

15.2.1 휴리스틱 평가

휴리스틱 평가는 사용성 검사를 하는 방법으로 Nielsen과 그의 동료들(Nielsen과 Mohlich, 1990; Nielsen, 1994a), 그리고 다른 연구자들(Hollingshead와 Novick, 2007)이 고안한 방법이며, 나중에 특정 시스템 평가를 위해 수정되기도 했다(Mankoff *et al.*, 2003; Pinelle *et al.*, 2009). 휴리스틱 평가에서 전문가들은 휴리스틱이라고 불리는 사용성 원칙의 모음에 따라 대화 상자, 메뉴, 탐색 구조, 온라인 도움말과 같은 상호작용 요소들을 평가한다. 이러한 휴리스틱들은 고차원인 원칙들(예: 일관된 설계, 작업 기억 부하 최소화, 이해하기 쉬운 용어 사용)과 유사하다. HCI 평가를 위한 휴리스틱 리스트는 Jakob Nielsen과 그의 동료들에 의해 고안되었으며 249개의 사용성 문제들을 분석하여 도출하였으며(Nielsen, 1994b), 수정된 버전은 아래와 같다(Nielsen, 2014: useit.com).

- **시스템 상태 가시성**: 시스템은 합리적인 시간 내에 적절한 피드백을 통해 사용자에게 진행 상황을 알려야 한다.
- **시스템과 현실 간의 일치**: 시스템은 시스템에 가까운 용어보다는 사용자의 언어, 사용자에게 익숙한 단어, 문구, 개념을 사용해야 한다. 현실 세계의 규칙을 따르고, 정보를 자연스럽고 논리적인 방법으로 표현해야 한다.
- **사용자 제어 및 자유**: 사용자는 종종 시스템 기능을 실수로 선택할 수 있으며 추가적인 대화 상자 없이 원하지 않는 상태를 벗어날 수 있는 비상 출구 필요하다. 실행 취소 및 다시 실행을 지원한다.
- **일관성 및 표준**: 사용자는 다른 단어, 상황 또는 행동이 같은 것을 의미하는지 여부를

궁금해해서는 안된다. 플랫폼에서의 규칙을 따르라.

- **오류 방지**: 좋은 오류 메시지보다는 처음부터 문제가 발생하지 않도록 주의 깊게 설계하는 것이 중요하다. 오류가 발생하기 쉬운 조건은 제거하거나 사용자에게 확인 옵션을 주어 실행하기 전에 확인하는 것이 좋다.
- **기억 의존 보다는 인식**: 개체, 작업과 옵션을 표시하여 사용자의 작업 기억 부하를 최소화해야 한다. 시스템 사용을 위한 안내는 항상 볼 수 있거나 쉽게 검색할 수 있어야 한다.
- **사용의 유연성 및 효율성**: 전문 사용자들의 상호작용 속도를 높일 수 있는 가속화 옵션을 만들어, 아직 시스템을 써보지 못한 초보자와 전문가 모두 충족할 수 있어야 한다. 사용자가 자주 수행하는 작업을 조정할 수 있도록 해야 한다.
- **미적 그리고 미니멀리스트 설계**: 대화 상자에는 관련 없거나 거의 사용하지 않는 정보가 포함되어서는 안된다. 대화 상자의 모든 추가된 정보들은 관련된 정보의 가시성을 상대적으로 감소시킨다.
- **사용자들이 오류를 쉽게 인식, 진단, 복구**: 오류 메시지는 프로그래밍 코드 없이 일반적인 문장으로 표현되어야 하고, 문제는 명확하기 설명하고 해결 방법을 명확하게 제시해야 한다.
- **도움말 및 문서화**: 도움말 없이 시스템을 사용할 수 있으면 가장 좋지만, 도움말이나 문서를 제공해야할 수도 있다. 이러한 정보는 적당한 양으로, 쉽게 검색이 되어야하고, 사용자의 작업에 집중하고, 수행해야 하는 단계를 명확하게 제시해야 한다.

> Video developed by David Lazarus, which aims to provide insight into Jakob Nielsen's 10 Usability Heuristics for Interface Design, is available at http://youtu.be/hWc0Fd2AS3s

인터페이스에 대해 평가하는데 이러한 휴리스틱을 사용한다. 예를 들어, 새로운 소셜 네트워크 시스템을 평가한다면, 평가자는 사용자가 어떻게 친구를 추가하는지에 대해 고려할 수 있다. 평가자는 인터페이스를 여러 번 훑어보면서, 휴리스틱이라고 불리는 사용성 원칙 목록과 비교하여 상호작용 요소들을 검사할 것이다. 대다수의 사용성 문제가 확인되거나 개선점이 나올 때까지 반복적으로 수행한다.

대부분의 제품에 대해 휴리스틱을 일관성 있게 적용하여 의미 있는 피드백을 도출할 수 있지만, Nielsen과 Mohlich가 처음에 휴리스틱을 고안했던 시점보다 그 이후에 시장에 등장한 특정 제품들은 기존의 휴리스틱 방법론을 적용하기엔 너무 일반적이긴 경우가 있다. 예를 들어, 스마트폰, 다른 모바일 기기들, 디지털 장난감, 온라인 커뮤니티, 주변 장치 및 새로운 웹 서비스가 그에 해당한다. Nielsen은 기본적인 휴리스틱을 보완하기 위해 특정 제품군 범주에 적합한 구체적인 휴리스틱 지침을 개발해야 한다고 제안했다. 평가자와 연구자들은 Nielsen의 휴리스틱에 설계 가이드라인, 시장 조사 등을 통해 자신들만의 휴리스틱 지침을 고안했다. 어떤 휴리스틱이 적합하고 몇 개를 적용해야 하는지는 평가 목적에 따라 다르기도 하고 논쟁의 여지가 있지만, 대부분 5개에서 10개로 이루어진다. 인터페이스의 다양한 측면을 판단할 수 있는 적당한 숫자 범위이다. 10개가 넘어가면 평가자가 기억하기 어렵고, 5개 이하는 충분한 차별점을 찾기에 적은 숫자이다.

휴리스틱을 진행하기 위해 몇 명의 전문가가 필요한지도 자주 묻는 질문이다. 한 명의 전문가가 많은 문제점들을 발견할 수 있지만, 모든 것을 다 찾는 것은 쉽지 않다. 또한 하나의 평가 요소를 더 중요시하여 다른 부분들을 놓칠 수도 있다. 예를 들어, 고객들이 자신들의 계좌에 접근하는 음성 응답 시스템에 대하여 19명의 평가자가 16개의 사용성 문제를 찾으라고 한 평가가 있었다. Nielson(1992)은 평가자마다 사용성 문제 유형과 개수가 다르다는 것을 발견했다. 또한, 어떤 사용성 문제들은 모든 평가자들이 찾기 쉽지만, 어떤 문제들은 그 분야의 전문가들에게만 발견되는 경우가 있다고 발표했다. 그래서 휴리스틱 평가를 할 때는 3명에서 5명의 평가자들이 참여하는 것은 권장했다. 그림 15.1과 같이 그 정도 숫자면 사용성 문제의 약 75%를 찾을 수 있다고 한다(Nielson, 1994a).

하지만, 많은 전문가들을 활용하는 것은 비용이 많이 든다. 숙련된 전문가는 많은 사용성 문제를 발견할 수 있기 때문에, 많은 컨설팅 회사들은 이 방법을 차용하고 있으며, 전문가 분

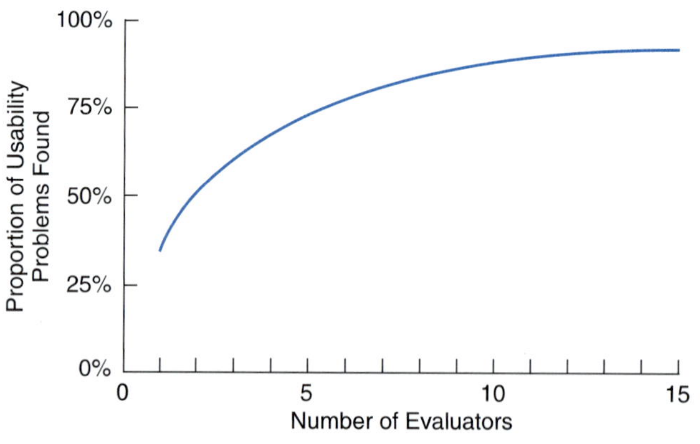

그림 15.1 휴리스틱 평가 적용시 다양한 평가자 숫자에 따라 발견되는 사용성 문제 개수를 나타내는 곡선이다. 휴리스틱 평가를 한 6개의 사례의 평균을 나타낸다.

출처: Usability Inspection Methods, J. Nielson & R.L. Mack ©1994. Reproduced with permission of John Wiley & Sons Inc.

석이라고 부른다. 하지만 한두 명의 전문가만 휴리스틱 평가를 하는 것은 문제가 있을 수도 있다. 심지어 Nielsen의 의견처럼 3명에서 5명도 적절한지에 대해서 의문이 제기되었기 때문이다. 예를 들어, Cockton과 Woolrych(2001)과 Woolrych과 Cockton(2001)은 문제의 성격에 따라 75%를 찾는데 필요한 전문가 수가 다르다고 주장했다. 그들의 분석에 따르면 문제의 본질에 따라 빈도와 심각도가 오해의 소지가 클 수도 있다고 한다.

여기서의 결론은 평가자 수가 많을수록 좋지만, 비용도 그만큼 증가한다는 것이다. 하지만, 휴리스틱 평가를 위해서 특수 공간이 필요하지 않고 상대적으로 비용이 저렴하고 빠르게 진행할 수 있기 때문에, 개발자들이 이 방법을 선호를 하고 비용이 저렴한 평가로 인식된다. 초기 디자인의 빠른 평가를 위해서는, 한 명 또는 두 명의 전문가들이 대부분의 사용성 문제들을 발견할 수 있으며, 만약에 완전히 작동하는 프로토타입에 대해서 평가를 해야 하면 전문가들로 구성된 팀이 평가하도록 하는 것이 바람직하다.

웹사이트를 위한 휴리스틱 평가

최근 몇 년간 웹, 모바일 앱, 그리고 다른 디지털 기술에 상당한 관심이 집중이 되었다. 웹사이트에 대한 휴리스틱은 굉장히 중요해졌으며 조금 다른 종류의 휴리스틱이 개발되었다. 생각해보기 15.1에서는 Andy Budd가 Nielson의 휴리스틱보다 조금 더 정보 콘텐츠에 비중을 높인 휴리스틱을 추려서 소개한다.

생각해보기 15.1

웹 디자인 사항에 대해 개발된 Budd(2007)의 휴리스틱 일부

명료함

시스템을 가능한 명확하고 간결하고 의도된 청중에게 의미가 있게 만들어라.

- 명확하고 간결한 문구 사용
- 기술과 관련된 청중의 경우에만 기술적 용어 사용
- 명확하고 의미 있는 라벨 사용
- 의미 있는 아이콘 사용

불필요한 복잡성을 최소화하고 인지적 부하 최소화

사용자들이 작업을 수행할 수 있도록 시스템을 최대한 간소화하라.

- 불필요한 기능, 수행 단계, 시각적 복잡도 제거
- 고급 기능은 단계적으로 노출
- 복잡한 과정은 여러 단계로 구분

- 크기, 모양, 색상, 정렬, 근접도에 대해 우선순위를 정한 후 사용

사용자에게 맥락 제공

인터페이스는 시간과 공간에 대해 사용자에게 맥락을 제공해야 한다.

- 웹사이트 이름과 용도 제공
- 내비게이션의 현재 위치 표시
- 단계적으로 현재 위치가 어디 있는지 표시
- 적절한 피드백 메시지 사용
- 수행 과정 단계 수 표시
- 지연 시간이 있을 경우 진행률을 시각적으로 표시하거나 다른 일을 할 수 있도록 제공

즐겁고 긍정적인 사용자 경험 제공

사용자는 존중되어야 하며 디자인은 미적으로 만족감을 주고 즐겁고 쾌적한 경험을 주어야 한다.

- 즐겁고 매력적인 디자인 제공
- 달성하기 쉬운 목표 제공
- 사용과 진행에 대한 보상 제공 ■

실습해보기 15.1

1. 자주 방문하는 웹사이트를 하나 선택하고 생각해보기 15.1의 휴리스틱을 활용하여 평가하라. 이러한 휴리스틱이 중요한 사용성 요소와 사용자 경험을 평가하는데 도움이 되는가?
2. 이러한 휴리스틱에 대한 지식이 웹사이트를 사용하는데 영향을 미치나?

조언

1. 휴리스틱은 인터페이스가 불필요하게 복잡해 보이는지 여부 및 색상과 같은 주요 요소들이 적합하게 보이는지에 초점을 맞춘다. Budd의 휴리스틱은 사용자가 웹사이트와 어떻게 상호작용하는지에 따른 경험에 대해서도 고려하도록 한다.
2. 휴리스틱에 대해 알고 있으면 디자인과 인터랙션에 더 초점을 맞추게 되고 사용자 무엇을 원하는지 웹사이트가 잘 대응하고 있는 확인할 수 있다. ■

Budd와 유사하게 Leigh Howells도 "웹사이트 리뷰를 위한 휴리스틱 가이드"를 소개했다 (Howells, 2011). Howell은 너 나아가 휴리스틱 평가를 정량화하여 시각적인 그래프로도 표현하였다.

설계 지침을 휴리스틱으로 바꾸는 법

설계 지침과 휴리스틱 평가에서 사용되는 휴리스틱 간에는 강한 관계가 있다. 모바일 기기, 테이블탑, 온라인 커뮤니티, 주변 장치들과 같이 다양한 유형의 시스템을 평가할 수 있는 휴리스틱을 개발하기 위해서는 설계 지침을 휴리스틱으로 바꾸는 것이다. 첫 단계로, 평가자들은 종종 설계 지침을 질문으로 바꾸어 휴리스틱 평가에 사용한다. 이 방법은 상호작용이 가능한 제품에 대해 상당히 널리 보급되어 사용되고 있다. 예를 들어, 핀란드의 Tempere 대학에 있는 Väänänen-Vainio-Mattila과 Waljas(2009)은 웹사이트에서의 사용자 경험을 위한 휴리스틱을 개발할 때 이 방법을 택했다. 사용자들이 상호작용을 하고 그들의 감정을 직접적으로 표현하는 '쾌락적 휴리스틱'이라는 새로운 방법을 다루었다. 웹서비스가 즐길 수 있는 활기찬 장소를 제공하는지, 흥미로운 콘텐츠를 통해 그들의 호기심을 자주 충족시키는지 여부 등과 같은 설계 지침에 기초하였으며 다음과 같은 질문 형태를 띠었다. 제공된 서비스는 즐거운 시간을 보낼만큼 활기찬 장소인가? 흥미로운 콘텐츠로 사용자의 호기심을 충족시키는 서비스인가?

실습해보기 15.2

다음과 같은 디자인 가이드라인을 참고하여 휴리스틱 평가에 쓰일 수 있는 질문으로 바꾸어라.

1. 좋은 그래픽 디자인은 중요하다. 화면에서 긴 문장, 단락, 문서를 읽는 것은 어려우므로, 콘텐츠를 개별적이고 의미있는 단위로 나누어 웹사이트에 구조를 제공하라(Horton, 2005).
2. 지나치게 많은 색상을 피하라. 색상은 다양한 종류를 구분하는데 유용하다(Cueing, Koyani *et al.*, 2004).
3. 불필요한 그래픽과 애니메이션을 피하라. 다운로드 시간이 길어질 뿐만 아니라 그래픽과 애니메이션은 곧 지루해지고 방해가 된다.
4. 스마트폰 앱에서의 다운로드 시간은 짧아야 한다.

조언

다양한 질문 형태로 변형이 가능하지만, 다음 예시를 참고하라.

1. 좋은 그래픽 디자인이 중요하다. 페이지 구조가 의미 있게 구성되어 있나? 한 페이지에 너무 많은 글자가 있나?
2. 지나치게 많은 색상은 피하라. 색상이 어떻게 활용되고 있나? 특정 분류를 위해 사용되고 있나? 사이트를 밝고 활기차게 만들고 있나? 너무 과도한가? 사용자 즐거움에 도움이 되고 있나?
3. 불필요한 그래픽과 애니메이션을 피하라. 플래시 배너가 있나? 복잡한 도입화면이 있나? 짧게 분리가 되나? 그래픽은 사이트에 도움이 되고 사용자 경험을 증진시키나?

4. 스마트폰 앱에서 콘텐츠를 다운받을 때 다수의 서버 호출을 피하라. 모든 콘텐츠가 정말 필요한가? 다운로드를 빠르게 할 수 있는 버전이 있나? 사용자들은 스마트폰에서 빠른 응답을 점점 원한다.

웹페이지를 설계하고 평가하는데 있어 접근성도 중요한 요소이다. 미국에서 Rehabilitation Act의 Section 508가 2001년에 발표되었으며, 이는 연방지원금을 받은 모든 IT 시스템은 장애인이 이용할 수 있어야 한다. Case Study 14.1에서 보듯이 이 지침에 따라 시스템이 이를 준수하는지 휴리스틱 평가를 할 수 있다. Mankoff *et al.*(2005)도 역시 이 지침을 활용하여 휴리스틱 평가를 했다. 개발자들이 화면 판독기에 대해 평가를 할 때, 휴리스틱 평가를 통해 사용성 문제 50%를 발견하였으며, 이는 직접 시각 장애인들과 평가를 진행하는 것보다 더 많은 숫자였다.

휴리스틱 평가는 사용자의 주변 주의를 고려해서 중요하지 않은 정보를 담고 있는 추상적인 주변 표시 장치에 대한 평가에도 사용되었다(Mankoff *et al.*, 2003). 이러한 장치들은 특정 작업을 수행하기 위한 것은 아니므로, 이를 평가하기 위한 휴리스틱을 따로 개발해야 했다. 두 개의 주변 표시 장치를 개발하였으며, 하나는 버스가 버스 정류장에 얼마나 가까운지를 표시했으며, 다른 하나는 화면 밝기를 조절하여 밖이 얼마나 밝은지 또는 어두운지 표시했

(a) (b)

그림 15.2 두 주변 장치: (a) 버스 알리미, (b) 밝기 알리미

출처: J. Mankoff, A. K. Dey, G. Hsich, J. Kientz, Lederer and A. Morgan (2003) Heuristic evaluation of ambient devices. In *Proceedings of CHI 2003*, ACM Fig.1, p. 170. ©2003 Association for Computing Machinery, Inc. Reprinted by permission.

다(그림 15.2 참조). 그런 다음 주변 화면 장치를 평가할 수 있도록 Nielsen의 휴리스틱을 수정하여 전문가 그룹에게 평가하도록 요청하였다.

그들이 개발한 휴리스틱은 주변 장치에 특별히 맞춘 것으로 다음과 같다.

- **상태 가시성**: 의도된 설정으로 표시되었을 때 명확하게 인지되어야 한다.
- **화면 주변성**: 표시 장치는 사용자가 원하지 않을 때는 방해가 되어서는 안되며 사용자들은 쉽게 모니터링할 수 있어야 한다.

이 연구에서 3명에서 5명의 평가자가 40~60%의 사용성 문제를 찾을 수 있다고 보고되었다. 후속 실험에서, 다른 연구자들이 똑같은 휴리스틱을 사용하여 다른 주변 표시 장치를 평가하였다(Consolvo와 Towle, 2005). 8명의 평가자들로 75%의 사용성 문제를 찾았으며, 3명에서 5명의 평가자로는 35~55%를 찾았다고 전했으며, 평가자가 많을수록 더 정확한 결과를 도출할 수 있다는 것을 시사한다.

공유 그룹웨어(Baker *et al*., 2002), 비디오 게임(Pinelle *et al*., 2008), 멀티 플레이어 게임(Pinelle *et al*., 2009), 온라인 커뮤니티(Preece와 Shneiderman, 2009), 데이터 시각화(Forsell과 Johansson, 2010)와 같은 영역도 Nielsen의 휴리스틱을 변형하여 휴리스틱을 개발하였다. 1980년대 중반에 고안된 Shneiderman의 8가지 황금 법칙도 여러 시스템의 사용성을 평가하는데 활용된다(Shneiderman과 Plaisant, 2010).

1. **일관성을 위해 노력하라.** 유사한 상황에서 일관된 일의 순서가 요구되어야 한다. 프롬프트, 메뉴, 도움화면에 동일한 용어가 사용되어야 하고, 색상, 구조, 대소문자 규칙, 글꼴도 일관성을 유지해야 한다. 삭제 명령, 비밀번호 숨기기와 같은 예외 상황은 적은 수로 제한되어야 한다.
2. **보편적인 사용성을 제공하라.** 다양한 사용자의 요구를 인식하고 콘텐츠 변형이 가능하도록 유연성을 가져라. 초보자와 전문가는 연령, 장애 및 기술적 다양성 등 다양한 배경을 가지고 있기 때문에, 이러한 넓은 범위의 요구사항을 포용할 수 있도록 설계 지침을 세워야 한다. 초보자를 위해 추가 설명을 준다던가 전문가를 위해 바로가기와 같은 기능은 인터페이스 설계를 풍부하게 하고 시스템 퀄리티를 높여준다.
3. **유용한 피드백을 제공하라.** 모든 사용자 행동에는 시스템 피드백이 있어야 한다. 빈번하게 일어나는 작은 행동들에 대해서는 반응이 작을 수 있으며, 자주 일어나지 않는 중요한 행동에는 피드백이 더 눈에 띄어야 한다. 관심 대상의 요소들에 대해서 명시적으로 변화를 보여주면 시스템 사용이 편리해진다.
4. **끝맺음을 위한 대화 상자를 설계하라.** 연속적인 동작은 시작, 중간, 끝 그룹으로 구성되

어야 한다. 특정 그룹을 위한 일련의 조치들이 완료가 되었음을 명시적으로 보여주면, 사용자는 마무리에 대한 성취감, 안도감을 느끼고 머릿속에서 비상 계획을 철회하고 다음 그룹의 동작들을 하기 위한 준비를 하게 된다. 예를 들어, 전자상거래 웹사이트에서 상품을 선택하고, 결제, 결제 완료와 같은 페이지가 구분되어 하고자 했던 작업을 잘 수 행했다는 것을 보여준다.

5. **오류를 방지하라.** 사용자가 심각한 오류를 범하기 않도록 시스템을 설계해야 한다. 예를 들어, 선택하지 못하는 메뉴를 회색처리를 하고 숫자만 입력할 수 있는 텍스트 상자에는 알파벳 글자를 입력하지 못하도록 한다. 사용자가 오류를 범한다면, 인터페이스는 그 오류를 감지하여 오류에서 복구할 수 있는 쉽고, 건설적이고, 구체적인 방법을 제공해야 한다. 예를 들어, 사용자가 만약에 적합하지 않은 우편번호를 입력했다고 해서 이전에 입력한 주소를 다시 입력하게 해서는 안되며, 오히려 잘못된 부분만 고칠 수 있도록 유도해야 한다. 잘못된 동작은 시스템 상태를 변경하지 않아야 하거나 다시 정상적인 상태로 돌아올 수 있는 지침을 제공해야 한다.
6. **돌아가기를 제공하라.** 수행한 동작은 가능한 되돌릴 수 있어야 한다. 사용자는 오류에서 복구할 수 있기 때문에 걱정을 덜할 수 있으며, 특히 새로운 옵션에 대해 탐색을 할 수 있다. 돌아가기는 단일 동작, 데이터 입력 작업, 여러 개의 동작에 대한 것일 수도 있다.
7. **제어권을 주어라.** 숙련된 사용자들은 인터페이스에 대한 제어권을 가지기 원하며, 그들의 동작에 대해 반응한다고 느끼고 싶어한다. 예상하지 못한 놀라움이나 익숙한 행동의 변화, 지루한 일련의 데이터 입력 작업을 싫어하며, 정보 접근이 어렵거나 원하는 결과를 찾지 못하는 것을 싫어한다.
8. **단기 작업 부하를 줄여라.** 사람의 단기 기억장치는 제한된 처리 능력을 가지고 있으며, 일반적으로 7개에서 두 개 더한 것 또는 뺀 정도의 정보 단위를 기억할 수 있다고 한다. 이런 측면에서 디자이너들은 사용자가 한 화면에서 정보를 기억하여 다른 화면에서 쓰는 일은 없도록 해야 한다. 스마트폰은 번호의 재입력을 요구하지 말아야하며, 웹사이트 위치는 가시적으로 표시되고, 다중 페이지로 보이는 화면들은 통합이 되고, 복잡한 일련의 동작을 요구하는 경우에는 충분한 시간이 할당되어야 한다.

휴리스틱 평가하기

휴리스틱 평가는 다음과 같은 3단계를 거친다.

1. 전문가들에게 어떻게 하라고 지시하는 안내 시간을 가지며, 모든 사람들이 같은 안내를 받을 수 있도록 사전에 글로 정리한다.

2. 다음은 평가 단계로, 전문가들은 보통 1-2시간 동안 휴리스틱을 활용하여 평가한다. 전문가들은 최소한 인터페이스를 두 번 사용해야 하며, 첫 번째는 전체적은 흐름에 대한 느낌과 제품의 동작 범위를 파악한다. 두 번째로 활용할 때는, 제품을 사용하는 전체 맥락에서 특정 인터페이스 요소에 집중하고, 잠재적인 사용성 문제를 발견한다.

   특정 기능을 수행하는 제품에 대한 평가라면, 전문가들은 머릿속에 특정 사용자 작업을 염두 해두고 평가를 해야 한다. 사전에 작업을 제안할 수도 있지만, 많은 경우 전문가들은 그들이 직접 작업을 고안해낸다. 하지만, 설계 초기에 화면 모조품이나 설계 명세서만 있다면 이러한 방법을 적용하기가 어렵다. 설계 명세서나 모조품으로 평가하는 경우, 문제들을 기록하는 보조원이 있거나 평가자가 소리 내어 생각하기 기법을 수행할 수도 있다. 또는 평가자 스스로 기록을 할 수도 있다. 가능한 한 구체적으로 문제를 기록할 수 있도록 평가자들을 장려해야 한다.

3. 마지막으로 평가자들이 다 같이 모여 발견한 점들을 공유하고 문제의 우선순위를 정하고 개선점을 토론하는 시간을 가진다.

휴리스틱은 평가자들이 특정 문제에 집중을 할 수 있도록 유도하기 때문에 휴리스틱 선정이 중요하다. 하지만 다음에 딜레마에서도 논의하겠지만, 연구자가 원하는 만큼 평가자들이 동일한 결과를 내놓지 않는다.

휴리스틱 평가의 경우 사용자가 직접 참여하지 않기 때문에 다른 방법들에 비해서는 고려해야할 사항이나 윤리적인 문제가 적다. 평가를 하기 위해서는 보통 일주일이 걸리지만 (Nielsen과 Mack, 1994), 평가자의 전문성에 따라 달라질 수 있다. 일반 상용자들도 휴리스틱을 할 수 있게 훈련을 할 수 있지만, 성공적이지 않은 경우도 있다(Nielsen, 1994a). 사용자들을 하나의 팀으로 만들어서 보완을 할 수 있다.

실습해보기 15.3

Nielsen(2014) 휴리스틱을 참고하여 의류 구입 웹사이트를 평가할 때 어떻게 활용할지 생각해 보라(예: **그림 15.3**과 같은 사이트, www.rei.com).

1. 휴리스틱이 없을 때 보다 웹사이트에 집중하는데 도움이 되나?
2. 휴리스틱 숫자가 더 적으면 좋을까? 어떤 휴리스틱들이 서로 조합이 될 수 있을지, 절충이 될 수 있나?
3. 스마트폰을 이용하여 이 활동을 한다면, 모든 휴리스틱이 관련이 있고 유용한가?

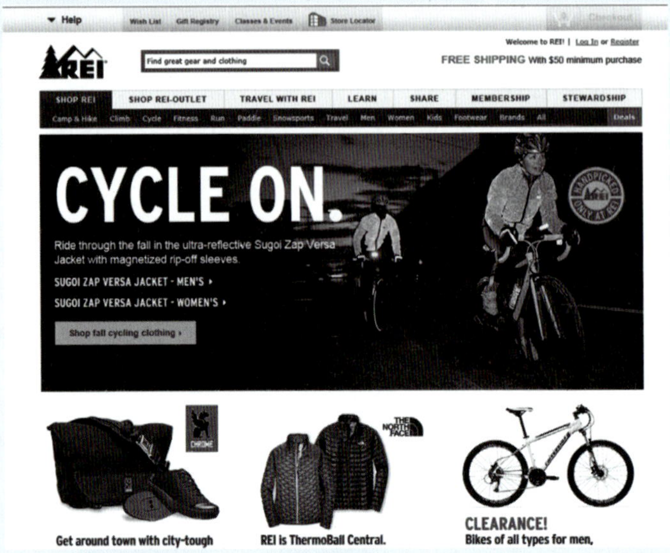

그림 15.3 rei.com 사이트 일부

출처: www.rei.com.

조언

1. 대부분의 사람들은 휴리스틱을 활용하면 설계에 더 집중한다고 말한다.
2. 몇몇 휴리스틱은 조합을 하여 더 일반적인 문구로 설명할 수 있다. 예를 들어, '시스템은 사용자의 언어를 사용해야 한다'와 '사용자들에게 항상 알려야 한다'는 '사용자들이 좋은 심성 모형을 가질 수 있도록 도와라'로 대체될 수 있지만, 이 문구는 더 추상적이고 간혹 몇몇 평가자들은 무슨 의미인지 모를 수 있다. 평가자들에게 고려해야할 문제를 잘 기억할 수 있도록 세부사항을 유지해야 한다고 할 수도 있다.
3. REI는 아이폰에서도 사용할 수 있도록 스마트폰 웹사이트를 개발하였다. 일반적인 나와 같은 사용자에게 잘 작동되며, REI가 제공하는 다양한 캠핑 도구들과 여름에 사람들이 관심 있어 할만한 장비들을 쉽게 파악할 수 있었다. 하지만, 의류를 찾는 것은 어렵고 생각보다 더 많은 시간이 걸렸다. 이에 따라, 이 설계는 유연성과 효율면에서는 기대에 충족하지 못했다. ■

딜레마

전형적인 문제인가, 허위 경보인가?

휴리스틱 평가가 디자이너들에게 모든 설계 문제를 발견할 수 있는 만병통치약이라는 인상을 받을 수도 있다. 하지만, 이 방법 역시 문제가 있다. 휴리스틱 평가가 개발된 직후, 기존의 사용성 평가와 이런 휴리스틱 평가 방법을 비교하는 연구가 많이 수행되어왔다. 적용하는 접근 방식에 따라 결과가 다를 수 있으며, 종종 심각한 문제를 발견하지 못하는 사례도 있다(Karat, 1994). 이에 따라, 상호 보완적인 방법들의 필요성이 대두된다. 나아가서, 휴리스틱 평가를 일반적인 사용성 실험을 대체하는 것으로 생각해서는 안 된다.

또한 전문가들이 존재하지 않는 문제들을 보고하기도 하며, 전문가의 예측이 틀린 경우도 있다는 것을 보여준다(Bailey, 2001). Bailey는 세 가지 보고서를 참고하여, 보고된 사용성 문제 중 33%만이 실제로 사용성 문제였으며, 심각한 것도 그렇지 않은 문제들을 포함하고 있었다. 하지만, 평가자들은 사용성 문제 21% 정도를 놓쳤다. 또한, 전문가들이 지적한 사항 중 43%는 문제가 전혀 아니었으며, 거짓 경보였던 것이다. Bailey는 결국 절반만 진정한 문제점을 발견한 것이었으며, "사용성이라고 지적된 사항마다 1, 2개 정도의 잘못된 경보일 수 있으며, 0.6 정도의 누락된 문제일 수 있다. 이게 사실이라면, 휴리스틱 평가자들은 실제 문제를 찾는 것보다 허위 경보를 더 많이 발견하며 문제를 누락하기도 한다."

어떻게 하면 허위 경보나 누락된 문제점들을 줄일 수 있을까? 전문가들이 실제로 전문 지식을 갖추었는지 확인하는 것이 중요한데, 이를 어떻게 알 수 있을까? 이를 극복하는 하나의 방법을 다수의 평가자를 가지는 것이다. 이는 한 사람의 경험이나 부진한 성과의 영향을 줄일 수 있으며, 휴리스틱 평가를 다른 평가 방법과 같이 혼용하는 것도 좋은 생각이다. ■

휴리스틱 평가가 수년간 유용하고 많이 사용되어왔지만, 1980년대에 PC 애플리케이션을 평가하는데 초점이 맞춰져 있었다. Nielson이 휴리스틱을 고안한 이후로 등장한 스마트폰, 모바일 기기, 타블렛과 같이 다양한 기술력에 기반한 기기들을 생각한다면, 휴리스틱을 그대로 사용성 평가에 사용해도 되는지에 대해 의문이 들 수 있다. 예를 들어, 스마트 시계 또는 스마트 글래스와 같은 웨어러블 장비를 평가하기에 얼마나 적합한가? 추가로 필요한 휴리스틱은? 설계 지침과 휴리스틱 간에도 관련이 깊기 때문에, 설계 지침을 활용하여 휴리스틱으로 변환하여 기존 휴리스틱 지침과 같이 조합해서 사용할 수 있다.

15.2.2 시찰법

시찰법은 수년간 코드를 검사하는데 시스템 개발자들로부터 사용되어 왔으며, 이 개념은 사용성 평가를 하지 않고도 사용자들의 문제를 예측하는데 있어 휴리스틱의 대안으로 이어질 수 있다. 이름에서 알 수 있듯이, 시찰법은 제품을 사용하는 일련의 작업을 따라 해보고 사용성 문제가 생기면 기록을 한다. 대부분의 시찰법은 사용자를 포함하지 않는다. 다원적인 시찰법의 경우 사용자, 개발자, 사용성 전문가 등을 포함한 팀과 함께 하기도 한다.

이번 장에서는 인지적 그리고 다원적 시찰법을 설명한다. 두 방법 모두 데스크탑 시스템을 위해 개발되었지만, 휴리스틱 평가와 마찬가지로 웹기반 시스템, 스마트폰과 같은 모바일 기기, 테이블탑, 그리고 DVD플레이어와 같은 기기에도 적용이 가능하다.

인지적 시찰법

인지적 시찰법은 시스템과의 상호작용 각 단계에서 사용자의 문제 해결 과정을 시뮬레이션하여, 사용자의 목적이 달성되는지 다음 단계 이끌어주는지 혹은 방해가 되는지 평가하는 것을 포함한다(Nielsen과 Mack, 1994, p. 6). 학습 용이성이 좋은지 설계를 평가하는데 초점을 준다. 탐색을 통해 사용자들이 학습을 할 수 있는지에 초점을 맞춰 관찰한다(Wharton *et al.*, 1994). 인지적 시찰법의 단계는 다음과 같다.

1. 전형적인 사용자의 특성을 파악하여 문서화하고, 평가해야할 초점에 맞춰 작업을 정의한다. 설계 설명서, 모조, 또는 프로토타입이 개발되고, 작업을 완료하기 위해 요구되는 일련의 동작들도 같이 정의한다.
2. 디자이너와 한 명 이상의 전문 평가자가 분석을 한다.
3. 평가자들은 특정 시나리오에 비추어 작업을 위한 일련의 동작들을 순서대로 수행하고, 다음과 같은 질문에 답한다.
   - 올바른 조치가 사용자에게 충분히 보일 것인가?(작업 달성을 위해 사용자는 무엇을 해야 하는지 알 것인가?)
   - 사용자는 올바른 조치 가능함을 알아챌 수 있는가?(사용자는 다음에 필요로 하는 버튼이나 메뉴 아이템을 볼 수 있는가? 무엇이 필요한지 명확한가?)
   - 사용자는 조치에 따른 반응에 대해 제대로 관련성을 이해하고 해석할 수 있는가?(사용자는 피드백을 통해 올바른 또는 잘못된 조치를 취한 것을 알 수 있는가?)

   즉, 다른 말로 사용자는 무엇을 하고, 어떻게 해야 하는지 확인하고, 피드백을 통해 제대로 했는지 알 수 있는가?
4. 시찰법을 진행함에 따라, 다음과 같은 중요한 정보를 기록한다.
   - 무엇이 문제를 일으키고 왜 문제를 일으키는지에 대한 가정을 작성한다.
   - 추가적인 문제들과 설계 개선안에 대해 작성한다.
   - 결과 요약 정리를 한다.
5. 그런 다음 제시된 문제를 해결하기 위해 설계를 수정한다.

   휴리스틱과 더불이 다른 평가 방법들과 마찬가지로 개발자들과 연구자들은 자신들의 목적에 따라 방법을 수정할 수 있으며, 모바일이나 다른 새로운 기술에 적용할 수 있다.

인지적 시찰법을 수행할 때, 무엇이 작동하고 무엇이 작동하지 않는지 그 과정을 문서화하는 것이 중요하다. 각 문항에 대답할 수 있도록 미리 구조적으로 피드백 용지를 활용해도 된다. 부정적인 의견들은 시스템에 대한 구체적인 설명, 버전 번호, 평가 날짜, 평가자 이름을 포함하여 다른 문서에 작성하는 것이 좋다. 문제의 심각도를 작성하는 것이 좋으며, 가령, 문제가 어떤 빈도로 나타나며 사용자에게 얼마나 심각한지를 서술할 수 있다. 위에 1번에서 4번에서 언급했듯이, 날짜와 더불어 구체적인 과정을 기록할 수 있다.

휴리스틱 평가와 비교하여, 이 방법은 고차원적인 수준에서 구체적인 사용성 문제를 식별하는데 초점을 준다. 시스템 전체보다는 시스템의 특정 요소에 대해 초점을 맞춰 평가하는데 더 적합하다. 특히, 복잡한 인지 조작을 수반하는 애플리케이션에 유용할 수 있다. 하지만, 시간과 노력 측면에서 많은 비용이 들며 평가자들은 인지 과정에 대한 이해도가 깊어야 한다.

실습해보기 15.4

웹사이트 www.amazon.com 또는 www.wiley.com 에서 다음의 전자책을 검색하는 작업에 대한 인지 시찰법을 수행하라.

조언

작업: www.amazon.com 또는 www.wiley.com 에서 전자책을 구매

대표적인 사용자: 웹을 자주 사용하는 학생들

(www.amazon.com 또는 www.wiley.com 의 현재 인터페이스는 우리가 평가를 수행한 시점과 다를 수 있다.)

첫 화면에서 검색창을 선택하고 책 제목 또는 저자명을 입력하는 것으로 시작한다.

Q: 사용자들은 무엇을 해야 하는지 알 수 있는가?
답: 예, 그들은 도서를 찾아야 한다는 것을 알고 있으며, 검색창은 좋은 시작점이다.

Q: 사용자들은 어떻게 해야 하는지 볼 수 있는가?
답: 예, 그들은 이전에 본 적이 있으며 올바른 용어를 입력하고 'go' 버튼 또는 검색 아이콘을 선택해야 한다는 것을 알고 있다.

Q: 사용자들은 그들의 조치가 올바른지 아닌지에 대해서 피드백을 통해 알 수 있는가?
답: 예, 그들의 조치로 인해 도서 표지가 보이는 화면으로 이동했을 것이다. 구매하기 위해서 도서 표지나 '구매' 버튼을 눌러야 한다.

Q: 사용자들은 그들의 조치가 올바른지 아닌지에 대해서 피드백을 통해 알 수 있는가?
답: 예, 이전에 경험한 적이 있을 것이며 도서를 구매할 수 있을 것이다.

실습해보기 15.5

실습해보기 15.3에서 www.rei.com 또는 유사한 사이트에 대해서 휴리스틱 평가를 수행했다. 다시 사이트를 방문하여 의류 구매를 위한 인지적 시찰법을 수행하라. 평가가 끝난 후에, 휴리스틱 평가 결과와 인지적 시찰법 평가 결과를 비교하라.

조언

인지적 시찰법은 작업을 수행하는 각 단계를 모두 확인해야 하기 때문에 휴리스틱 평가 방법보다는 오래 걸렸을 것이다. 이에 따라, 웹사이트를 많이 검토하지는 못했을 것이다. 아마도 인지적 시찰법의 평가 결과가 더 구체적이었을 것이다. 이와 같이 인지적 시찰법은 시스템의 작은 부분을 평가하는데 유용하며, 휴리스틱 평가는 시스템 전체 또는 넓은 부분을 평가하는데 유용하다. 이름에서도 알 수 있듯이 인지적 시찰법은 시스템과 상호작용하는 인지적 측면에 초점을 두고 있다. 심미적 디자인과 다른 사용자 경험을 강조하기 이전에 개발된 방법이다. ▪

다른 인지적 시찰법의 변형된 방법이 마이크로소프트의 Rick Spencer에 의해 개발되었으며, 이는 기존 방법에서 확인한 문제들을 극복하기 위해서였다(Spencer, 2000). 첫 번째로는 3단계에서 답해야 할 세 가지 문제들에 대해 답하고 토론하는 것이 너무 오래 걸렸다. 두 번째로는 디자이너들은 설계에 대한 당위성을 인지 이론을 활용하여 길게 설명하며 방어적으로 대응하는 경향성이 있었다. 이 문제는 특히나 팀 멤버들간 관계를 악화시키고 평가 방법의 효율성을 떨어뜨려 어려운 문제였다. 이러한 문제들에 대해 대처하기 위해서 Rick Spencer는 질문의 수를 줄이고 논의를 줄였다. 이렇게 함으로써 결과가 덜 구체적일 수는 있었지만, 2.5시간 안에 마칠 수 있었다. 또한 사용성 전문가를 리더로 지명하여 기본 규칙을 정해서 세션을 진행했다. 디자인을 옹호하고, 인지 이론에 대해 논의하고, 그 자리에서 디자인하는 것을 금지하였다.

이러한 변형을 통해 좀 덜 구체적인 결과를 얻을 수는 있지만 평가 방법을 더 유용하게 만들었다. Spencer는 디자인 팀 내부의 사회적 상호작용을 통해 목적 달성을 할 수 있도록 유도했다.

Link to an up-to-date discussion on the value of the cognitive walk-through method for evaluating various devices, at
http://www.userfocus.co.uk/articles/cogwalk.html

다원적 시찰법

"다원적 시찰법은 다른 유형이며, 사용자, 개발자 및 사용성 전문가들이 함께 [작업] 시나리오를 단계별로 수행하며, 연관된 대화 요소에 대한 사용성 문제를 논의하는 것이다(Nielsen과 Mack, 1994, p. 5)". 다원적 시찰법에서는 각 평가자는 사용자인 것처럼 생각하도록 요청을 받는다. 사용 시나리오, 몇 개의 프로토타이핑 화면이 각 평가자에게 주어지며 다른 평가자들과 의논하지 않고, 한 화면에서 다른 화면으로 이동하기 위해서 취해야할 일련의 조치들에 대해서 작성한다. 그런 다음 평가자들은 주어진 화면에 대해서 제안한 조치들에 대해서 토론하고 그 다음으로 넘어간다. 모든 시나리오를 평가할 때까지 이 작업을 반복한다(Bias, 1994).

다원적 시찰법의 장점은 구체적인 수준에서 사용자의 작업 단계에 초점을 두는 것이다. 이러한 분석 수준은 한 단계에서의 사용성이 안전이나 효율성에 큰 영향을 미치는 보안과 관련된 시스템에 적합할 수 있다. 다양한 배경을 지니고 있는 사람들이 각각 핵심적인 역할을 수행하는 참여 디자인 설계에 이르는 접근 방식이기도 하다. 나아가, 다른 전문성을 띠고 있어 상호작용의 각 단계에 다양한 의견을 가져올 수 있다. 하지만, 그 많은 전문가를 한 자리에 모아야 함에 따라 느릴 수 있다. 또한, 시간 제약에 따라 적은 수의 시나리오 및 인터페이스들을 평가할 수 있다.

15.3 분석

데이터 분석은 시스템의 사용자 트래픽을 활용해서 평가는 방법이다(7장, 8장, 13장 참고). 이 방법을 사용하는 시스템들은 대부분 제품을 판매하거나 서비스를 제공하기 때문에 사용자가 무엇을 하고 원하는지가 중요하다. 이러한 분석은 비트란잭션 시스템을 평가할 때도 쓰인다(Sleeper *et al*., 2014). 7장에서 설명했듯이 웹사이트의 트래픽을 분석하는 경우 웹 분석라고 부른다. 웹 분석은 인터넷을 통해 사용자 활동을 로컬 또는 원격으로 수집할 수 있으며, 웹사이트의 어떤 부분이 언제 얼마나 사용되는지를 이해하기 위해 정량적으로 분석한다. 분석은 웹사이트의 사용성 평가에 유용하지만, 사업 계획을 세우거나 온라인 교육을 위한 사업과 같은 영역에서도 유용한 정보를 제공한다. 최근에 대규모 온라인 공개수업 플랫폼(MOOC, Massive Open Online Courses)에서도 학습자들이 어떻게 교육과정을 이해하는 지와 같이 웹 기반 교육 시스템에서의 상호작용을 이해하기 위한 방법으로 쓰인다(Oviatt *et al*., 2013). 예를 들어, 이러한 시스템의 개발자들은 다음과 같은 질문을 한다. 학습자들은 왜 이런 수업을 수강하고 어떤 순간에 왜 중도 하차하는가? 교육 과정을 수료하는 사람과 그렇지 않은 사람 간에는 어떤 차이가 있는가?

> **비디오: EdMedia 2014 컨퍼런스에서 Simon Buckingham Shum의 키노트 발표로 학습에 대한 데이터 분석과 대용량의 데이터를 다루는 여러 곳에서 데이터 분석을 통해 어떻게 중요한 질문에 답을 할 수 있는지에 관한 영상이다.**
> http://people.kmi.open.ac.uk/sbs/2014/06/edmedia2014-keynote/

많은 기업들이 자체 분석 도구를 개발하고 있으며, 어떤 기업들은 Google이나 VisiStat과 같은 기업 서비스를 이용하기도 한다. 이러한 기업 서비스는 대용량의 데이터를 이해하기 위한 용도로 특화되어 전문적으로 정보를 제공한다. 이러한 서비스는 개발자나 웹 관리자가 이해하기 쉽도록 분석 결과를 그래프, 테이블 구조, 그리고 다른 데이터 시각화 형태로 제공한다. VisiStat의 메인 화면은 짧은 홍보 동영상을 보여주며 어떤 서비스를 제공하며 왜 기업들이 필요로 하는지에 대해서 설명한다. Mountain Wines의 웹사이트(VisiStat, 2010)의 예시를 통해 이러한 분석 결과가 어떻게 웹사이트를 향상시킬 수 있는지에 대해서 알 수 있다.

미국 캘리포니아 Saratoga에 위치한 Mountain Wines는 포도원에 방문하는 손님들에게 잊지 못할 추억을 만들어주는 것을 목표로 한다. 세계적인 와인 제조업체인 Paul Masson에서 시작된 전통처럼 Mountian Wines 역시 결혼식, 회사 이벤트, 저녁 파티, 생일, 콘서트, 휴가와 같이 다양한 행사를 위해 장소를 제공한다. Mountain Wines는 다양한 광고 매체를 활용하여 고객들을 웹사이트로 끌어들이며 2010년에는 한 달에 10,000달러를 광고에 투자하기도 했다. 하지만 기존 웹사이트의 효과를 평가를 방법이 없고 투자를 늘려야 할지 줄여야 할지에 대해서 알지 못해 웹사이트는 수년간 변화없이 그대로였다. 그래서 VisiStat를 활용하여 웹 분석을 하기로 했다. 이 서비스를 들여오기 이전에 Mountain Wines가 광고 효과를 알 수 있는 방법은 고객들을 직접 맞이하는 프론트데스크에서 "어떻게 알고 오셨어요?"라고 묻는 방법뿐이었다.

VisiStat은 Mountain Wines에게 잠재 고객들이 웹사이트를 어떻게 사용하고 있는지를 데이터를 통해 보여주었다. 예를 들어, **그림 15.4**에서 **15.6**은 하루 동안 방문하는 페이지 개수에 대한 데이터를 제공한다. **그림 15.5** 추가 세부 정보를 제공하고 시간 별 트래픽을 보여준다. 또한 첫 번째 아이콘을 클릭하면 트래픽이 어디서 오는지에 대한 IP주소 정보와 같은 추가 정보를 제공한다(**그림 15.6**). VisiStat은 처음 방문한 사람들, 재 방문자들, 방문자들이 어디를 통해 왔는지와 같은 정보도 제공한다.

VisiStat에서 제공하는 데이터를 활용하면, Mountain Wines는 총 방문자 수, 평균 트래픽, 트래픽의 근원지, 방문자 활동 등과 같은 정보를 파악할 수 있다. 이를 통해 상위 검색어에 대한 중요성, 방문자들이 어디를 보는지, 방문자들의 지리적 위치를 알 수 있었다.

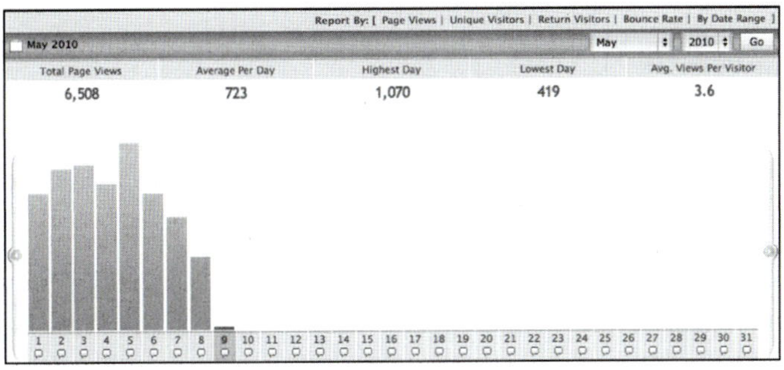

그림 15.4 VisiStat이 제공하는 데이터 예시

출처: http://www.visistat.com/tracking/monthly-page-views.php

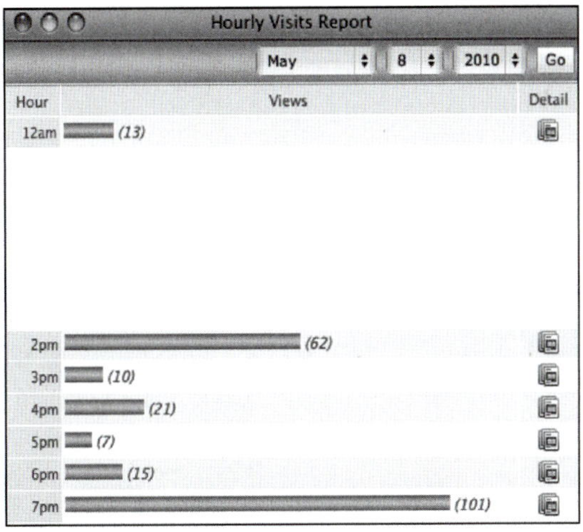

그림 15.5 5월 8일을 클릭하면 자정부터 밤 10시까지의 시간 별 트래픽이 제공된다(그림에서는 자정, 오후 2시부터 저녁 7시까지의 데이터만 보여진다).

출처: http://www.visistat.com/tracking/monthly-page-views.php

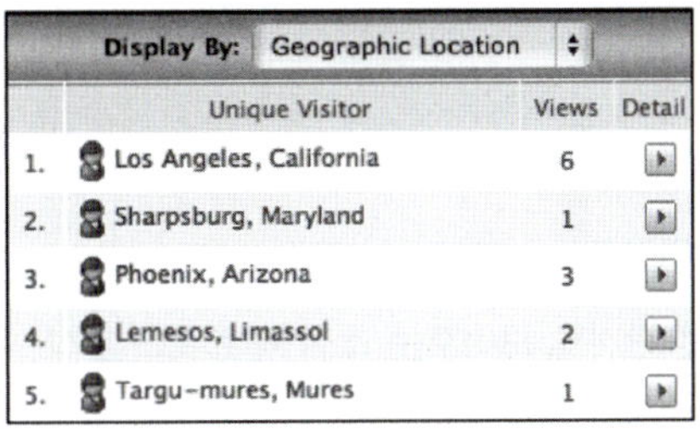

그림 15.6 그림 15.5에서 첫 번째 시간의 아이콘을 클릭하면 13명 방문자의 IP 주소와 위치가 제공된다.

출처: http://www.visistat.com/tracking/monthly-page-views.php

실습해보기 15.6

1. Mountain Wines 웹사이트 평가에 사용자들의 참여는 어떠했는가?
2. 위에서 설명한 정보에 의하면, Mountain Wines는 이 정보를 어떻게 웹사이트 개선을 위해 사용할 수 있나?
3. 평가는 어디에서 이루어졌나?

조언

1. 사용자들은 직접적으로 참여하지 않았지만, 웹사이트에서의 행동은 추적당했다.
2. Mountain Wines는 검색어를 변경할 수 있었다. 방문자들의 사이트 활동에 따라 검색과 탐색이 더 쉬울 수 있도록 웹 내비게이션 또는 콘텐츠 구조를 개선하여 사용자 경험을 더 효과적이고 즐겁게 할 수 있었다. 다른 지역에 있는 고객들을 유치할 수 있도록 추가적인 정보를 제공할 수 있었다.
3. 평가가 어디서 이루어졌는지는 알려주지 않았다. VisiStat 자신들의 소프트웨어를 Mountain Wines에 설치하거나 원격으로 데이터를 수집했을 수도 있다. ■

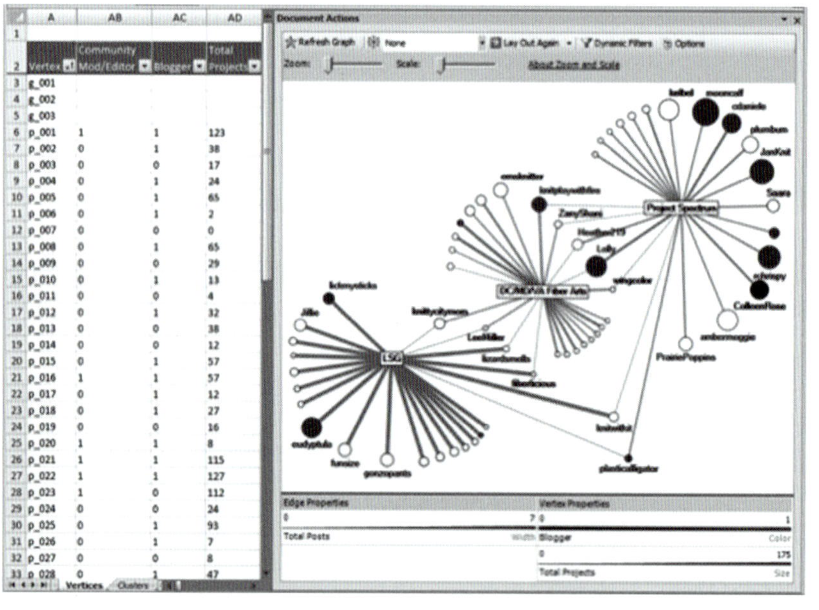

그림 15.7 군집과 각 요소간 관계를 보여주는 소셜 네트워크 분석

출처: Perer, A. and Shneiderman, B. (2008) Integrating Statistics and Visualization: Case Studies of Gaining Clarity during Exploratory Data Analysis. *CHI 2008 Proceedings*. Visual Synthesis April 5-0, 2008, 265-74. © 2008 Association for Computing Machinery, Inc. Reprinted by permission.

최근에 더 많은 대용량의 데이터를 효과적으로 분석하기 위해 시각적 분석과 같은 전문적인 분석 도구가 개발되기도 하며, Hansen *et al.*(2011)의 소셜 네트워크를 분석하기 위한 툴을 **그림** 15.7에서 볼 수 있다.

라이프로깅은 평가뿐만 아니라 친구, 가족, 동료들과 정보를 나누기 위한 흥미로운 변화다. 라이프로깅은 일반적으로 스마트폰에 GPS 위치 데이터와 개인의 상호작용 데이터를 기록하는 것이다. 평가를 함에 있어서는 개인 사생활 침해 문제가 생길 수 있다. 사용자들은 자신들의 활동에 대한 로그에 익숙해지는 경향이 있지만, 그래도 제어권을 유지하고 싶어한다 (Kärkkäinen *et al.*, 2010).

딜레마

근로자의 소셜 네트워킹 행동 분석 - 사생활 침해?

일부 분석 소프트웨어는 IT 관리자에 의해 근무 시간 동안 근로자의 소셜 네트워킹 활동을 추적할 수 있다. 수집된 데이터는 누가 누구와 협력하는지, 또 개발자들이 만든 애플리케이션을 얼마나 활용하는지를 파악하는데 사용할 수 있다. 이러한 사용자 추적 데이터는 많은 정보를 제공하기도 하지만, 사생활 침해에 대한 우려는 없는가? ■

15.4 예측 모델

검사와 분석과 유사하게, 예측 모델 역시 사용자를 포함하지 않는다. 전문가 평가자가 어떤 역할을 하면서 평가를 한다거나, 사용자 행동 데이터를 분석하지 않고 예측 모델은 사용자 평가를 위한 성능 척도 공식을 도출한다. 예측 모델은 다양한 시스템과 작업에 대해 효율성을 제공한다. 예를 들어, 스마트폰 디자이너는 휴대폰 키보드의 최적 레이아웃을 찾기 위해 예측 모델을 사용할 수 있다.

수년간 두 가지 예측 모델이 HCI와 인터랙션 디자인에 영향을 미쳤다. 다음으로 소개할 피츠의 법칙(Fitts' Law)과 GOMS 모델군(Card *et al.*, 1983)이 있다. 하지만, GOMS 모델은 1980년대 일찍이 개발되어 예측이 가능한 PC 기반 인터페이스를 비교하는데 주로 사용되었기 때문에, 현재는 많이 사용하지 않는다.

15.4.1 피츠의 법칙

피츠의 법칙(Fitts, 1954)은 포인팅 장치를 이용하여 목표물에 도달하는데 걸리는 시간을 예측한다. 화면에서 표적을 향해 이동을 할 때 속도와 정확도 사이의 관계를 모델링하기 위해 인간공학에서 연구되어왔다. 인터랙션 디자인에서는 목표를 가리키는 시간을 목표 크기와 목표까지의 거리로 설명하기 위해 사용되었다. 구체적으로, 영문숫자 또는 다른 간격을 주는 디자인에서 목표를 가리키는데 걸리는 시간을 모델링하는데 사용된다. 디자이너들에게 물리적인 또는 디지털 버튼을 어디에 위치해야 할지, 버튼 크기, 서로 얼마나 가까워야 하는지에 대해서 도와줄 수 있다. 우선, 물리적으로 노트북/PC 키보드 레이아웃과 휴대폰, 시계, 리모컨 등과 같은 모바일 기기에서의 키보드 배치를 설계하는데 유용하게 사용되었다. 그 이후로 터치스크린의 입력 장치 레이아웃 설계에 많이 사용되어 왔으며, 특히 손가락 스와이핑과 같이 단일 타자를 입력할 수 있는 새로운 방법들에 대한 효과를 고려하는게 이용되고 있다(6장 참고).

피츠의 법칙은 다음과 같다.

$$T = k \log_2(D/S + 1.0)$$

T = 포인터를 목표까지 움직이는 시간

D = 포인터와 목표의 거리

S = 목표의 크기

k는 상수로 보통 200 ms/bit로 정의

한마디로 목표물이 클수록, 더 쉽고 빠르게 목표에 도달할 수 있다. 그래서 작은 버튼들로 채워진 인터페이스보다 큰 버튼이 있는 인터페이스가 사용하기 쉬운 이유이다. 피츠의 법칙은 또한 어떤 컴퓨터 화면이라도 네 모서리에 위치한 목표가 가장 접근하기 쉽다. 이는 고정 작용으로, 화면의 각 측면은 터치에 대한 제약이 생겨 다른 목표를 선택하는 것을 막아준다. 하지만, AskTog.com의 Tog가 언급한 것처럼 많은 디자이너들은 모서리에 무엇을 배치하는 것을 피한다.

피츠의 법칙은 물리적으로 물체를 찾는 시간이 중요한 작업에 관련된 시스템을 평가하는데 유용할 수 있다. 특히, 디자이너들이 서로 연관이 있는 목표물들을 화면에 어떻게 배치해야 하는지에 대해 생각할 수 있도록 도울 수 있다. 휴대용 기기와 같이 아이콘과 버튼을 위치시킬 수 있는 공간적 제약이 많은 경우에 특히 도움이 된다. 예를 들어, Nokia에서 12-키 휴대용 키보드에 전문가 텍스트 입력 속도를 측정하는데 이 모델을 사용했다(Silverberg *et al.*, 2000). 이 연구는 디자이너들이 키의 크기, 위치, 자주 일어나는 공통작업을 수행하는 눌러지는 순서 등을 결정하는데 도움이 되었다. 기기의 크기와 사용정확도 사이의 절충안을 내는데 이 모델의 계산을 활용하였다. 피츠 법칙은 시각적 물체에 대해 아이트래킹 입력과 수동 입력에 대한 비교(Vertegaal, 2008), 화면간 거리, 멀티 디스플레이의 경우 목표물의 근접성 계산(Hutchings, 2012), 터치스크린이나 태블릿과 같이 가속기가 있는 기기에서의 기울기를 통한 입력장치를 평가(MacKenzie와 Teather, 2012)하는데 사용되었다. AskTog.com 웹사이트에서는 스마트폰 또 화면이 작은 새로운 기기들에 대해 피츠 법칙의 활용에 대해서 논의한다.

실습해보기 15.7

마이크로소프트 툴바는 툴 아래에 라벨을 표시할 수 있는 옵션을 제공한다. 라벨이 있는 툴을 더 빨리 선택하는 이유를 설명하라(사용자들이 이미 툴을 알고 있으며 라벨을 식별할 필요가 없다고 가정을 하라).

조언

라벨이 목표의 일부가 되어 표적이 커진다. 앞에서 언급했듯이, 목표가 클수록 접근을 하기가 쉽다.

나아가, 라벨이 없는 아이콘은 서로 더 가까이 배치될 가능성이 높다. 아이콘을 서로 더 멀리 펼쳐서 배치하면 아이콘 주위에 버퍼가 생겨, 사용자가 실수로 목표를 지나쳐 선택한다 하더라도 잘못된 아이콘을 선택할 가능성이 낮아진다. 아이콘이 서로 가까이 배치되어 있으면, 사용자는 다른 영역을 선택하여 오류를 일으킬 수 있다. 이는 메뉴에서도 요소들이 촘촘히 배치되어 있으면 마찬가지로 일어날 수 있는 현상이다. ■

과제

이전에 10장, 11장, 14장에서 다루었던 온라인 예약 시스템을 계속 활용할 것이다. 새롭게 만든 프로토타입을 11장에서 배운 휴리스틱을 활용해서 평가하는 것이다.

a. 11장에서 새로 만든 프로토타입에 대해서 휴리스틱 평가를 할 수 있도록 평가 요소들을 만들어라.

b. 평가 결과에 따라 프로토타입을 수정하라.

c. 휴리스틱 평가 결과와 이전 장에서 도출했던 결과와 비교하라. 어떤 차이가 있으며, 어떤 평가 방법을 선호하는가?

요약

이번 장에서는 전문가들이 자신들의 지식과 사용자들이 흔히 겪는 문제에 기반하여 인터페이스에 대한 디자인, 프로토타입, 설계 명서세와 같은 것을 사용자처럼 사용하며 휴리스틱 평가와 시찰법과 같은 검사 방법을 통해 평가하는 방법을 다루었다. 휴리스틱과 시찰법은 평가자에게 평가 과정에 대한 구조를 제공한다.

사용자 행동 데이터 로그를 통한 분석은 일반적으로 원격으로 이루어지며 사용자는 자신들에 대한 데이터가 수집되는 것을 알지 못한다. 대용량의 데이터가 익명화되어 소프트웨어를 이용하여 통계적으로 분석된다. 웹사이트 버전간 비교, 사이트의 어떤 부분이 덜 사용되는지(사용자 경험이 좋지 않거나 홍보가 덜 되는 이유) 등 시스템이 어떻게 활용되는지에 대해서 알 수 있다. 분석 결과를 쉽게 보고 해석할 수 있도록 시각적으로 제공된다.

피츠의 법칙은 어떤 인터페이스, 시스템, 키보드 레이아웃이 최적인지 예측하는데 사용될 수 있다. 일반적으로 피츠의 법칙은 가상 또는 물리적인 제품을 비교하는데 사용되며, 일련의 작업들을 수행하는데 사용되는 버튼들에 대해서 활용될 수 있다.

대부분의 평가자들은 기술의 발달로 새롭게 소개되는 기기들에 대해서 피츠의 법칙을 활용하기 위해서는 변형이 필요하다고 느끼며, 이는 다른 평가 방법들에 대해서도 흔히 나타나는 현상이다.

Key Points

- 검사는 요구사항, 모조품, 기능이 구현된 프로토타입, 시스템 등에 대해 평가하는데 사용될 수 있다.
- 사용성 실험과 휴리스틱은 종종 다른 사용성 문제를 나타낸다.
- 인터랙션 디자인의 다른 검사 방법으로는 인지적 그리고 다원적 시찰법이 있다.
- 시찰법은 제품의 일부분에 초점을 맞춰 평가하는데 적합하다.
- 분석은 사용자 행동 데이터를 활용하여 웹사이트 어떤 부분이 문제가 있는지 덜 사용되는지 알아보는데 활용한다.
- 분석을 웹사이트에 적용하면 '웹 분석'이라고 부른다. 마찬가지로, 학습 시스템에 적용되면 '학습 분석'이라고 일컫는다.
- 피츠의 법칙은 예측 모델의 예로 가상 또는 물리적인 물체에 대한 선택과 관련된 성능을 예측하는데 사용할 수 있다.
- 예측 모델은 사용자나 사용성 전문가를 필요로 하지 않으며, 평가자들은 모델에 대한 전문 지식을 가져야 한다.

- 피츠의 법칙과 같은 예측 모델은 스마트폰이나 다른 휴대 기기에서 데이터 입력, 키 선택과 같이 작업이 제한적이고, 명확하게 정의되는 경우에 사용할 수 있다.

찾아보기_index